Sternstunden des Parlaments

Sternstunden des Parlaments

Herausgegeben von Rainer Barzel

Mit Originalbeiträgen von

Reinhard Appel
Rainer Barzel
Ernst Benda
Karl Carstens
Helmut Herles
Peter Hopen
Walter Kannengießer
Hans Katzer
Fides Krause-Brewer
Herbert Kremp
Wolfgang Mischnick
Eghard Mörbitz
Kurt Plück
Annemarie Renger
Walter Scheel
Helmut Schmidt
Rita Süssmuth

Decker & Müller
Heidelberg

Redaktion, Zeittafeln, Bildauswahl
und Register: Dr. Manfred Stange

Bildnachweis
dpa: 100/101, 105, 108, 168, 256, 265, 273, 349, 366/367, 374
Presse- und Informationsamt der Bundesregierung (Bundesbildstelle), Bonn:
21, 25, 29, 34, 37, 40, 49, 50, 59, 62, 65, 77, 80, 83, 88/89, 117, 124/125, 128, 131, 134, 143, 147, 152, 173, 178, 186, 187, 191, 195, 196, 204, 207, 210, 217, 218, 219, 225, 228, 236, 252/253, 268, 280, 285, 292, 294, 305, 313, 320, 329, 338, 340, 343, 350, 358/359, 371, 378, 393, 396, 401, 404, 412, 417, 419, 425, 437, 438/439, 441, 448/449, 450/451, 453, 454, 458, 459

CIP-Titelaufnahme der Deutschen Bibliothek

Sternstunden des Parlaments / hrsg. von Rainer Barzel. Mit
Orig.-Beitr. von Reinhard Appel ... – Heidelberg : Decker u.
Müller, 1989
ISBN 3-8226-4089-1
NE: Barzel, Rainer [Hrsg.]; Appel, Reinhard [Mitverf.]

Gesamtherstellung: Graphischer Großbetrieb Friedrich Pustet, Regensburg

 ISBN 3-8226-4089-1

Was erhofft sich das deutsche Volk von der Arbeit des Bundestags? – Daß wir eine stabile Regierung, eine gesunde Wirtschaft, eine neue soziale Ordnung in einem gesicherten Privatleben aufrichten, unser Vaterland einer neuen Blüte und neuem Wohlstand entgegenführen.

Alterspräsident Paul Löbe
in der 1. Sitzung des Deutschen Bundestages am 7. September 1949

Zum Geleit

Dieses Buch verdient weite Verbreitung. Es zieht nicht nur Bilanz, wie es aus Anlaß des vierzigjährigen Bestehens der Bundesrepublik Deutschland allenthalben geschieht, sondern es ruft Entscheidungen, die wesentlich und richtungweisend für unser Land waren, aus der Sicht des Deutschen Bundestages in die Erinnerung zurück. Dabei steht im Vordergrund – und dies macht die Lektüre dieses Buches so anregend –, welches die Gründe waren, die zu den jeweiligen Entscheidungen hinführten. Regierungsfraktionen und Opposition kommen gleichermaßen zu Wort; ihr spezifisches Gewicht wird in diesem Buch noch einmal deutlich.

Dabei gibt es eine für unser parlamentarisches System auch für die Zukunft bedeutende Entwicklung: Während der Beratungen in den Ausschüssen und im Plenum des Bundestages werden Vorlagen verändert, stimmig gemacht – und breite Zustimmung im Parlament bildet keineswegs eine seltene Ausnahme. Dies war beispielsweise bei der Änderung des Bürgerlichen Gesetzbuches Ende der fünfziger Jahre der Fall. Dieser breite Konsens war das Ergebnis der Beratungen der Abgeordneten, insbesondere der Einflußnahme der weiblichen Abgeordneten aus den unterschiedlichen Fraktionen. Bei der gesetzlichen Normierung der Stellung von Mann und Frau in unserer Gesellschaft wurde die Fraktionsdisziplin zugunsten eines freien und offenen Meinungsaustausches in den Hintergrund gedrängt. Es waren damals Frauen, die einen gemeinsamen Konsens vorbereiteten und schließlich durchsetzten.

Dieses Buch macht deutlich: Der Deutsche Bundestag hat in den vergangenen vierzig Jahren nicht nur seine von der Verfassung vorgegebenen Aufgaben überzeugend wahrgenommen, sondern er hat gezeigt, daß er eine eigenständige Kraft darstellt, die auch in der Lage ist, Wege zu überraschenden Lösungen zu finden. So gelang es in den vergangenen Jahrzehnten, sogar außenpolitische Verträge noch in wichtigen Punkten zu verändern.

Eine solche Eigenständigkeit, die natürlich auf entsprechende Persönlichkeiten im Parlament gründet, wünsche ich mir auch für die weitere Entwicklung der Stellung des Deutschen Bundestages innerhalb unserer Verfassungsordnung. Unser Parlament braucht auch in Zukunft vor allem Persönlichkeiten. Für ebenso wichtig halte ich allerdings, daß im Deutschen Bundestag alle Alters- und Berufsgruppen angemessen vertreten sind. In dieser Frage geht es um ein Kernproblem unserer Demokratie, denn der Deutsche Bundestag muß das ganze Volk repräsentieren. Deshalb bleibt eine Erhöhung des Anteils jüngerer Abgeordneter, aber auch eine stärkere Vertretung von Frauen im Deutschen Bundestag eine Aufgabe aller im Parlament vertretenen Parteien.

Der ehemalige Präsident des Deutschen Bundestages, Dr. Rainer Barzel, hat als Herausgeber der „Sternstunden des Parlaments“ ein nicht alltägliches Buch erarbeitet, das die Rolle des Deutschen Bundestages in den vergangenen 40 Jahren anhand zentraler politischer Fragen offen und ungeschminkt verdeutlicht. Ich wünsche diesem Buch, daß es durch weite Verbreitung dazu beiträgt, unseren Bürgerinnen und Bürgern den besonderen Stellenwert des Deutschen Bundestages in unserer parlamentarischen Demokratie zu veranschaulichen.

Prof. Dr. Rita Süssmuth
Präsidentin des Deutschen Bundestages

Inhalt

Was alle angeht

Einführung des Herausgebers

„Heute war hier ja nichts los“, meinte ein Paderborner Schüler enttäuscht, als ich mit einer Besuchergruppe aus meinem Wahlkreis im Bonner Bundeshaus diskutierte. Die jugendlichen Gäste hatten gerade an den Beratungen des Plenums, der Vollversammlung des Deutschen Bundestages also, auf der Tribüne teilgenommen. Zu blutarm, zu kampflos, auch zu routiniert und geschäftig kam ihnen die parlamentarische Arbeit vor, die sie soeben – die Drucksachen zur Hand – beobachtet hatten. Auch an der gähnenden Leere nahmen diese Besucher Anstoß wie an zu hohen Diäten, dem fremden Gehabe und der, so schien es ihnen, entrückten Entferntheit der Volksvertreter.

Ein andermal erlebten meine Besucher einen „Hexenkessel“, wie sie sagten, ein Überborden hitziger Aufgeregtheit, Ordnungsrufe und „Hammelsprung“. Und wieder andere hatten die witzige Antwort des Bundeskanzlers Konrad Adenauer auf die pointiert-scharfzüngige Oppositionsrede des Abgeordneten Fritz Erler als, so sagten sie, bleibende Erinnerung erlebt.

Wie immer: Im Deutschen Bundestag ist immer „etwas los“. Von seiner Arbeit sieht der Besucher so viel wie von einem Eisberg. Vielleicht fällt gerade in einem stillen Beratungszimmer die Vorentscheidung über den neuen Steuertarif oder die Anpassung der Renten? Wer an solchen Vorberatungen teilnimmt, kann nicht zugleich im Plenum sitzen. Und wer hält schon hintereinander zwölf Stunden ohne Unterbrechung auf seinem Stuhl aus? Auch mit dem Wahlkreis telefonieren, in einem Ministerium verhandeln oder sich mit der Parteizentrale beraten –, das kann man nicht vom Sitz im Plenum. Wie Post beantworten, Berichte schreiben, Interviews vorbereiten und Reden entwerfen.

Das Bundesverfassungsgericht hat in der Begründung zu seinem Urteil vom 5. November 1975 festgestellt, daß die Abgeordneten des Deutschen Bundestages durchschnittlich 80 Stunden in der Woche arbeiten. Diese Arbeit ist weder mit der Stopp- noch mit der Stechuhr zu messen. Sie ist ganz anders als die Arbeit, welche die meisten von uns kennen und leisten. Reisen, Zeitunglesen, Aktenstudium, Informationsgespräche gehören dazu. Auch für die Diäten gibt es keinen anderen Gesetzgeber als unser Parlament. Nur aufgrund eines Gesetzes darf hierzulande Geld ausgegeben, über Bürgeranträge entschieden, durch Gerichte Recht gesprochen werden. Und kein Bundesgesetz kommt ohne den Bundestag zustande.

*

Unser Volk ist das höchste Staatsorgan. Von ihm geht alle Staatsgewalt aus. So bestimmt es unsere Verfassung, das Grundgesetz, im Artikel 20. Das

Volk übt diese Staatsgewalt, so heißt es da weiter, „in Wahlen und Abstimmungen und durch besondere Organe der Gesetzgebung, der vollziehenden Gewalt und der Rechtsprechung aus".

Wir wählen unsere Volksvertreter – auf Zeit. So erwächst unser Staat immer wieder aus der freien Selbstbestimmung unseres Volkes.

Nicht aus eigener Machtvollkommenheit, sondern durch das von uns erteilte Mandat wirken die Abgeordneten, fassen die für uns alle verbindlichen Beschlüsse. Der Deutsche Bundestag, unser Parlament, ist das Instrument des deutschen Volkes, durch das es politisch und rechtlich einwirkt, regelt und bestimmt.

Es ist nicht möglich, daß wir alle immer wieder zu Abstimmungen über Gesetze und allgemeine Politik an die Wahlurnen gehen. So ist unsere Demokratie mittelbar, parlamentarisch, „repräsentativ".

„Quod omnes tanget, ab omnibus approbetur", hieß es in einer mittelalterlichen Einladung zur Sitzung des britischen Parlamentes. Was alle angeht, soll von allen entschieden werden. Alle – das waren damals die Standesherren. Alle – das ist heute unser Volk.

In allgemeiner, unmittelbarer, freier, gleicher und geheimer Wahl wählen wir unsere Abgeordneten. Sie bilden zusammen unseren Deutschen Bundestag. Die Abgeordneten handeln, weil wir sie wählten. Sie schulden uns Rechenschaft. Nach vier Jahren können wir sie wiederwählen oder ersetzen. Uns geht an, was sie mit dem Mandat machen, das wir erteilten; was sie mit Wirkung für uns alle beschließen; auch, wie sie arbeiten. Durch unsere Abgeordneten, durch den Deutschen Bundestag, wirken und entscheiden wir mit.

So sind wir nicht ausgeschlossen von der politischen Willensbildung, sondern beteiligt. Durch den Stimmzettel und das Gespräch mit den Gewählten wirken und bestimmen wir mit.

Sollte diese Entwicklung der Bürger als Wähler – hier und da – in der Praxis eingeengt oder verkürzt werden oder sich in verfestigten Strukturen verfangen, die Verfassungswirklichkeit also am Kernpunkt mit der Verfassung nicht übereinstimmen, so steht es uns nicht nur frei, durch Initiative und Engagement morsche Schlösser einzureißen, um das Bessere zu verwirklichen –, wir wären alle verpflichtet, solche Gefahren zu beseitigen.

Der Deutsche Bundestag ist das Herz unserer Republik. Dort werden die Gesetze gemacht, die Kanzler gewählt oder ersetzt, die Regierungen kontrolliert, Personen herausgestellt und fallengelassen. Der Deutsche Bundestag berät und bewilligt den Bundeshaushalt, ohne den die moderne Staatsverwaltung undenkbar ist. Er überwacht den Vollzug, auch die Ausgaben.

Die Folgen und Ergebnisse dieser parlamentarischen Schlachten tragen wir alle. Im Guten wie im Bösen. Nichts geht am Parlament vorbei, wenn es darauf besteht. Mehrheitsentscheidung nach Rede und Gegenrede ist sein Prinzip.

*

Gewiß gefällt nicht jedem von uns immer, was da für uns entschieden und als Gesetz gültig für alle wird. Auch wie da gerungen wird, bereitet nicht immer Freude. Gleichwohl zeichnet die Mehrzahl der politischen Entscheidungen unseres Parlamentes Beständigkeit aus: Was da nach bemühter Information und angestrengter Meinungsbildung in streitiger Debatte, leidenschaftlich, oft hitzig, durch Wort und Widerwort, erarbeitet und nach Diskussion beschlossen wurde, überdauert in den meisten Fällen die nächsten Wahlen, wird vom kommenden Parlament kaum verworfen. Stabilität durch Diskussion und Wahlen ist überwiegend das Ergebnis.

So lohnt es, dem Deutschen Bundestag und seiner Arbeit andauernde, kritische Aufmerksamkeit zuzuwenden. Was da geschieht, geht alle an. Es ist wichtig für den Alltag wie für die Zukunft.

*

Durch dieses Buch wollen wir dem Deutschen Bundestag danken, ihm zu seinem vierzigsten Geburtstag Glück wünschen. Er verdient Anerkennung.

Das Parlament hat nicht nur in geordnetem Streit Lebensfragen entschieden, Alltagswirklichkeiten bewirkt und verändert; es hat auch gepflegt, was unser Staat ebenso braucht: Gemeinsamkeit der Demokraten. Der freiheitliche Rechtsstaat benötigt beides: den Konsens wie den Streit. Alle Demokraten stehen zuerst auf gemeinsamem Boden, und erst dann dürfen die Zäune von Meinungen, Parteien, Vorhaben und Absichten sie trennen! Es ist wie mit der Sprache: Wir brauchen dieselbe Sprache, um uns zu loben oder zu bekämpfen –, zum Lieben wie zum Hassen.

Die Autoren dieses Buches verbindet Gemeinsinn wie die Bereitschaft, des anderen Meinung zu respektieren, im Zweifel nicht der Partei, sondern dem Gemeinwohl und immer dem Gewissen Vorrang zu geben. Sie hoffen und wünschen, daß in unserem Gemeinwesen diese Grundhaltung bestimmend bleibt.

*

Die Idee, dieses Werk vorzulegen, kam vom Verlag. Das gilt auch für den Titel. Wir diskutierten diesen Plan und erarbeiteten ein Konzept. Ein Buch, das bleibt, sollte entstehen und vorgelegt werden – informativ, nicht belehrend; auf Wesentliches konzentriert; über den Tag hinaus angelegt und nicht auf den eigenen Einblick begrenzt; geschrieben von Autoren mit Erfahrung, ausgewiesener Kompetenz und von Rang.

So suchten wir die Themen wie die Autoren, fanden beide und legen dieses Buch vor. Es bemüht sich, unseren Mitbürgerinnen und Mitbürgern, auch den Jüngeren, das zum Überdenken nahezubringen, was der mündige Wähler politisch und geschichtlich wissen sollte. Wer durch unsere Verfassung berufen ist, verantwortlich mitzudenken, mitzureden und mitzuentscheiden, sollte sich auskennen –, schon, um es besser machen zu können.

Das Buch wendet sich auch an alle, die ihre Erfahrungen und Erlebnisse vergleichen oder kritisch nachvollziehen möchten.

Themen und Autoren und Beiträge binden hier einen bunten Strauß. Verlag und Herausgeber danken, daß es gelang, diese Vielfalt Gestalt gewinnen zu lassen. So wird von vornherein deutlich, daß demokratische Politik unerläßlich den Streit wie die Übereinstimmung, Parteien und Zusammenwirken braucht – notwendig wie unverwechselbar Handelnde. So nehmen wir in diesem Buch unterschiedliche Wertungen und Ansichten nicht nur in Kauf, sondern zeigen sie vor. Demokratie lebt so.

Wir mußten die Themen begrenzen. Dem einen wird dieses Kapitel fehlen, dem anderen jenes entbehrlich erscheinen. Auch wird man darüber streiten können, ob es im Parlament überhaupt „Sternstunden" gibt – und, falls ja, was deren Kennzeichen ist. Die Brillanz der Rede, der Rang des Redners? Die Bedeutung der Sache? Die Heftigkeit des Disputs? Der Glanz des Erfolges? Die aufgewühlte Teilnahme der Zuhörer? Das Presse-Echo?

Wir haben den Weg gewählt, das Buch an den Entscheidungen auszurichten, die wohl von bleibendem Wert sind und die Wirklichkeit unserer Demokratie in Deutschland wesentlich bestimmen.

Natürlich – und dieses Buch betont das ausdrücklich – fallen gewichtige politische Entscheidungen nicht nur und nicht zuerst im Parlament. Durch die Sozialpartner zum Beispiel wie durch die Bundesbank. Manchmal drückt das Parlament nur Entscheidungen den Stempel auf, die schon getroffen sind. Aber nichts geht am Parlament vorbei, wenn es darauf besteht!

Dieses Buch will dazu beitragen, den Deutschen Bundestag mehr in den Mittelpunkt des politischen Blickfeldes zu rücken. Er ist ja, wie wir sahen, nicht eine ferne „Instanz", sondern die von uns frei und geheim gewählte Vertretung unseres Volkes. Alle Abgeordneten bilden ihn –, nicht die herausragenden Redner, Kanzler und Minister, nicht die oft Genannten und Geehrten. Gerade die Ungenannten und Unbekannten, auch die schon Vergessenen, mehrten Rang und Ansehen unseres Parlamentes. Nur durch ihrer aller Arbeit gewann und gewinnt unsere Bundesrepublik Deutschland Gestalt, Gehalt und Gewicht.

So sollte es bleiben.

*

Der Herausgeber dankt den Autoren für die mühevolle, pünktliche Arbeit, die sie neben vielfältigen Pflichten leisteten. Er dankt dem Verlag für die Idee, für Anregungen, für Verständnis und Zusammenarbeit. Adressat allfälliger Kritik ist zuerst der Herausgeber.

Bonn, im Mai 1989 *Rainer Barzel*

Herbert Kremp

Die Gründung der Bundesrepublik Deutschland als Provisorium

Zwischen Bangen und Hoffen machten sich die Väter des Grundgesetzes ans Staatswerk. Einer ihrer bedeutendsten und eloquentesten, Carlo Schmid, plädierte, wenn er sich über die künftige Hauptstadt des Staatsfragments ausließ, für „Baracken und Zeltlager an der Zonengrenze". Der Präsident des Frankfurter Wirtschaftsrates, Erich Köhler, bezeichnete die Bundesrepublik Deutschland kurz vor ihrer Gründung als „die letzte Stufe zu einem ganzen Deutschland". Ludwig Bergsträsser nannte im Ausschuß für Grundsatzfragen des Parlamentarischen Rates das Grundgesetz eine „vollständige Ordnung, aber für ein unvollständiges Deutschland". Und Hermann von Mangoldt, der Vorsitzende des Ausschusses, meinte: „Aber wenn wir schon ‚Bundesrepublik' sagen, müssen wir unter allen Umständen ... die Einheit Deutschlands ganz deutlich herausstellen, weil sonst der Osten sagt: Ihr habt ganz üble Propaganda gegen uns gemacht. Wenn wir diesen Weg gehen, müssen wir das ... kompensieren durch die Betonung, daß die Bundesrepublik Deutschland eigentlich das ganze Deutschland sein soll."

Wie der „Staat wider Willen" entstand

Vom Ursprung an war der Staat, der zwischen dem 24. Mai 1949, nach der Annahme des Grundgesetzes durch die Landtage, und dem 20. September 1949, dem Amtsantritt der ersten Bundesregierung, zögernd ans Licht trat, ein Provisorium und zudem, bis zum Inkrafttreten der Pariser Verträge, insonderheit des Deutschlandvertrags am 5. Mai 1955, eine nur begrenzt handlungsfähige Rechtsgemeinschaft. In der Zeit der Nachgeborenen ist es wichtig, die Selbstverständlichkeit hervorzuheben, daß die Erlangung der Souveränität, die Ablösung des Besatzungsstatuts durch den Deutschlandvertrag und seine Vorbehaltsrechte, den Charakter des Provisoriums grundsätzlich nicht berührt hat. Der bewußte Verzicht auf „Endgültigkeit", der Auftrag, die staatliche Einheit Deutschlands zu „vollenden", ist geblieben. Er bestimmt den transitorischen Charakter der Bundesrepublik Deutschland in zwei Artikeln des Grundgesetzes, deren erster (Art. 23) den Geltungsbereich „zunächst" auf die Gebiete der Länder festlegt, die in den Besatzungszonen der drei Westalliierten entstanden sind, um im letzten Satz zu erklären: „In anderen Teilen Deutschlands ist es nach deren Beitritt in Kraft zu setzen." Während „Beitritt" die Ausdehnungsfähigkeit des Grundgesetzes anzeigt, mithin seine augenblickliche, wenn auch modellhafte, räumliche Begrenztheit (im Sinne von Unvollendetheit), arbeitet Artikel 146 den vorläufigen Charakter des Grundgesetzes in einer scharfen begrifflichen Gegenüberstellung heraus: „Dieses Grundgesetz verliert seine Gültigkeit an dem Tage, an dem eine Verfassung in Kraft tritt, die von dem deutschen Volke in freier Entscheidung beschlossen worden ist." Die deutsche Verfassung also ist das Ziel des Grundgesetzes.

Das Sinnverständnis dieser Bestimmungen vermitteln die Präambel des Grundgesetzes einerseits und die Artikel 19 Absatz 2 und 79 Absatz 3 andererseits. Letztere sichern den „absoluten" Bestand der essentiellen Teile des Grundgesetzes, die Grundrechte, die Gliederung des Bundes in Länder und die Mitwirkung der Länder bei der Gesetzgebung: Eine Änderung des Grundgesetzes kann diese Bestimmungen nicht berühren, sie „ist unzulässig". Der antitotalitäre Charakter, der in der Erstplazierung der Grundrechte schon äußerlich in Erscheinung tritt, weist also sogar den Gesetzgeber in Schranken. Er schützt den Staat vor seinen Organen und läßt damit einen härteren Staatswillen hervortreten, als die Weimarer Nationalversammlung ihn aufzubringen vermochte. In diesem Sinne ist das Grundgesetz eine „starke Verfassung". Die neue Ordnung des staatlichen Lebens, die das „Deutsche Volk ... kraft seiner verfassunggebenden Gewalt" gesetzt hat, gilt jedoch, wie die Präambel ausweist, „für eine Übergangszeit". Das Volk (das als Ganzes gemeint ist, nicht nur in seinem freien Teil) „hat auch für jene Deutschen gehandelt, denen mitzuwirken versagt war. Das gesamte Deutsche Volk bleibt aufgefordert, in freier Selbstbestimmung die Einheit und Freiheit Deutschlands zu vollenden."

Es bleibt richtig, aus der Präambel des Grundgesetzes ein „Gebot" abzuleiten. Zwischen dem ersten und dem letzten Satz, zwischen dem „Wahren" der nationalen und staatlichen Einheit und dem „Vollenden", besteht kein

7./8.5.1945	Bedingungslose Kapitulation der deutschen Streitkräfte. Alliierte geben den Plan einer Zerstückelung Deutschlands (Konferenzen Teheran 1943 und Jalta, Febr. 1945) auf.
23.5.1945	Ende jeder deutschen Zentralgewalt mit der Verhaftung der Regierung Dönitz.
5.6.1945	„Berliner Erklärung" der vier alliierten Oberbefehlshaber: Übernahme der Regierungsgewalt in Deutschland durch die Vier Mächte; Einteilung Deutschlands in die Grenzen von 1937 in vier Besatzungszonen, Einteilung Berlins in vier Sektoren; Bildung eines *Alliierten Kontrollrates*. – Rechtslage Deutschlands: ein Kondominium.
17.7.–2.8.1945	Konferenz von Potsdam. Das „Potsdamer Abkommen" schreibt u. a. Entnazifizierung und Entmilitarisierung vor, räumt aber auch die Möglichkeit eines friedlichen und demokratischen Neuaufbaus ein. Ein sofort eingerichteter *Rat der Außenminister* hat die „Friedensregelung" vorzubereiten für eine zu bildende deutsche Regierung.
10.9.–2.10.1945	Erste Konferenz des Alliierten Rats der Außenminister in London. (Es folgen fünf weitere Konferenzen. Die letzte: 25. 11.–15. 12. 1948 in London.)
17.10.1945	Bildung eines *Länderrats* für die US-Zone mit der Aufgabe einer gemeinsamen Gesetzgebung für die drei Länder.
28.2.–1.3.1946	Die Länderchefs der britischen und amerikanischen Zone treffen sich zum erstenmal in Bremen („Bremer Konferenz").

4./5. 10. 1946	Interzonenkonferenz aller deutschen Ministerpräsidenten; Vorschläge an den Kontrollrat zur Bildung eines „Deutschen Länderrates“ und eines „Deutschen Volksrates“ aus Delegierten der Landtage (Zweite Bremer Konferenz).
12. 3. 1947	Truman-Doktrin zur Eindämmung (containment) der kommunistischen Gefahr. – Wendepunkt in der amerikanischen Nachkriegspolitik.
5. 6. 1947	*Marshall-Plan:* Forderung eines wirtschaftlichen Aufbauprogramms für Europa unter Einbeziehung Deutschlands.
6./7. 6. 1947	Münchener Ministerpräsidentenkonferenz aller deutschen Länder. Regierungschefs der Sowjetzone reisen vor Beginn der Konferenz ab.
10. 6. 1947	Einrichtung des *Wirtschaftsrats* (Parlament) der Bizone und Schaffung einer Zentralverwaltung. Frankfurt/Main wird Hauptstadt der Bizone.
6./7. 12. 1947	Einberufung des (ersten) „Deutschen Volkskongresses“ in der Sowjetzone mit Propagierung des staatlichen Einheitsgedankens.
23. 2.–6. 3. 1948	Sechsmächtekonferenz in London. Die drei Westalliierten und die Benelux-Staaten empfehlen die Schaffung eines bundesstaatlichen Systems in Westdeutschland, ebenso dessen Einbeziehung in den Marshall-Plan und die Ruhrkontrolle.
2. 3. 1948	Der Wirtschaftsrat der Bizone wählt ein neues Exekutivorgan, den *Verwaltungsrat*, der mit ministeriellen Befugnissen ausgestattet ist.
7. 3. 1948	Der zweite Volkskongreß in der Sowjetzone bildet den „Deutschen Volksrat“.

Widerspruch. Der erste Begriff bringt die Tatsache zum Ausdruck, „daß das Deutsche Reich den Zusammenbruch von 1945 überdauert hat und weder mit der Kapitulation noch durch Ausübung fremder Staatsgewalt in Deutschland durch die alliierten Okkupationsmächte untergegangen ist“, wie das Bundesverfassungsgericht in seinem Urteil vom 31. Juli 1973 zur Verfassungsmäßigkeit des Grundlagenvertrages erklärte. Diese Ansicht vertrat schon der Parlamentarische Rat. Dort hatte Carlo Schmid am 20. Oktober 1948 betont: „Deutschland ist von uns ... nicht neu zu konstituieren, sondern neu zu organisieren.“ Der Rat müsse sich hüten, aus einer vorübergehenden Aufteilung Deutschlands in Besatzungszonen eine definitive Trennung zu machen. Darin stimmten auch die Ministerpräsidenten und alle Parteien, mit Ausnahme der KPD, überein. Adolf Süsterhenn weigerte sich, das Mandat des Parlamentarischen Rates von den Besatzungsmächten herzuleiten – es sei vielmehr ein „Instrument des souveränen deutschen Volkes“, das zu schaffende Grundgesetz eine „Etappe in der Entwicklung zum vollsouveränen gesamtdeutschen Bundesstaat“.

Die Väter des Grundgesetzes gingen dabei von der Rechtslage aus, die mit der Kapitulation der deutschen Wehrmacht am 7./8. Mai 1945 entstanden war. Die Alliierten hatten ihren in Jalta beschlossenen Plan der Zerstückelung Deutschlands fallengelassen. Die Viermächte-Erklärung vom

5. Juni 1945 und das Abkommen von Potsdam vom 2. August 1945 entwarfen statt dessen das Zukunftsbild eines gewandelten, geläuterten Deutschland, das einen Friedensvertrag zu erwarten habe. Sie sprachen vom „deutschen Volk", vom „Ganzen", nicht von staatlicher Teilung. Der Kontrollrat bildete die Klammer der Sieger. Das Deutsche Reich oder „Deutschland", wie es nun in der Sprache der Mächte hieß, war zusammengebrochen, aber nicht zerbrochen. Keine Seite war bis 1947, als die Kriegskoalition offen auseinanderging, daran interessiert, aus den Besatzungszonen Staaten zu formen oder auf eine andere Weise den Gesamtstaat für immer zu verhindern – von Frankreich abgesehen. Es ist daher sachlich verfehlt und politisch gefährlich, wenn da und dort behauptet wird, das Nachkriegs-Schicksal Deutschlands sei eine Folge der Hitler-Diktatur. Aus dem Verhalten der Siegermächte zwischen 1945 und 1947 ist diese griffige These nicht abzuleiten. Das Deutsche Reich in den Grenzen von 1937 besteht fort, seine Teilung in zwei Staaten ist auf Fehler der westlichen Kriegsführung und auf den späteren Bruch der Kriegs-Koalition zurückzuführen, die den Frieden nicht finden konnte. Deutschland sollte zur Rechenschaft gezogen, bestraft, politisch auf Wasser und Brot gesetzt, aber es sollte nicht exekutiert werden.

Von diesem Befund ließen sich die Ministerpräsidenten der Länder, der Verfassungskonvent von Herrenchiemsee, der Parlamentarische Rat, der Bundestag und die ersten Bundesregierungen leiten. Das Bundesverfassungsgericht hat den Fortbestand des Deutschen Reiches in fünf wichtigen Urteilen bekräftigt. Im Konkordatsurteil vom 26. März 1957 heißt es: „Das Deutsche Reich ist als Völkerrechtssubjekt nicht untergegangen. Es hat aber nach dem 8. Mai seine staatliche Organisation eingebüßt. Im Geltungsbereich des Grundgesetzes wird die staatliche Einheit durch die Bundesrepublik Deutschland als Bundesstaat verwirklicht." Das Urteil vom 31. Juli 1973 zieht den Bogen weiter: „Die Bundesrepublik Deutschland ist ... als Staat identisch mit dem Staat ‚Deutsches Reich', – in bezug auf seine räumliche Ausdehnung allerdings ‚teilidentisch' ... Die Bundesrepublik umfaßt also, was ihr Staatsvolk und ihr Staatsgebiet anlangt, nicht das ganze Deutschland, unbeschadet dessen, daß sie ein einheitliches Staatsvolk des Völkerrechtssubjekts ‚Deutschland' (Deutsches Reich), zu dem ihr eigenes Staatsgebiet als ebenfalls nicht abtrennbarer Teil gehört, anerkennt. Sie beschränkt staatsrechtlich ihre Hoheitsgewalt auf den ‚Geltungsbereich des Grundgesetzes' ..., fühlt sich aber verantwortlich für das ganze Deutschland (vgl. Präambel des Grundgesetzes). Derzeit besteht die Bundesrepublik aus den in Art. 23 GG genannten Ländern, einschließlich Berlin; der Status des Landes Berlin ist nur gemindert und belastet durch den sog. Vorbehalt der Gouverneure der Westmächte ... Die Deutsche Demokratische Republik gehört zu Deutschland und kann im Verhältnis zur Bundesrepublik Deutschland nicht als Ausland angesehen werden."

Die Diskussion um die Ostverträge, besonders über den Grundlagenvertrag, haben deutlich gezeigt, wie leicht sich ein „stiller Verfassungswandel"

(Otto Kimmenich) vollziehen kann, wenn die nationale und staatliche Einheit Deutschlands nicht als historische und rechtliche Tatsache betrachtet wird, die dem Grundgesetz vorausgeht und insofern zu „wahren" ist. Daß die deutsche Frage „offen" ist und offen gehalten werden kann, beruht auf dem auch von den Siegern anerkannten Fortbestand des Deutschen Reiches. Da das Ganze also unbestritten existiert, gewinnt die „Übergangszeit" den politisch entscheidenden Charakter eines Aktionsraumes, der damit ausgefüllt werden muß, „in freier Selbstbestimmung die Einheit und Freiheit Deutschlands zu vollenden". Diese Aufforderung ist der dynamische Kern der Präambel des Grundgesetzes. Sie ist sein Zweck insofern, als das Grundgesetz seine Gültigkeit verliert, wenn eine vom deutschen Volke in freier Entscheidung beschlossene Verfassung in Kraft tritt. Das bindet die Verfassungsorgane und hält sie sozusagen in Trab: „Kein Verfassungsorgan der Bundesrepublik Deutschland darf die Wiederherstellung der staatlichen Einheit als politisches Ziel aufgeben, alle Verfassungsorgane sind verpflichtet, in ihrer Politik auf die Erreichung dieses Zieles hinzuwirken – das schließt die Forderung ein, den Wiedervereinigungsanspruch im Inneren wachzuhalten und nach Außen beharrlich zu vertreten – und alles zu unterlassen, was die Wiedervereinigung vereiteln würde." (Urteil des Bundesverfassungsgerichts vom 31. Juli 1973). Die Dynamik ist kein Synonym für Aufgeregtkeit. Eine Bundesregierung kann den Rechtstitel aber doch nur so lange ruhen lassen, wie daraus nicht „die Gefahr der Verwirkung des Rechtstitels erwächst". Sie darf sich auch nicht auf die Formel „deutsche Nation" zurückziehen, wenn darunter nicht mehr das „deutsche Staatsvolk", sondern nur noch „der Begriff einer im Bewußtsein der Bevölkerung vorhandenen Sprach- und Kultureinheit zu verstehen ist". Ebensowenig zulässig ist es, sich auf den Standpunkt zu stellen, die Viermächte-Verantwortung sei „allein noch eine (letzte) rechtliche Klammer für die Fortexistenz Gesamtdeutschlands". Solche Behauptungen wären „rechtlich die Aufgabe einer unverzichtbaren Rechtsposition".

Während es heute darauf ankommt, den Sonderweg der deutschen Teilung, die mit dem Grundlagenvertrag zur Zwei-Staatlichkeit verhärtet wurde, zu verlassen – was nicht „Rückwanderung" bedeutet, sondern die Nutzung sich öffnender neuer Aktionsräume in der Weltpolitik und in Ostmitteleuropa –, waren die Autoren des Grundgesetzes und die deutschen Ministerpräsidenten vor ihnen darum bemüht, die Spaltung Deutschlands an der „Sollbruchstelle" der westlichen Besatzungszonen und der SBZ zu verhindern, jedenfalls nicht durch eigenes Tun zu begünstigen, und Groß-Berlin offenzuhalten. Wer die Zeit selber erlebt hat, weiß, daß die Deutschen nach dem Kriege in ihrem Verhältnis zur Besatzungsmacht das Überleben im Auge haben mußten, die Chancen, der Not zu entfliehen. Sie legten gegenüber den Westalliierten, der rechtlich und faktisch höchsten und einzigen Autorität, Wohlverhalten an den Tag. Der Zusammenhang, der zwischen den staatlichen Organisations-Wünschen der Westmächte, in erster Linie der bestimmenden USA, und der Gewährung der Marshall-

Eröffnungsfeier des Parlamentarischen Rates am 1. September 1948 im Alexander-König-Museum, Bonn. Am Rednerpult Karl Arnold, Ministerpräsident von Nordrhein-Westfalen.

Plan-Hilfe bestand, ist offenkundig. Die Vorstellung, man müsse die vorläufige Teilung Deutschlands hinnehmen in der (durchaus begründeten) Hoffnung, die neugewonnene wirtschaftliche Dynamik des Westens werde die Situation in Deutschland auch politisch zum Besseren wenden, verdrängte die „Askese" Carlo Schmids, nicht einen Staat, sondern lediglich einen „Zweckverband administrativer Qualität" zu schaffen. Aber mit der einzigen Ausnahme des Saargebiets regte sich nirgends in Westdeutschland separatistischer Geist, der Zeit nach dem Ersten Weltkrieg vergleichbar. Alle Politiker, auch die um regionale Sondervorteile bemühten Parteiführer, hielten die nationale Einheit für einen überragenden Wert.

Für die bestimmenden Kräfte in der Sowjetzone galt dies ebenfalls, wenn auch in ganz anderem Sinne. Stalin wollte Deutschland nicht spalten, weil er es möglichst vollständig in seine imperiale Peripherie einzugliedern trachtete. Er schaltete die politischen Kräfte gleich, was in der Zwangsvereinigung von SPD und KPD im April 1946 und im Zerschlagen aller Hoffnungen der Ost-CDU unter Jakob Kaiser auf Reichseinigung von Berlin aus drastisch zum Ausdruck kam. Kaiser hatte sich Anfang 1947 für die Bildung einer „nationalen Repräsentation" eingesetzt, die den sichtbar gewordenen Spaltungs-Tendenzen entgegenwirken sollte. Gegen Ende des Jahres, im

Vorfeld der Londoner Außenministerkonferenz der drei Westmächte und der Benelux-Staaten, bemächtigte sich die SED des Einheits-Gedankens. Der „Deutsche Volkskongreß für Einheit und gerechten Frieden", der Anfang Dezember in Berlin zusammentrat, bestand aus 2000 Delegierten, die im Unterschied zum späteren Parlamentarischen Rat nicht aus gewählten Körperschaften (Landtagen) stammten, sondern von Parteien, Massenorganisationen und Betrieben entsandt worden waren. Kurt Schumacher hatte bereits Kaisers Grundidee der nationalen Repräsentation verworfen – er forderte statt dessen die Wiederzulassung der SPD in der Sowjetzone –, Kaiser selbst wurde im Vorsitz der Ost-CDU von Otto Nuschke verdrängt. Alle westdeutschen Parteiführer lehnten die offenkundig manipulierte „Bewegung" ab, die keine andere Aufgabe zu haben schien, als das staatliche Zusammenwachsen der drei westlichen Besatzungszonen zu verhindern.

Der zweite Volkskongreß im März 1948 bildete den „Deutschen Volksrat", in dessen Auftrag eine Verfassung entworfen wurde. Das Vorparlament ließ sich im Frühjahr 1949 durch Wahlen zum dritten Deutschen Volkskongreß (Einheitsliste) scheinlegitimieren und konstituierte sich am 7. Oktober, wenige Wochen nach der ersten Sitzung des Deutschen Bundestages in Bonn, als Provisorische Volkskammer. Otto Grotewohl bildete die Regierung. Die Verfassung der Deutschen Demokratischen Republik spricht in der Präambel ebenfalls vom „deutschen Volk", doch fehlt jeder Hinweis auf Selbstbestimmung und Vollendung von Einheit und Freiheit. Die Verfassung besitzt keine dynamischen Elemente, sie ist statisch und erklärt in Artikel 1: „Deutschland ist eine unteilbare Republik ... Die Republik entscheidet alle Angelegenheiten, die für den Bestand und die Entwicklung des deutschen Volkes in seiner Gesamtheit wesentlich sind." Hinweise auf Übergangs-Charakter, Vorläufigkeit und Gültigkeits-Verlust durch eine Verfassung, die „von dem deutschen Volke in freier Entscheidung beschlossen worden ist" (Art. 146 GG), sind nicht enthalten. In der neuen, am 8. April 1968 in Kraft getretenen Verfassung fehlt der gesamtdeutsche Anspruch. Art. 1 wurde durch eine Fassung ersetzt, der die Begriffe „Deutschland" und „unteilbar" zum Opfer fielen. Er lautet: „Die DDR ist ein sozialistischer Staat deutscher Nation. Sie ist die politische Organisation der Werktätigen in Stadt und Land, die gemeinsam unter Führung der Arbeiterklasse und ihrer marxistisch-leninistischen Partei den Sozialismus verwirklichen."

In welcher Situation befand sich Deutschland, als die Londoner Sechsmächte-Konferenz (Februar bis Juni 1948) jene „Empfehlungen" beschloß, die den Auftrag zur Staatsgründung in Westdeutschland enthielten? Das Land war seiner Handlungsfähigkeit beraubt. Die Sowjets hatten den Alliierten Kontrollrat, das oberste Regierungsorgan der Besatzungsmächte und Klammer für ein einheitliches Vorgehen der Militärbefehlshaber in den vier Besatzungszonen, nach den ersten Beschlüssen der Londoner Konferenz gesprengt – sie waren ausgezogen. Man muß ins Jahr zuvor zurückgehen, zu den letzten Außenministerkonferenzen vom März und November 1947, um zu erkennen, in welchem Maße Deutschlands Zukunft nun zum Streitobjekt der Sieger geworden war. Stalin sah in Deutschland den Zugang zur Kontrolle ganz Westeuropas. Außenminister Molotow trat daher in Moskau für die Bildung einer Provisorischen Zentralregierung (Sitz Berlin) ein. Dabei sollten neben den Landesregierungen auch die Parteien, Gewerkschaften und Massenorganisationen mitwirken, wie es mit der späteren Volkskongreß-Bewegung in der Sowjetzone dann auch geschah. Die Westmächte lehnten dieses Ansinnen unter dem Eindruck der sowjetischen Politik expansiver Gleichschaltung in Ostmitteleuropa ab. Sie waren entschlossen, dem kommunistischen Vordringen in Deutschland Schranken zu setzen. Zwei Tage vor Beginn der Moskauer Konferenz hatte Präsident Truman in einer Rede vor dem Kongreß erklärt: „Im gegenwärtigen Abschnitt der Weltgeschichte muß jede Nation ihre Wahl in bezug auf ihre Lebensweise treffen. Nur allzu oft ist es keine freie Wahl ... Ich bin der Ansicht, daß es die Politik der Vereinigten Staaten sein muß, die freien Völker zu unterstützen, die sich der Unterwerfung durch bewaffnete Minderheiten oder durch Druck von außen widersetzen."

Diese Sätze, obzwar aktuell auf die Krisen in Griechenland und der Türkei gemünzt, begründeten die Truman-Doktrin, die Epoche machte und die USA im Unterschied zur Zeit nach dem Ersten Weltkrieg in Europa

17. 3. 1948	„Brüsseler Verträge". England, Frankreich und die Benelux-Staaten schließen in Brüssel das erste Nachkriegsbündnis für Europa, die „West-Union"; sie richtet sich erstmals gegen die Politik der UdSSR und nicht mehr (wie der Vertrag von Dünkirchen) gegen Deutschland und regelt neben der kollektiven Selbstverteidigung die wirtschaftliche, soziale und kulturelle Zusammenarbeit.
20. 4.– 2. 6. 1948	„Londoner Empfehlungen". Zweite Sitzungsperiode der Londoner Sechsmächtekonferenz. Plädoyer für die Einheit Westdeutschlands und Beschluß zur Ermächtigung der westdeutschen Ministerpräsidenten, eine „verfassunggebende Versammlung" einzuberufen.
20./21. 6. 1948	*Währungsreform* in den drei Westzonen. Sie hat staatsbildende Funktion.
23./24. 6. 1948	Warschauer Konferenz acht osteuropäischer Staaten als Reaktion auf die „Londoner Empfehlungen". Kritisiert werden die Versuche des Westens zur „Spaltung Deutschlands"; gefordert wird die Errichtung einer gesamtdeutschen Regierung und das Abschließen eines Friedensvertrages auf der Basis der Potsdamer Beschlüsse.
24. 6. 1948– 12. 5. 1949	Blockade der Berliner West-Sektoren zu Lande und zu Wasser durch die UdSSR. – Ab 26. 5.: britisch-amerikanische „Luftbrücke".
1. 7. 1948	Übergabe der „Londoner Empfehlungen" in Frankfurt an die Ministerpräsidenten: 1) Einberufung einer verfassunggebenden Versammlung bis zum 1. 9. 1949 mit dem Ziel der Bildung eines föderativen Staates; 2) Neugliederung der Länder; 3) Erlaß eines Alliierten Besatzungsstatutes.

hielt. Sie markieren den Wendepunkt der amerikanischen Nachkriegspolitik, die von da an bestimmend wurde für den Kurs der Westmächte und der westlichen Besatzungzonen in Deutschland. Das Konzept war militärisch defensiv angelegt, nicht offensiv; es entsprach amerikanischen Interessen, die sich jedoch mit dem Freiheitsethos – etwas anderem als Ideologie – verbanden, das auch Roosevelts weitgreifende Weltgedanken beflügelt hatte. Großbritannien hatte seine traditionelle Vormachtrolle im Mittelmeer aufgegeben und trat nun endgültig in den Schatten der amerikanischen Hegemonialmacht, die mit dem Marshall-Plan und den politischen Konditionen, an die seine Hilfsprojekte gebunden waren, Europa wiederaufzurichten, aber auch auszurichten begann.

Die den Völkern und Bürgern Europas in Ost und West zugedachten und – in gewissem Sinne auch von den USA – oktroyierten Wertvorstellungen, Lebensperspektiven und politischen Verfassungen gingen von da an entschieden und krisenhaft auseinander. Die Sowjets betrachteten die auch für ostmitteleuropäische Staaten in Aussicht gestellte Marshall-Plan-Hilfe als den ökonomischen Kern eines gegen ihre Okkupations-Politik in Mittel- und Osteuropa gerichteten Programms, was durchaus zutraf. Das Programm galt nicht nur der Beseitigung der Not, sondern war aus der Entschlossenheit geboren, den Kommunismus einzudämmen und seinem damals noch großen Einfluß in den westeuropäischen Ländern den Boden zu entziehen. Entscheidende Kriegs-Gewinne und Nachkriegs-Ziele der Sowjetunion schienen in Frage gestellt. Moskau nötigte Polen und die Tschechoslowakei, die Verhandlungen über eine Beteiligung an der Marshall-Hilfe abzubrechen. Die Gründung des Kommunistischen Informationsbüros (Kominform, 1947) und des Rats für gegenseitige Wirtschaftshilfe (RGW 1949) müssen als ökonomische und politische Gegenzüge betrachtet werden. Die Teilung Europas fand ihre Organisation.

Ein großer Teil der begleitenden massiven Propaganda, der organisierten und organisierenden Sprache, wendete sich gegen die amerikanische Absicht, mit großzügigen Wirtschaftshilfen vor allem Einfluß auf die Deutschen in den drei westlichen Besatzungszonen zu gewinnen. Es ist historisch nicht strittig, daß Washington in der Konsolidierung Westdeutschlands die Grundvoraussetzung für die Stabilisierung Europas sah. Die politische Organisation der West-Zonen und die Integration des neuen Staates, den die Amerikaner keineswegs als Provisorium planten, waren die entscheidenden Ziele, die man in der empfindlichen europäischen Umwelt mit der – übrigens schon seit 1946 gewährten – „Aufbauhilfe“ umhüllen mußte. Zum Zeitpunkt der Londoner Sechsmächte-Konferenz existierten westlich der Elbe nur die politische Organisation der Länder und die wirtschaftliche Organisation der Bizone mit ihrem von den Landtagen beschickten parlamentsähnlichen Wirtschaftsrat in Frankfurt, der begrenzte gesetzgeberische Vollmachten besaß. Daneben gab es einen von den Regionalregierungen gebildeten Länderrat und einen Verwaltungsrat. Direktor für Wirtschaft war Ludwig Erhard. Einen Staats-Anfang kann man in der Bizonen-

Schlußlesung des Grundgesetzes am 7. Mai 1949. In der Mitte (1. Reihe) Walter Menzel (SPD), Carlo Schmid (SPD), Jakob Kaiser (CDU), dahinter, zum Teil verdeckt, Thomas Dehler (FDP) und Höpker-Aschoff (FDP). Vorn, sitzend: Max Reimann und Heinz Renner (beide KPD).

Behörde trotz ihrer Leistungen nicht erblicken. Zum einheitlichen Wirtschaftsgebiet wurde Westdeutschland erst mit der Einbeziehung der französischen Besatzungszone im April 1949 (Trizone), als der Parlamentarische Rat bereits am Ende seiner Arbeit stand. Der von den Amerikanern forcierte Prozeß der Staats-Bildung ging über den Wirtschaftsrat und viele seiner bedeutendsten Köpfe hinweg.

Staatsbildend (im Sinne des „Staats wider Willen") wirkte hingegen die Währungsreform, die sich 1948 am exponierten Punkt Berlin zur ersten schweren Ost-West-Krise entwickelte. Die Londoner Sechsmächte-Konferenz war am 1. Juni, zwanzig Tage vor den Währungs-Maßnahmen, zu Ende gegangen. Aufgrund der beschlossenen „Empfehlungen" überreichten die drei westlichen Militärgouverneure den Ministerpräsidenten der Länder am 1. Juli die Frankfurter Dokumente, die den Betroffenen im Stile eines Oktroi vorgetragen wurden. Das dreigegliederte Dokument enthielt die Aufforderung, binnen zwei Monaten eine Verfassunggebende Nationalversammlung einzuberufen. Angefordert wurden Vorschläge für die

Neugliederung der Länder; angekündigt ein Besatzungsstatut, das die Kompetenzen der Besatzungsmächte und der künftigen deutschen Regierung festlegen würde. Gegen diese Ballung von Gestaltungswillen setzte die Sowjetunion den Hebel in Berlin an. Die Blockade vom 24. Juni 1948 bis zum 12. Mai 1949 sollte die Westmächte vor die Alternative stellen, von der Errichtung eines westdeutschen Staatswesens Abstand zu nehmen oder Berlin zu verlieren, die Hauptstadt des Reiches und größte deutsche Stadt. Die Amerikaner widerstanden und bereiteten Stalin eine weltpolitische Niederlage. Die Luftbrücke solidarisierte den Westen, ermutigte die Deutschen und kristallisierte im Parlamentarischen Rat, der unter dem Eindruck der Krise tagte, die Bereitschaft zur Schaffung des Staates. Das Empfinden freilich, daß mit dem offenen Ausbruch des Kalten Krieges inmitten Deutschlands ein historischer Prozeß zutage getreten war, der die Herrschaftsbereiche der großen Mächte voneinander tief sondern würde, trug Unsicherheit unter alle Beteiligten. Die Bundesrepublik Deutschland entstand im Zwangsgebäude überwältigender Umstände. Sie, wie die nur Tage später gegründete DDR, ist das Ergebnis einer kontroversen Weltmächte-Politik.

Das Ringen der Verfassungsväter um Deutschland

Der Weststaat, der nach dem Willen der Amerikaner und Engländer und gegen erheblichen Widerstand der Franzosen geschaffen wurde, war in seiner Souveränität durch das Besatzungsstatut, das Ruhrstatut und durch Demontagen eingeschränkt. Der Abbau deutscher Industrieanlagen wurde zuerst von den Amerikanern, dann von den Engländern eingestellt. Das Ruhrstatut hatte neben dem Grundgesetz und dem Besatzungsstatut konstitutionelle Bedeutung. Die internationale Kontrolle der Bodenschätze und der Montanindustrie, an der die künftige Bundesrepublik beteiligt sein sollte, war oktroyiert, nicht ausgehandelt. Sie konnte unter dem Druck weltpolitischer Ereignisse, die zwischen dem Beginn der Berlin-Blockade im Juni 1948 bis zum Ende des Korea-Krieges Juli 1953 die erste, sehr heftige Phase des „Kalten Krieges" markieren, in den Prozeß der wirtschaftlichen Integration Westeuropas übergeleitet werden. Die Gründung der Montanunion 1952 löste das Ruhrstatut ab.

Das Besatzungsstatut, das am 9. April 1949 in Kraft trat, beendete die unumschränkte alliierte Herrschaft. Die drei Westmächte behielten sich jedoch eine Reihe substantieller Befugnisse vor. Dazu gehörten (gemäß dem Potsdamer Abkommen) Abrüstung und Entmilitarisierung, die Auswärtigen Angelegenheiten (einschließlich der von Deutschland oder in seinem Namen abgeschlossenen internationalen Abkommen), die Kontrolle über den Außenhandel und den Devisenverkehr sowie Schutz, Ansehen und Sicherheit der alliierten Streitkräfte. Die wichtigste Einschränkung der deutschen Souveränität bringt Punkt (3) zum Ausdruck: „Die Besatzungsbehörden behalten sich jedoch das Recht vor, auf Weisung ihrer Regierungen die Ausübung der vollen Gewalt ganz oder teilweise wieder zu übernehmen, wenn sie das als wesentlich erachten für ihre Sicherheit oder zur Aufrechterhaltung der demokratischen Regierungsform in Deutschland oder in Verfolg der internationalen Verpflichtungen ihrer Regierungen."

Souveränität in der heutigen Form erreichte die Bundesrepublik mit dem Deutschlandvertrag, der am 5. Mai 1955 in Kraft trat. Darin behielten sich die westlichen Siegermächte die Rechte und Verantwortlichkeiten in bezug auf Berlin und auf Deutschland als Ganzes einschließlich der Wiedervereinigung Deutschlands und einer friedensvertraglichen Regelung vor (Artikel 2), außerdem das Recht zur Stationierung von Streitkräften und zur Regelung des Notstandes zum Schutze dieser Streitkräfte (Artikel 4 und 5). Die alliierten Rechte nach Artikel 5 Absatz 2 sind mit der Notstandsgesetzgebung von 1968 erloschen. In Artikel 7 Absatz 1 bezeichnen es die Unterzeichnerstaaten als ein wesentliches Ziel ihrer gemeinsamen Politik, eine „frei vereinbarte friedensvertragliche Regelung für ganz Deutschland" zu erreichen. Bis dahin müsse eine „endgültige Festlegung der Grenzen Deutschlands aufgeschoben werden . . ." Laut Artikel 7 Absatz 2 werden die Staaten bis zum Abschluß der friedensvertraglichen Regelung zusammenwirken, um mit friedlichen Mitteln „ihr gemeinsames Ziel zu verwirklichen: Ein wiedervereinigtes Deutschland, das eine freiheitlich-demokratische Verfassung, ähnlich wie die Bundesrepublik, besitzt und das in die europäische Gemeinschaft integriert ist". Das Erlangen der Gleichberechti-

21./22. 7. 1948	Konferenz der westdeutschen Ministerpräsidenten in Rüdesheim: Gründung eines westdeutschen Staates dürfe die spätere Reichseinheit nicht blockieren; sie sei vielmehr nur ein *Provisorium*, eine Etappe zur Wiederherstellung Deutschlands in den Grenzen von 1937.
26. 7. 1948	„Frankfurter Dokumente". Unterrichtung des Ministerpräsidenten durch die Militärgouverneure.
1. 8. 1948	Bildung der Trizone durch Einschluß der französischen Besatzungszone.
10.–23. 8. 1948	Vorbereitende Beratung des Grundgesetzes in Herrenchiemsee.
1. 9. 1948	Konstituierung des *Parlamentarischen Rates* in Bonn.
24. 1. 1949	Bildung eines Vorbereitungsausschusses, der die politischen und Verwaltungsaufgaben bis zur Konstituierung der Bundesregierung übernimmt.
11. 2. 1949	Verabschiedung des Grundgesetzentwurfs durch den Parlamentarischen Rat.
10. 4. 1949	*Besatzungsstatut* der West-Alliierten.
8. 5. 1949	Annahme des Grundgesetzes im Parlamentarischen Rat.
10. 5. 1949	Bonn wird vorläufige Hauptstadt der Bundesrepublik.
12. 5. 1949	Billigung des Grundgesetzes durch die westalliierten Militärgouverneure (vorbehaltlich der Bestimmungen des Besatzungsstatutes und der Anerkennung West-Berlins als 12. Bundesland).

gung war an den Verteidigungsbeitrag der Bundesrepublik geknüpft, der mit dem Beitritt zur Westeuropäischen Union (WEU) und zur NATO vertraglich vereinbart wurde, nachdem die Europäische Verteidigungsgemeinschaft (EVG) in der französischen Nationalversammlung 1954 gescheitert war.

Wirtschaftlich und politisch ist die Bundesrepublik Deutschland seit dem Jahr 1955 also in den europäischen und atlantischen Westen fest eingebunden und verfolgt in diesem Rahmen ihre Staatsziele, zu denen die Wiederherstellung der staatlichen Einheit Deutschlands gehört. Der Staat, wie er unter der politischen Führung Adenauers und seiner Regierungskoalitionen aufgebaut werden konnte, unterscheidet sich von der Staats-Vorstellung der deutschen Ministerpräsidenten und des Parlamentarischen Rates in wichtigen Merkmalen. Die Bundesrepublik entfernte sich mit jedem Schritt in die Richtung ihrer Souveränität von dem Provisorium, als das sie konzipiert war. Die Teilung verhärtete sich, da jede diplomatische Aktion zur weiteren Einbeziehung der Bundesrepublik in den Westen von der Reaktion einer entsprechenden Einbindung der DDR in die Blockintegration des Ostens beantwortet wurde. Souveränität und Einheit wurden Gegensätze, die immer schwerer überwindbar erschienen und in der Bundesrepublik die Auseinandersetzungen zwischen Regierung und Opposition verschärften. Die politische und militärische Westbindung wurde in den Wahlen, die im Banne auch dieses Themas standen, mehrheitlich akzeptiert, doch ist darüber bis zum heutigen Tage nicht der „nationale Konsens" zustande gekommen, der den europäischen und amerikanischen Alliierten die Gewißheit vermitteln würde, daß die Deutschen sich mit dem Leben in einem geteilten Lande abfinden und man ihrer in dieser Hinsicht „sicher" sein könnte. Dasselbe gilt für die DDR und ihre Beziehung zu dem sowjetischen „Geburtshelfer" und dessen Verbündeten.

Man kann die Arbeit der deutschen Ministerpräsidenten und des Parlamentarischen Rates als verzweifelte Versuche charakterisieren, Deutschland aus der Blockbildung herauszuhalten. Die Reaktion der Ministerpräsidenten auf das „Frankfurter Dokument" der drei Westmächte war zunächst abwehrend. In Übereinstimmung mit den Führern der politischen Parteien lehnten sie die von den Alliierten geforderte Einberufung einer „Verfassunggebenden Nationalversammlung" und eine spätere „Volksabstimmung" über die Verfassung ab. Sie plädierten gegenüber den Militärgouverneuren für einen aus den Landtagen gewählten „Parlamentarischen Rat" und für ein die einheitliche Verwaltung des westlichen Besatzungsgebiets gewährleistendes „Grundgesetz" (Vorschlag Max Brauers), über das die Länderparlamente befinden sollten. Man wollte keinen „Vollstaat", der die Spaltung zwischen Ost und West vertiefen würde, sondern ein Provisorium; man wollte nicht ausschließlich „amerikanische Politik machen" (Theodor Eschenburg). Deshalb baten die Ministerpräsidenten um den Erlaß eines die alliierten Rechtsvorbehalte fixierenden Besatzungsstatuts vor dem Beginn ihrer Beratungen über den „fragmentarischen Staat von admi-

Unterzeichnung des Grundgesetzes am 23. Mai 1949 im Gebäude der Pädagogischen Hochschule in Bonn. Im Vordergrund Carlo Schmid (SPD). Links: Hermann Pünder, Peter Altmeier, Leo Wohleb und Hans Ehard (alle CDU).

nistrativem Gepräge“ (Carlo Schmid). Exekutive und Legislative dieser „Gebietversammlung“ sollten im Interesse der Reichseinheit unter dem Organisationsstatut der Alliierten stehen (Carlo Schmid). „Verantworten sollten die fremden Herren den Dreizonenstaat, die Früchte der Entwicklung aber sollten, freilich mit schmerzlichem Blick nach Osten, möglichst ungestört genossen werden.“ (Wolfgang Benz).

In der Konferenz zu Schloß Niederwald bei Rüdesheim am 15./16. 7. 1948 mußten die Ministerpräsidenten vor dem Druck der Alliierten, vor allem angesichts der Drohung General Clays, im Falle eines deutschen Widerstandes gegen die Weststaat-Gründung das bedrängte Berlin aufzugeben, zurückweichen. Wie ernst diese Drohung auch gemeint gewesen sein mag – daß sie ausgesprochen werden konnte und Wirkung zeigte, kennzeichnet die Not der Machtlosigkeit, in der sich das geschlagene Deutschland befand. Die Alliierten zwangen die Deutschen zu einer „freiwilligen“ Staatsgründung – auf diese Weise sollte der Eindruck des Diktats vermieden werden. In Rüdesheim machten sich Ernst Reuter, Max Brauer,

Wilhelm Kaisen und Hans Ehard zu Fürsprechern der Weststaat-Lösung. Reuter erklärte, die Konsolidierung des Westens sei die „einzige Möglichkeit, auch die Ostzone der Sowjetunion wieder entreißen zu können". Man müsse die vorläufige Teilung Deutschlands hinnehmen in der Hoffnung, daß die wirtschaftliche Dynamik des Westens die Situation ändern werde. So fiel in Rüdesheim die Entscheidung für eine „Rückgewinnung der Souveränität und der Ostzone im Bunde mit den Westalliierten und auf das Risiko der deutschen Teilung, ja selbst eines Krieges in Deutschland hin" (Hans-Peter Schwarz).

Die Konferenz beschloß die Einberufung eines von den Ländern beschickten Verfassungskonvents nach Herrenchiemsee, der zwischen dem 10. und 23. August 1948 die großen Linien des Grundgesetzes beriet. Die Alliierten, die zunächst an die schnelle Bildung eines Weststaates mit Verfassung und Regierung – übrigens ohne Rechtsvorbehalte bezüglich ganz Deutschlands – gedacht hatten, lenkten ihrerseits in den Punkten ein, die den Ministerpräsidenten zur Markierung des provisorischen Charakters des Staatswesens notwendig erschienen. Sie erklärten sich mit der Bezeichnung „Grundgesetz" und mit dessen Ratifizierung durch die Länderparlamente einverstanden.

Die Konsequenz des „Kernstaates", von dem Konrad Adenauer – in bewußter Distanz zum Begriff des Provisoriums – sprach, war nach dieser Schwenkung unvermeidlich. Die Westintegration auf allen Gebieten, die der erste Kanzler in den 14 Jahren seiner Regierungszeit betrieb, vor allem die Europa-Politik, sollte einen „Magnetismus" entwickeln, der den „Anschluß" der Sowjetzone und späteren DDR zur gleichsam natürlichen Folge haben würde.

Besonders kennzeichnend für die Scheu, mit der Bundesrepublik Deutschland etwas Endgültiges zu schaffen, verliefen die Diskussionen des Parlamentarischen Rates im Ausschuß für Grundsatzfragen über die Formulierung der Präambel des Grundgesetzes. Man war sich nicht sicher, ob das Staatsgebilde, das „wir hier schaffen", nur eine Bezeichnung oder einen Namen tragen sollte. Es ging in dem Ausschuß auch um den einleitenden Satz, das „Wahren" der nationalen und staatlichen Einheit, und um die Aufforderung im letzten Satz, die Einheit und Freiheit Deutschlands „zu vollenden" (die Formulierung stammt von Theodor Heuss). Die Debatten erreichten den Rang von Sternstunden – wer die Protokolle nachliest, bewundert den entschlossenen Willen der Ratsmitglieder unterschiedlicher Partei-Herkunft, auf dem Wege aus dem Stande eines alliierten Protektorats die Einheit Deutschlands nicht aus dem Auge zu verlieren, die künftige Bundesrepublik offen zu halten, den Charakter ihrer Vorläufigkeit, des Vorläufers eines frei verfaßten ganzen Deutschlands, zu erhalten, ohne die neue Ordnung mit Schwächen zu behaften, die sie zur leichten Beute innerer Feinde machen würde. So hat der Leser oft den Eindruck, Zeuge eines gewagten Balanceaktes der verfassungsrechtlichen Sprache zu werden.

Wäre das Grundgesetz ein Verwaltungsstatut geblieben, wie Carlo Schmid in Herrenchiemsee es noch anregte, hätte das „staatsähnliche Gebilde“ die Bezeichnung „Vereinigtes Wirtschafts- und Verwaltungsgebiet“ oder den Namen „Bund deutscher Länder“ erhalten. Georg August Zinn hatte „Freies Deutschland“ vorgeschlagen, Hans Seebohm und Jakob Kaiser plädierten für „Deutsches Reich“, dem Ellwanger Kreis um Adolf Süsterhenn und Heinrich v. Brentano war „Deutsche Bundesrepublik“ angemessen erschienen. Theodor Heuss meinte, der Begriff Deutschland sollte im Staatsnamen stehen. Dadurch erhalte das Ganze „etwas Pathos sentimentaler, nicht mehr politischer Art“. Der aus Bayern stammende Präambel-Entwurf, wonach die „bundesstaatliche Gemeinschaft“ von den deutschen Ländern gebildet werde, verfiel der Ablehnung: „Wollten wir nicht davon ausgehen – was wir ja immer tun –, daß Deutschland nicht untergegangen ist, sondern nur neu organisiert wird?“ (Hermann von Mangoldt). Die überwiegende Mehrheit war sich einig, nicht die Länder zum Subjekt der Neugründung zu machen. Sie wollte die Kontinuität mit dem alten Deutschland zum Ausdruck bringen. Ludwig Bergsträsser: „Der bayerische Vorschlag klingt gerade so, als wenn eine neue Handelsgesellschaft gegründet und in den Zeitungen veröffentlicht wird. Das kann man doch nicht machen.“

18.–20. 5. 1949	Billigung des Grundgesetzes durch die Länder (außer Bayern).
23. 5. 1949	*Verkündung des Grundgesetzes. Inkrafttreten:* 24. 5. 1949.
18. 7. 1949	Konstituierung der Internationalen Ruhrbehörde in Düsseldorf.
14. 8. 1949	Wahlen zum Ersten Deutschen Bundestag.
7. 9. 1949	*Konstituierung des Bundestages und Bundesrates.* Erich Köhler wird zum Präsidenten des Bundestages gewählt, Karl Arnold zum Präsidenten des Bundesrates.
12. 9. 1949	Wahl von Theodor Heuss zum Bundespräsidenten.
15. 9. 1949	Wahl Konrad Adenauers zum Bundeskanzler.
20. 9. 1949	Erste Bundesregierung aus CDU/CSU, FDP und DP.
21. 9. 1949	Inkrafttreten des westalliierten Besatzungsstatuts: Beendigung der unumschränkten alliierten Herrschaft, jedoch mit dem Vorbehalt substantieller Befugnisse.
7. 10. 1949	Verfassung der DDR tritt in Kraft mit Formulierung des gesamtdeutschen Anspruchs (1968 aufgegeben).
21. 10. 1949	Adenauer begründet in seiner Regierungserklärung den Alleinvertretungsanspruch der Bundesrepublik („Kernstaat“).
11./13. 5. 1950	Londoner Konferenz der drei Westmächte über die Deutschland-Frage.
3. 11. 1950	Sowjetunion schlägt Außenministerkonferenz der Vier Mächte über die deutsche Frage vor.
Mitte 1951	Faktische Beendigung der Demontagen.

Gegen die von der Deutschen Partei vorgeschlagene Bezeichnung „Deutsches Reich“ wurden von Heuss und von Mangoldt historische und außenpolitische Bedenken geltend gemacht. Von Mangoldt führte ins Feld, die Formulierung „Das deutsche Volk erneuert das Deutsche Reich als einen Bund deutscher Länder, der alle deutschen Staaten als gleichberechtigte Staaten umfassen soll“, stelle das Bekenntnis zur deutschen Einheit nicht entschieden genug heraus. „Gerade darauf müssen wir dem Osten gegenüber den größten Wert legen ... Wir müssen gerade gegenüber diesem Auseinanderflattern innerhalb Deutschlands betonen: jeder, der die Stimme zu dem Grundgesetz abgibt, muß sich von vornherein darüber im klaren sein, daß er ein Bekenntnis zur deutschen Einheit abgibt; und wer beitritt, gibt dieses Bekenntnis zur deutschen Einheit ab.“

Über die Einheit als Ziel gibt es im Parlamentarischen Rat keine Kontroverse. Diejenigen, die den sich wieder organisierenden Staat „Reich“ nennen wollen, verstehen diesen Namen in seiner über den „Geltungsbereich des Grundgesetzes“ hinausweisenden Bedeutung: „... das nationale Einheitsgefühl strebt meistens über die bisherigen Grenzen hinaus und möchte das, was ehemals deutsch war, auch wieder hereinholen“, erklärt der Abgeordnete Wilhelm Heile. „Gehört Österreich dazu? Das schließen wir so aus ... Ich bin viel, viel mehr für Einheit. Ich will Österreich nicht ausschließen. Hier wird es weggelassen.“ Er empfiehlt, daß „wir so locker, wie wir dastehen, in diese europäische Staatengemeinschaft hineingehen. Dann hätten wir die Chance, daß alles, was draußen am Rande ist und nicht mitkommen kann, sich im Herzen zu uns hingezogen fühlt. Je straffer wir die Einheit des Teiles (Bundesrepublik, d. Verf.) herstellen, desto mehr haben wir neben der Gebundenheit im Inneren dieser Einheit die abstoßenden Wirkungen nach außen, die gefährlich sind.“ Seine Worte – selbst der für die Zeit nach dem Kriege außerordentlich kühne Hinweis auf Österreich – stoßen auf Verständnis. Die anderen Mitglieder des Rates befürchten nur, daß eine lockere „Reichsstruktur“, wie sie ein Bund deutscher Länder darstellen würde, Tendenzen (erwähnt wird die französische), Deutschland auseinanderzuteilen und möglichst nicht als feste Einheit zu betrachten, fördern und somit negative Folgen für Deutschland haben könnte. „Was hält uns eigentlich zusammen?“ fragt der Abgeordnete Zimmermann. „Unsere Sprache, unsere Kultur, unsere Vergangenheit, unsere ganze Vorstellung, unser ganzes Weltbild, unsere ganze Geschichte, unsere ganze Tradition ist doch Einheit, die in den Jahrhunderten geworden ist. Ich kann mir nichts Besseres vorstellen, als in der Präambel von der Einheit, von dem Willen zur Einheit zu reden. Es gibt kein attraktiveres Element, das in der Präambel so stark diesen Magneten bilden könnte, als dieses Wort. Man kann darauf nicht verzichten. Es hat auch in der geschichtlichen Entwicklung eine tiefere Bedeutung, wenn wir herausstellen, daß wir Deutschen eine Einheit sein wollen, und wenn all diejenigen, die heute noch an den Grenzpfählen unserer Heimat stehen müssen, von dem Willen zur Einheit angezogen werden.“

Der Gedanke des Magnetismus des im Westen verankerten Staatswesens Bundesrepublik Deutschland wird bei der Beratung über die Präambel immer wieder hervorgehoben, um „das etwas dünne Wort Grundgesetz" (Theodor Heuss) gleichsam aufzuladen. „Es ist beschlossen worden, daß wir keine Verfassung machen", gibt Heuss zu bedenken, „tatsächlich machen wir eine". Um das Dilemma zu rechtfertigen, plädieren die Ratsmitglieder dafür, in entschiedener Weise „Das deutsche Volk in den Ländern" als Subjekt und übergreifenden Autor der Präambel zu benennen, so daß anderen Ländern der „Beitritt" offenbleibt (Artikel 23). „Ich unterstreiche durchaus", erklärte die Abgeordnete Elisabeth Selbert, „was er (Hermann von Mangoldt, d. Verf.) gesagt hat: Das Deutsche Reich besteht noch, ist nur nicht handlungsfähig, es ist sogar noch rechtsfähig, seine Kompetenz wird nur von den Militärbefehlshabern ausgeübt. Wesentlich aber erscheint mir doch folgendes: Ich fühle mich hier keineswegs als Vertreter Niedersachsens. Ich bin nicht einmal in Hessen gewählt, obwohl ich Hessin bin, sondern in Niedersachsen. Ich glaube, so sollte es doch auch sein: Wir fühlen uns gar nicht als Vertreter der Länder, die uns entsandt haben, sondern als Vertreter des ganzen Volkes." Als der Vorsitzende von Mangoldt die Abgeordnete Selbert fragt, welchen Vorschlag sie hinsichtlich des Subjekts des Grundgesetzes mache, lautet die Antwort: „Das deutsche Volk!"

„Provisorium" und „Kernstaat" im jungen Parlament

Wer die Protokolle des Deutschen Bundestages von den Anfängen im September 1949 bis zum Inkrafttreten der Pariser Verträge 1955 und des Vertrags über die Beziehungen zwischen der DDR und der UdSSR im gleichen Jahre nachliest, begegnet Hinweisen auf den provisorischen Charakter der Bundesrepublik Deutschland bei der sozialdemokratischen Opposition weitaus häufiger als bei den Vertretern der Regierung. Zwar sprachen auch Kurt Schumacher, Erich Ollenhauer, Herbert Wehner und Fritz Erler von „Kernstaat", doch blieb die Auslegung dieses Begriffes in der gestaltenden Praxis des Regierens der dominierenden Figur Adenauers vorbehalten. Welchen Weg ein Bundeskanzler Schumacher eingeschlagen hätte, um die Gleichberechtigung der jungen Bundesrepublik im Kreis der Mächte möglichst rasch durchzusetzen, können wir aus den betont nationalen, von einem ausgeprägt polemischen Temperament erhitzten Reden des Oppositionsführers nur unvollkommen ableiten. Kurt Schumacher war schon wegen seiner lodernden Abneigung gegen die Partei-Statthalter der Sowjetunion in Mitteldeutschland ein Mann des Westens und ein Befürworter der Westbindung. Aber er stellte an die Westmächte Anforderungen, die auf eine sofortige, nachgerade bedingungslose Akzeptanz der Bundesrepublik als des europäischen Vorpostens gegen den „totalitären Expansionismus der Sowjetunion" hinausliefen. Wie schon zu Zeiten des Parlamentarischen

Das Grundgesetz wird am 23. Mai 1949 feierlich verkündet. Vordere Reihe von links: Walter Menzel (SPD), Carlo Schmid (SPD), Jakob Kaiser (CDU), Paul Löbe (halb verdeckt, SPD) und Theodor Heuss (ganz rechts, FDP).

Rates, als sich die Beziehungen zu den westlichen Militärgouverneuren in der Frage der Finanzverfassung dramatisch zuspitzten, postulierte Schumacher eine unnachgiebige, an der unverzüglichen Erfüllung deutscher Interessen orientierte Politik gegenüber den westlichen Mächten, deren Besatzungsstatut die deutsche Souveränität bedrohlich überschattete. Er betrieb in gewissem Sinne eine „Weimarer Politik", die das harte Nein einschloß und Hinweise auf die ganz andere Gegenwart und Vergangenheit nicht duldete.

In der leidenschaftlichen Auseinandersetzung, die darüber ausbrach, erhielten die Begriffe „Provisorium" und „Kernstaat", um die man sich namentlich nie stritt, eine ganz andere Färbung. Konrad Adenauer war sich des fragilen, in diesem Sinne „provisorischen" und „vorläufigen" Charakters der Bundesrepublik Deutschland voll bewußt. Zugeständnisse, wie beispielsweise der rasche Beitritt zum Ruhrstatut (Petersberger Abkommen vom 22. November 1949) ohne sofortige Lockerungen des Besatzungsstatuts oder der Beitritt zum Europa-Rat am 13. Juli 1950 als assoziiertes Mitglied ohne vorherige Lösung der Saar-Frage, erschienen ihm zweckmäßiger als forderndes Auftrumpfen. Wo die Opposition „Abendlandrezepte im Sinne einer Option für die Politik westlicher Staaten" (Carlo

Schmid) witterte, das Hineinschleichen in ein „Kleinsteuropa des äußersten Westens“ oder gar eine „Methodik der Behandlung“ in der Saar-Frage, die zeige, „daß manche Leute zwar widerwillig von der Notwendigkeit deutscher Einheit reden, daß sie aber an der Spaltung Deutschlands ein machtpolitisches Interesse haben“ (Schumacher), sah Adenauer nichts als Chancen, den Kernstaat im Schutze einer wachsenden westlichen Zustimmung zu entwickeln und zu einem unverzichtbaren Teil des Westens zu machen, der kein Handels-Objekt mehr sein könne. Die Wiedervereinigung Deutschlands vermochte sich der erste Bundeskanzler nur als Lohn und Ergebnis einer gestärkten Einheit des Westens vorzustellen, in dem die Bundesrepublik fest und zuverlässig verankert sein würde. Schumachers größere Ungeduld erschien ihm dagegen gefährlich und fruchtlos. Adenauer hielt die Westbindung des freien Teils Deutschlands für einen Eigenwert, den es in jedem Falle zu erwerben und erhalten gelte. Der Opponent, der diese Grundeinstellung wahrnahm und nach allen seinen Instinkten für ungenügend befand, bezeichnete deshalb in einer überbelichteten Momentaufnahme Konrad Adenauer als „Bundeskanzler der Alliierten“ (Deutscher Bundestag, 25. November 1949). Er gab dem Kernstaat-Begriff des Regierungschefs damit eine Färbung, die am Bild der Deutschland-Politik des ersten Bundeskanzlers bis heute haften geblieben ist.

Trotz dieser Unversöhnlichkeit, die nicht nur in methodischen Unterschieden der Politik, nicht nur in der Gegensätzlichkeit der Naturen begründet war, sondern in verschiedenartigen nationalen Konzeptionen und deren mit der Mächte-Entwicklung immer schärfer ausgeprägten Prioritäten – Tragik darf angenommen werden –, gab es in der ersten Legislaturperiode des Bundestages deutsche Sternstunden. Damals unterstellte noch keine Seite des Parlaments der anderen, daß sie die Wiedervereinigung Deutschlands nicht im Sinne habe, einfach nicht gewollt habe und wolle, wie Thomas Dehler und Gustav Heinemann später in der erregten Debatte am 23. Januar 1958 dem Kanzler vorwarfen. Es war eben schon eine ganz andere Zeit und ein ganz anderer deutscher Zustand, die Thomas Dehler die Zunge führten: „Mein Bruch mit Dr. Adenauer beruht auf dieser Frage. Ich habe ihm nicht mehr geglaubt. Ich habe nicht mehr geglaubt, daß er das deutsche Ziel, die Wiedervereinigung, anstrebt.“ Neun Jahre vorher, als die DDR ins Leben trat (oder „getreten wurde“, wie Herbert Wehner sagte), wäre ein solcher Anwurf des Grundgesetz-Bruches nicht denkbar gewesen. Auch nicht eine Anschuldigung in die andere Richtung, die Einheit Deutschlands sei der gegnerischen Seite, den Machtambitionen der Sowjetunion und ihrer Freunde, geopfert worden für das Linsengericht von Verträgen, die nichts anderes und Besseres zu bewirken vermöchten als die Anerkennung zweier deutscher Staaten. Bis dieses Verdikt ausgesprochen wurde, mußten zwanzig Jahre deutscher Parlaments-Geschichte nach dem Kriege vergehen und die Konstallation der Weltmächte-Politik sich in der Mitte Europas zu „Endmoränen“ verhärtet haben.

Nach der Erinnerung von Zeitzeugen, die an der Sitzung des Bundestages am 21. Oktober 1949 teilnahmen, hatte die Stimme Konrad Adenauers bei der Abgabe der Regierungserklärung vor Erregung gebebt. Der Bundeskanzler befaßte sich mit der Bildung einer „provisorischen“ Regierung in der Sowjetzone, die zehn Tage vorher ans Licht getreten war. Er führte aus, daß die sowjetische Besatzungsmacht schon seit 1945 durch den Aufbau von Zentralverwaltungen, die Bildung einer Wirtschaftskommission im Juni 1947 und durch die Einsetzung des Ersten Volkskongresses im Dezember des gleichen Jahres die Schaffung eines Volksrates und durch den Auftrag zur Ausarbeitung einer Verfassung „die wirtschaftliche und politische Trennung der Sowjetzone vom übrigen Deutschland ... gefördert“ habe. Die in der Verfassung vorgesehenen Wahlen zur Volkskammer seien nicht abgehalten worden. Demgegenüber sei bei den Westmächten erst auf der Londoner Konferenz vom Februar bis Juni 1948 das „Bestreben zutage“ getreten, eine einheitliche staatliche Organisation für die drei Westzonen zu schaffen. Das Grundgesetz sei von den Landtagen ratifiziert, der erste Bundestag am 14. August von 23 Millionen Bürgern (Adenauer zog die 1,5 Millionen kommunistischen Stimmen ab) gewählt worden. Sie hätten die staatliche Neuordnung, die Schaffung der Bundesrepublik, gebilligt. Niemand könne behaupten, daß die „Organisation“ der Sowjetzone auf

24. 9. 1951	Beginn der Verhandlungen Adenauers mit den Hohen Kommissaren über die Ablösung des Besatzungsstatuts.
20.–22. 11. 1951	Pariser Konferenz der drei Westmächte mit Adenauer. Billigung des Entwurfs des Generalvertrags (Deutschlandvertrag) und der Zusatzverträge.
21. 12. 1951	Aufhebung des Ruhrstatuts.
11. 1. 1952	Montanunion. Ratifikation des Vertrags im Bundestag. Inkrafttreten: 25. 7. 1952.
24.–26. 5. 1952	Bonner Konferenz zwischen den Westmächten und der Bundesrepublik.
28. 5. 1952	Unterzeichnung des *Generalvertrags (Deutschlandvertrag)* und der Zusatzverträge.
25. 1. 1954	Außenministerkonferenz der Vier Mächte in Berlin über Deutschland.
5. 5. 1955	Erlangung der *Souveränität* in der heutigen Form durch das Inkrafttreten des Generalvertrags (Deutschlandvertrag). Gleichzeitig Aufhebung des Besatzungsstatuts. Einige Vorbehaltsrechte bleiben (Berlin; Wiedervereinigung; Friedensvertrag; Stationierung).
20. 9. 1955	Sowjetische Souveränitätserklärung für die DDR.
26. 3. 1957	Sogen. Konkordatsurteil des Bundesverfassungsgerichtes. Bestätigung des Fortbestands des Deutschen Reiches als Völkerrechtssubjekt unter Einbuße seiner staatlichen Organisation.
31. 7. 1973	Weiteres Verfassungsgerichtsurteil. Als politisches Ziel bleibe die *Wiederherstellung der staatlichen Einheit*.

Ratspräsident Konrad Adenauer bei seiner Schlußansprache am 23. Mai 1949. Hinter ihm Adolph Schönfelder (SPD).

dem freien Willen der Bevölkerung beruhe. Dagegen stütze sich die Bundesrepublik Deutschland auf die Anerkennung durch den Willen von rund 23 Millionen stimmberechtiger Deutscher. „Die Bundesrepublik Deutschland ist somit bis zur Errichtung der deutschen Einheit insgesamt die alleinige legitimierte staatliche Organisation des deutschen Volkes ... Die Bundesrepublik Deutschland ist allein befugt, für das deutsche Volk zu sprechen."

Der Anspruch auf Alleinvertretung, der zu den Merkmalen des entwickelten „Kernstaates" gehört, war damit formuliert. Adenauer wandte sich im selben Atemzuge „vor dem deutschen Volk und der gesamten Weltöffentlichkeit" gegen anerkennende Erklärungen, die in der Sowjetzone über die Oder-Neiße-Linie abgegeben worden waren. Berlin bezeichnete er angesichts der neuen Situation als „Bollwerk des demokratischen Westeuropas" und „des demokratischen westlichen Teils Deutschlands". Daß Groß-Berlin als zwölftes Land zur Bundesrepublik gehören solle, sei in Artikel 23 des Grundgesetzes niedergelegt. Dieser Beschluß des Parlamentarischen Rates sei von den Westmächten nicht genehmigt worden, aber er sei doch „nur suspendiert". Das behindere nicht die De-facto-Zugehörigkeit Berlins zum Bund. Am Schluß seiner Erklärung versäumte Konrad Adenauer es nicht, die „Epoche staatlicher und sozialer Wirren", die er in der Gründung der DDR bestätigt sah, durch die Vision des in den Westen intarsierten Kernstaates zu relativieren: „Wir sind davon überzeugt, daß unsere oft so trostlos aussehende Epoche schließlich doch zu fruchtbaren Neubildungen staatlicher und überstaatlicher Ordnungen führt, zu Ordnungen, die erwachsen sind auf dem Boden gleichen Rechts für alle. Unser vornehmstes Ziel wird sein, ganz Deutschland auf dem Boden des Rechts und der Freiheit zu einen und es in eine europäische Ordnung hineinzuführen."

Der Sprecher der Opposition, Herbert Wehner, widersprach dem Bundeskanzler darin nicht. Im Gegenteil. Seine Rede, repräsentativ für die damalige Meinung der Sozialdemokratischen Partei Deutschlands, kennzeichnete in fast unnachahmlicher Schärfe und frei von den diplomatischen Rücksichten, die der Regierungschef zu nehmen hatte, die unbedingte deutschland-politische Priorität der sozialdemokratischen Politik. Bei dem, was sich jetzt in der Sowjetzone abgespielt habe, sagte Herbert Wehner, handele es sich in Wirklichkeit ja um die „juristische Fixierung" der seit mehr als vier Jahren dort bestehenden Verhältnisse und Tendenzen. „Das, was sich jetzt dort als sogenannte provisorische Regierung hat etablieren lassen, hat als Regierungsgewalt im Grund nur die Macht, die zur Vollstrekkung der Direktiven einer fremden Macht erforderlich ist." Die sowjetischen Staats- und Propagandaakte, die in diesen Tagen auf deutschem Boden „abgerollt sind", seien kein Ersatz für den einzigen Akt, aus dem die Wiedervereinigung des gegen den Willen des Volkes gespaltenen Volks- und Staatswesens entstehen werde. „Denn dieser einzige Akt sind allgemeine, freie, geheime, gleiche und direkte Wahlen in allen Zonen und überall. Die Staatsakte in Sowjet-Preußen (Zuruf: Sowjet-Preußen?) ersetzen diesen Akt nicht ..."

Wie „hohl" die Deklarationen der Souveränität in der „sogenannten Deutschen Demokratischen Republik" seien, erläuterte Herbert Wehner an einem Beispiel, das sich fast 40 Jahre später in der DDR wiederholte und in verblüffender Weise die Erstarrung der Staats-Ideologie belegt, in der 16

Millionen Deutsche (damals 19 Millionen) gefangen gehalten werden. Wehner: „Ich meine die Verurteilung von vier jungen Berliner Menschen, Mitglieder der Jugendbewegung ‚Die Falken', zur Höchststrafe, die ein sowjetisches Militärgericht verhängen kann, zur Strafe von 25 Jahren Straflager ... Zu dem, was man ihnen zur Last legt, gehört unter anderem, daß sie hektographierte Exemplare eines Ausspruchs von Rosa Luxemburg verbreitet haben. Dieser Ausspruch von Rosa Luxemburg lautet: ‚Freiheit ist immer nur dann Freiheit, wenn es die Freiheit der Andersdenkenden ist'. Es kann wohl kein erschütternderes Beispiel für diese innere ‚Freiheit' jenes angeblichen Staatsgebildes geben als dieses Urteil und die Einsicht in die angeblichen Vergehen, die zu diesem Schreckensurteil geführt haben."

Im Einklang mit Konrad Adenauer, nur lautverstärkt durch das freie Megaphon der Opposition, verurteilt Herbert Wehner den „endgültigen Verzicht", den das Staatspersonal der DDR eilfertig auf die Gebiete jenseits der Oder und Neiße ausgesprochen hatte. „Wir sollten, wenn wir über diese Dinge sprechen, die sich auf deutschem Boden abspielen, es uns abgewöhnen, in völkerrechtlichen Kategorien zu sprechen. Es handelt sich hier um innerdeutsche Angelegenheiten, um ureigenste Angelegenheiten des deutschen Volkes! Aber lassen Sie es mich an dieser Stelle sagen: Stärker als alle Verfassungen, geschriebenen Verfassungen, und ich meine: stärker auch als alle Verfassungsbrüche – denn witzigerweise ist ja jene angebliche Regierung mit einem Bruch ihrer eigenen Verfassung ins Leben getreten oder ins Leben getreten worden – ist die ungeschriebene Verfassung, die in Deutschland gilt, die den Willen unseres Volkes zur Wiederherstellung seiner staatlichen Einheit zum Ausdruck bringt!" Wehner warnt vor der semantischen Raffinesse der kommunistischen Politik, die Worte wie „Nationale Front" oder „Koordination" (von Entwicklungen im Osten und Westen Deutschlands) als Verführungsmittel ins Spiel bringe. „So die Äußerung, daß die Regierung der ‚Deutschen Demokratischen Republik' " – dieser Terminus werde, sagt Wehner, sogar auf der Seite der Regierungsparteien verwendet – „nicht einfach zu ignorieren sei, ja noch klarer gesagt, daß man mit ihr als mit einer Realität rechnen müsse, und noch schärfer herausgearbeitet, daß man abwarten wolle, ob sie echte demokratische Entwicklungen zulasse, und dann könne man mit ihr in Verbindung treten ... Unterschätzen Sie diese Methode der ‚Koordination', diese Methode, die mit ‚Koordination' beginnt und mit Gleichschaltung aufhört, nicht!"

Herbert Wehner beendete seine Rede mit einem prophetischen Gedanken, den heute niemand mehr in dieser Weise zu formulieren wagen würde, der jedoch die Situation des gespaltenen Deutschland, dessen Teile sich staatlich verfestigt haben, gültig beschreibt: „Nun, wir können feststellen, diese vier Alliierten – es sind noch immer vier Alliierte – haben bisher das Notwendige nicht getan; denn von dem, was sie getan haben, liegt nur der Tatbestand der Trennung unseres Landes vor. Es ist unwahr, wenn von irgendeiner Seite die Sache so dargestellt wird, als ob das Gebilde, das jetzt auf einem Teil unseres Landes errichtet worden ist, irgendwie das Ergebnis

Bundesgesetzblatt

1949	Ausgegeben in Bonn am 23. Mai 1949	Nr. 1

Inhalt: Grundgesetz für die Bundesrepublik Deutschland vom 23. Mai 1949 .... Seite 1

Grundgesetz
für die Bundesrepublik Deutschland
vom 23. Mai 1949.

Der Parlamentarische Rat hat am 23. Mai 1949 in Bonn am Rhein in öffentlicher Sitzung festgestellt, daß das am 8. Mai des Jahres 1949 vom Parlamentarischen Rat beschlossene Grundgesetz für die Bundesrepublik Deutschland in der Woche vom 16. — 22. Mai 1949 durch die Volksvertretungen von mehr als Zweidritteln der beteiligten deutschen Länder angenommen worden ist.

Auf Grund dieser Feststellung hat der Parlamentarische Rat, vertreten durch seine Präsidenten, das Grundgesetz ausgefertigt und verkündet.

Das Grundgesetz wird hiermit gemäß Artikel 145 Absatz 3 im Bundesgesetzblatt veröffentlicht:

Präambel

Im Bewußtsein seiner Verantwortung vor Gott und den Menschen,

von dem Willen beseelt, seine nationale und staatliche Einheit zu wahren und als gleichberechtigtes Glied in einem vereinten Europa dem Frieden der Welt zu dienen, hat das Deutsche Volk

in den Ländern Baden, Bayern, Bremen, Hamburg, Hessen, Niedersachsen, Nordrhein-Westfalen, Rheinland-Pfalz, Schleswig-Holstein, Württemberg-Baden und Württemberg-Hohenzollern,

um dem staatlichen Leben für eine Übergangszeit eine neue Ordnung zu geben,

kraft seiner verfassungsgebenden Gewalt dieses Grundgesetz der Bundesrepublik Deutschland beschlossen.

Es hat auch für jene Deutschen gehandelt, denen mitzuwirken versagt war.

Das gesamte Deutsche Volk bleibt aufgefordert, in freier Selbstbestimmung die Einheit und Freiheit Deutschlands zu vollenden.

I. Die Grundrechte

Artikel 1

(1) Die Würde des Menschen ist unantastbar. Sie zu achten und zu schützen ist Verpflichtung aller staatlichen Gewalt.

(2) Das Deutsche Volk bekennt sich darum zu unverletzlichen und unveräußerlichen Menschenrechten als Grundlage jeder menschlichen Gemeinschaft, des Friedens und der Gerechtigkeit in der Welt.

(3) Die nachfolgenden Grundrechte binden Gesetzgebung, Verwaltung und Rechtsprechung als unmittelbar geltendes Recht.

Artikel 2

(1) Jeder hat das Recht auf die freie Entfaltung seiner Persönlichkeit, soweit er nicht die Rechte anderer verletzt und nicht gegen die verfassungsmäßige Ordnung oder das Sittengesetz verstößt.

(2) Jeder hat das Recht auf Leben und körperliche Unversehrtheit. Die Freiheit der Person ist unverletzlich. In diese Rechte darf nur auf Grund eines Gesetzes eingegriffen werden.

Artikel 3

(1) Alle Menschen sind vor dem Gesetz gleich.

(2) Männer und Frauen sind gleichberechtigt.

(3) Niemand darf wegen seines Geschlechtes, seiner Abstammung, seiner Rasse, seiner Sprache, seiner Heimat und Herkunft, seines Glaubens, seiner religiösen oder politischen Anschauungen benachteiligt oder bevorzugt werden.

Artikel 4

(1) Die Freiheit des Glaubens, des Gewissens und die Freiheit des religiösen und weltanschaulichen Bekenntnisses sind unverletzlich.

(2) Die ungestörte Religionsausübung wird gewährleistet.

(3) Niemand darf gegen sein Gewissen zum Kriegsdienst mit der Waffe gezwungen werden. Das Nähere regelt ein Bundesgesetz.

Artikel 5

(1) Jeder hat das Recht, seine Meinung in Wort, Schrift und Bild frei zu äußern und zu verbreiten und sich aus allgemein zugänglichen Quellen un-

deutschen Willens wäre. Das ist es beileibe nicht. Durch unser Land, durch unsere Familien geht jener ‚Gartenzaun', von dem einmal gesprochen worden ist, und wir brauchen für unser nationales Leben wie auch dafür, daß wir ein gesunder und wertvoller Bestandteil des neuen Europa sein können, die Überwindung dieses Zaunes."

Kurt Plück

Das Ringen um das Selbstbestimmungsrecht der Deutschen

Die eine – entscheidende – Sternstunde im Ringen um das Selbstbestimmungsrecht der Deutschen, jene Stunde, von der aus der Weg zum Ziel unverfehlbar zu übersehen ist, sie hat sich noch nicht ereignet; weder im Deutschen Bundestag, noch in der politischen Entwicklung zwischen Ost und West in Europa. Nichts spricht dafür – so läßt sich in der Rückschau auf 40 Jahre erkennen –, daß jemals eine solche günstige Konstellation bestanden hat.

Aber ist die deutsche Frage überhaupt von der Art, daß sie sich in einer parlamentarischen Sternstunde hätte entscheiden können? Die deutsche Frage hatte stets gesamteuropäischen Rang und hat dies auch heute. Ist sie nicht der geschichtliche Testfall für das Europa der zweiten Hälfte dieses Jahrhunderts? Nimmt der Kontinent mit der ältesten, bei allen Gegensätzen doch gemeinsamen Geschichte seine Spaltung hin oder weiß er sich aus der Fremdbestimmung zur Selbstbestimmung zu befreien?

Parlamentarische Sternstunden im Ringen um das Selbstbestimmungsrecht sind jene, die den Blick auf Weichenstellungen freigeben, in denen sich die politischen Kräfte von taktischen Rücksichten freimachen und in Verantwortung für das Ganze sprechen; in denen mit letztem Ernst das Gemeinsame gesucht und der Gegensatz nicht gescheut wird. Sie sind nicht zuletzt Sternstunden, weil sie die Öffentlichkeit aufrütteln und orientieren. Die Selbstbestimmung der Deutschen muß gewollt werden. Nicht nur Nation sein ist Sache der volonté générale. Als die Deutschen im vorigen Jahrhundert ihre staatliche Einheit suchten, ging es um den Frieden der Deutschen mit sich selbst und um die Möglichkeit, das Verhältnis zu den europäischen Nachbarn auf eine tragfähig erscheinende Grundlage zu stellen. Als das Deutsche Reich zustande gebracht war, wurde nationale Einheit vielfach als Programm zur Überwindung der gesellschaftlichen Gegensätze und sozialen Ungerechtigkeiten verstanden. Nationale Einheit ist kein Selbstzweck. Im heutigen Europa kann sie allein dem Zweck dienen, die Freiheit zu erringen, sie zu bewahren und sie notfalls – im Bündnis mit anderen – zu verteidigen.

Der Beschluß des Deutschen Bundestages – 17. Mai 1972

Mit den Stimmen aller Fraktionen hatte der Deutsche Bundestag am 17. Mai 1972 vor der Schlußabstimmung über die Verträge mit der Sowjetunion und mit der Volksrepublik Polen einen Beschluß gefaßt, der die gemeinsamen Grundansichten zur Außen- und Deutschlandpolitik der Bundesrepublik Deutschland wiedergibt. Diesen Beschluß machte sich die Bundesregierung zu eigen. Sie leitete ihn als Dokument der Bundesrepublik Deutschland der Sowjetregierung zu, bevor der Oberste Sowjet das Ratifizierungsverfahren zum deutsch-sowjetischen Vertrag abgeschlossen hatte. Durch die förmliche Übergabe nach Artikel 32 der Wiener Vertragskonvention war der völkerrechtliche Charakter sichergestellt; durch die widerspruchslose Entgegennahme wurde erreicht, daß der Vertragspartner dieser verbindlichen Grundlage der Politik der Bundesrepublik Deutschland nicht mit dem Hinweis begegnen kann, sie befinde sich im Widerspruch zu den Verträgen.

Mit diesem Beschluß aller Fraktionen hatte der Kampf um die Ostverträge seinen abschließenden Höhepunkt erreicht. Der Beschluß war unumgänglich geworden, weil angesichts der parlamentarischen Patt-Situation eine Mehrheit für den Abschluß der umstrittenen Verträge nicht zustandezubringen war.

Wie war es zu dieser Konstellation gekommen? Und warum läßt sich dieser parlamentarische Vorgang als die wohl folgenreichste Entscheidung in der Deutschlandpolitik, im Ringen um Selbstbestimmung des deutschen Volkes einschätzen?

Die Geschichte dieses Textes reicht zurück in die Katastrophe von 1945, als Deutschland am Ende des von Hitler vom Zaun gebrochenen Krieges niedergeschmettert am Boden lag. Jeder der in diesem Text verwendeten Begriffe hatte seine eigene Geschichte im Zusammenhang der deutschen Nachkriegsentwicklung. Dies ist der Grund dafür, daß die Formulierungen sich wie das äußerste Konzentrat von Erkenntnissen, Einsichten und Feststellungen lesen, die in Jahrzehnten gewonnen wurden – abgefaßt in einer Situation extremster Herausforderung.

Der Beschluß hat diesen Wortlaut:

„Im Zusammenhang mit der Abstimmung über den Vertrag zwischen der Bundesrepublik Deutschland und der Union der Sozialistischen Sowjetrepubliken vom 12. August 1970 und dem Vertrag zwischen der Bundesrepublik Deutschland und der Volksrepublik Polen über die Grundlagen der Normalisierung ihrer gegenseitigen Beziehungen vom 7. Dezember 1970 erklärt der Deutsche Bundestag:

1. Zu den maßgebenden Zielen unserer Außenpolitik gehört die Erhaltung des Friedens in Europa und der Sicherheit der Bundesrepublik Deutschland. Die Verträge mit Moskau und Warschau, in denen die Vertragspartner feierlich und umfassend auf die Anwendung und Androhung von Gewalt verzichten, sollen diesen Zielen dienen. Sie sind wichtige Elemente des Modus vivendi, den die Bundesrepublik Deutschland mit ihren östlichen Nachbarn herstellen will.
2. Die Verpflichtungen, die die Bundesrepublik Deutschland in den Verträgen eingegangen ist, hat sie im eigenen Namen auf sich genommen. Dabei gehen die Verträge von den heute tatsächlich bestehenden Grenzen aus, deren einseitige Änderung sie ausschließen. Die Verträge nehmen eine friedensvertragliche Regelung für Deutschland nicht vorweg und schaffen keine Rechtsgrundlage für die heute bestehenden Grenzen.
3. Das unveräußerliche Recht auf Selbstbestimmung wird durch die Verträge nicht berührt. Die Politik der Bundesrepublik Deutschland, die eine friedliche Wiederherstellung der nationalen Einheit im europäi-

schen Rahmen anstrebt, steht nicht im Widerspruch zu den Verträgen, die die Lösung der deutschen Frage nicht präjudizieren. Mit der Forderung auf Verwirklichung des Selbstbestimmungsrechts erhebt die Bundesrepublik Deutschland keinen Gebiets- oder Grenzänderungsanspruch.

4. Der Deutsche Bundestag stellt fest, daß die fortdauernde und uneingeschränkte Geltung des Deutschlandvertrages und der mit ihm verbundenen Abmachungen und Erklärungen von 1954 sowie die Fortgeltung des zwischen der Bundesrepublik Deutschland und der Union der Sozialistischen Sowjetrepubliken am 13. September 1955 geschlossenen Abkommens von den Verträgen nicht berührt wird.
5. Die Rechte und Verantwortlichkeiten der Vier Mächte in bezug auf Deutschland als Ganzes und auf Berlin werden durch die Verträge nicht berührt. Der Deutsche Bundestag hält angesichts der Tatsache, daß die endgültige Regelung der deutschen Frage im Ganzen noch aussteht, den Fortbestand dieser Rechte und Verantwortlichkeiten für wesentlich.
6. Hinsichtlich der Bedeutung der Verträge verweist der Deutsche Bundestag darüber hinaus auf die Denkschriften, die die Bundesregierung den gesetzgebenden Körperschaften zusammen mit den Vertragsgesetzen zum Moskauer und Warschauer Vertrag vorgelegt hat.
7. Die Bundesrepublik Deutschland steht fest im Atlantischen Bündnis, auf dem ihre Sicherheit und ihre Freiheit nach wie vor beruhen.
8. Die Bundesrepublik Deutschland wird die Politik der europäischen Einigung mit ihren Partnern in der Gemeinschaft unbeirrt fortsetzen mit dem Ziel, die Gemeinschaft stufenweise zu einer Politischen Union fortzuentwickeln.
   Die Bundesrepublik Deutschland geht dabei davon aus, daß die Sowjetunion und andere sozialistische Länder die Zusammenarbeit mit der EWG aufnehmen werden.
9. Die Bundesrepublik Deutschland bekräftigt ihren festen Willen, die Bindungen zwischen Berlin (West) und der Bundesrepublik Deutschland gemäß dem Viermächte-Abkommen aufrechtzuerhalten und fortzuentwickeln. Sie wird auch in Zukunft für die Lebensfähigkeit der Stadt und das Wohlergehen ihrer Menschen Sorge tragen.
10. Die Bundesrepublik Deutschland tritt für die Normalisierung des Verhältnisses zwischen der Bundesrepublik Deutschland und der DDR ein. Sie geht davon aus, daß die Prinzipien der Entspannung und der guten Nachbarschaft im vollen Maße auf das Verhältnis zwischen den Menschen und Institutionen der beiden Teile Deutschlands Anwendung finden werden."

Um die Bedeutung dieses Beschlusses besser zu verstehen, muß man mindestens bis zur Bildung der sozialliberalen Koalition im Herbst 1969 zurückgehen. Damals wurde eine neue Phase der Politik gegenüber der Sowjetunion, den östlichen Nachbarn Deutschlands und gegenüber jenem anderen Teil Deutschlands eröffnet, in dem sich seit 1949 gesondertes staatliches Leben als DDR organisiert hatte. Um die parlamentarische Auseinandersetzung um diese neue Ostpolitik in die vierzigjährige Entwicklung einordnen zu können, bedürfte es einer kontinuierlichen Darstellung des Geschehens seit 1949 im Deutschen Bundestag. Dies ist hier nicht möglich.

Nur zwei Vorgänge seien hier in die Erinnerung gerufen.

Am Beginn ein gesamtdeutscher Akzent

Nicht von ungefähr beginnt die Dokumentation der Tätigkeit des Deutschen Bundestages mit einem gesamtdeutschen Akzent. In der Vorbesprechung zur Eröffnungssitzung des Parlaments am 6. September 1949 schlägt der Abgeordnete Dr. Konrad Adenauer für die CDU / CSU vor, der Abgeordnete Löbe (SPD) möge als Alterspräsident die erste Sitzung des Deutschen Bundestages eröffnen. Er sei zwar als Berliner Vertreter nicht stimmberechtigt, sei aber älter als Adenauer selbst. Vor allem: Es könne „als ein Symbol staatsrechtlicher Kontinuität gelten, wenn der langjährige Präsident des Reichstages aus der Zeit der Weimarer Republik den Bundestag eröffnen würde“. Es gehe nicht an, daß ein nichtstimmberechtigtes Mitglied diese Funktion ausübe, wendet der Vertreter der Bayernpartei, Dr. Seeler,

23. 5. 1949	„Das gesamte deutsche Volk bleibt aufgefordert, in freier Selbstbestimmung die Einheit und Freiheit Deutschlands zu vollenden.“ Schlußsatz der Präambel des in Kraft tretenden Grundgesetzes der Bundesrepublik Deutschland.
20. 9. 1949	Adenauer setzt in seiner ersten Regierungserklärung das Ziel der Beseitigung der Teilung Deutschlands durch Minderung der Spannungen zwischen den Vier Mächten.
10. 6. 1953	Bundestag beschließt ein Programm zur Wiederherstellung der Einheit Deutschlands durch freie Wahlen.
16./17. 6. 1953	Volksaufstand im Sowjetsektor Berlins und in der Sowjetzone – ausgelöst durch erhöhte Arbeitsnormen; gegen das SED-Regime; Forderung nach freien Wahlen. Der Aufstand wird durch sowjetisches Militär niedergeschlagen. – In der Bundesrepublik wird der 17. Juni zum Nationalen Gedenktag – „Tag der deutschen Einheit“ – erhoben mit alljährlichen Gedenksitzungen im Deutschen Bundestag (nicht abgehalten 1968, 1973, 1974, 1976 und 1979).
17. 5. 1954	1. Gedenksitzung zum „Tag der deutschen Einheit“ im Bundestag.
23. 7. 1955	Die Konferenz der Regierungschefs der Vier Mächte in Genf kommt „im Bewußtsein ihrer Verantwortung für die Lösung des deutschen Problems und die Wiedervereinigung Deutschlands“ überein, daß „die deutsche Frage und die Frage der Wiedervereinigung Deutschlands durch freie Wahlen im Einklang mit den nationalen Interessen des deutschen Volkes als auch im Interesse der europäischen Sicherheit gelöst werden sollen“.
29. 7. 1957	„Berliner Erklärung“ der drei Westmächte und der Bundesrepublik zur Wiedervereinigung.

ein; und Renner von der KPD meint, der Alterspräsident solle kein „Symbol des Kampfes um Berlin“ sein. Heuss (FDP) ist für Löbe, auch um hierdurch nicht „die durch die Besatzungsmächte den Deutschen auferlegte verfassungsrechtliche Disqualifizierung Berlins“ zu bestätigen. Krause vom Zentrum erkennt in dem Schlesier Löbe auch „den Vertreter der deutschen Ostgebiete jenseits der Oder-Neiße-Linie“. Man einigt sich darauf, Löbe möge, falls sich kein Älterer melde, am folgenden Tage die 1. Sitzung des Deutschen Bundestages eröffnen. Keine Sternstunde; aber der Vorgang verdeutlicht, daß die gesamtdeutsche Situation das parlamentarische Handeln von allem Anfang an entscheidend prägt.

Der 17. Juni 1953

Es war der Deutsche Bundestag, der das wohl wichtigste Ereignis der deutschen Nachkriegsgeschichte, den Volksaufstand vom 17. Juni 1953 in der Sowjetzone, zu einem integrierenden Bestandteil der Deutschlandpolitik gemacht hat. „Ich bin gewiß, daß die Tatsache, daß der Deutsche Bundestag ... dieses Gesetz verabschiedet hat, eine eindrucksvolle Bekundung des Willens aller demokratischen Kräfte dieses Hauses ist, daran mitzuwirken – heute und in Zukunft –, daß der Tag der Deutschen Einheit nicht nur in einem Gesetz und in einem Gedenktag, sondern im Leben des deutschen Volkes bald Gestalt gewinnt.“ So hatte Bundestagspräsident Dr. Hermann Ehlers vierzehn Tage nach diesem Akt der Selbstbestimmung in der Unterdrückung formuliert. Mit dem Gesetz zum Tag der Deutschen Einheit hatte der Deutsche Bundestag in unübertrefflicher Weise dokumentiert, daß der Wille unserer Landsleute im anderen Teil Deutschlands das Ziel der Deutschlandpolitik auch in Zukunft maßgeblich mitbestimmte.

Alljährlich erinnert seit dem Sommer 1953 der Tag der Deutschen Einheit an die Vorgänge jener zwei Tage, die am 16. Juni mit dem Arbeiterprotest gegen staatlich dekretierte überhöhte Arbeitsnormen im Sowjetsektor Berlins begannen und am 17. Juni in einen alle Gebiete der sowjetisch besetzten Zone Deutschlands erfassenden Volksaufstand gegen das kommunistische Regime für freie Wahlen übergingen. Seit die Sowjetunion den von ihren Armeen besetzten Gebieten Europas ihre kommunistische Diktatur aufgezwungen hatte, war dies der erste umfassende und fundamentale Protest gegen die Sowjetmacht und das ihr ergebene Regime. Das politische Ziel der Demonstranten war eindeutig: freie Wahlen sollten dem Willen der Menschen Geltung verschaffen.

Der Deutsche Bundestag hat seit damals alljährlich Gedenksitzungen im Plenarsaal des Bundeshauses abgehalten (lediglich in den Jahren 1968, 1973, 1974, 1976 und 1979 wurde hierauf verzichtet). Maßgebliche Repräsentanten der Bundes- und Landespolitik, vor allem aber auch namhafte Vertreter der Wissenschaft, haben vor diesem höchsten Forum deutscher Selbstbestimmung die Probleme der deutschen Teilung in den Gesamtzusammen-

Der Volksaufstand vom 17. Juni 1953. Aufgefahrene sowjetische Panzer am Potsdamer Platz.

hang der deutschen und europäischen Geschichte und Zeitgeschichte eingeordnet. Wenn auch der gesetzliche Feiertag in der breiten Öffentlichkeit im Lauf der Jahrzehnte nicht mehr jenen breiten Mobilisierungseffekt erzielt, wie er vom Parlament gewünscht und bis in die sechziger Jahre hinein zu beobachten war, so hat der heilsame Zwang zur regelmäßigen Selbstbesinnung und zur Kontinuität die politische Kultur in Deutschland nachhaltig beeinflußt.

Die Ansprachen, die bei den Gedenksitzungen – von 1969 bis 1980 im Rahmen von Arbeitssitzungen, seitdem als Sondersitzungen – gehalten wurden, zählen zu den bleibenden Marksteinen deutscher Identitätsfindung nach dem Krieg.

Der Deutsche Bundestag hatte erst eine Woche vor dem Volksaufstand in der DDR am 10. Juni 1953 ein Programm zur Wiederherstellung der Einheit Deutschlands beschlossen. Seine Hauptpunkte:
- die Abhaltung freier Wahlen in ganz Deutschland
- die Bildung einer freien Regierung für ganz Deutschland
- der Abschluß eines mit dieser Regierung frei zu vereinbarenden Friedensvertrages

- die Regelung aller noch offenen territorialen Fragen in diesem Friedensvertrag
- die Sicherung der Handlungsfreiheit für ein gesamtdeutsches Parlament und eine gesamtdeutsche Regierung im Rahmen der Grundsätze und der Ziele der Vereinten Nationen.

Genau hiermit korrespondierte die Forderung der Demonstranten vom 17. Juni nach freien Wahlen. Bundespräsident Theodor Heuss gab den politischen Empfindungen des ganzen Volkes Ausdruck, als er in der Gedenkstunde am 21. Juni 1953 erklärte: „Um die Freiheit geht es! Um die Freiheit des Menschen, um die Freiheit der Menschen. Freiheit des Menschen in seinem politischen, in seinem religiös-kirchlichen Bekenntnis, daß er von Angst und Bedrängnis befreit den Sinn seines Lebens selber suchen und zu erfüllen trachten könne ... Gebt dem deutschen Menschen, gebt ihm zurück das eingeborene Recht zu seiner staatlichen Selbstgestaltung, zu seiner Freiheit, damit die Verkrampfungen sich lösen, damit Angst und Furcht, Mißtrauen und Technik des Hasses den Boden des Vaterlandes verlassen."

Bundespräsident Theodor Heuss hält am 21. Juni 1953 im Bonner Bundeshaus die Gedenkrede für die Opfer des Volksaufstandes vom 17. Juni 1953.

Die Ansprachen der nächsten Jahre haben die Diskussionen über die deutsche Schicksalsfrage häufig nachhaltig beeinflußt. Der Rückblick auf die Ereignisse des 17. Juni schuf stets einen Raum überparteilicher Unvoreingenommenheit und der ernsten Verantwortung für das Ganze. Nur an einige kann hier erinnert werden.

Der Abgeordnete Professor Franz Böhm stellte bei der 1. Gedenksitzung 1954 noch einmal den tatsächlichen Verlauf der Ereignisse des Volksaufstandes dar. Diese Schilderung wehrte verfremdenden Behauptungen und ist für alle späteren Ansprachen der historische Bezugspunkt geworden. Böhm richtete die Aufmerksamkeit vor allem auf die weltpolitische Bedeutung des Vorgangs. „Es war der erste volkstümliche, revolutionäre Massenaufstand unseres Jahrhunderts im Namen der Freiheit gegen den Terror ... Damit hat die Volkserhebung des 16. und 17. Juni den lähmenden Bann einer Ideologie gebrochen, daß ihr mit gesetzmäßiger Zwangsläufigkeit die Zukunft gehöre."

Bundestagspräsident Dr. Eugen Gerstenmaier maß 1956 dem Aufstand einen tiefen nationalpolitischen Sinn zu. Ebenso wie beim Aufstand vom 20. Juli 1944 gegen Hitler handle es sich um Ereignisse, „an denen sich das deutsche Nationalgefühl zu klären und aus Unsicherheit und Verwirrung zurückzutasten vermag zu einem Bewußtsein seiner selbst, das der deutschen Geschichte angemessen ist". Aber die eigentliche, legitime Aufgabe dieses Jahrhunderts auch für uns Deutsche sei in der Präambel des Grundgesetzes ausgesprochen: „Die übernationale Friedensordnung ist die wahrhafte Idee des 20. Jahrhunderts – auch wenn wir uns noch so verkämpfen müssen, um die Wiederherstellung einer einheitlichen, gesamtdeutschen Lebens- und Friedensordnung."

„Zwei Staaten in Deutschland"

Die neue Ostpolitik der sozialliberalen Koalition hatte mit einem Paukenschlag begonnen. In seiner Regierungserklärung hatte Bundeskanzler Willy Brandt am 28. Oktober 1969 erklärt: „Auch wenn zwei Staaten in Deutschland existieren, sind sie doch füreinander nicht Ausland; ihre Beziehungen können nur von besonderer Art sein." Damit hatte er sich über einen Grundsatz hinweggesetzt, der nicht nur von allen Bundesregierungen zuvor beachtet, sondern auch von den großen Fraktionen des Deutschen Bundestages immer wieder deklariert worden war.

„Die Anerkennung des anderen Teils Deutschland als Ausland oder als zweiter souveräner Staat deutscher Nation kommt nicht in Betracht" – so hatte es noch in der von CDU/CSU und SPD am 26. September 1968 angenommenen Entschließung des Deutschen Bundestages geheißen. Führende Politiker der SPD hatten sich seit Jahr und Tag unzweideutig so eingelassen. Wohl hatte Oppositionsführer Walter Scheel im Deutschen Bundestag schon am 2. April 1968 bekannt: „Es ist neben der Bundesrepublik auf deutschem Boden ein zweiter Staat entstanden, mit allen staatlichen Merkmalen, die er nur haben kann." Damit hatte er sich aber vom Aktionsprogramm der FDP distanziert, in dem noch ein Jahr zuvor postuliert wurde: „Auf deutschem Boden ist ein Regime, das nicht dem Volkswillen entspricht, nicht anerkennbar."

Brandt selbst hatte vor der NATO-Ministerkonferenz in Reykjavik am 24. Juni 1968 erklärt: „Der DDR kann nicht das Recht zuerkannt werden, sich als souveräner Staat im rechtlichen Sinne zu bezeichnen. Wir erwarten von unseren Freunden und bitten die übrige Staatengemeinschaft, nicht durch Anerkennung dazu beizutragen, daß dieser Anspruch sich durchsetzt."

Dagegen standen nun solche Äußerungen, wie die von Brandt im Dezember 1969 in ‚US-News and World Report', die ungläubig gefragt hatte: „Kann wirklich Friede sein in Europa ohne die Wiedervereinigung Deutschlands?" Antwort: „Ich muß bekennen, daß ich aufgehört habe, über Wiedervereinigung zu sprechen."

Kein Wunder also, daß auch die Verbündeten von dieser Wende überrascht waren. Da hier eine, nein, die entscheidende Vorleistung in dem fälligen Dialog mit den östlichen Partnern ohne irgendeine sichere Aussicht auf entsprechende Gegenleistung unwiderruflich erbracht wurde, war das Mißtrauen, ja die Gegnerschaft gegen die neue Ostpolitik geradezu vorprogrammiert. Man erinnerte sich an den Brief Ulbrichts an die SPD vom Spätherbst 1966, in dem dieser – in der Stunde der Großen Koalition – Interesse an einer sozialliberalen Koalition geäußert hatte. „Wir haben also unsere Bereitschaft erkennen lassen, uns mit einer SPD/FDP-Regierung und mit allen jenen Kräften in Westdeutschland, die einer neonazistischen und sozialrekationären Entwicklung entgegentreten, zu verständigen", so hatte der Staatsratsvorsitzende der DDR dem Zentralorgan seiner Partei anvertraut.

Nun hatte sich Brandt – nicht zu Unrecht – darauf berufen, die im Dezember 1966 durch Bundeskanzler Kiesinger mit der Großen Koalition eingeleitete Deutschlandpolitik fortzusetzen. Er bot dem Ministerrat der DDR erneut Verhandlungen ohne Diskriminierung auf der Regierungsebene an, wie es auch Kiesinger bei seinem Briefwechsel mit dem Ministerpräsidenten der DDR, Stoph, 1967 getan hatte. Die Große Koalition hatte den Faden der deutschen Friedensnote der Regierung Erhard vom März 1966 aufgenommen und den Staaten des Ostblocks, speziell der Sowjetunion, Polen und der DDR, den Abschluß eines Gewaltverzichtsvertrages angeboten. Der hierüber entstandene Notenwechsel mit der Sowjetunion war von Moskau im Juli 1968 – offenbar in Erwartung des im August erfolgten Einmarsches in die CSSR – abgebrochen und überraschend veröffentlicht worden. Schon die Große Koalition hatte beabsichtigt, das Gespräch mit Moskau und der DDR hierüber wieder aufzunehmen. Hierzu sah sich die deutsche Politik auch deshalb veranlaßt, weil die Sowjetregierung Bereitschaft zu Gesprächen über die Begrenzung strategischer Waffen angekündigt und auch die NATO durch das sogenannte Signal von Reykjavik die Entschlossenheit des Westens zu umfassenden diplomatischen Aktivitäten signalisiert hatte.

Die Regierung der sozialliberalen Koalition entfaltete sogleich ostpolitische Aktivitäten, die selbst professionellen Beobachtern als ungewöhnlich, übereilt und schwer durchschaubar erscheinen mußten.

Die Opposition verlangte nach Aufklärung und bot eine Zusammenarbeit auf breiter parlamentarischer Grundlage an. Am 13. Januar 1970 trafen sich führende Parlamentarier im Kanzleramt. Gemeinsamkeit wurde abgelehnt, Wehners Formulierung wurde für die Koalition zum Leitfaden der parlamentarischen Auseinandersetzung: „Ich brauche die Opposition nicht." Hier begann jene Phase des ‚Lagerdenkens', das jahrelang die politische Atmosphäre vergiftete und den demokratischen Grundkonsens in Frage stellte. Diese fast schon strategisch zu nennende Einstellung der Regierungskoalition beschwor eine kontinuierliche Konfliktsituation herauf, die Ende April 1972 zum Konstruktiven Mißtrauensvotum eskalierte und geradezu schicksalhaft zum gemeinsamen Beschluß vom 17. Mai 1972 führte.

Verhandlungen und Lavieren um die Ostverträge

Nach kurzen Sondierungsgesprächen des Deutschen Botschafters in Moskau, Allardt, reiste der Staatssekretär im Bundeskanzleramt, Egon Bahr, in die sowjetische Hauptstadt, um Ende Januar 1970 mit Verhandlungen über einen Gewaltverzichtsvertrag zu beginnen. Sein Gesprächspartner war Außenminister Gromyko.

13. 6. 1967	Bundeskanzler Kurt Georg Kiesinger bietet dem Vorsitzenden des Ministerrates der DDR, Stoph, in einem ersten Briefwechsel der Regierungschefs beider Staaten in Deutschland Verhandlungen auf Regierungsebene an.
17. 6. 1967	Grundsatzrede Bundeskanzler Kiesingers zum „Tag der deutschen Einheit".
26. 9. 1968	Entschließung des Bundestages, die DDR als zweiten deutschen Staat nicht anzuerkennen.
28. 10. 1969	In seiner Regierungserklärung rückt der neugewählte Bundeskanzler Willy Brandt von der Nicht-Anerkennung der DDR ab. – Im Dezember bekennt er in *US-News and World Report*, nicht mehr über Wiedervereinigung reden zu wollen.
13. 1. 1970	Herbert Wehner lehnt eine Zusammenarbeit mit der CDU/CSU-Opposition in der Ost-Politik ab.
30. 1. 1970	Egon Bahr, Staatssekretär im Bundeskanzleramt, beginnt in Moskau Verhandlungen über einen Gewaltverzichtsvertrag, die am 22. 5. 1970 vorläufig abgeschlossen werden.

Als Bahr am 22. Mai 1970 – nach zweimaligem längeren Pausieren – die Verhandlungen vorläufig abschloß, begegnete ihm Mißtrauen. Es war nicht verborgen geblieben, daß Bonns Unterhändler in einer existentiell wichtigen Frage mit einem weltmächtigen Interessengegner ohne Netz verhandelte – ein Umstand, der offenbarte, daß die auswärtigen Angelegenheiten in schwachen Händen waren. Bahr stand nicht einmal ein Völker- oder Staatsrechtler zur Seite. Aus der Botschaft und dem Auswärtigen Dienst machte sich professionelle Kritik vernehmlich. Einige Tage lang wußte die Deutsche Botschaft in Moskau überhaupt nicht, wo sich der Staatssekretär in der Sowjetunion aufhielt. Das Verhalten Bahrs trug konspirativen Anschein und weckte Erinnerungen an 1969, als hohe Vertreter der SPD sich im geheimen mit führenden Kommunisten in Italien getroffen hatten, ohne daß selbst Bundeskanzler Kiesinger hiervon in Kenntnis gesetzt worden war. Die Eilfertigkeit des Vorgehens von Bahr ließ nicht erwarten, daß die deutschen Interessen nachhaltig gewahrt worden sein konnten. Selbst aus den Reihen führender Politiker der sozialliberalen Koalition war von Pfuscharbeit zu hören.

Der Text, den der Unterhändler aus Moskau als Ergebnis mitbrachte, geriet zugleich aber auch aus sachlichen Gründen in den Mittelpunkt des Streits. Er wurde so geheimgehalten, daß selbst Kabinettsmitglieder, die hierüber zu befinden hatten, um Kenntnisnahme bitten mußten. Solche Geheimniskrämerei weckte zusätzliches Mißtrauen. Am 12. Juni 1970 war das sogenannte „Bahr-Papier" im ‚Spiegel' zu lesen und leicht als schon fertiger Vertragstext zu erkennen. Es bestand aus 10 Punkten, deren erste vier später kaum verändert als Text des deutsch-sowjetischen Vertrages deklariert wurden (die restlichen sechs wurden als Absichtserklärungen beider Seiten eingestuft). Und das, obwohl das Bundespresseamt schon am 3. Juni verlautbart hatte, man habe nicht die Absicht, „einen Vertrag zu unterschreiben, solange über den Inhalt der darin verwendeten Begriffe keine volle Klarheit zwischen ihm und dem Vertragspartner besteht".

Angeblich sollten die eigentlichen Verhandlungen erst noch beginnen. Noch am 2. Juli hatte Außenminister Scheel im ZDF erklärt, es handle sich beim „Bahr-Papier" um „Texte, die zu bestimmten Fragen zwischen den Gesprächspartnern in einer Annäherung der Meinungen aufgeschrieben worden sind, die auf gar keinen Fall Grundlage von vertraglichen Vereinbarungen sind. Darüber wollen wir gar keinen Vertrag machen ... Einen Vertrag wollen wir über Gewaltverzicht machen." Tatsächlich haben die Gespräche Außenminister Scheels und Staatssekretär Franks vier Wochen später im August 1970 in Moskau außer einer Präambel nur sehr ephemere Veränderungen an dem von den Sowjets vorgezeichneten Vertragstext erbracht. Spötter sprachen von der Entwicklung eines runden Eies zum ovalen Kreis. Wohl gelang es, wenigstens den Brief zur deutschen Einheit in das Vertragswerk einzubringen – Ergebnis einer stillen Initiative der Opposition und verständiger Kräfte der Administration.

Der Text des „Bahr-Papiers“ bestand beinahe ausschließlich aus Formulierungen und Begriffen, die seit Jahr und Tag von der sowjetischen Agitation verwendet wurden. Die Frage lag auf der Hand, ob denn zwischen Bahr und Gromyko „volle Klarheit über den Inhalt der verwendeten Begriffe“ herbeigeführt worden war. Die Opposition verlangte seit jenen Wochen unablässig nach der vertraulichen Einsichtnahme in die Protokolle der Bahr-Gromyko-Gespräche – kein unüblicher Wunsch. Dennoch wurde er verwehrt.

Was bewog die Opposition? Legte die Regierung keinen Wert auf ihre Zustimmung – trotz kaum noch hauchdünner Mehrheit? Enthielten die Protokolle geheimgehaltene Tatsachen über den Vertrag, die keine Mehrheit im Bundestag erwarten ließen? Der Vertragstext war – daran gab es keinen Zweifel – mehrdeutig und mit fundamentalen Dissensen belastet.

Der Kalte Krieg hatte 1945/46 mit dem Streit der Siegermächte über die Auslegung des Potsdamer Abkommens begonnen. Bei mehrdeutigem Text sind die Verhandlungsprotokolle als Interpretationsgrundlage wichtig. Hatte nicht die unmittelbar nach der Unterzeichnung des Moskauer Vertrages im August 1970 abgehaltene Gipfelkonferenz des Warschauer Paktes ihre formale Zustimmung nicht nur der Unterzeichnung des Vertrages, sondern ausdrücklich auch dem Inhalt der Verhandlungen erteilt? Und die demokratische Opposition sollte hierüber nichts erfahren dürfen?

Am 21. Januar 1972 sagte Außenminister Scheel dem Bundesrat – auf dessen Verlangen – Unterrichtung zu. Die Bevollmächtigten der Länder Rheinland-Pfalz und Schleswig-Holstein, die Staatssekretäre Mertes und Dorenburg, wurden vom Parlamentarischen Staatssekretär im Auswärtigen Amt, Moersch, in mehreren Sitzungen unterrichtet. Sie stellten Fragen, erhielten Antworten; ihnen wurde aus den vorliegenden Protokollen zitiert – Einblick wurde ihnen aber nicht gewährt. Ende März erstatteten sie dem Bundesrat Bericht: Was sie zu hören bekommen hätten, beantworte eine Reihe von wichtigen Fragen; letzte Sicherheit sei aber ohne Einblick in die Protokolle selbst nicht zu gewinnen. Der aber blieb trotz noch so gezielter und begründeter Nachfrage verwehrt.

Dies hatte verständliche Gründe. Die Befürchtung der Kritiker, daß in den Verhandlungen zwischen Bahr und Gromyko die deutschen Interessen weder in dem wünschbaren noch wenigstens im erforderlichen Maß zur Geltung gebracht worden seien, verdichteten sich zur annähernden Gewißheit, als im April 1972 in verschiedenen Publikationen Wortauszüge aus den geheimen Protokollen veröffentlicht wurden, wie sie vor allem Politikern der CDU/CSU anonym zugegangen waren. Die Dementis der Bundesregierung ließen deutlich Verlegenheit erkennen. Der Inhalt der Veröffentlichung bestätigte allen Verdacht der Opposition, daß der Vertragstext sowjetischer Auslegung als Ersatz-Friedens-Vertrag Tür und Tor öffnete. Da ein solcher Text aber nicht verfassungskonform war, mußte die Zustimmung versagt werden. Aber welche Folgen hätte dies für die Ostpolitik im Bündnis?

„Die Bundesregierung will gleiche Beziehungen zur Sowjetunion wie zu den drei Westmächten haben", sagte Bahr laut Protokoll zu Gromyko; so war in den Veröffentlichungen zu lesen. „Ist es nicht gut, eine Regelung zu treffen, die a) zwanzig und dreißig Jahre Ordnung gibt, b) später bestätigt wird? Wir nennen das nicht Grenzanerkennung, sondern Gewaltverzicht und territoriale Integrität ... Die Beziehungen der Bundesrepublik zu Berlin sind identisch mit den Beziehungen zur DDR ..." „Der Minister werde informiert sein, daß die Bundesregierung im Bundestag u. a. mit dem Argument angegriffen worden sei, daß die Politik der Bundesregierung dazu führen werde, die besondere Rolle der Sowjetunion – oder ‚Vorherrschaft', wie dort gesagt werde – unter den sozialistischen Staaten anzuerkennen. Der Bundeskanzler habe gesagt, wir würden unsere Politik unbeirrt von solchen oder anderen Angriffen fortsetzen. Er, Staatssekretär Bahr, würde sich freuen, wenn diese seine soeben gemachten Ausführungen in ihrer vollen Bedeutung verstanden würden." Zum sowjetischen Ministerpräsidenten Kossygin sagte Bahr: „Vielleicht sei der Augenblick für eine Initiative zur Aussöhnung schon deshalb nicht ungünstig, weil Kossygin, Brandt und Ulbricht jedenfalls eins gemeinsam hätten: Sie hätten gegen die Nazis gekämpft." Kossygin habe bei diesem Gespräch am 13. Februar 1970 die Politik der Wiedervereinigung als „reines Abenteurertum" und den Anspruch auf Wiedervereinigung als „verbrecherische Idee" bezeichnet. Für Brandt notierten diese Veröffentlichungen die Worte gegenüber Kossygin: „Aus außenpolitisch-psychologischen Gesichtspunkten ist es mir lieber, wenn wir die Zusammenarbeit noch unspezifisch lassen, um gewisse Beob-

19. 3. 1970	Bundeskanzler Willy Brandt reist zu Gesprächen mit dem Vorsitzenden des Ministerrates der DDR, Stoph, über die Beziehungen zwischen beiden Staaten in Deutschland nach Erfurt.
21. 5. 1970	Gegenbesuch von Stoph in Kassel.
12. 6. 1970	Im *Spiegel* wird das sogen. „Bahr/Gromyko-Papier", das Ergebnis der bisherigen Moskauer Verhandlungen – Leitsätze und Kernbestand des Vertrages –, veröffentlicht. Die Illustrierte *Quick* und die *Bild*-Zeitung folgen am 1. 7.
26. 7.–7. 8. 1970	Offizielle Verhandlungen über den deutsch-sowjetischen Vertrag in Moskau (Scheel/Gromyko-Verhandlungen). Gromyko konzediert den „Brief zur deutschen Einheit" – Ergebnis einer stillen Initiative der Opposition bei der Administration – als Teil des Vertragswerks.
11.–13. 8. 1970	Brandt reist nach Moskau zur Unterzeichnung des Vertrages (12. 8.).
3. 9. 1971	Abschluß des Viermächte-Abkommens in Berlin.
Anfang 1972	Die Opposition verlangt Einsicht in die Moskauer Protokolle (Gromyko/Bahr-Verhandlungen vom Frühjahr 1970), wird jedoch vom Parlamentarischen Staatssekretär im AA, Moersch, lediglich mündlich unterrichtet.
23.–25. 2. 1972	1. Lesung der (Moskauer und Warschauer) Verträge im Bundestag.

achter unserer Gespräche nicht zu überfordern. Man muß ja nicht gleich eine Grande Commission haben, eine mittlere tut es auch – um Vorstellungen von anderen nicht zu verletzen". Kossygin: „Sie haben völlig recht ... ... Weniger Lärm und viel Erfolg". Brandt: „Mir ist der Inhalt der Flasche auch wichtiger als das Etikett."

Mertes und Dorenburg sahen sich durch Moersch getäuscht. Für sie war unzweifelhaft erkennbar, daß dieses auf dem Wege der Indiskretion veröffentlichte Material wörtlich aus den Protokollen stammte, die von ihnen auch unter Zusage der Diskretion nicht hatten eingesehen werden dürfen. Der Verdacht, einer doppelzüngigen Informationspolitik ausgesetzt zu sein, erhärtete sich. Als schließlich der international und national hochangesehene Abgeordnete Birrenbach ebenfalls lediglich einer zweitägigen Vorlesung Bahrs aus den Akten teilhaftig wurde, ohne selbst einen Blick in die Protokolltexte tun zu dürfen, stand für die Opposition fest: Die Regierung suchte zu verschleiern, daß die Verhandlungen eine Interpretation der vorliegenden Vertragstexte zuließen, die einer rechtlichen Prüfung durch das Bundesverfassungsgericht nicht standhalten würde.

War die Opposition auch weithin von Skepsis, Ablehnung und Entsetzen beherrscht, so mußte sie doch auch vorteilhafte Aspekte der neuen Ostpolitik erkennen. Brandt reiste am 19. März 1970 auf Einladung des Vorsitzenden des Ministerrates der DDR, Willi Stoph, nach Erfurt – ein Ereignis, das nicht nur ein paar Schaumkronen auf dem fernsehbewegten Meer der deutschen Öffentlichkeit kräuselte. Da löste sich eine Grundsee aufrichtigen Empfindens nationaler Zusammengehörigkeit, wie sie nach jahrzehntelanger Trennung kaum noch für möglich gehalten worden war. Die Volksmenge hatte die dichten Polizeisperren am Bahnhofsvorplatz der thüringischen Metropole in einem selbstvergessenen Aufschrei durchbrochen und dem Kanzler der Bundesrepublik Deutschland, Willy Brandt, in brausenden Sprechchören gehuldigt. Brandts Haltung am Fenster des Erfurter Hotels ‚Kossenhaschen' hatte Größe. Das Gegentreffen am 21. Mai 1970 in Kassel fand vor allem auch ungewöhnlich breite internationale Beachtung. Noch nie waren bis dahin so viele ausländische Journalisten zu einem Ereignis in Deutschland angereist. Wenn auch kaum mehr als die berühmte „Denkpause" herausgekommen war – Bahr verhandelte noch mit dem Hegemon in Moskau –, so kam doch das Handgreifliche an der deutschen Frage, die menschliche Seite, zur Geltung: Die Menschen sollten etwas davon haben – seitdem ein oft wiederholter Grundsatz.

Die Ostpolitik als solche stand nicht nur in der Kontinuität der vorhergehenden Bundesregierung, sondern auch im Kontext zu den umfassenden Bemühungen des Bündnisses um Abrüstung und Abbau von Spannungen gegenüber dem Osten. Die Westmächte setzten sich mit den Sowjets in Berlin zusammen; eine Regelung für die deutsche Hauptstadt sollte endlich den fortwährenden kleinen oder großen Krisen um die Stadt einen Riegel vorschieben. Das Viermächte-Abkommen über Berlin vom 3. September 1971 hat dieses Ziel in hohem Maß erreicht – eine Vorbedingung, unter die

die Verhandlungen mit Moskau sowohl von Seiten der Bundesregierung und der Opposition wie auch von den Westmächten gestellt waren. Im Zuge der Berlin-Verhandlungen bedurfte es deutscher Mitwirkung – das Transit-Abkommen zwischen den Regierungen der beiden Staaten auf deutschem Boden brachte unter dem Viermächte-Dach Sicherheit auf den Straßen nach Berlin. Vor der Inkraftsetzung des Viermächteabkommens hatten ein Verkehrsvertrag (vom 26. Mai 1972) und eine Post-Abmachung (vom 30. September 1971) innerdeutsche Regelungen herbeigeführt, die der Öffentlichkeit die Chancen konkreter Besserungen im geteilten Vaterland vor Augen führte. Das Verhandlungstandem Bahr/Kohl wurde in den Jahren 1971 bis 1973 zum populären Begriff innerdeutscher Annäherung – umstritten, aber von großer öffentlicher Wirksamkeit. Alle diese Vorgänge waren von oppositioneller Kritik begleitet. Sie war den Akteuren auf Regierungsseite gelegentlich lästig, aber durchweg nützlich, weil die Unterhändler sich stets auf die Einlassungen einer sachverständigen Opposition berufen konnten, wenn dem Kontrahenten nur schwer Unverzichtbares abverlangt werden konnte.

Parlamentarisches Patt

„Diese Regierung hat sich geschichtlich allein schon dadurch gerechtfertigt, daß sie mit ihrer knappen Mehrheit das geschaffen hat, was andere mit ihren großen Mehrheiten nicht erreichen wollten oder konnten: unser Volk über seine Tabuschwellen hinwegzuführen, es von Illusionen wegzubringen, ihm auch harte Wahrheiten über seine Lage zu sagen und auf diese Weise die ihm nach zwei verlorenen Weltkriegen verbliebene nationale Restsubstanz dauerhaft zu sichern ...“

Letzte Sätze Walter Scheels in der Stunde der Wahrheit vor dem dann doch gescheiterten Mißtrauensvotum am 27. April 1972. Die sozialliberale Koalition hatte es eben nicht „geschaffen“, was Scheel mit diesen komprimierten Worten zeitgeschichtlich so einordnete. Ja, dieser Satz machte seinem Inhalt nach überdeutlich, daß der deutsch-sowjetische Vertrag in der vorliegenden Fassung einen Verfassungskonflikt barg und – aus damaliger Sicht – einen Dauerdissens mit der Sieger- und Supermacht des Ostens geradezu institutionalisierte, statt einen wirklichen Modus vivendi – und damit wirkungsvolle Entspannungspolitik – zu ermöglichen.

Schon am nächsten Tag bestätigte die Abstimmung über den Kanzler-Haushalt, daß parlamentarisch nichts mehr ging: 247 zu 247. Patt. Bundeskanzler Brandt hatte dies schon am Vortage befürchtet und mit dem Fraktionsvorsitzenden der CDU/CSU, Rainer Barzel, und dem FDP-Vorsitzenden über die weitere Behandlung der Ostverträge beraten – denn guter Rat war teuer. Die anhaltenden Versuche, Abgeordnete für die Koalition zurückzugewinnen, die es nicht über sich brachten, den Ostverträgen zuzustimmen, blieben erfolglos. Die nächste, zweite Lesung der Ratifizie-

Unterzeichnung des Vertrages über die Grundlagen der Beziehungen zwischen der Bundesrepublik Deutschland und der Deutschen Demokratischen Republik am 21. Dezember 1972 in Ost-Berlin durch Bundesminister Egon Bahr (links) und Staatssekretär Michael Kohl.

rungsgesetze zu den Ostverträgen, die für den 3. Mai vorgesehen war, wurde auf den 10. Mai verschoben. In kürzester Frist mußte nun getan werden, was im Januar 1970 angeboten, aber abgelehnt worden war: der Versuch, in der Ostpolitik ein Minimum an Gemeinsamkeit zu praktizieren. „Regierung und Opposition bilden zusammen die Gänze der deutschen politischen Kräfte" – so hatte der Sozialdemokrat Carlo Schmid in der 10. Sitzung des Deutschen Bundestages am 29. September 1949 formuliert. In der Ausweglosigkeit des parlamentarischen Patts erwies sich das ‚Lagerdenken' als demokratisch unbrauchbar.

Der Weg zur gemeinsamen Entschließung

Seit Mitte 1970 hatte die Opposition durch ständige Anfragen im Parlament Auskünfte der Bundesregierung über die Bedeutung der Vertragstexte, die Verhandlungen und das sowjetische Verständnis der Texte eingeholt. Da die Anfragen in der Regel Zweifel am verfassungsmäßigen Charakter der Texte zum Ausdruck brachten, legten die Antworten stets Wert auf den Nachweis der Verfassungskonformität.

Schon seit 1971 hatte Rainer Barzel mit seinen Beratern erwogen, ob man schließlich nicht diese Einlassungen der Bundesregierung in Form eines Entschließungsentwurfs im Parlament einbringen solle, um die Regierung Farbe bekennen zu lassen. Es schien gänzlich ungewiß, ob sich die Bundesregierung in der Lage sehen würde, im Zusammenhang mit der Verabschiedung der Vertragsgesetze alle diese Einlassungen zu wiederholen und damit dem von den Sowjets geäußerten Vertragsverständnis zu widersprechen.

Es war deshalb nicht erstaunlich, daß bei den Gesprächen der führenden Vertreter der Fraktionen beim Bundeskanzler am 28. April 1972 (dem Tag nach dem Mißtrauensvotum) der Gedanke aufkam, durch eine Bundestagsentschließung zu einer übereinstimmenden und verbindlichen deutschen Vertragsinterpretation zu gelangen. Herbert Wehner, Helmut Schmidt, Karl Schiller und Horst Ehmke nahmen für die SPD, Walter Scheel, Wolfgang Mischnick und Hans-Dietrich Genscher für die FDP teil. Die Opposition war durch Rainer Barzel, Franz Josef Strauß, Gerhard Schröder und Richard Stücklen vertreten. Das Auswärtige Amt erhielt Auftrag, alsbald den Entwurf einer solchen Entschließung vorzulegen.

Auf Seiten der CDU/CSU-Fraktion war man präpariert. Staatssekretär Alois Mertes von der Landesvertretung Rheinland-Pfalz hatte von 1952 bis 1971 dem Auswärtigen Dienst angehört und galt als ein ausgewiesener Kenner in Fragen des vertraglich geregelten Gewaltverzichts. Rohmaterialien lagen also bereit, so daß der Oppositionsführer schon am 1. Mai dem Bundeskanzler einen ersten Entwurf übergeben konnte. Er wurde in einen Entwurf des Auswärtigen Amtes eingearbeitet, der von einer gemeinsamen Kommission erörtert wurde. Ihr gehörten auf Regierungsseite Kanzleramtsminister Horst Ehmke, der Staatssekretär des Auswärtigen Amtes, Paul Frank, und der FDP-Abgeordnete Ernst Achenbach, von der CDU/CSU deren Justitiar, der Abgeordnete Paul Mikat, Staatssekretär Alois Mertes und der CSU-Abgeordnete Fritz Wittmann an. Gelegentlich tagte man mehrfach am Tage. Schließlich war am Vorabend der ins Auge gefaßten 2. Lesung am 10. Mai eine Form gefunden, die von einer Redaktionskommission noch am 9. Mai akzeptiert wurde, in der die Regierungsseite von Horst Ehmke und Innenminister Hans-Dietrich Genscher, die Opposition von den Abgeordneten Franz Josef Strauß und Werner Marx repräsentiert wurde. Es schien – trotz aller Vibration – alles, wenn nicht wunschgemäß, so doch glatt zu gehen. Auf beiden Seiten, mehr natürlich bei der CDU/CSU, entluden sich Bedenken gerade der engagierten Fachleute gegen den Versuch, die Problematik der Vertragstexte oder die eigentliche Zielsetzung der Ostpolitik durch eine so formulierte Willensäußerung zu verschleiern. Die Regierungsseite sah sich in der Klemme: Würden die Sowjets nicht von dem ganzen Vertragsvorhaben zurücktreten, wenn die deutsche Seite versuchte, doch noch ihre Grundauffassung von der Offenhaltung der deutschen Frage bis zu einem Friedensvertrag und vom Recht der Deutschen auf Selbstbestimmung in das Vertragswerk einzubringen? Die Opposition stand vor der Frage, ob es genügen könne, der weitgehend sowjetischen Texthandschrift im Vertrag selbst eine bloß einseitige politische Willenserklärung dem Vertragswerk beizusteuern.

So sehr es an der Basis der Oppositionsparteien gärte – es gab Zustimmung zu dem Entschließungsvorhaben. Franz Josef Strauß hatte in ‚Bild am Sonntag' vom 7. Mai Zustimmung „vom ersten bis zum letzten Mann" angekündigt, wenn die in Arbeit befindliche gemeinsame Entschließung die von der Opposition für erforderlich gehaltenen Bedingungen erfülle und die Sowjetunion klarstelle, daß sie nicht im Widerspruch zu Geist und Text des Vertrages stehe. Der hessische CDU-Landesvorsitzende Alfred Dregger telegrafierte, die Resolution verändere „den politischen Charakter der Verträge optimal". Der CDU-Landesverband Westfalen-Lippe unterstützte „einstimmig und uneingeschränkt" das Vorgehen ihrer Bundestags-Fraktion – verband damit aber die Erwartung weiterer unabdingbarer Klarstellungen, andernfalls die Verträge abzulehnen seien. Schließlich dankte der CDU-Bundesvorstand seinem Partei- und Fraktionsvorsitzenden Rainer Barzel dafür, „daß er sich unermüdlich und mit großer Festigkeit um eine Lösung der Krise bemüht, in die der unverantwortliche Alleingang der Regierungskoalition in der Ostpolitik geführt" habe.

Gleichwohl blieb man auf Regierungsebene skeptisch, weil man den sowjetischen Willen kannte, das einmal Erreichte nicht mehr konterkarieren zu lassen. Scheel und Mischnick stimmten das FDP-Präsidium auf ein „Nein" der Opposition ein. Die SPD-Führung ließ in ihrem Pressedienst verlauten, eine Entschließung des Bundestages könne den Inhalt des „klaren Vertragstextes" nicht nachträglich ändern.

Genau an diesem Punkt traten neue Irritationen auf, nachdem der sowjetische Botschafter Falin – nach einigem Zögern – am 9. Mai nach zweistündigem Gespräch den verabredeten Text der Resolution zunächst akzeptiert, dann aber Bedenken geäußert hatte.

Am Mittwoch, den 10. Mai, beantragte in der 186. Sitzung des Deutschen Bundestages die CDU/CSU-Fraktion, die Ende April vereinbarte 2. Lesung und Schlußabstimmung zu den Verträgen mit Moskau und Warschau von der Tagesordnung abzusetzen. Bei Stimmengleichheit von 259 zu 259 wurde der Antrag abgelehnt. Die Abgeordneten Achenbach (FDP) und Heck (CDU) erstatteten für den Moskauer Vertrag und die Abgeordneten Haack (SPD) und Bach (CDU) für den Vertrag der Bundesrepublik Deutschland mit Polen über die Grundlagen der Normalisierung ihrer gegenseitigen Beziehungen die Berichte des Auswärtigen Ausschusses. Mehrheitsauffassung, Minderheitenvotum, klare Fronten – die Opposition lehnt ab. Deutlich das Bemühen der Koalitionsvertreter, die Vertragstexte als Fixierung des Status quo im Modus vivendi zu interpretieren. Die Oppositionsvertreter bejahen die Intention der Verträge, erkennen aber im konkreten Text und in den Einlassungen der Sowjetunion „mehr eine Bestätigung der sowjetischen Deutschlandpolitik und der völkerrechtlichen Zementierung der Erfolge dieser Politik als eine Basis für eine Normalisierung der Verhältnisse in Europa", wie Bruno Heck sagt. Dieter Haack zitiert

Ostpolitische Konsensbemühungen bei der Ratifizierungsdebatte zu den Ostverträgen zwischen Richard Stücklen (CSU) und Außenminister Walter Scheel (rechts).

einen FAZ-Artikel Richard von Weizsäckers vom 18. April, „daß für alle und nicht zuletzt für unsere Verbündeten die Oder-Neiße-Grenze eine längst endgültig geregelte Frage ist". Und: „Der Friedensvertragsvorbehalt für Deutschland als Ganzes und die endgültige Grenzfeststellung der Bundesrepublik Deutschland gegenüber Polen sind keine Widersprüche." Der Bundeskanzler: „Wenn die Verträge in Kraft getreten sind, werden wir Ostpolitik unter gleichen Bedingungen betreiben können wie andere westliche Länder auch." Man habe abzuwägen zwischen dem Opfer mancher vertraut gewordenen Vorstellung der Hoffnung und dem Bekenntnis zur Wirklichkeit. Alles, worüber zu entscheiden sei, sei veröffentlicht – keine Geheimabsprachen. Und dann der wichtige Satz: „Die Interpretation der Verträge muß von dem ausgehen, was unter den Vertragspartnern vereinbart und was von ihnen einvernehmlich in den Kontext, in den Zusammenhang der Verträge einbezogen worden ist." Geschäftsschluß sozusagen. Und die gemeinsame Entschließung? Brandt dankt allen Beteiligten für „große Anstrengungen". Eine solche Entschließung, „die mit Geist und Buchstaben der Verträge übereinstimmt, die also auch an den sich aus den

Verträgen ergebenden Rechten und Pflichten nichts ändert", werde von Moskau in aller Form entgegengenommen werden. Im übrigen habe man den Vertragspartnern gesagt, das Selbstbestimmungsrecht sei unveräußerlich und könne deshalb nicht Gegenstand von Verhandlungen sein. Man könne nicht weggeben, was man nicht hat. „Die Lage in Europa läßt jeder Bundesregierung nur noch den einen Weg der Normalisierung, der Verständigung und Aussöhnung mit unseren östlichen Nachbarn auf der Grundlage dessen, was in den letzten 25 Jahren entstanden ist. Strittig kann im Grund nur noch sein, wie wir diesen Weg gehen." Die Entscheidung lautet: „Dieses Vertragswerk oder kein Vertrag." Und Brandt beruft sich auf de Gaulle, der die Krise bei der Abtrennung Algeriens „mit blutigen Verirrungen, wie sie uns glücklicherweise erspart geblieben sind", auch durchgestanden habe.

Für die meisten Abgeordneten ist noch nicht offenbar geworden, daß Brandt das Gewicht einer gemeinsamen Entschließung, nun da sie zustande gekommen ist, soeben zu relativieren gesucht hat. Das hat Hintergründe.

Am Vorabend hat der sowjetische Botschafter Falin wegen des Inhalts zweier Formulierungen der Entschließung Bedenken geäußert. Moskau will den Vertrag, aber versucht bis zum letzten Augenblick vom einmal errungenen Ergebnis möglichst kein Jota mehr preiszugeben. „Wir sind eine Supermacht", hatte Gromyko im August 1970 zu Scheel gesagt. Aber es ist, als wüßte man an der Moskwa, daß man einen solchen Vertragstext wohl nie wieder erreichen könnte.

Mit den Formulierungen im Parlament brachte der Bundeskanzler ohne erkennbare Not – den politischen Spielraum zu einer Einigung einengende – Äußerungen des sowjetischen Botschafters vom Vorabend zu rechtlicher Relevanz. An diesem Punkt öffnete sich wieder der tiefe Spalt zwischen beiden Lagern. Der Opposition wurde es unmöglich, den Verträgen zuzustimmen.

Die Oppositions-Fraktion konnte das inzwischen kaum noch zu entwirrende Hickhack nicht mehr übersehen: Barzel plädierte nach der Rede Brandts, die – meisterhaft – gleichzeitig auf ein abschließendes Statement für die Verträge wie auf die Distanzierung der Entschließung von den Verträgen zugeschnitten war, für Vertagung. Es ging haargenau darum, welchen Grad völkerrechtlicher Verbindlichkeit die Entschließung als Teil des Vertragswerks erhalten sollte.

Barzel: „Ich möchte hier zunächst als Abgeordneter erklären, daß ich zu dieser Stunde nicht imstande bin, nach den verwirrenden Vorgängen seit gestern nachmittag den Inhalt und das Ausmaß dessen, worüber wir heute unter Zeitdruck abstimmen sollen, so klar, so präzise, so sorgfältig zu erkennen, wie ich es erkennen muß, wenn ich in dieser wichtigen historischen Gewissensentscheidung verantwortlich handeln will." Er habe seiner Fraktion empfohlen, die Verträge abzulehnen, falls man heute zur Abstimmung zwinge. Das war kein Filibustern; das war mutig und verantwortlich zugleich.

Das Mißtrauensvotum hatte die Opposition an die Regierung bringen sollen, als welche sie bessere Möglichkeiten erhoffte, die Vertragspartner an Moskwa und Weichsel zu einer Vertragsergänzung zu veranlassen. Im parlamentarischen Patt, so befürchtete wiederum die Regierung Brandt/Scheel – aber auch Moskau –, konnten die Verträge einfach steckenbleiben; und wie nachfolgende Bundestagswahlen ausgehen würden, wußte der liebe Himmel. Der Versuch, mit Hilfe einer gemeinsamen Entschließung die Verträge zustimmungsfähig zu machen, lag also im allseitigen Interesse. Die Sowjets suchten – und die Koalitionsführung hatte hierfür Verständnis – den ausgehandelten Vertrag als ein Instrument ihrer Normalisierungspolitik unbeeinträchtig zu erhalten; unbeeinträchtigt durch ein deutsches Interpretationsinstrument wie z. B. eine Deklaration des Deutschen Bundestages, die hinter den behaupteten Endgültigkeitscharakter des europäischen Status quo wieder das mit dem Viermächterecht verbundene Fragezeichen des deutschen Selbstbestimmungsrechts plazierte. Die sozialliberale Koalition wollte die Tabuschwelle von Illusionen über die Wiederherstellbarkeit deutscher Einheit überwinden und Ostpolitik machen „wie andere Staaten auch".

Die Opposition war zerrissen. Die Aussicht, im Verein mit den Bündnispartnern endlich eine vom Tagesstreit des Ost-West-Konflikts mehr oder weniger entlastete Politik gegenüber der DDR und den östlichen Nachbarn zu beginnen, faszinierte nicht wenige; und was die Einheit der Nation betrifft – kommt Zeit, kommt Rat. Demgegenüber saß bei vielen der Zweifel tief, ob mit kommunistischen Systemen überhaupt längerfristig ein dem Kontinent dienliches Verhältnis zu erzielen sei; man nahm die unverhohlen artikulierten und ausgreifenden sowjetischen Zielvorstellungen ernst. Und schließlich der große Block derjenigen, die sich eine aussichtsreiche Ostpolitik allein in einer sinngemäßen Fortsetzung der Politik Konrad Adenauers vorzustellen vermochten: am Grundgesetz und dem Bündnis orientiert, europäische Entwicklungen forcierend, skeptisch, aber nicht resignierend gegenüber der Sowjetunion. Allen gemeinsam fehlte das Vertrauen, daß Bahr seriös und solide verhandelt und die Koalitionsführung ihre Entschlüsse in der Kontinuität jahrzehntelanger deutschlandpolitischer Zielvorstellungen gefaßt hatte. Überflüssig zu sagen, daß auch die Unsicherheit, wie der Wähler die Entscheidungen quittieren würde, keine geringe Rolle spielte.

Als die Abgeordneten der CDU/CSU nach dem Wochenende des 13./14. Mai aus ihren Wahlkreisen nach Bonn zurückkehrten, neigte sich die Waagschale gegen die Vorstellung der Fraktionsführung, bei Annahme der gemeinsamen Entschließung den Verträgen zuzustimmen.

Barzel hatte dem Außenminister eine Notiz zukommen lassen, mit der er die völkerrechtliche Verbindlichkeit des Entschließungsentwurfs im Zusammenhang des Vertragswerkes auszuloten versuchte. Scheel antwortete schriftlich, daß die Entschließung ein Dokument der Bundesrepublik Deutschland sei, das sich die Bundesregierung zu eigen mache; daß die

Entschließung durch förmliche Übergabe – vor Beendigung des Ratifizierungsverfahrens des Obersten Sowjet – nach Art. 32 der Wiener Konvention völkerrechtliche Verbindlichkeit erlange und daß schließlich die widerspruchslose Entgegennahme bedeute, daß der Vertragspartner nicht behaupten könne, eine so orientierte Politik befinde sich im Widerspruch zu den Verträgen. Mit anderen Worten: keine der beiden Seiten kann der Interpretation der anderen Seite unter Berufung auf den Vertrag selbst widersprechen.

Diese klärende Einlassung des Außenministers versetzte den Oppositionsführer in die Lage, dem Bundesvorstand der CDU und der Fraktion die Zustimmung zu den Verträgen zu empfehlen. Ersterer stimmte bei seiner montäglichen Sitzung am 15. Mai zu.

Er tat dies dezidiert.

„Dank der Festigkeit und Beharrlichkeit der Union und dank der konsequenten und harten Verhandlungen ihres Vorsitzenden und der Verhandlungskommissionen" seien die erforderlichen Klarstellungen erreicht. „Die Bundestagsentschließung zu den Verträgen ist in ihrem Inhalt eindeutig.

Ratifizierungsdebatte zu den Ostverträgen. Vordere Reihe (von rechts): Wolfgang Mischnick (FDP), Franz Josef Strauß (CSU), Richard Stücklen (CSU), und Hans Katzer (CDU).

April 1972	Veröffentlichung von Auszügen aus den Moskauer Protokollen in Publikationsorganen, die Zweifel der Opposition am Inhalt der Verträge nähren.
28. 4. 1972	Patt im Bundestag bei der Abstimmung über den Haushalt des Kanzleramtes als Folge der umstrittenen Ost-Verträge. – Beratungen der führenden Vertreter aller Fraktionen über eine übereinstimmende Vertragsinterpretation.
1. 5. 1972	Oppositionsführer Barzel überreicht Bundeskanzler Brandt einen ersten Entwurf einer „gemeinsamen Entschließung" als notwendige Ergänzung zu den Verträgen.
9. 5. 1972	Eine von allen Bundestagsfraktionen gebildete Redaktionskommission einigt sich auf den Text einer „gemeinsamen Entschließung" zu den Ost-Verträgen.
10. 5. 1972	2. Lesung der Ostverträge.
16. 5. 1972	In der CDU / CSU-Fraktion kommt es in der Frage der Abstimmung über die Ost-Verträge zu heftigen Auseinandersetzungen.
17. 5. 1972	Der Bundestag beschließt – bei Stimmenthaltung der CDU / CSU-Fraktion – die Ratifizierungsgesetze zu den Verträgen mit Moskau und Warschau. Mit 491 Stimmen bei 5 Enthaltungen wird die „gemeinsame Entschließung" zu den Ostverträgen angenommen. Sie wird in Moskau vor Ratifizierung des Vertrages durch den Obersten Sowjet entgegengenommen.

Wir handeln im Einklang mit den Verträgen, wenn wir unsere Politik auf diese Entschließung gründen." Die Entscheidung über die Abstimmung bleibe „im Gewissen jedes einzelnen Abgeordneten begründet". Die CSU dagegen votierte gleichwohl für das Nein. Auch Strauß, der noch eine Woche zuvor für die Zustimmung geworben hatte, plädierte in der Sitzung des CDU/CSU-Fraktionsvorstandes für eine Ablehnung der Verträge. Hierfür war ein schriftliches Votum des CSU-Abgeordneten von Guttenberg von Gewicht. Die Koalitionsvertreter hatten sich erstaunlich schwer getan, gewisse Formulierungen, die sie früher gegenüber dem Parlament gebraucht hatten, in den Text der Entschließung aufzunehmen – ein Umstand, der das Mißtrauen von Guttenbergs zutiefst erregt hatte.

Weil ein solcher Gegensatz innerhalb der Fraktion sich schon seit Wochen andeutete, hatte es bereits Ende April einzelne Stimmen gegeben, die – um den Zusammenhalt der Fraktion und den Eindruck der Geschlossenheit nach außen zu wahren – eine gemeinsame Stimmenthaltung in Erwägung zogen.

Die CDU/CSU-Fraktion tagte am 16. Mai bis nach Mitternacht und setzte ihre Beratung vormittags fort, um sich schließlich für die Stimmenthaltung zu entscheiden.

Welche Konstellation!

Die Koalitionsfraktionen hatten die Bundesregierung in allen Phasen der Vertragsentwicklung unbekümmert und unbeirrt unterstützt. Seit dem Herbst 1970 hatten einzelne Abgeordnete beider Koalitionsfraktionen wegen der Ost- und Deutschlandpolitik den Weg zur CDU/CSU-Fraktion gefunden: die Abgeordneten Zoglmann, Mende, Starke von der FDP, Schulz, Seume, Hupka von der SPD. Die Abgeordneten von Kühlmann-Stumm und Kienbaum von der FDP erklärten, mit der CDU / CSU stimmen zu wollen. Die Versuche, diese Abgeordneten der Käuflichkeit oder Untreue zu verdächtigen, trafen die Urheber solcher Denunziationen: In die Gegenrichtung war kein Abgeordneter gegangen. Gekauft wurden – und zwar zugegebenermaßen – Stimmen lediglich gegen den Kanzlerkandidaten der CDU / CSU, Rainer Barzel: beim Mißtrauensvotum am 27. April.

Als die Mehrheit der Koalition – doch wohl nicht zuletzt durch eigenes Zutun – dahin war, hatte sich der Opposition die Möglichkeit eröffnet, die Regierung abzulösen und die Verträge selbst in die Hand zu nehmen. Das Patt zwang zu einer ausgefallenen Lösung, die ohne Beispiel war.

„In der Hand einer realistisch geführten Regierung kann auch der Moskauer Vertrag gerade wegen seiner Interpretierbarkeit ein brauchbares Werkzeug einer konstruktiven Ostpolitik sein" – hatte der frühere Außenminister Adenauers, Gerhard Schröder, im August 1970 gesagt. Da schien die Annahme der Verträge noch unabwendbar. Nun – am 17. Mai 1972 – hatte die Oppositionsfraktion das Parlament zu einer einhelligen Willensbekundung bewegt, die sich ganz und gar an den damals wie heute geltenden Rechtsgrundlagen der Deutschland-Politik orientierte. Die Gefahr, einen Status quo zu sanktionieren, der Unrecht und Gefahr barg und der das deutsche Volk zerrissen und für eine europäische Politik untauglich gemacht hätte, war gebannt.

Keine strahlenden Sieger, aber ein Modus vivendi

Es gab keine strahlenden Sieger. Nicht nur gegenüber den Vertragspartnern war ein Modus vivendi erreicht, auch zwischen den beiden politischen Lagern des Parlaments war ein Ausgleich erfolgt.

„Die CDU / CSU-Fraktion hat in einer der längsten und intensivsten Beratungen ihrer Geschichte beschlossen, sich in ihrer großen Mehrheit bei der Abstimmung über die Zustimmungsgesetze zum deutsch-sowjetischen und deutsch-polnischen Vertrag der Stimme zu enthalten. Kein Mitglied der Fraktion wird einem der beiden Verträge zustimmen" – so eröffnete am 17. Mai Altbundeskanzler Kurt Georg Kiesinger die Erklärung für seine Fraktion. Wegen der Stimmengleichheit habe die Regierung im Blick auf die Ostverträge einen gemeinsamen Weg mit der Opposition gesucht. Die CDU / CSU-Fraktion messe der gemeinsamen Entschließung und dem dazu vereinbarten Verfahren als verbindliche Grundlage der Außenpolitik der Bundesrepublik Deutschland eine hohe politische und rechtliche Bedeutung bei. Deshalb allein werde die Opposition durch ihre Enthaltung ein Scheitern der Verträge verhindern und der gemeinsamen Entschließung zustimmen.

Zuvor hatten Carlo Schmid für die SPD und Wolfgang Mischnick für die FDP kein Wort über die Entschließung verloren. Die Verträge selbst – so Carlo Schmid als einer der Väter des Grundgesetzes – leiteten eine politische Entwicklung in Europa ein, in deren Verlauf die unnatürliche Zerrissenheit des Kontinents überwunden werden solle. Nur in einer solchen Entwicklung liege die Hoffnung der Deutschen, eines Tages ihr unbestreitbares Recht auf Selbstbestimmung ausüben zu können.

Man war abgekämpft. Die Redner erhielten verdienten Schlußbeifall von der jeweils eigenen Seite. Ebenso der Regierende Bürgermeister von Berlin, Klaus Schütz, der den Bedeutungszusammenhang der Ostverträge und des Berlin-Abkommens herausstellte und sich ebenfalls zur Entschließung ausschwieg. Erst als der Außenminister für die Regierung das Schlußwort erhielt und zielsicher eine empfindliche Stelle der Opposition ansprach, gab es einige Zwischenrufe: Der Oppositionsführer habe es ob seiner politischen Leistung verdient, von seiner Fraktion honoriert zu werden – da verzeichnet das Protokoll lebhafte Zwischenrufe: „Ist doch unsere Sache". Scheel: Die Verträge seien ein hart errungener Ausgleich im Schatten zweier Menschenalter von Mißverständnissen und schweren Konflikten. „Es kann das erste ausgehandelte Resultat keine Bestätigung deutscher Fernziele und Hoffnungen sein." Es gelte, „den Schlußstein in das Gewölbe der Aussöhnung und des Friedens in Europa endlich einzufügen".

Die Hauptakteure – Brandt und Barzel – nahmen nicht mehr das Wort. „Der Vertrag ist nicht der Vertrag einer Partei oder zweier Koalitionspartner oder nur mit einer Regierung, sondern die Mehrheit des deutschen Volkes steht hinter diesem Vertrag", hatte der Bundeskanzler am 13. August 1970 zu dem sowjetischen Ministerpräsidenten Kossygin in Moskau gesagt, und „daß wir nicht die Absicht haben, den Vertrag anders zu interpretieren, als er ausgehandelt wurde".

„So nicht" – das war das letzte parlamentarische Wort Rainer Barzels im Februar 1972 bei der ersten Beratung der Ostverträge im Deutschen Bundestag, lange vor der Pattsituation. Es war konsequent gewesen, nach den vielerlei Einflußnahmen der letzten beiden Jahre nun auch noch dem Vertragstext selbst eine eindeutige umfassende Willenserklärung zuzugesellen, hinter der – das kann guten Gewissens gesagt werden – die große Mehrheit des deutschen Volkes steht. Wer wollte leugnen, daß hieran dem Fraktionsvorsitzenden der Opposition, Rainer Barzel, das Hauptverdienst zukam.

Welche außergewöhnliche Bedeutung diese Entschließung hat, wird allein schon daraus ersichtlich, daß sie Grundlage und Rahmen der Deutschlandpolitik so formulierte, daß der Politik seit damals genügend Wirkungsspielraum verblieb. Ihr Zielhorizont entfaltet – mit dem Brief zur deutschen Einheit – eine wachsende Wirkung für die konkrete politische Entwicklung zwischen Ost- und Westeuropa. Die Ministertagung des Nordatlantikrats, die zwei Wochen später tagte, bekräftigte „ihre Auffassung, daß diese Verträge sowohl als Beitrag zur Entspannung in Europa als auch als Elemente des Modus vivendi, den die Bundesrepublik Deutschland mit ihren östlichen Nachbarn herstellen will, bedeutsam sind. Die Minister begrüßten die Erklärung vom 17. Mai 1972, in der die Bundesrepublik Deutschland ihre diesbezügliche Politik bestätigte und ihre Loyalität gegenüber der Atlantischen Allianz als Grundlage für ihre Sicherheit und Freiheit bekräftigte."

Eine der markantesten Manifestationen dieser Wirksamkeit stellte die Rede Bundeskanzler Helmut Kohls dar, die er in Gegenwart von Generalsekretär Erich Honecker am 7. September 1987 in der Redoute zu Bad Godesberg gehalten hat. Sie nannte unsere Grundauffassungen und deutschlandpolitischen Ziele ungeschminkt und wurde auch von den Sendern der DDR übertragen – eine Entwicklung, die nicht vorstellbar wäre, bestünde das Vertragswerk mit dem Osten lediglich aus den im Frühjahr und Sommer 1970 in Moskau ausgehandelten Texten.

Der Wille der Deutschen, in der durch deutsches Zutun entscheidend herbeigeführten europäischen Nachkriegssituation Geduld zu üben, aber am Selbstbestimmungsrecht aller europäischen Völker, auch der Deutschen, festzuhalten, ist ein bestimmender Faktor der politischen Entwicklung Europas geblieben.

Karl Carstens

Zusammengehen mit den freien Demokratien des Westens

Zu den Sternstunden des deutschen Parlaments gehören die Bundestagsdebatten der fünfziger Jahre über den Beitritt der Bundesrepublik Deutschland zu den Gemeinschaften, in denen sich die freien Demokratien des Westens zusammenschlossen. Es begann 1950 mit der Debatte über den Europarat, der Organisation von damals 13 europäischen Staaten, die sich zur Vorherrschaft des Rechts und der Freiheit des Menschen bekannten und deren Ziel es war, die Menschenrechte zu sichern und den wirtschaftlichen und sozialen Fortschritt zu fördern. Es folgten weitere große Debatten über die Gründung von insgesamt vier europäischen Gemeinschaften: für Kohle und Stahl, für Verteidigung, für Wirtschaft und für Atomenergie, unterbrochen durch die Debatte über den Beitritt der Bundesrepublik zu den Verteidigungsbündnissen der Westeuropäischen Union und des Nordatlantik-Paktes. Schließlich fanden in den sechziger Jahren zwei weitere große Debatten statt: die erste am 30. Juni 1960, in der der Abgeordnete Wehner für die SPD das europäische und atlantische Vertragssystem als Grundlage der deutschen Außen- und Wiedervereinigungspolitik akzeptierte, und 1963 die Debatte über den deutsch-französischen Vertrag, den sogenannten Elysée-Vertrag.

1. Beitritt zum Europarat – Debatten vom 13. und 15. Juni 1950

Die Bundesrepublik Deutschland war vom Europarat eingeladen worden, dieser Organisation als assoziiertes Mitglied beizutreten. Das bedeutete, daß sie als damals noch nicht souveräner Staat nicht im Ministerkomitee, wohl aber in der Beratenden Versammlung des Europarats vertreten sein würde. Die gleiche Einladung erging an die Saar. Die Bundesregierung schlug dem Bundestag vor, die an die Bundesrepublik Deutschland gerichtete Einladung anzunehmen.

Bundeskanzler Adenauer begründete die Regierungsvorlage. Er benutzte zunächst die Gelegenheit, um zu dem Projekt einer europäischen Montanunion, dem sogenannten Schuman-Plan, zu sprechen, der einige Wochen vorher von der französischen Regierung vorgelegt worden war. Hier findet sich der Satz, der sich wie ein roter Faden durch Adenauers Bundestagsreden hindurchzieht: „Meine Damen und Herren, ich möchte von der Tribüne dieses Hauses aus erklären, daß das deutsche Volk in seiner Gesamtheit mit wenigen Ausnahmen wünscht, daß zwischen Deutschland und Frankreich in Zukunft alle psychologischen Hemmnisse beseitigt werden, auf daß endlich Friede auch in Europa sein werde."

Was den deutschen Beitritt zum Europarat anlange, so sehe er keinen Grund, warum sich die Bundesregierung in Straßburg nicht mit Vertretern der Saar zusammensetzen könne.

Der Eintritt der Saarregierung in den Europarat und die Ablehnung des deutschen Beitritts in den Europarat seien, so fuhr Adenauer fort, nicht vergleichbare Größen. Auch werde das Saarproblem durch den Schuman-

Plan stark an Bedeutung verlieren. Adenauer verwies sodann auf die bedeutenden Erfolge auf dem Wege zu einer gleichberechtigten Partnerschaft mit anderen Völkern, die seit dem Petersberger Abkommen vom 22. November 1949 erzielt worden waren. Wenn wir jetzt den Eintritt in den Europarat ablehnten, dann wäre diese Entwicklung abgeschnitten. Wer sich für eine Ablehnung der Einladung ausspreche, erkläre sich gegen den Westen.

Es war eine geschickte Rede, bei der Adenauer es freilich vermied, auf die eigentlichen Probleme ausführlicher einzugehen.

Nach Adenauer sprach der Vorsitzende der Fraktion der CDU/CSU, Dr. Heinrich von Brentano. Er erhielt stürmischen Beifall seiner Fraktion, mehr als Adenauer. Er sprach die kritischen Fragen in einer großen mitreißenden Rede unumwunden an. Im weltpolitischen Kräftefeld könne Deutschland nicht neutral sein: „Wir können nicht neutral bleiben, wenn die Fragestellung lautet ‚Totalitarismus oder Demokratie'; wenn die Fragestellung lautet ‚Freiheit oder Terror'; wenn die Fragestellung lautet ‚Erhaltung und Sicherung der Würde des Menschen oder Vermassung und brutaler Zwang'."

Zur Saarfrage nahm Brentano auf die am 3. März 1950 abgeschlossenen Konventionen über eine französisch-saarländische Währungs- und Wirtschaftsunion Bezug. Er sagte, die hier getroffene einseitige Lösung ohne Beteiligung der deutschen Regierung sei eine Sünde am Geist der europäischen Verständigung. Trotzdem sollten wir nach Straßburg gehen, denn wir hätten die feierliche Erklärung der Alliierten, daß die endgültige Entscheidung über die Saar erst im Friedensvertrag getroffen würde.

Auf das deutsch-französische Verhältnis eingehend, sprach Brentano Worte, die bis heute gültig geblieben sind: „Europa soll nicht von Deutschland und Frankreich gestaltet werden; Europa kann aber nur entstehen, wenn die historische Feindschaft, die diese Völker seit Jahrhunderten getrennt und die über diesen europäischen Kontinent schon so viel Unglück gebracht hat, durch eine ehrliche und vertrauensvolle Freundschaft abgelöst wird."

Auch die Verweigerung der vollen Gleichberechtigung im Europarat solle uns nicht hindern, die Einladung anzunehmen, denn wir würden durch Mitarbeit die Gleichberechtigung eher und besser erreichen als durch unser Fernbleiben.

Für die SPD sprach Dr. Kurt Schumacher. Auch er hielt eine große Rede, in der das tragische Dilemma der deutschen Politik sichtbar wurde. Er beklagte zunächst, daß der Kanzler trotz mehrfach gegebener Zusagen keine vorherige Fühlungnahme mit der Opposition in den großen Fragen der Außenpolitik herstelle. Ausführlich ging Schumacher auf die Saarfrage ein. Das Saargebiet sei ein Polizeistaat, es könne nicht dem Gremium demokratischer Staaten in Straßburg angehören. Der Beitritt der Saar zum Europarat habe überdies Rückwirkungen auf die Frage der Oder-Neiße-Linie, und dann folgen sehr starke Worte zu den deutschen Ostgebieten: „Die Oder-Neiße-Linie ist ja nicht nur das Problem der deutschen Grenzen, die

Oder-Neiße-Linie ist auch das Problem des Rückkehr- und Heimatrechts der Ostvertriebenen, zu dem wir uns bekennen müssen." Schumacher bejahte ein starkes Europa. Er erklärte, daß „Deutschland und sein Volk Bestandteile der Kultur und der gesellschaftlichen und demokratischen Auffassung des Westens" seien. Neutralisierung sei Unfug, aber ein Eintritt in den Europarat sei ein außenpolitischer Trumpf, den wir nicht einfach weggeben dürften. Entscheidend sei die Frage der deutschen Einheit. Sie müßte von der Straßburger Organisation zu der ihren gemacht werden, denn es gehe um Menschheitsfragen; es gehe um Werte, die allen Menschen gemeinsam seien. Solange das nicht geschehe, müßten wir ein Nein zum Europarat sagen. Nur so könnten wir Druck in der deutschen Frage ausüben. Schumacher forderte eine Politik, „die ein ganzes Deutschland zum Bestandteil des Europäischen Rates zu machen anstrebt".

Die Debatte dauerte zwei Tage. In der Schlußabstimmung stimmten 220 Abgeordnete für, 152 gegen den Beitritt. Die Frage der Gleichberechtigung der Bundesrepublik Deutschland im Europarat wurde schon bald danach befriedigend gelöst. Am 2. Mai 1951 wurde Deutschland Vollmitglied. Aber das Saarproblem blieb weiter ungelöst. Es belastete den Weg der europäischen Einigung noch weitere sechs Jahre.

März 1946	Adenauer verlangt programmatisch den Aufbau der Vereinigten Staaten von Europa und spricht den Gedanken einer Verflechtung der westeuropäischen Volkswirtschaften aus.
17.3.1948	„Brüsseler Vertrag". England, Frankreich und die Benelux-Staaten schließen in Brüssel das erste Nachkriegsbündnis für Europa, die „West-Union". Sie richtet sich erstmals gegen die Politik der UdSSR und nicht mehr – wie der noch am 4.3.1947 abgeschlossene Vertrag von Dünkirchen – gegen Deutschland und regelt neben der kollektiven Selbstverteidigung die wirtschaftliche, soziale und kulturelle Zusammenarbeit.
16.4.1948	Bildung der Marshall-Plan-Organisation (OEEC) durch 16 Mitgliedstaaten des Rates für wirtschaftliche Zusammenarbeit in Europa.
4.4.1949	Gründung der NATO durch die drei Westmächte, die Benelux-Staaten, Dänemark, Norwegen, Island, Italien, Kanada und Portugal.
8.4.1949	Washingtoner Abkommen über die Fusion der drei Westzonen.
10.4.1949	*Besatzungsstatut* der drei Westalliierten.
5.5.1949	Gründung des Europarates durch zehn europäische Staaten.
30.11.1949	Bundesregierung tritt der *Internationalen Ruhrbehörde* bei.
13./15.6.1950	Bundestag debattiert und beschließt Beitritt zum *Europarat*.
9.5.1950	In Paris und Bonn Bekanntgabe des *Schuman-Planes*, der – von Jean Monnet entworfen – die Basis des Montanvertrages (Vertrag über die Gründung der Europäischen Gemeinschaft für Kohle und Stahl) ist.

2. *Gründung der Europäischen Gemeinschaft für Kohle und Stahl (Montanunion) – Debatte vom 11. Januar 1952*

Im April 1951 hatten sechs westeuropäische Staaten: Deutschland, Frankreich, Italien, Belgien, die Niederlande und Luxemburg, den Vertrag über die Gründung der Montanunion unterzeichnet, der die Schaffung eines Gemeinsamen Marktes für Kohle und Stahl und die Übertragung weitreichender Kompetenzen an ein supranationales Organ, die Hohe Behörde, vorsah. Der Vertrag beruht auf einem Plan, den der französische Außenminister Robert Schuman am 10. Mai 1950 der Öffentlichkeit vorgelegt hatte und der von Jean Monnet entworfen worden war.

Am 11. Januar 1952 debattierte der Bundestag über den Vertrag in 3. Lesung. In einer großen Rede bekannte sich der Fraktionsvorsitzende der SPD, Erich Ollenhauer, ausdrücklich zur europäischen Zusammenarbeit. Er erklärte: „Die Verständigung zwischen dem französischen und dem deutschen Volk ist eine Lebensfrage für Europa. Wir wollen sie." Scharf wandte er sich gegen die Haltung der kommunistischen Fraktion des Bundestages. Sie sei eindeutig durch russische Interessen bestimmt. Mit ihr habe die sozialdemokratische Politik nichts gemein. Aber die SPD lehne den Schuman-Plan als ein ungeeignetes Mittel für die erstrebte europäische Zusammenarbeit ab. Der Vertrag schaffe keine echte Partnerschaft. Die staatsrechtliche und völkerrechtliche Stellung der Bundesrepublik Deutschland, die immer noch unter Besatzungsrecht stehe, bleibe unklar. Frankreich verfolge seine Interessen. Es suche einen sicheren Zugang zur deutschen Kohle und zum deutschen Koks im Interesse seiner eisen- und stahlschaffenden Industrie. Die deutschen Interessen seien nicht gewahrt. Niemand könne sagen, was aus der für die deutsche Kohle lebenswichtigen gemeinsamen Absatzorganisation in Zukunft werden würde. Ollenhauer beklagte, daß der größte europäische Kohle- und Stahlproduzent, Großbritannien, der Gemeinschaft nicht angehöre, ebenso nicht die für den Absatz wichtigen skandinavischen Staaten. In den bisherigen Verhandlungen werde nicht deutlich, ob die deutsche Einheit wirklich als zentraler Ausgangspunkt aller deutschen Politik behandelt werde. Auch mit Bezug auf die Saar seien die deutschen Interessen nicht klar genug vertreten worden. Den Franzosen hätte gesagt werden müssen: „Wir Deutsche können nur in die Montanunion gehen, wenn die Wirtschaftsunion zwischen der Saar und Frankreich fällt." Schließlich sei der Charakter der zu gründenden Gemeinschaft undemokratisch. Sie habe stark autoritäre Züge.

Wieder ist es Heinrich von Brentano, der Ollenhauer antwortet. Er bittet darum, die Montanunion als Etappe auf dem Weg zur Beseitigung aller Deutschland auferlegten Belastungen aus dem Zweiten Weltkrieg zu sehen. Dieses Ziel könne nicht mit einem Schlag verwirklicht werden. Innerhalb des Vertrages seien wir gleichberechtigte Partner. Aber das sei nicht das entscheidende Argument. Entscheidend sei vielmehr die dem Montanvertrag zugrunde liegende Konzeption der weiträumigen Zusammenarbeit zwischen allen europäischen Staaten, die dazu bereit seien. Eingehend befaßt sich Brentano mit den Wechselbeziehungen zwischen dem Vertrag und der deutschen Einheit. Er verweist auf Artikel 24 des Grundgesetzes, der ungeachtet des provisorischen Charakters der Bundesrepublik die Übertragung von Hoheitsrechten auf zwischenstaatliche Einrichtungen vorsehe, ja sie sogar dadurch erleichtere, daß dafür nur ein einfaches Gesetz erforderlich sei. Dieser Artikel sei im Parlamentarischen Rat mit überwältigender Mehrheit angenommen worden. Daraus müsse man schließen, daß nach der Auffassung der Väter des Grundgesetzes eine Integration der Bundesrepublik Deutschland in Europa auf dem Weg des Artikels 24 GG der Wiedervereinigung Deutschlands nicht im Wege stehe.

Brentano erinnert daran, daß in der französischen Nationalversammlung zum Montanvertrag ähnliche Befürchtungen wie im Deutschen Bundestag, aber in umgekehrter Richtung, geäußert worden seien. Dort sei gesagt worden, Deutschland werde in der Montanunion die dominierende Rolle spielen. Frankreichs Wirtschaft würde unwiederbringlichen Schaden nehmen. Aber demgegenüber seien in Paris auch andere Stimmen hörbar geworden. Faure, ein junger Abgeordneter, habe gesagt: „Wenn wir nicht von Anfang an unsere Minderwertigkeitskomplexe gegenüber Deutschland aufgeben, wäre es unnütz und gefährlich, sich auf dieses Unternehmen einzulassen."

Zur Saarfrage findet Brentano wieder sehr ernste Worte. Er ist überzeugt, daß ihre Lösung durch die Entstehung der Montanunion erleichtert wird; denn dann habe der bedauerliche Wunsch Frankreichs, sich an der Saar ein Faustpfand zu sichern, seine Begründung verloren. Die derzeitigen Verhältnisse an der Saar könnten wir niemals hinnehmen. Sie seien weder rechtlich noch sittlich zu rechtfertigen. Wir müßten die Wiederherstellung echter freiheitlicher Verhältnisse an der Saar fordern.

Im Verlauf der weiteren Debatte sprach August Martin Euler für die FDP. Er stellt den Montanvertrag in den Zusammenhang des Ost-West-Konfliktes. Das deutsche Volk sei in seiner Existenz bedroht durch eine „satanische Macht", die sich auf deutschem Boden etabliert habe. Demgegenüber sei es entscheidend, die Freiheitsbastion Bundesrepublik von der sowjetischen Bedrohung freizuhalten und den mitteldeutschen Bereich auf friedliche Weise freizumachen. Diese Aufgabe könne nur in Zusammenarbeit mit allen Völkern gelöst werden, die Recht und Freiheit zu den allein gestaltenden Mächten des Gemeinschaftslebens machen wollten. Aus diesem Grunde müsse die „balkanisierte Zerrissenheit Europas" überwunden werden. Hierzu sei der Schuman-Plan ein wichtiger Schritt. Aber ein ernstes Bedenken bleibe die Saarfrage. Auch Euler fordert das Selbstbestimmungsrecht für die Menschen an der Saar.

Auch in dieser Debatte ergreift Adenauer das Wort mit einer für ihn typischen, zum Teil sehr polemischen, zum Teil sehr witzigen Rede. Er vergleicht Reden sozialdemokratischer Abgeordneter aus jüngster Zeit mit Hugenbergschen Reden aus den zwanziger Jahren, was zu erregtem Wider-

Vertrag über die Montanunion. Unterzeichnung am 18. April 1951 in Paris. Von links: Paul van Zeeland (Belgien), Joseph Beck (Luxemburg), Joseph Maurice (Belgien), Carlo Sforza (Italien), Robert Schuman (Frankreich), Konrad Adenauer (Bundesrepublik Deutschland), Dirk Stikker und Jan van der Brink (Niederlande).

spruch bei der SPD führt. Um zu zeigen, wie wichtig das Anliegen der deutschen Einheit auch für die Westmächte ist, liest Adenauer einen Passus aus dem Entwurf zum Generalvertrag vor, der freilich in diesem Zeitpunkt noch nicht unterzeichnet ist. Auf den Zwischenruf des Abgeordneten Renner, KPD, „Da lachen ja die Hühner“, antwortet Adenauer: „Ja, da lachen Sie doch mal!“ (anhaltende stürmische Heiterkeit. Abgeordneter Renner: „Oberhahn!“, Heiterkeit bei der KPD).

Ollenhauer erwidert kurz, wenn Adenauer den Vergleich mit Hugenbergschen Reden beschwöre, dann „können wir ja einmal untersuchen, wie viele Anhänger und wie viele Träger Hugenbergscher Ideen in den Reihen der Partei Ihrer Regierungskoalition heute sitzen“ (stürmischer Beifall bei der SPD). Typisch für Adenauers Regierungsstil sei es, daß heute ein Artikel aus dem Generalvertrag vorgelesen würde, den die SPD bisher nicht zu Gesicht bekommen habe. Das sei eine unmögliche Basis, wenn man eine gemeinsame Politik wolle.

Der Vertrag wurde mit Mehrheit angenommen.

3. Vertrag über die Gründung der Europäischen Verteidigungsgemeinschaft (EVG) und Vertrag über die Beziehungen zwischen der Bundesrepublik Deutschland und den drei Mächten („Generalvertrag", „Deutschlandvertrag") – Debatte vom 19. März 1953

Die Debatte zum Vertrag über die Gründung der Europäischen Verteidigungsgemeinschaft vom 27. Mai 1952 und zu dem sogenannten Generalvertrag oder Deutschlandvertrag vom 26. Mai 1952 verlief höchst dramatisch. Begleitet wurden die Beratungen im Parlament durch insgesamt sechs Verfahren vor dem Bundesverfassungsgericht, die durch den Bundespräsidenten, durch die SPD-Fraktion und durch die Regierungsfraktionen in Gang gebracht wurden; und schließlich war alles vergeblich, da die EVG am 30. August 1954 im französischen Parlament scheiterte.

Die EVG war ein Kompromiß, durch den die amerikanische Forderung, wonach die Bundesrepublik Deutschland mit eigenen Streitkräften einen Beitrag zur Verteidigung der freien Welt leisten sollte, mit der französischen Sorge, daß deutsche Streitkräfte alsbald wieder zu einer deutschen Hegemonie in Europa führen würden, in Einklang gebracht werden sollten. Der Kompromiß, der auf einen Vorschlag des französischen Ministerpräsidenten Pleven zurückging, bestand darin, daß die Mitgliedstaaten ihre nationalen Streitkräfte in eine gemeinsame europäische Armee einbrachten, deren Stärke auf 43 Divisionen festgelegt wurde. Davon sollte die Bundesrepublik Deutschland zwölf stellen. Den Oberbefehl über die europäische Armee sollte im Kriegsfall der Oberbefehlshaber der NATO ausüben. Im Frieden sollte ein europäischer Generalstab die Armee führen.

In der Debatte am 19. 3. 1953 sprach zunächst Bundeskanzler Adenauer. Er ging auf die Veränderungen ein, die seit der 2. Lesung vom 5. Dezember 1952 eingetreten waren: Außenminister Schuman war aus seinem Amt ausgeschieden; der neue amerikanische Präsident Eisenhower hatte sein Amt angetreten; Frankreich hatte mehrere Zusatzprotokolle zum EVG-Vertrag vorgelegt, durch die Frankreich eine Reihe von Sonderrechten erhalten sollte; Stalin war gestorben, und schließlich hatte die britische Regierung den sechs EVG-Ländern ihre Haltung zu der geplanten Verteidigungsgemeinschaft mitgeteilt. Alle diese Ereignisse machten, so sagte Adenauer, die Verabschiedung der EVG noch notwendiger. Die Bundesrepublik müsse endlich aus dem Zustand des Besatzungsrechts herauskommen. Sie brauche zudem ausreichenden Schutz gegenüber der Bedrohung aus dem Osten. Zur Frage der Wiedervereinigung Deutschlands erklärte Adenauer, die Sowjetunion werde nicht bereit sein, die Sowjetzone spontan und uneigennützig freizugeben. Über die Wiedervereinigung in Freiheit müßten die drei Westmächte mit der Sowjetunion verhandeln. Wir müßten als freies Land an den Verhandlungen teilnehmen. Aber es gebe keinen anderen Weg, zu Verhandlungen mit der Sowjetunion zu kommen; es gebe keinen anderen

Weg zur Wiedervereinigung in Freiheit, als den Westen so stark wie möglich zu machen. Diese oft als Politik der Stärke bezeichnete Position Adenauers besagt also nicht, daß, wenn der Westen stark sei, die Wiedervereinigung kommen werde; sie besagt lediglich, daß es keinen anderen Weg zur Wiedervereinigung in Freiheit gebe.

Auch diese Rede, eine der großen Reden Adenauers vor dem Deutschen Bundestag, ist in vieler Hinsicht für ihn typisch. Diesmal greift er nicht die SPD an, sondern begibt sich auf einen Nebenschauplatz und agiert hier mit größter Energie. Er zitiert einen Artikel in der „Zeit", in dem unter Berufung auf einen amerikanischen Journalisten behauptet worden war, daß die französische, die britische und die sowjetische Regierung eine geheime Absprache gegen die Wiedervereinigung Deutschlands getroffen hätten. „Ich habe selten einen so perfiden Artikel wie diesen gelesen", sagt Adenauer. Es sei eine Brunnenvergiftung übelster Art. Und dann verliest er eine Erklärung des britischen Foreign Office, in der die behauptete Verständigung zwischen den Westmächten und der Sowjetunion als absurdes und lächerliches Phantasiegebilde bezeichnet wird.

Für die SPD antwortet Erich Ollenhauer. Er beginnt mit der Frage, ob die Verträge mit der Aufgabe der Bundesrepublik vereinbar seien, die Wiederherstellung der deutschen Einheit in Freiheit als vordringliches Ziel ihrer Politik zu betrachten. Dazu stellt er fest, daß die Eingliederung der Bundesrepublik in das militärische Verteidigungssystem des Westens zunächst nur zu einer Vertiefung der Spaltung Deutschlands führen könne. Ob danach die Verhandlungsbereitschaft der Sowjetunion größer werden würde, sei eine rein spekulative Hoffnung. Ollenhauer kritisiert die Notstandsklauseln des Generalvertrages. Hiernach entschieden die drei Westmächte, ob ein Notstand vorläge und welche Maßnahmen sie daraufhin ergreifen wollten. Die Bundesrepublik werde also auch künftig nicht souverän sein. Im Grunde sei der Generalvertrag ein modifiziertes Besatzungsrecht. Auch würde die Bundesrepublik dadurch diskriminiert, daß die deutschen Kontingente dem Oberbefehlshaber der NATO unterstellt würden, die Bundesrepublik aber selbst nicht Mitglied der NATO und des Atlantikrates sein werde. Es gebe also in Wahrheit keine Gleichberechtigung der Partner. „Vor allem aus diesem Grunde sind wir nicht bereit, den Verträgen zuzustimmen." Auch die französische Haltung in der Saarfrage widerspreche deutschen Interessen. Die französische Regierung habe sich gegenüber ihrem Parlament verpflichtet, die Saarfrage im Sinne einer definitiven Loslösung des Saargebiets aus dem deutschen Staatsverband zu regeln. Abschließend geht Ollenhauer auf das Ost-West-Verhältnis ein. Unsere Aufgabe sei es, die Spannungen zu vermindern. Oberstes Ziel müsse die Erhaltung des Friedens sein. Das Argument, daß zur Erhaltung des Friedens eine Politik der Stärke nötig sei, sei töricht. Militärische Stärke sei keine Politik. Die Sozialdemokratie fordere, so sagt Ollenhauer, neue Verhandlungen auf breiterer Grundlage. Die Mitarbeit Englands müßte verstärkt werden. Dazu sei ein Verzicht auf die supranationale Konzeption der

Unterzeichnung des Deutschlandvertrages am 26. Mai 1952 mit den drei Westmächten im Bundesratssaal. Bildmitte: Bundeskanzler Konrad Adenauer.

EVG nötig. Wir müßten die Möglichkeit haben, in der Frage der Wiedervereinigung Deutschlands immer wieder und immer dann, wenn wir es für notwendig hielten, aktiv zu werden.

Der Abgeordnete Dr. Schäfer, FDP, setzt sich leidenschaftlich für das supranationale Prinzip ein. Die alte Form der Allianzen müsse überwunden werden. Nur so sei es möglich, die Schuttmassen der Vergangenheit abzuräumen. Nötig sei der weitere Ausbau Europas, der unter demokratischer Kontrolle stehen müßte.

Bei der Schlußabstimmung erhielt der EVG-Vertrag 224 Stimmen; 165 Abgeordnete stimmten mit Nein. Von den Berliner Abgeordneten stimmten zehn mit Ja und neun mit Nein. Das Stimmergebnis beim Deutschlandvertrag war nahezu das gleiche.

Ein halbes Jahr nach der Abstimmung fand am 6. 9. 1953 die Wahl zum 2. Deutschen Bundestag statt. Dabei erzielte die CDU/CSU große Stimmengewinne (von bisher 31,0 auf 45,2%). Sie gewann die absolute Mehrheit der Mandate. Es wurde deutlich, daß Adenauers Westpolitik bei den Wählern Zustimmung fand.

4. Beitritt der Bundesrepublik Deutschland zum Brüsseler Vertrag und zum Nordatlantikvertrag, Abkommen über das Statut der Saar, Protokoll über die Beendigung des Besatzungsstatuts – sämtlich vom 23. Oktober 1954 (Pariser Verträge)
1. Lesung im Bundestag am 15. und 16. Dezember 1954, 3. Lesung im Bundestag am 27. Februar 1955

Als der EVG-Vertrag am 30. August 1954 in Paris scheiterte, begann die große Stunde der britischen Diplomatie. Aufgrund von Vorschlägen, die im wesentlichen auf Außenminister Anthony Eden zurückgingen, kam innerhalb von zwei Monaten eine Ersatzlösung zustande: Die Bundesregierung trat dem Brüsseler Pakt, einem Bündnisvertrag zwischen Frankreich, Großbritannien und den Benelux-Staaten, bei, der daraufhin in Westeuropäische Union (WEU) umbenannt wurde, und unterwarf sich bestimmten Rüstungsbeschränkungen. Sie wurde unmittelbar Mitglied des Nordatlantikpaktes und versprach, ihre Verteidigungsstreitkräfte im Kriegsfall dem NATO-Oberbefehlshaber zu unterstellen. Deutschland und Frankreich vereinbarten ein besonderes Statut für die Saar, das die Schaffung einer autonomen Region unter einem von der WEU zu bestellenden europäischen Kommissar vorsah. Das Statut sollte der saarländischen Bevölkerung zur Billigung vorgelegt werden. Wenn sie es billigte, sollte es bis zum Abschluß eines Friedensvertrages nicht mehr in Frage gestellt werden.

Die am 23. Oktober 1954 in Paris vereinbarte Regelung vermied einige der Schwächen der früheren Konzeption. Großbritannien war von vornherein voll beteiligt. Der Sitz der WEU wurde sogar nach London verlegt. Durch den unmittelbaren Beitritt der Bundesrepublik zum Nordatlantischen Bündnis konnte von einer Diskriminierung im Verhältnis zu den übrigen Bündnispartnern nicht mehr die Rede sein. Aber es blieben noch genügend Streitpunkte übrig.

Im Bundestag fanden zwei bedeutende Debatten dazu statt. In der 1. Lesung am 15. und 16. Dezember 1954 legte Adenauer die Ziele des Vertragswerks dar: einerseits der Bundesrepublik Deutschland im Verhältnis zu den drei Westmächten volle Freiheit und Selbstbestimmung zu verschaffen als Voraussetzung für eine Freiheit des Handelns für ganz Deutschland, andererseits diese Bundesrepublik durch die Aufnahme in die westlichen Bündnisse gegen die auf Weltbeherrschung gerichtete Politik des sowjetischen Kommunismus zu schützen. Seine leidenschaftliche Ansprache wurde von tumultuarischen Protesten der SPD und Bravo-Rufen der Regierungsparteien begleitet.

Erich Ollenhauer lehnte für die SPD die Verträge ab. Sie seien mit einer Politik der Entspannung und der Wiedervereinigung Deutschlands unvereinbar. Die Bundesregierung gebe der Aufrüstung und der Integration der Bundesrepublik in den Westen Vorrang vor der Wiedervereinigung. Ollenhauer forderte, zunächst einen neuen ernsthaften Versuch zu unternehmen, um im Wege von Vier-Mächte-Verhandlungen Möglichkeiten einer befriedigenden Lösung der deutschen Frage zu prüfen, bevor eine Entscheidung über die Ratifizierung der Pariser Verträge getroffen würde.

Auf Ollenhauer antwortete Kurt Georg Kiesinger für die CDU/CSU. Es war eine seiner großen politischen Reden, maßvoll in der Form, aber doch klar und entschieden in der Sache. Er stellt in einem für ihn charakteristischen Gedankengang die Pariser Verträge in einen weltpolitischen und in einen historischen Zusammenhang. Östlich von uns erstrecke sich der kommunistische Block von 800 Millionen Menschen.

Auf einen Zwischenruf sagt er, er hoffe, daß das chinesische Reich eines Tages zu seiner eigenen Tradition zurückfinden und sich von dem kommunistischen Denken lösen werde; aber noch sei das nicht der Fall. Die Sowjetunion als Anführerin des kommunistischen Blocks sei eine expansive Macht, die ganz offen die These vertrete, daß es notwendig sei, die ganze Welt für den Kommunismus zu erobern.

Für Westeuropa komme es in dieser Lage darauf an, nicht in den Sog der kommunistischen Machtpolitik zu geraten. Dazu müsse es sich einigen. Diesem Ziel dienten die Pariser Verträge, die zugleich der Bundesrepublik ein Mitspracherecht innerhalb der westlichen Bündnisse gäben. Das Zusammengehen der Bundesrepublik Deutschland mit den freien Demokratien des Westens sei entscheidend.

In der Vergangenheit habe Deutschland den Gang der Weltgeschichte nicht verstanden. Dadurch sei es vor 1914 in die Isolierung geraten und hätte sich 1939 in das wahnsinnige Abenteuer des Zweiten Weltkriegs gestürzt. Die vor uns liegenden Probleme könnten wir nur gemeinsam mit den freien Völkern des Westens lösen. Das gelte auch für die Frage der deutschen Wiedervereinigung. Auch für das wiedervereinigte Deutschland strebten wir keinen bündnislosen Status an.

Schließlich wendet sich Kiesinger der sowjetischen Drohung zu, daß es nach der Ratifizierung der Pariser Verträge keine Chance für die Wiedervereinigung mehr geben werde. Die gesamte Nachkriegsgeschichte beweise, so sagt er, daß man derartige sowjetische Erklärungen nicht allzu wörtlich nehmen sollte. Es seien taktische, nicht prinzipielle Erklärungen. Wir würden auch nach der Ratifizierung der Verträge dann von einer stärkeren Ausgangsposition aus Verhandlungen über die deutsche Frage fordern.

Die 3. Lesung der Pariser Verträge fand am 27. Februar 1955 statt. Sie war eine der stürmischsten und leidenschaftlichsten Debatten, die im Deutschen Bundestag bis dahin geführt worden waren. Hauptstreitpunkte waren das Saarproblem und die Bedeutung der Verträge für die Wiedervereinigung Deutschlands.

Heinrich von Brentano wandte sich gegen die Vorstellung, ein wiedervereinigtes Deutschland könne bündnisfrei sein. Eine solche Verpflichtung würde eine schwere Beeinträchtigung seiner Souveränität darstellen. Sie würde zudem politisch sehr gefährlich sein. Ein neutralisiertes Deutschland würde isoliert sein, und es würde zum Spielball der Interessengegensätze in

Erstmals nach Inkrafttreten des Nordatlantikvertrags für die Bundesrepublik am 6. Mai 1955 nimmt eine deutsche Delegation an einer NATO-Konferenz teil. Von rechts: Botschafter Herbert Blankenhorn, Bundeskanzler und Bundesaußenminister (15. 3. 1951–6. 5. 1955) Konrad Adenauer.

der Welt werden. Alle würden ein Interesse daran haben, daß Deutschland machtlos – auch wirtschaftlich – bleibe. Der Weg zu einer Wiedervereinigung Deutschlands müsse über die europäische und atlantische Zusammenarbeit gehen. Brentano zitierte John Foster Dulles, der im November 1954 erklärt hatte: „Die Westmächte werden sich weiterhin unablässig für die Wiedervereinigung Deutschlands einsetzen.“

Erich Ollenhauer antwortete wieder für die SPD. Es ist eine redliche, ruhige und maßvolle Rede. Er fordert erneut, den Versuch zu machen, für die deutsche Frage im Wege der Verhandlung mit der Sowjetunion eine Lösung zu finden, bevor die Verträge ratifiziert werden. Natürlich komme nur eine Lösung auf der Basis der Freiheit und der Demokratie in Betracht. Auch bejahe die SPD die Notwendigkeit der Verteidigung der Demokratie, auch mit militärischen Mitteln. Sie lehne den kommunistischen Anspruch auf Welteroberung ohne jede Einschränkung ab, aber man müsse das Risiko sehen, daß die Aufstellung deutscher Streitkräfte verhängnisvolle Rückwirkungen auf die Aussichten für die Wiederherstellung der deutschen Einheit haben könnte. Es bestehe die Gefahr, daß die Sowjets übermorgen nicht mehr über die Frage der Wiedervereinigung Deutschlands verhandeln würden.

Eine eindrucksvolle Rede hielt Dr. Thomas Dehler, FDP. Es war eine typische Dehler-Rede von großer rhetorischer Kraft und Leidenschaft, aber auch von einer gewissen Maßlosigkeit, vor allem bei der Behandlung der Saarfrage. Dehler begrüßte den aus den Verträgen fließenden Zwang zu einer gemeinschaftlichen europäischen Politik. Er begrüßt auch, daß in den Verträgen ein Bekenntnis zum Wehrwillen und zur Wehrhaftigkeit enthalten sei. Er bezeugt Rechte vor der Meinung der Opposition, daß man mit den Russen über die Deutschlandfrage verhandeln solle, aber in diesen Verhandlungen müßte die Frage der militärischen Sicherheit geklärt werden.

Mit großer Schärfe äußert sich Dehler zur Saarfrage. Er greift zunächst Adenauer an, weil dieser in der Debatte des Vortages nach Meinung Dehlers seinen Freund Becker unfair attackiert hatte. Adenauer hatte gesagt, daß Becker sich zu einer Rede habe hinreißen lassen, die Deutschland außerordentlich geschadet habe. Dehler stellt sich vor Becker und ruft Adenauer zu: „So kann keine Demokratie wachsen!“ Becker habe durch seine Rede gegen das Saarstatut dem Recht und der deutschen Sache gedient. Er habe sich um Deutschland verdient gemacht.

Auch Dehler wendet sich gegen das vorgesehene Saarstatut. „Dieses angeblich europäische Saarstatut gibt die Saar auf.“ Er lehnt das vorgesehene Referendum ab. Es sei eine reine Farce. Und dann sagt er wörtlich: „Es ist eine beinahe übermenschliche Zumutung an die Saarländer, daß man meint, sie könnten die so wunderschöne Situation des kleinen Landes aufgeben wollen. Das wäre ja übermenschlich zu erwarten, daß die Saarländer mit einer plötzlichen Aufwallung nationalen Gefühls alle Nachteile – erhöhter Steuerdruck, Lastenausgleich und all das – Gott, ich sehe einmal nüchtern, ich sehe, was in den letzten Jahren geschehen ist und versuche, mich einmal in die Lage dieser Menschen zu versetzen, zumindest welche Hemmungen werden sich da zeigen, um am Ende nicht das Schicksal eines großen Volkes tragen zu müssen, wie es auf uns liegt. Sie wissen, wie all die kleinen Zwischenstaaten sich dabei wohlfühlen.“

Nach einer ebenfalls groß angelegten Rede des Abgeordneten Dr. Hans-Joachim von Merkatz (DP), der die Verträge verteidigt, nimmt der Abgeordnete Dr. Fritz Hellwig (CDU / CSU) das Wort. Er widerspricht Dehlers Charakterisierung der saarländischen Bevölkerung. Hellwig, selbst Saarländer, wirft Dehler vor, die geschichtliche Vergangenheit der Saar völlig zu verkennen. Er, so sagt Hellwig, und seine politischen Freunde hätten volles Vertrauen zur deutschen Haltung der Saarländer.

Die Abstimmung ergab eine große Mehrheit für die Verträge: 314:157 Stimmen (Berlin 10:10); jedoch sprachen sich für das Saarstatut nur 263 Abgeordnete aus bei 202 Gegenstimmen (Berlin: 5 Ja, 13 Nein).

Die Befürchtung, daß das Saarstatut zu einer endgültigen Abtrennung der Saar führen würde, erwies sich als unbegründet. Am 23. Oktober 1955 verwarf die Bevölkerung der Saar das Saarstatut mit Zweidrittelmehrheit (67,7%) bei einer Wahlbeteiligung von 97,5%. Die französische Regierung – es ist dies ein großes Verdienst des Ministerpräsidenten Mendès-France – akzeptierte die Entscheidung sofort. Am 1. Januar 1957 kehrte das Saarland aufgrund einer neuen deutsch-französischen Vereinbarung in den deutschen Staatsverband zurück.

20. 6. 1950	Eröffnung der Besprechungen in Paris über den Abschluß einer europäischen *Montanunion* unter Teilnahme Frankreichs, der Benelux-Staaten, Italiens und der Bundesrepublik Deutschland.
18. 4. 1951	Unterzeichnung des Montanvertrages in Paris.
2. 5. 1951	Bundesrepublik Deutschland wird Vollmitglied im Europarat.
11. 1. 1952	3. Lesung und Ratifikation des Montan-Vertrags im Bundestag. – Inkrafttreten am 25. 7. 1952.
8. 2. 1952	Grundsätzliche Zustimmung des Bundestages zum EVG-Vertrag.
26. 5. 1952	Unterzeichnung des *Generalvertrages (Deutschlandvertrag)* und der Zusatzverträge in Bonn.
10. 3. 1953	Billigung des Vertragsentwurfs über die Gründung der Europäischen Politischen Gemeinschaft.
19. 3. 1953	Verabschiedung der Ratifikationsgesetze für die Westverträge (EVG und Generalvertrag/Deutschlandvertrag) im Bundestag in 3. Lesung.
30. 8. 1954	Scheitern des EVG-Vertrags durch die Ablehnung in der französischen Nationalversammlung.
23. 10. 1954	Endgültige Fassung und Unterzeichnung der Pariser Verträge: Brüsseler Vertrag; Nordatlantikvertrag; Abkommen über das Statut der Saar; Protokoll über die Beendigung des Besatzungsstatuts.
15./16. 12. 1954	1. Lesung der Pariser Verträge im Bundestag.
27. 2. 1955	3. Lesung und Ratifizierung der *Pariser Verträge* im Bundestag. – Inkrafttreten am 5. 5. 1955.
9. 5. 1955	Aufnahme der Bundesrepublik Deutschland in die NATO.

5. Die Gründung der Europäischen Wirtschaftsgemeinschaft (EWG) und der Europäischen Atomgemeinschaft (EURATOM) – Debatten am 21. März 1957 und am 5. Juli 1957

Die beiden Verträge über die Gründung der europäischen Gemeinschaften wurden am 25. März 1957 in Rom unterzeichnet. Wenige Tage vorher, am 21. März 1957, fand darüber eine Debatte im Deutschen Bundestag statt, die in ruhiger, sachlicher Atmosphäre verlief und bereits erkennen ließ, daß die bisherige scharfe Ablehnung der europäischen Verträge durch die SPD einer differenzierteren Stellungnahme mit der Bereitschaft zur Zustimmung Platz gemacht hatte.

Walter Hallstein, der Staatssekretär des Auswärtigen Amts, leitete die Debatte mit einer Regierungserklärung ein, in der er die Grundzüge der beiden Vertragswerke vortrug. Die enge Vereinigung der alten europäischen Staaten sei, so sagte er, heute die einzige Chance, um Europa im Konzert der Mächte seine alte Stellung zu wahren. Es sei die letzte Chance für die Sicherung unseres freiheitlichen Daseins, unseres wirtschaftlichen Gedeihens und unseres sozialen Fortschritts. Auf die deutschlandpolitischen Fragen eingehend, sagte Hallstein, alle Möglichkeiten einer Wiedervereinigung Deutschlands würden offengehalten. Auch würde der innerdeutsche Handel nicht tangiert.

Für die SPD sprach der Abgeordnete Dr. Heinrich Deist. Er kritisierte zunächst, daß der Bundestag erst so spät, nämlich vier Tage vor der Unterzeichnung, Gelegenheit erhalte, zu den europäischen Verträgen Stellung zu nehmen. Die SPD bejahe, so sagte er, den Gedanken der europäischen wirtschaftlichen Zusammenarbeit. Deutsche Sozialdemokraten hätten zu den ersten Mitgliedern des von Jean Monnet 1955 ins Leben gerufenen Aktionskomitees für die Vereinigten Staaten von Europa gehört. Gegenüber der Montanunion stelle die EWG zweifellos einen Fortschritt dar, weil sie nicht nur einen Sektor, sondern die gesamte Wirtschaft erfasse. Die Schaffung einer Zollunion sei der Kern des Vertragswerks. Dagegen sei die Koordinierung der Wirtschafts- und Währungspolitik zu schwach. Deist zitierte den Bundeswirtschaftsminister Ludwig Erhard, der noch am 15. März erklärt habe, der Gemeinsame Markt sei ein volkswirtschaftlicher Unfug, das Ergebnis sei europäische wirtschaftliche Inzucht. Deist kritisierte besonders die Bestimmungen des Vertrages über die überseeischen Gebiete der Mitgliedstaaten. Sie würden zwangsweise in den Gemeinsamen Markt eingeschlossen. Schließlich verlangte Deist eine bessere Absicherung des Interzonenhandels gegen eine Intervention der EWG. Er kündigte an, daß die SPD dem Vertragswerk zustimmen würde, wenn einigen von ihr vorgetragenen Bedenken Rechnung getragen würde.

Für die Bundesregierung sprach Wirtschaftsminister Ludwig Erhard. Er hielt eine merkwürdige Rede. Zunächst machte er aus seiner Skepsis gegenüber dem Vertrag keinen Hehl. „Wenn ich den Vertrag zum Gemeinsamen

Markt nur vom ökonomischen Standpunkt aus zu prüfen hätte, müßte ich vorher fragen, ob denn die bisherigen Anstrengungen zur Zusammenfügung der Länder Europas nicht schon so große Erfolge gezeitigt hätten, daß man vielleicht auf eine besondere Konstruktion hätte verzichten können." Aber, so fuhr er fort, hier gehe es um die politischen Aspekte der Europäischen Gemeinschaft. Diese ständen obenan. Deswegen sei er eindeutig zu dem Schluß gekommen, daß dieser Vertrag Zustimmung finden sollte. Erhard erläuterte sodann seine wirtschaftspolitischen Bedenken. Er kritisierte, daß die Übergangszeit von 12 bis 15 Jahren zu lang sei. Im Vertrag stecke zu wenig Dynamik. Man habe zuviel Angst vor Wettbewerb. Es sei unbedingt erforderlich, daß eine Freihandelszone die wirtschaftliche Verbindung der Länder der EWG zu den übrigen europäischen Staaten sichere. Auch die Art der Assoziierung der Überseegebiete, das heißt die Schaffung eines europäisch-afrikanischen Präferenzsystems, mißfiel Erhard.

Der CDU-Abgeordnete Dr. Hans Furler befaßt sich mit den Kompetenzen des Europäischen Parlaments, die zu schwach entwickelt seien und die unbedingt erweitert werden müßten.

Robert Margulies (FDP) greift die Bedenken von Erhard auf und bedauert, daß Erhard sich im Kabinett nicht durchgesetzt habe. Auch Margulies kritisiert die Form, in der die überseeischen Gebiete mit der EWG assoziiert werden sollen. Er fordert die Bundesregierung auf, durch neue Verhandlungen eine Verbesserung des Vertrages zu erreichen.

Dr. Alexander Elbrächter (DP) sieht die Bedeutung der Verträge in der Herstellung eines großen Marktes, der dem amerikanischen Binnenmarkt vergleichbar sei, und verspricht sich davon eine außerordentliche Steigerung des Bruttosozialprodukts.

Dr. Fritz Hellwig (CDU/CSU) setzt sich mit den Einwendungen auseinander und verteidigt die Verträge in einer sachlichen und kenntnisreichen Rede. Im Gegensatz zu Erhard vertritt er den Standpunkt, daß bei Abwägung der Chancen und Risiken auch aufgrund der wirtschaftlichen Prüfung ein Ja zu diesem Weg gesagt werden kann.

Dreieinhalb Monate später, am 5. Juli 1957, kommt es zur 3. Lesung über die Römischen Verträge. Man kann diesen Tag getrost als eine Sternstunde des deutschen Parlaments bezeichnen. Es fand eine lange, ruhige, nur von der Leidenschaft zur Sache erfüllte Debatte statt, die zu einer prinzipiellen Übereinstimmung in wesentlichen Punkten zwischen Regierung und SPD-Opposition führte.

Der Abgeordnete Furler würdigte das Vertragswerk als das bedeutendste Ereignis, das die europäische Politik seit Jahren zu verzeichnen habe. Er ging auf die Schwächen des Vertrages ein. Eine gemeinsame Wirtschaftspolitik und Währungspolitik müsse angestrebt werden. Die vorgesehene Koordinierung reiche nicht aus. Für die überseeischen Gebiete sei das Mögliche getan worden, um den Vorwurf des Kolonialismus zu entkräften. Die größere europäische Freihandelszone sei mit aller Kraft anzustreben.

Unterzeichnung der Römischen Verträge (EWG- und EURATOM-Vertrag) am 23. März 1957 auf dem Kapitol in Rom. Von links: die Vertreter Belgiens (Spaak, Snoy), Frankreichs (Pineau, Faure), der Bundesrepublik Deutschland (Adenauer, Hallstein), Italiens (Segni, Martino), Luxemburgs (Bech, Schaus) und der Niederlande (Luns, Linthorst-Homan).

23.10.1955	Bevölkerung des Saarlandes lehnt das Saar-Statut ab.
1.1.1957	Eingliederung des Saarlandes als 11. Bundesland.
21.3.1957	„Römische Verträge". Bundestagsdebatte über die Gründung der Europäischen Wirtschaftsgemeinschaft (EWG) und der Europäischen Atomgemeinschaft (EURATOM).
25.3.1957	Unterzeichnung der Römischen Verträge (EWG und EURATOM) auf dem Kapitol in Rom.
5.7.1957	3. Lesung und Verabschiedung des Ratifizierungsgesetzes zu den Römischen Verträgen. – Inkrafttreten am 1. 1. 1958.
30.6.1960	In einer Grundsatzrede räumt Herbert Wehner der Westintegration Vorrang ein.
22.1.1963	Unterzeichnung des Vertrages über deutsch-französische Zusammenarbeit in Paris *(Elysée-Vertrag).*
16.5.1963	Bundestag debattiert und verabschiedet den deutsch-französischen Vertrag.
4.12.1986	Bundestagsdebatte über die *Einheitliche Europäische Akte* (unterzeichnet am 17. und 28.2. 1986 von den 12 Mitgliedstaaten der Europäischen Gemeinschaft. – In Kraft getreten am 1.7. 1987).

Für die SPD sprachen die Abgeordneten Dr. Karl Mommer, Dr. Heinrich Deist und Dr. Günther Metzger. Mommer begrüßte es, daß dieser Schritt der europäischen Einigung keine schrillen antibolschewistischen Töne enthalte und völlig unabhängig vom Ost-West-Gegensatz getan werde. Das Vertragswerk sei weniger dogmatisch supranational gestaltet als frühere Verträge. Was den Interzonenhandel betreffe, so sei noch im letzten Moment aufgrund der Intervention seines Freundes Deist vom 21. März 1957 eine Verbesserung des Textes erreicht worden. Ein sehr wunder Punkt bleibe die ungenügende Kompetenz des Europäischen Parlaments.

Deist nennt fünf Fortschritte des EWG-Vertrages im Vergleich zu den früheren Versuchen einer europäischen Einigung:

Der Vertrag sei nicht mit Machtfragen und militärpolitischen Ideologien verkoppelt;

der Perfektionismus früherer Versuche sei vermieden worden;

die Beschränkung auf einen Teil der Wirtschaft sei aufgegeben worden. Statt dessen werde eine europäische Zusammenarbeit auf der Basis der Gesamtwirtschaft der sechs Staaten eingeleitet;

es bestehe eine reale Chance, die europäischen Staaten, die nicht Mitglieder der EWG seien, durch eine Freihandelszone mit ihr zu verbinden;

das Vertragswerk baue keine schwerwiegenden Hindernisse für die Wiedervereinigung Deutschlands auf.

Metzger befaßt sich ausführlich mit dem Thema der überseeischen Gebiete. Dies sei eines der Probleme, die gegen die Bejahung des Vertrages sprächen. Dennoch hebt Metzger zustimmend die Vertragsbestimmung hervor (die auf Betreiben der deutschen Verhandlungsdelegation aufgenommen worden war), wonach die Assoziierung der überseeischen Gebiete gemäß den Grundsätzen der Charta der Vereinten Nationen vollzogen werden soll; Grundsätze, zu denen das Selbstbestimmungsrecht aller Völker gehört.

Hellwig (CDU / CSU) dankt insbesondere Deist für seine Rede. Er habe durch die Aufzählung der fünf Fortschrittspunkte tatsächlich sehr präzise das Wesen des Vertragswerks gekennzeichnet.

Margulies spricht wieder für die FDP und kündigt an, daß seine Fraktion gegen die Verträge stimmen werde. Er zählt die bekannten Schwächen des Vertragswerks auf: Eine Zollunion werde quer durch Europa gezogen, die parlamentarische Kontrolle sei ungenügend, durch den Beitritt der Bundesrepublik zur EWG würden sich die beiden Teile Deutschlands weiter auseinanderleben. Auf den Zwischenruf, warum die FDP dann früher für die EVG gestimmt habe, antwortet Margulies, damals sei es darum gegangen, die besatzungsrechtlichen Bindungen abzuwerfen – eine Antwort, die allgemein als schwach empfunden wird.

Der Abgeordnete Arthur Stegner (GB / BHE) lehnt das Vertragswerk gleichfalls ab, während Elbrächter (DP / FVP) für seine Fraktion die Zustimmung erklärt.

Das Vertragswerk wird „mit sehr großer Mehrheit“ angenommen.

6. *Weitere Debatten zur europäischen und atlantischen Zusammenarbeit*

a) Nach 1957 flaut die Intensität der Debatten zur europäischen und atlantischen Zusammenarbeit ab. Vielfach ist das Haus schwach besetzt. Auch die Schärfe der früheren Auseinandersetzungen nimmt zum Glück ab.

Aber es gibt noch einen großen, fast möchte man sagen, historischen Höhepunkt: die Debatte zur Außenpolitik vom 30. Juni 1960; und hier ist es vor allem die Rede von Herbert Wehner (SPD), die mit Recht als Markstein in der Nachkriegspolitik der SPD angesehen wird.

Zunächst appelliert Außenminister von Brentano an das ganze Haus, sich in den entscheidenden Fragen der Außenpolitik, das heißt in der Frage der Abrüstung, der Ost-West-Spannung und der Einigung Europas, zu einer gemeinsamen Haltung zusammenzufinden.

Wehner antwortet mit einer maßvollen, versöhnlichen Rede ohne die sonst für ihn charakteristischen Schärfen. Auch er spricht sich für das höchst erreichbare Maß an Übereinstimmung bei der Bewältigung der deutschen Lebensfragen aus. Er nennt mehrere Berührungspunkte zwischen der Auffassung der Regierung und der Opposition:

Berlin muß beim Bund bleiben;
das deutsche Volk und die Bundesrepublik haben sich gegen jede Diktatur und für die westliche Gemeinschaft entschieden;
die sowjetische Deutschlandpolitik wird abgelehnt;
wir müssen die militärische Sicherheit garantieren und zugleich zur Erhaltung des Friedens in der Welt beitragen.

Danach geht Wehner auf eine Rede von Franz Josef Strauß ein, in der dieser vier Forderungen an die SPD gerichtet hatte, und bestätigt sie weitgehend. Und dann folgt der entscheidende Satz: Die SPD „geht davon aus, daß das europäische und das atlantische Vertragssystem, dem die Bundesrepublik angehört, Grundlage und Rahmen für alle Bemühungen der deutschen Außen- und Wiedervereinigungspolitik ist". Die Bundesregierung sei ein zuverlässiger Vertragspartner, gleichgültig, ob die jetzige Regierung oder die gegenwärtige Opposition als Regierung die Geschäfte führe. Mit dem Satz: „Das geteilte Deutschland kann nicht unheilbar miteinander verfeindete christliche Demokraten und Sozialdemokraten ertragen", schließt Wehner.

Die Rede wird sofort als Sensation empfunden. In seiner Erwiderung nennt Karl Theodor Freiherr zu Guttenberg die Form der Rede meisterlich, „auch wegen des Charmes, den Herr Wehner entwickelt hat"; aber zur Sache stellt er bohrende Fragen. Noch am 26. Juni habe Erler gesagt, daß das Atlantische Bündnis die Wiedervereinigung erschwere. Das stehe im klaren Widerspruch zur Rede Wehners. Die Union halte die Hinwendung der deutschen Politik zur freien Welt des Westens „für unverzichtbar, für unersetzlich und für unwiderruflich". Was sage die SPD dazu?

Auch Strauß, damals Bundesminister der Verteidigung, stellt eine Reihe von Fragen: Wie steht die SPD zur Wehrpflicht und zum weiteren Aufbau der Bundeswehr? Sei sie bereit, die dafür nötigen Mittel zu bewilligen?

Aber ungeachtet dieser und anderer noch nicht beantworteter Fragen blieb bei denen, die die Debatte verfolgten, der Eindruck bestehen, daß die SPD eine entscheidende Wendung ihrer Politik vollzogen habe. Dieser Eindruck bestätigt sich auch aus der rückschauenden Betrachtung von heute. Die Rede Wehners vom 30. Juni 1960 schuf die Voraussetzung dafür, daß sechs Jahre später die Große Koalition von CDU/CSU und SPD und damit die Übernahme von Regierungsverantwortung durch die SPD möglich wurde.

b) Der Vertrag über die deutsch-französische Zusammenarbeit vom 22. Januar 1963 (Elysée-Vertrag) war das nächste bedeutende europapolitische Ereignis, über das der Bundestag am 16. Mai 1963 debattierte. Alle Redner stimmten dem Vertrag zu. Alle bejahten eine engere deutsch-französische Zusammenarbeit. Adenauer bezeichnete sie als Voraussetzung für den Aufbau Europas und zeigte sich glücklich über die große Mehrheit, die der Vertrag gefunden habe.

Aber in den meisten anderen Reden klang die besorgte Frage an, ob dieser Vertrag nicht die Europäische Gemeinschaft stören könne, ob der Vertrag womöglich gegen europäisches Gemeinschaftsrecht verstoße und ob die Beziehungen zu den USA und der Zusammenhalt im Nordatlantischen Bündnis darunter leiden könnten.

Diese Besorgnisse waren die unmittelbare Folge der de Gaulleschen Politik. Wenige Tage nach der Unterzeichnung des Elysée-Vertrages hatte er die Verhandlungen über den Beitritt Großbritanniens zur Europäischen

Wirtschaftsgemeinschaft abgebrochen. Auch störte ihn die amerikanische Vormachtstellung in Europa. Er wollte ein „europäisches Europa", freilich ein „Europa der Vaterländer" ohne supranationale Organe und unter Wahrung der Souveränität der Mitgliedstaaten.

Gegen diese Tendenzen der de Gaulleschen Politik wollte sich der Bundestag sichern, indem er zu dem Gesetz, mit dem er dem Vertrag seine Zustimmung gab, eine Präambel verabschiedete, welche die Grundlagen der bisherigen deutschen Europa- und Bündnispolitik festschreiben und den Vorrang der Europäischen Verträge und des NATO-Vertrages gegenüber dem deutsch-französichen Vertrag klarstellen sollte.

Über diese Präambel hatte es zunächst Streit gegeben. Schon am 1. März 1963 hatte der Bundesrat zu der Frage Stellung genommen. Ich sprach damals für die Bundesregierung und wandte mich gegen den hamburgischen Antrag, dem Gesetz eine Präambel voranzustellen. Dies widerspreche, so sagte ich, der deutschen Staatspraxis. Ich empfahl statt dessen, durch eine Entschließung zum Ausdruck zu bringen, daß sich die deutsche Europa- und Bündnispolitik in Zukunft nicht ändern würde. Der Bundesrat beschloß in diesem Sinne.

Aber bei den Ausschußberatungen im Bundestag setzte sich die Idee einer Präambel durch. Man wollte ein deutliches Signal gegenüber der eigenwilligen Politik de Gaulles setzen. Auch in der Plenardebatte stimmten alle Redner dem Gedanken zu; nur Adenauer meinte, der deutsch-französische Vertrag berühre ohnehin die in der Präambel genannten Verträge nicht, womit er sagen wollte, ohne es freilich auszusprechen, daß die Präambel überflüssig sei. Carlo Schmid (SPD) ging so weit zu erklären, daß die Präambel jede deutsche Regierung bei der Anwendung des Vertrages binde – eine verfassungsrechtlich höchst zweifelhafte These. Er erhielt Beifall auf allen Seiten des Hauses. Erich Mende nahm für die FDP in Anspruch, daß sie die Präambel frühzeitig gefordert habe anstelle der vom Bundesrat beschlossenen Entschließung. Der Vertrag wurde einschließlich der Präambel zum Zustimmungsgesetz „gegen eine Stimme rechts und einige Gegenstimmen links" mit sehr großer Mehrheit angenommen.

Auch rückblickend halte ich an meiner damals eingenommenen Haltung fest. Die Einfügung der Präambel war ein Fehler, ein Vorgang ohne Beispiel in der deutschen Verfassungsgeschichte, ihr Nutzen fraglich, der durch sie angerichtete Schaden offenkundig. De Gaulle war tief enttäuscht, ja verbittert und keineswegs bereit, wegen der Präambel seine bisherige Politik zu ändern. Eine Entschließung des Bundestages mit gleichem Inhalt wäre ausreichend und unproblematischer gewesen.

c) Die letzte Debatte, über die hier berichtet werden soll, fand 23 Jahre später, am 4. Dezember 1986, über die Einheitliche Europäische Akte statt, die die Regierungen der zwölf europäischen Mitgliedstaaten der Europäischen Gemeinschaft am 17. und 28. Februar 1986 unterzeichnet hatten. Die Einheitliche Akte spricht sich für Demokratie, Menschenrechte, Grundfreiheiten und soziale Grundrechte als Grundlagen der Europäischen Gemeinschaft aus. Sie bezeugt Respekt für das direkt gewählte Europäische Parlament als unerläßliches Ausdrucksmittel des Willens der demokratischen Völker Europas. Europa soll einen eigenen Beitrag zur Wahrung des Weltfriedens und der internationalen Sicherheit leisten. Wirtschafts- und Währungsunion sollen schrittweise verwirklicht werden.

Die Akte weist der Europäischen Gemeinschaft neue Aufgaben zu, vor allem auf den Gebieten der Forschung, der Technologie und des Umweltschutzes. Sie schafft eine vertragliche Grundlage für die europäische politische Zusammenarbeit, für die auch ein besonderes Sekretariat in Brüssel vorgesehen ist. Der Schwerpunkt des Vertragswerks liegt auf der Herstellung des europäischen Binnenmarktes, das heißt des freien Verkehrs von Waren, Personen, Dienstleistungen und Kapital, bis zum 31. Dezember 1992.

Auch die Einheitliche Europäische Akte wurde im Bundestag mit sehr großer Mehrheit (bei sechs Gegenstimmen) angenommen. Bemerkenswert war die Rede des Vorsitzenden der SPD, Dr. Hans-Jochen Vogel. Er setzte sich für die Verwirklichung der Europäischen Union ein. Zwar sei schon jetzt viel erreicht, aber der Einfluß Europas auf die weltpolitische Entwicklung sei nach wie vor zu gering. Immer noch fehle es auch an einer ausreichenden Beteiligung des Europäischen Parlaments. Insgesamt bleibe die Einheitliche Europäische Akte weit hinter den Erwartungen zurück. Vieles bleibe in der Phase der Ankündigung, wie die Herstellung des Binnenmarktes und die Währungsunion; aber die geringen Fortschritte, die erzielt wurden, veranlaßten die SPD zur Zustimmung.

Die Debatte war kurz, das Haus schwach besetzt, auf der Regierungsbank saß allein der Staatsminister des Auswärtigen Amts, Lutz Stavenhagen. Keines der Kabinettsmitglieder war anwesend. Stavenhagen und der Abgeordnete Heinz Schwarz (CDU/CSU) bezeichneten die Einheitliche Europäische Akte als bedeutenden Schritt in Richtung auf die Europäische Union und begründeten ihren Inhalt im einzelnen.

Zusammenfassung

Überblickt man die Debatten des Bundestages zur Westbindung der Bundesrepublik Deutschland, so fällt auf, daß in einer Grundfrage von Anfang an Übereinstimmung zwischen Regierungskoalition und SPD-Opposition bestand, daß nämlich „Deutschland und sein Volk Bestandteil der Kultur und der gesellschaftlichen und demokratischen Auffassung des Westens" sei (Kurt Schumacher). Auch die deutsch-französische Versöhnung wurde von allen Seiten gefordert. Starke Meinungsverschiedenheiten bestanden dagegen in der Behandlung der Saarfrage. Auch beanstandete die Opposition, daß durch die Verträge keine volle Gleichberechtigung erzielt werde, daß die Bundesrepublik Deutschland vielmehr diskriminiert bleibe. Vor allem aber fürchtete die Opposition, daß durch die vorgesehene Westbindung Chancen für die Wiedervereinigung verschüttet würden. Demgegenüber vertrat die Regierungskoalition den Standpunkt, daß in der Wiedervereinigungsfrage nur auf dem von ihr beschrittenen Wege Fortschritte zu erzielen seien.

Ein Teil der Kontroversen erledigte sich in der Folgezeit von selbst. Das Saarland kehrte 1957 in den deutschen Staatsverband zurück. Die Diskriminierungen der Bundesrepublik wurden nach und nach völlig beseitigt. Übrig blieb die ungelöste deutsche Frage. Aber nach Wehners Erklärung vom 30. Juni 1960 war auch die Auseinandersetzung darüber entschärft.

Bemerkenswert ist die leidenschaftliche Kraft, mit der die verschiedenen Parteien für ihre jeweilige Position kämpften. In den fünfziger Jahren waren auf der Seite der Regierungskoalition Heinrich von Brentano und Kurt Georg Kiesinger die herausragenden Redner. Bemerkenswert ist aber auch, wie sich die SPD in zwei Etappen, 1957 durch die Rede von Deist und 1960 durch die Rede von Wehner, dazu durchrang, dem von der Regierung eingeschlagenen Weg des Zusammenschlusses mit den freien Demokratien des Westens ihre Zustimmung zu geben.

Daß das Interesse an den Europadebatten später nachließ, hängt damit zusammen und ist daher nicht nur negativ zu bewerten. Die Debatten verloren an Spannung in dem Maße, in dem die Kontroversen zurücktraten. Aber der Weg, auf dem sich der Deutsche Bundestag in über zehnjähriger Auseinandersetzung schließlich zu einer gemeinsamen Haltung in einer Lebensfrage des deutschen Volkes zusammenfand, ist eine Sternstunde des deutschen Parlaments. Die damals getroffenen Entscheidungen haben bis heute Bestand. Die Ende der achtziger Jahre vereinzelt unternommenen Versuche, die Bundesrepublik Deutschland aus der Westbindung zu lösen, sind nicht ernstzunehmen. Wenn das ganze Deutschland später einmal vor die Fragen seiner künftigen politischen Orientierung gestellt werden sollte, möchte ich mit Kurt Georg Kiesinger (Rede vom 15. Dezember 1954, Sitzungsprotokoll Seite 3150) antworten:

„Wenn es die weltpolitische Situation erlaubt, dann wollen wir in der Tat ein Deutschland, das da hineingeordnet ist, wohin es gehört, nämlich in den Schutzverband der freien Welt.“

Helmut Schmidt

Wehrbeitrag und Wehrverfassung

Es ist noch nicht lange her, daß es zum festen Bestand politischer Kommentatoren in der Bundesrepublik gehörte, bei fast jeder sich bietenden Gelegenheit die Frage aufzuwerfen, ob denn Bonn nicht doch Weimar sei. In einer Hinsicht jedoch ist diese rhetorische Frage nie aufgeworfen worden, nämlich im Blick auf die Bundeswehr.

Zwar mag sich bisweilen ein mißverständlicher Zungenschlag über die Bundeswehr einschleichen – wie etwa in jüngster Zeit in dem Aufruf einer gewerkschaftlichen Jugendorganisation zur Verweigerung des Dienstes mit der Waffe. Doch gerade die Reaktion darauf – oder besser: das Ausbleiben jeder dramatisierenden Reaktion – hat einmal mehr deutlich gemacht, wie sehr die Bundeswehr zu einem nicht in Frage gestellten Teil der Ordnung des demokratischen Staates geworden ist.

Bürger und Bürgerinnen haben begriffen, daß dies eine Armee von Bürgern in Uniform ist. Es gibt Kritik an den strategischen Gesamtkonzeptionen des Bündnisses, sogar an der Zugehörigkeit der Bundesrepublik zum westlichen Bündnis oder an besonders eklatanten Lasten, die wir in diesem Bündnis zu tragen haben, wie etwa Tiefflüge oder die massive Anwesenheit nuklearer Waffen auf unserem Boden. Niemand aber unterstellt, die Bundeswehr bilde ein gleichsam undemokratisches oder gar antidemokratisches Element innerhalb des Staates oder der Gesellschaft. Diese Entwicklung war keineswegs selbstverständlich. Ich selbst sehe in ihr einen Glücksfall für unseren Staat.

Glücksfall in doppeltem Sinne: zum einen sind Bundesrepublik und Bundeswehr niemals auch nur in die Nähe jenes Verhältnisses von Mißtrauen und auch gegenseitiger Verachtung geraten, das die Reichswehr und den demokratischen Staat während der Weimarer Republik charakterisierte. Die Bundeswehr war nie und ist kein „Staat im Staate". Zum anderen aber – und dieser Ausdruck der Befriedigung sei dem Sozialdemokraten erlaubt – ist es auch niemals wieder zu jener unseligen und letztlich zerstörerischen Spaltung zwischen Arbeiterschaft und Armee gekommen, unter der die Weimarer Republik litt, welche diesen Antagonismus als einen bösen Rest aus vordemokratischen, kaiserlichen und feudalen Zeiten geerbt hatte (was im übrigen nicht nur für Deutschland galt).

Interfraktioneller Initiativantrag

Daß der Bundesrepublik Deutschland dieser Glücksfall zuteil wurde, verdankt sie einer Sternstunde des Bundestages. Von ihr soll im folgenden die Rede sein. Genauer hingesehen war es allerdings nicht nur eine Stunde, sondern eine Abfolge von Monaten der Arbeit in einem Bundestagsausschuß, der mittels eines Initiativantrages aus der Mitte des Bundestages eine entscheidend wichtige Ergänzung des Grundgesetzes herbeigeführt hat.

Schon bald nach Gründung der Bundesrepublik und nach Verabschiedung ihres Grundgesetzes vor nunmehr 40 Jahren hatte sich die Frage nach dem Ob und nach dem Wie eines Beitrages der Bundesrepublik zur gemeinsamen westlichen Verteidigung gestellt. Diese Frage – Konsequenz aus dem Entstehen zweier gegnerischer Militärblöcke in Europa und aus der zunehmenden Vereisung der Beziehungen zwischen ihnen – erhielt in der Bundesrepublik ihre besondere Schärfe dadurch, daß jene politischen Kräfte, welche hofften, die Chance für eine baldige Wiedervereinigung aller Deutschen offenhalten zu können, der Meinung anhingen, einem westdeutschen militärischen Beitrag müsse Widerstand entgegengesetzt werden. Das erste Kabinett Adenauer verlor 1950 im Streit um diese Frage seinen damaligen Innenminister Gustav Heinemann.

Der parlamentarische Streit schloß auch das Problem ein, ob die Bundesrepublik bewaffnete Kräfte auf der Basis des damals gültigen Grundgesetzes aufstellen durfte oder ob es dazu einer Verfassungsänderung bedurfte. Es war dies weit mehr als nur ein Streit zwischen Verfassungsjuristen. Es ging vielmehr darum, ob die Lektion von Weimar verstanden worden war und ob die zweite deutsche Demokratie imstande sein würde, aus der Weimarer Erfahrung die nötigen verfassungsgebenden Konsequenzen zu ziehen. Mit den Worten Fritz Erlers: „Es muß dafür gesorgt werden, daß die Demokratie nicht koppheister geht.“ Und weiter Fritz Erler: Gerade für den Fall einer Wiedervereinigung, so schrieb er damals, müsse eine demokratische Regierung imstande sein, mit ihren Machtmitteln jeden etwa zu erwartenden radikalen Putsch zu unterbinden. Das hieß: in der Bundesrepublik sollte das Militär auf keinen Fall mißbrauchbar werden für den Putsch gegen die demokratische Verfassung oder

1919–1933	Die Reichswehr (Berufsarmee) der Weimarer Republik wird zum „Staat im Staate“, bleibt parlamentarischer Kontrolle weitgehend entzogen.
2. 8. 1945	Das „Potsdamer Abkommen“ schreibt u. a. die Entmilitarisierung Deutschlands vor.
4. 4. 1949	Gründung der NATO (North-Atlantic-Treaty-Organization) durch die 3 Westmächte, die Benelux-Staaten, Dänemark, Norwegen, Island, Italien, Kanada und Portugal.
3. 12. 1949	Bundeskanzler Adenauer plädiert im Interview mit dem „Cleveland Plain Dealer“ für ein deutsches Kontingent in einer europäischen Streitmacht.
16. 3. 1950	Churchill spricht sich als erster führender westlicher Politiker für einen deutschen Verteidigungsbeitrag aus.
24. 5. 1950	Beginn der Tätigkeit von General Graf von Schwerin als ständiger Berater des Bundeskanzlers für Sicherheitsfragen.
1. 6. 1950	Inkrafttreten des Gesetzes der Alliierten Hohen Kommissare vom 30. 3. 1950 zur Verhinderung einer deutschen Wiederaufrüstung.
25. 6. 1950	Ausbruch des Korea-Krieges.
11. 8. 1950	Die Beratende Versammlung des Europarates nimmt Churchills Vorschlag an, eine Armee unter Einbeziehung deutscher Kontingente zu errichten.

Adenauers erster offizieller Besuch der Bundeswehr bei der Lehrtruppe des Heeres, der Luftwaffe und der Marine am 20. Januar 1956 in Andernach. Von links: General Speidel, Minister Blank, Bundeskanzler Adenauer, General Heusinger und General Lägeler.

gegen eine auf dem Boden des Grundgesetzes handelnde Bundesregierung – sei es auch nur als sympathisierender Beobachter radikaler Umsturzversuche. In der Demokratie des Grundgesetzes sollte das Militär in die demokratische Ordnung eingebunden werden und zu ihrer Verteidigung nach außen bereitstehen.

Die Sorgen vieler Bundestagsabgeordneter damals und der Nachdruck, mit dem sie in den 50er Jahren ihr verfassungsgebendes Ziel verfolgten, ergab sich daraus, daß sie zum Teil die Verhältnisse von Weimar noch aus eigener Anschauung kannten oder zum Teil unter dem Resultat des Konflikts zwischen bewaffneter Macht und demokratischer Staatsgewalt gelitten hatten: nämlich unter Hitlers Diktatur und dem von Hitler ausgelösten Zweiten Weltkrieg.

Befehlsgewalt und Kommandogewalt

In der Weimarer Verfassung hatte sich der demokratische Gesetzgeber zwar bemüht, den politischen Einfluß sicherzustellen und eine wirksame Kontrolle durch die republikanischen Staatsorgane zu garantieren. Danach sollte der Reichspräsident den „Oberbefehl“ über die gesamte Wehrmacht des Reiches haben, dazu das Recht, die Offiziere zu ernennen. Darunter und im Auftrag des Reichspräsidenten sollte der Reichswehrminister die „Befehlsgewalt“ über die Reichswehr ausüben. Wegen des besonderen

29. 8. 1950	In einem Sicherheitsmemorandum fordert Adenauer von der Alliierten Hohen Kommission, die Besatzungstruppen zu verstärken und westeuropäische Streitkräfte mit deutschen Kontingenten als Gegengewicht gegen die kasernierte Volkspolizei in der DDR aufzubauen. – Das Kabinett stimmt (mit Ausnahme Heinemanns) am 31. 8. zu.
Oktober 1950	„Himmeroder Denkschrift“: Die Generäle Speidel, Heusinger und Foertsch arbeiten ein Konzept für einen deutschen Wehrbeitrag aus.
26. 10. 1950	Ernennung des CDU-Abgeordneten Theodor Blank zum Beauftragten des Bundeskanzlers für die „mit der Vermehrung der alliierten Truppen zusammenhängenden Fragen“. – In dieser Zeit stoßen die Wiederbewaffnungspläne der Bundesregierung bei der Opposition und in der Öffentlichkeit auf starken Widerstand („Ohne mich“. „Nie wieder Krieg“).
31. 1. 1952	Vorbeugende Normenkontrollklage der Opposition beim Bundesverfassungsgericht. Die beantragte Feststellung, daß eine Entscheidung über den Wehrbeitrag ohne Grundgesetzänderung verfassungswidrig sei, wird am 30. 7. als „unzulässig“ zurückgewiesen.
27. 5. 1952	Unterzeichnung des Vertrags über die Europäische Verteidigungsgemeinschaft (EVG) in Paris (von der französischen Nationalversammlung am 30. 8. 1954 abgelehnt).

8. 2. 1952	Wehrdebatte im Bundestag.
26. 2. 1954	Bundestag billigt „erste Wehrergänzung" (Art. 73 GG), die am 26. 3. 1954 in Kraft tritt.
9. 5. 1955	Aufnahme der Bundesrepublik in die NATO.
14. 5. 1955	Unterzeichnung des Warschauer Paktes.
7. 6. 1955	Theodor Blank wird zum Verteidigungsminister ernannt.
15. 7. 1955	Verabschiedung des Gesetzes über den Personalgutachterausschuß für die Streitkräfte.
16. 7. 1955	Verabschiedung des Freiwilligengesetzes.
Ende 1955 – Mitte 1956	Herausbildung der interfraktionellen „großen Wehrkoalition", deren Ziel es ist, die künftigen Streitkräfte einer engmaschigen politischen Kontrolle durch das Parlament zu unterwerfen.
1. 1. 1956	Die ersten Lehrkompanien werden aus freiwilligen Soldaten aufgestellt.
6. 3. 1956	Bundestag verabschiedet die „zweite Wehrergänzung" des Grundgesetzes. Der *Verteidigungsausschuß* erhält als Kontroll- und Untersuchungsausschuß eine Sonderstellung. Das *Amt des Wehrbeauftragten* wird geschaffen. – Bundestag verabschiedet das Soldatengesetz.

Status, der dem Reichspräsidenten insgesamt in der Weimarer Verfassung zugemessen worden war, und weil es zum Beispiel dem Parlament nicht gelang, einen Parlamentarischen Staatssekretär unter dem Reichswehrminister zu installieren, waren dem politisch-parlamentarischen Einfluß auf die Reichswehr von vornherein sehr enge Grenzen gesetzt, Grenzen im übrigen, die sich im Laufe der Zeit als undurchdringlich erwiesen.

Die Reichswehr setzte durch, daß sie nur dem Reichspräsidenten gegenüber verantwortlich war. Dem Einfluß und dem zielbewußten Treiben des Generals Hans von Seeckt gelang es, die politische und militärische Macht im Reichswehrministerium in die Hände des obersten militärischen Führers zu spielen, d. h. in die Hände des „Chefs der Heeresleitung", der ursprünglich nur ein fachlicher Berater des Reichswehrministers hatte sein sollen. „Seeckts Ziel", ich zitiere hier die ausgezeichnete Analyse von Wolfgang Sauer in Karl Dietrich Brachers Darstellung „Die Auflösung der Weimarer Republik" von 1955, „war es nun, dies Verhältnis von Reichswehrminister und Chef der Heeresleitung umzukehren. Da dem aber staatsrechtliche Bedenken entgegenstanden, bediente er sich der einigermaßen sophistischen Unterscheidung von „Befehlsgewalt" und „Kommandogewalt". Diese sollte dem Chef der Heeresleitung zufallen und den Oberbefehl über alle Truppen und Einrichtungen der Reichswehr sowie den entscheidenden Einfluß auf die Personalien der Offiziere umfassen; jene sollte Sache des Ministers sein und sich im wesentlichen auf Verwaltungsbefugnisse beschränken."

Darin lag eine ungeheure Schwächung der Position des Reichswehrministers. Der Chef der Heeresleitung hatte Zugang zu Kabinettsitzungen, vor allem aber zum Reichspräsidenten. Der Reichspräsident wurde damit für die Reichswehr zu einer Art Ersatzmonarch. Der ausschlaggebende Einfluß des Chefs der Heeresleitung von Seeckt auf die Zusammensetzung des Offizierkorps führte (ich zitiere noch einmal Wolfgang Sauer) „zu einer der seltsamsten Paradoxien der deutschen Geschichte: Während das antisozialistische Kaiserreich auf Grund der allgemeinen Wehrpflicht auch die sozialdemokratische Arbeiterschaft in seine Armee aufgenommen hatte, bekam die deutsche Republik, die von eben dieser Arbeiterschaft vornehmlich getragen wurde, ein mehr oder weniger ‚sozialistenreines' Heer."

Auf dem Hintergrund dieser Entwicklung entstand eine Reichswehr als „Staat im Staate". Statt der soldatischen Tradition treu zu bleiben, nämlich den Dienst für einen Staat zu quittieren, den die Mehrzahl der handverlesenen Reichswehr-Offiziere nicht meinte unterstützen zu können, hat sich die Reichswehr weit entfernt vom demokratischen Staat etabliert. Ihre innere Einstellung gegenüber der Weimarer Republik ließ die Reichswehrführung (insbesondere am Schluß durch den General von Schleicher) mitschuldig werden am Aufstieg des Nationalsozialismus und an der Beseitigung des demokratischen Staates, die in Verbrechen und Krieg endete.

Ergänzung des Grundgesetzes

Dies alles war vielen der Abgeordneten des ersten und des zweiten Deutschen Bundestages präsent. Auch aus diesen Erfahrungen war die Einführung eines deutschen Beitrages zur westlichen Verteidigung von dramatischen Entwicklungen begleitet. 144 Abgeordnete des Deutschen Bundestages beantragten am 31. Januar 1952 beim Bundesverfassungsgericht die Feststellung, daß jegliches Bundesrecht, welches auf eine Beteiligung von Deutschen an einer bewaffneten Streitmacht abzielte oder Deutsche zu einem Wehrdienst verpflichtete, einer Ergänzung oder Abänderung des Grundgesetzes bedürfe. Dieser Gang nach Karlsruhe stand im Zusammenhang mit dem Vertrag zu einer Europäischen Verteidigungsgemeinschaft, der damals zur Ratifikation anstand. Adenauers Koalitionsmehrheit reichte zwar aus zur einfachen Gesetzgebung, sie besaß aber nicht die für eine Grundgesetzänderung notwendige Zweidrittelmehrheit.

Das Bundesverfassungsgericht wies diesen Antrag im Juli 1952 als unzulässig zurück. Die europäische Verteidigungsgemeinschaft scheiterte jedoch kurz darauf im französischen Parlament. Gleichwohl blieb die Frage nach der verfassungsmäßigen Grundlage deutscher Streitkräfte auf der Tagesordnung; denn alsbald ging es um die Aufstellung deutscher Verbände im Rahmen des Nordatlantik-Paktes und der North-Atlantic-Treaty-Organization (NATO). Im September 1953 erzielte die Regie-

Die ersten Wehrpflichtigen rückten am 1. April 1957 zum Grundwehrdienst ein. – Hier werden Wehrpflichtige in der Garnisonsstadt Amberg (Oberpfalz) willkommen geheißen.

rungskoalition Adenauers eine große Mehrheit bei der Wahl zum zweiten Deutschen Bundestag. Abermals legten unmittelbar danach die Fraktionen der Regierungsmehrheit auf Konrad Adenauers Betreiben Entwürfe eines Gesetzes zur Ergänzung des Grundgesetzes vor, in denen besonders herausgestellt wurde, daß die Verteidigung Sache des Bundes sei und der Bund damit die ausschließliche Gesetzgebung haben solle. Im einzelnen gingen diese Entwürfe auf die Einführung der Wehrpflicht ein, auf die landsmannschaftliche Gliederung der Streitkräfte, die Einschränkung der Grundrechte der Soldaten, das Ernennungsrecht des Bundespräsidenten für Offiziere und Unteroffiziere, die Zuständigkeit des Bundes für die Errichtung einer Wehrverwaltung, die Bildung von Gerichten über die Streitkräfte und schließlich die Vereinbarkeit vorliegender international bindender Verpflichtungen mit dem Grundgesetz. Bereits am 26. Februar 1954 verabschiedete der Deutsche Bundestag „zur Klarstellung von Zweifeln über die Auslegung des Grundgesetzes" mit verfassungsändernder Mehrheit ein Gesetz zur Ergänzung des Grundgesetzes, das vor allen Dingen die Verteidigung und die Wehrpflicht für Männer vom vollendeten 18. Lebensjahr ab als Bundesangelegenheit bezeichnete und darüber hinaus feststellte, daß die die Verteidigung betreffenden Verträge mit dem Grundgesetz vereinbar seien. Die Schaffung einer echten Wehrverfassung aber blieb außen vor.

Widerstand gegen Adenauer

Dieser vom damaligen Bundeskanzler betriebene Schnellschuß blieb nicht ohne kritische Reaktionen, so im Bundesrat, vor allem aber im Bundestag. Hier fand sich, über die Parteigrenzen hinweg, ein Bündnis von Abgeordneten, die nicht bereit waren, den verfassungsändernden Handstreich der zweiten Regierung Adenauer als letztes Wort hinzunehmen.

Zu diesem Kreis zählten beispielsweise von der CDU/CSU die Abgeordneten Dr. Richard Jaeger, Dr. Georg Kliesing, Hellmuth Heye und Peter Josten, von der FDP Dr. Erich Mende, von den Sozialdemokraten Fritz Erler, Carlo Schmid, Herbert Wehner und ich. Aber diese Fronde, die in der Frage der Wehrverfassung den parlamentarischen Primat gegenüber der Regierung und den Streitkräften sichern wollte, reichte über das Parlament und seinen Verteidigungsausschuß (damals noch Ausschuß für Fragen der europäischen Sicherheit genannt) hinaus. Als Vertreter der nordrheinwestfälischen Landesregierung unter Karl Arnold gehörte z. B. auch deren Bundesratsvertreter Rainer Barzel zu dieser Gruppe, die sich daran machte, die neu zu schaffenden Streitkräfte sozusagen wasserdicht in die Verfassung einzufügen, um das Wiederentstehen eines „Staates im Staate" endgültig unmöglich zu machen.

Die von diesem Kreis erarbeiteten Verfassungsänderungen betrafen im wesentlichen die folgenden Punkte. In den Grundgesetzartikel 17a wurde eingefügt, daß durch Gesetz für die Angehörigen der Streitkräfte und des Ersatzdienstes während ihrer Dienstzeit nur die Grundrechte der Meinungsfreiheit, der Versammlungsfreiheit und des Petitionsrechtes eingeschränkt werden können. Der Artikel 12 der Verfassung erhielt ebenfalls eine neue Fassung. Er stellte nunmehr klar, daß Wehrdienstverweigerer zu einem Ersatzdienst herangezogen werden können.

Die Einschränkungen der Grundrechte des Soldaten ergaben sich aus den militärischen Notwendigkeiten von Kommando und Gehorsam. Dennoch wurden aber in diesem Zusammenhang die Grundrechte des Soldaten dadurch betont, daß ihrer Einschränkbarkeit klare Grenzen gesetzt wurden.

Durch einen eingefügten Artikel 45a wurde die Bildung eines Bundestags-Ausschusses für Verteidigung verfassungsrechtlich vorgeschrieben. Der Bundestag stellte damit sicher, daß sich ein Gremium aus seiner Mitte der Verfassung wegen speziell mit den Aufgaben der Verteidigung befaßte; der Verteidigungsausschuß wurde Verfassungsorgan. Dabei wurde zugleich die parlamentarische Kontrolle auch zwischen den Wahlperioden gewährleistet. Der neue Artikel 45a stattete außerdem den Verteidigungsausschuß auf Dauer mit den Rechten eines Untersuchungsausschusses aus; ein Antrag von einem Viertel seiner Mitglieder reicht aus, um den Ausschuß als Untersuchungsausschuß zu konstituieren. Sämtliche Vorgänge innerhalb des Verteidigungsressorts oder der Bundeswehr können also praktisch jederzeit und auf alleinige Initiative des Verteidigungsausschusses hin von ihm untersucht werden; es bedarf dazu keines Parlamentsbeschlusses.

Der neue Artikel 45b des Grundgesetzes schuf „zum Schutz der Grundrechte und als Hilfsorgan des Bundestages bei der Ausübung der parlamentarischen Kontrolle" einen Wehrbeauftragten des Bundestages. Diese Einrichtung war der deutschen Verfassungsgeschichte bis zu diesem Zeitpunkt unbekannt. Deutlich ist das Vorbild des schwedischen „Militie-ombudsman" zu erkennen; der sozialdemokratische Abgeordnete Ernst Paul hatte

Frühjahr 1956	Einigung im Bundestag auf eine gemischte Armee von Wehrpflichtigen und Berufssoldaten.
7.7. 1956	*Verabschiedung des Wehrpflichtgesetzes.* Es regelt auch das Wehrersatzwesen (für Wehrdienstverweigerer).
24.12. 1956	Festlegung des Grundwehrdienstes auf 12 Monate.
1.4. 1957	Einberufung der ersten Wehrpflichtigen.
4.4. 1957	Adenauer spricht sich auf einer Pressekonferenz für die Ausrüstung der Bundeswehr mit Atomwaffen aus.
11.4. 1957	Bundestag verabschiedet Gesetz über den Wehrbeauftragten.
12.4. 1957	„Göttinger Erklärung" von 18 deutschen Atomwissenschaftlern für den Verzicht der Bundesrepublik auf Atomwaffen.
16.–19.12. 1957	Konferenz der Regierungschefs der NATO-Staaten beschließt Maßnahmen zur Modernisierung der westlichen Verteidigung, u.a. die Lagerung von Mittelstreckenraketen und Atomsprengköpfen in Europa.
20.–25.3. 1958	Bundestagsdebatte über die Atombewaffnung (und die Deutschlandfrage). Annahme einer von der CDU/CSU und DP eingebrachten Entschließung zur Ausrüstung der Bundeswehr mit Atomwaffen im Rahmen der NATO.
19.4. 1958	Massenkundgebungen der Aktion „Kampf gegen den Atomtod" in zahlreichen deutschen Städten.

Öffentliche Gelöbnisfeier am 13. November 1980 in Bonn. Bildmitte: Verteidigungsminister Hans Apel.

in seinem schwedischen Exil die Rolle des Ombuds-Manns studiert und seine Erfahrungen in unsere Beratungen eingebracht. Seit der Verfassungsänderung von 1956 kann sich z. B. jeder Soldat unmittelbar an den Wehrbeauftragten wenden, wenn er seine Rechte beeinträchtigt sieht. Die bisherigen Wehrbeauftragten, die dem Parlament alljährlich Bericht erstatten, haben mit ihren Kritiken und Anregungen wesentlich dazu beigetragen, daß die Bundeswehr als eine Armee von Bürgern in Uniform angenommen worden ist.

Mit dem neuen Artikel 65 a wurde die „Befehls- und Kommandogewalt" über die Streitkräfte geregelt. Die Betonung lag dabei auf dem Wörtchen „und". Eine nochmalige künstliche Auftrennung, wie sie in der Weimarer

Zeit Hans von Seeckt betrieben hatte, sollte für die Bundeswehr nicht möglich sein. Befehls- wie Kommandogewalt liegen deshalb beim Bundesverteidigungsminister; im Verteidigungsfall gehen Befehls- und Kommandogewalt auf den Bundeskanzler über. Damit ist jedem militärischen Kommandoinhaber die Möglichkeit genommen, in Friedenszeiten am Verteidigungsminister vorbei direkt an den Bundeskanzler oder den Bundespräsidenten zu appellieren; auch gibt es keinerlei Möglichkeit, durch eine Trennung von Befehls- und Kommandogewalt die politischen Verantwortungsträger und die parlamentarische Kontrolle auf Verwaltungsvorgänge abzudrängen. Umgekehrt ist aber auch dem Kanzler oder dem Bundespräsidenten die Möglichkeit verwehrt, etwaigen bonapartistischen Neigungen nachzugeben und in die Bundeswehr hinein zu regieren.

Adenauer hatte erstaunlicherweise deutsche Streitkräfte im Geschwindschritt aufstellen wollen, ohne die Weimarer Erfahrungen zu beherzigen. In einer Allparteienkoalition zur Verfassungsgebung hat der Bundestag diese gefährliche Blöße korrigiert. Die verfassungsergänzende Vorlage des Sicherheitsausschusses fand eine überwältigende, verfassungsändernde Mehrheit. Das gleiche positive Ergebnis hatte der vom Sicherheitsausschuß ebenfalls initiativ vorgelegte Gesetzentwurf über die Bildung eines unabhängigen Personalgutachter-Ausschusses zur Begutachtung der persönlichen (nicht der fachlichen) Eignung von Offizieren der früheren Wehrmacht, welche zur Übernahme in die Bundeswehr in Betracht gezogen wurden.

3. 8. 1959	Unterzeichnung der Zusatzvereinbarungen zum NATO-Truppenstatut. Mit Inkrafttreten dieser Vereinbarung tritt die Bundesrepublik dem NATO-Truppenstatut bei.
3.–24. 11. 1960	Erste Übung deutscher Verbände auf dem französischen Truppenübungsplatz in Mourmelon.
19. 8. 1963	Beitritt der Bundesrepublik zum Moskauer Atomstopabkommen trotz erheblicher Bedenken Adenauers.
13./14. 12. 1967	„Harmel-Bericht" des Nordatlantikrates über künftige Aufgaben der Allianz. Formulierung der „Zwei-Pfeiler-Doktrin" über militärische Sicherheit und Entspannung.
6. 4. 1979	Der NATO-Rat setzt auf Anregung der Bundesregierung einen Sonderausschuß („Special Group", später „Special Consultative Group") ein, der die rüstungskontrollpolitischen Aspekte der Modernisierung bzw. Nachrüstung erörtern soll.
12. 12. 1979	„NATO-Doppelbeschluß". Auf einer Sondersitzung der Außen- und Verteidigungsminister der 14 an der militärischen Integration der NATO beteiligten Mitgliedstaaten wird die Nachrüstung im Bereich der Mittelstrekkenwaffen in Westeuropa (INF) und ein diesbezügliches Verhandlungsangebot an die UdSSR beschlossen. 1000 amerikanische Gefechtsköpfe sollen aus Europa abgezogen werden.

Bewährung der Wehrverfassung

Angesichts der jüngeren deutschen Geschichte konnten wir damals nicht wissen, ob die Bundesrepublik den 40. Geburtstag ihres Grundgesetzes als ein gesicherter und stabiler demokratischer Staat erleben würde. Aber angesichts unserer persönlichen Erfahrungen wollten wir alles tun, um eine Entwicklung, die wir heute feiern können, nach Kräften zu unterstützen und zu befördern. Die Tatsache, daß dabei Christdemokraten und Sozialdemokraten gegen Adenauer am gleichen Strang zogen, obschon nur die ersteren damals – mit Adenauer – den deutschen Wehrbeitrag bejahten, während die letzteren ihn vehement ablehnten, bleibt ein bemerkenswertes Beispiel verfassungspolitischer Klugheit.

In einer Darstellung der neuen Wehrverfassung hat Richard Jaeger 1956 mit der lapidaren Nüchternheit des Juristen festgestellt: „Dabei gelang es, zwischen allen Parteien Einverständnis in den wesentlichen Punkten herzustellen. Der Bundestag hat sodann in seiner 132. Sitzung vom 6. März 1956 das zweite Gesetz zur Ergänzung des Grundgesetzes mit 390 gegen 20 Stimmen verabschiedet."

In der Tat gehört die Sitzung des Bundestages, in der er die Wehrverfassung verabschiedete, nicht zu den rhetorischen Glanzpunkten seiner Geschichte. Nüchtern, eher geschäftsmäßig, wurde von der CDU-Abgeordneten Frau Dr. Elisabeth Schwarzhaupt Bericht erstattet; Richard Jaeger für die CDU/CSU, Adolf Arndt und Wilhelm Mellies für die SPD, Herbert Schneider für die DP und Erich Mende für die FDP nahmen nur knapp das Wort. Dennoch zähle ich diesen Augenblick zu den Sternstunden des Deutschen Parlaments, weil damals eine Wehrverfassung auf den Weg gebracht wurde, die – erstmalig in der deutschen Geschichte – die volle Einbindung der Streitkräfte in die parlamentarische Kontrolle und ihre Unterwerfung unter den politischen Primat verwirklicht hat.

Diese Wehrverfassung hat jetzt seit über 30 Jahren hervorragend funktioniert. Ich kann mich nur an zwei unwichtige Verstöße gegen ihre Grundabsicht erinnern. Das eine Mal, als der damalige Kanzler Kurt Georg Kiesinger über den Kopf seines Verteidigungsministers Gerhard Schröder hinweg den Versuch unternahm, einen hohen General der Bundeswehr zum Vortrag zu sich zu bestellen. Die Vorsitzenden der beiden in der Großen Koalition verbundenen Parlamentsgruppen der CDU/CSU und SPD haben seinerzeit – eingedenk unserer Intentionen beim Zustandekommen der Wehrverfassung – entschieden widersprochen; der Vortrag kam nicht zustande. Der zweite Verstoß ist jüngsten Datums. Der Brief des Generalinspekteurs direkt an den Kanzler Helmut Kohl hätte – nach Geist und Buchstaben der Wehrverfassung – zumindest zur förmlichen Zurückweisung des Briefes durch den Kanzler führen müssen.

Die sehr geringe Zahl der Übergriffe macht deutlich, daß die Wehrverfassung von 1956 solide und tragfähig ist. Die Art und Weise, in der sich die Bundeswehr seither entwickelt hat, unterstreicht diese Aussage. Die unseligen antidemokratischen Traditionen der Wilhelminischen Wehrverfassung sind nicht etwa durch die Erklärung der Alliierten beendet worden, daß Preußen aufgehört habe zu existieren. Sie sind vielmehr beendet worden durch jene Anstrengung des Parlaments gegenüber Kanzler Adenauer, welche die Bundeswehr zu einer demokratisch gesonnenen Armee in unserem demokratischen Staat gemacht hat.

Walter Scheel

Ostpolitik

Aus dem Blickwinkel der sich ihrem Ende zuneigenden 80er Jahre mutet die Leidenschaft, mit der Anfang der 70er Jahre die Diskussion über die Ostpolitik geführt worden ist, nur noch schwer verständlich an. Bilaterale und multilaterale Konsultationen sowie vertragliche Beziehungen zwischen der Bundesrepublik Deutschland und ihren östlichen Nachbarn bzw. zwischen den Bündnispartnern in West und Ost sind zur Alltäglichkeit geworden, ohne daß damit der ideologische Graben zwischen beiden Systemen überwunden wäre. Aufgrund der Heftigkeit der Auseinandersetzung drohte damals der nationalen Teilung Deutschlands ein tiefer innerer Graben hinzugefügt zu werden. Ich halte es für einen der größten Erfolge der parlamentarischen Demokratie im Nachkriegsdeutschland, daß – im Gegensatz zur Weimarer Republik – vermieden werden konnte, daß sich die Bürger der Bundesrepublik in zwei feindliche Blöcke spalten, die sich in Haß gegenüberstehen.

Meine Erinnerung an den Beginn dessen, was inzwischen auch im politischen Vokabular weltweit mit dem deutschen Begriff *Ostpolitik* beschrieben wird, geht weit über die parlamentarische Beratung insbesondere der Verträge mit Moskau und Warschau hinaus. Als Außenminister und Stellvertreter des Bundeskanzlers sowie F.D.P.-Vorsitzender war ich an der Formulierung und Implementierung dieser Politik entscheidend beteiligt, und dementsprechend subjektiv sind meine Reminiszenzen. Dabei mag der Hinweis überraschen, daß ich weder über ein persönliches Archiv verfüge noch Tagebuch geführt habe, aus deren Fundus ich im folgenden schöpfen könnte. Dies ist auch ein Grund für meine schon vor Jahren getroffene Entscheidung, mich nicht in den Kreis der Memoirenschreiber einzureihen.

Der Widerstreit der Meinungen über die Ostpolitik war nicht zuletzt darin begründet, daß die öffentliche und die parlamentarische Diskussion weit über die eigentlichen Vertragsinhalte hinausgingen. Die divergierenden politischen Zielsetzungen in West und Ost konnten aber nicht Gegenstand des Ratifikationsverfahrens sein. Nach der Thematik dieses Buches, das exemplarische Debatten des Deutschen Bundestages beleuchtet, scheint außerdem der Hinweis angebracht zu sein, daß die außenpolitische Entscheidung – weit weniger als alle anderen Bereiche der Politik – parlamentari sche Kontrolle und Einflußnahme ermöglicht, es sei denn, es handelt sich um die Verabschiedung von zustimmungsbedürftigen Verträgen. Entsprechende Vorlagen der Regierung können ja zudem nur angenommen oder abgelehnt werden – ohne Bedingungen oder die Möglichkeit, Änderungen vorzunehmen. Auch das Initiativrecht der Fraktionen kann hier nicht zum Tragen kommen.

Die Abstimmung über die Ostverträge ist in ihrem politischen und historischen Rang nur mit der Weichenstellung zu vergleichen, durch die unter Bundeskanzler Adenauer die Aussöhnung und Zusammenarbeit mit dem Westen begründet und begonnen wurde. Die Entscheidung für den Westen hat Adenauer wie folgt beschrieben: „Ein verantwortungsbewußter Politiker kann eines ganz gewiß nicht, er kann nicht einfach in das Nicht-

Handeln ausweichen, nur weil es keine Möglichkeit des Handelns ohne Schattendasein gibt. Dann nämlich handeln andere über diesen Politiker und sein Land hinweg, und dann kommt dieses Land mit Sicherheit ins Hintertreffen. Nur mit Wünschen allein läßt sich keine Politik machen." Dies hat auch unser Handeln in der sozial-liberalen Koalition bestimmt; ja die neuen Impulse in der Außenpolitik waren ein tragender Pfeiler des Bündnisses zwischen SPD und F.D.P. Die Außenpolitik nach 1969 brach auch nicht mit der vorangegangenen Außenpolitik; sie war vielmehr deren konsequente und logische Fortsetzung. Nicht die Diskussion über die inneren Reformen, sondern der Streit über die Neuorientierung in der Ost- und Deutschlandpolitik sollte in den frühen 70er Jahren die Diskussion zwischen den beiden Regierungsparteien und der Opposition bestimmen.

Auf dem Feld der Ostpolitik strebten wir in der sozial-liberalen Koalition von Anfang an eine breite Zustimmung auch der Opposition an – und zwar nicht nur vor dem Hintergrund unserer knappen Parlamentsmehrheit, sondern wegen der elementaren innen- wie außenpolitischen Bedeutung dieser Politik. Dies hieß aber nichts anderes, als daß wir bei unseren Verhandlungen in Moskau und Warschau immer auch schon die Aufnahme der Verträge durch die CDU/CSU antizipieren mußten. Dies zur Erklärung, warum in diesem Beitrag den Verhandlungen selbst breiterer Raum eingeräumt wird.

1969

Erinnern wir uns der Ausgangslage. Der Höhepunkt des Kalten Krieges zwischen den Supermächten war überwunden. Washington und Moskau hatten den mit „friedliche Koexistenz" umschriebenen Dialog begonnen. Die außenpolitische Handlungsfreiheit der Bundesrepublik war eingeengt durch die Aufrechterhaltung des Alleinvertretungsanspruches. Das kleine Kambodscha war im März 1969 das letzte Glied in einer längeren Kette von Ländern, mit denen wir die diplomatischen Beziehungen beendeten, weil sie die DDR völkerrechtlich anerkannt hatten. Die sogenannte Hallstein-Doktrin stand darüber hinaus auch der Normalisierung unseres Verhältnisses zu unseren osteuropäischen Nachbarn entgegen. Mit dieser Selbstfesselung, die uns zudem auch im Bündnis zu isolieren drohte, war aber auf Dauer weder der Bundesrepublik noch unseren westlichen Verbündeten gedient, deren Einstellung gegenüber dem Vorschlag einer europäischen Sicherheitskonferenz im Grundsatz positiv war. Voraussetzung hierfür war jedoch, daß mit dem Abbau der Konfrontation der Blöcke in Europa selbst, d. h. an der Nahtstelle zwischen beiden Machtsystemen, begonnen wurde.

Mit unseren westlichen Bündnispartnern waren wir uns einig, daß es sinnlos gewesen wäre, ohne die geringsten bilateralen Fortschritte im Verhältnis zwischen der Bundesrepublik Deutschland und der Sowjetunion, Polen, der CSSR und nicht zuletzt der DDR den östlichen Vorschlag einer europäischen Sicherheitskonferenz aufzugreifen. Ihr Scheitern hätte alles nur verschlimmert. Der Bilateralismus ist auch im Zeitalter der multilateralen Zusammenarbeit unentbehrlich geblieben. Dieses Prinzip hat sich im Westen bewährt, und es gilt auch für die Beziehungen zum Osten. Bilaterale Unversöhnlichkeit zerstört alle Chancen einer multilateralen Einigung. Was zwei Partner an nur zwischen ihnen bestehenden spezifischen Problemen nicht beiseite schaffen können oder wollen, das wird eine Vielzahl von Partnern auf spektakulären Konferenzen erst recht nicht bewältigen. Direkte Kontakte zur DDR unterhalb der völkerrechtlichen Anerkennung waren deshalb unerläßlich.

Schon vor der Bundestagswahl am 28. September 1969 hatten SPD und F.D.P. deutlich gemacht, daß sie – sollte eine Mehrheit für eine sozial-liberale Koalition reichen – einen entsprechenden Richtungswechsel in der Außenpolitik vollziehen wollten. Auch für die Regierungen in Washington und Moskau kam dieser nicht überraschend. Bei Reisen, die mich im Sommer 1969 als F.D.P.-Vorsitzenden in die USA und die Sowjetunion führten, hatte ich die angestrebte Neuorientierung angekündigt.

Die Koalitionsvereinbarungen waren in diesem Punkt bald abgeschlossen. Sichtbaren Niederschlag fand die Kurskorrektur unmittelbar nach der Kanzlerwahl in der Umbenennung des Bundesministeriums für gesamtdeutsche Fragen in das für innerdeutsche Beziehungen. In der Regierungserklärung erneuerte Willy Brandt dann das schon von Bundeskanzler Kiesinger gemachte Verhandlungsangebot an die DDR, ergänzt jedoch um den wichtigen Hinweis, daß die beiden deutschen Staaten füreinander nicht Ausland und ihre Beziehungen zueinander dementsprechend nur von besonderer Art sein könnten. Daneben kündigte er Verhandlungen mit der Sowjetunion über das Thema Gewaltverzicht und die Aufnahme von Ge-

8.–14. 9. 1955	Adenauer reist in der Absicht zur Normalisierung der Beziehungen zwischen der Bundesrepublik und der UdSSR mit einer größeren Delegation nach Moskau und verhandelt über die Aufnahme diplomatischer Beziehungen und die Rückführung von Kriegsgefangenen und Zivilinternierten. Abschluß des deutsch-sowjetischen Vertrages (13. 9.).
15. 7. 1963	Egon Bahr, Leiter des Presse- und Informationsamtes des Landes Berlin, spricht an der Evangelischen Akademie Tutzing zum Thema „Wandel durch Annäherung“.
25. 3. 1966	Regierung Erhard bekundet in einer „Friedensnote“ Interesse am Abschluß eines Gewaltverzichtvertrages mit den Staaten des Ostblocks.
7. 2. 1968	Die Wiederaufnahme von diplomatischen Beziehungen zwischen der Bundesrepublik und Jugoslawien bedeutet die faktische Aufgabe der umstrittenen „Hallstein-Doktrin“ (1955 formuliert), die den Abbruch von Beziehungen gegen Staaten vorsah, welche die DDR anerkennen.
4. 7. 1968	Nach einjähriger Pause Wiederaufnahme des deutsch-sowjetischen Notenwechsels über den Gewaltverzicht.

„Wandel durch Annäherung" – Willy Brandt reist als erster Bundeskanzler am 19. März 1970 nach Erfurt zu einem Treffen mit Willi Stoph, dem Vorsitzenden des Ministerrats der DDR. Begrüßung am Bahnhof.

sprächen mit Polen an. Die gleichzeitige Ankündigung, daß die Bundesregierung bald den Nichtverbreitungsvertrag von Kernwaffen unterzeichnen wolle, unterstrich die Ernsthaftigkeit unseres Verhandlungsangebots.

Am selben Tag habe ich unsere Botschaften angewiesen, „einseitigen Anerkennungsbestrebungen der DDR weiterhin entgegenzuwirken". Inhalt der später von Walther Leisler Kiep so genannten Scheel-Doktrin, mit deren Veröffentlichung in der Presse eine lange Reihe von Indiskretionen ihren Anfang nahm, die bis April 1972 dauerte, war die Bitte an die Staaten, mit denen wir Botschafter ausgetauscht hatten, die Aufnahme diplomatischer Beziehungen zur DDR so lange zurückzustellen, bis unsere Bemühungen, über ein geregeltes Nebeneinander zu einem Miteinander mit der DDR zu kommen, zu konkreten Ergebnissen geführt hätten, und damit bis zur Regelung dieses Verhältnisses die Frage der internationalen Stellung der DDR nicht zu präjudizieren und die innerdeutschen Gespräche zu beeinträchtigen. Die erboste Reaktion der DDR trug mir damals die zweifelhafte Ehre ein, eine ganze Seite im „Neuen Deutschland" zu füllen, das mich als Alleinvertretungs-Buhmann groß herausstellte.

Den machtpolitischen Größenordnungen folgend, haben wir den Dialog zuerst mit Moskau (Dezember 1969) aufgenommen. Die nicht minder schwierigen politischen Gespräche mit Polen, mit dem wir ja im Gegensatz zur Sowjetunion noch keine diplomatischen Beziehungen hatten, begannen im dichten Abstand dazu im Februar 1970. Unter dem März 1970 datiert der Besuch Willy Brandts in Erfurt, der allerdings noch nicht mit dem Beginn deutsch-deutscher Vertragsverhandlungen gleichgesetzt werden darf, die Brandt zwei Monate zuvor der DDR vorgeschlagen hatte.

Bahrs Verhandlungen

Der Gang der Verhandlungen mit der Sowjetunion und Polen kann in diesem Beitrag schon aus Platzgründen nicht detailliert nachgezeichnet werden. Hier soll ein Hinweis auf Arnulf Barings Buch „Machtwechsel" (^{2}1982) genügen. Der Einigung mit Moskau kam – hierüber gab es keine Meinungsverschiedenheiten – eine Schlüsselfunktion zu. Egon Bahr, Staatssekretär im Bundeskanzleramt und während der Großen Koalition Leiter des Planungsstabes des Auswärtigen Amtes, vertrat in den Gesprächen mit dem sowjetischen Außenminister Gromyko mit Geschick und Geduld die deutsche Position. Ausgangspunkt war unsere Bereitschaft zum Gewaltverzicht, d. h. den Verzicht auf eine gewaltsame Änderung der aufgrund des verlorenen Krieges entstandenen Grenze in Deutschland und der Oder-Neiße-Linie, ohne diese völkerrechtlich anzuerkennen, wie es die Sowjetunion immer wieder erfolglos gefordert hatte. Nicht zu verhandeln waren dagegen – und hier mußte in Moskau harte Überzeugungsarbeit geleistet werden – die fortbestehenden Rechte der vier Siegermächte in Deutschland und daraus resultierend ein Friedensvertrag, die völkerrechtliche Anerkennung der DDR sowie der Status quo von Berlin einschließlich der gewachsenen Bindungen und Verbindungen zwischen West-Berlin und dem Bundesgebiet. Ab März 1970 sollte letztere Frage in direkten Gesprächen der drei Westmächte mit der Sowjetunion im ehemaligen Kontrollratsgebäude in Berlin erörtert werden.

Was Egon Bahr nach vielen Gesprächsrunden bis Ende Mai erreicht und daß er nichts verschenkt hatte, überraschte und bestätigten sogar Oppositionspolitiker wie Gerhard Schröder, der Vorsitzende des Auswärtigen Ausschusses. Es war von Anfang an klar, daß die Verhandlungen mit der Sowjetunion nicht leicht sein würden. Daß sie aber durch Presseveröffentlichungen unnötig erschwert wurden, wuchs sich immer mehr zu einer Belastung für den Vertragsabschluß aus. Diese Indiskretionen hatten zwangsläufig zur Folge, daß die Bundesregierung im Bundestag Rede und Antwort zu Textauszügen stehen sollte, über die sich beide Seiten noch gar nicht definitiv geeinigt hatten.

Es ist heute wie damals müßig, nach der oder den undichten Stellen zu fahnden. Ob diejenigen Journalisten bzw. Presseorgane allerdings, die die ihnen zugespielten Texte abdruckten, – insbesondere das Bahr-Papier, eine 10-Punkte-Absichtserklärung –, wirklich verantwortlich abgewogen hatten, ob hier nicht das Recht auf Information nachrangig war gegenüber dem Schaden, den die Vorabveröffentlichungen der außenpolitischen Glaubwürdigkeit und Handlungsfähigkeit der Bundesrepublik zufügten, wage ich zu bezweifeln. Und das Wichtigste: Ein weiteres Nachgeben Gromykos über die schon Bahr gemachten Zugeständnisse hinaus wurde dadurch immer schwieriger, wenn nicht gar unmöglich.

Die Prüfung des Bahr-Papiers ergab keine verfassungsrechtlichen Bedenken, wenn wir gleichzeitig der Sowjetunion gegenüber unser unveräußerliches Ziel der Wiedervereinigung klarstellten und die Ratifizierung mit einem erfolgreichen Abschluß der Berlin-Verhandlungen der Vier Mächte verknüpften. Der politische Zusammenhang zwischen dem Vertrag von Moskau und dem Berlin-Abkommen, das Berlin-Junktim, das auch von den drei Westmächten ausdrücklich bestätigt wurde, mußte Moskau verdeutlicht werden. Der Einwand der Sowjetunion, daß damit der Moskauer Vertrag vom Wohl und Wehe der Westmächte abhing, verfing nicht, denn für die Ratifizierung war die Zustimmung der Opposition notwendig, und ohne eine befriedigende Berlin-Regelung war deren Ja realistischerweise nicht zu erwarten. Davon abgesehen – es gab keinen konkreteren Prüfstein für die Ernsthaftigkeit des Entspannungswillens der Sowjetunion als den Abbau von Spannungen in und um Berlin.

Herbst 1969	Die neugebildete sozial-liberale Regierung Brandt/Scheel gibt den Alleinvertretungsanspruch der Bundesrepublik auf. Intensiv wird die Vorbereitung und der Abschluß der Ost-Verträge mit der UdSSR und Polen sowie die Normalisierung der deutsch-deutschen Beziehungen in Angriff genommen – ohne die Einbindung in die westliche Bündnispolitik zu gefährden oder preiszugeben. Scheel weist die deutschen Botschaften an, bei den Regierungen darauf hinzuwirken, daß die Aufnahme diplomatischer Beziehungen zur DDR zurückgestellt wird bis zum Abschluß eines deutsch-deutschen Grundlagenvertrages („Scheel-Doktrin“).
8.12.1969	Beginn der Sondierungsgespräche mit der UdSSR.
18.12.1969	Der DDR-Staatsratsvorsitzende Ulbricht schlägt Verhandlungen über die Aufnahme von gleichberechtigten Beziehungen zwischen der Bundesrepublik und der DDR vor.
30.1.– 18.2.1970	Bahr, Staatssekretär im Bundeskanzleramt (1967–1969 Leiter des Planungsstabes des Auswärtigen Amtes), führt in Moskau erste vertrauliche Gespräche mit Gromyko über einen Gewaltverzichtvertrag.
4.–7.2.1970	Beginn der Gespräche in Warschau über Fragen des deutsch-polnischen Verhältnisses.

Moskau-Reise 1970

Unter diesen Vorgaben fuhr ich Ende Juli 1970 zu den Verhandlungen nach Moskau, die – bedingt auch durch die Veröffentlichung der Bahr-Papiere – in einer keineswegs entspannten Atmosphäre begannen. Die von uns angestrebte ausdrückliche Erwähnung der Vier-Mächte-Verantwortung für Berlin sowie der Friedensvertragsvorbehalt waren beim besten Willen nicht mehr im Vertragstext selbst zu verankern. Auch der Hinweis auf eine aus verfassungsrechtlichen Gründen eventuell notwendige Zweidrittelmehrheit im Parlament und die Gefahr eines Normenkontrollverfahrens verfing nicht. Da ein Scheitern der Verhandlungen nicht mehr auszuschließen war, ließ ich vorsorglich das Flugzeug für unseren Rückflug aus Bonn nach Moskau kommen.

Der Durchbruch kam dann am Wochenende beim Besuch auf der Datscha Gromykos, auf der wir, zuerst unter vier Augen, später zusammen mit meinem Staatssekretär Paul Frank und Anatoly Kowaljow, eine allgemeine Tour d'horizon unternahmen, ohne konkreten Bezug zu den ins Stocken geratenen und möglicherweise kurz vor dem Scheitern stehenden Vertragsverhandlungen. Zu meiner Überraschung zog dann nach mehreren Stunden Gromyko ein Papier aus der Tasche, auf dem genau das niedergeschrieben war, was ich in den vorangegangenen Tagen vergeblich an Entgegenkommen gefordert hatte. Diesen Textvorschlag konnte ich dementsprechend in den Verhandlungen zwei Tage später problemlos aufgreifen.

In dieser Sitzung am 4. August gelang dann auch die Einigung auf den endgültigen Vertragstext einschließlich der vorwiegend auf einem deutschen Vorschlag basierenden Präambel, in der wir Bezug nahmen zum Abkommen vom 13. September 1955 über die Aufnahme diplomatischer Beziehungen.

Schon auf der Datscha hatten wir Einvernehmen über den Text eines „Briefes zur deutschen Einheit" erzielt, in dem unser Friedensvertragsvorbehalt niedergelegt war, den entgegenzunehmen sich Gromyko allerdings weigerte. Wir entschlossen uns deshalb zu einem Kunstgriff. Kurz vor der Vertragsunterzeichnung übergab Legationsrat Immo Stabreit diesen Brief dem sowjetischen Außenministerium, welches dessen Eingang, nicht jedoch den Inhalt bestätigte, nämlich meine Feststellung, „daß dieser Vertrag nicht im Widerspruch zu dem politischen Ziel der Bundesrepublik Deutschland steht, auf einen Zustand des Friedens in Europa hinzuwirken, in dem das deutsche Volk in freier Selbstbestimmung seine Einheit wiedererlangt". Ein entsprechender Text wurde später im Rahmen des Grundlagenvertrages zwischen der Bundesrepublik und der DDR erneut von Bedeutung.

Seit dem sowjetischen Ratifizierungsverfahren, in dessen Verlauf Gromyko die Deputierten beider Kammern des Obersten Sowjets mit dem Inhalt des „Briefes zur deutschen Einheit" vertraut gemacht hat, ist er damit nach allgemeiner Auffassung zu einem Teil des Vertragswerks geworden.

28. 1.– 21. 3. 1970	Weitere Gespräche Bahrs in Moskau.
19. 3. 1970	Bundeskanzler Brandt beginnt mit dem Vorsitzenden des Ministerrats der DDR, Stoph, in Erfurt Gespräche über deutsch-deutsche Beziehungen. Gegenbesuch Stophs am 21. 5. 1970 in Kassel.
26. 3. 1970	Botschafter der vier Siegermächte nehmen Verhandlungen auf über ein Vier-Mächte-Abkommen über Berlin (Berlin-Abkommen).
12.–22. 5. 1970	Letzte Gespräche Bahrs in Moskau. Formulierung des „Bahr-[Gromyko-] Papiers" (10-Punkte-Absichtserklärung).
7. 6. 1970	Verabschiedung von sechs Richtlinien vom Regierungskabinett für die Verhandlungen mit der UdSSR.
23. 6. 1970	Paraphierung eines Handelsabkommens zwischen der Bundesrepublik und Polen für die Jahre 1970–1974. (1. 11. 1974: Unterzeichnung eines Abkommens über die Entwicklung der wirtschaftlichen, industriellen und technischen Zusammenarbeit.)
26. 7.– 7. 8. 1970	Offizielle Verhandlungen über den deutsch-sowjetischen Vertrag in Moskau zwischen Bundesaußenminister Scheel und Gromyko. Scheel setzt die „deutsche Option" durch. In der neuaufgenommenen Präambel wird Bezug genommen zum Abkommen vom 13. 9. 1955 und die Weiterverfolgung der Wiedervereinigungspolitik durch die Bundesrepublik als vertragskonform abgesichert.
12. 8. 1970	Unterzeichnung des Vertrages in Moskau. Vor Vertragsunterzeichnung geht dem sowjetischen Außenministerium der „Brief zur deutschen Einheit" zu, der später zum Vertragswerk gehört.

Dies gilt auch für die sorgsam mit Moskau und unseren westlichen Verbündeten abgestimmte und noch vor der Vertragsunterzeichnung in Moskau übergebene Note der Bundesrepublik an die drei Westmächte sowie deren inhaltliche Bestätigung über den Fortbestand der Vier-Mächte-Verantwortung in Deutschland und Berlin.

Offen geblieben war dagegen immer noch die formelle Akzeptierung des Berlin-Junktims. Gromyko war zu diesem Zeitpunkt lediglich bereit, festzustellen, daß eine Normalisierung der Lage in West-Berlin im Interesse der Sowjetunion liege. Die Deutschen hätten, wenn sie von dieser Feststellung öffentlich Gebrauch machen würden, kein sowjetisches Dementi zu gewärtigen, und dieses Zugeständnis war für uns zu diesem Zeitpunkt schon ein wichtiges Zeichen des Entgegenkommens. Endgültig akzeptiert hat Gromyko das Berlin-Junktim erst zwei Monate später, genauer gesagt am 14. Loch des Golfplatzes von Schloß-Hotel Kronberg im Taunus, als wir dort während eines kurzen Zwischenstops einen Spaziergang machten.

Es erwies sich bald, daß der Abschluß des Vier-Mächte-Abkommens über Berlin durch den Moskauer Vertrag gefördert wurde. Nach dessen Unterzeichnung am 3. September 1971 – es war das wichtigste Einvernehmen zwischen West und Ost in Europa seit dem österreichischen Staatsvertrag von 1955 – war dann auch für die Bundesregierung der Zeitpunkt gekommen, die Verträge mit Moskau und Warschau gemäß Art. 59 des Grundgesetzes dem Parlament zur Zustimmung zuzuleiten. Das zeitgleiche Inkrafttreten der drei Vertragswerke am 3. Juni 1972 unterstreicht deren inhaltliche Zusammengehörigkeit.

Die Opposition und die Ostverträge

Die Bereitschaft der Bundesregierung zur Zusammenarbeit mit der Opposition bekräftigte ein Brief des Bundeskanzlers an Rainer Barzel drei Tage nach der Vertragsunterzeichnung von Moskau, in dem er auf ein Gespräch der beiden zwischen Vertragsparaphierung und -unterzeichnung zurückkam. Darin ließ er den Oppositionsführer wissen: „Die Bundesregierung hofft, bei der zukünftigen Behandlung dieser Verträge und Regelungen im Parlament eine breite Mehrheit zu finden. Sie ist schon aus diesem Grund bereit, Ihrem Vorschlag zu entsprechen und alsbald in vertrauliche Gespräche einzutreten, um eine Verständigung über die den Interessen unseres Volkes und Landes entsprechende Politik in den genannten Bereichen zu finden."

Nach der Vertragsunterzeichnung in Moskau stand die Schlußrunde der deutsch-polnischen Verhandlungen an, zu der ich Anfang November nach Warschau reiste. Hauptthema war jetzt eine befriedigende Regelung der Aussiedlerfrage, ohne die der Vertrag den Bundestag nicht passieren würde. Aufgelöst wurde dieser „Knoten", indem wir eine „Information der Regierung der Volksrepublik Polen über Maßnahmen zur Lösung humanitärer Probleme" akzeptierten, in der die Ausreise von „einigen zehntausend Personen" zugesagt wurde. In der folgenden Zeit erwies sich leider die Zahl der polnischen Ausreisebewilligungen als zu gering, und dieses Problem verhinderte lange eine Erfüllung des Warschauer Vertrages mit Leben. Erst als Helmut Schmidt 1975 Edward Gierek einen Kredit der Bundesrepublik zugesagt hatte, zeigten die Polen wieder mehr Entgegenkommen.

Zahlreich waren die Bundestagsdebatten zur neuen Ostpolitik der Bundesregierung. Angefangen von der Regierungserklärung, den Berichten zur Lage der Nation, der Beantwortung der Großen Anfrage der Opposition zur Deutschland-, Ost- und Europapolitik und verschiedenen außenpolitischen Debatten bis hin zur 1. Lesung der Verträge von Moskau und Warschau, die, beginnend am 23. Februar 1972, immerhin drei Tage dauerte, sind uns immer wieder dieselben Argumente entgegengehalten worden. Allein die 1. Lesung weist in den Stenographischen Berichten auf über 200 Seiten 33 Redner aus, von denen einige mehrmals das Wort ergriffen. Hinzu kamen die vielen Sitzungen des Auswärtigen Ausschusses, oft ganztägig, in denen wir immer bereitwillig Auskunft erteilt hatten, soweit dem nicht Geheimhaltungsvorschriften entgegenstanden.

Besonders schwer wog der Vorwurf, wir hätten den deutschen Rechtsstandpunkt aufgegeben und uns auf Verzichtsverträge eingelassen, weil wir die Oder-Neiße-Grenze anerkennen und auf die Wiedervereinigung verzichten würden. Aus den Vertragstexten war dergleichen allerdings nicht abzulesen. Auch wir hatten natürlich die Oder-Neiße-Grenze nicht gewollt, aber sie war nun einmal ein Stück europäischer Wirklichkeit, von dem wir ausgehen mußten. Es hatte doch keinen Sinn, die Augen vor den realpolitischen Verhältnissen in Europa zu verschließen. Hierzu Willy Brandt in der 1. Lesung: „Die Ostverträge sind der Ausdruck unseres Beitrags zur Entspannungspolitik. Sie sind aber auch noch etwas anderes. Sie sind, zusammen mit dem Berlin-Abkommen, der Ausgangspunkt für eine zeitgemäße Deutschlandpolitik ... Anzuerkennen haben wir in der Tat, daß wir von den Realitäten ausgehen müssen, wie sie sind, wenn wir auf sie in unserem Sinne einwirken wollen. Auch der Schießbefehl verschwindet nicht dadurch, daß wir ihn anprangern, sondern nur dadurch, daß wir eine neue Lage schaffen helfen, in der seine Anwendung entfallen kann." Ergänzend hierzu sagte der Bundeskanzler am 10. Mai: „Wir betrachten sie (Anm.: die Verträge) heute wie damals als den Beweis unserer Reife und des Mutes zum Erkennen der Wirklichkeit. Das Ja zum Vertrag von Warschau wie zum Vertrag von Moskau bleibt zugleich ein Bekenntnis zur deutschen Gesamtgeschichte. Und ein klares Geschichtsbewußtsein verträgt weder unerfüllbare Ansprüche noch geheime Vorbehalte. Dies gilt für beide Verträge. Dies gilt für unsere Abmachungen mit der DDR. Die Abstimmung, die uns hier abverlangt wird, soll es bestätigen. Die Entscheidung, vor der das Parlament unserer Bundesrepublik steht, lautet nicht: dieses Vertragswerk oder ein anderes. Die Entscheidung lautet vielmehr: dieses Vertragswerk oder kein Vertrag."

Die Kritiker verkannten zudem, daß die Bundesrepublik Deutschland ohne die drei Westmächte in den Verträgen gar nicht über den territorialen Status Deutschlands verfügen konnte. Die Feststellung, daß keine Gebietsansprüche vorhanden sind, aufgrund deren Änderungen der gegenwärtig bestehenden Grenzlinien verlangt werden können, schließt weder eine auf freiwilligem Entschluß der Beteiligten beruhende einvernehmliche Änderung oder Aufhebung der Grenzen noch die Ausübung des Selbstbestimmungsrechts der Deutschen aus. Wolfgang Mischnick machte deutlich, daß „im Vertrag eben nicht von ‚Unveränderlichkeit', sondern von ‚Unverletzlichkeit' der Grenzen die Rede" ist. Die „deutsche Option" war also damit weder ausgeschlossen noch erschwert worden. Wir hatten auch keineswegs – so ein Vorwurf Barzels – „Trümpfe für nichts als Hoffnungen aus der Hand" gegeben.

In einem ganz anderen Sinn trifft allerdings die Charakterisierung „Verzichtsverträge" zu, und hier liegt der Kern unserer Vereinbarungen: Die Bundesrepublik verzichtet auf Androhung und Anwendung von Gewalt gegenüber der Sowjetunion bzw. Polen und vice versa. Der Sowjetunion mußte der ausdrückliche Verzicht auf die Feindstaatenklausel der UN-

Unterzeichnung des Moskauer Vertrages über Gewaltverzicht und Zusammenarbeit am 12. August 1970 im Katharinensaal des Kreml durch Außenminister Walter Scheel, Bundeskanzler Willy Brandt, Vorsitzender des Ministerrats Alexej Kossigin und Außenminister Andrej Gromyko (von links).

Charta bekanntermaßen schwer abgehandelt werden. Willy Brandt hat nicht ohne Grund darauf hingewiesen, „daß der Verzicht des Stärkeren noch schwerer wiegt als der des Schwächeren". Die Einigung in dieser Frage war elementar; mehr konnte von einem Vertragswerk, das am Beginn eines Normalisierungs- und Entspannungsprozesses stand, nicht erwartet werden.

Die Frage nach der Ausgewogenheit der Verträge, nach Leistung und Gegenleistung, hatten auch wir uns nicht leicht gemacht. Sollten wir aber, weil Idealvorstellungen nicht realisierbar und Maximalforderungen nicht durchsetzbar waren, deshalb möglicherweise als einziges Land in Europa in der sich verändernden Ost-West-Konstellation auf die Chance guter Beziehungen zur Sowjetunion verzichten? War nicht neben dem vertraglichen Gewaltverzicht, der Berlin-Regelung und der Abwehr der völkerrechtlichen Anerkennung der derzeitigen Grenzen die Perspektive eines guten Verhältnisses zur Sowjetunion ein gewichtiger Aktivposten an sich? Entspannung ist doch nur dort möglich, wo ein Minimum an Vertrauen entsteht, wo die Vernunft langsam die Oberhand über Vorurteile und Mißtrauen gewinnt. Die Ostverträge legten hierfür den Grundstein.

Der Vorwurf, wir hätten nicht sorgfältig und unter Zeitdruck verhandelt, war nur verständlich vor dem Hintergrund, daß die Unionsfraktion – im Gegensatz zu den beiden Koalitionsfraktionen – mein Angebot ausgeschlagen hatte, einen Vertreter zu den Verhandlungen in Moskau zu entsenden. Sonst hätte sich die Opposition an Ort und Stelle ein Bild von der Härte der Verhandlungen machen können, wobei ich in diesem Zusammenhang ausdrücklich noch einmal die bis zuletzt kontroverse Frage der Berlin-Regelung erwähnen möchte.

Daß auch der Zeitfaktor ein wichtiger Punkt bei diplomatischen Verhandlungen ist, hat jeder, der in Moskau dabei war, deutlich gespürt. Im Bundesrat habe ich Ministerpräsident Filbinger gegenüber auf seine Vorhaltung, wir hätten unter Zeitdruck verhandelt und deshalb kein gutes Ergebnis erzielt, mit dem Hinweis auf den Wein geantwortet, der von einem gewissen Zeitpunkt an umzuschlagen drohe. Auch im Verlauf diplomatischer Verhandlungen gibt es eine Zeit der Reife, die genutzt werden muß, soll sie nicht unwiderruflich dahin sein.

Widerlegen konnten wir auch das Argument der Opposition, daß wir vor lauter Euphorie in der Ostpolitik die Politik gegenüber unseren westlichen Partnern vernachlässigt hätten. Das genaue Gegenteil entsprach der Realität, wenngleich es sich im Bewußtsein der breiten Öffentlichkeit wohl nicht niedergeschlagen hat. Wir waren nach Westen zeitweilig sogar deutlich aktiver als nach Osten.

Mit dem Abschluß der Verhandlungen über den EG-Beitritt von Großbritannien, Irland und Dänemark haben wir eine lange Phase der Stagnation im europäischen Einigungswerk überwunden. Auf deutsche Initiative geht die Europäische Politische Zusammenarbeit (EPZ) zurück, die in den Römischen Verträgen noch nicht vorgesehen war, als dynamische Integrationskraft die wirtschaftliche Zusammenarbeit aber längst übertroffen hat. Die enge Zusammenarbeit im Rahmen der WEU zeigt, daß das Zusammengehörigkeitsgefühl über den Kreis der damaligen EG-Mitglieder hinausgewachsen war. Und auch im NATO-Bündnis bestand politische Übereinstimmung bezüglich unserer gemeinsamen Verantwortung nicht nur für die volle Verteidigungsfähigkeit der NATO, sondern auch für ein höheres Maß an Zusammenarbeit als einer Grundlage eines dauerhaften Friedens.

West- und Ostpolitik waren komplementäre Teile einer einheitlich konzipierten deutschen Außenpolitik als Anteil an einer gesamteuropäischen Politik des Ausgleichs, der Annäherung und der Friedenssicherung. Erkennbar ist dies schon daran, daß in den Verträgen von Moskau, Warschau und Prag sowie dem Grundlagenvertrag mit der DDR jeweils und wiederholt von Europa die Rede ist. Noch nie in der Geschichte der modernen Diplomatie sind Verhandlungspositionen unter Verbündeten so sorgfältig – fast von Tag zu Tag – abgestimmt worden, ohne daß der Bundestag in diesen Prozeß hätte einbezogen werden können. Als Ergebnis dieser Abstimmungen wurde unsere Ostpolitik ein Kernstück des Zusammenhalts der westlichen Allianz.

„So nicht . . .“

Der von der Opposition in die Diskussion eingebrachte Vorschlag, nämlich das „Liegenlassen“ des Vertragswerks, also eine unbestimmte Vertagung der Ratifizierung, wertete Herbert Wehner in der für ihn charakteristisch markanten Ausdrucksweise als „weder Mann noch Frau, sondern eine dritte Möglichkeit“, die zwischen Zustimmung und Ablehnung liege. Worauf sollten wir aber nach Abschluß der Berlin-Verhandlungen noch warten, ohne außenpolitisch Schaden zu nehmen? Dieser Überlegung konnte sich auch die Opposition nicht verschließen. Dies galt auch für den noch gravierenderen Fall, daß sie ein Scheitern des Ratifizierungsverfahrens in Kauf nehmen sollte. Eine tragfähige und erfolgversprechende Alternative konnte auch sie nicht aufzeigen. Hierzu sagte Wolfgang Mischnick: „Nur eines muß sich jeder selber als Frage vorlegen: ob er mit der Zustimmung zu den Verträgen den Status quo in Europa überwinden helfen will oder ob er mit der Ablehnung der Verträge, durch Zementierung des Status quo und damit durch den Rückfall in den Kalten Krieg, wieder die wenigen Chancen, die sich jetzt bieten, endgültig begraben will.“ Gerhard Schröder irrte eben mit seiner Einlassung, daß „ein Scheitern der Verträge ... ein Desaster nur für die Bundesregierung, die sie abgeschlossen hat“, sei.

Die berühmt gewordene Kurzformel für die Ablehnung durch die Opposition, Rainer Barzels am 23. Februar mehrfach bekräftigtes „so nicht“, konnte nicht überzeugen. Es erklärt sich für mich nur vor dem Hintergrund seiner Doppelfunktion als Parteivorsitzender der CDU und als Vorsitzen-

Nach der Moskauer Vertragsunterzeichnung am 12. August 1970: Außenminister Walter Scheel, Vorsitzender des Ministerrats Alexej Kossygin, Bundeskanzler Willy Brandt und Generalsekretär Leonid Breschnew (von links).

der der CDU / CSU-Fraktion. CDU und CDU / CSU-Fraktion waren sich in der Frage der Weiterentwicklung der Ost- und Deutschlandpolitik uneins und zu keinem Konsens fähig, wobei die Fraktion in ihrer Meinungsbildung deutlich zumindest hinter der größeren C-Partei zurückblieb. Barzel selbst war zu mehr Entgegenkommen bereit; er mußte aber mit Rücksicht auf die Geschlossenheit seiner Fraktion nach außen härter auftreten. Besonders deutlich wurde dies in den Tagen zwischen dem Mißtrauensvotum und der Schlußabstimmung im Bundestag am 17. Mai 1972.

Der Widerstreit über die Ostpolitik hat auch meine Partei und Fraktion schwer gebeutelt. Einen dramatischen Augenblick lang wurde es existenzbedrohend für die sozial-liberale Koalition. Wie konnte es zu dem ersten Konstruktiven Mißtrauensvotum im Bundestag kommen?

Nach der Bundestagswahl vom 28. September 1969 verfügte die CDU / CSU über 242, die SPD über 224 und die F.D.P. über 30 Mandate. Willy Brandt und ich hatten uns noch in derselben Nacht auf die Bildung einer sozial-liberalen Koalition verständigt und mit der entsprechenden öffentlichen Festlegung für nachhaltige Irritation im Lager der Union gesorgt, die nach 20 Jahren den erstmaligen Verlust der Regierungsverantwortung noch nicht wahrhaben wollte, aber auch für Unmut und Überraschung in den eigenen Reihen. Von Anfang an war uns bewußt, daß wir mit 12 Mandaten zwar über eine ausreichende, keinesfalls aber über eine bequeme Mehrheit verfügten. Schon in der Woche nach der Wahl gab es die ersten Presseberichte über mögliche Überläufer, Versorgungsangebote und Abwerbungskontakte.

Wolfgang Mischnicks Appell als Fraktionsvorsitzender, bei der Kanzlerwahl Geschlossenheit zu zeigen, sollte unerhört bleiben. Nur 251 der rechnerisch erwarteten 254 Stimmen entfielen auf Willy Brandt bei 235 Nein-Stimmen, vier ungültigen Stimmkarten und fünf Enthaltungen. Vier der Brandt verweigerten Stimmen sollen nach einer späteren Aussage Erich Mendes von ihm sowie den Fraktionskollegen Heinz Starke, Knut von Kühlmann-Stumm und Siegfried Zoglmann gekommen sein. Für die Plausibilität seiner Aussage spricht, daß sich diese Kollegen im Laufe des Jahres 1970 offen zur Ablehnung der Ostpolitik bekannten und schließlich im Oktober – mit Ausnahme von Kühlmann-Stumm – gemeinsam zur CDU/CSU überwechselten. Die Regierungsmehrheit war damit auf 251 zu 245 Stimmen geschrumpft.

21. 8. 1970	Die Bundesregierung liberalisiert Einfuhren aus dem Ostblock.
30. 10. 1970	Zu einem inoffiziellen Meinungsaustausch treffen sich Gromyko und Scheel in Kronberg im Taunus. Gromyko akzeptiert das „Berlin-Junktim“ (Ratifizierung des Vertrags nur nach Abschluß eines Berlin-Abkommens).
7. 12. 1970	Unterzeichnung des deutsch-polnischen Vertrages in Warschau. – Brandt legt am Denkmal des Unbekannten Soldaten und an der Gedenkstätte des Warschauer Ghettos Kränze nieder.
1971–1972	Bahr und Kohl (Staatssekretär beim Ministerrat der DDR) handeln Erleichterungen im „innerdeutschen Verkehr“ aus: Post- und Fernmeldeabkommen sowie Verkehrsvertrag.
3. 9. 1971	Unterzeichnung des Berlin-Abkommens der Vier Mächte.
16.–18. 9. 1971	Treffen zwischen Brandt und Generalsekretär Breschnew in Oreanda auf der Krim.
10. 12. 1971	Willy Brandt erhält den Friedensnobelpreis 1971.
17. 12. 1971	Unterzeichnung des Transitabkommens zwischen der Bundesrepublik und der DDR.
Januar–März 1972	K. Moersch unterrichtet die Opposition (Mertes und Dorenburg) über die „Moskauer Protokolle“ (Bahr-Gromyko-Protokolle).
23.–25. 2. 1972	1. Lesung der Ost-Verträge im Bundestag.
7. 4. 1972	Paraphierung des deutsch-sowjetischen Handelsabkommens in Moskau (mit der „Frank/Falin-Klausel“ über die Einbeziehung West-Berlins).

27. 4. 1972	Das Konstruktive Mißtrauensvotum gegen Bundeskanzler Brandt wird abgelehnt.
28. 4. 1972	Patt im Bundestag. Bundeskanzler Brandt findet für seinen Haushalt keine Mehrheit mehr. Damit wird die Verabschiedung der Ost-Verträge fraglich.
29. 4. 1972	Brandt betont in einem Brief an Barzel die Bereitschaft zu einer Zusammenarbeit mit der Opposition bei der Verabschiedung der Ost-Verträge. (Wehner noch am 13. 1. 1970: „Ich brauche die Opposition nicht!")
9. 5. 1972	Eine von allen Bundestagsfraktionen gebildete Redaktionskommission einigt sich auf den Entwurf einer „gemeinsamen Entschließung" als notwendige Ergänzung zu den Verträgen. Der sowjetische Botschafter Falin erklärt sich bereit, diese entgegenzunehmen.
10. 5. 1972	2. Lesung der Ost-Verträge. Oppositionsführer Barzel wiederholt die Ablehnung der Verträge, wenn die 3. Lesung unmittelbar danach erfolgen werde.
12. 5. 1972	Bahr und Kohl paraphieren den Verkehrsvertrag zwischen der Bundesrepublik und der DDR. (Unterzeichnung am 26. 5. 1972)

Kanzlersturz?

Der Sturz des Bundeskanzlers und damit, was Barzel im Auge hatte, ein „Liegenlassen" der Ostverträge, schien für die Opposition in Reichweite, als Anfang 1972 Herbert Hupka, Vizepräsident des Bundes der Vertriebenen und Bundesvorsitzender der Landsmannschaft der Schlesier, von der SPD zur Union wechselte. Zwei weitere Fraktionswechsel – und das Patt war da.

Von Kühlmann-Stumm und Gerhard Kienbaum gaben sich in meiner Fraktion als weitere Gegner der Regierungspolitik zu erkennen, wobei für Kienbaum aber nicht die Ablehnung der Ostpolitik, sondern die Kritik an der Wirtschaftspolitik ausschlaggebend war. Ein Konstruktives Mißtrauensvotum war also nicht mehr auszuschließen; Barzel sprach davon erstmals öffentlich am 10. März 1972. Der Weg hierzu war endgültig frei, als mit Wilhelm Helms am 23. April ein weiteres Mitglied meine Fraktion verließ. Wo die Motive für seinen Austritt lagen, wird vermutlich nie geklärt werden.

Der Vollständigkeit halber sei daran erinnert, daß das Datum seines Fraktionsaustritts in zweifacher Hinsicht von Bedeutung war, denn am 23. April ging aufgrund der Landtagswahl in Baden-Württemberg neben der Mehrheit im Bundestag auch die im Bundesrat für die Koalition verloren. Mit ihrem Einspruch im Bundesrat hatte die Opposition von diesem Tag an die Möglichkeit, die Verträge scheitern zu lassen. Tags darauf fiel dann in Präsidium und Vorstand der CDU die endgültige Entscheidung für das Mißtrauensvotum. Rein rechnerisch verfügte die Union über mindestens 249 Stimmen, eventuell sogar über 250 Stimmen, da auch der Münchner SPD-Abgeordnete Günther Müller offen Sympathien für die Opposition bekundet hatte.

In den Tagen bis zum 27. April ließen wir natürlich auch keinen Versuch ungenützt, entschlossene Abweichler wieder für die Koalition zu motivieren. Im Gespräch mit Genscher und Ertl versicherte Helms, er wolle für die Ostpolitik stimmen; für die Abstimmung am 27. April war dies aber ohne Bedeutung. Die unter dramatischen Umständen und größtem Zeitdruck mit von Kühlmann-Stumm und Kienbaum geführten Unterredungen, die Verhandlungen gleichkamen, waren aus Sicht der Koalition erfolglos, wie sich am Morgen des Mißtrauensvotums herausstellen sollte. In der Fraktionssitzung unmittelbar vor der Abstimmung im Plenum zeigten beide aber politischen Anstand und bekannten sich offen zu Barzel. Dies war für uns nicht erfreulich, brachte aber Klarheit, und ich gab diese Information im Plenum sofort an Brandt weiter.

In der stimmungsgeladenen Debatte – auch hier war die Ostpolitik ein Hauptthema – sprachen dann für die Opposition Kiesinger, Schröder und von Weizsäcker, für die Koalition die beiden Fraktionsvorsitzenden und

Treffen Willy Brandts mit Leonid Breschnew vom 16. bis 18. September 1972 in Orenda auf der Krim.

für die Regierung Brandt, Genscher und ich. Kernpunkt meiner Rede war das Spannungsverhältnis zwischen Gewissensfreiheit bei geheimen Abstimmungen und der Solidarität mit der eigenen Fraktion. „Wenn es zur Regel werden sollte, daß Mehrheitsverhältnisse in den Parlamenten durch Parteienwechsel, also ohne Wählervotum, verändert werden, dann stirbt die Glaubwürdigkeit der Demokratie.“ In entscheidenden Fragen, auch personeller Art – so war meine Meinung – ist die Solidarität mit der eigenen Partei ein so hoher Wert, daß nur ganz schwerwiegende Gründe eine Abweichung rechtfertigen können.

Diese Überzeugung sollte mich Jahre später erneut leiten, als es um die Frage ging, ob ich als Bundespräsident für eine zweite Wahlperiode kandidieren würde. Hätte ich mich erneut zur Wahl gestellt, so hätte sehr wohl die Chance bestanden, eine Mehrheit der Stimmen zu bekommen, allerdings nur dadurch, daß eine Anzahl von Abgeordneten der CDU / CSU mir ihre (geheime) Stimme gegen das Votum ihrer Fraktion gegeben hätten. Eben dies wollte und konnte ich nicht entsprechend meiner im Rahmen des Mißtrauensvotums geäußerten Überzeugung.

Als letzter in der Debatte sprach Hans-Dietrich Genscher. Danach blieb uns – so hatte Brandt seine Rede beendet – „frei nach Kant nichts anderes übrig, als unsere verdammte Pflicht und Schuldigkeit zu tun“. Dann der langwierige geheime Wahlgang, zu dem die Union alle ihre Abgeordneten mobilisiert hatte; der schwer erkrankte Karl Theodor Freiherr von Guttenberg wurde im Rollstuhl geschoben.

Der Ausgang der Abstimmung war für die Koalition gleichermaßen überraschend wie glücklich. Barzel erhielt nur 247 Stimmen bei 3 Enthaltungen und 10 Gegenstimmen. Da Kienbaum und von Kühlmann-Stumm für Barzel votiert hatten, mußten also zwei Unionsabgeordnete dem Oppositionsführer die Gefolgschaft verweigert haben. Einer davon, Julius Steiner, bekannte sich im Rahmen der Steiner/Wienand-Affäre zu seiner Rolle.

Patt

Zeit für eine Verschnaufpause gab es danach nicht. Tags darauf bedeutete das Patt von 247 : 247 – auf Antrag der Opposition wurde namentlich über den Haushalt des Bundeskanzlers abgestimmt – für die Union eine gewisse Satisfaktion. Sie konnte nun der Öffentlichkeit vor Augen führen, daß auch die Regierung Brandt / Scheel über keine parlamentarische Mehrheit mehr verfügte. Unsere Versuche, Abweichler wie Kienbaum, von Kühlmann-Stumm oder Helms, wieder ins Koalitionsboot zu ziehen, waren erfolglos geblieben: Helms stimmte für den Oppositionsantrag, Kienbaum blieb der Abstimmung fern (und legte am 2. Mai sein Mandat nieder), von Kühlmann-Stumm enthielt sich – und stand damit zu seiner Zusage, nur noch seine (Gegen-)Stimme zur Ostpolitik abzugeben, im übrigen aber nicht mehr in Entscheidungen einzugreifen. Ende Mai legte auch er sein Bundestagsmandat nieder.

Vom 28. April an ging es nur noch darum, für die Ostverträge selbst einen Modus vivendi zu finden, d. h. so viele Gemeinsamkeiten in der Ostpolitik abzustecken, daß die Verträge in Kraft treten konnten. Liegenlassen, so jetzt auch die Meinung der Union, hätte außenpolitischen Schaden bedeutet. Nachdem Barzel und ich schon am Nachmittag des Mißtrauensvotums mit dem Bundeskanzler beraten hatten, folgten von nun an zahlreiche Gespräche im kleineren und größeren Kreis. Die Einigung über die Verlegung der 2. Lesung, die ursprünglich für den 3. Mai geplant war, um eine Woche war schnell erreicht. Im Mittelpunkt stand jetzt unser Bemühen um den Text einer gemeinsamen Entschließung, der alle Parteien zustimmen konnten. Für die interessierte Öffentlichkeit war das dicht geknüpfte Netz von Beratungen, das nun zwischen SPD/F.D.P. und CDU/CSU, und vor allem innerhalb der Union, gesponnen wurde – zuletzt sogar unter Einschaltung des sowjetischen Botschafters Falin –, nicht erkennbar oder durchschaubar und konnte es um des gewünschten Erfolges willen auch nicht sein. Bundestagsdrucksachen bzw. Ausschußprotokolle gibt es hierzu nicht.

Die parlamentarische Beratung der Ostverträge war von Anfang an aufgrund der im diplomatischen Miteinander üblichen wie notwendigen Vertraulichkeit bzw. des amtlichen Geheimschutzes ein schwieriges Unterfangen. Die Indiskretionen in der Presse, die immer wieder Öl ins Feuer der Opposition gossen, hatten, wie geschildert, schon die Verhandlungen selbst belastet. Andererseits waren Brandt und ich entschlossen, nichts unversucht zu lassen, um das Ja der Opposition zu erreichen. Insbesondere galt es, das Mißtrauen über einen möglichen deutsch-sowjetischen Dissens abzubauen. Ich hatte mich deshalb mit dem Bundeskanzler schon zu Jahresbeginn darauf verständigt, der Union für die Beratung im Bundesrat entgegenzukommen, genauer gesagt, einer vertraulichen mündlichen Unterrichtung der beiden CDU-Staatssekretäre Alois Mertes (Rheinland-Pfalz) und Joachim Dorenburg (Schleswig-Holstein) zuzustimmen. Zwischen Januar und März las Karl Moersch, Staatsminister im Auswärtigen Amt, den beiden einzelne Passagen aus den Protokollen vor und beantwortete Fragen. Stenografen oder weitere Begleiter waren nicht zugelassen. Die Zusammenfassung dieser insgesamt sechs Gespräche durch das Auswärtige Amt wurde dann außer den Gesprächsteilnehmern auch den Landesregierungen und den Obleuten im Auswärtigen Ausschuß zugeleitet. Der Tenor des abschließenden Berichts von Mertes und Dorenburg war für uns positiv.

Suche nach Gemeinsamkeiten

Eine neuerliche vertrauliche Unterrichtung der Opposition – notwendig aufgrund abermaliger Indiskretionen in der Presse – ergänzte unsere Bemühungen um eine Einigung über den gemeinsamen Entschließungsantrag.

Unterzeichnung des deutsch-polnischen Vertrages am 7. Dezember 1970 in Warschau. Von links: Außenminister Walter Scheel, Staatssekretär Egon Bahr, Bundeskanzler Willy Brandt, Generalsekretär Wladislaus Gomulka, Ministerpräsident Josef Cyrankiewicz und Außenminister Stefan Jedrychowski.

Für die Union trat nunmehr der in außenpolitischen Fragen sehr erfahrene Kurt Birrenbach an – zu meiner Überraschung griff er im Plenum nicht in die Debatte ein –, dem jetzt Egon Bahr im Beisein von Paul Frank zwei Tage lang, genauer: am 6. und 7. Mai, aus den Akten vorlas.

Am 7. Mai bekundete auch Franz Josef Strauß in *„Bild am Sonntag"*: „Wir wollen zustimmen", allerdings nur unter der Bedingung, daß auch die Sowjetunion bereit sei, „in verbindlicher Form" klarzustellen, daß die gemeinsame Entschließung, an der wir seit Tagen arbeiteten, nicht im Widerspruch zu Geist und Text des Vertrages stehe. Zu offen konnte und wollte sich die Sowjetunion allerdings nicht in die innenpolitischen Auseinandersetzungen hereinziehen lassen, denn der Vertrag sei aus sich heraus interpretierbar. Nach einem Gespräch mit mir erklärte sich Falin am 9. Mai aber dann doch bereit, den Entschließungsantrag entgegenzunehmen. Die Verabschiedung schien endgültig mit Händen greifbar.

Am 10. Mai überraschte uns Barzel anläßlich der 2. Lesung mit der Mitteilung, er habe seiner Fraktion die Ablehnung der Verträge empfohlen, wenn wir am selben Tage auch die 3. Lesung durchziehen wollten. Bei Stimmengleichheit scheiterte der Geschäftsordnungsantrag der Opposition auf Absetzung von der Debatte. Als Kompromiß verständigten wir uns auf eine Unterbrechung der Debatte um eine Woche, in der wieder viele unionsinterne Pirouetten gedreht wurden. Barzel war mit einer kleinen Gruppe für Zustimmung, Strauß – und mit ihm die gesamte CSU – hatte sich um 180 ° gedreht und war dagegen; er war damit zu seinem in der 1. Lesung vertretenen Standpunkt zurückgekehrt: „Das Ja ist ein Übel, und das Nein bringt neue schwere Belastungen und Aufgaben mit sich. Wenn ich aber zwischen Ja und dem Nein zu wählen habe, entscheide ich mich für das Nein als das kleinere Übel." – dazwischen alle nur denkbaren Schattierungen.

Es kam dann am 14. Mai zu dem von Barzel in seinem Buch „Auf dem Drahtseil" abgedruckten Austausch auf Blankobogen handgeschriebener Fragen an mich, die ich noch am selben Tag, ebenfalls handschriftlich, beantwortete und unterschrieb. Mit kleinen Einschränkungen stimmte ich seiner Interpretation über die parlamentarische wie völkerrechtliche Bedeutung der mühsam ausgehandelten gemeinsamen Entschließung zu.

Kurz: Um den Erhalt der Einheit der Union willen – persönlich jedoch zutiefst enttäuscht – empfahl Barzel seiner Fraktion schließlich die Enthaltung, wobei er in Kauf zu nehmen bereit war, daß einige Hardliner bei ihrer Ablehnung bleiben würden, während andererseits den Befürwortern der Ostverträge die Gewissensentscheidung nicht zugestanden wurde. Hierzu die Wertung Barzels in seinem 1986 erschienenen Buch „Im Streit und umstritten": „Mit dem Text der Entschließung in der Hand schlug ich der Fraktion vor, der Entschließung und dem Vertrag zuzustimmen ... Ich (drang) in der Fraktion mit dem Ja nicht breit genug durch. Zugleich wurde ganz überwiegend erkannt, daß ein Nein nach den Veränderungen nicht mehr vertretbar sei und unsere erfolgreichen Bemühungen nicht von uns selbst entwertet werden dürften ... Wir einigten uns schließlich auf Enthaltung zum Vertrag und Ja zur Entschließung. So konnten die Verträge passieren, scheiterten nicht. Der Weg vom Ja zur Enthaltung war kürzer und folgerichtiger als der vom Nein zur Enthaltung. Für Deutschland hatte ich gewonnen. Für mich selbst binnen kurzem zum zweiten Male verloren – zur Genugtuung mancher."

Das Abstimmungsergebnis bei vollbesetztem Haus sei der Vollständigkeit halber hier wiedergegeben: jeweils 248 Ja-Stimmen für die Verträge von Moskau und Warschau, 10 Gegenstimmen zum deutsch-sowjetischen Vertrag und 17 zum Vertrag von Warschau. Für die gemeinsame Entschließung stimmten 490 Kollegen. Zwei Tage später, am 19. Mai, gaben die unionsregierten Länder durch ihre Enthaltung auch im Bundesrat grünes Licht.

Damit war der Durchbruch geschafft. In einer für unser Land so eminent wichtigen Entscheidung hätte ich mir allerdings eine breitere parlamentarische Zustimmung – wie sie ja auch tatsächlich vorhanden war – gewünscht.

16. 5. 1972	In der Opposition kommt es zu heftigen Auseinandersetzungen über die Frage der Abstimmung der Ost-Verträge.
17. 5. 1972	Dritte Lesung. Der Bundestag beschließt die Ratifikationsgesetze zu den Verträgen mit Moskau und Warschau. Die Opposition enthält sich überwiegend der Stimme. Die „gemeinsame Entschließung“ zu den Ost-Verträgen wird mit 490 Stimmen bei 5 Enthaltungen gebilligt.
3. 6. 1972	Inkrafttreten des Warschauer Vertrages und Aufnahme diplomatischer Beziehungen. Inkrafttreten des Moskauer Vertrages und des Berlin-Abkommens.
15. 6. 1972	In Ost-Berlin werden die Verhandlungen über den deutsch-deutschen Grundlagenvertrag aufgenommen. Unterzeichnung am 21. 12. 1972; Inkrafttreten am 21. 6. 1973.
8. 11. 1972	Paraphierung des Grundlagenvertrages zwischen der Bundesrepublik und der DDR. (Unterzeichnung am 21. 12. 1972)
15. 6. 1973	Bundesrepublik stellt, wie mit der DDR im Grundlagenvertrag vereinbart, Antrag auf Aufnahme in die UNO.
11. 12. 1973	Unterzeichnung des deutsch-tschechoslowakischen Vertrages.

Die Ostpolitik war auch zentrales Thema im bald einsetzenden Wahlkampf und wurde von den Wählern am 19. November mit einem für die Koalition und insbesondere die F.D.P. überzeugenden Votum gutgeheißen. Die weiteren Schritte in der Ost- und Deutschlandpolitik – in zeitlicher Reihenfolge: der Grundlagenvertrag mit der DDR, der ja noch vor der Bundestagswahl paraphiert worden war, und in seiner Konsequenz der Antrag beider deutscher Staaten auf Beitritt zur UNO, die erste KSZE-Konferenz in Helsinki und der Prager Vertrag – waren in bezug auf ihre parlamentarische Beratung nicht annähernd so spektakulär. Auf sie wird daher im folgenden nicht näher eingegangen.

Ohne Friedensvertrag zu sein, haben die Ostverträge ihre friedenstiftende Wirkung entfaltet, in dem sie den Teufelskreis durchbrochen haben, wo Unrecht mit Unrecht vergolten wurde. Entspannungspolitik ist der mühsame Versuch, im technischen Bemühen den welt- und friedensbedrohenden Antagonismus der einander gegenüberstehenden Machtblöcke Stückchen für Stückchen umzuwandeln in ein Verhältnis, in dem beide Seiten, ohne sich aufzugeben, den Frieden mit den anderen wollen müssen. Das kann nicht in einem Sprung zu schaffen sein, wenn man an die tiefe Gegensätzlichkeit der Systeme denkt. Die Ostpolitik der Regierung Brandt/Scheel war aber eine entscheidende Weichenstellung für den Ost-West-Dialog. Nicht jeder Politiker hat in seiner Laufbahn die Chance, an einer Entscheidung von weltpolitischer Bedeutung mitzuwirken. Der Rückblick auf gemeinsame Jahre mit Willy Brandt erfüllt mich verständlicherweise mit Genugtuung. In den Annalen werden sie wohl als ein Lehrstück in Sachen Außenpolitik und Parlamentarismus abgehandelt werden.

Ein Beitrag von mir zur Ostpolitik bliebe unvollständig ohne ein (natürlich viel zu kurzes) persönliches Wort über meinen Hauptmitstreiter Willy Brandt einerseits und meinen Hauptkontrahenten Rainer Barzel andererseits. Unsere Ost-West-Politik knüpfte an die Politik der Aussöhnung mit dem Westen an, die untrennbar mit dem Namen von Konrad Adenauer verbunden ist. Mit Willy Brandt hatte unser Land das neuerliche Glück, einen Regierungschef zu haben, dem man vertraute, dem man glaubte. Die Ehrung mit dem Friedensnobelpreis im Jahr 1971 unterstreicht dies. Ich erinnere mich an Jahre vertrauensvoller Zusammenarbeit, die nicht nur politisch fruchtbar waren, sondern in denen ich darüber hinaus auch menschlich viel gewonnen habe.

Mit Rainer Barzel haben wir und habe ich in der sozial-liberalen Koalition oft und heftig die Klingen gekreuzt. Er mußte, wie schon erwähnt, nach außen oft härter auftreten, als es seiner Überzeugung und seinem Naturell entsprochen hätte. Fest steht, daß ohne seine Kooperationsbereitschaft und sein Ringen in der Fraktion die Verträge das Parlament nicht passiert hätten. Entscheidend ist für mich, daß die Härte seiner Argumente immer nur der Sache, nie jedoch der Person galt. Der beste Beweis: Wir sind seit einigen Jahren Duzfreunde.

Annemarie Renger

Juden und Israel im Deutschen Bundestag

Das Verhältnis zu den jüdischen Mitbürgern, zum jüdischen Volk und zu Israel, unsere Verantwortung gegenüber den Überlebenden des Holocaust und die sich für uns aus der Vergangenheit ergebenden, fortdauernden politischen und moralischen Verpflichtungen haben den Deutschen Bundestag von der ersten Wahlperiode an bis heute immer wieder in besonderem Maße beschäftigt. Daß heute zwischen der Bundesrepublik Deutschland und Israel auf vielen Gebieten ein reger und intensiver Austausch besteht und daß sich zwischen den beiden Völkern neue und freundschaftliche Beziehungen entwickeln konnten, ist die Frucht eines langen Prozesses der politischen Annäherung, in dem es darauf ankam, sich von deutscher Seite durch überzeugende Beweise einer neuen Gesinnung und eines geläuterten Bewußtseins um eine neue Vertrauensbasis zu bemühen.

1. Der Beitrag des Bundestages

An der Herstellung dieser Vertrauensbasis hat der Bundestag erheblichen Anteil gehabt sowohl durch Unterstützung entsprechender Initiativen und Maßnahmen der Bundesregierungen als auch durch eigene Initiativen, insbesondere aber durch überzeugende Aussprachen im Plenum, aus denen man spüren und erkennen konnte, daß sich unser Parlament der besonderen deutschen Verantwortung gegenüber den Juden und dem Staat Israel bewußt ist. In diesem Sinne sind im Deutschen Bundestag viele Debattenbeiträge geleistet worden. Damit hat der Bundestag zweifellos auch die öffentliche Meinungs- und Willensbildung in Deutschland positiv beeinflußt und zu einer Schärfung des moralisch-politischen Bewußtseins beigetragen.

Im Laufe der 40jährigen Geschichte des Bundestages hat es zahlreiche Anlässe und Gelegenheiten zu Beratungen und Aussprachen zu diesem Thema gegeben. Anlässe waren z. B. das Wiedergutmachungsabkommen zwischen der Bundesrepublik Deutschland und Israel 1952 und die sich daran anschließende Wiedergutmachungsgesetzgebung; später dann der Eichmann-Prozeß, der Konflikt um deutsche Raketenspezialisten in Ägypten, Waffenlieferungen an Israel, die Aufnahme diplomatischer Beziehungen zwischen Deutschland und Israel (1965) und wiederholt die Frage einer Verlängerung oder Aufhebung der Verjährungsfrist für Mordtaten (1965, 1969, 1979). Unzählige Male ist über die Nahostpolitik debattiert worden, regelmäßig im Zusammenhang mit Regierungserklärungen sowie anläßlich der jährlichen Haushaltsberatungen. Der Ausbruch der Kriege 1967 und 1973 hat die deutsche Öffentlichkeit ganz besonders bewegt, was auch in Erklärungen und Stellungnahmen im Bundestag zum Ausdruck kam. Die Aussprachen aus Anlaß der akuten Bedrohung Israels in den Nahostkriegen sind von der Sorge um das Lebensrecht und die Sicherheit Israels bestimmt.

Leider gab es bis in die jüngste Zeit hinein auch immer wieder Anlaß, über das Ärgernis antisemitischer Vorkommnisse und rechtsextremistischer Umtriebe zu debattieren. Anfangs ging es dabei um Grabstätten- und Synagogenschmierereien, später kam dann das Problem der Leugnung oder Verharmlosung des im Dritten Reich begangenen Völkermords hinzu. Erfreulicherweise kann festgestellt werden, daß es nur selten bei solchen Diskussionen im Parlament zu scharfen Auseinandersetzungen kam, selbst wenn in der einen oder anderen Frage Meinungsunterschiede oder kontroverse Auffassungen bestanden. Die Aussprachen zu dem gesamten Themenkreis „Juden und Israel" zeichnen sich gerade dadurch aus, daß sie von der Absicht getragen sind, eine gemeinsame Grundhaltung deutlich werden zu lassen, die besondere deutsche Verantwortung zum Ausdruck zu bringen und in politische Entscheidungen umzusetzen. Dies wird noch an einigen Beispielen zu verdeutlichen sein.

Darüber hinaus ist aber auch der Beitrag zu erwähnen, den Mitglieder des Bundestages durch ihre direkten Kontakte zu Israel und durch ihre Begegnungen mit Vertretern des Judentums geleistet haben. Die mit der Zeit entstandenen vielfältigen Einzelkontakte von Abgeordneten und die parlamentarischen Beziehungen zwischen dem Bundestag und der Knesset, die verschiedenen Delegationsbesuche und die Aktivitäten der deutsch-israelischen Parlamentariergruppe haben wesentlich zur Entwicklung und Vertiefung der deutsch-jüdischen und deutsch-israelischen Beziehungen beigetragen. Diese stetigen und intensiven Verbindungen sind für das gegenseitige Verständnis, den Prozeß der Verständigung und Aussöhnung, vielleicht von noch größerer Bedeutung als offizielle Begegnungen oder Staatsbesuche. Schon bei der Anbahnung von Kontakten zu Israel und während der Verhandlungen mit Israel über das Wiedergutmachungsabkommen hat es sich gezeigt, daß Mitglieder des Bundestages eine wichtige Vermittlerrolle spielen konnten.

29. 6. 1947	K. Schumacher erklärt, daß das deutsche Volk zur Wiedergutmachung und Entschädigung gegenüber dem jüdischen Volk verpflichtet sei.
15. 5. 1948	Gründung des Staates Israel.
21. 9. 1949	K. Schumacher fordert im Bundestag dazu auf, den Juden in Deutschland und Europa die Hilfe zu bieten, die notwendig ist, und die Kräfte des jüdischen Geistes und jüdischer Wirtschaftspotenz beim Aufbau eines neuen Deutschland zu nutzen.
11. 11. 1949	In einer Erklärung in Erinnerung an die sogenannte Reichskristallnacht betont Adenauer den guten Willen der Bundesrepublik zur Wiedergutmachung und bietet eine Waren-Lieferung im Wert von 10 Millionen DM an.
Anfang 1950	Erste Kontakte der israelischen Regierung mit der Bundesrepublik.
September 1951	Tagung der Interparlamentarischen Union (IPU) in Istanbul unter Teilnahme einer deutschen Parlamentarierdelegation. Dabei kommt es zum erstenmal zu einer Begegnung mit jüdischen Parlamentariern.

2. Grundlegende Bedeutung des Wiedergutmachungs-Abkommens

Das Abkommen, das am 10. September 1952 in Luxemburg unterzeichnet und am 18. März 1953 vom Bundestag gebilligt wurde, bildete die Grundlage für den Beginn und die Entwicklung eines neuen Verhältnisses zum jüdischen Volk und zum Judentum in der ganzen Welt. Die große Mehrheit des deutschen Volkes war sich der Verantwortung und moralischen Verpflichtung gegenüber dem gesamten jüdischen Volk bewußt.

In dem Abkommen verpflichtet sich die Bundesrepublik Deutschland, die materiellen Schadensfolgen der während der nationalsozialistischen Gewaltherrschaft gegen das jüdische Volk verübten unsagbaren Verbrechen durch Zahlung von drei Milliarden DM an Israel und 450 Millionen an den Dachverband der jüdischen Weltverbände, die „Conference on Jewish Material Claims against Germany" (Claims Conference) wiedergutzumachen.

Bevor es zu dem Vertrag kam, gab es bereits erste Schritte zu einer individuellen Entschädigung der verfolgten deutschen Juden, sofern sie dem Inferno hatten entgehen können. Die einzelnen Bundesländer, in denen es bereits vor der Gründung der Bundesrepublik Deutschland gesetzgebende Körperschaften gab, hatten bereits Landesentschädigungsgesetze eingebracht. Doch war man in den Anfangszeiten des Neubeginns noch weit von dem Gedanken entfernt, daß über die individuelle Entschädigung hinaus eine Mitverantwortung für das Schicksal des ganzen jüdischen Volkes und damit eine moralische Verpflichtung zu einer Wiedergutmachung gegenüber der Gesamtheit bestehen könnte. Natürlich war der von Hitler gezüchtete Antisemitismus noch nicht überwunden. Aber die Bereitschaft, tiefer über die Frage nach den Ursachen und der Schuld nachzudenken, wuchs. Deshalb mußte erst einmal bewußt gemacht werden, mit welchem Ausmaß von Verbrechen und Unrecht wir es hier zu tun hatten und welche alles andere weit übersteigende moralische Verpflichtung sich für uns daraus ergab.

Kurt Schumacher: Das deutsche Volk zur Wiedergutmachung verpflichtet

Zu den ersten, die sich schon 1945 zur Wiedergutmachung geäußert haben, gehörte Kurt Schumacher. Auf dem Nürnberger Parteitag der SPD am 29. Juni 1947 erklärte er: „Wenn in Deutschland keine Stelle ist, die zwei Jahre nach dem Zusammenbruch des Dritten Reiches sich bindend und verpflichtend mit der Frage der Juden befassen kann, ist es Aufgabe der Sozialdemokratischen Partei Deutschlands, hier den Mund zu öffnen und zu erklären: Das Dritte Reich hat den Versuch gemacht, die Judenheit in Europa auszurotten. Das deutsche Volk ist zur Wiedergutmachung und Entschädigung verpflichtet." In diesem Sinne hat er sich in den ersten Jahren immer wieder in Reden, Briefen oder Interviews geäußert.

Es war auch Kurt Schumacher, der dieses Thema in seiner Antwort auf die Regierungserklärung von Bundeskanzler Konrad Adenauer am 21. September 1949 im Deutschen Bundestag ansprach. Adenauer hatte in seiner Regierungserklärung rechtsradikale Umtriebe und antisemitische Bestrebungen erwähnt und dazu gesagt: „Wir halten es für unwürdig und für an sich unglaublich, daß nach all dem, was sich in nationalsozialistischer Zeit begeben hat, in Deutschland noch Leute sein sollten, die Juden deswegen verfolgen oder verachten, weil sie Juden sind." Schumacher erklärte dazu in seiner Antwortrede als Führer der Opposition, es sei zu matt und zu schwach gewesen, was in der Regierungserklärung über die Juden und über die furchtbare Tragödie der Juden im Dritten Reich gesagt worden sei. Resignierte Feststellungen und der Ton des Bedauerns würden hier nichts helfen. Es sei aber nicht nur die Pflicht der internationalen Sozialisten, sondern es sei die Pflicht jedes deutschen Patrioten, das Geschick der deutschen und der europäischen Juden in den Vordergrund zu stellen und die Hilfe zu bieten, die dort notwendig ist. Die Hitlerbarbarei habe das deutsche Volk durch Ausrottung von sechs Millionen jüdischer Menschen entehrt, so daß wir an den Folgen dieser Entehrung unabsehbare Zeiten zu tragen haben werden. Schumacher erinnerte in diesem Zusammenhang an die großen Beiträge der deutschen Juden zur deutschen Wirtschaft, zum

Unterzeichnung des deutsch-israelischen Wiedergutmachungsabkommens durch Bundeskanzler Konrad Adenauer (links) und den israelischen Ministerpräsidenten Moshe Sharett in Luxemburg am 10. September 1952.

deutschen Geistesleben, zur deutschen Kultur und bei der Erkämpfung der deutschen Freiheit und der deutschen Demokratie, und stellte dazu fest: „Das deutsche Volk stünde heute besser da, wenn es diese Kräfte des jüdischen Geistes und der jüdischen Wirtschaftspotenz bei dem Aufbau eines neuen Deutschlands in seinen Reihen haben würde."

Die Worte Schumachers fanden in der weiteren parlamentarischen Aussprache über diese erste Regierungserklärung nur ein schwaches Echo, wirkten jedoch nach. Wenige Wochen danach, am 11. November 1949, gab Adenauer dem Herausgeber der „Allgemeinen Wochenzeitung der Juden in Deutschland", Karl Marx, ein Interview, in dem er auf die Frage, ob er glaube, daß durch die gegen Deutsche nach dem Krieg getroffenen Maßnahmen, zum Beispiel bei der Austreibung aus den Ostgebieten, das Unrecht, das im Namen des deutschen Volkes bis 1945 geschehen ist, kompensiert werden könne, folgendes antwortete: „Unrecht und Leid, das über Menschen gebracht wurde, kann niemals kompensiert werden durch Unrecht oder Leid, das über andere Menschen gebracht wird. Das deutsche Volk ist gewillt, das Unrecht, das in seinem Namen durch ein verbrecherisches Regime an den Juden verübt wurde, soweit wiedergutzumachen, wie dies nur möglich ist, nachdem Millionen Menschen unwiederbringlich vernichtet sind. Diese Wiedergutmachung betrachten wir als unsere Pflicht. Für diese Wiedergutmachung ist seit 1945 viel zu wenig geschehen. Die Bundesregierung ist entschlossen, die entsprechenden Maßnahmen zu treffen."

Erste Stellungnahme Adenauers

In diesem Interview wurde auch zum ersten Mal von Regierungsseite festgestellt, daß nicht nur die individuell Betroffenen einen Anspruch auf Wiedergutmachungsleistungen hätten, sondern das jüdische Volk als Ganzes, das durch den am 15. Mai 1948 gegründeten Staat Israel vertreten wurde. Adenauer erklärte: „Der Staat Israel ist die nach außen sichtbare Zusammenfassung der Juden aller Nationalitäten. Die Bundesregierung beabsichtigt, dem Staat Israel Waren zum Wiederaufbau im Werte von zehn Millionen DM zur Verfügung zu stellen, und zwar als erstes unmittelbares Zeichen dafür, daß das den Juden in aller Welt durch Deutsche zugefügte Unrecht wiedergutgemacht werden muß."

Auch wenn Israel die genannte Summe von 10 Millionen DM natürlich nicht als eine diskutable Verhandlungsbasis ansehen konnte, war mit der Erklärung Adenauers doch eine deutsche Verantwortung gegenüber der Gesamtheit des jüdischen Volkes zugegeben und Israel als der in Frage kommende Adressat angesprochen worden. Jetzt kam es darauf an, geeignete Wege zu finden, auf denen man Gespräche und Verhandlungen mit Vertretern der Juden und mit Israel anbahnen konnte.

Bis zum Abschluß eines Abkommens waren noch erhebliche Schwierigkeiten zu überwinden. Auch wenn es durch die Vermittlung von Nahum

Goldmann und anderen – u. a. den SPD-Abgeordneten Jakob Altmaier, der selbst zu dem Kreis der rassisch Verfolgten gehörte – im Laufe des folgenden Jahres zu ersten, diskret gehandhabten deutsch-israelischen Kontakten kam, fehlte aus verständlichen Gründen in der Öffentlichkeit Israels zunächst noch die Bereitschaft, überhaupt irgendwelche Kontakte, Beziehungen oder Verhandlungen mit Deutschen zuzulassen. Um diese Widerstände zu überwinden, mußte seitens der Bundesrepublik erst die ehrliche Bereitschaft zu erkennen gegeben werden, eine Verpflichtung zu Wiedergutmachungsleistungen an das jüdische Volk und Israel zu übernehmen. Zu einem solchen demonstrativen Akt kam es in einer Sitzung des Deutschen Bundestages am 27. September 1951.

Denkwürdige Parlamentarierbegegnung in Istanbul

Wenige Wochen vor dieser Sitzung war es zu einer denkwürdigen Begegnung gekommen, von der zumindest ein zusätzlicher Impuls für die Initiative der Bundesregierung ausging. Im September 1951 fand in Istanbul eine Tagung der Interparlamentarischen Union (IPU) statt, an der zum ersten Mal auch eine deutsche Parlamentarierdelegation teilnahm. Dabei gab es zum ersten Mal auch eine Begegnung zwischen deutschen und israelischen Parlamentariern, die auf Vermittlung eines Schweizer Delegierten zustandekam, nachdem die israelische IPU-Delegation zunächst, wenn auch vergeblich, sogar den Ausschluß der Deutschen von dieser Konferenz verlangt hatte. Einer der Gesprächspartner auf der israelischen Seite war der spätere israelische Staatspräsident Ben Zwi. Auf deutscher Seite nahmen daran der Vizepräsident des Bundestages Carlo Schmid (SPD) und die Abgeordneten Heinrich von Brentano und Robert Tillmanns (CDU) teil.

Carlo Schmid hat über diese erste Begegnung von Mitgliedern des Bundestages und der Knesset in seinen „Erinnerungen“ (1980) berichtet. Über deren Ausgang schreibt er: „Beide Seiten spürten das Gewicht der Stunde ... Wir bekannten uns zum Recht der Juden und des Staates Israel auf Wiedergutmachung für das vom deutschen Volke angetane Unrecht. Unsere Bitte gehe dahin, der Staat Israel möge es der Bundesrepublik ermöglichen, in Verhandlungen mit Vertretern Israels einzutreten, um Art und Weise der Wiedergutmachung festzulegen. Wir verbänden damit nicht die Erwartung, das jüdische Volk werde nun vergessen, was Millionen Juden angetan worden war ...“

Am Ende des zunächst auf Französisch geführten Gespräches entspannte sich die Atmosphäre, so daß man schließlich sogar deutsch miteinander sprach. Man trennte sich mit der Vereinbarung, daß die israelischen Delegierten bei ihrer Regierung und bei ihrem Parlament erkunden möchten, ob Israel bereit sei, mit der Bundesregierung Verhandlungen über deutsche Leistungen an den Staat Israel zu führen. Tatsächlich gab es auch bald danach entsprechende Signale.

Bundestag und Bundesregierung bekennen sich zu materieller Wiedergutmachung

Unmittelbar nach der Rückkehr erstatteten die Mitglieder der Delegation dem Bundeskanzler Bericht, der bereits mit Nahum Goldmann, der später als Vorsitzender der Claims Conference an den Verhandlungen teilnahm, vertrauliche Sondierungsgespräche geführt hatte. In deren Folge kam es dann am 27. September 1951 zur Abgabe einer mit Goldmann abgesprochenen Regierungserklärung vor dem Deutschen Bundestag, zu der anschließend die Fraktionen kurze Stellungnahmen abgaben. Zweifellos gehört diese Stunde zu den besonders denkwürdigen in der Geschichte des Deutschen Bundestages.

In der Erklärung der Bundesregierung heißt es unter anderem: „Die Bundesregierung und mit ihr die große Mehrheit des deutschen Volkes sind sich des unermeßlichen Leides bewußt, das in der Zeit des Nationalsozialismus über die Juden in Deutschland und in den besetzten Gebieten gebracht wurde ... Im Namen des deutschen Volkes sind ... unsagbare Verbrechen begangen worden, die zur moralischen und materiellen Wiedergutmachung verpflichten ... Die Bundesregierung ist bereit, gemeinsam mit Vertretern des Judentums und des Staates Israel, der so viele heimatlose jüdische Flüchtlinge aufgenommen hat, eine Lösung des materiellen Wiedergutmachungsproblems herbeizuführen, um damit den Weg zur seelischen Bereinigung unendlichen Leides zu erleichtern ..." Anschließend gaben Vertreter der SPD, CDU, FDP, DP, des Zentrums und der BP in kurzen Stellungnahmen ihrer Zustimmung zur Regierungserklärung Ausdruck.

Für die Sozialdemokraten sprach der Abgeordnete Paul Löbe, der die „sittliche Verpflichtung, sich mit ganzer Kraft um eine Aussöhnung mit dem Staate Israel und den Juden in aller Welt zu bemühen" betonte und seine Erklärung mit den Worten schloß: „Die furchtbare Größe des Unrechts ... fordert von uns Opfer. Mehr als bisher ist durch die Tat zu beweisen, daß diese Wiedergutmachung auch das Maß für die Erneuerung des Rechts in Deutschland ist. Aus dieser Gesinnung bemühen wir uns um den Frieden mit Israel."

Der Vorsitzende der CDU/CSU-Fraktion und spätere Bundesminister des Äußeren, Heinrich von Brentano, erklärte, sich bewußt darauf beschränken zu wollen, das, was in der Regierungserklärung gesagt und zum Teil von Löbe aufgenommen worden ist, mit Nachdruck zu unterstreichen. Er schloß mit den Worten: „Wir müssen uns, jeder für sich, klar werden – und jeder muß versuchen, es dem deutschen Volk klarzumachen –: das Maß der Achtung, das wir unseren Mitmenschen und auch unseren jüdischen Mitbürgern entgegenzubringen bereit sind, wird das Maß der Achtung bestimmen, das wir für uns selbst begehren."

Hermann Schäfer schloß sich im Namen der Freien Demokraten der Regierungserklärung an und fügte hinzu, „daß es für uns alle eine der entscheidenden Aufgaben sein wird, die Vorstellungswelt auszuräumen

Fritz Erler (SPD) im Gespräch mit Gerhard Schröder (CDU).

und die Reste dieser Vorstellungswelt zu beseitigen, die aus einer ausschließlich materialistischen Betrachtung des Lebens hervorgeht und die zu dieser Raserei eines wahnwitzigen Biologismus geführt hat".

Hans-Joachim von Merkatz erklärte für die Deutsche Partei: „Wir billigen nicht nur die Erklärung der Regierung, wir unterstützen sie von ganzem Herzen, denn es gilt, einen Frevel, der wider göttliches und menschliches Recht begangen worden ist, wiedergutzumachen. Wir wollen uns bei dieser Wiedergutmachung an den Satz halten: Gerechtigkeit erhöht ein Volk."

Bernhard Reismann dankte der Bundesregierung namens des Zentrums für die abgegebene Erklärung und bekundete unter anderem: „Wir fühlen alle in uns die Verpflichtung, das namenlose Unheil und Leid, das geschehen ist, nach Kräften wiedergutzumachen, aber auch den großen materiellen Schaden nach allen Kräften wieder in Ordnung zu bringen. Wichtiger als das aber erscheint uns die auch vom Herrn Bundeskanzler betonte Verpflichtung, die geistige Atmosphäre von Humanität zu schaffen, in der die Wiederholung unmöglich ist, ja der Gedanke an solche Dinge nur Abscheu bei allen deutschen Mitbürgern erwecken kann."

Schließlich sagte der Abgeordnete Hugo Decker für die Bayernpartei: „Meine Fraktion steht auf folgendem Standpunkt: Wer sich zum Rechtsstaat bekennt, muß sich auch zur Erklärung des Herrn Bundeskanzlers bekennen, sie begrüßen und unterstützen."

Die stenographischen Berichte verzeichneten jedesmal „Beifall im ganzen Hause außer bei der KPD und auf der äußersten Rechten".

Zum Abschluß der Aussprache erhoben sich die Abgeordneten auf Veranlassung von Bundestagspräsident Ehlers von ihren Plätzen im Gedenken an die Opfer.

Damit war der Weg frei für die Anbahnung von Verhandlungen, die sich natürlich nicht einfach gestalten konnten und noch dadurch erschwert wurden, daß sie parallel zu einer in London laufenden Konferenz stattfanden, auf der es um die Regelung der Schulden des Deutschen Reiches und um die Gewährung von Schuldnachlassen ging. Infolgedessen war es in den Wiedergutmachungsverhandlungen schwierig, die zu erwartende deutsche Leistungskraft einzuschätzen und den moralischen Ansprüchen der Juden vor den rechtlichen der Gläubiger einen Vorrang einzuräumen.

Auswärtiger Ausschuß für moralischen Vorrang von Wiedergutmachungszahlungen

Wegen der Verknüpfung der beiden Problemkomplexe kamen die deutsch-israelischen Verhandlungen in Wassenaar bei Den Haag nicht gut voran. Zugleich erhoben sich im Auswärtigen Ausschuß des Bundestages grundsätzliche Bedenken gegen ein solches Abkommen. Besorgnisse über mögliche arabische Reaktionen und über eine wachsende Unruhe unter den Heimatvertriebenen kamen hinzu. Es war deshalb von nicht geringer Bedeutung für den Erfolg der Verhandlungen, daß es dem Vorsitzenden des Auswärtigen Ausschusses, Carlo Schmid, gelang, den Ausschuß trotz der vorhandenen Bedenken von der Notwendigkeit zu überzeugen, die Grundposition des deutschen Verhandlungsleiters Professor Franz Böhm mit einem entsprechenden Entschließungsantrag zu unterstützen. Einstimmig sprach sich der Ausschuß schließlich dafür aus, die deutsch-israelischen

Verhandlungen nicht mehr von den Ergebnissen der Londoner Schuldenkonferenz abhängig zu machen, sondern den Wiedergutmachungszahlungen einen moralischen Vorrang einzuräumen und die Verhandlungen in Wassenaar mit neuen Vorschlägen wiederaufzunehmen. Damit war die Gefahr eines Scheiterns beseitigt, das unabsehbare Folgen für uns gehabt hätte. Insofern können auch die Beratungen des Ausschusses, die zu diesem Beschluß führten, zu den „Sternstunden" gerechnet werden.

Am Morgen des 10. September 1952 wurde das Wiedergutmachungsabkommen im Luxemburger Rathaus feierlich unterzeichnet, auf deutscher Seite durch Bundeskanzler Konrad Adenauer, auf israelischer durch den israelischen Außenminister Moshe Sharett. Es dauerte dann noch ein halbes Jahr, bis der Bundestag dem Abkommen am 18. März 1953 seine Zustimmung gab. Von den 402 Mitgliedern des Bundestages beteiligten sich 360 an der Abstimmung, 20 fehlten unentschuldigt. Mit Ja stimmten 239, mit Nein 35 Abgeordnete, während sich 86 der Stimme enthielten. Die damals bestehende Koalition aus CDU / CSU, FDP und DP war gespalten. Von den 214 Abgeordneten der Koalitionsparteien stimmten nur 106 für den Vertrag, der folglich ohne die Stimmen der Oppositionspartei SPD gescheitert wäre. Diese war sogar die einzige Fraktion, die geschlossen für den Vertrag stimmte. War es eine Sternstunde? Das Urteil fiele leichter, wenn auch die Regierungsparteien, wie die SPD-Fraktion, diesem Vertrag, für den sich sowohl Adenauer als auch Schumacher nachhaltig eingesetzt haben und der für das ganze spätere deutsch-jüdische und deutsch-israelische Verhältnis von grundlegender Bedeutung war, geschlossen zugestimmt hätten.

27. 9. 1951	Abgabe einer mit Nahum Goldmann, dem Präsidenten des jüdischen Weltkongresses, abgesprochenen Regierungserklärung mit der Bereitschaft zur materiellen Wiedergutmachung.
20. 3. 1952	Beginn der Wiedergutmachungsverhandlungen zwischen Vertretern der Bundesrepublik, Israels und der jüdischen Weltorganisationen in Waasenaar bei Den Haag.
10. 9. 1952	Unterzeichnung des Wiedergutmachungsabkommens zwischen der Bundesrepublik und Israel. Vom Bundestag am 18. 3. 1953 verabschiedet.
3. 5. 1953	Errichtung einer israelischen Handelsmission in Köln unter Leitung von Botschafter Felix Shinnar.
2. Hälfte 1957	Beginn einer streng geheimen deutsch-israelischen Zusammenarbeit auf militärischem Gebiet. Fortgesetzt 1960 mit Lieferung kleiner U-Boote und Fernlenkgeschosse.
1. 12. 1958	Errichtung der Zentralstelle zur Verfolgung nationalsozialistischer Gewaltverbrechen in Ludwigsburg.
24. 12. 1959	Schändung der wiederaufgebauten Synagoge in Köln. – Daran schließen sich antisemitische Aktionen in verschiedenen deutschen Städten an.

3. 1965: Aufnahme diplomatischer Beziehungen, Debatte zur Frage der Verjährungsfrist für Mord und Völkermord

Erst 12 Jahre nach der Ratifizierung des Vertrages, am 12. Mai 1965, wurde mit einem Briefwechsel zwischen Bundeskanzler Erhard und dem israelischen Ministerpräsidenten Levi Eshkol die Aufnahme diplomatischer Beziehungen beschlossen. Die Umstände, die dazu führten, erlauben nicht, das Zustandekommen dieses Beschlusses zu den Höhepunkten unserer Politik zu rechnen. Israel hatte schon längst die Aufnahme der vollen diplomatischen Beziehungen erwartet und auch seine Bereitschaft dazu zu erkennen gegeben. Auch von seiten des Bundestages wurden wiederholt Schritte in dieser Richtung angemahnt. So stellte Carlo Schmid in einer Bundestagsdebatte über antisemitische Vorkommnisse am 18. Februar 1960 fest: „Zur Konsequenz einer Politik, die zum Israelvertrag führte, wird gehören, diplomatische Beziehungen zu diesem Staate herzustellen." Bundestagspräsident Eugen Gerstenmaier, der als erster hochrangiger Politiker der Bundesrepublik Anfang Dezember 1962 nach Israel reiste und dort vom israelischen Staatspräsidenten Ben Zwi, von Ministerpräsident Ben Gurion und vom Präsidenten der Knesset, Kadesch Luz, empfangen wurde, kam mit dem Eindruck in die Bundesrepublik zurück, „daß wir uns Mühe geben müssen in der Herstellung normaler Beziehungen" und daß das Nichtbestehen diplomatischer Beziehungen in Israel als eine von deutscher Seite „diskriminierende Sache" betrachtet werde.

Doch wurde eine Entscheidung immer weiter hinausgeschoben, weil man bei einer Aufnahme diplomatischer Beziehungen mit Israel arabische Gegenreaktionen mit erheblichen Auswirkungen auf die deutsch-arabischen Wirtschafts- und Handelsbeziehungen befürchtete. Insbesondere befürchtete man, die Vereinigte Arabische Republik (= Ägypten) und andere arabische Staaten könnten als Gegenreaktion die DDR anerkennen und damit die Bundesrepublik Deutschland dazu bringen, in konsequenter Anwendung der Hallstein-Doktrin die Beziehungen zu diesen arabischen Staaten abzubrechen.

Zu einer Krise kam es schließlich, nachdem ein zwischen der Bundesrepublik Deutschland und Israel seit 1960 bestehendes geheimes Abkommen zu Waffenlieferungen und Ausbildungshilfe an Israel bekannt wurde und als der ägyptische Staatspräsident Nasser den DDR-Staatschef Walter Ulbricht zu einem Staatsbesuch einlud. Die Bundesregierung suchte mit dem Beschluß der zukünftigen Einstellung der Militärhilfe an Israel einen Ausweg aus der Krise, kam dadurch aber erst recht in Bedrängnis.

Bundestag für diplomatische Beziehungen zu Israel

Im Bundestag kam es, trotz mancher Kritik der Opposition an der undeutlichen Haltung der Regierung, auch in dieser Frage schließlich zu einer grundsätzlichen Übereinstimmung. Am 17. Februar 1965 sagte Fritz Erler,

16. 1. 1960	Rundfunk- und Fernsehansprache Adenauers zu antisemitischen Vorfällen. – Verurteilung des Antisemitismus im Bundestag am 20. 1. durch den Vizepräsidenten Carlo Schmid mit anschließender Debatte.
14. 3. 1960	In New York begegnen sich Konrad Adenauer und Ben Gurion, der schon lange für die Entwicklung freundschaftlicher Beziehungen zwischen der Bundesrepublik und Israel eintritt.
23. 5. 1960	Adolf Eichmann in israelischem Gewahrsam. Er wird vor ein israelisches Gericht gestellt, das ihn zum Tode verurteilt.
1962	Vereinbarung eines Rahmenprogramms zur Lieferung von Ausrüstungen und Waffen von der Bundesrepublik an Israel.
Dezember 1962	Als erster hochrangiger Politiker reist Bundestagspräsident Eugen Gerstenmaier nach Israel.
1964	Präsident Johnson drängt die Bundesregierung zur Intensivierung der Waffenlieferungen (Panzer) an Israel.

der Vorsitzende der SPD-Fraktion, zur Nahostpolitik unter anderem: „Viele Staaten unterhalten diplomatische Beziehungen zu den arabischen Staaten und Israel, z. B. Frankreich sehr gute. Warum muß man es hinnehmen, daß man sich nur an Deutschland rächen zu können glaubt, wenn es sein Verhältnis zu Israel so wie andere auch ordnet? Nachdem Millionen jüdischer Menschen von einem deutschen Gewaltregime ermordet worden sind, muß es auch unsere deutsche Sache sein, ein neues drohendes Massaker gegen einen Teil der Überlebenden verhindern zu helfen."

Als dann schließlich Ulbricht in Ägypten mit großen Ehren empfangen wurde, konnte einer Entscheidung nicht mehr ausgewichen werden. Da die Regierung in dieser Frage gespalten war, fiel die Entscheidung schließlich Bundeskanzler Erhard zu, dem der mit frischen Eindrücken und wichtigen Erkenntnissen aus den Vereinigten Staaten zurückkehrende Fraktionsvorsitzende Barzel zu Hilfe kam. Nach Beratungen mit dem Fraktionschef entschied Erhard schließlich am 7. März 1965: „Die Bundesregierung strebt die Aufnahme diplomatischer Beziehungen zu Israel an. Dieser Schritt ist geeignet, zu einer Normalisierung der Verhältnisse beizutragen. Er richtet sich gegen keinen arabischen Staat." Der CDU-Abgeordnete Kurt Birrenbach, der sich zu dieser Zeit bereits im Auftrag Erhards zu einer Sondermission in Israel befand, übernahm die Aufgabe der weiteren Verhandlungen mit dem Ziel einer Herstellung der diplomatischen Beziehungen.

Wenn Israel in den Jahren bis zur Aufnahme der diplomatischen Beziehungen trotz mancher Enttäuschungen an seinem Kurs festhielt, die Verbindungen zwischen beiden Völkern allmählich zu erweitern und die Möglichkeiten zu einer „praktischen Zusammenarbeit" auszuschöpfen, so ist dies vor allem Ben Gurion zu verdanken, einem der Gründer des Staates Israel. Er trat für Verständigung und Entwicklung freundschaftlicher Beziehungen nicht allein aus politischen Überlegungen, sondern auch aus der

In New York traf Konrad Adenauer im Waldorf-Astoria-Hotel am 14. März 1960 mit dem israelischen Ministerpräsidenten David Ben Gurion zusammen.

Überzeugung ein, daß das deutsche Volk auf dem Wege in eine Zukunft größerer Moralität und Humanität sei. Ben Gurion wurde deshalb wiederholt in der Knesset und in der israelischen Öffentlichkeit kritisiert und angegriffen. Als es am 14. März 1960 zu der historischen Begegnung zwischen ihm und Konrad Adenauer im Waldorf-Astoria-Hotel in New York gekommen war, erklärte Ben Gurion anschließend, dieses Treffen mit dem deutschen Regierungschef habe ihm bewiesen, daß die von ihm im Jahr zuvor vor der Knesset abgegebene Erklärung, „daß das Deutschland von heute nicht das Deutschland von Hitler ist", richtig gewesen sei.

Dürfen NS-Verbrechen verjähren? Das Gewissen entscheidet

Zur selben Zeit stand im Bundestag noch ein anderes Problem auf der Tagesordnung: der nahende Ablauf der Verjährungsfrist für Mordtaten. Nach dem deutschen Strafgesetz, das später geändert wurde, konnte Mord nur 20 Jahre lang verfolgt werden, beginnend mit dem Tag der Tat. Da die NS-Verbrechen im Dritten Reich nicht strafbar waren, war der 8. Mai 1945, der Tag der Kapitulation Deutschlands, zum Stichtag erklärt worden, von welchem an die Verjährungsfrist beginnen sollte. Damit war also zu erwarten, daß eine gewisse Anzahl bisher nicht strafverfolgter NS-Verbrecher nach dem 8. Mai 1965 keine Strafverfolgung mehr zu befürchten gehabt hätten – ein unerträglicher Gedanke für alle, die das Ausmaß der Verbrechen kannten. Infolgedessen kam es zu einer Flut von Stellungnahmen, Eingaben, Kommentaren und weltweiten Protestaktionen, in denen die Bundesrepublik Deutschland aufgefordert wurde, durch Aufhebung der Verjährungsfrist die weitere Strafverfolgung für NS-Verbrechen, Mord und Völkermord zu ermöglichen. Auch in einem Brief des israelischen Ministerpräsidenten Eshkol an Bundeskanzler Erhard anläßlich der Aufnahme diplomatischer Beziehungen war dieses Thema ausdrücklich angesprochen worden. Es heißt dort: „Aus unserem früheren Briefwechsel ist Ihnen gewiß klar, welche Bedeutung ich immer der Frage der Aufhebung der Verjährungsfrist, die verständlicherweise für uns ein Gegenstand tiefer Sorge bleiben wird, beigemessen habe."

Die Debatte von 1965 schloß mit einem wenig befriedigenden Kompromiß. Der Ablauf der Verjährungsfrist wurde nur um vier Jahre hinausgeschoben, mit der Begründung, daß es erst mit der Entstehung der Bundesrepublik Deutschland 1949 eine ordentliche deutsche Gerichtsbarkeit gegeben habe, durch die NS-Verbrechen abgeurteilt werden konnten. Später, unter der Großen Koalition 1969, beschloß der Bundestag dann eine Verlängerung um 10 Jahre; und 1979, zur Zeit der sozialliberalen Koalition, wurde die Verjährungsfrist für Mord und Völkermord schließlich ganz aufgehoben. Doch obwohl die Debatte von 1965 zunächst mit einem Kompromiß endete, der das Problem nicht löste, sondern nur aufschob, gehört sie doch zu den unvergeßlichen Höhepunkten der Geschichte des Bundestages.

Auf Regierungsseite gab es keine einheitliche Auffassung. Die Vertreter der FDP – Bundesjustizminister Ewald Bucher und Thomas Dehler – setzten sich leidenschaftlich unter Berufung auf die der Verfassung immanenten Grundsätze des Rechtsstaats für eine Beibehaltung der Verjährungsfrist ein, während Sprecher der CDU/CSU für Lösungen eintraten, die auf jeden Fall eine weitere Strafverfolgung der NS-Verbrecher erlauben sollten. Die SPD-Opposition war im Grunde für eine Aufhebung der Verjährungsfrist, wollte aber lieber eine Lösung, die eine möglichst breite Zustimmung nicht nur im Bundestag, sondern im ganzen Volk erlangen könnte. So rief Adolf Arndt (SPD) dazu auf, zu einer gemeinsamen Lösung zu gelangen und warnte davor, die Nation in Verjährer und Antiverjährer aufspalten zu lassen. Worum es letztlich ging, brachte Gerhard Jahn (SPD) klar zum Ausdruck, indem er die Frage als entscheidend bezeichnete, ob das ungeheuerliche Ausmaß an Verbrechen, wie sie in dieser Form, in dieser Größenordnung und in dieser Grausamkeit in der Geschichte einmalig seien, einfach nur mit juristischen Erwägungen beantwortet werden sollte, oder ob man nicht vielmehr aufgefordert sei, auch und in erster Linie eine politisch-moralische Entscheidung zu dieser Frage zu treffen. Es sei die Aufgabe des Bundestages, in einer Frage von so hohem politischen und moralischen Rang den Weg zu weisen und die Überzeugungskraft auch im eigenen Volk wirksam werden zu lassen, die notwendig sei, um die allseitige Einsicht in die Notwendigkeit der hier geforderten Entscheidungen herbeizuführen und zu fördern.

Die große Beachtung, die diese Debatte fand, beruht nicht allein auf dem Interesse an der Sache, sondern auch auf der Art, in der in der Sache argumentiert und Stellung genommen wurde. Es gelang den Rednern durchweg, deutlich zu machen, daß sie aus eigener, tiefer Überzeugung sprachen. Darüber hinaus aber tat sich in diesen Debatten die Absicht kund, allen Versuchen, unter die Vergangenheit einen Schlußstrich zu ziehen, entschlossen entgegenzutreten. Mit nachhaltiger Wirkung gelang dies Ernst Benda (CDU/CSU), der in seiner Rede, die einen der Höhepunkte der Debatte bildete, feststellte: „Wer von uns in dieser Frage überhaupt jemals in den letzten Tagen rechtliche, Gerechtigkeits- und politische Erwägungen angestellt hat – und wer von uns hätte nicht? –, der steht bei dieser Frage unter einem solchen Druck seiner Überzeugung, ich sage: seines Gewissens, daß das, was an Demonstrationen, Resolutionen, Eingaben oder was immer – achtbare Dinge, nebenbei gesagt – auf uns zukommen kann, weit zurücktritt gegenüber dem Druck dessen, was in jedem einzelnen von uns vorgeht." Benda, der mit seiner Rede einen Antrag einer Anzahl von Fraktions-Kollegen begründete, der die Aufhebung der Verjährungsfrist vorsah, ging auf die Vorstellung ein, daß „um der Ehre der Nation willen" mit diesen Prozessen Schluß gemacht werden müsse. Benda sagte dazu: „Aber ich bestehe darauf – und es gehört für mich zum Begriff der Ehre der Nation –, zu sagen, daß dieses deutsche Volk doch kein Volk von Mördern ist und daß es diesem Volk doch erlaubt sein muß, ja daß es um seiner selbst willen dessen bedarf, daß es mit diesen Mördern nicht identifiziert wird, sondern von diesen Mördern befreit wird, daß es, besser gesagt, deutlicher gesagt, sich selber von diesen Mördern befreien kann." Es gehöre für ihn zur Ehre der Nation, einen redlichen Versuch zu einer solchen Selbstbefreiung zu unternehmen.

Fritz Erler schließlich wies in seinem Beitrag auch auf die Verantwortung hin, die alle zu tragen hätten – „Verantwortung all der Älteren, Verantwortung auch derer, die im Widerstand standen, aber nicht stark genug waren, Verantwortung auch derer in Weimar, die nicht fähig waren, die Demokratie zu schützen. Wir alle gehören zur ganzen deutschen Geschichte und wir bemühen uns darum, daß dieses unser Volk mit sich selbst ins reine kommt."

Diese Aussprache war eines der seltenen Beispiele für eine Plenardebatte, bei der die Entscheidung noch offen war und auch noch von dem Ergebnis der Aussprache abhing. Der Überzeugungsernst und die Kraft der Argumente taten ihre Wirkung. Deshalb konnte der amtierende Bundestagspräsident Carlo Schmid diese Aussprache auch – was sonst nicht üblich ist –

mit einer sie würdigenden Bemerkung beenden, indem er erklärte: „Ich nehme mir die Freiheit zu sagen, daß dieser Tag dem Parlament zur Ehre gereicht hat."

4. *Mahnung zur Wachsamkeit – Antisemitismus bleibt auf der Tagesordnung*

In der ganzen Zeit seines Bestehens hat der Bundestag leider auch immer wieder Anlaß gehabt, das Thema „Antisemitismus" auf die Tagesordnung zu setzen. Antisemitische Vorfälle wie Anschläge auf jüdische Einrichtungen, Bedrohung und Beschimpfung jüdischer Persönlichkeiten, Verbreitung antisemitischer Parolen und Pamphlete, später auch sogenannte antizionistische und antiisraelische Kundgebungen, öffentliches Leugnen oder Verharmlosen nationalsozialistischen Völkermordes, Verbreitung oder Verwendung von nationalsozialistischen Symbolen usw., deuteten von Zeit zu Zeit auf ein Fortbestehen oder Wiederaufleben antisemitischer Tendenzen in unserer Gesellschaft hin. Bei einer Häufung solcher Vorkommnisse war es für den Bundestag unerläßlich, sich schützend vor die jüdischen Mitbürger zu stellen, antisemitisches Verhalten zu verurteilen, auf Toleranz und Aufklärung der Jugend zu dringen und auch zu prüfen, ob die Bestimmungen des Strafrechts für eine gerichtliche Verfolgung ausreichen. Dabei kam es in erster Linie darauf an, sichtbar zu machen, daß alle demokratischen Parteien solche Erscheinungen verurteilten, und damit auch die moralischen Abwehrkräfte innerhalb der Gesellschaft zu stärken. Gerade in einer solchen Frage kam das Parlament nicht darum herum, die Aufgabe einer geistig-moralischen Führung und Einwirkung auf die öffentliche Meinung wahrzunehmen.

1965	Vorbereitung und Aufnahme von diplomatischen Beziehungen. Fritz Erler (SPD) spricht sich am 17. 2. für die Aufnahme diplomatischer Beziehungen aus. Bundeskanzler Erhard trifft am 7. 3. die Entscheidung dazu. Kurt Birrenbach (CDU) stellt durch drei Reisen nach Israel die Voraussetzungen zu Aufnahme der Beziehungen her.
25. 3. 1965	Der Bundestag spricht sich für eine Verlängerung der Verfolgung von nationalsozialistischen Gewaltverbrechen (um 4 Jahre) aus. – Dem geht eine denkwürdige Grundsatzdebatte am 10. 3. über Verjährung von Mord und Völkermord voraus.
12. 5. 1965	Bekanntgabe der Aufnahme diplomatischer Beziehungen zwischen Israel und der Bundesrepublik. Darauf brechen die arabischen Staaten (mit Ausnahme von Libyen, Marokko und Tunesien) die Beziehungen zur Bundesrepublik am 13. 5., der Sudan am 16. 5. 1965 ab.
19. 8. 1965	Urteile im sogenannten Auschwitz-Prozeß gegen 20 Mitglieder der Wachmannschaft des Konzentrationslagers.

Man wird sagen können, daß dies dem Bundestag auch immer wieder gelungen ist. Stellungnahmen, wie sie z. B. angesichts einer über unser Land noch hinausreichenden Welle antisemitischer Vorfälle um die Weihnachtszeit und Jahreswende 1959/60 im Deutschen Bundestag abgegeben wurden, fanden ebenso wie die Auseinandersetzungen in späteren Jahren zur Frage der Strafbarkeit einer „Volksverhetzung" und der sogenannten „Auschwitzlüge" in der Öffentlichkeit stets starke Beachtung.

Anlaß zur Behandlung des Antisemitismus im Bundestag im Januar und Februar 1960 waren folgende Ereignisse: Einer Schändung der wieder aufgebauten Synagoge in Köln durch Beschmieren am 24. Dezember 1959 folgten antisemitische Aktionen in verschiedenen deutschen Städten, bei denen öffentliche Gebäude mit Hakenkreuzen versehen und jüdische Bürger beschimpft und mit anonymen Briefen bedacht wurden. Diese antisemitische Welle griff damals auch auf andere Länder über. Wie sich herausstellte, waren neben einer verhältnismäßig kleinen Zahl von Rechtsextremisten auch Kinder und Jugendliche – sogenannte Halbstarke – an diesen Handlungen beteiligt.

„Wehret den Anfängen!" – Zu antisemitischen Regungen 1960 ...

Am 20. Januar 1960 gab Vizepräsident Carlo Schmid anstelle des erkrankten Präsidenten Gerstenmaier namens aller Fraktionen des Bundestages eine Erklärung ab, die nicht nur eine Verurteilung dieser Vorfälle enthielt, sondern auch eine Aufforderung zur Wahrheit über die Vergangenheit und zu einer Selbstprüfung. In einer bald darauf geführten Debatte ging die Alterspräsidentin des Bundestages, Frau Dr. Marie-Elisabeth Lüders (FDP), in einer sehr bewegenden Rede auf diese Aufforderung ein. Heute die Augen zu verschließen, weil man sich vor dem Anblick des eigenen Spiegelbildes fürchte, lösche das Gestern nicht aus, mahnte Frau Lüders. Es wäre schon lange an der Zeit gewesen, die eigenen Züge daraufhin zu prüfen, ob sie wirklich den Ausdruck humaner, toleranter, die Menschenwürde unbedingt achtender Gesinnung trügen, anstatt sich in den materiellen Erfolgen zu sonnen und über der Freude am Reichtum irdischer Güter die traurige Armut vieler Seelen zu übersehen. Man müsse wachsam sein und den Anfängen wehren. Diese Aufforderung richte sich nicht zuletzt an die Frauen und Mütter, die bedenken sollten, daß Toleranz und Achtung vor dem Menschen in die Seelen der Kinder gepflanzt werden können und müssen. Die Millionen von Opfern des Hitlerismus, von denen die jüdischen Mitbürger den schwersten Anteil zu tragen hätten, lasteten moralisch auf allen. Geldleistungen allein vermöchten nicht, diese Schuld abzutragen und das deutsche Ansehen wiederherzustellen. Es bedürfe vielmehr auch der Bereitschaft aller, die Vergangenheit innerlich zu überwinden.

Im gleichen Sinne sprach sich auch Gustav Heinemann in dieser Debatte dafür aus, die Bedingungen gründlich zu untersuchen, unter denen der Antisemitismus fortlebt. Seine Feststellung ist zeitlos gültig: „Antisemitis-

Juni 1967	„Sechstagekrieg" zwischen Israel und Ägypten, Syrien und Jordanien. Die Bundestagsfraktionen unterstützen geschlossen die Politik der Nichteinmischung der Bundesregierung und bekennen darüber hinaus die innere Anteilnahme an der Existenzbedrohung Israels und die Verpflichtung zu humanitärer Leistung.
26. 6. 1969	Der Bundestag beschließt Unverjährbarkeit bei Völkermord und Ausdehnung der Verjährungsfrist bei Mord um 10 auf 30 Jahre.
7.–11. 6. 1973	Besuch Bundeskanzler Brandts in Israel.
Oktober 1973	Angriffe Ägyptens und Syriens auf Israel am Jom-Kippur-Tag („Versöhnungsfest", 6. Okt.). Der Krieg endet nach schweren und für beide Seiten verlustreichen Kämpfen mit direkten Waffenstillstandsverhandlungen zwischen Israel und Ägypten.

mus ist niemals ein punktueller Vorgang, sondern eine ständige, unüberhörbare Frage an uns alle, an die politischen und gesellschaftlichen Ordnungen in unserem Volk ... nach dem Verhältnis zu unserer eigenen Vergangenheit, nach unserem Umgang mit der Jugend in Deutschland und nicht zuletzt auch eine ständige, dringliche Frage an die Verkündigung der christlichen Kirchen in Deutschland."

... und 1986

Auch noch ein Vierteljahrhundert später, in der zweiten Hälfte der 80er Jahre, gab es Anlässe, sich im Bundestag mit antisemitischen Regungen auseinanderzusetzen. In einer Aktuellen Stunde am 27. Februar 1986 hatte der Bundestag Gelegenheit, an die Verantwortung aller demokratischen Parteien gegenüber Anfängen antisemitischer Tendenzen zu erinnern. In der Öffentlichkeit hatte es Äußerungen gegeben, die geeignet waren, schlimme Vorurteile gegenüber den jüdischen Mitbürgern wieder aufleben zu lassen. Wieder einmal mußte gefordert werden: „Wehret den Anfängen!" Dabei ging und geht es nicht darum, Schuldzuweisungen vorzunehmen, sondern die deutsche Öffentlichkeit zu mahnen, sensibel und wachsam zu bleiben und den Angehörigen der jüngeren Generation klarzumachen, daß auch sie hier weiterhin eine Verantwortung wahrzunehmen haben. Die Aufgabe, die Entwicklung sorgfältig zu beobachten, besteht für den Bundestag fort.

5. Der Nahostkonflikt im Deutschen Bundestag

Das Bewußtsein einer besonderen Verantwortung gegenüber Israel bildete bei allen Veränderungen, die sich im Laufe der Zeit in und um Israel vollzogen und auch bei uns im Wechsel der Mehrheiten und Koalitionen, die Grundlage unserer Politik. Das zeigte sich sowohl in den Zeiten äußerster

Existenzbedrohung Israels in den Kriegen von 1967 und 1973 als auch in den späteren Jahren, als nach dem Friedensschluß zwischen Israel und Ägypten die unmittelbare Existenzbedrohung Israels durch die arabische Welt abnahm, dafür aber die Frage einer dauerhaften Friedenslösung und einer Verbesserung der Lage der palästinensischen Bevölkerung in den von Israel noch besetzten Gebieten immer größere Bedeutung erhielt. Gerade die parlamentarischen Debatten und Stellungnahmen zum Nahostkonflikt haben viel dazu beigetragen, die deutsche Position zu verdeutlichen und die Kontinuität in der deutschen Haltung und Einstellung zu Israel unter Beweis zu stellen.

Sorge um die Existenz Israels

Als sich im Frühjahr 1967 rund um Israel ein gewaltiger Aufmarsch vollzog, begleitet von einer massiven Kriegspropaganda, die unverhohlen die Vernichtung Israels ankündigte, entstand in der Bundesrepublik eine breite Welle der Sympathie für Israel, die sich auch in einer spontan geäußerten Bereitschaft vieler Menschen jeden Alters kundtat, dem in seinem Lebensrecht bedrohten jüdischen Volk auf jede nur erdenkliche Weise beizustehen. Die Fraktionen im Deutschen Bundestag unterstützten geschlossen die von der Bundesregierung in diesem Konflikt verfolgte Politik der militärischen Nichteinmischung, ließen aber an ihrer besonderen Verbundenheit mit dem israelischen Volk keinen Zweifel aufkommen. Nichteinmischung könne nicht bedeuten – so sagte Helmut Schmidt als Fraktionsvorsitzender der SPD –, daß wir moralisch oder politisch gleichgültig dem Ausgang des Kampfes gegenüberstünden, den man noch nicht absehen könne. „So sehr uns an der traditionellen Freundschaft unseres Volkes mit den arabischen Völkern liegt, müssen wir uns gegen die Absicht ihrer Führer verwahren, Israel zu vernichten ... Und wir können die Bedrohung der Existenz dieses Staates und die öffentlich und zynisch ausgesprochene Androhung der Vernichtung eines Volkes nicht ohne tiefe innere Beteiligung vernehmen." In ähnlichem Sinne erklärte Rainer Barzel als Vorsitzender

9. 11. 1973	Bundeskanzler Brandt erläutert im Bundestag die deutsche Haltung im Nahost-Konflikt (Israel/Ägypten), die nicht auf strikter Neutralität und Unbeteiligtsein beruhe.
8. 7.–12. 7. 1975	Offizieller Besuch des israelischen Premierministers Yitzhak Rabin in der Bundesrepublik.
3. 7. 1979	Der Bundestag beschließt die Unverjährbarkeit von Mord und Völkermord.
27. 2. 1986	In einer Aktuellen Stunde erinnert der Bundestag anläßlich antisemitischer Aktionen an die Verantwortung aller demokratischen Parteien.
11. 3. 1988	Bundestagsdebatte über die Lage im Nahen Osten mit Grundsatzbeiträgen über das deutsch-israelische Verhältnis.

der CDU/CSU-Fraktion: „Ich meine, die deutsche öffentliche Meinung ist hier klar. Sie hat sich der Gleichgültigkeit der Herzen versagt ... Wenn wir unser Herz hier noch zurückhalten, dann auch deshalb, weil der Zeitpunkt, zu dem die unverbrauchte deutsche Stimme in dieser Krise nachdrücklich Gewicht haben könnte, vielleicht noch nicht gekommen ist." Die spontane Anteilnahme der Bevölkerung während des Sechs-Tage-Krieges und die Bereitschaft zum Beistand trug sehr zur Erwärmung der Beziehungen bei und half auch über manche Schwierigkeiten der späteren Jahre hinweg.

„Keine Neutralität des Herzens und des Gewissens" – Jom-Kippur-Krieg 1973

Als es dann im Oktober 1973 Ägypten gelang, mit einem Überraschungsangriff am israelischen Jom-Kippur-Feiertag die israelischen Stellungen am Suezkanal zu überrennen und tief in das von Israel besetzte Gebiet vorzudringen, reagierte die deutsche Öffentlichkeit ähnlich spontan und hilfsbereit. Doch gab es damals in Israel wie in den USA Zweifel an dem Fortbestehen der israelfreundlichen Gesinnung und Haltung der Bundesrepublik, weil die Bundesregierung der Brüsseler Nahost-Resolution der neuen EG-Mitgliedstaaten vom 6. November 1973 zugestimmt hatte, in der – gewiß auch wegen der arabischen Drohungen mit einem Ölembargo – u. a. gefordert wurde, „daß Israel die territoriale Besetzung beendet, die es seit dem Konflikt von 1967 aufrechterhalten hat" und daß „die legitimen Rechte der Palästinenser berücksichtigt werden müssen", während in der Resolution das Lebensrecht Israels nur in sehr allgemeiner Form angesprochen wurde. Dies wurde weithin als ein Einschwenken der Europäer auf den arabischen Standpunkt interpretiert.

In dieser Situation, in der unsere Politik ins Zwielicht zu geraten drohte, konnte schließlich eine Aussprache im Bundestag dabei mithelfen, die aufgekommenen Zweifel an der Kontinuität unserer Politik gegenüber Israel zu beseitigen.

Die Beratung des Entwurfs für ein Energiegesetz im Bundestag am 9. November 1973 gab dem Bundeskanzler Willy Brandt Gelegenheit, die deutsche Haltung vor dem Parlament und der Öffentlichkeit näher zu erläutern und Mißverständnisse auszuräumen.

Brandt erklärte in seiner Stellungnahme, es handele sich bei der von der Bundesregierung verfolgten strikten Neutralität in diesem Konflikt nicht um ein Unbeteiligtsein, sondern im Gegenteil um den Ausdruck unseres Engagements – eines Engagements, das der Ermutigung des Friedenswillens in der Region dienen solle. „Ich möchte feststellen dürfen", so sagte er wörtlich, „daß wir an den Bemühungen um einen dauerhaften und gerechten Frieden in jener Region, einen Frieden, der die Existenz und die sicheren Grenzen jedes Staates der Nahostregion garantieren soll, mit der Leidenschaft von Betroffenen mitwirken", – einer Betroffenheit, die aus einer Verantwortung stamme, die durch nichts aus der Welt geredet werden könne. Er habe oft betont – und ihm liege daran, es hier zu bestätigen –, daß es für uns keine Neutralität des Herzens und des Gewissens gebe und geben könne. Wären wir in diesem Sinne neutral, dann hätten wir geringeren Anlaß, die Forderung nach einem gerechten und dauerhaften Frieden in jener gequälten Nahostregion zu der unseren zu machen. Brandt betonte auch, daß er wie auch Außenminister Scheel an dem besonderen Charakter der Beziehungen zu Israel festhielte und daß erst durch die Beständigkeit dieses Verhältnisses zu Israel die gegenüber der arabischen Welt gesprochenen wohlabgewogenen Worte einen Wert erhalten würden.

Betroffenheit und Verantwortungsbewußtsein. Beispielhafte Nahost-Debatte 1988

Für die Beständigkeit der Haltung der Bundesrepublik gegenüber Israel und den Problemen des Nahen Ostens ließen sich zahlreiche Beispiele beibringen. Hier soll zum Schluß als Beispiel aus der jüngsten Zeit nur noch auf die Bundestagsdebatte vom 11. März 1988 über die Lage im Nahen Osten, insbesondere in den von Israel besetzten Gebieten, eingegangen werden. Diese Debatte, die auf eine Initiative der Fraktion der GRÜNEN zurückging, gehört – auch nach dem in vielen Kommentaren zum Ausdruck gebrachten Urteil – ebenfalls zu den Sternstunden des Parlaments.

„Die Parlamentarier haben sich die Entscheidung nicht leicht gemacht", schrieb zum Beispiel die „Rheinische Post" vom 12. März 1988: „Sie haben nicht schweigen wollen in einem Augenblick, da es um den Frieden in dieser Region und damit um die Zukunft Israels geht. Sie unterzogen sich ihrer Aufgabe in tiefem Ernst und mit Würde. Nicht wenige Diskussionsbeiträge verrieten innere Betroffenheit. Sternstunden im Bundestag sind, angesichts wuchernder parlamentarischer Routine, selten geworden. Diese Nahost-Debatte wird man ihrer Form wegen dazu zählen können."

Den Geschehenshintergrund bildete der Aufstand der palästinensischen Bevölkerung in den besetzten Gebieten, bei dem die Aufständischen – vielfach wurden Kinder, Jugendliche und Frauen vorgeschickt – mit Gewalt gegen die Besatzungsmacht vorgingen und bei dem das israelische Militär mit Gewalt zurückschlug. Dabei war es verschiedentlich zu schweren Übergriffen des Militärs gekommen. Abend für Abend sahen die Fernsehzuschauer in aller Welt Bilder von steinewerfenden Jugendlichen, brennenden Barrikaden, israelischen Soldaten, die Tränengas einsetzten, Bilder von mißhandelten oder erschossenen Aufständischen. In dieser Situation sah sich der Bundestag aufgefordert, Stellung zu nehmen, ohne zu verurteilen oder aus sicherer Position heraus Ratschläge zu geben und dabei die Wahrheit über den Konflikt und seine tieferen Wurzeln offen anzusprechen.

Dies mußte geschehen, um die zum Frieden und zur Veständigung bereiten Kräfte auf beiden Seiten zu ermutigen, aber auch um einem Aufleben antisemitischer und antiisraelischer Gefühle und Einstellungen bei uns keine Chance zu geben. Es war notwendig, etwas gegen die in Umlauf gekommenen, das Bewußtsein vergiftenden „falschen und gierigen Gleichungen“ zu unternehmen, mit den Worten des Abgeordneten Schily (GRÜNE), „Gleichungen, die die drakonischen israelischen Militäraktionen in den besetzten Gebieten mit dem industriellen Massenmord während der Nazizeit auf eine Stufe stellen wollen“. Niemand sollte diese Situation benutzen können, um bei der Erinnerung an unsere Vergangenheit triumphierend sagen zu können: „Wir sind quitt!“

„Der Bundestag hat in dieser Situation ein Zeichen gesetzt“, kommentierte die Neue Ruhr Zeitung: „Ein bewegendes Zeichen der Demut zur Bekräftigung einer historischen Verantwortung, aus der wir uns nicht hinausmogeln dürfen.“

Es war eine Sternstunde, weil in der Beurteilung der Situation die Auseinandersetzung mit unserer deutschen Vergangenheit und die hierauf beruhende Verantwortung gegenüber Israel in allen Beiträgen einen zentralen Bezugspunkt bildete. Es war eine Sternstunde, weil nicht Standardformulierungen und Parteistandpunkte vorgetragen wurden, sondern die Ergebnisse des eigenen Urteils. Auch blieb, obwohl die Lage in den besetzten Gebieten den unmittelbaren Anlaß bildete, das andere Kriegsgeschehen im Nahen Osten, der seit mehr als sieben Jahren andauernde Golfkrieg mit seiner Unmenschlichkeit und seiner unermeßlichen Zahl an Opfern nicht ausgeklammert. Der Vorsitzende des Auswärtigen Ausschusses, Dr. Sterkken (CDU/CSU), erinnerte an die Forderung des Sicherheitsrates an den Irak und Iran, das Schlachtfeld mit dem Verhandlungstisch zu tauschen. Er erinnerte auch an das Bemühen der Bundesrepublik, auf beide Seiten einzuwirken, den Weg des Friedens zu beschreiten. Der Abgeordnete Gansel (SPD) nahm dieses Thema auf: „Das größte Unrecht im Nahen Osten ist der Krieg. Deshalb spreche ich auch zunächst über das größte Unrecht im Nahen Osten, den Krieg zwischen dem Irak und dem Iran.“

Die Redner und Rednerinnen aller Fraktionen bekannten sich zu der Existenz und Sicherheit des Staates Israel. Jeder war sich dessen bewußt, daß auch bei kritischen Diskussionen um die aktuelle Politik nicht in Vergessenheit geraten darf, daß in diesem Staat Israel vor allem die Überlebenden des Naziterrors eine Heimstatt gefunden haben, nachdem sie nicht mehr in den Ländern leben konnten, in denen sie und ihre Familien als Freiwild gejagt worden waren und das Grauen über die Ermordung von sechs Millionen jüdischen Menschen allgegenwärtig war. „An der Wiege des Staates Israel standen die Todesängste der Überlebenden des Holocaust ... Diese Todesängste haben die Politik dieses Staates und das Bewußtsein der Israelis geprägt ... Wer als Deutscher diese Ängste, neuerlich vertrieben und vernichtet zu werden, nicht begreift, nicht begreifen will, nicht immer von neuem zu begreifen versucht, dem wird es nicht gelingen, das Vertrauen des jüdischen Volkes zu gewinnen und damit zur Aussöhnung zwischen Deutschen und Juden beizutragen“, stellte Frau Dr. Hamm-Brücher (FDP) fest.

Ebenso setzten sich die Rednerinnen und Redner auch für das Selbstbestimmungsrecht des palästinensischen Volkes ein, bei dessen Verwirklichung jedoch die Lebensinteressen Israels nicht außer acht gelassen werden dürften.

Trotz aller Besorgnisse über die gegenwärtige Situation behielten Vertrauen und Zuversicht in die Möglichkeiten zu einer konstruktiven Politik die Oberhand. Frau Geiger (CDU/CSU) erinnerte am Ende ihrer Rede daran, was Asher Ben Nathan, der erste Botschafter des Staates Israel in der Bundesrepublik, kurz zuvor anläßlich des 40-Jahre-Jubiläums Israels gesagt hatte: „Wie oft, wenn alles schwarz und hoffnungslos aussieht, gibt es Lichtstrahlen, die Quellen neuer Hoffnung sind, die Erkenntnis vieler Araber, daß Israel eine Tatsache ist, mit der man sich abfinden muß und die mit Gewalt nicht zu beseitigen ist. Andererseits wird die auf beiden Seiten sich durchsetzende Erkenntnis, daß man miteinander verhandeln muß, letzthin zu Lösungen führen, die allen Beteiligten das Recht auf Sicherheit, Identität und Selbstverwaltung garantieren."

Ernst Benda

Bewältigung der Vergangenheit – die Verjährungsdebatte des 10. März 1965

Der Deutsche Bundestag hat sehr oft Anlaß gehabt, sich mit der Last zu befassen, die ihm das nationalsozialistische Gewaltregime hinterlassen hat. Es gibt bis in die Gegenwart hinein kaum eine Frage der inneren oder der äußeren Politik, die nicht das schlimme Erbe jener Zeit mitbedenken muß. Galten die ersten Wahlperioden seit 1949 überwiegend dem Bemühen, die unmittelbaren Folgen des Zusammenbruchs von 1945 zu überwinden und den staatlichen Neubeginn in den durch das Grundgesetz vorgezeichneten Formen des freiheitlichen und demokratischen Rechtsstaats einzuleiten, so beeinflußt heute die Teilung der Nation als Folge des von Deutschen begonnenen und verlorenen Krieges viele politische Entscheidungen.

1. „Über Auschwitz wächst kein Gras"

Noch immer hat das Parlament Anlaß, sich und das deutsche Volk an die Vorgänge zu erinnern, die Ursache für Zusammenbruch und Teilung der Nation waren. „Über Auschwitz wächst kein Gras, noch nicht einmal in hundert Generationen" – so hat es der Abgeordnete Maihofer (FDP) in der Verjährungsdebatte von 1979 vor dem Deutschen Bundestag formuliert.

Unter den vielen Debatten, in denen sich das Parlament um das bemühte, was als Bewältigung der Vergangenheit bezeichnet wird, ragen einige heraus. Fast stets kann man für diese Debatten dem Bundestag Ernsthaftigkeit, Ehrlichkeit und weitgehenden Verzicht auf den Versuch parteipolitischer Profilierung bescheinigen. Nicht rhetorischer Glanz kennzeichnet diese Auseinandersetzungen, sondern die Aufrichtigkeit, die sich auch nicht scheut, Erschütterung durch Sprachlosigkeit auszudrücken. Dies sind zugleich die seltenen Stunden, in denen die Zugehörigkeit zu einer Fraktion oder zum Lager der Regierung oder der Opposition unwichtig wird und nur die Persönlichkeit des Redners und das Gewicht seiner Argumente zählt. Solche Stunden, in denen die Grenzen zwischen den Parteien zurücktreten, sind unverzichtbar für das dem Gesamtvolk verpflichtete Parlament, so notwendig im politischen Alltag auch die kontroverse Debatte der veschiedenen Standpunkte und Gruppen ist. Der Konflikt ist das Lebenselement parlamentarischer Debatte, aber der Konsens in Grundfragen ist es auch. Der Rang eines Parlaments zeigt sich darin, daß es weiß, wann und worüber Streit nicht nur zulässig, sondern notwendig ist und wann Trennendes gegenüber der allen gemeinsamen Grundhaltung zurückzutreten hat.

Der Zwang zu absoluter Ehrlichkeit und zum Verzicht auf jegliches Taktieren um tagespolitischer Vorteile willen ist nirgends deutlicher geworden als in den Debatten, die sich unmittelbar mit den nationalsozialistischen Gewalttaten und ihrer strafrechtlichen Bewältigung zu befassen hatten. Der Deutsche Bundestag hat die Frage, ob die Verjährungsfrist für die

Verfolgung dieser Straftaten verlängert oder ganz aufgehoben werden sollte, insgesamt viermal erörtern müssen (1960, 1965, 1969, 1979). Allein schon der Umstand, daß erst bei der letzten Behandlung des gleichen Problems eine abschließende Antwort gefunden werden konnte, zeigt, wie schwierig, ja wie quälend es für alle an den Debatten Beteiligten gewesen ist, Vorgänge, die außerhalb jeder Begreifbarkeit liegen, mit den sonst selbstverständlichen rechtsstaatlichen Instrumenten der Gesetzgebung zu behandeln. In jeder dieser Debatten waren zugleich verfassungsrechtliche und rechtspolitische, innen- und außenpolitische Gesichtspunkte zu bedenken. Vor allem mußte das Parlament aber jenseits aller Erwägungen der Zweckmäßigkeit seinen Standort dort suchen, wo Sachkunde, politischer Instinkt und Erfahrung allein nicht ausreichen. Gewissenhafte Arbeit kann man von dem Abgeordneten auch im politischen Alltag erwarten. Im eigentlichen Sinne dieses Wortes haben die Verjährungsdebatten von allen Parlamentariern, die für sich ihre Entscheidung zu treffen hatten, mehr als bei den meisten anderen Gelegenheiten parlamentarischer Debatte verlangt. Der besondere Rang der Verjährungsdebatten ergibt sich nicht allein aus der großen Bedeutung der zu behandelnden Sachfragen, sondern vor allem aus dem besonderen moralischen Anspruch, den sie an den Deutschen Bundestag stellten.

Daß unter den vier Erörterungen des gleichen Themas die von 1965 besonders hervorragt, ist das subjektive Urteil eines an der damaligen Debatte Beteiligten. Wer nicht nur Zeuge, sondern an einem Vorgang selbst beteiligt ist, verfügt über den Vorteil unmittelbarer Anschauung und der Kenntnis von Hintergründen. Er hat aber den Nachteil der Befangenheit, die das Urteil trüben oder die eigene Rolle unangemessen in den Vordergrund rücken mag. Auch unter Berücksichtigung solcher Umstände halte ich die Debatte des 10. März 1965 für die wichtigste und bedeutendste Erörterung der Verjährungsfrage. Dabei war das greifbare Ergebnis – das „Gesetz über die Berechnung strafrechtlicher Verjährungsfristen“, das die Verjährung um vier Jahre hinausschob – so bescheiden und so unzulänglich, daß sich der Deutsche Bundestag schon 1969 wieder mit der gleichen Frage befassen mußte. Dennoch wird man sagen dürfen, daß sich das Parlament der Bundesrepublik Deutschland niemals vorher oder nachher so intensiv und so aufrichtig mit der Frage auseinandergesetzt hat, die uns die Zeit des Nationalsozialismus bis heute stellt und weiter stellen wird. Damals sind Erkenntnisse und Einsichten formuliert worden, an denen sich die Volksvertretung auch künftig orientieren kann.

Ich zögere, hierfür den Begriff der „Sternstunde“ in Anspruch zu nehmen. Gewiß gab es in der Geschichte des Deutschen Bundestages solche Stunden großer Redner, geistvoller Debatten, mitreißender Appelle. Für den 10. März 1965 läßt sich das nicht sagen. Dieser Tag ragt nicht als Höhepunkt parlamentarischer Redekunst heraus, sondern im Gegenteil als Tag des einfachen, schlichten, auf jeden rhetorischen Kunstgriff verzichtenden Bekenntnisses. Sein fortwirkender Eindruck ergibt sich daraus, daß einfache, aber unverzichtbare Einsichten formuliert wurden, die über den Tag und den aktuellen Anlaß hinaus richtungweisend sind. Ist hierfür der pathetische Begriff der „Sternstunde" angemessen? Er ist es, wenn man damals gefundene Erkenntnisse als Orientierung für das Parlament versteht, das stets aufs neue seinen Weg suchen muß und bei aller Notwendigkeit, den Bedürfnissen der Tagespolitik gerecht zu werden, sich an hiervon unabhängigen Wegmarken vergewissern soll, ob es den richtigen Kurs steuert. Dies ist die Funktion der Sterne, die dem Seemann den Weg durch die Dunkelheit der Nacht zeigen. So verstanden, kann man gewiß von einer „Sternstunde" des Parlaments sprechen.

2. *Die Zeit drängt*

In der ersten Verjährungsdebatte von 1960 hatte es die Mehrheit im Bundestag abgelehnt, die nach geltendem Recht auslaufende Verjährungsfrist zu verlängern. Dies bedeutete, daß nationalsozialistische Straftaten, die rechtlich nicht als Mord zu qualifizieren waren, künftig nicht mehr verfolgt werden konnten, sofern nicht der Eintritt der Verjährung durch richterliche Handlung unterbrochen war. Für die ablehnende Haltung der Mehrheit waren verfassungsrechtliche Bedenken maßgebend, aber auch die von dem damaligen Bundesjustizminister Schäffer geäußerte Überzeugung, „das deutsche Volk und das deutsche Rechtssystem haben das Bestmögliche zur Verfolgung der Verbrechen aus der Nazizeit bereits getan" (so Schäffer in der Sitzung des Deutschen Bundestages vom 24. Mai 1960). Künftig konnten daher nur noch Mordtaten strafrechtlich verfolgt werden. Für sie lief,

Anfang 1945	Den Alliierten fallen die Konzentrationslager Bergen-Belsen, Buchenwald und Auschwitz in die Hände. Zum erstenmal erfährt eine größere Öffentlichkeit von den unvorstellbaren Greueltaten des NS-Regimes, denen allein in Auschwitz 3 Millionen Juden zum Opfer fielen. Geschätzte Gesamtzahl der Opfer nationalsozialistischer Vernichtungspolitik: 6 Millionen Menschen.
2. 8. 1945	Im Kommuniqué der Potsdamer Konferenz heißt es, das deutsche Volk fange an, „die furchtbaren Verbrechen zu büßen, die unter der Leitung derer, welche es zur Zeit ihrer Erfolge offen gebilligt hat und denen es blind gehorcht hat, begangen wurden". Es würden Maßnahmen ergriffen werden, „damit Deutschland niemals mehr seine Nachbarn oder die Erhaltung des Friedens bedrohen" könne. Die Siegermächte legen den Deutschen als Wiedergutmachung der angerichteten materiellen Schäden Reparationen auf. Im politisch-moralischen Bereich wird die „Entnazifizierung" angeordnet.
8. 8. 1945	„Abkommen der Alliierten über die Verfolgung und Bestrafung der Hauptkriegsverbrecher der europäischen Achse."
20. 11. 1945	Beginn der Nürnberger Hauptkriegsverbrecherprozesse. Urteilsverkündigung am 1. 10. 1946.

soweit es sich um NS-Verbrechen handelte, die damals auf 20 Jahre festgelegte Verjährungsfrist im Mai 1965 ab.

Je näher dieser Termin heranrückte, desto stärker wandte sich die deutsche und die internationale Öffentlichkeit der Frage zu, ob es zugelassen werden durfte, daß schwerster Verbrechen verdächtigte NS-Täter nach diesem Zeitpunkt von jeder Strafverfolgung frei blieben. Die Annahme, es gebe keine bisher unentdeckten Mordtaten mehr, war längst als irrig erwiesen. Es soll auch nicht verschwiegen werden, daß einige der Ostblockstaaten Belastungsmaterial bewußt zurückhielten, um nach Ablauf der Verjährung der Bundesrepublik Deutschland Versäumnisse oder gar Gleichgültigkeit gegenüber schlimmsten Untaten vorwerfen zu können. Außenpolitisch konnte der Eintritt der Verjährung zu einer schweren Belastung der Bundesrepublik führen. Die Zeit schien reif für eine Aufnahme diplomatischer Beziehungen mit dem Staat Israel, aber der beginnende Dialog hätte eine solche Belastung möglicherweise nicht ertragen. So gab es genügend politisch-pragmatische Argumente, die Frage sich nicht einfach durch Zeitablauf erledigen zu lassen.

Aber dies waren, so wichtig diese Gesichtspunkte waren, doch nur vordergründige Überlegungen. Im Zentrum des Problems stellte sich die Frage nach dem Selbstverständnis der Bundesrepublik Deutschland, der nach dem Grundgesetz aufgegeben war, ein Gemeinwesen zu errichten, das sich von dem Unrechtsregime des Nationalsozialismus radikal distanzierte. Hierzu gehörte freilich auch die strikte Bindung an rechtsstaatliche Prinzipien. Wenn es richtig war, daß eine Verlängerung oder Aufhebung der Verjährungsfrist gegen bindendes Verfassungsrecht verstieß, durfte dieser Weg nicht gegangen werden. Die sich daraus ergebenden Mißverständnisse und Verdächtigungen mußten eher ertragen werden, als daß um eines noch so ehrenwerten Zieles willen das Recht gebrochen werden durfte.

Dies waren die wesentlichen Frontstellungen, wie sie sich um die Jahreswende 1964/65 darstellten. Wie vielen anderen meiner parlamentarischen Kollegen schien es mir klar zu sein, daß der Bundestag einer Diskussion der Verjährungsfrage nicht ausweichen durfte. Die verfassungsrechtliche Frage habe ich mit dem Ergebnis geprüft, daß eine Verlängerung oder Aufhebung der Verjährungsfrist keinen rechtsstaatlichen Bedenken begegnete. In einer Anfang 1965 erschienenen kleinen Schrift („Verjährung und Rechtsstaat") sind die für diese Überzeugung maßgeblichen Überlegungen dargestellt. Es war für mich eine große Genugtuung, daß das Bundesverfassungsgericht in seinem Beschluß vom 26. Februar 1969, mit dem es eine Verfassungsbeschwerde gegen das 1965 beschlossene Gesetz über Berechnung strafrechtlicher Verjährungsfristen als unbegründet zurückwies, die gleichen rechtlichen Gesichtspunkte als maßgeblich ansah, von denen meine Überlegungen ausgegangen waren (BVerfGE 25, 269ff.). Aber vor dieser Entscheidung gab es achtbare Gegenmeinungen, die in der öffentlichen und der parlamentarischen Diskussion zu Wort kamen und jedenfalls ernst genommen werden mußten.

Ernst Benda (CDU) am Rednerpult des Bundestages.

Mein eigener Beitrag zu der Verjährungsdebatte vom 10. März 1965 ist vielfach gewürdigt worden; Frau Renger hat in ihrem Beitrag in diesem Buch hierüber in sehr freundlicher Weise geschrieben. Da die Initiative zu der Debatte durch einen von zahlreichen Kollegen aus der CDU/CSU-Fraktion und mir eingebrachten Antrag ausgelöst wurde und ich als einer der ersten Redner den Antrag zu begründen hatte, ist es schwierig, diesen ganz auszuklammern. Er soll aber nicht in den Mittelpunkt gerückt werden. Es mag genug sein, zu sagen, daß ich auch heute noch nach mehr als 20 Jahren über die Zeichen der Zustimmung und der Verbundenheit bewegt bin, die ich während und nach dieser Rede empfangen habe. Sie wiegen die große Zahl ablehnender, meist anonymer Zuschriften mehr als auf, die ich aus dem gleichen Anlaß erhalten habe. Wirklich getroffen hat mich vor allem die Charakterisierung, die der Verlauf der Debatte und besonders mein eigener Beitrag in der Schrift von Karl Jaspers „Wohin treibt die Bundesrepublik?" (1966) gefunden hat. Die Kritik des großen Mannes gipfelt in dem mich meinenden Ausspruch: „So konnte er den Weg zeigen oder sich zeigen lassen, der das Widerwärtige im Gewand eines großartigen sittlichen Aktes zu tun ermöglichte“ (S. 114). Ich verzichte auf jeden Kommentar. Diese – in der Öffentlichkeit wohl allein stehende – Meinung mag mit ihrer in dem Buch enthaltenen ausführlichen Begründung für sich sprechen.

3. Initiative zur Verhinderung der drohenden Verjährung

Daß es überhaupt zu einer parlamentarischen Erörterung der Verjährungsfrage kam, war nicht selbstverständlich. Die Bundesregierung hatte Ende 1964 an die Weltöffentlichkeit appelliert, den deutschen Behörden alles noch nicht bekannte Material über NS-Morde zuzuleiten, so daß die drohende Verjährung unterbrochen werden konnte. Weitere Initiativen waren von seiten der Bundesregierung jedenfalls zunächst nicht geplant. Der Sprecher der Bundesregierung, Staatssekretär von Hase, meinte vor der Bundespressekonferenz vom 11. November 1964 sogar, es sei „das Bestreben der Bundesregierung, auf alle Fälle zu verhindern, daß diese sehr wichtige Frage zu einer kontroversen Diskussion im Parlament führt“. Ironischerweise war es eben diese Äußerung, die bei mir zu dem Entschluß führte, das Verjährungsproblem durch einen Initiativantrag in die parlamentarische Diskussion einzuführen. Es konnte, wie immer man zu dem Problem stand, doch nicht richtig sein, daß ein Thema, das die deutsche Öffentlichkeit leidenschaftlich und kontrovers bewegte, an dem Ort nicht zur Sprache kam, der wie kein anderer berufen ist, die großen Fragen der Nation zu diskutieren. Wenn weder die Bundesregierung noch, wie es damals schien, die Fraktionen des Bundestages die Frage vor das Parlament bringen wollten, blieb als einziger Weg der einer Gruppeninitiative.

Als ich dies in einer öffentlichen Versammlung in Marburg zum Ausdruck brachte, erhielt ich alsbald ein Schreiben von Herrn von Hase mit der Bitte um Mitteilung, auf welcher Quelle seine angebliche Äußerung beruhe. Er könne sich nicht entsinnen, einen solchen Standpunkt vertreten zu haben. Meine Quelle war das vom Bundespresse- und Informationsamt der Bundesregierung herausgegebene Bulletin vom 13. November 1964. In ihm stand wörtlich der zitierte Satz. Herr von Hase, dem ich dies mitteilte, räumte in sehr vornehmer Weise die Richtigkeit des Zitats ein, meinte aber, im Gesamtzusammenhang seiner Äußerung mißverstanden worden zu sein oder sich mißverständlich ausgedrückt zu haben. Es sei das selbstverständliche Recht des Parlaments, „in der ihm geeignet erscheinenden Weise zu allen Vorschlägen und Maßnahmen der Bundesregierung Stellung zu nehmen“.

Nach dem Stand der Meinungsbildung innerhalb der Bundesregierung war Ende 1964, als dieser Briefwechsel stattfand, mit einem eigenen Entwurf der Bundesregierung nicht zu rechnen, der die auslaufende Verjährungsfrist verlängern würde. Vor allem der damalige Bundesjustizminister Dr. Bucher (FDP) hatte sich unter Hinweis auf verfassungsrechtliche Bedenken sehr eindeutig hiergegen ausgesprochen. Am Rande einer Parteiveranstaltung in Berlin teilte ich meine Absicht, einen eigenen Entwurf mit der Unterstützung der erforderlichen Zahl von Kollegen aus der CDU/CSU-Fraktion einzubringen, dem langjährigen Vorsitzenden der Fraktion, Dr. Heinrich Krone, mit. Ich habe ihn wegen seiner aufrichtigen Haltung, seiner einfachen Art und des väterlichen Verhältnisses, das er besonders zu den jüngeren Abgeordneten entwickelte, stets besonders verehrt. Dr. Krone sah mich lange an. Dann fragte er, ob mir bewußt sei, was ich damit in Bewegung setze. Ich wußte es, und ich bejahte die Frage. Dann, so sagte er, sollte ich meiner Überzeugung folgen.

Die Formulierung des Antrages bereitete geringe Schwierigkeiten. Wollte man, wie es zunächst beabsichtigt war, die Verjährungsfrist von 20 auf 30 Jahre verlängern, so mußte im Grund nur eine Zahl geändert werden. Viel schneller, als ich es angenommen hatte, gelang es auch, unter den Mitgliedern der CDU/CSU-Fraktion etwa 50 Unterschriften zu sammeln. Viele meiner politischen Freunde gaben ihre Unterschrift sofort und ohne Zögern. Andere gaben dem Vorhaben erst nach langen und intensiven Gesprächen ihre Unterstützung; kaum einer lehnte ab. Mit allen Mitunterzeichnern war und bin ich politisch und menschlich auf das engste verbunden. Von den inzwischen verstorbenen Kollegen nenne ich Dr. Wilhelmi, den damaligen Vorsitzenden des Rechtsausschusses, Prof. Dr. Franz Böhm, den früheren Bundesminister Dr. Wuermeling und von den mir besonders nahestehenden Berliner Kollegen Prof. Dr. Friedensburg und Dr. Gradl.

4. Der Standpunkt Konrad Adenauers

Sehr viel hätte mir daran gelegen, auch die Unterstützung des früheren Bundeskanzlers Dr. Konrad Adenauer zu gewinnen. Dies hätte wohl von vornherein den Ausgang der Sache bestimmt. Da Dr. Adenauer sich vor der Auslandspresse in einem Sinn geäußert hatte, der inhaltlich der von mir vorgeschlagenen Regelung zu entsprechen schien, bat ich ihn schriftlich um Unterstützung des Antrags. Adenauer antwortete mir aber unter dem 5. Februar 1965, er sei nach reiflicher Überlegung nicht in der Lage, den Antrag zu unterzeichnen: „Ich bin wohl für eine Änderung der Bestrafung von Mord, aber das kann nur für die Zukunft gelten." Er fügte jedoch hinzu:

> „Ich bin aber der Auffassung, daß jahrelang ein Rechtsstillstand geherrscht hat, der nach allen Rechtsanschauungen einen Stillstand der Verjährung bedeutet. Bitte prüfen Sie einmal diesen Gedanken. Vielleicht finden wir dann einen Ausweg."

In meinem Antwortschreiben vom 17. Februar wies ich darauf hin, daß eine Regelung, die eine Hemmung der Verjährung bis 1949 oder für einen anderen Zeitpunkt feststellte, verfassungsrechtlich nicht anders beurteilt werden könnte als die Verlängerung der Verjährungsfrist. Ein Gesetz von 1956 hatte festgelegt, daß alle durch Vorschriften oder Maßnahmen der Besatzungsmächte gehemmte Fristen normal ablaufen, allerdings nicht vor 1956 enden sollten. Nach meiner durch die Rechtsprechung gestützten Auffassung galt dies auch für die strafrechtlichen Verjährungsfristen. Bestünden, was ich allerdings verneinte, gegen eine Verlängerung verfassungsrechtliche Bedenken, müßten sie gegen die von Adenauer vorgeschlagene Lösung in gleicher Weise erhoben werden.

In einem weiteren Schreiben vom 24. Februar 1965 – nur noch zwei Wochen trennten uns von der Debatte im Bundestag – meinte Adenauer, es handele sich bei der Verfolgung von NS-Verbrechen auch nach 1945 um einen Stillstand der Rechtspflege. Dieser habe nach allgemeinem Rechtsgrundsatz die Verjährung unterbrochen. Der Stillstand der Rechtspflege sei erst mit dem Entstehen der Bundesrepublik 1949 beendet worden. Ein Gesetz, das dies feststelle, würde nur einen deklaratorischen Inhalt haben. Würde es beschlossen, so brauche weder das Parlament noch die CDU/CSU-Fraktion auseinander zu fallen. Auch Nahum Goldmann (damals Präsident des Jüdischen Weltkongresses) habe ihm gegenüber diese Lösung befürwortet. Dieser glaube auch nicht, daß der von ihm – Adenauer – gegebene Hinweis begründet sei, daß dann die ganze Frage 1969 wieder akut werden könne: „Bis dahin würde eine Beruhigung eingetreten sein."

Mit dieser Stellungnahme des in Deutschland und der ganzen Welt hochangesehenen Altbundeskanzlers war die Lösung schon vorgezeichnet, wie sie wenige Wochen später vom Parlament mit großer Mehrheit beschlossen wurde. Aber schon die Prämisse, auf diese Weise werde das Problem zur „Beruhigung" gebracht werden, hat sich als unrichtig herausgestellt.

Als die parlamentarische Debatte stattfand, saß ich die ganze Zeit unmittelbar neben Dr. Adenauer. Wie stets, verfolgte er die Reden ohne erkenn-

28. 5. 1946	Erlaß – mit Genehmigung der Militärregierung – einer umfassenden „Rechtsordnung für die ganze Entnazifizierung" unter der Initiative von C. Schmid.
10. 9. 1952	Unterzeichnung des Wiedergutmachungsabkommens zwischen der Bundesrepublik und Israel.
1. 12. 1958	Errichtung der Zentralstelle zur Verfolgung nationalsozialistischer Gewaltverbrechen in Ludwigsburg.
24. 3. 1960	Erste Verjährungsdebatte. Der Bundestag lehnt es wegen verfassungsrechtlicher Bedenken ab, die nach geltendem Recht auslaufende Verjährungsfrist (für Totschlagdelikte) zu verlängern.
Ende 1964	Appell der Bundesregierung an die Weltöffentlichkeit um Zuleitung von noch unbekanntem Material über NS-Morde. – Bisher wurden 545 NS-Straftatverfahren der Staatsanwaltschaft zugeleitet.
5. 11. 1964 und 24. 2. 1965	Das Bundeskabinett befaßt sich mit der Verjährungsfrage für Mord und Völkermord.

bare äußere Reaktion, aber mit gespannter Aufmerksamkeit. Ich habe weder von ihm selbst noch von anderen erfahren, ob er an der mir gegenüber geäußerten Auffassung festhielt. In den Beratungen der CDU/CSU-Fraktion hat er sich, soweit mir erinnerlich ist, nicht geäußert. Im Jahre 1969 wurde offenbar, daß seine Annahme falsch war, das Problem werde sich durch die De-facto-Verlängerung der Verjährung um vier Jahre erledigen. Damals lebte er nicht mehr.

5. Der Entwurf der SPD-Fraktion

Einen Tag vor der auf den 10. März 1965 festgelegten Ersten Beratung des Gruppenantrages „Benda, Dr. Wilhelmi, Stingl und Genossen" (Drucksache IV/2965) brachte die SPD-Fraktion einen Antrag ein, mit dem die Verjährungsfrist für Mord und Völkermord gänzlich beseitigt werden sollte (Drucksache IV/3162). Zugleich sollte das Grundgesetz geändert werden, um etwaige verfassungsrechtliche Bedenken zu beseitigen. Die Beseitigung der Verjährung war konsequenter als ihre Verlängerung auf 30 Jahre. Noch am Vorabend der Sitzung gelangte ich mit den Mitunterzeichnern unseres Antrages, die ich kurzfristig erreichen konnte, zu der Auffassung, daß auch wir für die völlige Aufhebung der Verjährung bei mit lebenslangem Zuchthaus bedrohten Verbrechen, also bei Mord und Völkermord, eintreten sollten. So stand am folgenden Tage mit der entsprechend geänderten Drucksache IV/2965 (neu) dieser Antrag zur Debatte. Er trug nur einen Teil der unter den ursprünglichen Antrag gesetzten Unterschriften, weil viele meiner Kollegen nicht rechtzeitig erreicht werden konnten. Fast alle waren aber, wie Gespräche ergaben, mit der Änderung einverstanden. Anders als die SPD-Fraktion hielten wir auch für diesen Antrag eine Änderung des Grundgesetzes nicht für erforderlich. Diese Auffassung hat das Bundesverfassungsgericht später bestätigt.

6. Der 10. März 1965

Die mehr als siebenstündige Debatte des 10. März 1965 wurde durch einen Bericht des Bundesjustizministers über den Stand der Verfolgung von NS-Verbrechen eingeleitet. Bundesminister Dr. Bucher konnte nicht ausschließen, daß nach Eintritt der Verjährung bisher unbekannte Mordtaten bekannt werden würden. Die Bundesregierung habe aber keine Möglichkeit gesehen, von sich aus einen Entwurf vorzulegen, der die Verjährungsfrist verlängerte, oder eine Kabinettsmeinung festzulegen. Wie alle Abgeordneten müßten auch die Regierungsmitglieder ihre eigene Gewissensentscheidung treffen:

> „Das Kabinett hat erklärt, daß es bereit sei, den Deutschen Bundestag in seinem Bemühen zu unterstützen, in dieser Frage eine Lösung zu finden,

Ewald Bucher (FDP).

die der Gerechtigkeit Genüge tut und den rechtsstaatlichen Voraussetzungen und Bedingungen, unter denen unser Staatswesen steht, Rechnung trägt."

Diese Formulierung, die am Beginn der Auseinandersetzung stand, war allzu diplomatisch, als daß sie Klarheit bringen konnte. Sie konnte ebenso als Unterstützung aller Anträge verstanden werden, die auf eine Verlängerung oder Aufhebung der Verjährung zielten, als auch im gegenteiligen Sinne. Meine anschließende Bemerkung, diese Entscheidung des Bundeskabinetts sei ein „klares Votum" für eine Verlängerung der Verjährungsfrist, und ich begrüßte diese Entscheidung, bewirkte Beifall innerhalb der CDU/CSU-Fraktion, aber Widerspruch bei der FDP. Beide hatten auf ihre Weise recht.

Der Bundesjustizminister hat sich nur zurückhaltend und zweideutig, später für seine Person zu den Anträgen eindeutig ablehnend geäußert. Bundeskanzler Dr. Erhard hat überhaupt nicht das Wort ergriffen. Das ist oft kritisiert worden. In der Tat hätte der Regierungschef, der nach meinem Eindruck einer Verlängerung der Verjährungsfristen mit Sympathie gegenüberstand, der Sache und auch sich selbst einen guten Dienst erwiesen, wenn er persönlich Stellung bezogen hätte. Das beredte Schweigen auf der Regierungsbank – Erhard saß während der ganzen Debatte auf seinem Abgeordnetenplatz – hatte aber auch eine einprägsame symbolische Bedeutung. Dies war nicht die Stunde der Regierung, sondern des Parlaments. Es war vor allem Sache der Abgeordneten, die das ganze Volk zutiefst bewegenden Probleme zu erörtern und sie – wie ich sagte – frei von Emotionen, aber zugleich mit Leidenschaft zu behandeln. Entscheidend kam es dabei darauf an, sich bei aller Gegensätzlichkeit der Meinungen nicht auseinander zu reden, sondern in der Grundhaltung zu dem nationalsozialistischen Unrecht festzuhalten. Das konnte nur geschehen, indem die Sachfrage mit aller Offenheit kontrovers erörtert, aber keinerlei Zweifel an der entschiedenen Ablehnung des Gewaltregimes erlaubt wurde. In dieser Grundfrage durfte es weder eine Frontenbildung noch eine Verdächtigung des jeweils anderen Standpunktes geben. Daß dies in einer Frage gelungen ist, die wie wenige andere das Volk zu spalten geeignet war, halte ich für das bleibende Verdienst dieser großen und denkwürdigen Debatte.

Unmittelbar nach dem Bericht des Bundesjustizministers hatte ich den Gruppenantrag zu begründen. Die Art, in der dies geschah, war von großer Bedeutung für den Ton und den Stil der folgenden Debatte. Ich denke, daß es gelungen ist, den richtigen Ansatz hierfür zu finden. Nahezu alle Redner haben mit vollem persönlichem Einsatz, mit großer Leidenschaft und zugleich mit dem erforderlichen Respekt vor entgegenstehenden Meinungen gesprochen. Das ist in der Geschichte des Deutschen Bundestages kein sehr häufiger Vorgang.

An das Ende meiner Ausführungen setzte ich das Wort, das ich in dem den ermordeten Juden gewidmeten Mahnmal von Yad Vashem in Jerusalem gelesen hatte: „Forgetfulness prolongs the exile – Remembrance is the secret of redemption." Ins Deutsche läßt sich das so übersetzen:

„Das Vergessenwollen verlängert das Exil, und das Geheimnis der Erlösung heißt Erinnerung."

Dies war und ist für mich der Kern des Problems. Erlösung setzt Erinnerung, nicht Vergessen voraus. Der Bundespräsident hat in seiner denkwürdigen Rede zum 8. Mai das gleiche Zitat gebraucht.

Unter den an diesem Tag gehaltenen Reden ragen einige besonders hervor. Ich nenne nur zwei Beiträge, die zu den wichtigsten gehörten: die von Dr. Adolf Arndt (SPD) und von Dr. Thomas Dehler (FDP). Sie beide, die damals zu den bedeutendsten Juristen im Deutschen Bundestag gehörten, haben einen in der Sache völlig gegensätzlichen Standpunkt vertreten. Gemeinsam ist ihnen, daß dies mit letzter Aufrichtigkeit, ganz direkt, auch scharf und als ihre persönliche Auffassung glaubhaft geschehen ist. Beide haben sich, wie es nahelag, auch zu den verfassungsrechtlichen und rechtspolitischen Fragen geäußert. Ihre Beiträge waren aber nicht juristische Plädoyers, mit denen eine Rechtsauffassung begründet werden sollte. Sie waren vielmehr Zeugnisse des Ringens um das Wesen der Gerechtigkeit.

Das Bemühen um das Wesen der Gerechtigkeit ist, wie ich in meinem eigenen Beitrag sagte, nicht allein die Sache der juristischen Fachleute. Es geht vielmehr das gesamte Parlament an. Eben dies war die Frage, die im Zentrum der Darlegungen von Thomas Dehler stand. Da er gegen eine Verlängerung oder Aufhebung der Verjährungsfristen verfassungsrechtliche Bedenken hatte und selbst eine Grundgesetzänderung nicht für möglich hielt, sah er keinen anderen Weg, als das geltende Recht zu wahren. Die Verdächtigungen, denen sich ein solcher Standpunkt aussetzte, sah er, und er nahm sie in Kauf, weil das Festhalten am Recht den Rechtsstaat des Grundgesetzes vom Unrechtsregime des Nationalsozialismus radikal unterscheide. Indem Dehler daran festhielt, daß es sich bei dem Streit um die Verjährung ausschließlich um eine Rechtsfrage, nicht um eine politisch-moralische Entscheidung handeln dürfe, sprengte er aber selbst den Rahmen einer bloß juristischen Erörterung. Auch bei ihm stand ganz zu Recht die Funktion der Rechtsordnung im Mittelpunkt. Genügt es, „bloß unseren Willen zum Recht, zum Recht, das feststeht, das alle, das auch uns bindet" als „die Gesinnungsgrundlage unseres Staates, unserer Menschen, auch dieses Hauses" zu sehen und hieran das parlamentarische Handeln zu orientieren? Dehler hat diese Frage für sich bejaht. Ob das genügt, ist eine zutiefst politische Frage. Die Antwort, die der Redner auf die von ihm formulierte Problemstellung gab, wählt nicht nur den einfacheren oder bequemeren Weg. Mancher, der das geschehene schlimmste Unrecht leugnet oder bagatellisiert, mochte in dem Entschluß, am geltenden Recht festzuhalten, einen leichten Ausweg sehen. Der Wunsch, endlich unter die Vergangenheit den ersehnten Schlußstrich zu ziehen, sich nicht mehr erinnern zu müssen, hat seine eigene Verlockung auch für den, der gegenüber dem Geschehenen immerhin Unbehagen empfindet, weil er sich fragen lassen und selbst fragen muß, ob er persönliche Mitverantwortung trägt.

Dies war nicht die Position von Dehler. Der „Qual des Gewissens", von der er sprach, konnte und wollte er nicht ausweichen. Das unbedingte Festhalten am Recht, so wie er es für geboten hielt, schien ihm vielmehr schwieriger, eher dem Mißverständnis und der Verdächtigung ausgesetzt als der klare Weg der gesetzgeberischen Lösung, die der Justiz die Verantwortung aufbürdet. Auch dies kann ein bequemer Ausweg sein, wenn er

Thomas Dehler (FDP) mit Konrad Adenauer, 1955.

das eigene Gewissen entlastet, indem anderen die Last aufgebürdet wird. Solche Bedenken sind achtbar, auch wenn man sie nicht für berechtigt hält. Thomas Dehler hat seinen Standpunkt, den ich in der Sache für falsch gehalten habe, eindeutig und glaubhaft vertreten. Hierfür gebührt ihm Respekt. Indem er die Position der Gegner einer Verjährungsverlängerung glaubhaft formulierte, lieferte er einen wichtigen Beitrag. Er gehörte zu den Höhepunkten dieser parlamentarischen Debatte.

Niemand hat zu dieser von Thomas Dehler vertretenen Auffassung eine deutlichere Gegenposition bezogen als Dr. Adolf Arndt. Auch er behandelte die verfassungsrechtlichen und verfassungspolitischen Fragen, ohne bei ihnen stehen zu bleiben. Die SPD-Fraktion hatte mit dem Vorschlag, das Grundgesetz zu ändern, auch denen die Aufhebung der Verjährungsfrist ermöglichen wollen, die dies politisch und moralisch für notwendig hielten, aber die verfassungsrechtlichen Bedenken hiergegen teilten. So hatte zuvor der SPD-Abgeordnete Martin Hirsch – viele Jahre später mein Kollege im Bundesverfassungsgericht – die Anträge seiner Fraktion begründet. Dies war nicht die Position von Arndt, der damit, wie er sagte, eine

Minderheitsmeinung innerhalb seiner Fraktion vertrat. Er hielt die Grundgesetz-Änderung für eine notwendige Voraussetzung für den Weg, den er mit seiner Fraktion gehen wollte. Aber auch bei ihm ging es nicht in erster Linie um diese wichtige Vorfrage, sondern um die unausweichliche und bittere Pflicht, sich selbst Rechenschaft über die eigene Mitverantwortung für das Geschehene abzulegen. Niemand hat das je in einer ergreifenderen Weise vor aller Öffentlichkeit getan als Arndt in dieser Rede. Dabei hat er weder seinen Zuhörern noch sich selbst etwas geschenkt:

> „Ich weiß mich mit in der Schuld. Denn sehen Sie, ich bin nicht auf die Straße gegangen und habe geschrien, als ich sah, daß die Juden aus unserer Mitte lastkraftwagenweise abtransportiert wurden. Ich habe mir nicht den gelben Stern umgemacht und gesagt: ich auch!"
>
> „Ich weiß mich mit in der Schuld. Ich kann nicht sagen, daß ich genug getan hätte. Ich weiß nicht, wer das von sich sagen will. Aber das verpflichtet uns, das ist ein Erbe."

Nur wenn die Wurzeln individueller Mitverantwortung so schonungslos bloßgelegt werden, wenn so radikal gefragt wird, kann die Erinnerung wirksam werden. Wer dies nicht ausspricht, ohne sich selbst oder andere zu schonen, kann nicht mit Beifall rechnen. Das Parlament hat, so sehr es dem Abgeordneten am Schluß seiner Rede anhaltenden Beifall weit über die eigene Fraktion hinaus gab, bei diesen Sätzen zugehört. Das Protokoll verzeichnet keine Reaktion. Es war die Erschütterung, die jede Äußerung verbot. Ich denke schon, daß viele, die die Zeit des Nationalsozialismus mitgemacht hatten, die, wie die meisten ihrer Landsleute, sich an dem Unrecht nicht beteiligt, aber sich ihm auch nicht widersetzt hatten, in diesen Minuten sich selbst Rechenschaft über ihre eigene Mitverantwortung abgelegt haben.

Wenige Augenblicke zuvor hatte Arndt – wie das Protokoll vermerkt – Unruhe „in der Mitte und rechts" bewirkt, indem er auch der gängigen Behauptung, man habe doch von dem Schlimmsten nichts gewußt, entgegentrat:

> „Wenn eure leibliche Mutter auf dem Sterbebett liegt, und sie schwört bei Gott dem Allmächtigen und Allwissenden auf die Bibel, daß sie nichts gewußt hat, dann sage ich euch: die Mutter bringt's nur nicht über die Lippen, weil es zu furchtbar ist, das gewußt zu haben oder wissen zu können, aber nicht wissen zu wollen."

Arndt hat später um Verständnis dafür gebeten, daß man in „dieser Sache" sich kein Blatt vor den Mund nehmen kann. Es ehrt den Redner, daß er niemanden hat verletzen wollen. Aber es war notwendig, jeden mit letzter Konsequenz vor die Frage zu stellen, die jeder nur für sich persönlich beantworten kann und die sich jeder juristischen Bewertung entzieht. Indem so radikal gefragt wurde, entzog der Redner der von Dehler ausgesprochenen Befürchtung die Grundlage, die Strafverfolgung einzelner werde die oft verdrängte Auseinandersetzung des ganzen Volkes mit seiner Vergangenheit ersetzen.

Adolf Arndt (SPD).

Damit hat Arndt eine Gegenposition zu der Auffassung von Dehler bezogen, in dieser Sache dürfe nur das Recht entscheiden. Ob strafrechtliche Verjährungsfristen verlängert werden können, ist gewiß nach geltendem und bindendem Verfassungsrecht zu prüfen. Darüber hinaus ging es um eine auch mit der gesetzgeberischen Entscheidung nicht einmal annähernd bewältigte und bleibende Aufgabe, die Arndt mit seinem letzten, ergreifenden Satz so zusammenfaßte:

> „Es geht darum, daß wir dem Gebirge an Schuld und Unheil, das hinter uns liegt, nicht den Rücken kehren, sondern daß wir uns als das zusammenfinden, was wir sein sollen, kleine, demütige Kärrner, Kärrner der Gerechtigkeit, nicht mehr."

Daß dies im Deutschen Bundestag so einfach gesagt werden konnte, macht die Debatte unvergeßlich für jeden, der sie miterlebt hat. Es ist nicht oft geschehen, daß in dem bis auf den letzten Platz gefüllten Plenum solche Einsichten formuliert worden sind. Für einige Stunden waren die sonst so deutlichen Grenzen zwischen den Fraktionen überwunden. Die Sache, um die es ging, berührte jeden persönlich, gleichgültig, welcher der Parteien er angehörte. Als einige Wochen später in der Dritten Lesung der inhaltlich wenig befriedigende Beschluß gefaßt wurde, nach dem Vorschlag von Adenauer die Hemmung der Verjährung bis 1969 festzustellen, sprach ich als Fazit vor allem der Debatte vom 10. März davon, im Parlament seien über die Grenzen der Fraktion hinweg Kräfte hervorgetreten, von denen ich meinte, daß sie im Bundestag weiter wirken würden. Dies sei meine Hoffnung auch für die Zukunft.

In seinem früher erwähnten Beitrag zur Verjährungsdebatte hat Karl Jaspers diese Bemerkung mit dem Wunsch kommentiert, „das Schicksal bewahre uns vor dieser Einmütigkeit". Sie bedeute die Konstituierung einer Politikerzunft, einer Oligarchie, die schließlich diktatorisch herrsche. Das ist ein gründliches Mißverständnis. Der Streit der Parteien wird ja bleiben, und er ist auch notwendig. Solidarität über die Parteigrenzen hinweg soll nicht, wie die schlimme Verdächtigung von Jaspers meint, der „Sicherheit

Anfang 1965	E. Benda veröffentlicht eine Schrift „Verjährung und Rechtsstaat. Verfassungsprobleme der Verlängerung strafrechtlicher Verjährungsfristen".
9. 12. 1964 10. 3. 1965 20. 3. 1965	Verjährungsdebatte im Deutschen Bundestag mit faktisch unbefriedigendem Ergebnis (Verlängerung um vier Jahre), aber tief in die Problematik eindringenden Beiträgen, besonders am 10. 3. 1965.
19. 8. 1965	Urteil im Auschwitz-Prozeß.
1966	K. Jaspers reagiert auf die Debatte vom 10. 3. 1965 mit der Schrift „Wohin treibt die Bundesrepublik?".
26. 2. 1969	Das Bundesverfassungsgericht weist die Verfassungsbeschwerde gegen das 1965 beschlossene Gesetz über Berechnung strafrechtlicher Verjährungsfristen als unbegründet zurück.
26. 6. 1969	Billigung des neunten Strafrechtsänderungsgesetzes durch den Bundestag (Unverjährbarkeit der Strafverfolgung von Verbrechen des Völkermords; Verjährung bei Mord auf 30 Jahre ausgedehnt).
Ende 1977	Bisher wurden 6432 Angeklagte rechtskräftig verurteilt. Insgesamt wurde gegen 84 403 namentlich bekannte Personen ermittelt.
3. 7. 1979	Verjährungsdebatte im Bundestag. Es wird die Unverjährbarkeit von Mord und Völkermord beschlossen.

dieser Oligarchie" gelten („Wohin treibt die Bundesrepublik?", S. 115), sondern den Grundfragen des Gemeinwesens. Zu ihnen gehört auch heute noch und für lange Zeit das gemeinsame Erinnern an eine böse Zeit und das unveränderbare Bemühen, die Last der Vergangenheit in einem langen und mühseligen Prozeß so abzubauen, wie es Adolf Arndt in unvergeßlicher Weise formuliert hat, als „Kärrner der Gerechtigkeit".

Am Schluß seiner Würdigung der Verjährungsdebatte von 1965 äußert Karl Jaspers selbst die Befürchtung, sein Urteil sei ungerecht, und er erklärt seine Haltung so: wer als Philosoph es gewohnt sei, „mit den großen Menschen der Jahrtausende umzugehen, der großen Denker nicht nur, sondern der Großen überhaupt, der hat sich an einen intimen Umgang mit Menschen gewöhnt, der nicht der alltägliche ist. Man erfährt den Ernst ihrer Entschlüsse und Taten, ihre Vorstellungen und Glaubenstriebe." Gemessen an den großen Geschichtsgestalten (daß sie wohl auch nur Menschen mit ihren Schwächen und Unvollkommenheiten waren, mag dahinstehen) erscheinen dem Philosophen die Mitglieder des Deutschen Bundestages allzu klein, allzu alltäglich.

Dem hohen Anspruch des Philosophen steht das bescheidene, geradezu demütige und dennoch anspruchsvolle Bild des Parlamentariers gegenüber, so wie es Adolf Arndt beschrieben hat. Es scheint eher den Realitäten, vor allem aber auch den Bedürfnissen unserer Zeit zu entsprechen als jene als Orientierungsmaßstab vorgeführten Großen der Geschichte. Wenige parlamentarische Debatten haben so deutlich wie jene des 10. März 1965 gezeigt, wie mühsam, bitter und quälend die Aufgabe des Parlaments in unserer Zeit und in unserem Land sein kann. Hierzu gehört auch, daß den hohen Erwartungen, welche die Debatte innerhalb und außerhalb des Deutschen Bundestages ausgelöst hat, schließlich nur ein recht unvollkommenes Ergebnis gefolgt ist. Dies geschah nicht, wie Jaspers zu vermuten scheint, aufgrund eines vorgefaßten Komplotts der an der Debatte Beteiligten, sondern als Ergebnis der überwiegend vertretenen Meinung, daß die Demonstration der breiten Zustimmung wesentlicher sei als die Suche nach der in der Sachfrage befriedigendsten Lösung. Dies mag eine Fehlbeurteilung gewesen sein, wie die 1969 erstmals deutlich gewordene Notwendigkeit zeigte, die Diskussion noch zweimal zu wiederholen.

Dies nimmt der Debatte vom 10. März 1965 nicht ihren Rang und ihr Gewicht. Gewiß müssen sich parlamentarische Debatten auch danach beurteilen lassen, ob die Erwartungen, die sie erwecken, durch das schließlich bewirkte Ergebnis gerechtfertigt werden. Das Parlament ist aber mehr als die Produktionsstätte, in der Gesetze von möglichst hoher Qualität gefertigt werden. Vor allem ist das Parlament der Ort – oder er sollte es sein –, an dem die Hoffnungen und Wünsche, die Nöte, Sorgen und auch Ängste des Volkes ausgesprochen und mit dem Ziel diskutiert werden, zur Besinnung beizutragen, wo sie notwendig ist, Vertrauen zu wecken oder zu stärken, wo es angebracht ist, und die Bereitschaft der Bürger wachzuhalten, den Staat als ihr Gemeinwesen anzuerkennen und für ihn einzutreten. Die Abgeordneten sind in Wahlen aus der Mitte der Bürger hervorgegangen. In ihren Reden und in ihrem Verhalten soll sich das Volk erkennen können. Zugleich sollen die Abgeordneten das aussprechen, was der Tag erfordert, ohne allzusehr zu überlegen, ob dies sie oder ihre Partei populär macht. Auch das ist ein Ideal, das in der politischen Wirklichkeit nicht stets erreicht wird. Für die vielleicht nur seltenen Gelegenheiten, in denen es geschieht, sollte man dankbar sein. Der 10. März 1965 war ein solcher Tag, gerade weil er keine mitreißenden, glänzenden Reden formulierte, sondern Einsichten hervorbrachte und jeden, der ihn miterlebt hat, zum Nachdenken zwang. In der Geschichte des Deutschen Bundestages wird er einen wesentlichen Platz einnehmen.

Rainer Barzel

Das „Wunder unserer Zeit" – Deutschland und Frankreich

„Immer wieder haben auch in den vergangenen Jahrzehnten Staatsmänner beider Länder versucht, dieses Spannungsverhältnis zwischen Frankreich und Deutschland aus der Welt zu schaffen. Aus unserer jüngsten Geschichte erinnere ich an die Versuche während der Weimarer Republik, die durch die Namen Stresemann und Briand gekennzeichnet sind. Diesen Versuchen waren schon jahrzehntelang vorher Bemühungen Bebels vorausgegangen. Unendlich viel Blut, meine Damen und Herren, Blut und Leid wäre Franzosen und Deutschen, Europa und der Welt überhaupt erspart worden, wenn diese Versuche damals gelungen wären. Uns und der Welt wären der Nationalsozialismus, dessen Wurzeln aus dem nicht zustande gekommenen Ausgleich zwischen Frankreich und Deutschland nach dem Kriege von 1914 bis 1918 ihre verderbliche Nahrung gezogen haben, und der letzte Weltkrieg erspart worden. Wären diese Versuche geglückt, so hätten die Geschichte der beiden Völker und die Geschichte Europas einen anderen Verlauf genommen."

Das erklärte Bundeskanzler Konrad Adenauer am 25. April 1963 im Deutschen Bundestag, als er – nach vierzehnjährigem Bemühen – mit einer Regierungserklärung den Vertrag über die deutsch-französische Zusammenarbeit einbrachte.

Keiner widersprach.

Vielmehr unterstrich Herbert Wehner diese weittragende Feststellung des Regierungschefs nachdrücklich für die Opposition: „Beiden Völkern hätte diese Diktatur und das, was ihr folgte, erspart werden können", wenn man sich in Europa zusammengefunden hätte.

Adenauer wie Wehner verzichteten darauf, diese Aussage näher zu begründen. Sie hätten es leicht tun können – nicht nur mit Hinweisen auf Richelieu. Reichskanzler Stresemann, der spätere Träger des Friedensnobelpreises, hatte am 22. November 1923 vor dem Deutschen Reichstag unmißverständlich erklärt: „Schlimmeres an Unerträglichkeiten hat wohl nie eine Politik mit sich gebracht als die, deren Träger bis zur Gegenwart der französische Ministerpräsident ist, die in fortgesetzter Konsequenz schließlich die Grundlage der gesamten politischen und sozialen Zerrüttung Deutschlands ist."

Man unterließ solche Hinweise, weil niemand mehr Wort und Widerwort über den Rhein schleudern, sondern die Hand reichen wollte, statt die Faust zu ballen, Haß zu predigen und zu den Waffen zu greifen. So nannte Präsident de Gaulle am 3. Juli 1962 die deutsch-französische Zusammenarbeit das „Wunder unserer Zeit". „Unsere Völker", fügte er hinzu, „geben nichts auf außer ihrem Streit." Nichts – außer ihrem Streit!

Trotz der Einsicht, daß die nach dem Ersten Weltkrieg weithin anhaltenden Spannungen zwischen Deutschland und Frankreich folgenschwer und bitter für ganz Europa wirkten, auch trotz viel guten Willens, entstand nach dem Zweiten Weltkrieg, Ende der vierziger Jahre, über die Saarfrage zwischen Frankreich und Deutschland eine explosive Lage. In der Sitzung des Deutschen Bundestages vom 10. März 1950 brach auf, was sich da angestaut hatte.

Die Saarfrage

Bundeskanzler Adenauer verwahrte sich in aller Form vor dem Deutschen Bundestag gegen Verträge, die Frankreich mit Vertretern des Saargebiets geschlossen hatte. Diese Verträge sahen die Autonomie für das Saargebiet vor. Adenauer beschwor das Parlament, die Öffentlichkeit und die Siegermächte: „Da die Regelung der Verhältnisse an der Saar durch den Friedensvertrag erfolgen soll, ist sie eine Angelegenheit der Bundesrepublik Deutschland ... Ich lege, meine Damen und Herren, daher namens der Bundesregierung feierlich Verwahrung gegen die vier am 3. März 1950 zwischen der französischen und der Saarregierung geschlossenen Verträge ein und bitte das Hohe Haus, sich dem anzuschließen.“

Der Deutsche Bundestag applaudierte lebhaft. Er unterbrach die Sitzung, um den Fraktionen Gelegenheit zur Beratung dieser Erklärung der Bundesregierung zu geben.

Nach Wiedereröffnung der Sitzung kam es wegen der Haltung des rechtsradikalen Abgeordneten Hedler zu Tumulten. Hedler war kurz vorher unter anderem von den Vorwürfen
- Beleidigung von Mitgliedern der jüdischen Gemeinde
- Aufreizung zum Rassenhaß und
- Beleidigung der Widerstandskämpfer

freigesprochen worden. Dieser Freispruch hatte zu scharfen Protesten der Sozialdemokraten geführt. Abgeordnete der SPD und der CDU erhoben sich und, so das Protokoll, „nahmen zwischen den Bänken der Rechten und in unmittelbarer Nähe des Abgeordneten Hedler Aufstellung“. Der Energie des Präsidenten Dr. Köhler gelang es, eine Schlägerei zu vermeiden und den Abgeordneten Hedler des Saales zu verweisen.

Dann sprach der Oppositionsführer. Es war eine der größten Reden Kurt Schumachers. Schon im Deutschen Reichstag hatte er im Kampf gegen

846–1870	Der Beginn der fränkischen Erbteilung bis 1870 steht im Zeichen vielfältigen Austausches und gegenseitiger Beeinflussung auf wirtschaftlichen, kulturellen und wissenschaftlichen Gebieten zwischen Deutschen und Franzosen.
1870–1945	Kürzerer Zeitraum deutsch-französischer Beziehungen, geprägt von Rivalität, Todfeindschaft und kriegerischen Auseinandersetzungen („Erbfeindschaft“).
1945–1948	Erste Phase der französischen Besatzungszeit: „militärisch-administrative ‚Tyrannei‘“ (Eschenburg); in der 2. Phase Auflockerung.
Mitte 1948	Gründung des deutsch-französischen Instituts in Ludwigsburg. Heuss: „Deutsche und Franzosen müssen miteinander zugehen auf Europa.“
19. 9. 1948	Churchill fordert in Zürich als Voraussetzung für die Bildung der „europäischen Familie“ das partnerschaftliche Zusammengehen Deutschlands und Frankreichs.

Konrad Adenauer 1951 im Gespräch mit Jean Monnet (Mitte) und Walter Hallstein.

Joseph Goebbels Beweise seiner herausragenden Beredsamkeit gegeben. Er nannte am 23. Februar 1932 den Nationalsozialismus „Appell an den inneren Schweinehund im Menschen".

Durch Amputation und andere gesundheitliche Probleme – Folgen des Ersten Weltkriegs und des Konzentrationslagers – sichtbar behindert, sprach er sitzend, unterstrich dabei mit der verbliebenen, vorschnellenden Hand seine Sätze, die des öfteren unerwartet wie Peitschenhiebe kamen und trafen.

Diesmal trafen sie nicht den Kanzler, sondern die Alliierten: „Aktuell ist die Saarfrage ein Prüfstein für die alliierte Demokratie gegenüber den Deutschen. Wenn wir das, was die ‚New York Times' die verschleierte Annexion nennt..., ein Überprotektorat nennen könnten, dann ist das doch in seiner ganzen Bedeutung für den Bruch der Prinzipien internationaler Demokratie klar ... Entscheidend und die Politik der Deutschen wohl auf die Dauer bestimmend, ist die Tatsache der Herauslösung eines deutschen Gebietes aus Deutschland ... Deutschland hat als Staat trotz der Ausübung seiner Beherrschung durch den alliierten Kontrollrat niemals aufgehört zu existieren."

Schumacher wurde immer wieder von Beifall unterbrochen. Nach dieser Rede erhoben sich die Abgeordneten der SPD von ihren Plätzen, um ihren Vorsitzenden mit einer stehenden Ovation zu ehren und ihm zu danken.

Der kommunistische Abgeordnete Renner hatte vergeblich versucht, Kurt Schumacher durch Zwischenrufe zu stören. Souverän fertigte Schumacher dessen Einwürfe ab: „In diesem Rennen sind Sie kein edler ‚Renner', sondern nur ein kleines Panjepferdchen." „Schallende Heiterkeit" des Parlaments – so das Protokoll – stopfte dem Zwischenrufer für längere Zeit den Mund.

Die deutschen Demokraten, die Hitler widerstanden hatten, erhoben nun im freigewählten Parlament ihre Stimme gegen die Siegermächte. Zu lange war diese Stimme – ohne einen Ort zur freien Aussprache – zum Schweigen verurteilt. Nun galt das freimütige Wort einer beabsichtigten neuen Mißhandlung. Die Demokraten in der Welt, die das hörten, wollten

Robert Schuman, Verfechter der Idee eines geeinten Europas, bei seiner Rede nach Verleihung des Internationalen Karls-Preises im Aachener Rathaus am 15. Mai 1958.

nicht die von Hitler Verfolgten als Zeugen gegen ihre Politik anklagend erleben. So siegten die von Hitler Gedemütigten gegen beabsichtigte Siegerwillkür. Das war, denkt man an die Politik nach dem Ersten Weltkrieg, neu.

Sehr viel später, unter Mühen (und auch mit Winkelzügen), gelang das Kunststück: Die Saar blieb deutsch, und die zerstrittenen Nachbarn übten mit Erfolg, sich zu vertragen. Das ging nicht durch Sonntagsreden, sondern durch behutsame, geduldige und konsequente Werktagsarbeit.

„Doch man sieht nur, die im Licht sind, die im Dunkeln sieht man nicht." Diese Metapher von Bertolt Brecht gilt auch hier: Die Werktagsarbeiter, ohne die nichts geht und nichts wird, entbehren des Glanzes und erleben keine „Sternstunden". Sie bewirkten – ungenannt und unbekannt – das Vertragen zwischen Deutschland und Frankreich. Das „Wunder" war die Frucht ihrer Arbeit. Wer sich verträgt, kann dauerhafte Verträge schließen, Verträge, die tragen. So gelang es zwischen Deutschland und Frankreich, auch zwischen Deutschland und Israel, zwischen uns und den Juden.

Auf dem Weg zur europäischen Familie

Hitzig ging es zu im Deutschen Bundestag am 13. Juni 1950. Die Abgeordneten debattierten stürmisch über den Beitritt der Bundesrepublik Deutschland zum Europarat. Der Abgeordnete Reimann von der KPD hatte sich den Anordnungen des Präsidenten Dr. Köhler widersetzt und versucht, das Wort zu erzwingen. Nach Tumulten und Unterbrechung wurde Reimann wegen „des schwersten Verstoßes gegen die Disziplin des Hauses" für dreißig Sitzungstage ausgeschlossen, die Sitzung wurde erneut unterbrochen, der Saal wie die Tribüne geräumt. Von der „Würde" des „Hohen Hauses" war zu Beginn dieser Debatte durch diese gewollte Provokation wenig zu spüren.

Bald rechnete Konrad Adenauer mit Kurt Schumacher ab. Dieser habe kürzlich in Hamburg gesagt: „Die soziale Passivität der Bundesregierung sei die Keimzelle des Faschismus und der Diktatur ... Der aus der sozialen Passivität kommende Mangel an Phantasie und Energie habe den Rechtsradikalismus in Westdeutschland zur Massenbewegung gemacht."

Heute – wie damals – weiß man, daß das weder stimmte noch stimmt. Aber – so heftig wurde damals gestritten.

Adenauer fand bald einen Punkt breiter Übereinstimmung, die er an diesem Tag und aus diesem Anlaß mehr suchte als politischen Streit. Unter lebhafter Zustimmung, die schlagartig (das muß man können) das Klima im Parlament veränderte, betonte er: „Ich möchte von der Tribüne dieses Hauses aus erklären, daß das deutsche Volk in seiner Gesamtheit mit wenigen Ausnahmen – das glaube ich sagen zu können – wünscht, daß zwischen Deutschland und Frankreich in Zukunft alle psychologischen Hemmnisse beseitigt werden, auf daß endlich Friede auch in Europa werde."

Damit hatte der Kanzler das Grundmotiv seiner Politik bezeichnet. Schon in seiner ersten Regierungserklärung am 20. September 1949 betonte er vor dem Deutschen Bundestag: „Der deutsch-französische Gegensatz, der hunderte von Jahren die europäische Politik beherrscht und zu so manchen Kriegen, zu Zerstörungen und Blutvergießen Anlaß gegeben hat, muß endgültig aus der Welt geschafft werden."

John McCloy, Hochkommissar der USA mit Amtssitz auf dem Petersberg oberhalb Bonns, hatte dem Kanzler im Gespräch nahegelegt, auf Paris zuzugehen. Der französische Hochkommissar André François-Poncet, von 1931 bis 1938 Botschafter Frankreichs in Berlin, wirkte diskret, beständig und erfolgreich für die Annäherung beider Länder. Der britische Kriegs-Premier Winston Churchill hatte am 19. September 1948 in Zürich mit Weitblick gefordert: Die „europäische Familie" müsse wieder gebildet werden. Der erste Schritt dazu sei die Partnerschaft zwischen Frankreich und Deutschland. Zusammen müßten sie die Führung übernehmen.

Adenauer bedurfte solcher Hinweise und Anregungen nicht. Zeit seines Lebens war er zutiefst überzeugt, daß nur Verständigung über den Rhein hinweg Frieden in Europa bewirken könne. So nutzte er die Aktivitäten der Siegermächte gerne in seinem Sinne.

1952 erfolgte die Gründung der Europäischen Gemeinschaft für Kohle und Stahl. Von Karl Arnold in Düsseldorf angeregt, ergriffen Robert Schuman und Jean Monnet für Frankreich die Initiative, der Adenauer sofort zustimmte. So ging der ersten Europäischen Gemeinschaft die unerläßliche Verständigung zwischen Paris und Bonn voraus.

20. 9. 1949	In seiner ersten Regierungserklärung fordert Adenauer die Beendigung des deutsch-französischen Zwists.
10. 3. 1950	Saardebatte im Bundestag mit einer Rechtsverwahrung gegen das Saarabkommen vom 3. 3. 1950.
7./21. 3. 1950	Adenauer schlägt eine vollständige politische Union mit Frankreich vor, insbesondere die Gründung eines deutsch-französischen Wirtschaftsparlamentes.
13. 6. 1950	Bundestagsdebatte über den Beitritt zum *Europarat.*
20. 6. 1950	Beginn der Besprechungen in Paris über den Abschluß einer europäischen Montanunion.
23. 4. 1952	Scheitern der deutsch-französischen Saarverhandlungen.
25. 7. 1952	Inkrafttreten des Vertrages über *die europäische Gemeinschaft für Kohle und Stahl (Montanunion).*
23. 10. 1955	Bevölkerung des Saarlandes lehnt das französische *Saarstatut* ab.
27. 10. 1956	Unterzeichnung der deutsch-französischen Saarverträge. – Am 1. 1. 1957: Eingliederung des Saarlandes als 11. Bundesland.
1958	Beginn der intensiven Beratungen zwischen Adenauer und de Gaulle über eine deutsch-französische Zusammenarbeit.

1954 scheiterte das Projekt der Europäischen Verteidigungsgemeinschaft an Frankreich. Wieder erwies sich: Ohne Übereinstimmung zwischen den Nachbarn konnte (und kann) Europa nicht Gestalt gewinnen.

De Gaulle und Adenauer

Tag auf Tag, Jahr auf Jahr, Problem um Problem bewährten sich Adenauer und unser Land beharrlich als verläßliche Partner des Nachbarn. In den Wirrnissen und temporeichen Abläufen der Vierten Republik Frankreichs – Politik und Kabinette wechselten schnell und immer wieder – empfand man in Paris die freundschaftliche Beständigkeit aus Deutschland als wohltuend.

Als de Gaulle im Jahre 1958 dem zerfasernden Pariser Politikbetrieb ein Ende machte, wandte er sich bald Adenauer und Deutschland zu. Viele überraschte das. Hatte sich de Gaulle doch 1944 nach der Befreiung Frankreichs sofort und in Eile mit den Moskauern gegen Deutschland verabredet. Die ihn genauer kannten, wußten jedoch, daß er schon während des Krieges in London die Vision einer deutsch-französischen Zusammenarbeit gehabt und ausgesprochen hatte.

Die Völker hatten längst bei sich beschlossen: Schluß mit Rivalität, Revanche und Krieg! Der französische Kriegsgefangene lernte in Deutschland – wie der deutsche Landser in Frankreich – Menschen kennen, in denen er sich wiedererkennen konnte.

Die beiden alten Herren verpaßten oder verpatzten den „Saum der Geschichte" nicht, der sich ihnen zum Greifen anbot. Sie packten zu und gestalteten. Auch verstanden sie sich gut und begegneten einander in Hochachtung – oft in altväterlicher Form.

Sie hatten ihre Mitarbeiter unter Führung von Joseph Jansen und Charles Lucet beauftragt, nach Scheitern des Plans zur Gründung der Europäischen Politischen Union (1962) einen bilateralen Vertrag auszuarbeiten, der engste Zusammenarbeit zum Inhalt und deren Unumkehrbarkeit zum Ziel haben sollte. Nur um den Preis einer solchen Verabredung war Adenauer bereit, zwischen den Wahlen seinen Platz als Kanzler zu räumen.

Am 22. Januar 1963 wurde der Vertrag über die deutsch-französische Zusammenarbeit in Paris im Elysée feierlich unterzeichnet.

Nach diesem Vertrag arbeiteten beide Regierungen eng zusammen mit dem Ziel, möglichst zu „gleichgerichteten Haltungen" zu kommen. Ein deutsch-französisches Jugendwerk wurde errichtet. Leitende Beamte und Offiziere beraten miteinander wie Minister und Abgeordnete. Man informiert und konsultiert sich, man kooperiert und koordiniert und sucht nach Gemeinsamkeiten. Feste Regeln und verpflichtende Termine ordnen und binden die Aktivitäten.

Statt in das Scheinwerferlicht eines säkularen historischen Ereignisses gerückt zu werden, geriet der Vertrag zunächst in den Strudel politischer Hysterien – auch von Intrigen.

Ludwig Erhard, im Begriff, Bundeskanzler Adenauer nachzufolgen, paßte die ganze „kleineuropäische“ Richtung nicht und dieser „Zweibund“ schon gar nicht.

Außenminister Schröder, Rivale Erhards, hatte zu Frankreich wie zu Israel nie ein herzliches Verhältnis gefunden. Er dachte „atlantisch“ und

Auf dem Weg zu einer Aussöhnung der beiden Völker: Charles de Gaulle (r.) und Konrad Adenauer beim Hochamt in der Kathedrale von Reims am 8. Juli 1962.

betrieb die Umwandlung des als Regierungsabkommen beabsichtigten Vertrages zu einem Dokument, das der parlamentarischen Zustimmung bedurfte. Und im Parlament warteten Kritiker, dem Vertrag „die Zähne zu ziehen", zugleich de Gaulle die Zähne zu zeigen und dem bald scheidenden Kanzler seine schwindende Kraft vorzuführen. Die Presse in Deutschland war überwiegend „antigaullistisch" eingestellt.

So entstand „großer Lärm" und eine „innerparteiliche Fronde" gegen Adenauer; „von der ursprünglichen europapolitischen Geschlossenheit der einstigen engsten Führungsequipe Adenauers war nichts mehr übrig geblieben" (Hans-Peter Schwarz). Von Brentano, Hallstein, Blankenhorn – auch sie verstanden den Kanzler nicht und kritisierten nicht nur hinter vorgehaltener Hand. Offen wurde in Zeitungen von der „außenpolitischen Isolierung des Kanzlers" gesprochen.

Die Lage in Bonn war wesentlich bestimmt und beeinflußt von der damaligen internationalen Aufgeregtheit. Und viele gossen noch Öl ins Feuer ...

Noch sind die Archive verschlossen. Nach dem, was man schon wissen kann, ergibt sich dieses Bild:

Der britische Premierminister Harold McMillan besuchte am 15. und 16. Dezember 1962 General de Gaulle, Präsident der Französischen Republik, in Rambouillet. Er warb um die Zustimmung Frankreichs für den Beitritt Großbritanniens zur Europäischen Gemeinschaft. Von seiner kurz bevorstehenden Reise zu John F. Kennedy, Präsident der USA, sagte er nichts; verschwieg auch, daß er eine atomare Abrede mit den USA verbindlich zu treffen beabsichtige. – Andere stellen dieses Gespräch anders dar und verweisen auch auf das vor dem Besuch McMillans abgegebene interne Votum des französischen Außenministeriums gegen den britischen Beitritt zur Europäischen Gemeinschaft. Auch sahen sie in de Gaulle – meines Erachtens zu Unrecht – einen Nationalisten, welcher weder der Europäischen Gemeinschaft noch dem Atlantischen Bündnis wohl wollte.

14./15. 9. 1958	Adenauer trifft bei einem Staatsbesuch zum ersten Mal mit dem neuen französischen Staatschef de Gaulle zusammen.
1959	De Gaulle äußert den Wunsch nach gemeinsamen Zusammenkünften der deutschen und französischen Kabinette.
15. 7. 1960	Wiedergutmachungsabkommen der Bundesrepublik mit Frankreich wird unterzeichnet.
1961–1962	Eine Reihe von Staatsbesuchen und Arbeitsbesprechungen auf dem Weg zu einem deutsch-französischen Vertrag erfolgen. 8.–11. 2. 1961: Adenauer in Paris; 25. 5. 1961: de Gaulle in Bonn; 9. 12. 1961: Gegenbesuch Adenauers; 15. 2. 1962: Treffen Adenauer – de Gaulle in Baden-Baden; 15. 2. 1962: Adenauer in Paris. De Gaulles Staatsbesuch in der Bundesrepublik vom 4.–9. 9. 1962 wird zum Grundstein des deutsch-französischen Freundschaftsvertrages. Jansen und Lucet werden beauftragt, eine bilaterale Abmachung auszuarbeiten.

Wie immer: Die Meldungen über Besuch, Gespräch und Verabredungen zwischen McMillan und Kennedy am 18., 19. und 20. Dezember 1962 in Nassau überraschten viele. De Gaulle – Kriegspartner der Briten, Verbündeter in der NATO und erwünschter Partner Großbritanniens in der Europäischen Gemeinschaft – sah sich düpiert. Diese britische Haltung entsprach ganz und gar nicht der Erwartung, die der General von der Gemeinsamkeit in der Europäischen Gemeinschaft und dem Zusammenwachsen zur Politischen Union für angemessen und unerläßlich hielt. Am 14. Januar 1963 hielt er – ein Ritual – eine seiner berühmten Pressekonferenzen in Paris. Er unterbrach die laufenden Verhandlungen über den Beitritt Großbritanniens zur Europäischen Gemeinschaft.

Das war mehr als ein Donnerwetter.

Wenige Tage später, am 21. und 22. Januar 1963, trafen sich Adenauer und de Gaulle in Paris. Sie unterzeichneten im Elysée feierlich den Vertrag über die deutsch-französische Zusammenarbeit.

Voreingenommenheiten

Dem Donnerwetter war nun, so schien es der aufgeschürt-aufgeregten Welt, das Gewitter gefolgt. Man interpretierte den nach Scheitern der Pläne zur politischen Union Europas durch die Herren Jansen und Lucet ausgehandelten und vorbereiteten Vertrag als Antwort Deutschlands und Frankreichs auf die aktuelle Lage – als „Sonderbündelei", als „Abschied" von Bündnis und Gemeinschaft, als „Zweibund", als Beginn einer prinzipiell anderen Politik, als antiatlantisch und anti-konföderativ.

Interessierte flüsterten diese Fehldeutungen allen in Deutschland ein, die es hören wollten. Auch die es nicht wollten, mußten es hören. So geriet, was als Abschluß von Feindschaft, Rivalität und Revanche, was als fundamentaler Neubeginn gedacht, geplant und verabredet war, in falsches Licht. Diese fatale Beleuchtung eines historischen Vorgangs gewann die Oberhand. Adenauer gelang es nicht, seine Sache ins richtige Licht zu rücken.

Freunde aus Nachbarländern besuchten uns, um vor der neuen „Achse" zu warnen. Man werde sie nicht hinnehmen, sich nicht gängeln, bevormunden, ungleich behandeln, sich gar kommandieren lassen.

Die Sowjetunion drohte und ließ förmliche Protestnoten in Paris wie in Bonn amtlich überreichen. Dieser Vertrag sei unannehmbar, er diene der Vorbereitung eines Krieges.

Bonn war damals ein Tummelplatz der Einmischung von außen, der gezielten Desinformation, der geschürten Erregung, der zielgerecht produzierten Mißverständnisse. Mit Krokodilstränen beklagten sich auch solche Nachbarn über den „Zweibund", die ihn durch ihr mangelndes Interesse an der von Bonn erstrebten politischen Union Europas herbeigeführt hatten. Von jenseits des Atlantiks erfolgte unübersehbar Einmischung. Und mancher aus dem Kabinett, das am 16. Januar 1963 einstimmig für den Vertrag votiert hatte, verhielt sich, als sei er nicht dabei gewesen ...

Adenauer hatte die USA rechtzeitig zu dem Vorhaben mit Frankreich konsultiert und stetig unterrichtet. Nach Vertragsabschluß aber gab man sich in Washington ungehalten. Die USA mahnten dringend „Klarstellungen" an. Carstens und von Brentano kehrten von Informationsreisen nach Washington mit diesem politischen Gepäck zurück. Sie hätten nicht zu reisen brauchen: Die Bonner Botschaft der USA wirkte kräftig auf die deutsche Meinungsbildung ein.

De Gaulle war enttäuscht. Erhard mäkelte öffentlich, und Gerhard Schröder, der mit dem Kanzler den Vertrag unterzeichnet hatte, betrieb, um ihn politisch durchzusetzen, die sinnwidrige Präambel.

Der britische Beitritt zur Europäischen Gemeinschaft schien manchen wichtiger zu sein als die deutsch-französische Gemeinsamkeit, ohne die es diese Europäische Gemeinschaft nicht gäbe.

Verblendung und geschichtliche Kurzsichtigkeit gab es nicht nur in Bonn. In Paris kämpfte Mitterrand mit seinen Sozialisten gegen den Vertrag.

Alle diese politischen Manöver blieben überwiegend in den Schlagzeilen des Tages hängen. Die Völker hatten beschlossen, zusammenzustehen und einander die Hand zu reichen. Das zählte und wirkte, wog mehr als die aufgeregte Geschäftigkeit der damaligen Politik.

Als, nach geraumer Zeit, Bundesrat und Bundestag die Ratifikationsdebatte über den Vertrag eröffneten, hatte sich zwar die Aufgeregtheit gelegt; die Mißverständnisse und Vorurteile aber hatten sich festgesetzt und wurden wie Tatsachen gehandelt.

Aus diesen parlamentarischen Beratungen:

Am 1. März 1963 erörterte der Bundesrat den Vertrag. Als Berichterstatter erhielt Willy Brandt, Regierender Bürgermeister von Berlin, zuerst das Wort. Er würdigte den Vertrag konkret und positiv, betonte dann aber nachdrücklich „Besorgnisse", welche ihm entgegenstünden. Es sei fraglich, ob der Zeitpunkt wie der Stand der Aussöhnung glücklich gewählt seien; ob etwa für die NATO sich durch diesen Vertrag „desintegrierende Entwicklungen" ergeben könnten; ob er für die Europäische Gemeinschaft „belastende Faktoren" bewirke. So trug er Anträge und Anregungen vor, diese Besorgnisse durch eine Entschließung auszuräumen. Er brachte den Wortlaut einer Entschließung ein, die den Vertrag – gedacht als Wert an sich, weil es, so de Gaulle, gut für alle sei, wenn Deutschland und Frankreich zusammenstehen – lediglich zum Instrument im Interesse von NATO und EG machte.

Konrad Adenauer warb für den Vertrag, wie er vorlag, „einen Vertrag von Volk zu Volk", wie er sagte. Er bat – vergeblich –: „Betrachten Sie den Vertrag für sich. Betrachten Sie ihn als ein Werk, das den Schlußstein setzt unter eine jahrelange Arbeit ... Ein vereinigtes Europa kann überhaupt nur geschaffen werden, wenn keine Gegensätze zwischen diesen beiden Kernländern in Europa bestehen."

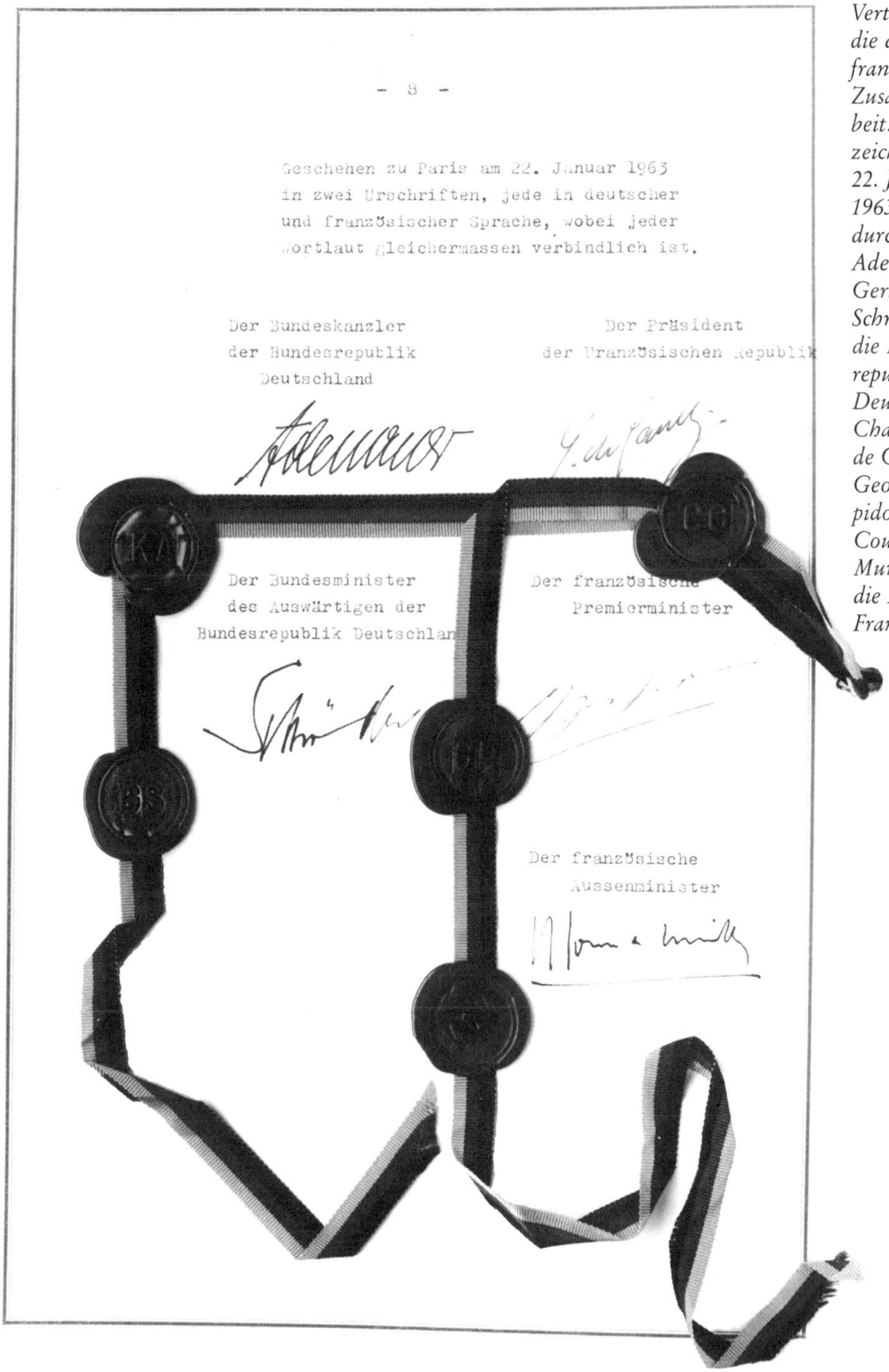
- 8 -

Geschehen zu Paris am 22. Januar 1963
in zwei Urschriften, jede in deutscher
und französischer Sprache, wobei jeder
Wortlaut gleichermassen verbindlich ist.

Der Bundeskanzler
der Bundesrepublik
Deutschland

Der Präsident
der Französischen Republik

Der Bundesminister
des Auswärtigen der
Bundesrepublik Deutschlan

Der französische
Premierminister

Der französische
Aussenminister

Vertrag über die deutsch-französische Zusammenarbeit. Unterzeichnet am 22. Januar 1963 in Paris durch Konrad Adenauer und Gerhard Schröder (für die Bundesrepublik Deutschland), Charles de Gaulle, Georges Pompidou und Couve de Murville (für die Republik Frankreich).

Bundeskanzler Adenauer und Präsident Charles de Gaulle nach der Unterzeichnung des deutsch-französischen Vertrages am 22. Januar 1963 im Elysée-Palast.

Der Kanzler, der seinen Rücktritt für den Herbst angekündigt hatte, drang nicht durch. Der Bundesrat verabschiedete – auf Antrag des nordrhein-westfälischen Ministerpräsidenten Franz Meyers (CDU) – die Entschließung, die dem Vertrag das Besondere nahm.

Im Deutschen Bundestag holten die Redner bei der Ersten Lesung am 25. April 1963 weit aus zu geschichtlichen Betrachtungen. Es gelte, die Erbfeindschaft zu überwinden und die Schicksalsgemeinschaft zu gestalten. Adenauer riet: „Lassen Sie sich in Ihrem Urteil über diesen Vertrag nicht beeinflussen durch ein zufälliges Zusammentreffen der Unterzeichnung dieses Vertrages mit Tagesereignissen und vorübergehenden politischen Stimmungen."

Die Voreingenommenheiten behielten die Oberhand. Von „Mißverständnissen" sprach der erste Redner der Union (Ernst Majonica), von „Befürchtungen zur Blockbildung", und verschärfte die Stellungnahme des Bundesrates, indem er – für die Fraktion Adenauers! – forderte, die Resolution des Bundesrates dem Ratifikationsgesetz zum Vertrag als Präambel voranzustellen. Nur so würde deutlich, in welchem Sinne dieser Vertrag

„von deutscher Seite gehandhabt" werde. Das binde auch künftige Regierungen und beseitige alle Mißverständnisse.

Ein kaum verklausuliertes Mißtrauen aus den eigenen Reihen!

Auch Herbert Wehner wollte gewiß sein, daß „die Aussöhnung des deutschen und des französischen Volkes als Mittel zum Zweck der Schaffung einer europäischen Gemeinschaft dient". „Nur dann", wenn es sich so verhalte, sei das Ganze sinnvoll. Er warnte davor, daß „eine völlige Veränderung der Gewichte in der Gemeinschaft entstehen könnte" und „dem Nationalismus die Tore geöffnet" würden. Deshalb müsse „in für unsere Regierung rechtlich verbindlicher Form" klargestellt werden, was dieser Vertrag „für die Vereinigung Europas" wie „für die Partnerschaft mit den USA" bedeuten solle.

Die Debatte zog sich hin. Es war mehr von „Mißverständnissen", „Beeinträchtigungen", „Befürchtungen" die Rede, von „Hegemonie", „störenden" und „hemmenden Elementen", von „Zweifel" und „Zwielicht", vom „Sichbedrohtfühlen" der kleineren Länder – mehr von alledem als von dem historischen Ereignis und seiner Perspektive für die Zukunft.

Der Ausschuß für Auswärtige Angelegenheiten beriet intern und legte darüber den Bericht des Abgeordneten Hans Furler vor. Er würdigte „das enge und ständige Zusammenwirken der beiden Staaten bei der Bildung der europäischen Institutionen" und ihren Willen, „nach jahrhundertelangen Auseinandersetzungen zu einer dauernden Freundschaft zu gelangen". Der Bericht behandelte auch die „Einwände gegen den Vertrag" und empfahl, dem Ratifikationsgesetz eine Präambel einzufügen. Sie sollte den Vertrag in den Dienst der „großen Ziele" stellen, welche die Bundesrepublik Deutschland „mit den anderen ihr verbündeten Staaten anstrebt", und auf Bündnis und Gemeinschaft verweisen.

Viele hatten damals vor lauter Fragezeichen die Wahrheit vergessen, daß es ohne das Zusammenwirken Deutschlands und Frankreichs die friedliche und gedeihliche Nachkriegsordnung in Europa überhaupt nicht gäbe. Vernunft war überrundet von Stimmung. So „angemacht" erlag das Parlament einer „Stimmungsmache" – statt ihr souverän durch bessere Einsicht die Stirn zu bieten.

Carlo Schmid betonte – unverständlich befriedigt –: „Es steht nunmehr fest, daß der Vertrag einer jeden deutschen Bundesregierung nur als Instrument einer positiven europäischen Integrationspolitik und atlantischen Verteidigungspolitik dienen kann." Also war der Vertrag – so damals das Wort – „entschärft".

Es gibt auch „Sternstunden", die wenig mit Ruhmesblättern zu tun haben.

Adenauer ging. De Gaulle sprach von Rosen, die welken. Der Vertrag geriet in den Schatten. Später besann man sich, erkannte die Vorteile und Chancen dieser Zusammenarbeit neu, machte das Sensationelle zur Normalität, zog immer wieder beträchtlichen Nutzen aus der Zusammenarbeit und beschloß zum 25. Jubiläum des Vertrages, „auf jeden Fall und in jedem

Fall zusammenzustehen“ sowie von Koordination und Kooperation schrittweise zu Gemeinsamkeit überzugehen. Der Vertrag wurde ergänzt, ein gemeinsamer Kulturrat wurde geschaffen und je ein Rat für Verteidigung sowie für Wirtschaft und Finanzen. Die Verantwortlichen in Paris und in Bonn betrachten sich als Motor für Europa.

Frühere Vertragsgegner und Kämpfer für die Präambel raten jetzt, auch öffentlich, den Faden des ursprünglichen Konzepts Adenauers und de Gaulles wiederaufzunehmen. Nachbarn ermuntern jetzt zu deutsch-französischen Initiativen. Die Sowjetunion rechnet nun ein, es in jedem Falle mit Frankreich *und* Deutschland, immer mit beiden zusammen, zu tun zu haben.

Europa hat sich durch dieses „Wunder“ verändert. Frieden und Fortschritt haben eine größere Chance. Kleinmut und besserwisserische Beckmesserei damals blieben inzwischen auf der Strecke.

Das Parlament ist stark. Das Leben ist stärker.

Ausblick

Seit Jahren richten Deutschland und Frankreich den Blick gemeinsam nach vorne, widmen ihre Anstrengungen den wichtigen Zukunftsfragen.

Wir haben jüngst begonnen, unsere Zusammenarbeit hinsichtlich Umweltschutz, Energie, Forschung und Technik weiter zu verdichten. Dadurch sammeln wir zugleich Erfahrungen für das – nach unserem gemeinsamen Willen – künftig immer mehr zusammenwachsende Europa. Was zu zweit geht, sollte auch im größeren Kreis möglich sein. Und was zu zweit nicht geht, wird im Dutzend weder billiger noch einfacher.

16. 1. 1963	Das Bundeskabinett votiert einstimmig für den deutsch-französischen Vertrag.
22. 1. 1963	Unterzeichnung des Vertrages über deutsch-französische Zusammenarbeit im Elysée. – Der *Elysée-Vertrag* gilt als ‚Sonderbündelei‘ und wird als antiatlantisch empfunden. Es kommt zu scharfen Reaktionen der USA und Großbritanniens. Die UdSSR überreicht eine Protestnote. Zwei Kabinettsmitglieder (Erhard und Schröder) gehen auf Distanz.
1. 3. 1963	Bundestagsdebatte über das Ratifikationsverfahren.
25. 4. 1963	1. Lesung des deutsch-französischen Vertrags. Dem Vertrag soll nunmehr eine Präambel vorangestellt werden.
16. 5. 1963	Fast einstimmige Ratifikation des Vertrages mit der neugeschaffenen Präambel.
4.–5. 7. 1963	Erstes Arbeitstreffen französischer und deutscher Regierungsmitglieder. Schaffung eines deutsch-französischen Jugendwerks wird vereinbart.

In Warschau und Prag, in Ost-Berlin und in Budapest sieht man erstaunt wie in gespannter, auch anspruchsvoller Erwartung auf Frankreich und Deutschland. Unsere Philosophie – Zusammenarbeit statt Rivalität, Gleichberechtigung statt Hegemonie – gilt auch dort als tragfähig, sich nicht in Erinnerungen an Vergangenes zu verbrauchen, sondern die bessere Zukunft zu gewinnen. Auch diese Völker suchen Dialog statt Audienz, Mitsprache statt Kommando und Miteinander statt Feindschaft. Sie wollen mit uns zusammenleben, nicht gegeneinander gestellt werden oder gar sterben.

Der Gedanke, „Mitteleuropa“ zu beleben, erschreckt dort und weckt Erinnerungen an Hegemonien aus Wien oder Berlin. Man fürchtet, aus einer Vorherrschaft in eine andere zu geraten. Das deutsch-französische Bemühen und deren Philosophie faszinieren.

Deutschland und Frankreich reden nun über Ostpolitik und die Struktur einer Europäischen Friedensordnung miteinander. Die Harmonisierung ihrer Politik hat auch in diesem Feld begonnen. Sie spart Deutschland als Ganzes nicht aus.

„Entgegen einer in der Bundesrepublik weit verbreiteten Überzeugung“, schreibt Peter Scholl-Latour, „die westlichen Nachbarn lebten in ständiger Furcht, in nagendem Argwohn vor deutschen Wiedervereinigungs-Bestrebungen, haben sich bei statistischen Meinungsumfragen sechzig Prozent der Franzosen zugunsten der staatlichen Einheit Deutschlands ausgesprochen.“ („Leben mit Frankreich“, Stuttgart 1988, S. 344) Man weiß und fühlt in Frankreich, daß Europa mit einem schwachen Frankreich und einem auf Dauer gespaltenen oder neutralisierten Deutschland sich nicht gesund entfalten könnte. Jeder Versuch, ein „europäisches Europa“ aufzubauen, werde scheitern, solange die deutsche Frage ungelöst sei. Auch das deutsche Volk habe das Recht auf Selbstbestimmung. Und wohl kaum würden die Deutschen je so töricht sein, ihre Sicherheit „dem Wohlwollen der Sowjetunion auszuliefern“ (Jean-Pierre Chevènement).

Nie kann ich vergessen, wie de Gaulle aus Enttäuschung über die deutsche Haltung und auch wegen der Präambel zum Vertrag wehmütig und etwas aus dem Handgelenk Malherbe zitierte: Die Verträge seien wie Rosen, sie blühen nur einen Sommer ... Der deutsche Kanzler merkte an: Rosen seien zäh, überdauerten lange und trieben immer wieder Blüten ...

Auch ist mir unvergeßlich, wie der scheidende Bundeskanzler Adenauer nach Ehrung und Abschied in Berlin mir sagte: „Nur wenn wir gut stehen mit Frankreich, mit Israel und mit Polen, wird es besser werden für Deutschland.“

Fides Krause-Brewer

Soziale Marktwirtschaft

„Schicksalsträchtige Stunden, in denen eine zeitüberdauernde Entscheidung auf ein einziges Datum, eine einzige Stunde zusammengedrängt ist“, so beschreibt Stefan Zweig Sternstunden der Menschheit. In dieser Weise definiert, kann eine wirtschaftspolitische Debatte im Bundestag einem so hohen Anspruch wohl kaum genügen, denn die Entscheidungen über das wirtschaftliche Schicksal der Bundesrepublik fielen fast immer im vorparlamentarischen Raum. Das war so, als Ludwig Erhard in einem Husarenritt nach der Währungsreform zunächst ohne die Zustimmung der Alliierten einen großen Teil der Bewirtschaftung aufhob und dies im Rundfunk verkündete. Das war jedesmal so, wenn es um die Frage ging: Soll die D-Mark aufgewertet werden oder nicht? – weil Währungsfragen immer hinter den Kulissen entschieden werden müssen.

Auch weniger problembeladene Entscheidungen werden im Vorfeld parlamentarischer Debatten ausgefochten – in den Fraktionsarbeitskreisen und vor allem in den Ausschüssen des Bundestages. Dort wird bei aller Gegensätzlichkeit der Standpunkte in der Regel fair und sachlich verhandelt. Und dort kommt es wohl auch vor, daß ein Politiker unter dem Eindruck überzeugender Argumente der Gegenseite einmal seine Ansicht ändert. Im Plenum wird er das später nicht zugeben. Hier werden die politischen Meinungen auf den Punkt gebracht, selbst wenn sie unter dem Druck der Fakten manchmal kaum noch haltbar erscheinen. Ein klassisches Beispiel für das Dilemma, in das ein Politiker in solcher Situation geraten kann, ist der Ausruf des ehemaligen Bundeswirtschaftsministers Kurt Schmücker: „Wir lassen uns auch durch den besseren Sachverstand nicht von unserer politischen Meinung abbringen.“

Das Bemühen, die politische Überzeugung im Bundestag zur Geltung zu bringen, hat immerhin zu einigen großen Auseinandersetzungen geführt, die aus dem Inuendo parlamentarischer Routine herausfallen und die nachzulesen gewinnbringend und interessant ist. Wobei auffällt, daß sich große Debatten vor allem in den ersten 25 Jahren der Bundesrepublik entwickelten – in der Zeit also, in der unser Staat noch in einer Aufbauphase war. Damals fielen wichtige Entscheidungen: über die Rentenreform, über die Montanunion, über den Beitritt zur Europäischen Wirtschaftsgemeinschaft, über das Kartellgesetz, das Grundgesetz der Wettbewerbsordnung, über das Stabilitäts- und Wachstumsgesetz, mit dem man hoffte, die Wirtschaft steuern zu können. In der Frühzeit des bundesdeutschen Parlamentarismus wurde wohl auch noch debattiert, in der Hoffnung, vor Entscheidungen über das wirtschaftliche Schicksal der Bundesrepublik den politischen Gegner von der eigenen Meinung überzeugen zu können.

Heute werden in den Fraktionen abgestimmte Reden mehr oder weniger lustlos abgelesen – bis zu der Stunde, da die Abgeordneten damit rechnen können, mit einem Rede-Ausschnitt ins Fernsehen zu kommen. Da aber zu diesem Zweck die Reden oft vorher an die Presse verteilt werden, kann der Redner von seinem Kontext kaum noch abweichen. Ein spannendes Rededuell mit überraschenden Einlassungen kommt so kaum zustande.

Läßt man einmal die großen wirtschaftspolitischen Debatten seit 1950 Revue passieren, zeigt sich, daß sie sich fast immer an der Frage entzündeten: Droht der Bundesrepublik eine Inflation? Die Angst der Bevölkerung vor einem Wert-Verlust des Geldes stand in den ersten 30 Jahren hinter allen parlamentarischen Wirtschaftsdebatten. Dabei kam dann auch jedesmal die Soziale Marktwirtschaft auf den Prüfstand. Waren sozialdemokratische Politiker zunächst davon überzeugt, daß sich die Inflation nur mit planwirtschaftlichen Maßnahmen wirksam bekämpfen lasse, vollzog sich im Laufe der Jahre in der SPD ein Umdenken, eine vorsichtige Akzeptanz marktwirtschaftlicher Maximen. Die Wähler honorierten die Ablehnung der wichtigsten militärpolitischen, außenpolitischen und wirtschaftspolitischen Beschlüsse nicht. Der Wahlsieg Adenauers von 1957 bewies es. So war die Wende im Godesberger Programm, von Willy Brandt, Carlo Schmid, Heinrich Deist und Herbert Wehner in bitteren Kämpfen mit den Genossen durchgesetzt, eine Notwendigkeit für das Überleben der SPD. Zwar hatte Prof. Karl Schiller schon Jahre vorher formuliert: „Wettbewerb so weit wie möglich, Planung soweit wie nötig." Aber erst das Godesberger Programm brachte schwarz auf weiß eine unmarxistische, unideologische, moderne Wirtschaftspolitik mit deutlich liberalen Zügen. Diese Wandlung der Sozialdemokratischen Partei, die übrigens keineswegs von allen Mitgliedern für gut befunden wurde, ist in den Debattenbeiträgen ihrer Redner deutlich zu spüren.

5. 6. 1947	Propagierung eines wirtschaftlichen Aufbauprogramms für Europa unter Einschluß Deutschlands: *Marshall-Plan.*
10. 6. 1946	Einrichtung des *Wirtschaftsrats* der Bizone.
Febr. 1948	Wahl Ludwig Erhards (1945/46 bayer. Wirtschaftsminister) zum Direktor des Vereinigten Wirtschaftsgebietes in Frankfurt/Main.
5. 2. 1948	Gründung der „Bank Deutscher Länder" (Umbenennung 1957 in „Deutsche Bundesbank") als politisch unabhängige Notenbank mit währungsstabilisierender Funktion.
18. 6. 1948	„Bewirtschaftungsgesetz". Der Wirtschaftsrat nimmt ein (von Erhard und Miksch entworfenes) Ermächtigungsgesetz an: „Leitsätze für die Bewirtschaftung und Preispolitik nach der Geldreform."
19. 6. 1946	Die Westalliierten verkünden ihr „Gesetz zur Neuordnung des Geldwesens".
20./21. 6. 1948	Inkrafttreten des Gesetzes = *Währungsreform* in den drei Westzonen. – Erhard verkündet im Rundfunk die weitgehende Aufhebung der Bewirtschaftung und Preisbindung. – Damit ist der Schritt von der Zwangswirtschaft zur (Sozialen) Marktwirtschaft vollzogen.
1950	Krise. Arbeitslosenzahl beträgt fast 2 Millionen (13,5%).
25. 6. 1950	Ausbruch des Korea-Krieges. Große Nachfrage nach Rohstoffen setzt ein.

Der nach der Währungsreform und Gründung der Bundesrepublik wirksam gewordene Marshall-Plan war für den wirtschaftlichen Aufschwung außerordentlich wichtig. Hier die NAXOS-UNION, eine Werkzeugmaschinenfabrik in Frankfurt am Main.

Für die Auswahl großer Debatten, nennen wir sie also „Sternstunden", gibt es keine eindeutigen Kriterien. Eine Sternstunde kann die Debatte um die Politik eines Mannes sein, so wie sie sich 1951 zwischen Prof. Ludwig Erhard und Prof. Erik Nölting entwickelte. Ganz anders eine Debatte zwischen Franz Josef Strauß und Prof. Karl Schiller um die Aufwertung der DM im Jahre 1969 – auch hier ging es zumindest indirekt um die Inflationsbekämpfung. Dabei lieferten sich die beiden profunden Sachkenner ein Rededuell voller Schlagfertigkeit, Bissigkeit und Witz, das aus dem Rahmen des üblichen Redeschemas im Bundestag herausfiel. In der Debatte zwischen Ludwig Erhard, Klaus Dieter Arndt und Otto Graf Lambsdorff diskutierten drei Politiker 1973 mit Sachverstand und großer Ernsthaftigkeit auf hohem Niveau – wobei Arndt und Lambsdorff in nobler Weise mit dem 76jährigen Altmeister der Wirtschaftspolitik Ludwig Erhard umgingen.

Die Debatte zwischen Gerhard Stoltenberg und Hans Apel 1982 zeigt, wie bitter und emotionsgeladen Politiker miteinander streiten, wenn sich im Parlament ein Machtwechsel vollzogen hat.

Marktwirtschaft in der Krise – Debatte am 14. März 1951

Am 25. Juni 1950 brach der Korea-Krieg aus. Es war der erste größere kriegerische Konflikt seit dem Ende des Zweiten Weltkrieges. Er löste weltweit eine panikartige Nachfrage nach Rohstoffen aus. Die Preise explodierten. In der Bundesrepublik gab es eine Hamsterwelle. Die Verbraucher lösten einen Teil ihrer Sparkonten auf; Kohle wurde knapp, Stromsperren waren die Folge. Anfang 1951 erreichte die Preissteigerungsrate mit 7,8 Prozent ihren Höhepunkt. Das Ende der Marktwirtschaft schien gekommen zu sein. Adenauer dachte in dieser Situation an Preiskontrollen.

Erhard wehrte sich. Er versuchte mit allen Mitteln, die Freie Marktwirtschaft zu retten. In dieser aufgeheizten Atmosphäre entspann sich am 14. März 1951 im Bundestag im Zuge der Debatte über den Bundeshaushalt eine dramatische Auseinandersetzung zwischen Ludwig Erhard und dem sozialdemokratischen Wirtschaftsexperten Erik Nölting. Vielen Zeitgenossen, die damals schon dabei waren, ist diese Debatte unauslöschlich in Erinnerung geblieben.

Erhard stellte sein Programm vor, das zwei Ziele verfolgte: Einmal sollten die Engpässe in der Grundstoffindustrie überwunden werden; zum anderen sollte der Außenhandel gefördert werden, um die Mangellage in der Devisenversorgung zu beseitigen. In der Debatte bezeichnete ein Sprecher der Opposition die Aufzählung der Maßnahmen, die Erhard vorschlug, als „Leichenrede der Freien Marktwirtschaft".

Erhard: „Das war nicht die Leichenrede der Freien Wirtschaft, sondern das waren die notwendigen Maßnahmen, die uns aus dem politischen Geschehen sinnvoll erscheinen oder auch, wenn Sie so wollen, aufgezwungen werden. Aber wir sind einsichtig genug und sind weniger starr als Sie, um auch diese Wendungen zu vollziehen.

Wir haben allen Grund, das System der Marktwirtschaft, soweit es nur überhaupt von außen her durchführbar erscheint, unter allen Umständen weiter aufrechtzuerhalten. Ich möchte heute mit besonderem Nachdruck das Gewicht auf den Begriff ‚Soziale Marktwirtschaft' legen."

Diese Versicherung war nötig, denn in der Tat enthielt die Liste der zu ergreifenden Maßnahmen erstaunlich vieles, was einem aufrechten Marktwirtschaftler zutiefst zuwider sein mußte: Intensivierung der Preiskontrollen, Lenkung der Sparkapitalbildung in die Grundstoffindustrien und damit Einschränkung des privaten Konsums, Offenlegung der Preiskalkulationen, Verschärfung des Wirtschaftsstrafrechtes, eine restriktive Kreditpolitik, um „mißbräuchliche" Lagerhaltungen zu vermeiden, Einführung von Luxussteuern zur Finanzierung notwendiger Subventionen, steuerliche Begünstigung des Exports und anderes mehr.

Ludwig Erhard verwahrte sich gegen höhnische Zurufe aus der Opposition, er habe die Marktwirtschaft verraten, mit der Versicherung, es handele sich lediglich um ein Programm zur Überwindung vorübergehender Schwierigkeiten. Vom Kurs der Marktwirtschaft werde er nicht abweichen.

Erhard: „Vor allen Dingen soll das deutsche Volk über aller Kritik wissen, daß eine klare Konzeption wirtschaftspolitischer Art vorliegt und daß die Bundesregierung bereit ist, vor dem deutschen Volk die Verantwortung für diese Maßnahmen zu tragen. Ich wiederhole noch einmal: Ich bin mir bewußt, daß in erster Linie ich die Verantwortung für die Wirtschaftspolitik des Bundes im Rahmen der Gesamtpolitik der Bundesregierung zu übernehmen habe."

Immer wieder betonte Erhard, es handele sich bei den gegenwärtigen Schwierigkeiten nicht um ein deutsches Problem. Alle Länder der Welt hätten unter den Folgen des Korea-Krieges in gleicher Weise zu leiden.

Erhard: „Es handelt sich um die Krise und um die Rettung der Demokratie."

Mutig und vor allem so redlich, wie er war, lag ihm daran, beim deutschen Volk nicht den Eindruck zu erwecken, als wolle er die Situation beschönigen. Andererseits erkannte er wohl sehr gut die Chancen für die Rettung seiner Wirtschaftspolitik, die in einer „Schweiß-, Blut- und Tränen-Rede" lagen. Sie war eine Mischung von pathetischen Beschwörungen des Ernstes der Lage und von tröstlichen Versicherungen an die Adresse der Bürger.

Erhard: „Wenn ich sage: ich bin mir bewußt, daß das deutsche Volk Klarheit über unsere Wirtschaftspolitik haben und Sicherheit über die Klarheit einer Konzeption gewinnen will, dann ist das die beste Voraussetzung dafür, daß unser deutsches Volk wieder zu einer festen, ruhigen Haltung kommt und daß es die Zuversicht und das Vertrauen gewinnt, daß wir nicht in das Chaos kommen, das Sie jeden Tag voraussehen und voraussagen, sondern daß wir sehr wohl in der Lage sind, die Probleme zu meistern. Wenn wir dem deutschen Volke schon die Notwendigkeit, Opfer zu bringen, vor Augen führen und wenn wir ihm Opfer zumuten müssen, dann soll das deutsche Volk daraus aber nicht in eine Stimmung der Verzweiflung kommen, sondern es soll umgekehrt daraus den Mut und die Kraft schöpfen und deshalb auch zu den Anstrengungen fähig sein, die notwendig sind, um das unabdingbare Opfer der Konsumeinschränkungen durch vermehrte und verbesserte Leistungen so weit als möglich wettmachen zu können.

Ich bekenne mich also zu dem Erfordernis einer straffen Führung unserer Wirtschaftspolitik."

Trotz dieses trutzigen Bekenntnisses in höchster Not, mit dem es Erhard gewiß bitter ernst war, gab die Entmottung zahlreicher Instrumente aus dem Werkzeugkasten der Planwirtschaft dem wirtschaftspolitischen Sprecher der SPD, Prof. Nölting, genug Anhaltspunkte zu beißender Kritik. Was der Sozialdemokrat als Gegenrezept vorschlug, enthielt allerdings nicht weniger planwirtschaftliche Elemente. Aber Nölting genoß das Recht der Opposition zu kritisieren, ohne die Verantwortung für das, was in dieser Krise zu tun war, übernehmen zu müssen. Die Wirtschaftspolitik stehe, so Nölting, im Brennpunkt des öffentlichen Interesses. Dennoch sei

Ludwig Erhard (CDU), Vater des deutschen Wirtschaftswunders. In den Jahren 1948–1952 setzte er sein Konzept der Sozialen Marktwirtschaft gegen große Widerstände als erster Wirtschaftsminister der Bundesrepublik (1949–1963) durch.

die leidenschaftliche Anteilnahme der Bevölkerung an den Geschehnissen kein Ruhmesblatt für den Bundeskanzler und seinen Wirtschaftsminister. Nölting bemängelte vor allem, daß von der Regierungsbank kein wirklich zielweisendes Wort zu hören sei. Bei den breitesten Volksmassen habe sich ein Gefühl der Erbitterung und Sorge festgefressen.

Es fiel dem Professor der Nationalökonomie und Wirtschaftsminister von Nordrhein-Westfalen nicht schwer, Erhard mit seinem eigenen Programm in die Enge zu treiben. Er habe z. B. von „straffer Führung der

Rohstoffzuteilung" gesprochen und vom „Liberalisierungs-Stop" – das seien Vokabeln, die im Munde Erhards doch sehr ungewohnt klängen. Nölting wies darauf hin, daß viele der Erhardschen Vorschläge auch von sozialdemokratischer Seite gemacht worden seien. Sie seien aber noch bis vor kurzem alle abgelehnt worden.

Nölting: „Das alles ist doch eine fortlaufende, ich will nicht sagen, Sünde gegen das Blut, aber eine Sünde gegen den Geist, aus dem heraus hier Wirtschaftspolitik betrieben wurde ...

Herr Professor Erhard, was Sie heute auf dieses Podium brachten, das war die Mumie Ihrer Marktwirtschaft. Wenn Sie in den Spiegel schauen, möchte ich Sie fragen: Erkennen Sie sich selbst dann eigentlich noch wieder?"

Nölting ging in seiner Rede auch auf frühere Vorwürfe Erhards ein, die SPD habe jahrelang der Zwangswirtschaft das Wort geredet. Wäre man ihr gefolgt, so wären Bezugscheine, Warteschlangen – kurz eine Verstetigung von Not und Elend – das Schicksal des deutschen Volkes gewesen. Nölting erklärte, diese Vorwürfe seien heute nicht mehr berechtigt, man könne sie der Sozialdemokratie nicht mehr andichten. Und er sei erleichtert, daß Erhard diesmal davon Abstand genommen habe. Erhards Vorschläge zur Überwindung der Krise rückten seine Wirtschaftspolitik aber in gefährliche Verwandtschaftsnähe zur Zwangswirtschaft.

Nölting: „Zwangswirtschaft ist, stelle ich noch einmal fest, verkrüppelte Notstandswirtschaft, und niemals wünschenswert, aber leider zu gewissen Zeiten notwendig. Zwangswirtschaft ist die Ergänzung einer freien Wirtschaft, *Ihrer* freien Wirtschaft, da, wo sie nicht mehr weiter kann. Deswegen fürchten wir, daß uns bald eine Neuauflage bevorsteht. Dieser Bundeswirtschaftsminister, der einstmals ruhmredig auszog, sie zu bekämpfen, ist nun bald so weit gekommen, daß er bei ihr landet. Bei den Kundenlisten im Kohlenhandel für die Hausbrandversorgung buchstabieren und stottern Sie bereits an dem Wort „Zwangswirtschaft" herum. Und die Stromabschaltungen und die Einschränkungen des Zugverkehrs sowie die heute angekündigte straffe Lenkung des Schrotts und ähnliche Maßnahmen – sind das nicht alles Symptome einer marktwirtschaftlichen Ratlosigkeit, der nur Zwangswirtschaft als letzter Ausweg bleibt?"

Die erregte und harte Auseinandersetzung der beiden Wirtschaftsprofessoren Erhard und Nölting endete mit einem Eklat: Die SPD stellte im Bundestag den Antrag, das Amtsgehalt des Bundeswirtschaftsministers zu streichen – schließlich befand man sich in einer Haushaltsdebatte. Aber dies war nur eine andere Form der Forderung nach dem Rücktritt Ludwig Erhards.

Ludwig Erhard trat natürlich nicht zurück. Sein Haushalt wurde auch nicht gestrichen, aber er ist aus dieser Debatte gewiß nicht als strahlender Sieger hervorgegangen. Die Qual, die ihm die damals notwendig erscheinende Ankündigung planwirtschaftlicher Maßnahmen zur Einschränkung des Konsums und der Einfuhren bereitete, ist seiner Rede nur zu gut anzumerken. Aber letztlich hat er mit seinem Optimismus, daß es möglich sein werde, bald wieder zu größerer Freiheit zurückzukehren, recht behalten. Denn schon zum Ende des Jahres 1951 lief die Korea-Hausse aus, die Preise stabilisierten sich. Der Abbau der Zwangswirtschaft, dort wo sie noch aus Kriegszeiten übriggeblieben war, konnte weitergehen, und schon im Dezember 1951 hatte Erhard in einem neuerlichen Streitgespräch mit Prof. Nölting in Düsseldorf wieder Oberwasser.

So konnte er dort unter Hinweis auf die Überwindung der Krise voller Stolz sagen: „Bei Gewerkschaftskundgebungen hat man Bilder mitgeführt mit der Aufschrift ‚Erhard und Adenauer an den Galgen'. Lieber aber wollte ich am Galgen hängen, als nur einen Schritt vor den Elementen zurückweichen, die unsere Demokratie bedrohen! Wir bleiben auf dem Boden der Sozialen Marktwirtschaft!"

Wirtschaftspolitisches Florett – Debatte am 30. Oktober 1969

Im letzten Jahr der Regierung der Großen Koalition unter Kurt Georg Kiesinger kam es zu währungspolitischen Turbulenzen, die durch die hohen Exportüberschüsse der Bundesrepublik und einen damit einhergehenden bedrohlichen Preisauftrieb ausgelöst wurden. Die DM wurde aufwertungsverdächtig. Spekulationsgelder flossen in die Bundesrepublik und blähten im Inland die Geldmenge auf. Damit wuchs die Inflationsgefahr. Aus dem Ausland wurde Druck auf die Bundesregierung ausgeübt, die D-Mark aufzuwerten. Bundeswirtschaftsminister Prof. Karl Schiller lud unter diesem Druck die Notenbankchefs und die Finanzminister der zehn großen Industrienationen zu einer internationalen Währungskonferenz nach Bonn. Um aber die Forderungen nach einer Aufwertung der D-Mark, die auf dieser Konferenz zu erwarten waren, von vornherein abzufangen, be-

1950/51	Zahlungsbilanzkrise. Preissteigerungsrate Anfang 1951: 7,8%.
14. 3. 1951	Haushaltsdebatte im Bundestag. Ende der Freien Marktwirtschaft? Disput zwischen Erhard und Nölting.
1952	Außenhandelsbilanz erstmals positiv. Wohnungsbau floriert. Sinkende Arbeitslosenquote (5,5%).
1954 – Mitte der 60er Jahre	Herausbildung eines sozialgeschichtlich beispiellosen Massenwohlstands. – 1955: Vollbeschäftigung; Beginn der Anwerbung ausländischer Arbeitskräfte.
25. 3. 1957	Unterzeichnung der Verträge zur Gründung einer Europäischen Wirtschaftsgemeinschaft (EWG) auf dem Kapitol in Rom. – Inkrafttreten der Verträge am 1. 1. 1958.
Juni 1957	Kartellgesetz: „Gesetz gegen Wettbewerbsbeschränkungen".
Ende der 50er Jahre	Einbeziehen des Wohnungsmarktes in die Soziale Marktwirtschaft: „Lücke-Plan". – Förderung des sozialen Wohnungsbaus.

Einträchtig und erfolgreich (von links): Wirtschaftsminister Franz Josef Strauß (CSU) und Karl Schiller (SPD) während der Zeit der Großen Koalition (1966–1969).

schloß das Kabinett eine Art Ersatzaufwertung. Auf Exporte wurde eine 4%ige Steuer erhoben, Importe wurden entsprechend verbilligt. Zu dieser Zeit war nicht nur der Bundesfinanzminister Franz Josef Strauß gegen eine Aufwertung. Auch Schiller war zunächst dagegen. Als aber deutlich wurde, daß die Exportbesteuerung nicht den gewünschten dämpfenden Effekt auf die Exportüberschüsse und die Preissteigerungen hatte, verfocht er seit März 1969 eine Aufwertung der D-Mark. Er konnte sich damit aber bei Strauß und Kiesinger nicht durchsetzen. Kiesinger: „Solange ich Bundeskanzler bin, wird die D-Mark nicht aufgewertet." Dies war das Fazit einer Kabinettsitzung am 9. Mai 1969. Schiller und Strauß, die in der Großen Koalition von der Publizistik fast zärtlich als „Plisch und Plum" bezeichnet wurden – was dafür sprach, daß man ihnen weitgehende Übereinstimmung unterstellte –, entfernten sich mit dem nahenden Bundestagswahlkampf immer weiter voneinander. Strauß wehrte sich vehement gegen jede Aufwertung, Schiller zog mit der Forderung nach einer Aufwertung in den Wahlkampf. Es erschien wie ein Wunder, daß er mit einem so undurchschaubaren und verzwickten Thema wie einer Änderung der Währungsparität einen Wahlkampf nicht nur bestritten, sondern, wie seine Zeitgenossen übereinstimmend sagen, auch gewonnen hat. Auch hier zeigte sich wieder, daß der Kampf gegen die Inflation ungeheuer populär ist, selbst wenn die Maßnahme, mit der er geführt werden soll, unverständlich bleibt.

Mittlerweile stiegen die Preise weiter, das außenwirtschaftliche Ungleichgewicht verstärkte sich noch; immer mehr Spekulationsgeld floß in Erwartung einer unvermeidlich werdenden Aufwertung in die Bundesrepublik. Und als noch in der Wahlnacht vom 28. auf den 29. September 1969 die neue sozial-liberale Koalition vereinbart wurde, blieb gar nichts anderes übrig, als am 29. September die Wechselkurse freizugeben, um die DM-Spekulation zu beenden.

Am 24. Oktober wurde dann die Aufwertung der D-Mark um 8,5% von der Regierung Brandt beschlossen. Vom Dollar aus gesehen, erhöhte sich der Wert der D-Mark um 9,3%.

Der Reiz der Debatte, die sich nach dem Regierungswechsel und nur wenige Tage nach der Aufwertung im Bundestag abspielte, liegt vor allem in der Tatsache, daß sich hier zwei Politiker mit völlig unterschiedlichen Auffassungen förmlich „beharkten", obwohl sie noch vor wenigen Tagen im Kabinett nebeneinander gesessen hatten und obwohl eine ganze Reihe von wirtschaftspolitischen Gesetzesmaßnahmen, die volle Geltung hatten, ihrer beider Unterschrift trugen.

In der Redeschlacht machte zunächst Franz Josef Strauß seine Gründe für die Ablehnung der DM-Aufwertung deutlich: Es gehe bei der Frage ‚Aufwertung oder Nichtaufwertung' nicht um einen Dogmenstreit. Es gebe keine Lösung, die allein falsch oder richtig sei. Ihm gehe es nur darum, von beiden das kleinere Übel zu wählen. Dies eben habe die neue Bundesregierung nicht getan. Er sorge sich um den deutschen Export, der durch die Aufwertung nun behindert werde.

Strauß: „Es ist schwierig, Exportmärkte zu gewinnen. Es ist leicht, sie durch staatliche Manipulationen zu vermindern. Es ist fast unmöglich, sie wiederzugewinnen." Und dann begann er, Schillers Sinneswandel genüßlich vorzuführen.

„Der Herr Bundeswirtschaftsminister scheint im März 1969 seine Damaskus-Stunde erlebt zu haben. Ob er dabei eine Erscheinung hatte oder eine höhere Eingebung erhielt, hat er nicht mitgeteilt. Denn bis dahin war er, entgegen allen anderslautenden Nachrichten, ein Gegner der Aufwertung, der in einer Reihe von Äußerungen, die ich nicht wiederholen will, bei allen möglichen Gelegenheiten seine ablehnende Haltung wortgewandter zu formulieren und überzeugender zu begründen verstand, als es mir armen Sterblichen möglich war."

Strauß hielt es für falsch, mit der Währungspolitik Konjunktur-Politik zu machen, auch wenn die Bundesbank mehrfach darauf hingewiesen hatte, daß eine zu niedrig bewertete D-Mark die Inflation importiere. Dieses Argument beeindruckte ihn nicht; auch die vergangenen Aufwertungen hätten die Preisentwicklung nicht wesentlich beeinflußt. Die Anbieter ausländischer Autos z. B. hätten die Aufwertung der D-Mark keineswegs für Preissenkungen genutzt.

Schiller konterte: Auch Ludwig Erhard habe die „obszöne Tat" – nämlich eine Aufwertung – begangen. CDU-Abgeordnete, vor allem Ex-Bundeskanzler Kiesinger, fragten Schiller, wann seiner Meinung nach die nächste Aufwertung ins Haus stehe.

Schiller: „In zwei bis drei Jahren. Niemand kann es abschätzen. Eines kann ich Ihnen sagen: In den Grundsätzen der Nationalökonomie findet sich der alte Spruch: Die Natur macht keine großen Sprünge – dann macht man es in kleineren Schritten viel besser, als wenn man es lange verzögert, wie wir es tun mußten, und dann schließlich einen großen Sprung von 8½% macht. Besser wäre es gewesen, für die Gesamtwirtschaft und für die Gleichmäßigkeit der Entwicklung, zweimal 4 oder einmal 4 und einmal 4½ zu nehmen. Aber ich sehe, wir kommen hier in einen Dialog, in ein Propädeutikum, hätte ich bald gesagt."

Daraufhin kam es zu einem Dialog zwischen Schiller und Strauß. Beide hatten offenbar ganz vergessen, daß sie nicht mehr am runden Kabinettstisch saßen, sondern im Bundestag auf der Rednertribüne standen.

Strauß: „Dem Propädeutikum stimme ich durchaus zu; ich glaube, daß Sie einiges hier zu lernen haben."

Schiller: „Ich lerne immer gerne zu."

Strauß: „Aber, Herr Kollege Schiller, sind Sie sich wirklich nicht darüber im klaren, daß eine jeweils in kurzfristigen Abständen stattfindende Änderung des Außenwertes der D-Mark ein permanentes Element der Unrast und der Unruhe in einen Wirtschaftszweig hineinbringt, der auf langfristige Dispositionen angewiesen ist und der Anspruch darauf hat, vor staatlichen Manipulationen seiner Ertragslage verschont zu werden?"

Schiller: „Die deutsche Wirtschaft und die internationale Wirtschaft sind erleichtert über den mutigen Aufwertungssatz."

Strauß: „Total falsch! Die deutsche Wirtschaft ist nur der Meinung, daß der Zwischenzustand endlich einmal beseitigt werden muß!"

Schiller: „Allesamt sind froh, daß diese Bundesrepublik Deutschland auf zwei bis drei Jahre kein Herd irgendwelcher Spekulationen zugunsten der D-Mark und zu Lasten anderer Länder sein kann. Das ist der Tatbestand. Und das haben wir durch unser Handeln erreicht." –

(Abg. Dr. Pohle: „Und so etwas ist Wirtschaftsminister!")

Strauß: „Sind Sie bereit, zur Kenntnis zu nehmen, Herr Kollege Schiller, daß Ihre Behauptung, die deutsche Wirtschaft habe diesen Schritt begrüßt, eine unzulässige Vermischung von zwei Motiven darstellt? Sie hat es nämlich begrüßt, daß der Zwischenzustand, der Schrecken ohne Ende, einmal zu Ende geht, aber sie hat nicht die Aufwertung begrüßt."

Schiller: „Herr Strauß, sie tut noch ein weiteres. Ich habe es gestern gesagt, und ich bitte alle anderen hier im Saal um Nachsicht, wenn ich mich wiederhole, aber wir hatten nicht das Glück Ihrer Gegenwart."

Strauß: „Ich habe Sie genau gehört!"
Schiller: „Sie waren physikalisch hier nicht präsent."
Strauß: „Physikalisch bin ich nie präsent, sondern physisch!"
Schiller: „Manchmal doch recht physikalisch, ganz augenscheinlich. Die ganze deutsche Wirtschaft sagt heute: Wären wir doch bloß rechtzeitig dem Schiller gefolgt. Dann wäre die Sache billiger gewesen ...

Ich glaube, wir haben dieses Colloquium privatissime et gratis jetzt hier genügend gehalten. Wir können es gern später fortsetzen."

Nach sehr ausführlichen Darlegungen über das Für und Wider einer Aufwertung, die eigentlich, wie Schiller sagte, „postmortal" geführt werde, weil die Aufwertung ja vollzogen sei, und nach temperamentvollem Schlagabtausch zwischen den beiden ehemals verbündeten und nun „verfeindeten Brüdern" entstand bei den Zuhörern der Debatte doch der Eindruck: Hier stritten sich zwei Männer, die beide sachkundig waren und voreinander Respekt hatten. So wurde die Debatte trotz mancher Schärfe ein ungewohntes Spektakulum, gemessen an den sonst so bitter ernsten Auseinandersetzungen, in denen Scherz, Ironie und tiefere Bedeutung kaum je eine Rolle spielten. Und so schloß Schiller versöhnlich mit einem Zitat aus der bayerischen Literatur, über die sich die beiden Kontrahenten in besseren Zeiten ausgetauscht hatten, wobei Schiller es mehr mit Karl Valentin, Strauß mehr mit Ludwig Thoma hielt. So zitierte Schiller denn als „Hommage" an Strauß Ludwig Thoma:

Nach den Wahlen
Es schreit nicht mehr in fetten Schriften
Das Für und Wider von der Wand ...
Zur Menschheit wird auf diesem Wege
Die heiß entflammte Wählerschar
Und wieder Nachbar und Kollege
Ist, wer noch gestern Schurke war.

Trotz aller Bedenken von Strauß brachte die Aufwertung im Herbst 1969 für die außenwirtschaftliche Situation der Bundesrepublik in der Währungspolitik die Wende. Das Ausland war nun überzeugt, daß die D-Mark nicht mehr unterbewertet sei. Große Spekulationsbeträge flossen folglich ins Ausland zurück. Das Ziel der Bundesregierung, die internationalen Währungsunruhen zu beseitigen, konnte erstaunlich rasch verwirklicht werden, denn der relativ hohe Aufwertungssatz war eindrucksvoll. Die steuerliche Belastung der Exporte von 4% konnte entfallen. Im Bereich der Güterwirtschaft aber hatte die Aufwertung in den ersten Monaten verhältnismäßig wenig Auswirkungen. Der Preisauftrieb wurde nicht nennenswert gedämpft, so daß die Bundesbank sich gezwungen sah, restriktive kreditpolitische Maßnahmen zu ergreifen. Sie erhöhte den Diskontsatz im März 1970 auf 7,5%. Steuerliche Dämpfungsmaßnahmen, die nach dem Stabilitäts- und Wachstumsgesetz möglich gewesen wären, wurden aber nicht eingeleitet. Die Geldentwertung durch Preissteigerungen, die im wesentlichen der allgemeinen Inflationstendenz in anderen Industrieländern folgte, blieb der Bundesrepublik auch 1970 und 1971 trotz der Kraftanstrengungen der Aufwertung von 1969 nicht erspart. So haben denn letztlich beide Politiker recht behalten. Schiller mit der Voraussage, daß die Aufwertung der internationalen Spekulation ein Ende machen werde, so daß die Wirtschaft wieder eine solide Kalkulationsbasis habe; Strauß mit seiner Meinung, daß die Aufwertung den Preisauftrieb nicht dämpfen werde und daß sich folglich die Bundesrepublik auch durch eine Änderung des Kurses der D-Mark nicht vom internationalen Inflationszug abkoppeln könne.

3 Koryphäen streiten auf hohem Niveau – Debatte am 19. Juni 1973

Im Jahr 1973 zeigten sich wieder einmal gefährliche Inflationstendenzen. Massive internationale Störungen, nicht zuletzt ausgelöst durch die Finanzierung des Vietnam-Krieges, konterkarierten die Bemühungen der Bundesregierung und der Bundesbank um mehr Stabilität. Zwei Stabilitätsprogramme, unter anderem mit Konjunkturzuschlägen zur Steuerschuld und einer 10%igen Ergänzungsabgabe, konnten das Ansteigen der Preise nicht verhindern. Eine internationale Währungskrise löste eine erneute Spekulationswelle aus, die in kurzer Zeit alle Dämme außenwirtschaftlicher Absicherung der D-Mark zum Einsturz brachte. Der DM-Wechselkurs gegenüber dem Dollar mußte freigegeben werden.

In dieser von Inflationsängsten angeheizten Stimmung diskutierte der Bundestag am 19. Juni 1973 im Rahmen der Haushaltsdebatte über die

6. 3. 1961	Aufwertung der DM gegenüber dem US-Dollar um 4,75% (1 $ = 4 DM).
15. 10. 1963	Nach 14jähriger Amtszeit gibt Erhard, der Bundeskanzler wird, das Wirtschaftsministerium ab.
1965	Zäsur in der Geschichte der Bundesrepublik. Worte vom „Ende der Nachkriegszeit“ und der nunmehr „Formierten Gesellschaft“.
7. 9. 1966	Müller-Armack, Schöpfer des Begriffs ‚Soziale Marktwirtschaft‘ (1947), verfaßt eine Denkschrift an Erhard mit pessimistischer Prognose.
1. 12. 1966	Karl Schiller (SPD) wird Wirtschaftsminister und propagiert die „staatliche Globalsteuerung“.
1966/67	Rezession. Rückgang der Konjunktur; steigende Arbeitslosenzahlen.
10. 5. 1967	Verabschiedung des ‚Stabilitätsgesetzes‘ („Gesetz zur Förderung der Stabilität und des Wachstums der Wirtschaft“).
1968	Wachstum des realen Bruttosozialproduktes: 7,3%. Einführung der Mehrwertsteuer am 1. 1.
29. 9. 1969	Freigabe des Wechselkurses der DM.
24. 10. 1969	Aufwertung der DM um 8,5%. – Fester Wechselkurs der DM am 27. 10. 1969: 3,66 = 1 $.

Wirtschaftspolitik der Regierung Brandt. Wieder stand dabei die Soziale Marktwirtschaft auf dem Prüfstand. Einer der letzten großen Auftritte Ludwig Erhards im Bundestag löste eine Auseinandersetzung zwischen ihm, dem wirtschaftspolitischen Sprecher der SPD Prof. Klaus Dieter Arndt und dem FDP-Wirtschaftssprecher Otto Graf Lambsdorff aus. Es wurde ein Schlagabtausch – leidenschaftlich und scharf, aber auch nachdenklich, auf ausgesprochen hohem Niveau. Das lag nicht zuletzt an dem Redebeitrag von Arndt. Dieser hochbegabte, leider zu früh verstorbene Politiker besaß den sogenannten „Stallgeruch", der es ihm ermöglichte, seinen sozialdemokratischen Genossen marktwirtschaftspolitische Wahrheiten nahezubringen, die sie sich z. B. von Schiller nur ungern sagen ließen.

Zu Beginn der Debatte gab Ludwig Erhard der sozialliberalen Koalition die Schuld daran, daß die Inflationsrate auf über 8% angestiegen sei und daß ihre Politiker darauf mit nichts anderem antworten könnten als mit faden Entschuldigungen und unglaubwürdigen Rechtfertigungsversuchen.

Erhard: „So sehr wir alle hoffen, daß weiteres Unheil vom deutschen Volke ferngehalten wird, traue ich Ihnen und Ihrer Politik nicht zu, daß das, was Sie im Kopfe haben, und das, was Sie vielleicht in Ihrer eigenen Partei noch unterschiedlich im letzten anstreben, eine brauchbare Lösung sein kann, – daß das der Weg in die von Ihnen vielgerühmte Zukunft wäre.

Meine Damen und Herren, für Selbstbeweihräucherung ist heute in Ihren Reihen wirklich kein Platz mehr. Das ist verspielt. Im Gegenteil, was hören wir heute? An der Inflation ist angeblich niemand schuld; die ist vom Himmel als ein Fluch über uns gekommen. Das sind doch Ammenmärchen! Es muß Schuldige für die Inflation geben!"

Erhard erinnerte daran, daß Helmut Schmidt als Bundesfinanzminister gesagt habe, die Inflation sei so ein Modewort. Dabei habe er wohl nicht an die deutschen Hausfrauen, an Rentner und Kinderreiche gedacht. Die Inflation dürfe man nicht auf die leichte Schulter nehmen. „Sie ist eine Geißel, die über uns gekommen ist." Erhards Philippika traf damit wieder einmal den Nerv aller wirtschaftspolitischen Bemühungen um die Eindämmung der Inflation. In den vielen Schlachten, die er selbst im Laufe seiner Zeit als Bundeswirtschaftsminister durchstehen mußte, hatte er den Wert einer stabilen D-Mark für das Bestehen einer Regierung vor ihren Wählern nur zu gut kennengelernt. Er wußte, daß ein konsequentes Festhalten an marktwirtschaftlichen Prinzipien schließlich die Inflation sicherer besiegen kann als alle hektischen staatlichen Eingriffe.

Erhard: „Ich will nicht sagen, daß wir es allein sind, aber daß Sie – die Regierung – durch Ihre Fiskalpolitik, durch Ihre unklare Vermischung von Fiskalpolitik, Geld- und Kapitalmarktpolitik, mit ein Großteil Schuld tragen. Das ist nun einmal geschichtliche Wahrheit."

Als Sprecher der Opposition begann Klaus Dieter Arndt, zunächst mit einer höflichen Verbeugung vor dem Altmeister der neo-liberalen Wirtschaftspolitik Ludwig Erhard.

Arndt: „Wir von der sozialdemokratischen Fraktion haben Ihnen aufmerksam und geduldig zugehört, weil wir froh sind, daß wir Sie noch unter uns haben, und hoffen, daß es noch recht lange so bleiben wird, und zweitens – und das ist vielleicht gleich wichtig –, weil wir eine ganze Menge von Ihnen gelernt haben."

Arndt kam dann aber auf die in seinen Augen wirtschaftspolitischen Schwachstellen der Wirtschaftspolitik der CDU/CSU. Und er personifizierte diese Schwachstellen an der Figur Ludwig Erhards. So habe er sich mit seinem Modell für ein ordnungspolitisch rigoroses Kartellrecht nicht durchsetzen können. Außerdem habe es ihm immer am Sinn für ein wirtschaftliches Zusammenwachsen Europas gefehlt. Arndt war zu klug, um nicht zu wissen, daß dies eine polemische Verkürzung der Wahrheit war. Erhard war nicht etwa gegen einen europäischen Zusammenschluß, aber er hat nie einen Hehl daraus gemacht, daß die EWG nur ein erster Schritt zu einem Zusammengehen ganz Europas, also unter Einschluß aller EFTA-Staaten, sein dürfe.

Arndt beklagte weiter, daß die Soziale Marktwirtschaft in den Krisenjahren 1966 und 1967 nichts geboten habe, um die Massenarbeitslosigkeit abzubauen. Sie sei in eine sogenannte „Marktwirtschaft der zweiten Stufe" entartet, in eine Art „Stamokap mit Interventionen" zum Schutze größerer und kleinerer wirtschaftlicher Interessen. Sie sei eine nicht mehr für den Verbraucher praktizierte Wirtschaftspolitik geworden. „Eine Politik für Ausnahmen, für Privilegierte, für Spezielle." Gerade dies habe den Unmut insbesondere in der jungen Generation geweckt.

Arndt zu Erhard: „Sie haben den Hexensabbat beklagt, dem Sie sich ausgesetzt haben und den Sie erleben. Nicht nur in Deutschland! Sie werden sicherlich auch selbst wissen: Das ist in Europa, das ist in Amerika – noch stärker als hier –, das ist nicht nur eine deutsche Erscheinung; aber es ist auch eine deutsche Erscheinung. Schauen Sie sich doch einmal die Leute an, die jungen Studenten, die 1968 und 1969 mit diesem Hexensabbat auf der Straße begonnen haben. Aus welchen Schichten kamen die? Wer waren ihre Väter, ihre Eltern? Das waren doch in erster Linie die Söhne und Töchter gutsituierter Schichten, die es einfach satt hatten, beim täglichen Mittagstisch jahrein, jahraus etwas von Sozialer Marktwirtschaft und von Wiedervereinigung zu hören. Mit den Folgen haben wir uns jetzt noch herumzuschlagen. Daß wir die marktwirtschaftliche Ordnung – unter den letzten Bundesregierungen, so auch in dieser – nicht nur bewahrt, sondern ausgedehnt haben – Zinsfreigabe, Fall der Preisbindung zweiter Hand, Fusionskontrolle, dann die währungspolitische Lösung: Nichtintervention gegenüber dem Dollar, Aufhebung der Ankaufspflicht der Notenbank; eine marktwirtschaftliche Lösung unseres größten konjunkturpolitischen Problems – und daß wir uns noch politisch um die Einheit der Nation bemühen können, verdanken wir – und das verdanken auch Sie, Herr Erhard – den beiden letzten Bundesregierungen Brandt/Scheel."

Otto Graf Lambsdorff (FDP), Wirtschaftsminister 1977–1984.

Arndt schloß versöhnlich, man möge trotz aller Verbitterung nicht ungerecht sein und nicht übersehen, daß man mit dem Pfunde des ursprünglichen Ludwig Erhard nicht schlecht gewuchert habe.

Der wirtschaftspolitische Sprecher der Freien Demokraten, Graf Lambsdorff, wollte keinen Zweifel daran zulassen, wie sehr die FDP auch in dieser Koalition auf dem Boden der Freien Marktwirtschaft stehe. Auch er begann mit einer Verbeugung vor Ludwig Erhard, dessen Verdienste er gerade im Zusammenhang mit der Währungsreform und der Schaffung der D-Mark nicht unter den Teppich kehren wolle. Aber er fragte, wie vor ihm Arndt, ob dieses System der Sozialen Marktwirtskchaft auch in seiner moralischen Dimension vor allem den jüngeren Bürgern wirklich bewußt sei.

Lambsdorff: „Darf ich an uns alle, die wir seit 25 Jahren in dieser Sozialen Marktwirtschaft in all ihren Entwicklungstendenzen, bei all ihren Schwächen leben, von denen wir aber doch wissen, daß sie nichts an dem Urteil verkleinern oder herabmindern können, daß es immer noch die beste Wirt-

Gerhard Stoltenberg (CDU), Finanzminister 1982–1989.

schaftsform, die freiheitlichste Wirtschaftsform ist, die Frage stellen, ob wir nicht auch darin versagt haben, den Menschen in diesem Lande klarzumachen, daß hinter diesem Wirtschaftssystem mehr als Effektivität, mehr als Leistung, mehr als Umsatz, mehr als Produktivität und mehr als Gewinn steht. Die Formel, Herr Professor Erhard, „Wohlstand für alle" war zu der Zeit, als Sie sie geprägt haben, vielleicht noch richtig, aber für die Zukunft, für heute reicht sie doch nicht mehr. Wir müssen die moralische Wertordnung dieses Systems deutlich machen, insbesondere unsere Jugend; wir müssen die Freiheitssicherung klar aufzeigen, die in dieser marktwirtschaftlichen Ordnung liegt, und darin haben wir – das wage ich zu behaupten – allesamt, die wir sie vertreten haben, die wir uns dafür einsetzen, nicht das Optimum geleistet."

Lambsdorff schloß mit dem für Erhard sichtlich schmerzlichen Hinweis, daß die CDU ihm z. B. in der Währungspolitik 1969 nicht gefolgt sei.

Lambsdorff: „Als Ihre Partei, Herr Professor Erhard, nicht mehr die Kraft hatte, das ordnungspolitisch Richtige zu tun, ging es mit Ihrer Partei politisch bergab. Sie gerieten ordnungspolitisch in der währungspolitischen Diskussion des Jahres 1969 ins Straucheln. Damals hat man Ihre Mahnungen, Herr Professor Erhard, überhört; Sie wissen es sehr genau. Damals ist gegen Ihren Rat agiert worden. Sie werden immer nur dann von Ihren Freunden zitiert, wenn es denen ins Konzept paßt. Ist das nicht der Fall, hört keiner auf Sie.“

Nach der Debatte

Als Nachruf auf diese Debatte sei die Osnabrücker Zeitung vom 20. Juni zitiert: „Die Abgeordneten werden die Sommerpause mit dem Gefühl beginnen, daß die Inflation, über die in diesen Tagen im Bundestag so viel, so ernst und so engagiert geredet wurde, keine Ferien kennt. Zu den goldenen Zeiten Erhardscher Mark-Schöpfung führt vorläufig kein Weg zurück.“

Wie recht der Schreiber dieser Zeilen hatte, konnte er im Juni 1973 nicht wissen. Im Oktober traf die Welt der erste Ölschock mit exorbitanten

Hans Apel (SPD), Finanzminister 1974–1978.

Preissteigerungen für Mineralöl und machte damit die stabilitätspolitischen Bemühungen der Bundesrepublik weitgehend zunichte. So endete das Jahr 1973 mit einem erneuten Preisschub, die Inflation setzte sich wieder in Trab.

Schlagabtausch in Groll und Bitternis – Debatte am 13. Oktober 1982

Diese Debatte ist sozusagen das Gegenbeispiel zur Debatte vom Oktober 1969. Wieder mußte das Parlament mit den Folgen eines Regierungswechsels fertigwerden. Aber 1969 diskutierten zwei ehemalige Kabinettskollegen – Schiller und Strauß – miteinander. Und sie taten es in fairer, zum Teil sogar humorvoller Form. Diesmal kam in der Auseinandersetzung zwischen dem Sprecher der SPD, Hans Apel, und dem neuen Bundesfinanzminister Gerhard Stoltenberg die ganze Bitternis des Abgewählten und der Zorn desjenigen, der schon gescholten wird, ehe er das Erbe überhaupt richtig angetreten hat, zum Ausbruch. Während der eine kritisierte, was er vor ein paar Wochen noch als notwendig verteidigt hatte, verteidigte der andere, was er vor kurzem noch als falsch und schädlich kritisiert hatte.

Es ging um den wirtschafts- und finanzpolitischen Teil der Regierungserklärung von Helmut Kohl vom gleichen Tage. Schließlich hatte das „Wende-Papier“ des Bundeswirtschaftsministers Graf Lambsdorff, das mehr Marktwirtschaft und mehr Freiheit vom Staate verlangte, das Ende der Regierung Schmidt mit herbeigeführt. Eine Neuorientierung gerade auf diesem Feld der Politik stand deshalb auch im Mittelpunkt der Regierungserklärung. Wie schwierig es angesichts des wirtschafts- und finanzpolitischen Erbes war, Verständnis für eine „Erneuerung“, von der Bundeskanzler Kohl sprach, herbeizuführen, wurde in den Redebeiträgen deutlich. Im wesentlichen ging es dabei mehr um Vergangenheitsbewältigung als um sachliche Erörterungen konkreter politischer Vorhaben der neuen Regierung. Dafür war es noch zu früh.

Der neue Bundesfinanzminister Gerhard Stoltenberg verteidigte die Pläne für ein Gesetzgebungspaket, mit dem die Erhöhung der Mehrwertsteuer auf 14%, eine unverzinsliche, rückzahlbare Investitionsabgabe, Umschichtungen zur Entlastung von Renten-, Kranken- und Arbeitslosenversicherung und Kürzungen in Leistungsgesetzen vorgesehen waren.

Der finanzpolitische Sprecher der SPD, Hans Apel, konfrontierte Stoltenberg mit dessen früheren Aussagen, in denen er genau diese Maßnahmen abgelehnt hatte.

Apel: „Ich werde mich zur Lage unseres Landes in unserer Zeit nicht äußern. Unsre Bürger wissen, daß sie in einer Republik leben, in der es sich zu leben lohnt. Unsre Bürger nehmen das schwarze Horrorgemälde, das hier heute gezeichnet wurde, nicht ab.

Ich möchte gern bei den Fragen der Glaubwürdigkeit bleiben. Herr Dr. Stoltenberg, da Sie ja nach mir reden – Sie werden Auskunft geben müssen, wie Sie eigentlich Ihre Meinung ändern konnten, wie das möglich war. Ich lege Ihnen Zitate vor und dann werden Sie sich dazu äußern müssen."

Apel kritisierte, Stoltenberg habe überhaupt kein geschlossenes Konzept, wie er mit der finanzwirtschaftlichen Problematik fertigwerden wolle.

Apel: „Sie haben die Sonthofen-Strategie bis zum Exzeß verfolgt, sich Denkverbote auferlegt und im übrigen personalpolitisch mit Herrn Genscher gekungelt. Sie haben wertvolle Zeit vertan, Sie sind unserer Zeit nicht gewachsen!"

Die SPD werde sinnvolle Maßnahmen mittragen, aber sie werde sich solchen Maßnahmen widersetzen, die die Konjunktur „kaputtsparen". Es bahne sich eine „Ellbogengesellschaft" an, die in der Aufkündigung einer solidarischen Sozialpolitik enden werde.

Beides waren unseriöse Schlagworte, die in den nächsten Monaten in den öffentlichen Diskussionen um die Konsolidierungspolitik der Regierung Kohl immer wieder auftauchten.

Stoltenberg machte aus seinem Ärger über Hans Apels Kritik an der Regierungserklärung wie über seine Versuche, ihn mit der Erinnerung an frühere Äußerungen in die Enge zu treiben, keinen Hehl.

9. 5. 1971	Konjunkturpolitisches Sparprogramm zur Bekämpfung des Preisauftriebs und konjunktureller Überhitzung.
1972	Weiteres Ansteigen der Inflationsrate: 5,3%.
7. 7. 1972	Wirtschaftsminister Schiller tritt zurück.
1973	Anhaltende Inflationstendenz und internationale Währungskrise. – Steuerung durch Stabilitätsprogramme (Konjunkturzuschläge, Ergänzungsabgabe). – Aufwertung der DM am 14. 3. um 3%, am 29. 6. um 5,5%.
19. 6. 1973	Wirtschaftspolitischer Disput zwischen Erhard, Arndt und Lambsdorff im Bundestag.
Herbst 1973	Der Ölschock löst einen Konjunktureinbruch aus.
1975	Schwere Rezession. Schrumpfung des realen Bruttosozialprodukts um 1,7%; Inflationsrate 6,1%; Anstieg der Arbeitslosenzahl auf über 1 Million.
1975 – Beginn 80er Jahre	Zahlreiche Programme und Maßnahmen der Bundesregierung: Bauinvestitionsprogramm (27. 8. 1975), Programm für Zukunftsinvestitionen (23. 3. 1977), Erhöhung der Mehrwertsteuer auf 14% (16. 6. 1977), Steuerentlastungsgesetz 1981 (20. 2. 1980), Gemeinschaftsinitiative zur Belebung der Wirtschaft (27./28. 5. 1982).
1980/82	Schärfste Rezession der Nachkriegszeit.
9. 9. 1982	„Wendepapier" des Grafen Lambsdorff. Konzept zur Neuorientierung der Wirtschafts- und Sozialpolitik.
13. 10. 1982	Streitgespräch im Bundestag zwischen Apel und Stoltenberg.

Stoltenberg: „Ich habe 25 Jahre lang an den Debatten des Hohen Hauses teilgenommen, aber ich habe niemals in der großen Auseinandersetzung und auch in der harten Kontroverse um einen Neubeginn im Wechsel der Regierungen ein solches Maß an Polemik, an Gehässigkeit, an Niedertracht erlebt, wie Sie es gegenüber den Mitgliedern der Bundesregierung ... hier in einer konzertierten Aktion gezeigt haben. Herr Kollege Apel, daß es zu Ihrer Form der Darstellung gehört, mich, bevor ich meine erste Rede als Mitglied der neuen Regierung hier gehalten habe, bereits in meiner Glaubwürdigkeit in Frage zu stellen, nehme ich zur Kenntnis. Aber daß Sie die Stirn besitzen, diese Regierungserklärung in Ihrer Schlußbemerkung als ein Dokument der Bösartigkeit zu bezeichnen, ist einmalig in der Auseinandersetzung dieses Hauses seit 1949."

Stoltenberg begann dann Punkt für Punkt zu erläutern, warum die Regierung jetzt in der Finanz- und Wirtschaftspolitik so und nicht anders handeln könne, weil die vorgefundene Finanzlage dies erfordere. Der Bundestag habe nur 65 Tage bis zum Jahresende Zeit, um Maßnahmen der alten Regierung nolens volens zu übernehmen und zusätzlich Entlastungen mit Kürzungen von 5–6 Milliarden DM beim Bund für eine Politik zu beschaffen, die stärker der Beschäftigung und der Wirtschaft diene. Der Bundesfinanzminister lud am Ende seiner Rede die Opposition ein, nach dieser mit Leidenschaft und Erregung bestimmten Runde in Zukunft wieder so sachlich zu debattieren, wie es CDU/CSU-Politiker in den Jahren nach 1969 mit bedeutenden Finanzministern der SPD, z. B. Alex Möller und Karl Schiller, getan haben. Dies allerdings ist bis heute ein frommer Wunsch geblieben.

Hans Katzer

Soziale Partnerschaft

Der Schreiber dieser Zeilen wurde am Ende des 1. Weltkrieges, nach dem Zusammenbruch des Kaiserreichs, geboren. Es folgten 14 Jahre Weimarer Republik. Bewußt erlebte er die schrecklichen 12 Jahre der Hitler-Diktatur, mit der Massenvernichtung von Millionen Juden, den grausamen Krieg, den totalen Zusammenbruch und die Teilung des Landes.

Eine Würdigung des 40. Jahrestages der Konstituierung des Deutschen Bundestages sollte eine Besinnung auf die Ausgangslage einschließen.

I. Politische Ausgangslage

Wenn wir nun seit beinahe 45 Jahren in der Bundesrepublik Deutschland in Frieden und Freiheit leben, so ist dies alles andere als selbstverständlich.

Lernend aus der verhängnisvollen Parteienzersplitterung der Weimarer Zeit, haben die Väter des Grundgesetzes mit der Verfassung der Bundesrepublik Deutschland 1949 die Voraussetzungen für eine funktionsfähige demokratische, parlamentarische Ordnung geschaffen. Das Sozialstaatsprinzip ist im Grundgesetz in Art. 20 Abs. 1 verankert, der bestimmt: „Die Bundesrepublik Deutschland ist ein demokratischer und sozialer Bundesstaat." Nach Art. 28 Abs. 1 Satz 1 GG muß die verfassungsmäßige Ordnung in den Ländern „den Grundsätzen des republikanischen, demokratischen und sozialen Rechtsstaates im Sinne dieses Grundgesetzes entsprechen"; in den meisten Landesverfassungen sind entsprechende Regelungen getroffen worden. Das Sozialstaatsprinzip verpflichtet den Staat „für einen Ausgleich der sozialen Gegensätze und damit für eine gerechte Sozialordnung zu sorgen" (Bundesverfassungsgericht), ferner zur Schaffung sozialer Sicherheit, indem er die Existenzgrundlagen seiner Bürger sichern und fördern soll.

Die inhaltliche Konkretisierung dieser Ziele des Sozialstaatsgebots ist vorrangig Aufgabe des Gesetzgebers auf der Grundlage politischer Entscheidungen. Parteien, Gewerkschaften sowie Industrie- und Arbeitgeberverbände haben an der Verwirklichung des Sozialstaatsgebots wesentlichen Anteil; sie sind für Regierungen, Parlamente und Parteien wichtige Gesprächspartner und haben bei der Gestaltung und Prägung unserer demokratischen Ordnung maßgebend mitgewirkt.

Dabei hat sich die Sozialpartnerschaft als ein Faktor demokratischer Stabilität bewährt.

In der Rückschau ist es geradezu faszinierend, wie schnell sich 1945 nach dem Ende des „totalen Krieges" Parteien, Gewerkschaften und Unternehmensverbände wieder gründeten.

Dabei gab es zwei weit über den Tag hinausragende Entscheidungen, die die Voraussetzungen für eine spätere partnerschaftliche Ordnung schufen. Das eine war die Gründung der UNION christlicher Demokraten. Hier waren die Überwindung der konfessionellen Schranken der alten Zentrumspartei und die Ablehnung aller klassenkämpferischer Ideen

Grundlage einer neuen großen Volkspartei. Das andere war die Überwindung der Zersplitterung im gewerkschaftlichen Bereich zugunsten von Einheitsgewerkschaften.

Lange vor 1933 von weitblickenden Persönlichkeiten befürwortet, wurde später in den Konzentrationslagern und in der Widerstandsbewegung gegen Hitler die Einsicht in die Notwendigkeit, zu Einheitsgewerkschaften zu kommen, von Politikern auf allen Seiten – wie Jakob Kaiser, Andreas Hermes und Carl Goerdeler – geboren.

Nach dem Ende des Zweiten Weltkrieges wurden zunächst nach dem sog. Industrieverbandsprinzip für die Arbeitnehmer eines oder mehrerer Wirtschaftszweige jeweils eine Gewerkschaft geschaffen, und zwar in der amerikanischen und französischen Besatzungszone zentrale Organisationen auf Länderebene, in der britischen Besatzungszone im April 1947 der Deutsche Gewerkschaftsbund, in dem sich 1949 die Industriegewerkschaften dann zusammengeschlossen haben. 1950 wurde die Bundesvereinigung der Deutschen Arbeitgeberverbände von den Alliierten als Selbstverwaltungsorganisation der Arbeitgeber anerkannt. Diese Koalitionen von Arbeitnehmer- und Arbeitgebervertretungen waren beim Ausbau unserer

Jakob Kaiser (CDU) im Flüchtlingslager „Karlsbad" (West-Berlin), 1952.

Bundesrepublik zum sozialen Rechtsstaat wichtige Stützen der Gesellschaftspolitik.

Jedoch fehlte und fehlt es nicht an Kritik an der gewerkschaftlichen Entwicklung. Ich habe Jakob Kaiser oft gefragt: „Was war eigentlich der wirkliche Grund für die Trennung von sozialistischen und christlichen Gewerkschaften?", und die klare Antwort lautete: „Die sozialistischen Gewerkschaften glaubten, mit den Mitteln des Klassenkampfes die Gesellschaft verändern zu können. Wir waren und sind fest überzeugt, daß der Weg der Partnerschaft der humanere und erfolgreichere für alle sei."

Treffend hat Thomas Ruf, der in der 2. bis 6. Wahlperiode Mitglied des Deutschen Bundestages war und in den Ausschüssen für Arbeit und für Sozialpolitik maßgebend an der Sozialgesetzgebung mitgewirkt hat, einmal die soziale Partnerschaft definiert:

„Partnerschaft will nicht eine Klassengesellschaft, nicht den Kampf zwischen Kapital und Arbeit, sondern den Geist des Ausgleichs und der Zusammenarbeit. Partnerschaft respektiert die unterschiedlichen Funktionen der Partner in Betrieb und Unternehmen; sie übersieht keineswegs die gegebenen internen Gegensätze zwischen Arbeitnehmern und Arbeitgebern, sie kennt aber genausogut die Interessenverbundenheit und die gegenseitige Abhängigkeit. Partnerschaft ist klare Absage an die Idee des Klassenkampfes, aber auch an den Herr-im-Hause-Standpunkt. Partnerschaft ist nicht Alleinbestimmung, sondern Mitwirkung und Mitbestimmung aller am Wirtschaftsgeschehen Beteiligten. Partnerschaft geht keineswegs von der Illusion einer Interessenharmonie aus; sie weiß, daß in unserer industriellen Gesellschaft heute und auch in Zukunft immer wieder Konflikte aus den Interessengegensätzen entstehen. Sie sucht aber Mittel und

16. 7. 1927	Gesetz über Arbeitsvermittlung und Arbeitslosenversicherung (AVAG).
Bis 1933	Zugehörigkeit der Arbeitnehmer zu Einzelgewerkschaften aufgrund des Berufsverbandsprinzips.
April 1933	Idee der „Einheitsgewerkschaft". Einigung der Vorstände der christlichen, sozialistischen und liberalen Gewerkschaften auf Zusammenschluß zu einer Einheitsgewerkschaft.
Mai/Juni 1933	Zwangsauflösung aller Gewerkschaften durch das nationalsozialistische Regime und Bildung der „Deutschen Arbeitsfront".
1943	Abermaliges Aufgreifen der Idee der Einheitsgewerkschaft in der Widerstandsbewegung durch Kaiser, Hermes und Goerdeler.
August 1945	Beschluß der Vier Alliierten zur Einführung der *Einheitsgewerkschaft*. – Westalliierte machen parteipolitische Neutralität zur Bedingung.
10. 4. 1946	*Betriebsrätegesetz* der Alliierten (= Kontrollratsgesetz Nr. 22). Es werden Betriebsräte in allen vier Besatzungszonen zugelassen.
29. 8. 1946	Gründung des Gewerkschaftsbundes auf Länderebene (Württemberg-Baden) in Kornwestheim.

Wege des Interessenausgleichs und bemüht sich um eine Gestaltung der Beziehungen zwischen Arbeitgebern und Arbeitnehmern, die sowohl dem Interessengegensatz, als auch der schicksalhaften Verbundenheit beider Arbeitsmarktparteien Rechnung trägt. Die Partnerschaft scheut den Konflikt nicht, sie stellt sich dem Konflikt, ist aber bestrebt, das Gemeinsame nicht aus dem Auge zu verlieren. Partner wissen, daß sie nicht das Ganze repräsentieren können, sondern was schon die Sprache besagt, Teile des Ganzen sind. Sie wissen auch, daß sie ihre eigenen Interessen jeweils dann am besten vertreten, wenn Sie die Interessen der anderen Seite gebührend mitberücksichtigen."

Nun, auch der kritische Betrachter kann nicht umhin festzustellen:

Nicht der Klassenkampfgedanke hat sich durchgesetzt, sondern die Idee der Partnerschaft. Dies war und ist entscheidend für den wirtschaftlichen und sozialen Aufbau.

Zu den für die soziale Partnerschaft richtungweisenden parlamentarischen Sternstunden in den Aufbaujahren der Nachkriegszeit gehören insbesondere

- das vom Wirtschaftsrat des Vereinigten Wirtschaftsgebietes beschlossene Tarifvertragsgesetz (1948),
- die vom Parlamentarischen Rat geschaffene Sozialstaatsklausel Art. 20 und 28 des Grundgesetzes (1949) sowie
- die vom Deutschen Bundestag beschlossenen Gesetze zur Mitbestimmung und Betriebsverfassung (1951, 1952, 1956, 1972, 1976), zur Förderung der Eigentums- und Vermögensbildung (1959, 1960, 1961, 1965, 1970), zur Arbeitsförderung (1969, 1972, 1974 u. a.) und zur Selbstverwaltung (1951, 1952, 1969, 1973, 1976).

Diese Grundpfeiler sozialer Partnerschaft sind in zahlreichen Ausschuß- und Plenarsitzungen dieser parlamentarischen Gremien, auch unter Beteiligung der Gewerkschaften und Arbeitgeberverbände, im Sinne einer freiheitlichen demokratischen Gesellschaftsordnung gestaltet worden und haben bis heute Bestand.

II. Tarifautonomie – Tarifvertragsgesetz

Nach der Beendigung des Zweiten Weltkrieges war mit der Neuorganisation der Gewerkschaften und der Arbeitgebervereinigungen der Weg zur sozialen Selbstverwaltung und damit zum Abschluß von Tarifverträgen frei. Am 9. November 1948 wurde von der 24. Vollversammlung des Wirtschaftsrates des Vereinigten Wirtschaftsgebietes (amerikanisches und britisches Besatzungsgebiet in Deutschland) in Frankfurt am Main in zweiter und dritter Lesung das Gesetz über Tarifverträge einstimmig verabschiedet. An der sorgfältigen, auf der Tarifvertragsordnung von 1918/1928 aufbauenden Vorbereitung des Gesetzes waren insbesondere die Verwaltung für Arbeit, der Deutsche Gewerkschaftsbund für die britische Zone sowie füh-

Willi Richter, Mitglied des Frankfurter Wirtschaftsrates, später DGB-Vorsitzender.

rende Rechtswissenschaftler beteiligt. Auch aus diesem Grunde gelang es, in nur zwei Beratungen des Ausschusses für Arbeit – an denen unter dem Vorsitz von Willi Richter (SPD) Politiker von CDU, SPD, FDP, KPD, DP und Zentrum teilnahmen – ein Gesetzeswerk zu schaffen, das bis heute weitgehend unverändert Bestand hat.

Das Gesetz ordnete, knapp und verständlich, die für den Abschluß und die Durchführung von Tarifverträgen erforderlichen Mindestregelungen und die für die weitere Rechtsentwicklung notwendigen Leitprinzipien, wie Inhalt, Form, Geltungsdauer und -bereich eines Tarifvertrags, Tariffähigkeit, Tarifgebundenheit sowie das Verhältnis der Tarifvertragsnormen zu anderen Regelungen und Fragen der Allgemeinverbindlichkeit. Staatliche Zwangsschlichtung – wie zur Weimarer Zeit – war nicht vorgesehen.

Damit war ein wesentlicher Teil sozial-wirtschaftlicher Verantwortung und Gestaltungsmacht in die Hände der Tarifvertragsparteien gelegt worden, d. h. wieder auf die Ebene – wie es der Abgeordnete Karpf (CDU) in der zweiten Lesung des Gesetzes ausdrückte – „auf die sie wirklich gehört: dort, wo wirklich die Sachkunde der Beteiligten die Gelegenheit hat, eigenes Recht zu schaffen."

Der Tarifvertrag hat sich nicht zuletzt dank der gesetzgeberischen Zurückhaltung heute zu einem Instrument entwickelt, welches Arbeitsbedingungen von ca. 90% aller abhängig Beschäftigten regelt, von dem das wirtschaftliche Schicksal dieser Arbeitnehmer in weitestem Umfange abhängt und durch das die wirtschaftliche Entwicklung der Bundesrepublik wesentlich mitbestimmt wird.

Wohin wir auch in Europa blicken, überall gilt das partnerschaftliche Zusammenwirken von Gewerkschaften und Arbeitgeberverbänden, wie es bei uns praktiziert wird, als ein bedeutender Fortschritt. Die allseits bestaunte Entwicklung vom Tiefststand 1945 bis heute wird – wie ich meine – zu Recht auch als Erfolg der partnerschaftlichen Zusammenarbeit gewertet.

Wenn hierzulande dennoch die Arbeit der Sozial- und Tarifpartner kritischer betrachtet wird, so liegt das vor allem am Stil der Auseinandersetzungen. Man muß nicht mit allem einverstanden sein, wie die Tarifvertragsparteien ihre Verantwortung wahrgenommen haben. Aber, daß die Zusammenarbeit insgesamt für das Gemeinwesen erfolgreich war – wer wollte es bezweifeln? Auch hier genügt ein Blick zu unseren Nachbarn.

Dabei ist jede Regierung gut beraten, einen ständig engen Gedankenaustausch mit beiden Tarifpartnern zu pflegen, in welcher Form auch immer. Je enger der Gedankenaustausch, umso geringer ist auch die Gefahr, daß öffentliche Erklärungen als Einmischung in die Tarifautonomie verstanden werden – was übrigens sowohl von den Arbeitgeberverbänden als auch den Gewerkschaften mit großer Entschiedenheit zurückgewiesen wird. Deshalb sind Vorschläge zur Bekämpfung der Arbeitslosigkeit – Tarifverträge „nach unten durchlässig" zu machen – in Wahrheit nichts anderes als eine Aushöhlung der Tarifautonomie.

Dem Klassenkampf von unten durch einen Klassenkampf von oben zu begegnen, führt mit Sicherheit zur Aushebelung der partnerschaftlichen Ordnung. Im übrigen sollte jeder, der solche Vorschläge glaubt machen zu müssen, bedenken, daß damit innergewerkschaftlich neue Gräben aufgerissen würden.

Daß die Tarifvertragsparteien von der ihr eingeräumten Freiheit in verantwortungsvoller Weise Gebrauch machen, zeigt sich auch an Beispielen aus jüngster Zeit: Vor 40 Jahren war es kaum vorstellbar, daß Lohn- und Gehaltstarifverträge mit einer Laufzeit von drei Jahren abgeschlossen werden könnten; und noch vor 10 Jahren bildeten Lohn- und Gehaltsabkommen über 12 Monate die Regel. Dies ist jetzt bei der IG Metall und ÖTV geschehen. Der Beifall der Öffentlichkeit hält sich hier in Grenzen.

Aber dies scheint mir wirklich eine Sternstunde zu sein, eine Sternstunde der Tarifvertragsparteien. Die von Unternehmen und Arbeitgeberverbänden immer wieder geforderte *langfristige* Überschaubarkeit der Rahmenbedingungen ist damit *wesentlich* verbessert. Wer die Tarifverträge genau ansieht, wird im übrigen unschwer feststellen können, daß zu dem Zeitpunkt, an dem Arbeitszeitverkürzungen in Kraft treten, die Lohnquote sinkt. Hier wird also nicht eine Mark zweimal ausgegeben – sonst hätten die Arbeitgeberverbände auch nicht zugestimmt. In der Öffentlichkeit wird ja fast der Eindruck erweckt, als seien die Tarifverträge allein von den Gewerkschaften zu verantworten.

Mitte April 1988 fand eine Würdigung der Arbeit der Tarifpartner statt, die sich noch vor wenigen Jahren kaum einer vorstellen konnte. Die Bertelsmann-Stiftung hat mit dem Carl-Bertelsmann-Preis in Gütersloh *drei Tarifparteien* ausgezeichnet:

die Industriegewerkschaft Bau–Steine–Erden und den Hauptvorstand der Deutschen Bauindustrie sowie die Industriegewerkschaft Chemie – Papier–Keramik und den Bundesarbeitgeberverband Chemie
und schließlich:
die Industriegewerkschaft Metall und den Gesamtverband der metallindustriellen Arbeitgeberverbände.

Besonders erwähnt wurden u. a. die Vermögensbildung in Arbeitnehmerhand in der Bauindustrie, in der chemischen Industrie der Abbau sozialer Differenzierungen zwischen Arbeitern und Angestellten. In der Metallindustrie schließlich wurden die Bemühungen um Arbeitszeitverkürzungen und die Flexibilisierung der Arbeitszeit besonders herausgestellt. Mehr als 40 Jahre nach Verabschiedung des Tarifvertragsgesetzes ist das ein wahrhaft ermutigendes Zeichen.

Die Tarifautonomie, lange Jahre im Verdacht, in Routine zu erstarren, ist auf neuen Wegen. Dies läßt hoffen für die Zukunft.

III. Mitbestimmung

Das Betriebsrätegesetz vom 4. Februar 1920 wurde diesem Anspruch nicht gerecht, aber es schuf Voraussetzungen, auf denen nach 1945 aufgebaut werden konnte. Die Betriebsräte erhielten – wenn auch verhältnismäßig schwach ausgebildet – erstmalig echte Mitbestimmungsrechte im Sinne einer Bindung des Arbeitgebers an die Zustimmung der Betriebsvertretung, so auf sozialem Gebiet beim Erlaß von Arbeitsordnungen, Dienstvorschriften und Einstellungsrichtlinien sowie auf personellem Gebiet durch die Vorschriften über den Einspruch gegen Kündigungen. Die Betriebsräte konnten durch den Abschluß von Betriebsvereinbarungen zu Verbesserungen der Arbeitsbedingungen beitragen. Eine entscheidende Einflußnahme auf die wirtschaftlich-unternehmerische Betriebsführung blieb ihnen hingegen versagt.

Am 10. April 1951 wurde das Montan-Mitbestimmungsgesetz verabschiedet. Es sieht für Unternehmen des Bergbaus und der Eisen und Stahl erzeugenden Industrie die Bildung eines paritätisch mit Anteilseignern und Arbeitnehmervertretern besetzten Aufsichtsrats vor, zu dem als 11. bzw. 15. oder 21. Mitglied eine neutrale Person hinzukommt, die verhindern soll, daß bei Abstimmungen eine Patt-Situation entsteht. Ferner hat das Gesetz den „Arbeitsdirektor" als gleichberechtigtes Vorstandsmitglied eingeführt, der nicht gegen die Stimmen der Mehrheit der Arbeitnehmervertreter im Aufsichtsrat bestellt werden kann.

Das Gesetz war hart umstritten. Der Bochumer Katholikentag im Herbst 1949 hatte einen damals sehr beachteten einstimmigen Beschluß gefaßt.

Die wichtigste Passage lautete: „Der Mensch steht im Mittelpunkt jeglicher wirtschaftlichen und betriebswirtschaftlichen Betrachtung. Das Mitbestimmungsrecht in sozialen, personalen und wirtschaftlichen Fragen für alle Mitarbeitenden wird anerkannt. Das Mitbestimmungsrecht gehört zu dem natürlichen Recht in Gott gewollter Ordnung und ist zu bejahen, wie das Recht auf Eigentum."

1947–1949	Auf Zonen- und Länderebene geschaffene Gesetze über Arbeitslosenversicherung und Arbeitslosenfürsorge. – Schaffung von Einzelgewerkschaften nach dem Industrieverbandsprinzip.
1. 3. 1947	Einführung des Mitbestimmungsrechtes in vier dekartellierten Betrieben der Stahlindustrie in der britischen Zone.
August 1947	Gründung eines *Gewerkschaftsrates* für die Bizone, dem ab Dezember 1948 auch die Gewerkschaften der französischen Zone angehören. Vorsitzender: Hans Böckler.
26. 1. 1948	Betriebsratswahlen im Ruhrgebiet.
9./10. 9. 1948	Einstimmige Verabschiedung des Gesetzes über Tarifverträge im Vereinigten Wirtschaftsrat (US-Zone und brit. Zone) in Frankfurt/Main.
14. 10. 1949	Gründungskongreß des *Deutschen Gewerkschaftsbundes* (DGB), der parteineutralen Einheitsgewerkschaft, in München. Zusammenschluß der 16 Einzelgewerkschaften. Vorsitzender: Böckler. Mitgliederzahlen: 5 Millionen, darunter 530 000 Angestellte, 270 000 Beamte und 4,2 Millionen Arbeiter. – Bildung der ostzonalen Gewerkschaft (FDGB).
Herbst 1949	Einstimmiger Beschluß des Bochumer Katholikentages zum Mitbestimmungsgesetz mit Wirkung auf den späteren Bundestag.

Hans Böckler, Vorsitzender des DGB (1949–1951).

Der einstimmige Beschluß – viele Unternehmen waren daran beteiligt – hatte große Wirkung, auch auf die späteren Beratungen des Deutschen Bundestages. Dieses Beispiel zeigt deutlich, daß Sternstunden des Parlaments fast immer eine breite öffentliche Diskussion vorangegangen ist. Dies macht nicht zuletzt die Stärke des parlamentarischen Systems aus. Doch diese Auseinandersetzung war eine enorme Belastung für die junge demokratische Ordnung.

Für den 1. Februar 1951 hatte die IG Metall einen Streik in der eisenschaffenden Industrie angesagt. Die Sozialausschüsse der Christlich-Demokratischen Arbeitnehmerschaft lehnten einen Streik, der als ein Eingriff in die Rechte des Parlaments angesehen werden muß, entschieden ab. Wörtlich heißt es in einer Entschließung: „Den Gesetzgeber durch Streikdrohung unter Druck zu setzen ist Verfassungsbruch. Ein solcher Streik kann nur als revolutionärer Akt gedeutet werden."

Andererseits wurde die Bundesregierung aufgerufen, nicht an der fortschrittlichen Betriebsverfassung der Betriebe in der eisenschaffenden Industrie rütteln zu lassen. Der Briefwechsel zwischen dem Vorsitzenden des DGB, Hans Böckler, und dem Bundeskanzler im November und Dezember 1950 zeigt deutlich, wie ernst die Situation war.

Adenauer schrieb am 14. Dezember 1950:

„In einem demokratischen Staatswesen kann es einen Streik gegen die verfassungsmäßigen Gesetzgebungsorgane nicht geben. Das Koalitionsrecht, auf das Sie sich berufen, sichert nur das Recht, zur Wahrung und Förderung der Arbeits- und Wirtschaftsbedingungen Vereinigungen zu bilden. Es kann keine Rede davon sein, daß die verfassungsgesetzlich gewährleistete Koalitionsfreiheit einer organisierten Minderheit, die die Gewerkschaften vom Ganzen aus gesehen sind, das Recht gibt, durch Niederlegung der Arbeit die Wirtschaft lahmzulegen, um dadurch bestimmte Akte der Gesetzgebung zu erzwingen.

Auch das Tarifvertragsgesetz kann zur Begründung Ihrer Auffassung schon deshalb nicht herangezogen werden, weil Streitigkeiten aus einem Tarifvertrag nicht vorliegen.

Ich habe wiederholt Gelegenheit gehabt anzuerkennen, daß die Haltung des Deutschen Gewerkschaftsbundes in wichtigen wirtschafts- und sozialpolitischen Fragen von einer maßvollen Besonnenheit und dem Bewußtsein der Verantwortung für die Allgemeinheit bestimmt war. Ich schöpfe daraus die Hoffnung, daß das verfassungsmäßige Gesetzgebungsverfahren im Bundestag über das Mitbestimmungsrecht von den Gewerkschaften nicht gestört werden wird. Es läge wahrhaft im Interesse aller Schichten der Bevölkerung, wenn ihr in dieser Zeit ernster, ja bedrohlicher Spannungen ein solcher Konflikt erspart bliebe. Ich bin überzeugt, daß Ihre Auffassung der Sorge um die soziale Gestaltung der Arbeits- und Wirtschaftsordnung in der Bundesrepublik entspringt. Die Vorstellungen, wie dieses Ziel erreicht werden kann, mögen verschieden sein; die Entscheidung darüber steht allein den verfassungsmäßigen Trägern der politischen Willensbildung zu."

Die junge Demokratie stand vor einer im wahrsten Sinne des Wortes entscheidenden Weggabelung. Die christlich-sozialen Kräfte im DGB, die die Forderung nach Mitbestimmung nachhaltig unterstützten, aber jeden politischen Streik ablehnten, waren sowohl für den Bundeskanzler als auch für den Vorsitzenden des Deutschen Gewerkschaftsbundes eine wichtige Brücke für eine Verständigung, die schließlich auch zustande kam. Es war ein Sieg der besonnenen Kräfte, es war ein Sieg der parlamentarischen Demokratie.

Mit der Verabschiedung des Montan-Mitbestimmungsgesetzes war ein wichtiger Schritt zur Festigung der partnerschaftlichen Ordnung getan. Die Frage der Mitbestimmung war mit einer für den Aufbau der Bundesrepublik entscheidenden Industrie gelöst. Übrigens, von Kohle und Stahl hing der Aufbau aller deutscher Länder von Hamburg bis Bayern und Baden-Württemberg ab. Sich heute daran zu erinnern, wäre für alle angebracht. Die Diskussion um die Mitbestimmung für die übrige Wirtschaft ist indes weitergegangen. Bereits in der zweiten und dritten Lesung des Montan-Mitbestimmungsgesetzes klang ein Thema an, auf das sich die mitbestimmungspolitische Auseinandersetzung der folgenden Jahre erstreckte. Für die Fraktion der SPD stellte der Abgeordnete Dr. Harald Koch – späterer Arbeitsdirektor und stellvertretender Aufsichtsratsvorsitzender der Hoesch AG – den Antrag, auch solche Unternehmen in das Gesetz mit einzubeziehen, die zwar nicht selbst Bergwerke oder Eisen- und Stahlbetriebe seien, „die aber über Beteiligungen oder über Verträge, seien es Interessengemeinschaftsverträge oder Organverträge, einen bestimmten Einfluß“ auf solche Unternehmen hätten. Auch die Gewerkschaften forderten von der Bundesregierung eine vergleichbare parlamentarische Lösung für andere Wirtschaftsbereiche, wie sie sich aber erst in der Verabschiedung des Gesetzes zur Ergänzung des Gesetzes über die Mitbestimmung der Arbeitnehmer in den Aufsichtsräten und Vorständen der Unternehmen des Bergbaus und der Eisen und Stahl erzeugenden Industrie durch den Bundestag am 7. Juni 1956 und des Mitbestimmungsgesetzes am 18. März 1976 (hier blieb allerdings die Mitbestimmung der Arbeitnehmer unterhalb der Parität) herausbildete.

Zuvor, am 19. Juli 1952, war nach jahrelangen parlamentarischen und außerparlamentarischen Auseinandersetzungen ein anderer Eckpfeiler für soziale Partnerschaft, das Betriebsverfassungsgesetz, in namentlicher Abstimmung mit 195 gegen 139 Stimmen bei 7 Enthaltungen verabschiedet worden. Es stellte den Versuch dar, die Betriebsverfassung der Privatwirtschaft in einer für beide Sozialpartner tragbaren Weise zu regeln. Den Betriebsräten wurden Mitbestimmungsrechte in sozialen und personellen Angelegenheiten eingeräumt; in wirtschaftlichen Angelegenheiten wurde den Arbeitnehmern ein Unterrichtungsrecht durch die Wirtschaftsausschüsse zuerkannt. Bei Betriebsänderungen mit wesentlichen Nachteilen für die Belegschaft waren Verhandlungen über einen Interessenausgleich und u. U. Abfindungszahlungen vorgesehen. Die Aufsichtsräte der unter das Betriebsverfassungsgesetz fallenden Unternehmen wurden zu einem Drittel von den Arbeitnehmern besetzt.

Das zähe Ringen um das Ausmaß der betrieblichen Mitbestimmung und Mitwirkung dokumentieren noch einmal die Schlußberatungen im Deutschen Bundestag, in denen die Oppositionsparteien das parlamentarische Mittel des Filibusterns einzusetzen versuchten, um die Schlußabstimmungen zu verschieben (das Plenarprotokoll umfaßt hier 195 Seiten).

In den folgenden Jahren verlor der Gedanke der Mitbestimmung vorübergehend an politischer Aktualität. Die Diskussion um ihren weiteren Ausbau kam erst in der zweiten Hälfte der 60er Jahre wieder in Gang. Das Betriebsverfassungsgesetz, nahezu 20 Jahre unverändert, hatte sich zwar im großen und ganzen bewährt, entsprach jedoch zuletzt nicht mehr den geänderten wirtschaftlichen, technischen und gesellschaftlichen Verhältnissen.

In ihrer Regierungserklärung vom 28. Oktober 1969 kündigte die sozialliberale Regierung unter Willi Brandt die Reform des Betriebsverfassungsgesetzes auf der Grundlage von mehreren, in der vorangegangenen Legislaturperiode eingebrachten Gesetzentwürfen an. Bereits am 3. Dezember 1970 verabschiedete das Bundeskabinett einen entsprechenden Entwurf; die CDU/CSU-Fraktion reichte am 5. Februar 1971 einen eigenen Entwurf ein. Beide Entwürfe wurden 6 Tage später in erster Lesung im Bundestag behandelt und federführend an den Ausschuß für Arbeit und Sozialordnung überwiesen. Nach intensiver und leidenschaftlich geführter Beratung (23 Sitzungen) und einer Reihe öffentlicher Informationssitzungen, in denen 137 Sachverständige aus allen Bereichen des Arbeits- und Wirtschaftslebens gehört wurden, legte der Ausschuß seinen schriftlichen Bericht vor. Der Regierungsentwurf wurde am 10. November 1971 in zweiter und dritter Lesung beraten und vom Bundestag verabschiedet. In der Rednerliste spiegelt sich ein Stück des Weges deutscher Sozialpolitik wider: Arendt (Bundesarbeitsminister), Dr. Farthmann (SPD), Franke (Osnabrück) (CDU/CSU), Müller (Remscheid) (CDU/CSU), Ruf (CDU/CSU), Dr. Schellenberg (SPD), Schmidt (Kempten) (FDP), Urbaniak (SPD).

1950	Anerkennung der Bundesvereinigung der Deutschen Arbeitgeberverbände von den Alliierten als Selbstverwaltungsorganisationen.
3. 1. 1951	Streikdrohung der IG-Metall zur Durchsetzung der paritätischen *Mitbestimmung im Montanbereich.* – Ablehnung durch die Sozialausschüsse der christlich-demokratischen Arbeitnehmerschaft als Verfassungsbruch.
25. 1. 1951	Grundsätzliche Einigung zwischen Adenauer und dem DGB-Vorsitzenden Böckler – nach vorangegangenem Briefwechsel vom 23. 11.–29. 12. 1950 – über die Mitbestimmung im Montanbereich.
10. 4. 1951	Verabschiedung des Gesetzes über die Mitbestimmung im Montanbereich durch den Bundestag.
1. 5. 1952	Bundesanstalt für Arbeitsvermittlung und Arbeitslosenversicherung in Nürnberg errichtet.
19. 7. 1952	Verabschiedung des Betriebsverfassungsgesetzes durch den Bundestag. – Vorläufer: Betriebsrätegesetz vom 4. 2. 1920.
23. 4. 1953	Das Tarifvertragsgesetz wird Bundesgesetz.
8. 6. 1955	Bundestag verabschiedet das Personalvertretungsgesetz.

Beratung des Entwurfs eines Gesetzes über die Mitbestimmung der Arbeitnehmer 1976. Von links: Adolf Müller (Remscheid) (CDU), Hans Katzer (CDU) und Minister für Arbeit und Sozialordnung Walter Arendt (SPD). Im Vordergrund Norbert Blüm (CDU).

Das neue Betriebsverfassungsgesetz brachte gegenüber dem Gesetz von 1952 zahlreiche Änderungen. Die Mitwirkungs- und Mitbestimmungsrechte des Betriebsrats in sozialen und personellen Angelegenheiten wurden wesentlich verstärkt, die Sozialplanregelung eingeführt. Ausgebaut wurde ferner der persönliche Schutz der Betriebsräte, die Präsenz der Gewerkschaften in den Betrieben und eigene Rechte des einzelnen Arbeitnehmers in den Angelegenheiten, die ihn und seinen Arbeitsplatz betreffen.

Für das letzte Jahr stand eine neuerliche Diskussion um die Betriebsverfassung an. Eigene Vertretung von leitenden Angestellten – seit Jahren umstritten – wird ja nicht nur von den Gewerkschaften abgelehnt; auch bei vielen Unternehmen wird mit Sorge eine Zersplitterung und Komplizierung befürchtet. Bei der Einführung weiterer Mitbestimmungsrechte, bei der Einführung neuer Technologien entzündet sich von neuem die alte Diskussion. Die Frage der Mitbestimmung kann nicht in einer Reihe gesehen werden mit anderen gesellschaftspolitischen Gesetzeswerken. Mitbestimmung – und das ist der entscheidende Unterschied – ist eine langfristige Aufgabe zur freiheitlichen Gestaltung unserer Gesellschaft.

Wenn die Arbeitnehmer immer weniger nur Arbeiter und Ausführende sind und mehr und mehr zu Arbeitnehmern mit unternehmerischen Teilfunktionen werden – Arbeitnehmer, die mitdenken, mitentscheiden –, dann stellt sich die Frage, ob das Management nicht schon längst seine Legitimation aus einer Mischung von Kapital und Arbeit bezieht (darauf habe ich bereits 1968 hingewiesen).

Ein ernstzunehmender Einwand gegen die Mitbestimmung ist der Vorwurf, die Mitbestimmung verzögere Entscheidungen. Die Montan-Mitbestimmung hat dies nicht bestätigt; aber hier muß letzte Klarheit geschaffen werden. Schon taucht auch wieder der Gedanke auf, die Mitbestimmungsdiskussion dadurch zu verhindern, daß die Eigentumsbildung gefördert wird. Nur, Vermögenspolitik ist keine Alternative zum Konzept der Mitbestimmung.

IV. Vermögensbildung

Nicht nur Mitbestimmung und Mitverantwortung der Arbeitnehmer im Wirtschaftsprozeß, auch ihre Beteiligung an dem von Arbeitgebern und Arbeitnehmern gemeinsam erwirtschafteten Vermögen ist ein entscheidendes Element einer partnerschaftlichen Wirtschaftsordnung.

Die vermögenspolitische Diskussion reicht bis in die Anfangsjahre der Bundesrepublik Deutschland zurück. Sie wurde ausgelöst durch die sehr ungleiche Vermögensverteilung in den Jahren des Wiederaufbaus nach dem 2. Weltkrieg. Die Masseneinkommen waren damals noch niedrig, die Kapitalmärkte wenig ergiebig. Die Unternehmen finanzierten sich vor allem durch einbehaltene Gewinne. Das Vermögen konzentrierte sich in den Händen relativ weniger Kapitalbesitzer. Breite Arbeitnehmerschichten waren weder am Produktivkapital noch am Haus- und Grundvermögen nennenswert beteiligt.

Maßgebliche Anstöße für eine Vermögensbildung in Arbeitnehmerhand gingen zunächst im wesentlichen von neoliberal und christlich-sozial orientierten Wissenschaftlern und Politikern, später auch von sozialdemokratischer Seite aus. Die meisten Gewerkschaften des Deutschen Gewerkschaftsbundes standen der Vermögenspolitik, insbesondere der individuellen Beteiligung der Arbeitnehmer am Produktivkapital der Unternehmen, lange Zeit reserviert gegenüber. Vordenker auf gewerkschaftlicher Seite war die IG Bau-Steine-Erden unter ihrem Vorsitzenden Georg Leber.

Die Motive für eine Vermögensbildung in Arbeitnehmerhand waren vielfältig. Im Vordergrund standen gesellschaftspolitische Ziele. In ordnungspolitischer Hinsicht sollte eine Beteiligung der Arbeitnehmer am volkswirtschaftlichen Vermögen die freie, auf dem Privateigentum beruhende Wirtschafts- und Gesellschaftsordnung der Bundesrepublik stabilisieren. Dahinter stand die Überlegung, daß sich diese Ordnung langfristig am ehesten aufrechterhalten ließe, wenn möglichst viele Arbeitnehmer über persönliches Eigentum verfügen würden. Eine besondere Bedeutung kam hierbei dem Wohneigentum und dem Produktivvermögen zu.

Eine Beteiligung der Arbeitnehmer am Produktivvermögen trägt dazu bei, soziale Spannungen zwischen Kapital und Arbeit, zwischen Arbeitnehmern und Arbeitgebern abzubauen. Hierdurch wird das Zusammenwirken der Sozialpartner in den Unternehmen stabilisiert, die soziale Partnerschaft abgesichert.

Die Vermögensbildung in Arbeitnehmerhand ist Bestandteil unserer ordnungspolitischen Vorstellungen: Arbeit und Kapital sind keine Gegensätze, sondern wirken in sozialer Partnerschaft zusammen.

Zu den ordnungspolitischen Zielen traten sozial- und verteilungspolitische Überlegungen. Eine breitere Streuung des Vermögens sollte dazu beitragen, den Lebensstandard und die materielle Sicherheit der unteren und mittleren Einkommensschichten abzuheben. Eine gesicherte materielle Grundlage ist eine Voraussetzung für individuelle Freiheit und die freie Entfaltung der Persönlichkeit. Die Vermögenspolitik hatte und hat daher eine erhebliche Bedeutung für die Entwicklung des einzelnen Menschen.

In verteilungspolitischer Hinsicht bot eine Förderung der Vermögensbildung in Arbeitnehmerhand die Möglichkeit, der unerwünschten Vermögenskonzentration entgegenzuwirken und damit zu einer gleichmäßigeren Verteilung des Vermögens beizutragen. Volkswirtschaftliche Überlegungen hatten darüber hinaus zu dem Ergebnis geführt, daß eine Erhöhung der Sparquote der Arbeitnehmer die Einkommensverteilung zu ihren Gunsten verändern konnte.

Seit den 50er Jahren sind in der Bundesrepublik zahlreiche vermögenspolitische Schritte unternommen worden. Sie wurden zunächst maßgeblich von den unionsgeführten Bundesregierungen geprägt. Die sozial-liberale Koalition hat sie später zum Teil fortentwickelt. Die vermögenspolitischen Maßnahmen konzentrierten sich im wesentlichen auf die Bereiche Privatisierung von Bundesvermögen, staatliche Sparförderung, tarifliche Vermögensbildung, freiwillige betriebliche Vermögensbildung.

Ihren Höhepunkt erlebte die vermögenspolitische Diskussion in den 60er und der ersten Hälfte der 70er Jahre. Unter dem Eindruck der erheblich gestiegenen Masseneinkommen und knapper öffentlicher Kassen wurde die öffentliche Förderung der Vermögensbildung in den nachfolgenden Jahren wieder zurückgeschraubt – so durch die Haushaltsstrukturgesetze von 1975 und 1981 sowie durch das Subventionsabbaugesetz von 1981.

Wichtige Ansätze des Gesetzgebers für eine breitere Vermögensstreuung waren

- die Privatisierung der Bundesunternehmen Preußische Bergwerks- und Hütten-AG (ab 1959), Volkswagenwerk (ab 1960) und Vereinigte Elektrizitäts- und Bergwerks-AG (ab 1965),
- das Wohnungsbau-Prämiengesetz (1952) und dessen Novellierung (1958),

- das Spar-Prämiengesetz (1959) und die Gesetze zu dessen Änderung (1963, 1972),
- die Gesetze zur Förderung der Vermögensbildung der Arbeitnehmer (1. Vermögensbildungsgesetz 1961, 2. Vermögensbildungsgesetz 1965, 3. Vermögensbildungsgesetz 1970, Vermögensbeteiligungsgesetz 1983, 4. Vermögensbildungsgesetz 1984).

Die Verabschiedung der vermögenspolitischen Gesetze hat zum Teil lebhafte parlamentarische Debatten ausgelöst. Ob darunter Sternstunden des Parlaments waren, mag dahingestellt bleiben. Die Divergenzen zwischen den einzelnen Fraktionen des Deutschen Bundestages waren insgesamt betrachtet geringer als bei anderen bedeutenden sozialpolitischen Entscheidungen. Die ersten drei Vermögensbildungsgesetze wurden mit großer Mehrheit oder einstimmig angenommen.

Die verschiedenen Maßnahmen des Gesetzgebers für eine breitere Vermögensstreuung haben zu einer deutlichen Ausweitung der Vermögensbildung in Arbeitnehmerhand beigetragen. Vor allem das Geldvermögen der Arbeitnehmer und ihre Beteiligung am Wohnvermögen haben erheblich zugenommen. Demgegenüber ist ihr Anteil am Produktivvermögen auch heute noch relativ niedrig. Die Gesetze zur Privatisierung des Bundesvermögens haben zwar einen Anfang ermöglicht, aber die Initialzündung blieb aus. Die SPD-Fraktion im Bundestag, die zunächst gegen soziale Privatisierungen war, hat diesen schließlich ihre Zustimmung gegeben. Bei den jüngsten Veräußerungen von Bundesvermögen hat nicht einmal die Union den Versuch unternommen, eine soziale Privatisierung durchzusetzen.

Nach dem 1. Vermögensbildungsgesetz wurden vereinbarte vermögenswirksame Leistungen der Arbeitgeber für Arbeitnehmer bis zu 312 DM pro Jahr gefördert. Das Gesetz hat nur eine relativ geringe Bedeutung erlangt, vor allem deswegen, weil es die Förderung – auf Drängen der Arbeitgeber –

1956	Gesetze zur Änderung und Ergänzung der AVAG.
7. 8. 1956	Mitbestimmungsergänzungsgesetz.
1959	Sparprämiengesetz.
Ab 1959	Privatisierung der Preußischen Bergwerks- und Hütten-AG.
10. 8. 1959	Der DGB-Vorsitzende Richter kündigt als nächstes Ziel der Gewerkschaften die 5-Tage-Woche mit einer vierzigstündigen Arbeitszeit an.
Ab 1960	Privatisierung des Volkswagenwerkes.
8. 7. 1960	IG-Metall erreicht Durchsetzung eines Drei-Stufen-Planes, der bis 1965 die Arbeitszeit in der Metallindustrie auf 40 Stunden pro Woche reduzieren wird.
12. 7. 1961	Das erste Gesetz zur Vermögensbildung für Arbeitnehmer (312-DM-Gesetz) wird verkündet.
13. 1. 1963	Änderung des Personalvertretungsgesetzes.

auf Einzelverträge und betriebliche Vereinbarungen beschränkte, Tarifverträge dagegen von der Förderung ausschloß. Der Entwurf der Bundesregierung sah eine Ausgrenzung von Tarifverträgen nicht eindeutig vor; der Ausschuß für Arbeit hat dagegen vorgeschlagen klarzustellen, „daß Vereinbarungen über vermögenswirksame Leistungen nur in Verträgen mit Arbeitnehmern, Betriebsvereinbarungen oder Werktarifverträgen getroffen werden können, also nicht in Tarifverträgen, bei denen auf der Arbeitgeberseite mehrere Arbeitgeber oder eine Vereinigung von Arbeitgebern steht".

Das 2. Vermögensbildungsgesetz führte zu wichtigen Neuerungen für die Vermögensbildung:

Alle Arbeitnehmer, einschließlich der Angehörigen des öffentlichen Dienstes, wurden in den Geltungsbereich des Gesetzes einbezogen, tarifvertraglich vereinbarte vermögenswirksame Leistungen in die Förderung aufgenommen. Das Gesetz schuf die Möglichkeit, Teile des Arbeitslohns vermögenswirksam anzulegen; die vermögenswirksamen Leistungen wurden – innerhalb der gesetzlichen Grenzen – von der Lohnsteuer und den Sozialversicherungsbeiträgen befreit.

Das 2. Vermögensbildungsgesetz brachte zwar gewisse Erfolge; ein Durchbruch in der Vermögensbildung konnte jedoch entgegen den Erwartungen nicht erzielt werden. Dies gelang erst mit dem 3. Vermögensbildungsgesetz, nach dessen Verabschiedung die Zahl der Tarifverträge mit vermögenswirksamen Leistungen sprunghaft anstieg. Das 3. Vermögensbildungsgesetz hat das Zulagensystem (anstelle der Steuer- und Sozialabgabenbefreiung) eingeführt; die begünstigten Einkommenshöchstbeträge wurden verdoppelt („624 DM-Gesetz").

Eine gewisse Wende in der Vermögenspolitik trat in der 10. Legislaturperiode ein.

Ende 1983 wurde das Vermögensbeteiligungsgesetz verabschiedet. Es bildete die Grundlage für das 4. Vermögensbildungsgesetz von 1984. Vermögensbeteiligungsgesetz und 4. Vermögensbildungsgesetz haben die Anlagemöglichkeiten für vermögenswirksame Leistungen deutlich ausgeweitet (das 4. Vermögensbildungsgesetz erhöhte darüber hinaus die Höchstgrenze für die Arbeitnehmersparzulage auf 936 DM pro Jahr). Im Vordergrund stand die Absicht, die Arbeitnehmer stärker am Produktivkapital der Unternehmen zu beteiligen. Hinzu traten wirtschaftspolitische Überlegungen.

Die wesentlichen Zielsetzungen werden im Gesetzentwurf der Bundesregierung zum Vermögensbeteiligungsgesetz zusammenfassend angesprochen. „Durch gezielte wirtschaftliche Anreize sollen Beteiligungen der Arbeitnehmer am Produktivkapital der Wirtschaft angeregt werden. Es dient der Festigung einer auf privatem Eigentum an Produktivmitteln beruhenden Wirtschaftsordnung, wenn immer mehr Arbeitnehmer persönliches Eigentum am Produktivvermögen besitzen. Zugleich werden die Voraussetzungen für eine partnerschaftliche Integration der Arbeitnehmer in ihr arbeitgebendes Unternehmen verbessert. Die Kapitalbeteiligung der Arbeitnehmer kann darüber hinaus eine wachstums- und beschäftigungsorientierte Lohnpolitik wirksam ergänzen. Die gegenwärtig vorrangige Belegung von Wachstum und Beschäftigung erfordert eine Stärkung der Investitionsfähigkeit durch eine bessere Kapitalausstattung der Unternehmen. Durch Kapitalbeteiligung der Arbeitnehmer kann die erforderliche Zurückhaltung bei den Nominallohnabschlüssen erleichtert werden. Zugleich dient sie einer Verbesserung der Kapitalbasis der Unternehmen."

Wichtig scheint mir zu sein, daß Bundesregierung und Sozialpartner gemeinsam über neue Wege der Vermögensbildung nachdenken. Die Vollendung des Europäischen Binnenmarktes, die zu einer starken Ausweitung des Kapitalbedarfs führen wird, könnte hier neue Anstöße liefern. Die Situation für eine Besinnung auf die Vermögensbildung in Arbeitnehmerhand erscheint günstig, zumal die Gewerkschaften derzeit aufgeschlossener denn je sind – man denke nur an dreijährige Laufzeiten von Tarifverträgen. Vielleicht ergibt sich hieraus noch in dieser Legislaturperiode eine Sternstunde des Parlaments.

V. Arbeitsförderung

Eine besondere Bedeutung für die soziale Partnerschaft hat die Arbeitsförderung; in den Selbstverwaltungsgremien der Bundesanstalt für Arbeit sind Arbeitgeber und Arbeitnehmer gleichberechtigt vertreten.

Die Arbeitsförderung ist durch das Arbeitsförderungsgesetz (AFG) von 1969 neu konzipiert worden.

Vorläufer dieses Gesetzes war das Gesetz über Arbeitsvermittlung und Arbeitslosenversicherung (AVAVG) von 1927. Das AVAVG sah bereits eine Berufsberatung und Arbeitsvermittlung vor und war für die damalige Zeit recht fortschrittlich. Konzeptionell lag der Schwerpunkt auf der finanziellen Absicherung der Arbeitnehmer nach einem Verlust der Beschäftigung. Die Bildung von Rücklagen zur Unterstützung der Arbeitslosen wurde als zentrale Aufgabe angesehen. Gesamtwirtschaftliche Überlegungen spielten kaum eine Rolle. Arbeitsmarktpolitik diente vor allem der Schadensbegrenzung; sie sollte eine zeitweilige Arbeitslosigkeit erträglicher machen. Die Ursachen der Arbeitslosigkeit blieben weitgehend unberücksichtigt.

Das AVAVG ist in den 50er und 60er Jahren durch zahlreiche Gesetze abgeändert und ergänzt worden, so z. B. durch das Gesetz zur Änderung und Ergänzung des AVAVG von 1956 und das Gesetz über Maßnahmen zur Förderung der ganzjährigen Beschäftigung in der Bauwirtschaft und weitere Änderungen und Ergänzungen des AVAVG von 1959.

Im Laufe der Zeit wurde jedoch deutlich, daß die einzelnen Novellen lediglich Stückwerk blieben. Die Konzeption des AVAVG war überholt. Um den Erfordernissen der Zeit und den neuen wirtschafts- und sozialwissenschaftlichen Erkenntnissen gerecht zu werden, bedurfte es einer grundlegenden Reform der Arbeitsmarktpolitik. Hierzu mußte ein neues arbeitsmarktpolitisches Rahmengesetz geschaffen werden.

In den Vordergrund der Reformüberlegungen trat der Gedanke, der Arbeitslosigkeit vorzubeugen anstatt ihre Folgen zu kurieren. Arbeitsmarktpolitik sollte dazu beitragen, einen quantitativen und qualitativen Ausgleich auf dem Arbeitsmarkt herbeizuführen. Die rasche technologische Entwicklung machte deutlich, daß sich jeder Arbeitnehmer auf einen lebenslangen Lernprozeß einzustellen hatte. Arbeitsvermittlung und -beratung, berufliche Aus- und Fortbildung, Umschulung und berufliche Rehabilitation wurden als zentrale Elemente einer modernen Arbeitsmarktpolitik erkannt. Arbeitsmarktpolitik sollte die berufliche, geistige und räumliche Mobilität fördern.

Die Zeit für eine Neuorientierung der Arbeitsmarktpolitik war günstig. In Bonn regierte die Große Koalition. Zwischen den Fraktionen des Deutschen Bundestages bestand eine weitgehende Einigkeit über Notwendigkeit und Inhalte der Reform. Bereits die erste Lesung des Arbeitsförderungsgesetzes zeigte, daß die Reform von den Regierungsfraktionen und der Opposition gemeinsam getragen wurde.

Im Namen der Opposition erklärte der Abgeordnete Schmidt (Kempten) (FDP) zur Vorlage des Regierungsentwurfs – nach einem Lob für die Bundesregierung und den Bundesarbeitsminister: „Wir sagen das, ... weil hier zum erstenmal ein Schritt getan wird, den wir Freien Demokraten im Rahmen unserer Arbeitsmarktpolitik seit langem als notwendig angesehen haben. Denn hier ist es gerade in unserer im Hinblick auf die Konjunktur nicht so einfachen Zeit zum erstenmal möglich, aktuelle, zukunftsweisende Maßnahmen im Rahmen der Arbeitsmarktpolitik vorzulegen und gemein-

1965	Privatisierung der Vereinigten Elektrizitäts- und Bergwerks-AG.
12. 6. 1965	Zweites Gesetz über die Vermögensbildung.
1966/67	Erste Einschnitte in das „soziale Netz“ aufgrund der ersten Nachkriegsrezession.
27. 4. 1967	Änderungsgesetz zum Mitbestimmungsergänzungsgesetz (vom 7. 8. 1956).
13. 5. 1969	Das Arbeitsförderungsgesetz (AFG), das die Arbeitsmarkt- und Beschäftigungspolitik regelt, wird vom Bundestag verabschiedet. – Die Einführung der Arbeitslosenversicherung erfolgte durch das „Gesetz über Arbeitsvermittlung und Arbeitslosenversicherung“ vom 16. 7. 1927 als Zwangsversicherung mit einem Rechtsanspruch auf Unterstützung.
14. 8. 1969	Änderung des Betriebsverfassungsgesetzes.
28. 10. 1969	Die sozialliberale Regierung kündigt die Reform des Betriebsverfassungsgesetzes an.
4. 6. 1970	Gesetz zur verbesserten Förderung der Vermögensbildung (624-DM-Gesetz).

10. 11. 1971	Verabschiedung der Reform des Betriebsverfassungsgesetzes durch den Bundestag. Damit wird das Gesetz von 1952 in wesentlichen Punkten im Sinne der Arbeitnehmerinteressen verändert (Mitbestimmungsrechte des Betriebsrates, Jugendvertretung, Stellung der Gewerkschaften im Betrieb). Inkrafttreten am 19. 1. 1972.
Seit 1976	Finanzielle Absicherung der erreichten Sozialrechte und Zurückschneiden des „Sozialen Wildwuchses".
4. 5. 1976	Neues Mitbestimmungsgesetz.
21. 5. 1981	Das Gesetz zur Änderung des Montan-Mitbestimmungsgesetzes und des Mitbestimmungsänderungsgesetzes sichert die paritätische Mitbestimmung in Unternehmen, deren Montan-Umsatzteil unter die Hälfte sinkt.
1983	Vermögensbeteiligungsgesetz.
1984	4. Vermögensbildungsgesetz.
Dezember 1988	9. Novelle zum Arbeitsförderungsgesetz.

sam zu beraten. Dieser Entwurf erscheint uns wirtschafts- und gesellschaftspolitisch ausgesprochen positiv orientiert."

Und er fährt fort: „Ich glaube, wir sind alle froh darüber – jedenfalls sind wir Freien Demokraten froh darüber –, daß mit diesem Entwurf in die Arbeitsmarktpolitik der aus der Medizin entlehnte Grundsatz „Vorbeugen geht vor Heilen" eingeführt wurde; denn wir glauben, daß es die heutige spezielle konjunkturpolitische und strukturpolitische Situation, aber vor allem natürlich auch die wirtschaftlichen und technischen Entwicklungen dringend notwendig machen, daß wir unter Berücksichtigung all dieser Umstände von dem vor 10 Jahren zunächst als Heilungsgesetz für den Fall der Arbeitslosigkeit geschaffenen AVAVG zu einer Vorbeugungsmaßnahme in allen Richtungen kommen."

Der ersten Lesung folgten ausführliche Beratungen im Ausschuß für Arbeit des Deutschen Bundestages, die durch öffentliche Anhörungen von Sachverständigen ergänzt wurden. Um die einzelnen Regelungen des umfangreichen Gesetzeswerkes wurde zwischen den Ausschußmitgliedern von CDU/CSU, SPD und FDP lange gerungen. Am Ende der Beratungen stand ein Gesetzentwurf, der von allen Bundestagsfraktionen gemeinsam getragen wurde. Die Plenardebatte zur dritten Lesung und die Schlußabstimmung haben dies deutlich gemacht: das Arbeitsförderungsgesetz wurde einstimmig angenommen. Wenn von Sternstunden des Parlaments gesprochen wird, so kann man die Verabschiedung des Arbeitsförderungsgesetzes sicherlich in diesen Zusammenhang einordnen.

In § 1 AFG werden die grundsätzlichen Ziele des Gesetzeswerkes angesprochen: „Die Maßnahmen nach diesem Gesetz sind im Rahmen der Sozial- und Wirtschaftspolitik der Bundesregierung darauf auszurichten, daß ein hoher Beschäftigungsstand erzielt und aufrechterhalten, die Beschäftigungsstruktur ständig verbessert und damit das Wachstum der Wirtschaft gefördert wird."

Nach § 2 AFG haben die Maßnahmen nach diesem Gesetz insbesondere dazu beizutragen, „daß

1. weder Arbeitslosigkeit und unterwertige Beschäftigung noch ein Mangel an Arbeitskräften eintreten oder fortdauern,
2. die berufliche Beweglichkeit der Erwerbstätigen gesichert und verbessert wird,
3. nachteilige Folgen, die sich für die Erwerbstätigen aus der technischen Entwicklung oder aus wirtschaftlichen Strukturwandlungen ergeben können, vermieden, ausgeglichen oder beseitigt werden,
4. die berufliche Eingliederung körperlich, geistig oder seelisch Behinderter gefördert wird,
5. Frauen, deren Unterbringung unter den üblichen Bedingungen des Arbeitsmarktes erschwert ist, weil sie verheiratet oder aus anderen Gründen durch häusliche Pflichten gebunden sind oder waren, beruflich eingegliedert werden,
6. ältere und andere Erwerbstätige, deren Unterbringung unter den üblichen Bedingungen des Arbeitsmarktes erschwert ist, beruflich eingegliedert werden,
7. die Struktur der Beschäftigung nach Gebieten und Wirtschaftszweigen verbessert wird."

§ 3 AFG beschreibt die Aufgaben der Bundesanstalt für Arbeit, der die Durchführung der Arbeitsmarktpolitik nach dem Arbeitsförderungsgesetz – im Rahmen der Wirtschafts- und Sozialpolitik der Bundesregierung – übertragen wird. Hierin heißt es u. a.:

„Der Bundesanstalt obliegen

1. die Berufsberatung,
2. die Arbeitsvermittlung,
3. die Förderung der beruflichen Bildung, soweit sie ihr in diesem Gesetz übertragen ist,
4. die Arbeits- und Berufsförderung Behinderter (berufliche Rehabilitation), soweit sie ihr in diesem Gesetz übertragen ist,
5. die Gewährung von Leistungen zur Erhaltung und Schaffung von Arbeitsplätzen,
6. die Gewährung von Arbeitslosengeld.

Die Bundesanstalt hat Arbeitsmarkt- und Berufsforschung zu betreiben."

Das Arbeitsförderungsgesetz ist seit seiner Verabschiedung neunmal novelliert worden, zuletzt im Dezember 1988. Es hat sich insgesamt als Instrument einer zukunftsgerichteten Arbeitsmarktpolitik bewährt.

Eine moderne Arbeitsmarkt- und Beschäftigungspolitik dient vor allem drei Zielen:

– sie ergänzt eine aktive Konjunkturpolitik,

– sie erleichtert die Lösung strukturpolitischer Aufgaben,
– sie fördert die berufliche Bildung.

Die Förderung der beruflichen Bildung, der beruflichen Ausbildung, Fortbildung und Umschulung scheint mir besonders wichtig zu sein.

Als das Arbeitsförderungsgesetz verabschiedet wurde, war die Bildungspolitik in aller Munde. Sie wurde jedoch fast ausschließlich unter den Gesichtspunkten von Abitur und Studium betrachtet; die akademische Ausbildung beherrschte die bildungspolitische Diskussion.

Wer damals auf die große Bedeutung der beruflichen Bildung hinwies, hatte einen schweren Stand. Ohne eine ausreichende berufliche Bildung können sich die Arbeitnehmer jedoch nicht an veränderte berufliche Rahmenbedingungen anpassen. Sie ist die Voraussetzung jeglicher beruflicher Flexibilität und Mobilität. Erwähnt werden sollte in diesem Zusammenhang, daß das Arbeitsförderungsgesetz seinerzeit ergänzt worden ist durch zwei weitere für die soziale Bildungspolitik bedeutende Gesetze: das Berufsbildungsgesetz und das Ausbildungsförderungsgesetz.

Die Entwicklung hat den Sozialpolitikern der damaligen Zeit recht gegeben. Ohne das Arbeitsförderungsgesetz mit seinen Maßnahmen zur Förderung der beruflichen Bildung wäre die bedrückende Last der Arbeitslosigkeit heute noch schwerer zu ertragen. Dabei sollte nicht übersehen werden, daß sowohl die Gewerkschaften als auch die Arbeitgeber die Verabschiedung des Arbeitsförderungsgesetzes unterstützt haben. Dies war nicht selbstverständlich, da nach dem Arbeitsförderungsgesetz berufliche Bildungsmaßnahmen – entgegen dem Trend in der damaligen Bildungspolitik – aus dem Beitragsaufkommen von Arbeitgebern und Arbeitnehmern finanziert werden. Die Unterstützung der Sozialpartner für die Verabschiedung des Arbeitsförderungsgesetzes gewinnt vor diesem Hintergrund eine besondere Bedeutung.

VI. Ausblick

Zu den Sternstunden des Parlaments gehört auch eine soziale Partnerschaft in der Sozialpolitik, die vor allem in den ersten Wahlperioden von Regierungskoalition und Opposition im Deutschen Bundestag vielfach praktiziert wurde, als nach Krieg, nationalsozialistischem und Besatzungsrecht die gesetzlichen Grundlagen für eine in der Welt vorbildliche sozialrechtliche Entwicklung geschaffen wurden. Zwar hat jede Seite in langen und heftig geführten Auseinandersetzungen sowohl in den Ausschüssen wie in den Plenarsitzungen versucht, jeweils ihre politischen Konzeptionen durchzusetzen. Viele der bedeutenden sozial- und gesellschaftspolitischen Gesetze, wie z. B. zur Tarifautonomie, zur Betriebsverfassung und Mitbestimmung, zur Arbeitsförderung, zur Förderung der Vermögensbildung der Arbeitnehmer, zur Rentenversicherung und zur Selbstverwaltung, sind jedoch mit großer Mehrheit oder gar einstimmig im Bundestag verabschiedet worden, nachdem man sich im Interesse der von diesen gesetzlichen Regelungen Betroffenen zu Kompromissen durchgerungen hatte.

Sternstunden des Parlaments sind auch in der künftigen Sozialpolitik zu erwarten, nachdem CDU, CSU, FDP und SPD nach hartem Ringen einen Konsens für eine grundlegende Strukturreform der Rentenversicherung gefunden haben, die bis zum Anfang der 2000er Jahre richtungsweisend sein soll. Im Rahmen der Partnerschaft in der Sozialpolitik haben die Bemühungen des Deutschen Bundestages um die Erhaltung und Schaffung von Arbeitsplätzen, eine Verbesserung der Arbeitsbedingungen und der Rechte der Arbeitnehmer, des Arbeitsschutzes, der Sozialen Sicherung und andere sozial- und gesellschaftspolitische Maßnahmen zum Wohle der Bürger in der Bundesrepublik über parteipolitische Interessen gesiegt. Möge diese Einstellung auch Grundlage der künftigen Sozial- und Gesellschaftspolitik sein.

Walter Kannengießer

Die Stunde der Sozialpolitik

Die Bürger wollen sozial gesichert sein. Der Staat hat die Voraussetzungen dafür zu schaffen. Das Grundgesetz trägt dem Rechnung. Die Artikel 20 Abs. 1 und 28 Abs. 1 stellen klar, daß die Bundesrepublik Deutschland ein sozialer Rechtsstaat sein soll. Auf dieses Ziel sind die Regierungen und die Parlamente verpflichtet. Aber das Grundgesetz läßt der Politik einen weiten Spielraum. Was sozial oder unsozial ist, hat in der Regel der Gesetzgeber und damit die politische Mehrheit und nur in extremen Fällen das Verfassungsgericht zu entscheiden. Der Auftrag des Grundgesetzes, die Bundesrepublik zum Sozialstaat auszubauen, ist von der Politik zu erfüllen. In der Politik aber bestimmt die parlamentarische Mehrheit mit ihren Werturteilen.

Von den sozialpolitischen Entscheidungen werden direkt oder indirekt alle Bürger betroffen, entweder als Leistungsempfänger oder als Beitrags- und Steuerzahler. Die Sozialpolitik will die Menschen nicht nur gegen die Risiken des Lebens sichern; sie greift auch tief in die Einkommensverteilung ein. Der Verteilungsstreit, das Streben nach sozialer Gerechtigkeit und Sicherheit, nach menschenwürdigen Lebensbedingungen hat immer im Mittelpunkt der politischen Auseinandersetzungen zwischen den Parteien und Gruppen gestanden. Die soziale Sicherung der Bürger ist daher immer ein großes politisches und damit auch parlamentarisches Thema gewesen. Unterschiedliche politische Wertvorstellungen prallen aufeinander. Es geht dabei nicht nur um konkrete Hilfen für Menschen in Not. Die Sozialpolitik ist auch Instrument der Machtpolitik. Das hat schon Bismarck genutzt. Heute wird mit den Möglichkeiten der Sozialpolitik um demokratische Mehrheiten gerungen. Sie ist also auch zum politischen Instrument geworden. Sie bietet Anlaß zu hartem politischen Streit, zur parteiischen Polemik, zu utopischen Forderungen, aber auch zum sachlichen Gespräch und zum Ringen um die bessere Lösung. Das alles gehört zu den großen parlamentarischen Debatten. Im letzten Jahrzehnt, in dem es weniger um den Ausbau des Sozialstaats als um dessen finanzielle Konsolidierung ging, beherrschte aber oft das kleinliche Aufrechnen von Leistungen und Fehlleistungen, von Erfolgen und Mißerfolgen die sozialpolitischen Debatten des Bundestages.

Sozialpolitik ist immer auch eine Sache des Herzens und der guten Absichten gewesen. Zur Politik gehören Leidenschaft und Emotionen, auch die kühl geplanten Ausbrüche und Provokationen in der parlamentarischen Debatte. Dennoch kam und kommt es für die Bürger am Ende immer auf die Ergebnisse der Politik an. Diese müssen sie verstehen und akzeptieren. Das gilt in besonderem Maße für die Sozialpolitik, deren Wirkungen die Masse der Menschen unmittelbar zu spüren bekommt. Die parlamentarischen Debatten haben damit nicht nur die Funktion, die gesetzgeberischen Entscheidungen vorzubereiten und zu treffen, sie sollen auch die Bürger am Entscheidungsprozeß beteiligen, wenn auch nur aus der Distanz als Zuschauer oder Zuhörer.

Niemand, der die Bonner Sozialpolitik über Jahrzehnte hinweg verfolgen konnte, wird behaupten wollen, daß sich im Bundestag stets die politische, ökonomische und sozialpolitische Vernunft durchgesetzt habe. Der Verteilungskampf endet gelegentlich mit dem Ergebnis, daß alle verlieren. Aber das erweist sich fast immer erst im größeren zeitlichen Abstand von der Entscheidung. Die auf Legislaturperioden angelegte Politik ist häufig überfordert, wenn sie Entscheidungen für Generationen treffen soll.

Sozialpolitik im Konsens

Die bedeutsamen sozialpolitischen Entscheidungen der Nachkriegszeit sind zumeist nach harten politischen Kämpfen von den Parteien gemeinsam getragen oder doch zumindest im nachhinein als Faktum akzeptiert worden. Das gilt für die Grundsatzentscheidungen über das Rentensystem, die Ausgestaltung der Kriegsopferversorgung, die Lohnfortzahlung im Krankheitsfall oder für das Festhalten am Sachleistungssystem in der gesetzlichen Krankenversicherung, was sich freilich auch negativ als die Unfähigkeit zu zeitgemäßen Reformen bewerten läßt. In ihren Programmen haben sich die Parteien immer deutlich unterschieden. Der soziale Fortschritt oder das, was man dafür hielt, ist aber zumeist von einer breiten parlamentarischen Mehrheit vorangetrieben worden. In der praktischen Politik hat es mehr Übereinstimmung gegeben als in den programmatischen Forderungen der Parteien. Vor allem die großen Volksparteien waren, wenn sie regierungsfähig sein wollten, immer darauf angewiesen, in sich den Kompromiß zu finden. Das hat die politischen Gegensätze abgeschliffen und einer pragmatischen Sozialpolitik, die allerdings zu oft den Eindruck der „Flickschusterei" machte, den Weg geebnet. Die Sozialgesetzgebung der Zeit nach dem Krieg ist maßgeblich von den Unionsparteien bestimmt worden, aber immer nur im Ringen und im Wettbewerb mit den Sozialdemokraten. Erfolge und Mißerfolge sind daher nicht einseitig zuzuordnen. Immer waren daran die beiden großen Parteien beteiligt, gleichgültig, wer regierte und wer opponierte.

22.6.1889	Invalidenversicherung für Arbeiter im Rahmen der Bismarckschen Sozialreform (Kranken-, Unfall- und Altersversicherung). – Seit 1. 1. 1891 in Kraft. Rentenanspruch mit 70 Jahren.
1911	Zusammenfassung der Sozialversicherungsgesetze in der Reichsversicherungsordnung (RVO) und Einführung einer Hinterbliebenenrente und eines Kinderzuschusses.
1.3.1913	Angestellten-Renten-Versicherung. Ruhegeld bei Vollendung des 65. Lebensjahres oder bei Berufsunfähigkeit.
17.5.1934	Vereinheitlichung besonders der Leistungsvorschriften der Arbeiterrentenversicherung und der Angestelltenversicherung.

Ausbau statt Reform

Die Not der Nachkriegszeit hat lange das soziale Klima bestimmt. In der ersten Legislaturperiode kam es darauf an, die schlimmste Not zu mildern. Für die theoretische Auseinandersetzung über Grundsätze und Leitideen der Sozialpolitik blieb keine Zeit. Für die Menschen kam es zunächst nur darauf an zu überleben. Das bestimmte die Politik. Erst gegen Ende der ersten und am Anfang der zweiten Legislaturperiode (1953/54) begann die Diskussion über den systematischen Ausbau des Sozialsystems. Die Sozialdemokraten bereiteten ihren „Sozialplan" vor. Der niedersächsische Sozial-Staatssekretär Walter Auerbach und der Bundestagsabgeordnete Professor Ludwig Preller waren die treibenden Kräfte. Vor allem Auerbach blickte dabei nach Großbritannien, wo mit dem Beveridge-Plan die Weichen der Sozialpolitik neu gestellt worden waren. Die zweite bürgerliche Koalitionsregierung unter Konrad Adenauer reagierte darauf 1953 mit der Ankündigung einer umfassenden „Sozialreform". Aber aus der großen Sozialreform wurde nichts; sie blieb in Ansätzen stecken. Dem ersten und wichtigsten Schritt, nämlich der Rentenreform 1957, folgten keine weiteren, dieser vergleichbaren Reformen. Von einer umfassenden Sozialreform spricht niemand mehr, nachdem in der dritten und vierten Wahlperiode die Versuche, die gesetzliche Krankenversicherung zu reformieren, gescheitert waren. Erst jetzt, fast 25 Jahre danach, steht dieses Thema wieder auf der politischen Tagesordnung.

Die Wachstumsdynamik der fünfziger und sechziger Jahre schuf dann aber wenigstens die ökonomischen Voraussetzungen dafür, die Leistungen der Sozialversicherung großzügig auszubauen und die Sozialpolitik um neue Elemente zu ergänzen. So ist an die Förderung der Eigentums- und Vermögensbildung zu erinnern. Die zögerliche Liberalisierung des Wohnungsmarktes wurde durch das Wohngeld sozial abgesichert. Die erste Rezession der Nachkriegszeit 1966/67 signalisierte jedoch, daß auch Sozialleistungen nicht unbegrenzt auszuweiten sind. Zum ersten Mal gab es Einschnitte in das „soziale Netz", später dann die Verlagerung der Kosten der Lohnfortzahlung von den Krankenkassen auf die Arbeitgeber, die finanzielle Stabilisierung des Rentensystems durch massive Beitragserhöhungen (von 14 auf mehr als 18 Prozent des Arbeitsentgelts), die Verbesserung des Arbeitslosengeldes, die Einführung von Maßnahmen der Arbeitsförderung und schließlich als Schlußpunkt einer Sozialpolitik des fehlenden Augenmaßes die Rentenreform von 1972, mit der inflationär hochgerechnete Überschüsse von mehr als 200 Milliarden Mark verteilt werden sollten.

Das war sicherlich nicht das, was sich die Sozialpolitiker in den fünfziger Jahren mit der Forderung nach der Sozialreform als Ziel gesetzt hatten. Diese Politik mußte angesichts der wachsenden wirtschaftlichen Schwierigkeiten, die der ersten Ölkrise folgten, korrigiert werden. Seit 1976 geht es nun um die finanzielle Sicherung des Erreichten und um das Zurückschneiden des sozialen „Wildwuchses". Der Aufbau und Ausbau des Sozialsystems war für die Sozialpolitik eine Herausforderung und eine große Aufgabe. Hier ist nicht zu entscheiden, ob sie, jeweils gemessen an den Möglichkeiten der Zeit, als gelungen anzusehen ist oder nicht. Es bleibt die Erfahrung, daß das Verteilen von sozialen Wohltaten leichter ist als das Kürzen von Leistungen und das Schleifen von sozialen Besitzständen, wenn sich die Politik übernommen und die finanziellen Ressourcen zu günstig eingeschätzt hat. Die Veränderungen in der Aufgabenstellung der Sozialpolitik, aber auch die wachsende politische Polarisierung in den siebziger Jahren haben Konsequenzen für die sozialpolitischen Debatten im Bundestag gehabt: sie sind härter und unsachlicher als in den fünfziger Jahren geführt worden. Damals unterstellte niemand dem anderen, die soziale Sicherung demontieren zu wollen. Die härtere Gangart mag auch damit zu erklären sein, daß die Generation der Politiker, die von den gemeinsamen Erfahrungen der Weimarer Republik, des Nationalsozialismus und des Krieges geprägt worden war, längst abgetreten ist. Die heutige Generation der Sozialpolitiker hat offensichtlich auch größere Schwierigkeiten, den ökonomischen Zwängen Rechnung zu tragen und die politischen Gegensätze im Kompromiß zu überwinden als die Generation ihrer Väter.

Wer nach „Sternstunden" der Sozialpolitik sucht, wird vor allem an die bedeutsamen Entscheidungen über den Lastenausgleich, an die Rentenreformen von 1957 und 1972, an das Scheitern der Reform der gesetzlichen Krankenversicherung in den sechziger Jahren, an die Gleichstellung von Arbeitern und Angestellten bei der Lohnfortzahlung im Krankheitsfall, an die Förderung der Eigentums- und Vermögensbildung, den Ausbau der Kriegsopferversorgung und die Verabschiedung des Arbeitsförderungsgesetzes denken müssen. Auch die Kritiker des heutigen Rentensystems werden nicht bestreiten wollen, daß die Rentenreform von 1957 wohl am nachhaltigsten das soziale Klima unseres Landes verändert und verbessert hat. Das politische Ringen um diese Reform im außerparlamentarischen Vorfeld, innerhalb der Regierung und dann im Bundestag zählt zu den „Sternstunden", zu den wichtigsten innenpolitischen Vorgängen der Nachkriegszeit, die über Jahrzehnte hinaus nachwirken. Mit der Rentenreform 1957 sind Fakten geschaffen worden, an denen sich auch diejenigen zu orientieren haben, die heute, nach mehr als 30 Jahren, vor der Aufgabe stehen, das Sozialsystem den veränderten ökonomischen und demographischen Daten anzupassen.

Der Beschreibung der „Rentenschlacht" um die Jahreswende 1956/57 kommt auch aktuelle Bedeutung zu. Regierung und Parlament haben das Rentensystem langfristig finanziell zu sichern. Die Menschen leben länger; die Zahl der alten Menschen nimmt zu, die der erwerbstätigen jüngeren Menschen wird wegen des Geburtenrückgangs in den letzten zwanzig Jahren in den nächsten Jahrzehnten dramatisch abnehmen. Immer weniger Beitragszahler haben also für immer mehr Rentner einzustehen. Das gefährdet den „Generationen-Vertrag". Hinzu kommt, daß die wirtschaftli-

Auf der Regierungsbank im Deutschen Bundestag 1957 (von rechts): Fritz Schäffer (Finanzminister), Ludwig Erhard (Wirtschaftsminister), Franz Josef Strauß (Verteidigungsminister), Anton Storch (Arbeitsminister), Siegfried Balke und Hans Steinmetz (Staatssekretär).

che Dynamik schwächer geworden ist und daß das Sozialsystem auch finanziell durch eine hohe Arbeitslosenzahl belastet wird. Wer die Debatten der fünfziger Jahre nachliest, wird feststellen, daß die Themen, über die heute gestritten wird, schon damals eine Rolle spielten und teilweise sogar im Mittelpunkt standen. Das gilt vor allem für die Ausgestaltung der dynamischen Rentenformel, für die Höhe des Bundeszuschusses, das Rentenniveau und die Forderung nach einer Mindestsicherung.

Wer die entscheidenden parlamentarischen Debatten über die Rentenreform des Jahres 1957 verstehen will, muß die Vorgeschichte kennen. Da gab es nicht die „klassische" politische Rollenverteilung zwischen der drängenden und fordernden Opposition und der damaligen regierenden Koalition. Gegen die Regierung standen am Jahreswechsel 1956/57 im Parlament die Sozialdemokraten und der Gesamtdeutsche Block/BHE; die Regierung Adenauer wurde von der CDU/CSU, der Deutschen Partei (DP) und der von der FDP abgespaltenen Freien Volkspartei (FVP) getragen. Die FDP war am 25. Februar 1956 aus der Koalition ausgeschieden und auf Distanz zu Adenauer und dessen Politik gegangen. Das Ringen um die Sozialreform, das sich dann immer mehr auf die Rentenreform konzentrierte, spielte sich nicht so sehr zwischen den Sozialpolitikern der großen Parteien, sondern zwischen den Sozialpolitikern und den Wirtschafts- und Finanzpolitikern der Koalition ab. Zwischen den Sozialpolitikern der beiden großen Volksparteien gab es viel Übereinstimmung.

Streit im Kabinett

Der wichtigste Streitplatz war aber zunächst nicht der Bundestag, sondern das Kabinett. Das entsprach durchaus dem vom Grundgesetz vorgesehenen Ablauf des Gesetzgebungsverfahrens. In der Regierung standen sich der damalige Bundesarbeitsminister Anton Storch, der einen schweren Stand hatte, Bundeswirtschaftsminister Ludwig Erhard und Bundesfinanzminister Fritz Schäffer gegenüber. Adenauer trieb zwar zur Eile, aber er brachte die Kontrahenten nicht unter einen Hut. Das war auch damit zu erklären, daß Adenauer lange unschlüssig war, welchem Rentenkonzept er folgen sollte. Die Gegensätze wurden zeitweise in aller Öffentlichkeit ausgetragen. Wer heute gelegentlich beklagt, daß die Meinungen im Kabinett auseinandergehen und daß der politische Streit öffentlich ausgefochten wird, der kann beim Rückblick auf die Auseinandersetzungen über die Rentenreform sehen, daß es dies auch schon zu Adenauers besten Zeiten gab.

Die kontroverse Diskussion kreiste zum Beispiel um die Frage, ob die Rentendynamik die Währungsstabilität gefährde oder nicht. Erhard warnte vor der „Indexierung" der Renten, also vor der automatischen Bindung der Renten an Löhne oder Preise. Schäffer fürchtete die finanziellen Belastungen, die aus der regelmäßigen Anpassung aller Renten erwachsen könnten. Die begrenzten Mittel müßten auf die wirklich Bedürftigen konzentriert werden. Der Finanzminister wollte also die Rentenleistungen von einer Bedarfsprüfung abhängig machen. Storch und die Sozialpolitiker der Union setzten dagegen auf die Äquivalenz von Beitrag und Rente, auf die Sicherung des im Erwerbsleben erreichten Lebensstandards auch im Alter. Sie wehrten sich vehement gegen Bedürftigkeitsprüfungen und sprachen sich damit für das Leistungs- und Versicherungsprinzip aus. Zur Ironie der Geschichte gehört es, daß knapp 30 Jahre später ausgerechnet ein CDU-Arbeitsminister, nämlich Norbert Blüm, die Einkommens-Anrechnung auf Hinterbliebenenrenten und damit das Bedarfsprinzip in das Rentensystem eingeführt hat.

Ziel Sozialreform

Um die parlamentarischen Debatten besser verstehen zu können, sollen kurz die Etappen bis zur Entscheidung über die Rentenreform nachgezeichnet werden.

Die erste Etappe: Die politische Diskussion über die Sozialreform beginnt am 23. Januar 1952. Die SPD-Fraktion brachte im Bundestag den Antrag ein, eine „Soziale Studienkommission" einzusetzen. Die Fraktionen sollten dafür unabhängige Sachverständige benennen. Ihnen war die Aufgabe zugedacht, „einen Plan der sozialen Sicherung in Deutschland aufzustellen ... und dem Bundestag unverzüglich vorzulegen". Die Bundestags-Mehrheit lehnte diesen Antrag am 21. Februar 1952 ab und beschloß stattdessen, einen Beirat beim Bundesarbeitsminister einzurichten, und zwar

21. 4. 1942	Eingliederung des Handwerkerversorgungsgesetzes in die Angestelltenversicherung.
1949	14–17 Millionen Menschen leben ganz oder teilweise von öffentlichen Sozialhilfeleistungen unter 100 DM monatlich.
17. 6. 1949	Sozialversicherungsanpassungsgesetz.
28. 3. 1950	Gesetz über den sozialen Wohnungsbau.
14. 10. 1950	Bundesversorgungsgesetz.
10. 8. 1951	Rentenzulagengesetz.
23. 1. 1952	Beginn der Diskussion über die Sozialreform.
Februar 1953	Einrichtung eines „Generalreferates für die Reform der Sozialversicherung".
17. 4. 1953	Erhöhung des Grundbetrages.
16. 6. 1953	Schwerbeschädigtengesetz.
20. 10. 1953	Adenauer kündigt eine umfassende Sozialreform an.
Ende 1953/ Anfang 1954	Systematischer Ausbau des Sozialversicherungssystems. SPD legt ihren „Sozialplan" vor; Regierung bereitet daraufhin eine umfassende „Sozialreform" vor.

Der CDU-Abgeordnete Peter Horn (rechts) im Gespräch mit Ernst Schellenberg (SPD), 1963.

„zur Vorbereitung gesetzgeberischer Maßnahmen über die finanzielle Sicherung, Neuordnung und fortschrittliche Entwicklung der sozialen Leistungen, unter klarer Abgrenzung der Versicherung, von Versorgung und Fürsorge". Die Unterschiede der beiden Konzeptionen liegen auf der Hand: der Beirat wurde dem Ministerium zugeordnet, die Studienkommission wäre in ihren Entscheidungen völlig frei gewesen. Dem Beirat waren die zu beachtenden Prinzipien vorgegeben, die Studienkommission hätte sich auch für die Abkehr vom Sozialversicherungssystem und für ein wohlfahrtsstaatliches Sozialsystem entscheiden können. Der Arbeitsminister wollte der Exekutive den Vorrang in der Gesetzgebung sichern. Die SPD wollte dem Bundestag die führende Rolle in der Reformdiskussion übertragen, um die eigenen Vorstellungen stärker zur Geltung bringen zu können. Der SPD-Abgeordnete Professor Ludwig Preller sagte in der Bundestagsdebatte, daß es darum gehe, ob die Sozialreform „von der Grundidee des althergebrachten Versicherungsprinzips ausgehen und an dieses Prinzip anknüpfen soll, oder ob es gilt, ein von der Wurzel her, also radikal neu überdachtes System der sozialen Sicherung aufzurichten ... Wir Sozialdemokraten sind der Auffassung, daß allein eine grundlegende Gesamtordnung dem starken Bedürfnis breiter Volksschichten nach sozialer Sicherung, aber auch den sozialwirtschaftlichen Erfordernissen entspricht ... Ob diese Leistungen auf dem Versicherungsprinzip, dem Versorgungsprinzip oder auf dem Fürsorgegedanken beruhen, ist dem einzelnen gleichgültig, solange der Mann aus dem Volk nicht seinen Rechtsanspruch angetastet sieht ... Ich möchte zu erkennen geben, daß wir keinerlei Notwendigkeit sehen, zwischen Versicherungs- und Versorgungsgrundsätzen irgendwelche Bordschwellen anzubringen, über die dann nicht nur der Theoretiker, sondern auch der Praktiker der Sozialpolitik stolpert. Ob Versicherungs-, Versorgungs- oder Fürsorgeprinzipien anzuwenden sind, ist eine Zweckmäßigkeitsfrage, aber keine Grundsatzentscheidung."

Der CDU-Abgeordnete Peter Horn erwiderte: „Die SPD fordert ein fortschrittliches, klares System der sozialen Sicherung. Gemeint ist damit ein alle Staatsbürger umfassender Gesundheitsdienst, eine allumfassende Fürsorge oder Versorgung ... Wir sind der Meinung, daß wir die Bundesregierung nicht aus der Verantwortung entlassen sollten, die gerade ihr in erster Linie bei der Prüfung der Lösungsmöglichkeiten für eine vernünftige Neuordnung obliegt ... Im Grundsatz möchten wir an der sogenannten klassischen Sozialversicherung als Grundlage festhalten." Der SPD-Abgeordnete Willi Richter, damals Vorsitzender des Sozialausschusses des Bundestages und später Vorsitzender des Deutschen Gewerkschaftsbundes, schob dieses Argument beiseite. Es wäre allenfalls richtig, wenn das Ergebnis der Arbeiten der Studienkommission schon zur Diskussion stünde. Richter fragte: „Wer in diesem Hohen Haus ist in der Lage, überhaupt mit Fug und Recht behaupten zu können, daß er das Wesentliche dieser sozialen Gesetzgebung noch beherrscht?" Richter hatte zuvor darauf hingewiesen, daß über 3000 Paragraphen notwendig seien, um das Recht der Krankenversicherung, der Rentenversicherung und der Unfallversicherung zu ordnen.

Für die Entscheidung zu Gunsten des Beirats war ausschlaggebend: Das Arbeitsministerium wollte den Reformkurs bestimmen und die eigenen Vorschläge nicht durch eine Sachverständigen-Kommission des Parlaments präjudizieren lassen. Der Beirat hat dann, wie von Anfang an zu erwarten war, keine wirklich bedeutsame Rolle gespielt, aber er hat immerhin die Reformpläne des Ministeriums gefördert. Die SPD war in dem Beirat prominent vertreten und damit auch über die Pläne und Entwürfe des Ministeriums informiert. Sie nutzte dies später geschickt, um die Regierung in Zugzwang zu bringen.

Die zweite Etappe: Im Arbeitsministerium wird im Februar 1953 ein „Generalreferat für die Reform der Sozialversicherung" eingerichtet, das später zu einem „Generalsekretariat für die Sozialreform" aufgewertet wird. Mit der Leitung wird Kurt Jantz betraut. In die Vorarbeiten schaltete sich das Finanzministerium ein; die Initiativen dazu gingen vor allem vom Sozialreferenten des Ministeriums, Konrad Elsholz, aus. Grundthese des

Finanzministeriums war, daß die knappen Mittel nur dann bedarfsgerecht eingesetzt werden könnten, wenn die Leistungen auf die Bedürftigen konzentriert werden; aus öffentlichen Mitteln finanzierte Leistungen seien an Bedarfsprüfungen zu knüpfen. Das Finanzministerium fürchtete die finanziellen Konsequenzen einer kräftigen Aufstockung der Renten und deren Dynamisierung. Das Arbeitsministerium versuchte, eine frühzeitige Beteiligung des Finanz- und des Wirtschaftsministeriums an den Reformberatungen zu verhindern. Der Finanzminister reagierte darauf mit dem Vorschlag, die Sozialreform durch eine Regierungskommission vorbereiten zu lassen, die an das Kanzleramt angegliedert werden sollte. In der Regierungserklärung vom 20. Oktober 1953 kündigte Adenauer eine umfassende Sozialreform an. „Eine Umschichtung innerhalb des Sozialhaushalts ist nicht nur vertretbar, sondern notwendig, um manchen Schichten mehr helfen zu können, als das bisher möglich war", sagte Adenauer vor dem Bundestag. Er übernahm damit eine Forderung Schäffers. In der Folge bremsten die Meinungsverschiedenheiten und Rivalitäten zwischen den beiden Ministerien die Arbeiten an der Reform. Die Opposition nutzte dies zu einer Großen Anfrage über den Stand der Reformarbeiten. Über die Antwort der Bundesregierung wurde am 21. Mai 1954 im Bundestag debattiert. Was Minister Storch mitzuteilen hatte, signalisierte Stagnation bei den Vorarbeiten, was auch innerhalb der Koalition auf Kritik stieß. Immer deutlicher wurde, daß das Ministerium nicht mehr an eine umfassende Reform, sondern nur noch an Teilreformen der einzelnen Sozialversicherungszweige dachte. Der Rentenversicherung wurde dabei Vorrang eingeräumt. Mit einem „Rentenaufwertungsgesetz" sollte der Anfang gemacht werden. Auch Adenauer mahnte Storch und unterstützte den Gedanken einer Regierungskommission. Storch versuchte Zeit zu gewinnen, wehrte

21. 5. 1954	Debatte im Bundestag aufgrund einer Großen Anfrage der Opposition. Regierung verspricht als Anfang ein „Rentenaufwertungsgesetz".
Ende Febr. 1955	Adenauer beauftragt vier Sozialwissenschaftler mit der Ausarbeitung einer „Gesamtkonzeption über die Neuordnung der sozialen Sicherheit". Ende Mai 1955 ist die „Rothenfelser Denkschrift" fertig.
13. 5. 1955	Einsetzung eines besonderen Kabinettsausschusses für die Sozialreform, („Sozialkabinett") unter Leitung des Bundeskanzlers.
2. 11. 1955	Sonderzulagengesetz. Anhebung der Renten halbjährlich um mind. 20 DM.
13. 12. 1955	Diskussion einer „Lohnrente".
17. 2. 1956	Propagierung der „Produktivitätsrente" statt der „dynamischen Rente".
22. 2. 1956	Warnung der Notenbank vor der Rentendynamik.
18. 4. 1956	SPD bringt einen Gesetzentwurf zur Reform der Rentenversicherung ein.
19. 4. 1956	Arbeitsminister Storchs unvollständiger „Grundentwurf".

die Regierungskommission ab und setzte das Rentenerhöhungsgesetz durch.

Die dritte Etappe: Adenauer, der seine Außen- und Sicherheitspolitik durch die Sozialreform innenpolitisch absichern wollte und mit den Fortschritten bei der Vorbereitung der Reform unzufrieden war, beauftragte, ohne die beteiligten Ministerien zu unterrichten, Ende Februar 1955 vier Sozialwissenschaftler damit, ihm möglichst kurzfristig eine „Gesamtkonzeption über die Neuordnung der sozialen Sicherheit" vorzulegen. Diesen Auftrag übernahmen Hans Achinger, Joseph Höffner, Hans Muthesius und Ludwig Neundörfer. Adenauer, dessen Äußerungen zur Sozialreform kein klares Bild seiner Vorstellungen vermittelten, mag gehofft haben, mit Hilfe des Gutachtens selbst das Ziel der Reform bestimmen zu können. Storch wollte dem zuvorkommen und präsentierte dem Kabinett Anfang April „Grundgedanken zur Gesamtreform der sozialen Leistungen". Darin tauchte der Vorschlag auf, mit der Rente den früher erarbeiteten Lebensstandard zu sichern. Das Professoren-Gutachten, die Rothenfelser-Denkschrift, ging Ende Mai 1955 im Kanzleramt ein. Adenauer entschloß sich, im Juli 1955 einen besonderen Kabinettsausschuß für die Sozialreform (Sozialkabinett) einzusetzen, dessen Vorsitz er übernahm oder an seinen Staatssekretär delegierte. Die Geschäftsführung lag allerdings beim „Generalsekretariat" des Arbeitsministeriums. Mit dem Kompromiß konnten sowohl Storch als auch Schäffer zufrieden sein; und Adenauer hatte sich die Möglichkeit geschaffen, den Entscheidungsprozeß voranzubringen.

Die Diskussionen im Sozialkabinett können hier nicht geschildert werden. Immerhin gelang es dem Arbeitsministerium, sie auf die Rentenversicherung zu konzentrieren. Die SPD förderte den Beratungsprozeß innerhalb der Bundesregierung durch den Antrag im Bundestag, die Renten alle vier Monate durch eine Sonderzulage in Höhe einer halben Monatsrente zu verbessern. Der Abgeordnete Professor Ernst Schellenberg sagte dazu, daß damit die Regierung alle vier Monate daran erinnert werde, die Sozialreform endlich zu verabschieden. Die Unions-Fraktion konterte diese Initiative mit dem Antrag, die im Jahr zuvor beschlossenen Renten-Mehrbeträge zu verdoppeln. Das Ergebnis war ein „Sonderzulagen-Gesetz", durch das die Renten zweimal im Abstand eines halben Jahres monatlich um wenigstens 20 Mark angehoben wurden. Über den Stand der Beratungen hatten einige Wochen zuvor Storch und Jantz zum erstenmal die CDU/CSU-Fraktion unterrichtet, die das Kompetenz-Gerangel der Ministerien kritisierte. Die Fraktion forderte die Bundesregierung auf, bis Juni 1956 einen Gesetzentwurf zur Neuordnung der Rentenversicherung vorzulegen. Das richtete sich gegen Schäffer und stützte Storch.

Auch Adenauer schwenkte mit Blick auf den näherrückenden Wahltermin von 1957 auf die Vorstellung ein, zunächst die Rentenversicherung zu reformieren. Sein Sohn Paul hatte ihn auf die Reformvorschläge des Bonner Privatdozenten Wilfried Schreiber, des Geschäftsführers des Bundes Katholischer Unternehmer, aufmerksam gemacht. Auch die Rothenfelser

Denkschrift hatte darauf verwiesen. Schreiber plädierte für einen Solidarvertrag zwischen den Generationen und für den Übergang zur Umlagefinanzierung ausschließlich durch Beiträge. Da die Beiträge an die Arbeitsentgelte gebunden waren, sollten auch die Renten den Nominaleinkommen folgen. Schon im Beirat hatte es Diskussionen über eine „Lohnrente" gegeben, ohne daß es zu konkreten Empfehlungen gekommen wäre. Storch zögerte, solche Vorstellungen zu übernehmen. Adenauer lud Schreiber zu einem Vortrag im Sozialkabinett ein, das am 13. Dezember 1955 unter der Leitung des Kanzlers tagte. Adenauer resümierte, daß auch er dafür eintrete, die Rentner an den steigenden Einkommen der Arbeitnehmer zu beteiligen. Die Sitzung brachte die Weichenstellung zur Bindung der Renten an die Lohnentwicklung, was seit längerem auch vom „Generalsekretariat" angestrebt wurde. Parallel dazu gab auch die SPD das Ziel der Sozialreform auf und konzentrierte sich auf die Rentenreform. Preller rückte in den Hintergrund, Schellenberg nach vorn. Die SPD hatte sich entschlossen, „Realpolitik" zu betreiben und ihre Regierungsfähigkeit zu beweisen.

Am 18. Januar 1956 kam das Sozialkabinett wieder zusammen. Hier einigte man sich nach einer kontroversen Diskussion zwischen Storch, Erhard und Schäffer darauf, die Renten künftig in Relation zum aktuellen Lohnniveau festzusetzen und dann in Abständen von drei oder fünf Jahren mit dem Ziel zu überprüfen, sie an die Wirtschaftsentwicklung anzupassen. Als Ziel wurde die Sicherung des Lebensstandards angesprochen, ohne jedoch das anzustrebende Rentenniveau zu präzisieren. Bei der Fortsetzung der Beratungen im Sozialkabinett am 17. Februar plädierte Erhard für den Verzicht auf den Begriff der „dynamischen Rente"; stattdessen wurde nun von „Produktivitätsrente" gesprochen, was auf Argumente der Arbeitgeberverbände zurückzuführen war, ohne daß sich die Regierung diese zu eigen machte. Immerhin konnte Storch durchsetzen, daß die Rente nach einer Versicherungszeit von 40 Jahren 60 Prozent des aktuellen Brutto-Arbeitsentgelts betragen solle.

Aber einen Konsens gab es noch lange nicht. Weiterhin wurde über den Kreis der Versicherten und damit die Höhe der Pflichtgrenze und die Einbeziehung der Selbständigen, über die Finanzierung der Reform und vor allem über die Anpassungsmodalitäten der Renten zwischen den Ressorts gestritten. Großes Aufsehen erregte die öffentliche Warnung der Notenbank (Bank deutscher Länder) vor jeder „Spielart eines Indexsystems". Mit der Rentendynamik drohe eine Überforderung der Wirtschaftskraft und ein „Verfall der Währung". Der Widerstand formierte sich: Schäffer, Erhard wurden von der Notenbank, den Arbeitgebern, aber auch von Vize-Kanzler Blücher unterstützt, der nach dem Ausscheiden seiner Partei, der FDP, aus der Koalition (Februar 1956) mit seinen Ministerkollegen die Freie Volkspartei (FVP) gegründet hatte. Blücher schlug vor, die Renten im Abstand von drei Jahren an die Erhöhung des Nettosozialprodukts zu Faktorkosten anzupassen. Das Finanzministerium schlug vor, die Renten sowohl bei der Erstbemessung als auch bei der Anpassung nach dem preisbereinigten Nettosozialprodukt zu Faktorkosten zu bemessen. Erhard wollte das Rentenniveau auf 50 Prozent des Bruttoverdienstes begrenzen und der Anpassung eine reale Größe, nämlich den Anstieg der gesamtwirtschaftlichen Produktivität, zu Grunde legen. Im April verlangte Schäffer, daß das Sozialkabinett frühere Grundsatzbeschlüsse klarstelle. Blücher forderte in einem Brief an den im Urlaub weilenden Kanzler, daß Storch nicht durch vorzeitige Veröffentlichung seiner Pläne vollendete Tatsachen schaffen dürfe.

Die Initiative der SPD

Fakten setzte dann aber die SPD-Bundestagsfraktion am 18. April 1956. Sie brachte einen umfassenden Gesetzentwurf zur Reform der Rentenversicherung im Bundestag ein. Damit war das parlamentarische Verfahren eröffnet. In der CDU/CSU-Fraktion wuchsen Unruhe und Kritik. Die politische Brisanz dieses Überraschungs-Coups der SPD nahm noch zu, als sich zeigte, daß die Vorlage der Opposition in vielen Punkten den Plänen entsprach, die im Arbeitsministerium oder dessen Beirat entwickelt worden waren. Das Kabinett geriet in Zugzwang. Adenauer gestattete Storch, unverzüglich seinen noch unvollständigen „Grundentwurf" zu publizieren; das geschah nur einen Tag nach der SPD-Initiative, also am 19. April. Storch strebte nun überhastet die Kabinettsentscheidung über den von seinem Ministerium formulierten Entwurf am 15. Mai an. Gegen einen solchen Zeitdruck wehrten die FVP-Minister, Bundesratsminister Joachim von Merkatz von der Deutschen Partei und Schäffer. Adenauer vertagte die Entscheidung. Der Kanzler beauftragte die zehn beteiligten Minister, einen Kompromiß zu finden. Das gelang nicht. Adenauer stellte sich nun hinter Storch und setzte am 23. Mai 1956 den Kabinettsbeschluß gegen die Kritiker durch. Adenauer leitete die Vorlage dem Bundesrat und wenig später auch dem Bundestag zu. Das Parlament konnte mit den Beratungen beginnen.

Gesetzentwürfe im Vergleich

Zum Verständnis der Parlamentsdebatten ist es notwendig, die wichtigsten Gemeinsamkeiten und Unterschiede der beiden konkurrierenden Entwürfe herauszuarbeiten. SPD und Regierung verbanden die Rente mit dem Lohnniveau. Die SPD orientierte sich am Niveau des Vorjahres, die Regierung am Durchschnitt der letzten drei Jahre. Der gemeinsame Grundgedanke war, daß die vom Arbeitnehmer in der Erwerbsphase erreichte Stellung im Einkommensgefüge in der Rentenphase erhalten bleibt. Der Rente sollten also nicht mehr die Nominalwerte der zuvor gezahlten Beiträge, sondern die jeweils mit den steigenden Löhnen aufgewerteten Beträge zu

Grunde gelegt werden. In der Vergangenheit verschlechterte sich die Kaufkraft der Renten laufend mit Preissteigerungen und die relative Stellung der Rentner im Sozialgefüge durch das Steigen der Löhne. Nach beiden Entwürfen sollten die Rentner am steigenden Lebensstandard beteiligt werden. Der Entwurf der SPD sah die jährliche automatische Anpassung der Renten an die Lohnentwicklung des jeweils zurückliegenden Jahres vor. Die Regierung nahm für die Anpassung die Entwicklung des Volkseinkommens je Beschäftigten zum Maßstab; diese sollte zwar auch automatisch, aber jeweils im Abstand von fünf Jahren erfolgen – wie sich später zeigte, ein unrealistischer Vorschlag. Die SPD wünschte ein höheres Rentenniveau als die Regierung; Maßstab dafür ist der jährliche Steigerungssatz. Dieser sollte nach der SPD 1,8 und nach der Regierung 1,5 Prozent betragen. Daraus sind Rentenniveaus von gut 70 Prozent oder von 60 Prozent der früheren Bruttoverdienste nach 40 Versicherungsjahren abzuleiten. Dieser kleine Unterschied beim Steigerungssatz bedeutet für den Rentner jedoch viel.

Beide Entwürfe bezogen alle Arbeiter und Angestellten in die Versicherungspflicht ein, was aber erst 1967 von der Großen Koalition durchgesetzt wurde. Für die Selbständigen sollte es später eigenständige Lösungen geben; sie wurden ausgeschlossen. Die SPD wollte Nichterwerbstätigen und damit vor allem Hausfrauen die freiwillige Versicherung ermöglichen; die Regierung war dagegen. Was die SPD 1956 forderte, wurde 1972 verwirklicht. Inzwischen sind aber die Bedingungen für die freiwillige Selbstversicherung wieder deutlich verschlechtert worden. Die Reform von 1957 orientierte sich am Leitbild der Arbeitnehmerversicherung; die Reform von 1972 sollte den Weg zur Volksversicherung öffnen. Heute werden die Versicherungs-Bedingungen wieder ganz auf den Arbeitnehmer zugeschnitten. Mit beiden Entwürfen wurden die festen Renten-Grundbeträge, die zum sozialen Ausgleich beitragen sollten, gestrichen; die SPD wollte für sehr niedrige Arbeitsentgelte jedoch eine Mindestbewertung einführen. Auch das ist später eingeführt worden. Mit beiden Entwürfen sollten die Leistungen für Arbeiter und Angestellte vereinheitlicht werden; die Angestelltenversicherung sollte jedoch ihre organisatorische Eigenständigkeit nicht verlieren. Beide Entwürfe sahen die unbedingte Witwenrente vor; sie sollte nicht mehr nur 50, sondern 60 Prozent der Versichertenrente betragen. Über den Vorrang der gesundheitlichen und beruflichen Rehabilitation gegenüber der Gewährung der Rente gab es keine Differenzen. „Rehabilitation geht vor Rente"; dieser Grundsatz gilt noch heute.

Die SPD verlangte einen Bundeszuschuß von 40 Prozent der Rentenausgaben; die Regierung legte ihn auf 32 Prozent fest und koppelte ihn an die Lohnentwicklung. Leistungsverbesserungen und die Verschlechterung der Altersstruktur haben dazu geführt, daß der Bundeszuschuß heute nur noch 17,5 Prozent der Rentenausgaben deckt. Die SPD wollte damals mit dem höheren Bundeszuschuß die Beitragserhöhungen von 11 auf 12 Prozent begrenzen, während die Regierung einen Beitrag von 14 Prozent für nötig hielt. Die Bemessung des Bundeszuschusses war damals ein zentrales

Thema der Rentenreform; sie ist es heute wieder. Diese Hinweise zeigen, daß es zwischen dem SPD-Entwurf und der Regierungsvorlage kaum Unterschiede von prinzipieller Bedeutung gab. Dies läßt darauf schließen, daß die SPD durch die Mitarbeit in dem Beirat des Arbeitsministeriums über den Fortgang der Beratungen innerhalb des Ministeriums und der Regierung informiert war und daß es zwischen einzelnen Sozialpolitikern der beiden Volksparteien enge persönliche Beziehungen gab, die zu einer Annäherung gegensätzlicher Auffassungen geführt haben. Auch die Ministerialbürokratie nutzte ihre Kontakte mit der Opposition, um die eigenen Vorstellungen zu fördern. Das politische „Spiel über die Bande" gehört nun einmal zur Politik.

Die erste große Debatte

In der ersten Lesung des Regierungsentwurfs am 27. Juni kam es zu einer sehr sachbezogenen, auf die Grundsatzfragen der Reform eingehenden Debatte. Bundesarbeitsminister Storch sagte: „Wenn wir an die Zeit zurückdenken, in der unter der Schirmherrschaft von Bismarck die deutsche Sozialversicherung geschaffen wurde, dann stellen wir fest, daß damals andere Voraussetzungen ... gegeben waren als die, die wir heute finden. Zu jener Zeit war der Mensch im allgemeinen in den Sicherheitsverband der Familie eingebettet. Diese Familiengemeinschaft beruhte auf andersartigen wirtschaftlichen und gesellschaftsstrukturellen Voraussetzungen als heute, da der Besitz von Haus und Hof als wirtschaftliche Grundlage für die Familie nur noch für einen kleinen Teil der Bevölkerung von Bedeutung ist. Seit der Zeit der Schaffung der deutschen Sozialversicherung ist die Mehrheit der Bevölkerung von der ländlichen Lebens- und Arbeitsweise zu einer städtisch und industriell geprägten Lebensweise übergegangen ... Im sozialpolitischen Raum gilt einfach der Tatbestand und nicht das, was man gerne

27.6.1956	1. Lesung des Rentenreformgesetzes.
Ende 1956/ Anfang 1957	„Rentenschlacht" im Bundestag.
22.1.1957	Verabschiedung des Rentenreformgesetzes im Bundestag nach einer viertägigen Debatte. Orientierung am Leitbild der Arbeitnehmerversicherung.
27.7.1957	Altershilfegesetz für Landwirte.
8.9.1960	Handwerkerversicherungsgesetz.
30.6.1961	Bundessozialhilfegesetz. Es reformiert das Fürsorgerecht von 1924.
11.8.1961	Jugendwohlfahrtsgesetz.
14.4.1964	Bundeskindergeldgesetz.
9.6.1965	„Härtenovelle" zur Rentenreform.

hätte." Storch wies darauf hin, daß die Rente früher einem Zuschuß zur Lebenshaltung entsprach, während sie künftig im Alter und bei Invalidität den Verlust eines regelmäßigen Arbeitsentgelts ausgleichen solle. „Die Sicherstellung des einmal erworbenen Lebensstandards ist nicht ein Akt der Barmherzigkeit seitens der jeweils Erwerbstätigen oder gar des Staates, sondern die Erfüllung einer geschuldeten Pflicht und der Ausdruck einer ... Solidarität zwischen den Generationen." Storch wandte sich gegen die Warnungen vor inflationistischen Wirkungen und die Besorgnisse um die Stabilität der Währung. Die Renten würden sich in Zukunft stets und immer nur in Abhängigkeit von der Lohnentwicklung bewegen. Die Rentner könnten niemals mehr für Konsumzwecke ausgeben, als die arbeitende Generation vorher in Form von Beiträgen an Konsumverzicht auf sich genommen habe. Man könne nicht an einer ungerechten Rentenordnung festhalten, nur weil die Möglichkeit bestehe, daß sich Preise und Löhne inflationär entwickelten, sagte Storch. „Ich kann nur nochmals betonen, daß es sich bei den Renten um abgeleitete Einkommen handelt, von denen keine schädliche Wirkungen ausgehen können, solange diejenigen richtig handeln, die für Löhne und Preise verantwortlich sind."

Der SPD-Abgeordnete Professor Ernst Schellenberg ging auf wichtige Einzelheiten des Entwurfs ein: „Der Gesetzentwurf der Regierung sieht in gleicher Weise wie der der SPD die Einbeziehung aller Arbeiter und Angestellten vor. Wir begrüßen es, daß die Regierung endlich zu dieser Auffassung gekommen ist und daß damit eine Ungerechtigkeit gegenüber den Angestellten beseitigt wird, die für kürzere oder längere Zeit über der Einkommensgrenze liegen und ihre Alterssicherung bisher ohne den Beitragsanteil des Arbeitgebers zu bestreiten hatten." Die Regierung setze als Einkommens- und Leistungsgrenze den Betrag von nur 750 DM Monatseinkommen fest, hielt Schellenberg der Koalition vor. Der wirtschaftlichen Dynamik der letzten Jahre trage eine Grenze von 1000 Mark besser Rechnung. Der Regierungsentwurf beschränke die Möglichkeit zur freiwilligen Versicherung. „Hiervon werden vor allen Dingen die Hausfrauen betroffen. Die SPD sieht in dieser Einschränkung der freiwilligen Versicherung einen bedauerlichen Rückschritt." Schellenberg kritisierte die Absicht der Regierung, die Altersgrenze auch für Frauen auf das 65. Lebensjahr festzulegen. Für die SPD stelle die Altersgrenze von 65 Jahren ein „unbedingtes Maximum dar ... Wir sind der Auffassung, daß alle Bestrebungen darauf gerichtet werden müssen, diese Altersgrenze nach Möglichkeit, mindestens für besondere Gruppen, noch herabzusetzen." Schellenberg wandte sich gegen Ankündigungen des Bundeswirtschaftsministers, bei der Beratung der Rentenreform Vorschläge zur Begünstigung der Beschäftigten vorzulegen, die über die Altersgrenze hinaus arbeiten wollten. „Die SPD hält, wie Sie wissen, die Herabsetzung der Altersgrenze nicht nur für Männer in gefährdeten Berufen für erforderlich, sondern auch für Frauen." Schellenbergs Äußerungen stehen in einem gewissen Kontrast zu den heutigen Überlegungen für eine Verlängerung der Lebensarbeitszeit. Das Renten-

Ernst Schellenberg, Sozialexperte der SPD, 1971.

zugangsalter ist in den letzten Jahren auf unter 59 gesunken. Sogar die SPD hält es nunmehr für vertretbar, die Lebensarbeitszeit wieder zu verlängern, wenn die Arbeitslosigkeit überwunden ist.

Schellenberg setzte sich kritisch mit dem von der Regierung vorgesehenen Anpassungsverfahren auseinander. „Der schwerwiegendste Fehler ist die Anpassung in Abständen von fünf Jahren. Der Bundesrat hat drei Jahre vorgeschlagen. Mit zwei Sätzen lehnt die Bundesregierung diesen Vorschlag ab ... Die Regierung sagt, daß mit Rücksicht auf mögliche Schwankungen in der wirtschaftlichen Entwicklung eine Anpassung in kürzeren Zeiträumen nicht angebracht erschien. Aber das ist doch sehr widerspruchsvoll. Denn gerade wenn die wirtschaftliche Entwicklung schwankt, dann ist doch eine Anpassung der Rentenleistung an die wirtschaftliche Entwicklung notwendig. Wir möchten keinen Zweifel darüber lassen, daß die Sozialdemokraten, wenn keine automatische Anpassung der Renten an die Lohn- und Gehaltsentwicklung erfolgt, zu jedem Zeitpunkt die entsprechenden Anträge und Gesetzesvorlagen in dieses Haus einbringen werden, um die Renten an die Lohn-, Gehalts- und Preisentwicklung anzupassen ... Nach dem Gesetzentwurf soll jährlich ein fester Betrag als Bundeszuschuß gewährt werden. Setzt man diesen festen Betrag zu den Rentenausgaben in Beziehung, dann ergibt sich, daß der Bundeszuschuß, der gegenwärtig 42 Prozent der Rentenausgaben beträgt, im Jahre 1957 nur etwa 31 Prozent betragen soll, daß also der Anteil des Bundes im Verhältnis zur Gesamtausgabe sinken soll. Das halten wir unter sozialen Aspekten nicht für eine sehr sinnvolle Finanzpolitik." Die Höhe des Bundeszuschusses war also schon damals lebhaft umstritten.

Als Sprecher der CDU/CSU-Fraktion arbeitete der Abgeordnete Peter Horn die Punkte heraus, die in der CDU/CSU-Fraktion umstritten waren und über die noch einmal beraten werden sollte. Horn bemängelte zunächst, daß die Regierung den Entwurf so spät vorgelegt habe und daß dadurch der Ausschuß für Sozialpolitik unter starken Zeitdruck komme. Horn bekannte sich zu der von der Regierung angestrebten grundsätzlichen Weichenstellung: „Wenn wir die Rente für die Zukunft als eine Existenzsicherung des Rentners ansehen, wenn wir darauf Bedacht nehmen wollen, seine Existenzgrundlage auch weiterhin zu sichern, müssen wir uns im Grundsätzlichen der Methode bedienen, die der Regierungsentwurf vorsieht. Das heißt, wir müssen die Rente in Zukunft zu einer lohnbezogenen Rente machen." Horn meldete Bedenken gegen die von der Regierung vorgeschlagene Ausdehnung der Versicherungspflicht auf alle Beschäftigten an. „Ich erkläre ganz offen und frei, daß unter meinen politischen Freunden die Auffassungen über diese Frage heute noch auseinandergehen. Ein Teil meiner Freunde bekennt sich mit, wie ich durchaus zugeben muß, guten Argumenten zu der Regierungsvorlage und zu dieser Ausweitung der Versicherungspflicht." Horn hielt dem jedoch entgegen, „daß man auch in dieser Frage an Grundsätzen festhalten sollte, die man in der Vergangenheit für gesund und richtig gehalten hat. Wir haben in der Vergangenheit sozialdemokratischen Anträgen widerstanden, die in diese Richtung gingen. Was damals richtig gewesen ist, kann auch heute nicht falsch sein. Aber das sind Fragen, über die wir unsere Entscheidung noch zu treffen haben. Das ist eine sehr wichtige Angelegenheit."

Horn machte sich dagegen die Vorschläge der Regierung für die individuelle Bemessung der Renten zu eigen, ging auf die Auseinandersetzungen über die Begriffe der „dynamischen Rente" und der „Produktivitätsrente" ein und sagte: „Ich will mir keines der Schlagworte zu eigen machen, aber daß wir es in dieser grundsätzlichen Entwicklung sehr wohl mit einer lohnbezogenen Rente für die Zukunft zu tun haben müssen, das sollte eigentlich allgemeine Auffassung im ganzen Hause sein." Vorschläge aus der privaten Wirtschaft über die Einführung einer Sockelrente lehnte Horn ab.

Eine grundsätzliche Gegenposition zu den beiden Entwürfen bezog der Fraktionsvorsitzende der FDP, Thomas Dehler. „Die beiden Lösungsversuche, die uns vorgelegt werden, decken sich, man kann fast sagen, überraschend in der Grundkonzeption. Das kann man zum Lob des Herrn Schellenberg sagen: Sein Entwurf scheint mir besser durchdacht und klarer durchgearbeitet. Aber beide Entwürfe wenden sich von dem bisherigen System der deutschen Sozialversicherung grundlegend ab. Beide Entwürfe überbieten sich im Angebot angeblicher ‚sozialer Sicherung'. Beide Entwürfe setzen sich ... sozialpolitische Ziele, ohne die zu erwartenden, ich möchte meinen, zu befürchtenden wirtschaftlichen Folgen hinreichend zu bedenken. Wir, die Freien Demokraten, begrüßen den Willen, die gegenwärtig unzureichenden Renten aufzubessern. Damit wird endlich auch der veränderten Struktur unserer Gesellschaft Rechnung getragen, in der die Sozialrente nicht mehr nur Zuschuß zum Familieneinkommen bedeutet, sondern zur Existenzgrundlage des Rentners geworden ist. Wir sind aber betroffen über die Unbedenklichkeit, über die Unbekümmertheit, mit der gerade auch die Regierung in ihrer Vorlage der besorgniserregenden Neigung unserer Zeit zur kollektiven Sicherung um jeden Preis nachgibt und die individuelle Selbstverantwortung, diese große soziale Stimulans preiszugeben bereit ist ... Man will durch immer weitergehende Ausdehnung der Versicherungspflicht den Menschen zur Unselbständigkeit zwingen, selbst da, wo ein Schutzbedürfnis nicht mehr gegeben ist. Beide Vorlagen haben einen gefährlichen Zug zu dem, was man – etwas schlagwortartig und vielleicht auch irreführend – als Vermassung bezeichnet; sie wissen nichts von dem Geheimnis des Lebens, das den Menschen sagt: Du findest weder Wohlstand, noch Glück, noch Freiheit, wenn du nicht bereit bist, das Risiko der eigenen Verantwortung, die eigene Entscheidung und der eigenen Leistung auf dich zu nehmen. Willst du die eigene Verantwortung, die eigene Entscheidung, die eigene Leistung auf fremde Schultern abwälzen, dann kommen sie als Gebote und Verbote einer bösen Apparatur zu dir zurück und unterjochen dich ... Daher wenden wir uns gegen die in den Gesetzentwürfen enthaltene Ausdehnung der Pflichtversicherung auf alle in irgendeinem Beschäftigungsverhältnis stehenden Personen.

Unmöglich erscheint es uns, daß der Staat den Versicherten garantieren soll, als Rentner stets wertbeständig versorgt zu werden, daß dagegen der kleine Kreis der anderen sich selbst überlassen wird, daß es ihm überlassen bleibt, sich mit der in den Gesetzentwürfen verantwortungslos unterstellten Inflationstendenz abzufinden. Dabei übersieht man, gewollt oder ungewollt, daß eine solche Maßnahme zur völligen Entwertung jeder anders gearteten Spartätigkeit führen muß, weil eben die ersparten Kapitalien nicht automatisch einem wachsenden Lohnniveau mit der dadurch bedingten

Margot Kalinke (DP) am Saalmikrofon des Deutschen Bundestages, 1971. Vorn: Erich Mende (FDP).

Kaufkrafterhöhung folgen können. Die Indexrente ist in jeder Form ein Schritt zur Entwertung der Währung und deshalb verderblich. Ich meine, es gehört zu den ständigen Aufgaben eines modernen Industriestaates, seine Sozialrenten funktionsfähig zu erhalten ... Der Weg dazu ist aber nicht so sehr die Sozialpolitik. Die Sozialpolitik ist am Ende eine Funktion der Wirtschaftspolitik." Dehler beschwor eindringlich die Utopie einer liberalen Sozialpolitik. Der Alltag der Politik ging darüber hinweg, in den fünfziger Jahren genauso wie in den Jahrzehnten danach.

Nach Dehler sprach die redegewaltige Frau Margot Kalinke für die Deutsche Partei. „Die Sozialreform ist wirklich mehr als nur eine Frage der Leistungsgestaltung unserer Sozialversicherung. Bei der Aussprache, die sehr weit in Einzelheiten gegangen ist, die eigentlich der Beratung im Ausschuß vorbehalten sein sollte, möchte ich mich bemühen, die grundsätzlichen Fragen anzusprechen, die uns die Rentenreform als ein Teilstück der Sozialreform aufgibt ... Bei allem Primat der sozialpolitischen Aufgabe darf der unlösbare Zusammenhang mit der Gesellschaftspolitik, den volkswirtschaftlichen und den finanzpolitischen und währungspolitischen Problemen nicht übersehen werden. Wir können, obwohl wir dieser Regierung als Koalitionspartner angehören, heute nur feststellen, daß der uns vorliegende Regierungsentwurf mit den Grundsätzen, die wir auch für die Innenpolitik als Grundlage unserer Koalition ansehen, durchaus nicht in allen Fragen übereinstimmt. Die Deutsche Partei hat ihre ernsten Bedenken gegen die Ausdehnung der Versicherungspflicht auf alle Arbeitnehmer immer wieder geltend gemacht. Sie hat dabei darauf verwiesen, daß es zu den demokratischen Tugenden gehören sollte, niemanden gegen seinen Willen und gegen seine soziale Notwendigkeit in den Versicherungszwang einzubeziehen. Die in dem Gesetzentwurf getroffene Entscheidung widerspricht auch in den diesem Hause von unserem Koalitionspartner so oft betonten Grundsätzen der Verteidigung der Freiheit, der Eigenverantwortung, der Subsidiarität und den Grundlagen der katholischen Soziallehre, von denen sich die protestantische Sozialethik absolut nicht unterscheidet. Es ist heute schon sehr richtig gesagt worden, welch großer sozialethischer Auftrag darin liegt, möglichst vielen Menschen unseres Volkes die Gelegenheit und die Möglichkeit zum Tragen des Risikos aus eigener Kraft zu geben."

Frau Kalinke bewertete dagegen die Absicht der beiden Entwürfe, das Versicherungsprinzip möglichst rein wieder herzustellen, positiv. Darunter könne aber nur verstanden werden, daß Leistung und Gegenleistung sich ausgleichen müßten. „Wir wünschen keine manipulierte pauschale Abgeltung des Staatszuschusses, sondern Klarheit über die sozialen Lasten, die eine Reform heute so ungeheuer schwierig machen ... Zu der Behauptung, wir würden es in Zukunft mit einer lohnbezogenen Rente zu tun haben, möchte ich sagen, daß die Rente schon immer lohnbezogen war, da die Beiträge ja nach den Löhnen erhoben wurden. Wenn die Löhne steigen, werden höhere Beiträge gezahlt und damit, wenn die Rente sich nach den Beiträgen richtet, höhere Renten."

Daß die vor allem in der Öffentlichkeit vorgetragenen wirtschafts- und währungspolitischen Bedenken gegen die lohndynamische Rente nicht in den Mittelpunkt der Ausschußberatungen rücken sollten, machte am

23. 12. 1966	Alle Arbeitnehmer werden in der Rentenreform pflichtversichert.
12. 6. 1969	Lohnfortzahlungsgesetz: volle Lohnfortzahlung für alle Arbeitnehmer bis zu 6 Wochen.
25. 6. 1969	Ausbildungsförderungsgesetz.
21. 9. 1972	Einstimmige Verabschiedung des Rentenreformgesetzes, das die flexible Altersgrenze vorsieht.
13. 5. 1977	Verabschiedung des 1. Rentensanierungsgesetzes und des 1. Kostendämpfungsgesetzes.
1. 1. 1983	Verschiebung und Aktualisierung der Rentenanpassung tritt in Kraft.
1. 7. 1983	Einführung eines Krankenversicherungsbeitrages für Rentner.
1. 1. 1986	Inkrafttreten der Neuordnung der Hinterbliebenenversicherung (Gleichstellung der Witwer und Witwen).

Schluß der Aussprache eine Abstimmung über eine Verfahrungsfrage klar. Das Parlament überwies den Regierungsentwurf an den Ausschuß für Sozialpolitik. Der Antrag des CDU-Abgeordneten Thomas Ruf, den Entwurf wegen der Bedenken „insbesondere hinsichtlich der Wirkungen auf den Kapitalmarkt und die Währung" dem Ausschuß für Geld und Kredit zur Mitberatung zu überweisen, wurde abgelehnt. Das war bereits als die Vorentscheidung des Bundestages für die lohnbezogene Rentendynamik zu werten. Im Sozialausschuß dominierten dann die Sozialpolitiker der beiden großen Parteien. Was sie anstrebten, konnte nach den vorhergehenden Diskussionen nicht mehr zweifelhaft sein.

Die Leistung des Sozialausschusses

Der sozialpolitische Ausschuß des Bundestages sah sich nach den vorzeitig beendeten Sommerferien vor einer gewaltigen Aufgabe. Wenn er die Gesetzesberatungen bis zum 21. Dezember 1956 bewältigte, so war dies nicht zuletzt dem Geschick und der Autorität des auch von Adenauer respektierten Ausschußvorsitzenden, des SPD-Abgeordneten Willi Richter, aber auch der jungen und tüchtigen Mannschaft des Generalsekretariats für die Sozialreform im Arbeitsministerium zu danken. Von den beteiligten Abgeordneten und Beamten ist von Anfang September bis zur Entscheidung im Bundestag am 21. Januar 1957 viel verlangt worden. Der Ausschuß hat über den Gesetzentwurf unter großem Zeitdruck in 42 Sitzungen rund 190 Stunden beraten. Journalisten berichteten von der „Diktatur der Termine" und einer „Gewaltleistung des Ausschusses". Die Abgeordneten beteiligten sich durchweg konstruktiv, auch wenn gelegentlich die Meinung vertreten wurde, daß die DP Verzögerungstaktik betriebe. Die DP hatte vielfältige, zum Teil sehr grundsätzliche Bedenken geltend gemacht. Da ist es durchaus üblich, die Beratungen mit Fragen, Anträgen und Diskussionsbeiträgen zu verlängern. Das sind erlaubte parlamentarische Mittel. Die Mehrheit hat immer die Möglichkeit, Obstruktion zu verhindern. Daß der Ausschuß sein Pensum fristgerecht erledigt hat, zeigt, daß der Vorsitzende und die Mehrheit jederzeit Herr des Verfahrens waren, trotz vieler Interventionen, vor allem von den Verbänden, die versuchten, auf die Beratungen Einfluß zu nehmen und Änderungen zu erzwingen. Es gab von außen viel Störfeuer, aber es bewirkte nicht viel.

Belastet wurden die Ausschußberatungen aber vor allem durch die fortdauernde Uneinigkeit im Koalitionskabinett. Die Opposition in den eigenen Reihen der Koalition wurde weiterhin vom Bundesfinanzminister angeführt. Schäffer stützte sich auf ein Gutachten des angesehenen Versicherungsmathematikers Georg Heubeck, der vorrechnete, daß bei Verwirklichung der Reform die Beitragssätze längerfristig kräftig angehoben werden müßten. Das Gutachten Heubecks konterkarierte die Berechnungen des Arbeitsministeriums, an deren Seriosität die Zweifel wuchsen. Wie sich später zeigte, kam Heubeck der Wahrheit damals erheblich näher als das Ministerium. Das Gutachten hat Wirkung gehabt, aber die Verabschiedung der Reform nicht verhindern können. Schäffer konnte auch darauf hinweisen, daß die Kabinettsvorlage zu „unsozialen" Ergebnissen führe, da etwa 20 Prozent der Rentner keine Verbesserungen erhielten. Dies führte dann zu dem Vorschlag von Storch, den Übergang zum neuen Recht durch eine Mindestzulage von monatlich 15 Mark bei den Versichertenrenten und von 10 Mark bei den Witwen- und Waisenrenten zu erleichtern. Das Parlament erhöhte diese Beträge am Ende auf 21 beziehungsweise 14 Mark.

Nach Schäffer sorgte Erhard für Schlagzeilen, als er ausgerechnet vor der Mitgliederversammlung des Gesamtverbandes der Versicherungswirtschaft in Köln sagte, daß durch sein persönliches Eingreifen aus dem Regierungsentwurf das „größte Gift" herausgeholt und die Anpassung von Fall zu Fall an den echten Produktivitätsfortschritt sichergestellt sei. Adenauer schrieb seinem Minister einen bösen Brief und unterstellte die Regierungsvorlage, die ja schon seit Wochen im Ausschuß beraten wurde, ausdrücklich seiner Richtlinien-Kompetenz.

Die Gegensätze zwischen den Ministern der CDU/CSU spiegelten sich auch in der Bundestagsfraktion wider. Die Fraktionsführung befürchtete ein Auseinanderfallen. Sie setzte eine neunköpfige Sonderkommission ein, die Kompromisse erarbeiten sollte. Darin war der Wirtschaftsflügel und die Arbeitnehmergruppe vertreten. Ende November schließlich, nach vielen Beratungen im kleinen und kleinsten Kreis, fand die Fraktion zu einem Kompromiß über die Dynamisierung der Renten. Die Rente sollte, wie im Regierungsentwurf vorgesehen, nach dem aktuellen Lohnniveau bemessen werden. Dieses sollte dem Durchschnitt der Bruttoverdienste der Versicherten in den vorausgegangenen drei Jahren entsprechen; ein Karenzjahr sollte zusätzlich den Anpassungseffekt verzögern und damit die Sorgen der Wirtschafts- und Währungspolitiker verringern. Die Fraktion entschied sich auch für den Grundsatz der jährlichen Anpassung der Renten. Eine Automatik wurde jedoch abgelehnt; der Gesetzgeber sollte jeweils entscheiden, und zwar nicht ausschließlich nach dem Maßstab des Lohnanstiegs, sondern auch unter Berücksichtigung der wirtschaftlichen Leistungsfähigkeit und der Finanzlage der Rentenversicherung. Dem Gesetzgeber wurde also ausdrücklich ein Entscheidungsspielraum zugewiesen. Auch einigte sich die CDU/CSU darauf, an der Versicherungspflichtgrenze der Angestellten, allerdings auf erhöhtem Niveau, festzuhalten. Es blieb die politische Leistung der Fraktion, diesen mühsam erarbeiteten Kompromiß sowohl im Ausschuß als auch anschließend in der zweiten und dritten Lesung des Gesetzentwurfs im Plenum des Bundestages unverändert durchgezogen zu haben. Das mag damit zu erklären sein, daß die einen darauf hofften, daß der Gesetzgeber in den folgenden Jahren vernünftig handeln und die wirtschaftliche Leistungsfähigkeit bei der Rentenanpassung beachten werde; die anderen rechneten damit, daß die lohnbezogene, jährliche Anpassung der Renten zur Regel werde. Die Lohndynamik hat sich durchgesetzt. Sie wird freilich heute wegen der Belastungen durch die Verschlechterung der Altersstruktur wieder in Frage gestellt.

Abschluß im Bundestag

Die Entscheidung fiel dann nach einer viertägigen, denkwürdigen Debatte am 21. Januar 1957 im Parlament, die überwiegend von den Fachleuten bestritten wurde, weil von den Fraktionen rund 500 Änderungsanträge eingebracht worden waren – ein wohl einmaliger Vorgang. Aber es wurde sachkundig und fair diskutiert; nur selten spitzte sich die Debatte zu. Zu einem Schlagabtausch zwischen den Wirtschafts- und Sozialpolitikern kam es vor der Abstimmung über die Anpassungsformel. Ludwig Erhard wehrte sich gegen die Behauptung Prellers, daß er in seiner umstrittenen Kölner Rede eine Rente gefordert haben solle, die nur das Existenzminimum gewährleiste. „Diese Behauptung ist unwahr. Ich habe gesagt, und zwar in positiver Einstellung zu dem Gedanken einer Produktivitätsrente, daß, wenn dieses Gesetz verabschiedet sein wird, kein Deutscher mehr Not leiden solle. Aus dieser Formulierung zu folgern, daß ich den Rentnern nur das Existenzminimum zubilligen wollte, ist eine demagogische Verdrehung des Tatbestandes." Erhard machte dann deutlich, was seine Sorge war. Er habe gesagt, daß eine Produktivitätsrente, also eine bewegliche Rente, auch deshalb gerechtfertigt und billig sei, weil erwartet werden könne, daß die Produktivität, die Leistungskraft der Volkswirtschaft, weiter fortschreite. Andererseits entspreche eine Rente, die sich nach den bisherigen Prinzipien errechne, für einen Rentner, der 40 Jahre treu gearbeitet habe, nicht mehr mit den Vorstellungen von einem würdigen und zumutbaren Lebensstandard. Deshalb sei eine bewegliche Rente wünschenswert und notwendig. „Ich wünsche, und es ist auch volkswirtschaftlich notwendig, den Sparwillen und die Sparfähigkeit zu erhalten. Die Produktivitätsrente besagt, daß der Rentner an den Fortschritten der Produktivität, an der höheren Effizienz der menschlichen Arbeitsleistung auch dann teilhaben soll, wenn er nicht mehr aktiv im Erwerbsleben steht ... Es ist des weiteren auch nicht richtig, daß etwa von Seiten der CDU oder irgendeiner Regierungsseite immer nur das Rentengesetz als die mögliche Quelle einer Inflation hingestellt worden wäre. Im Gegenteil ..."

Erhard fuhr fort: „Wenn sich die Löhne in dem Maße der Produktivitätssteigerung halten, wenn der volle Anteil der Produktivitätssteigerung dem Arbeiter zugute kommt, diese Grenze aber nicht überschritten wird, dann läuft die Produktivitätsrente parallel mit dem Lohn. Nachdem wir jedoch wissen, daß das leider nicht immer so ist oder nicht immer so zu sein braucht, wir aber bewußt eine Politik der Stabilität treiben, sind wir daran interessiert, daß sich niemand der Illusion hingibt, man könnte aus einer inflationären Entwicklung, aus Preissteigerung Nutzen ziehen und sich

Heinrich Deist, Wirtschaftsexperte der SPD, 1958.

einer solchen inflationären Entwicklung entziehen.“ Als Preller Erhard fragte, ob er bei Lohnsteigerungen, die über die Produktivitätsgrenze hinausgingen, die Rentner von dieser Entwicklung ausschalten wolle, antwortete Erhard: „Ich möchte auf alle Fälle verhindern, daß die Löhne eine Entwicklung nehmen, die über die Produktivitätsgrenze hinausgeht, weil das inflationäre Wirkungen haben muß.“ Dazu meinte dann der Wirtschaftssprecher der SPD, Heinrich Deist, daß dies nicht die entscheidende Feststellung sei. „Vielmehr scheint es mir wichtig zu sein, daß sich der Satz, daß nicht mehr verbraucht werden darf, als erzeugt wird, auf die Gesamtheit der Einkommen und damit auf die Gesamtheit des Verbrauchs in einem Volk bezieht und daß das gesamte Volkseinkommen auf verschiedene Einkommenskategorien entfällt ... Wir vertreten die Auffassung, daß es sozial gerechtfertigt ist, Veränderungen in der Einkommensverteilung herbeizuführen, daß die Masseneinkommen über das Ausmaß des Produktivitätszuwachses hinaus steigen müssen, während andere Einkommen entsprechend zurückzubleiben haben. Darum ist es etwas primitiv, so zu tun, als dürfe der Lohn, damit keine inflationären Erscheinungen auftreten, nicht über die Produktivitätszuwachsrate hinauswachsen." Erhard erwiderte: „Dann möchte ich Herrn Deist sagen, daß er damit sicher recht hat: Es ist eine andere Verteilung des Volkseinkommens möglich, und sie greift auch dauernd Platz, und zwar nicht zu Lasten, sondern zugunsten des Lohnarbeiters. Auch bin ich der Meinung, daß das in einer Massendemokratie eine unausweichliche Entwicklung ist. Da unterscheiden wir uns gar nicht. Aber es kommt darauf an, wie man diesen Prozeß herbeiführt. Mit einer inflationären Entwicklung ganz bestimmt nicht!"

Dieser Ausschnitt aus Rede und Gegenrede kennzeichnet den Stil der Debatte, die nicht allein von den Sozialexperten geführt wurde. Aber am Ende der dritten Lesung, in der Nacht nach der großen „Rentenschlacht" – den Begriff prägten die Journalisten –, waren die Akteure müde. Das Gefühl des Triumphes wollte nicht recht aufkommen. Daß eine bedeutsame Entscheidung gefallen war, dessen waren sich alle sicher. Aber manche, die ihre Stimme für die Reform abgegeben hatten, zweifelten, richtig entschieden zu haben. Die finanziellen und wirtschaftlichen Risiken, die mit der neuen Rentenformel eingegangen wurden, waren von den Abgeordneten kaum zu übersehen. Die Hauptlast der Arbeit im Parlament und in den Fraktionen hatten bei der CDU/CSU die Abgeordneten Josef Arndgen, Peter Horn, Thomas Ruf, Josef Schüttler, Josef Stingl und Fritz Hellwig zu tragen. Bei den Sozialdemokraten engagierten sich vor allem die Professoren Ludwig Preller und Ernst Schellenberg. Für die FDP kämpfte Wilhelm Jentzsch gegen den Regierungsentwurf. Sprecherin des Gesamtdeutschen Blocks/BHE war Erni Finselberger. Für die FVP leistete vor allem Hermann Berg, ein Bruder des damaligen Präsidenten des Bundesverbandes der Deutschen Industrie, Fritz Berg, die Arbeit. Bei der DP gab Frau Kalinke, die später zur CDU wechselte, den Ton an. Diese Abgeordneten haben viel geleistet, gleichgültig, ob sie für die Reform eintraten oder sie bekämpften.

Für das Rentenreformgesetz stimmten am Ende die Abgeordneten der CDU/CSU, der SPD und auch der FVP. Die Freien Demokraten sagten geschlossen nein. Bei der Deutschen Partei enthielt sich die Mehrheit der Stimme. Die namentliche Schlußabstimmung ergab: 398 Abgeordnete stimmten mit Ja, 32 mit Nein, 16 Abgeordnete enthielten sich der Stimme.

Nachdem der Bundesrat das Gesetz am 8. Februar einstimmig gebilligt hatte, trat es rückwirkend zum 1. Januar 1957 in Kraft. Es leistete einen großen Beitrag zum sozialen Frieden in unserem Land. Die Renten wurden im Durchschnitt zwischen 65 und 72 Prozent erhöht. Wegen der faktischen Kopplung der Renten an die Bruttolohnentwicklung hat sich das Rentenniveau in den 30 Jahren danach auf mehr als 65 Prozent der verfügbaren Einkommen der Arbeitnehmer erhöht, wenn man 40 Versicherungsjahre zugrunde legt. Das aber wird in Zukunft nicht durchzuhalten sein. Die nächste Rentenreform, die 1992 wirksam werden soll, wird wegen der Überalterung unseres Volkes Einschränkungen bringen müssen, die Rentner, Beitragszahler und Steuerzahler fühlbar belasten werden. Diese Reform wird nicht leichter als die von 1957 durchzusetzen sein.

Wolfgang Mischnick

Die Eingliederung der Flüchtlinge und der Lastenausgleich

Mit diesem Beitrag wird versucht, wenigstens einen Teil der gewaltigen Leistung zu würdigen, die mit der Lastenausgleichsgesetzgebung im weitesten Sinne des Wortes vollbracht wurde. Die Debatten im Deutschen Bundestag zu diesem Thema waren nicht unbedingt Sternstunden der Rhetorik, denn über solch schwierige und umfassende Sachprobleme kann man nicht so gut mit wohlklingenden Sätzen Florettgefechte führen wie beispielsweise bei der Auseinandersetzung um die Todesstrafe oder um das Für und Wider eines deutschen Verteidigungsbeitrages. Meines Erachtens waren es eher Sternstunden der einfühlsamen sachlichen Arbeit, des Beweises sozialen Pflichtgefühls und hoher politischer Sensibilität für die Wunden, die Krieg und Nachkriegsereignisse geschlagen hatten.

Ausgangslage

Als nach Kriegsende in allen vier Besatzungszonen die Aufräumungsarbeiten begannen, galt es nicht nur, Essen und Wohnen für die Einheimischen sicherzustellen, sondern es mußten auch über 10 Millionen von Vertriebenen und Flüchtlingen aus den Ostgebieten und dem südosteuropäischen Raum untergebracht werden. Das hat zu vielen Komplikationen geführt, oft sogar zu Auseinandersetzungen, nach dem Motto: Uns geht es schlecht genug, dann auch noch andere aufnehmen und verpflegen? Wer kann das?

Die Situation für Regierungen, Verwaltungen und vor allem Gemeinden war nicht leicht. Lösungen mußten gefunden werden, die sowohl den Einheimischen gerecht wurden, als auch denjenigen, die aus ihrer Heimat vertrieben oder geflüchtet waren. Es galt, Voraussetzungen dafür zu schaffen, daß zunächst einmal jeder ein Dach über den Kopf hatte, daß Arbeitsplätze errichtet, die notwendigen Dinge für das tägliche Leben bereitgestellt wurden. Kriegsschäden waren ja nicht nur durch Flucht und Vertreibung entstanden, sondern auch durch Bombardierung und Beschuß der Städte und Dörfer in allen vier Besatzungszonen. Obwohl man nach Kriegsende kaum an das dachte, was wir heute als Lastenausgleich kennen, machte man sich vielerorts schon Gedanken darüber, wie für diejenigen, die Hab und Gut verloren hatten und ihre Heimat aufgeben mußten, wenigstens ein gewisser Ausgleich ermöglicht werden könnte.

1794	Erste Kodifizierung von Entschädigungszahlungen im Preuß. Landrecht (Art. 75).
1873	Beschluß der Reichsregierung zur gesetzlichen Kriegsschädenersatzregelung.
1928	Verabschiedung des Kriegsschädenschlußgesetzes.
Ab Herbst 1944	Nahezu 12 Millionen Menschen auf der Flucht von Ostpreußen, Polen, Tschechoslowakei und Ungarn in den Westen.

Während des 2. Weltkrieges gab es bereits gesetzliche Regelungen, Verordnungen und Bestimmungen. Aber diese konnten nach der Gesamtkapitulation nicht einfach fortgeschrieben oder ergänzt werden. Als man die Frage erörterte, was man an Kriegs-, Vertreibungs- und Fluchtschäden überhaupt erfassen sollte, wurden vergleichbare gesetzliche Regelungen bei ähnlichen Voraussetzungen auch außerhalb Deutschlands herangezogen (z. B. Finnland).

Historische Bezugspunkte

Entschädigungszahlungen für die Bevölkerung nach Kriegseinwirkungen waren im Gebiet früherer deutscher Staatsgebilde vor 1794 unüblich. Jeder hatte seinen Schaden unabhängig von der Höhe selbst zu tragen. Erst der Artikel 75 der Einleitung des damaligen Preußischen Landrechts enthielt eine kodifizierte Ersatzpflicht für Kriegsschäden. Nach dem deutsch-französischen Krieg 1870/71 wurden unter Benutzung der von Frankreich gezahlten Kriegsentschädigung Ersatzleistungen gesetzlich ermöglicht. 1873 erließ die Reichsregierung ein Gesetz, nach dem in Zukunft die Kriegsschädenersatzregelung eines besonderen Gesetzes bedürfe.

Da dieses jedoch nach den zu Beginn des Ersten Weltkrieges 1914 in Ostpreußen eingetretenen Schadensfällen nicht erlassen wurde, entschloß sich der Staat Preußen 1915 zu einer Anweisung, die vorläufige Schadensermittlungen und Gewährung von Vorentschädigungen ermöglichte. Diese wurde 1917 durch eine weitere Verordnung ergänzt, während sich die Reichsregierung 1916 lediglich zur Verabschiedung eines Gesetzes zur Kriegsschädenfeststellung entschloß.

Aus dem Versailler Vertrag ergab sich die Pflicht, die in abgetretenen Gebieten enteigneten Deutschen zu entschädigen. Diesem Auftrag entsprechend wurden 1923 die Gewaltschädenverordnung und das Gesetz über die Entschädigung aus Anlaß des Versailler Vertrages verabschiedet, 1928 das Kriegsschädenschlußgesetz.

Ein Gesetz, das Kriegssachgeschädigten vollen Vermögensausgleich hätte zusprechen können, wurde bei Kriegsbeginn 1939 nicht erlassen, da der nationalsozialistische Staat angeblich erst die Entwicklung abwarten wollte. Die Kriegssachschädenverordnung von Ende 1940 beschränkte sich bald auf Ersatzbeschaffung, Wiederaufbau oder Sicherung des Lebensunterhaltes. Von der Entschädigungsleistung waren jedoch Juden grundsätzlich ausgeschlossen. Mit zunehmendem Ausmaß der Zerstörungen im Reichsgebiet wurden die Entschädigungszahlungen immer mehr gedrosselt und nur Vorbescheide erteilt.

Nach Kriegsende und unter alliierter Besetzung wurden die noch vorhandenen Leistungsmöglichkeiten einige Wochen lang zumindest in Teilen des ehemaligen Reichsgebiets wieder ausgeschöpft. Soweit in den Amtskassen Reichsmittel vorhanden waren, konnten sogar Zahlungen geleistet wer-

Flüchtlingstreck ostpreußischer Bauern, die Anfang 1945 versuchen, über das Kurische Haff dem russischen Einmarsch auszuweichen und bisher unbesetztes westliches Gebiet zu erreichen.

den. Diese Praxis untersagten die Westalliierten schließlich im Sommer 1945.

Um die Jahreswende 1945/46 wurde das Zahlungsverbot wieder gelokkert. Handwerkern, die im amtlichen Auftrag mit Reparaturarbeiten beschäftigt gewesen waren, durften offene Rechnungen bezahlt werden, und vor allem Juden wurden zumindest in Teilen des Besatzungsgebietes in gewissem Maße Entschädigungen zuerkannt.

Erste Regelungsversuche

Zum Hauptproblem künftiger Zahlungen war unterdes die Reichsschuld geworden, die bei Kriegsende auf über 600 Milliarden Mark geschätzt wurde, wobei die Kriegssachgeschädigten und Vertriebenen mit zirka 200 Milliarden Mark den größten Anteil aller Gläubigergruppen stellten. Das kleiner gewordene Nachkriegsdeutschland war zu solcher Schuldabtragung nicht imstande. Pläne zur Lösung dieser Probleme kamen sowohl von deutscher als auch von amerikanischer Seite. Regelungen für das gesamte unter deutscher Verwaltung verbliebene ehemalige Reichsgebiet scheiterten jedoch am Veto der Sowjetunion. Das bedeutete ein Ende der Hoffnungen auf eine vierzonale, unabwendbar notwendig gewordene Währungsreform.

Das Problem wurde nun trizonal angegangen, ohne aber das Reichsschuldenproblem zu regulieren, das einschließlich eines Lastenausgleichs für die Geschädigten von den deutschen Behörden bis zum 31. 12. 1948 vorläufig geregelt werden sollte.

Die Lösungsanweisung dafür datiert vom 18. 6. 1948, also kurz vor der Währungsreform. Zunächst waren die Alliierten in den Westzonen nicht bereit, eine Entscheidung zu treffen, ob und wie ein Ausgleich für Vertriebene, Flüchtlinge, aber auch Kriegsgeschädigte erfolgen sollte. Es bedurfte vieler Verhandlungen, bis sie solchen Überlegungen zustimmten.

Für die politischen Organe der sich bildenden Bundesrepublik Deutschland – zuerst Wirtschaftsrat, dann Bundestag und Bundesregierung – ging es zunächst darum, zu prüfen, welche Schäden überhaupt in eine Lastenausgleichsregelung einbezogen werden sollten. Dazu war es notwendig, eine Feststellung der Schäden zu treffen, die durch Bomben, Flucht, durch Vertreibung, Beschuß oder Beschlagnahme entstanden waren. Außerdem galt es zu überlegen, woher die entsprechenden Mittel kommen sollten: aus den laufenden Einnahmen, d. h. durch entsprechend höhere Steuersätze oder durch eine besondere Abgabe?

Der Begriff Lastenausgleich beinhaltete ja schon den Gedanken, Lasten, die durch Kriegsschäden entstanden waren, dadurch auszugleichen, daß diejenigen, die verschont waren, entsprechende Beiträge leisten sollten. Dies bedeutete, daß nach der Feststellung der Schäden auch geprüft werden mußte, welche Vermögenswerte erhalten geblieben oder durch die Währungsreform gestiegen waren, und wie weit man diese Vermögenswerte belasten konnte, ohne daß daraus Gefahren für die Wirtschaft entstanden.

All diese Fragen mußten in schwierigen Gesprächen, Verhandlungen und Diskussionen zwischen Regierungsvertretern, Parlamentariern, Sachverständigen und Betroffenen vorgeklärt werden. Es wurde geprüft, ob man die Schäden ganz oder teilweise, ob man sie nach Feststellung des individuellen Wertes oder pauschal ausgleichen sollte. Dabei wurden von vornherein eine Reihe von Verlusten ausgenommen: Vermögen der öffentlichen Hand, der Kirchen, juristischer Personen; auch Sammlungen, Kunstgegenstände u. a. in der Hand von Privatpersonen. Auch der Verlust des individuellen Hausrates sollte davon ausgenommen werden.

Die vorgesehene Entschädigung wurde auf Anspruchsberechtigte in der Bundesrepublik und West-Berlin beschränkt. Jedenfalls waren das zunächst die wichtigsten Überlegungen. Schließlich wurden verschiedene Schadensbereiche zusammengestellt, zum Beispiel Kriegssachschäden, Vertreibungsschäden, Ostschäden, ein Währungsausgleich für Altsparer.

Bald erkannte man, daß für diejenigen, die aus der vierten Zone, der sowjetisch besetzten, in die heutige Bundesrepublik kamen, ein gewisser Leistungsanspruch geregelt werden mußte, wobei man anfangs gar nicht an Lastenausgleich dachte, sondern mehr an eine Hilfe zur wirtschaftlichen Eingliederung. Eine zusätzliche Unterscheidung wurde getroffen zwischen denen, die aus der sowjetischen Besatzungszone selbst stammten und jenen, die als Vertriebene in diese Zone gekommen und dann in die heutige Bundesrepublik übergesiedelt waren.

Also standen sehr unterschiedliche Schadenstatbestände zur Lösung an, die eine umfangreiche Vorarbeit erforderten. Alle Fachleute – ob in Regierungen oder Parlamenten – waren sich im klaren, daß man zwar ein umfassendes Gesetz schaffen mußte, jedoch Leistungen und die Voraussetzungen dafür an die wirtschaftliche und politische Entwicklung regelmäßig angepaßt werden müßten.

Ein erster Vorschlag für eine schnelle Geldleistung, die Soforthilfe, wurde noch 1948, zur Zeit des Wirtschaftsrates, für die englische und amerikanische Besatzungszone ausgearbeitet. Wissenschaftler, Verbände, Wirtschaftler faßten die Entwürfe in dem am 18. 4. 1948 vorgelegten „Homburger Plan“ zusammen. Danach sollte der Lastenausgleich mit der bevorstehenden Währungsreform verbunden werden, um eine mehrfache Diskussion zu vermeiden und mögliche Unruhe gering zu halten.

Die Alliierten, die sich die Währungsreform vorbehalten hatten, standen solch einer gemeinsamen Lösung verschiedener Probleme ablehnend gegenüber. Am 18. 6. 1948, zwei Tage vor der Durchführung der Währungsreform, wurde das Gesetz zur Neuregelung des Geldwesens erlassen. Es enthielt den Hinweis, daß die Alliierten die Regelung des Lastenausgleichs als eine vordringliche, bis zum 31. 12. 1948 zu lösende Aufgabe ansahen. Dies wurde den deutschen gesetzgebenden Stellen aufgetragen und gleichzeitig festgelegt, „daß die zur Durchführung des Lastenausgleichs erforderlichen Mittel durch besondere Vermögensabgaben aufzubringen sind, deren Erträge zu diesem Zweck einem außeretatmäßigen Ausgleichsfonds zuzuführen sind“. So lautete der damalige Erlaß der Alliierten wörtlich. Es wurde auch verfügt, daß die bei der Währungsreform entstehenden Gewinne für diesen Fonds verwendet werden sollten.

Bei der Ausarbeitung der verschiedenen Pläne stellte sich heraus, wie schwierig eine umfassende Lastenausgleichsgesetzgebung sein würde. Aber unmittelbare Hilfe war erforderlich, um wenigstens die größte Not zu lindern. Deshalb ist am 14. 12. 1948 ein erstes Lastenausgleichsgesetz vom Wirtschaftsrat verabschiedet und der Militärregierung zugeleitet worden. Am 6. 4. 1949 wurde ein vorläufiges Hauptausgleichsamt errichtet. Nachdem mehrere amtliche Erinnerungen und viele Proteste der Geschädigten erfolgten, gaben die amerikanische und die britische Militärregierung schließlich am 30. 4. 1949 die Entscheidung ihrer Regierungen bekannt: Sie versagten dem vorgelegten Gesetz die Genehmigung; sie verlangten die Beseitigung der in Inhalt und Wortwahl erkenntlichen Beziehung zum

Lastenausgleich und eine Beschränkung auf den sozialen Charakter. Das hieß, sie wollten nur eine soziale Lösung, aber nicht einen Ausgleich der Schäden.

Das Gesetz, das danach – am 8. 8. 1949 – in Kraft trat, erhielt den demonstrativen Namen „Gesetz zur Milderung dringender sozialer Notstände" (Soforthilfegesetz). In diese Soforthilfe, die aus einer besonderen Vermögensabgabe finanziert wurde, waren auch Vertriebene und Ausgebombte einbezogen. Die Abgabepflicht bezog sich auf land- und forstwirtschaftliches Vermögen, auf Grund- und Betriebsvermögen im Sinne des früheren Reichsbewertungsgesetzes. Dabei blieben Vermögen unter DM 3000.– abgabefrei. Körperschaften des öffentlichen Rechts, Sozialversicherungen, Eisenbahn, Post, Religionsgemeinschaften usw. wurden von der Abgabe freigestellt.

Die Soforthilfeabgabe wurde in Höhe von jährlich 3% des abgabepflichtigen Vermögens erhoben. Dieser Abgabesatz war um 1% niedriger für Mietwohngrundstücke und Einfamilienhäuser sowie für das land- und forstwirtschaftliche Vermögen, wenn das gesamte abgabepflichtige Vermögen 15000.– Mark nicht überstieg. Also war auch bei der Abgabe eine soziale Komponente eingebaut. Die Gesamteinnahmen zugunsten des Soforthilfefonds wurden damals auf jährlich 1,7 bis 1,8 Milliarden DM geschätzt.

Bei der Unterhaltshilfe ging es vor allen Dingen darum, Männern, die das 65., und Frauen, die das 60. Lebensjahr vollendet hatten, oder Personen, die körperlich oder geistig außerstande waren, durch Arbeit die Hälfte dessen zu verdienen, was ein Gesunder erwerben konnte, zu helfen.

Die Ausbildungsbeihilfe hatte den Sinn, Kindern und Jugendlichen aus dem Kreis der Geschädigten eine Berufsausbildung zu ermöglichen.

Die Aufbauhilfe wurde gewährt zur Errichtung eigenständiger Existenzen oder um Wohnraum zu schaffen, um somit unabhängiger zu werden, als es nach Flucht und Vertreibung bei der oft willkürlichen Einweisung in die Orte möglich war. Die Hausratshilfe diente zur Deckung des notwendigsten Bedarfes für einen eigenen Hausstand.

Es gab aber auch Mittel zur Beschaffung von Arbeitsplätzen sowie zur Unterstützung für Einrichtungen, die sich um Kriegsgeschädigte im weitesten Sinne des Wortes kümmerten.

Um das Ganze durchführen zu können, mußten neben dem Hauptamt für Soforthilfe in den Ländern, Städten und Landkreisen entsprechende Verwaltungen geschaffen werden. Man darf nicht vergessen, daß es sich damals um über 10 Millionen Menschen handelte, die unmittelbar betroffen waren. Für die Bundesrepublik Deutschland als föderalistischen Staat bedeutete dies, daß die Durchführung der Soforthilfe, der Feststellungsgesetze sowie später des Lastenausgleichsgesetzes über die Länder erfolgte. Das Bundesausgleichsamt war zwar die zentrale Stelle für einheitliche Richtlinien und für die entsprechenden Vorarbeiten zu den Gesetzgebungsnovellen, war aber nicht in der Lage, die praktische Durchführung bis zur letzten Gemeinde vorzunehmen. Deshalb wurden in den Ländern Landesausgleichsämter errichtet. Ähnliches geschah in den Kreisen und Großstädten. Über lange Zeit waren das personalstarke Behörden, denn die Auszahlung der Soforthilfe, die Unterhaltshilfeleistungen, die Annahme der Feststellungsanträge, deren Bearbeitung usf. verlangte sehr große Sachkenntnis.

Entschädigungsgesetzgebung

Nach dieser Soforthilfeaktion galt es, an die allgemeine Entschädigung heranzugehen. Dazu war ein Schadensfeststellungsgesetz notwendig. Dies wurde durch einen Initiativantrag vom 12. 7. 1950 vorangebracht. Der Regierungsentwurf zum Lastenausgleich lag im Januar 1951 dem Deutschen Bundestag vor. Nach intensiven Beratungen in Bundestag und Bundesrat – auch der Vermittlungsausschuß mußte angerufen werden – wurde schließlich am 20. 3. 1952 das „Gesetz über die Feststellung von Vertreibungsschäden und Kriegssachschäden" endgültig im Bundestag verabschiedet; am 24. 4. 1952 trat es in Kraft. Nicht alle Schäden wurden erfaßt. Als nicht feststellbar galten z. B. Nutzungsschäden, mittelbare Schäden, Verlust an Bargeld, Edelmetall, Edelsteinen, Perlen, Kunstgegenständen u. a. Von der Feststellung ausgeschlossen waren auch außerhalb der Bundesrepublik Deutschland und Westberlins entstandene Kriegssachschäden, die nicht als Vertreibungs- oder Ostschäden galten, außerdem Hausratsverluste, die we-

August 1945	Einrichtung von Hilfsstellen für Vertriebene und Umgesiedelte in Bayern und Württemberg. – Einrichtung von kirchlichen Hilfsorganisationen und Aufrufe. 31. 8. 1945: Aufruf des evang. Landesbischofs von Württemberg; Schaffung des evang. Hilfswerks in Treysa; 1. 12. 1945: Gründung einer Vertriebenen- und Flüchtlingsorganisation durch den Caritas-Verband; 4. 9. 1946: Mahnung der Inneren Mission, des Caritasverbandes, des Roten Kreuzes und der Liga der Freien Wohlfahrt an den Kontrollrat.
5. 10. 1945	Festsetzung des Beginns der offiziellen Ausweisung der Deutschen aus Polen und anderen deutschen Ostgebieten, der Tschechoslowakei und Ungarn im Bereich der sowjetisch besetzten Zone.
1946	Einsetzung von deutschen Amtsleitern und Flüchtlingskommissaren.
1946	Beratung des ersten Vertriebenen-Gesetzes in der US-Zone.
15. 2. 1946	Der Flüchtlingsausschuß des Länderrats verlangt einen *Status-Ausweis (Flüchtlingsausweis).*
19. 2. 1946	Auslandshilfe. Gründung der in Deutschland arbeitenden amerikanischen Wohlfahrtsverbände (CRALOG).
29. 10. 1946	Volkszählung: 5,9 Millionen Flüchtlinge in den deutschen Westgebieten (= 13,1% der Gesamtbevölkerung).

Erich Ollenhauer, langjähriger Fraktionsvorsitzender der SPD im Deutschen Bundestag, 1954.

niger als 50% des Gesamtwertes ausmachten sowie Bagatellverluste. Die ursprüngliche, dem Lastenausgleichsgesetz vorausgehende Fassung des Feststellungsgesetzes enthielt für alle einschlägigen Gebiete genaue Bestimmungen. Das Lastenausgleichsgesetz hat einen Teil der Definition dessen, was als Schaden zu betrachten war, übernommen. Die Ausgleichsämter waren im übrigen gleichzeitig die Feststellungsämter. Um die angegebenen Schadenswerte überprüfen zu können, wurden Heimatauskunftsstellen errichtet, in der Regel entsprechend den früheren Regierungsbezirken oder ähnlicher Verwaltungseinheiten. Die Heimatauskunftsstellen sollten sich auf Anforderung der Feststellungsbehörden gutachtlich äußern, ob die Anträge der Berechtigten wirklich den Fakten entsprachen. Dies ist in ganz hervorragender Weise gelungen, wenn auch manchmal mit nicht zu vermeidenden sehr langen Zeitabläufen, was natürlich von denjenigen, die eine Feststellung ihres Schadens erwarteten, oft nicht verstanden wurde.

Offen war zunächst, ob bei den Verfahren zur Bewertung entweder Schadensgruppen eingerichtet oder jeder einzelne Schaden bis auf den letzten Pfennig festgestellt werden sollte. Das war vor allen Dingen für die Bewertung des Hausratsverlustes von besonderer Bedeutung. Die Mitglieder des Vertriebenenausschusses und des Lastenausgleichsausschusses haben dazu in der ersten Legislaturperiode wirklich eine Sisyphusarbeit geleistet. Auf der einen Seite galt es, eine möglichst angemessene Entschädigung zu gewähren, auf der anderen Seite die Belastung derjenigen, die nicht geschädigt waren, in Grenzen zu halten.

Die Debatte 1952

Nachfolgend Auszüge aus der 211. Sitzung des Deutschen Bundestages vom 14. Mai 1952, in der die Dritte Beratung des Entwurfs eines Gesetzes über einen Allgemeinen Lastenausgleich begann. Sie erstreckte sich über mehrere Tage, behandelte viele Änderungsanträge und veranlaßte zahlreiche Redner, das Wort zu ergreifen.

Abgeordneter Ollenhauer (SPD): „Die Regelung des Lastenausgleichs ist nach unserer Auffassung die Bewährungsprobe der neuen deutschen Demokratie. Vor sieben Jahren standen wir vor der größten nationalen Katastrophe unseres Volkes seit Jahrhunderten. Der Wahnwitz des totalen Krieges der nationalsozialistischen Gewalthaber führte zu einem totalen Zusammenbruch. Die bedingungslose Kapitulation raubte dem deutschen Volke alle Möglichkeiten der Entscheidung über sein inneres und äußeres Schicksal. Eine der schwerwiegendsten Folgen dieser Ereignisse war die völlige Umwälzung unserer inneren sozialen Ordnung. Sie brachte über viele Millionen Deutsche unsagbares Elend. Als Vertriebene, Ausgebombte, Kriegssachgeschädigte, Evakuierte, Kriegsopfer, Kriegshinterbliebene und Kriegsgefangene fiel auf sie durch den Verlust ihrer Existenz, ihrer Gesundheit, ihrer Wohnung, ihrer Arbeitsmöglichkeiten die volle Last einer Not, die die Geschichte dem ganzen deutschen Volke als Gesamtschicksal auferlegt hat. Seit den Maitagen 1945 mußte jedem verantwortungsbewußten Deutschen klar sein, daß die Neugestaltung unseres nationalen und staatlichen Lebens ohne eine umfassende, sozial gerechte Verteilung der Lasten des verlorenen Krieges auf alle Teile des deutschen

Volkes auf die Dauer scheitern muß. Das um so mehr, als jede demokratische Ordnung in unserer Zeit damit steht und fällt, daß sie ihren Bürgern nicht nur die Rechte der persönlichen und politischen Freiheit sichert, sondern ihnen auch ein Minimum von sozialer Sicherheit garantiert... Das Lastenausgleichsgesetz ist neben den großen außenpolitischen Entscheidungen, vor denen wir demnächst hier stehen werden, von zentraler Bedeutung für Geist und Inhalt unserer Demokratie. Es gehört zu den Grundgesetzen unseres neuen staatlichen Daseins. Das Grundgesetz, unsere Verfassung, ist unter Bedingungen zustande gekommen, unter denen seine demokratischen Bekenntnisse und Grundsätze nicht von vornherein als Ausdruck unseres eigenen Willens und unserer staatlichen Wirklichkeit empfunden werden konnten. Es war eine der entscheidenden Aufgaben dieses ersten Bundestages, diese Schwäche unserer Demokratie zu überwinden."

Der Abgeordnete Kunze (CDU) erwiderte: „Wir sind mit Ihnen der Meinung, daß ohne soziale Befriedung die Bereitschaft eines Volkes, um seine Existenz zu kämpfen und in die Verteidigung der freien Welt einzutreten, nicht erwartet werden kann. Wir sind aber ebenso der Überzeugung, daß wir auf dem Weg, den wir gegangen sind, genau den Dienst tun, der von uns gefordert wird, und daß Ihre Erklärung: „Wir stehen auf der Seite der Vertriebenen" eine Erklärung ist, die zum mindesten an die Grenze der Geschmacklosigkeit reicht. Denn wir haben gemeinsam in 15monatiger Arbeit bewiesen, daß es uns allen, Ihnen und uns, großer Ernst ist, das berechtigte Anliegen der Vertriebenen und der Kriegssachgeschädigten in den Grenzen des Möglichen zu erkennen und zu befriedigen... In der Erkenntnis, daß Eigentum verpflichtet, sind wir in der Belastung des Eigentums bis an die Grenzen des von uns Vertretbaren gegangen... Wenn Sie, Herr Kollege Ollenhauer, davon sprechen, daß es sich hier um eine der entscheidenden Grundlagen der Demokratie handelt, dann antworte ich: Ja. Diese Demokratie darf aber nicht dazu führen, den Eigentumsbegriff in einer untragbaren Weise zu nivellieren. Ich bin auch, das sage ich ganz offen, kein Freund davon, Millionen-Vermögen mit Millionen wiederherzustellen. Aber unbeschadet der Konzeption des § 269 kann man doch nun wirklich nicht sagen, daß, wenn jemand von einem Vermögen von soundsoviel Millionen 2% bekommt, das ein kapitalistisches Unternehmen sei, das wir auf Kosten der sozialen Belange machen müßten, zumal Sie genau wissen, daß diese Dinge alle nach Dringlichkeitsstufen zum Zuge kommen. Wir haben mit Ihnen gemeinsam für die ersten Jahre die Eingliederung in der Form der Darlehen vorgesehen, um dann erst in den späteren Jahren Zug um Zug zu der Herstellung des Eigentums in den Grenzen des Möglichen und Notwendigen zu kommen."

Der Abg. Dr. Dr. Nöll von der Nahmer (FDP) begann mit grundsätzlichen Bemerkungen: „Schon einmal stand das Parlament unseres deutschen Volkes vor einer Lage, die der heutigen ähnlich ist – der Präsident des damaligen Reichstages sitzt ja noch unter uns –, als im Hochsommer 1925 von dem Deutschen Reichstag die Aufwertungsgesetzgebung beschlossen werden mußte. Während der schweren Ausschußverhandlungen habe ich manchmal nächtlicherweise die Protokolle gelesen. Auch die damaligen Kollegen, wenn ich so sagen darf, hatten oft die Sorge, ob die damaligen Probleme überhaupt lösbar seien. Oft scheinen gute, berühmte Männer, auch der Bürokratie, an der Aufgabe zu verzweifeln. Das Gesetz ist dann schließlich doch zustande gekommen. Aber die gestellte Aufgabe ist damals leider nur sehr unvollkommen gelöst worden. Viele enttäuschte Sparer verloren den Glauben an die Demokratie und an die Weimarer Verfassung. Die Söhne dieser enteigneten Familien sind dann in die braunen Bataillone gegangen und haben mitgeholfen, den 30. Januar 1933 herbeizuführen. Ein gnädiges Geschick möge uns vor einer Wiederholung einer solchen Entwicklung bewahren! In dieser Stunde müssen wir ruhig und sachlich das Pro und das Kontra der Vorlage prüfen, so wie sie jetzt für die Dritte Lesung vorliegt und voraussichtlich Gesetz werden wird. Es ist leicht, draußen unsere Arbeit zu kritisieren. Es ist leicht, scheinbar selbstverständliche Forderungen zu erheben, die leider anderen, die zustimmen müssen, nicht selbstverständlich sind. Ich gebe Herrn Kollegen Kriedemann recht: es ist schon ein Unterschied, ob man ein solches Problem in der Stille der Studierstube löst oder hier steht und sich im Vordergrund aller Erwägungen immer die Frage erhebt: Wie bekomme ich eine Mehrheit, welche Ideen haben Aussicht, daß andere mitziehen? Das ist die Schwierigkeit, die auch von

24. 1. 1947	Annahme eines Entwurfes zu einem Flüchtlingsgesetz durch die US-Militärregierung in der US-Zone.
April 1947	Bildung des *Hauptausschusses* für Vertriebene in Lippstadt.
24./25. 7. 1947	Bad Segeberger Beschlüsse (Grundsätze für einen Verteilungsschlüssel; Bildung einer Arbeitsgemeinschaft; Asylrecht bei politisch bedingter Flucht).
11. 8. 1947	Bildung der Arbeitsgemeinschaft der deutschen Flüchtlingsverwaltungen in der Bizone.
18. 4. 1948	„Homburger Plan" zur Regelung der „Soforthilfe".
14. 12. 1948	Der Wirtschaftsrat legt den Entwurf des „Ersten Lastenausgleichgesetzes" vor.
April 1949	Anteil der Vertriebenen und Zuwanderer an der Bevölkerung: 16%; davon sind 40% Erwerbslose.
6. 4. 1949	Einrichtung eines vorläufigen *Hauptausgleichsamtes.*
23. 5. 1949	Vorlage des „Gesetzes zur Milderung dringender sozialer Notstände" *(„Soforthilfegesetz").* – Annahme nach zwei Monaten am 8. 8. 1949.
23. 5. 1949	Wichtige Regelungen im Grundgesetz: Art. 74 Z. 6 (Gegenstände konkurrierender Gesetzgebung: die Angelegenheiten der Flüchtlinge und Vertriebenen); Art. 116 (Begriff „Deutscher"; Wiedereinbürgerung); Art. 119 (Flüchtlinge und Vertriebene); Art. 120 (Besatzungskosten und Kriegsfolgelasten); Art. 120a (Durchführung des Lastenausgleichs).

unseren Mitbürgern draußen gesehen werden muß ... In meiner Fraktion sind viele Kollegen in Sorge, ob dieses Gesetz durchzuführen und ob es volkswirtschaftlich und vom Standpunkt der Geschädigten aus einigermaßen vertretbar ist. Die Einwendungen gegen das Gesetz – um damit anzufangen – liegen auf der Hand. Zunächst die lange Laufzeit von 30 Jahren ... Ein weiterer großer Einwand ist die Unzulänglichkeit der Entschädigungsleistungen, die wir ja hier oft diskutiert haben und die uns besonders kraß beim Hausrat entgegentritt, also gerade der Entschädigung, die für die Masse der Betroffenen die entscheidende ist. In einer großen Anzahl von Punkten fühlt sich das dem Menschen angeborene Rechtsgefühl verletzt. Wie soll man es draußen verteidigen, wenn der Hauseigentümer seine Hypothekenschuld nicht mit seinen Geldverlusten bei der Währungsreform kompensieren kann, während umgekehrt bei der Kreditgewinnabgabe diese Saldierungsmöglichkeiten in großem Umfang gewährt werden? ... Der Mann draußen, der vielleicht ein Vielfaches des geretteten Vermögens im Bombenhagel oder als Ostflüchtling verloren hat, versteht es nicht recht, wenn er nun von dem Rest seines Vermögens noch eine Abgabe leisten muß und nur in bescheidenem Umfang Abgabeerleichterungen bekommt, die aber nachher wieder auf seine Entschädigung angerechnet werden ... Aber neben diesen negativen Punkten, die klar herausgestellt werden müssen, stehen doch unzweifelhaft positive. Denjenigen, die abgeben müssen, kann man klar und deutlich nachweisen, daß gegenüber der Abgabenregelung im Soforthilfegesetz eine gerechtere Bemessung der Abgaben erfolgt ist, insbesondere dadurch, daß der Schuldenabzug zugelassen wird. Als zweiter Pluspunkt ist zu erwähnen, was schon Herr Kollege Atzenroth angedeutet hat: jetzt kommt wenigstens eine Heranziehung der Währungsgewinne! Die Tatsache, daß bei der Währungsreform 1948 große Gewinne gemacht worden sind, belastet das Rechtsgefühl jedes einzelnen von uns. Hier wird nun, wenn auch in einem durch die volkswirtschaftlichen Notwendigkeiten eingeschränkten Umfang, zugegriffen."

Die Beratungen wurden schließlich in der 213. Sitzung des Deutschen Bundestages am 16. Mai 1952 abgeschlossen. Auch daraus zwei Stellungnahmen.

Abg. Schoettle (SPD): „Wir haben uns in monatelanger Arbeit und zuletzt mit unseren Änderungsanträgen in der Zweiten und Dritten Lesung um eine befriedigende Gestaltung dieses Gesetzentwurfs bemüht. Wir haben nur eine Verbesserung des Aufkommens um 200 Millionen erreichen können. Mit dieser Verbesserung des Gesetzes sind allerdings andere Bedenken der SPD-Fraktion keineswegs ausgeräumt. Noch immer sieht das Gesetz eine direkte und indirekte Belastung der öffentlichen Haushalte und der Gesamtheit der Steuerzahler vor, deren Ausmaß die Erfüllung anderer sozialer Aufgaben ernstlich gefährdet. Noch immer befinden sich im Gesetz bestimmte Punkte, die Abgabepflichtige über die wirtschaftliche Notwendigkeit hinaus entlasten, wodurch das Aufkommen wesentlich beeinträchtigt wird. Noch immer sind die Bestimmungen betreffend die Schadensfeststellung und die Hauptentschädigung so gefaßt, daß sie die große Mehrheit der Geschädigten, vor allem ihre Eingliederung, zugunsten einer verschwindenden Minderheit benachteiligen... Auch die sozialdemokratische Fraktion ist bereit, jeder Lösung zuzustimmen, die für die Geschädigten und für die Steuerzahler und für diejenigen, die sonst auf Leistungen der öffentlichen Hand angewiesen sind, vertreten werden kann. Sie wird den Kampf für einen solchen echten Lastenausgleich mit dem heutigen Tage nicht als beendet ansehen, sondern ihn mit aller Kraft weiterführen."

Abg. Kunze (CDU) dazu: „Im übrigen habe ich namens der Fraktionen der Regierungsparteien folgende Erklärung abzugeben: Mit der Verabschiedung des Gesetzes für den Lastenausgleich hat der Deutsche Bundestag eine Entscheidung gefällt, deren Bedeutung sowohl innenpolitisch als auch außenpolitisch von größter Tragweite ist. In den nunmehr abgeschlossenen siebentägigen Beratungen ist das Ergebnis fünfzehnmonatiger Ausschußarbeit noch einmal eingehend diskutiert worden. Es scheint uns ein echter Beweis für eine gute Demokratie zu sein, daß alle Fraktionen sich bemüht haben, im Bewußtsein der Verantwortung, die das Parlament trägt, sachlich die Auseinandersetzung zu den entscheidenden Grundsatzfragen in denen verschiedene Auffassungen bestehen, zu Ende zu führen. Die Haltung der Abgeordneten aller Fraktionen, die als Mitglieder des Ausschusses für den Lastenausgleich in vertrauensvoller Zusammenarbeit und respektvoller Auffassung der Ansicht des anderen ihre Beratungen geführt haben, hat auch der deutschen Öffentlichkeit gezeigt, daß der Deutsche Bundestag sich bemüht hat, nach echten demokratischen Grundsätzen zu arbeiten. Unbeschadet gegensätzlicher Auffassung in einer Reihe wichtiger Punkte dieses Gesetzes ist die Übereinstimmung in der Mehrzahl aller Abstimmungen erzielt worden. Über den zeitlichen Vorrang der sozialen Frage und die dringliche Notwendigkeit einer entsprechenden Lösung gibt es in diesem Hause unter den Fraktionen keinerlei Meinungsverschiedenheiten."

Probleme heimatvertriebener Landwirte

Besondere Eingliederungsschwierigkeiten gab es für Menschen, die ihren Arbeitsplatz in der Land- und Forstwirtschaft hatten. Die Vertriebenen aus Ost- und Südost-Europa waren zu einem viel höheren Prozentsatz im landwirtschaftlichen Bereich tätig gewesen als die Bevölkerung im alten Reichsgebiet, insbesondere in den westlichen Besatzungszonen. Verständlicherweise hatten viele ehemals selbständige Landwirte den Wunsch, bald wieder auf eigenem Grund und Boden tätig zu sein.

Die landwirtschaftliche Nutzfläche im heutigen Bundesgebiet war zu gering, und die Zahl der Betriebe, die groß genug waren, durch eine Landreform Möglichkeiten für vertriebene und geflüchtete Landwirte zu schaffen, reichte nicht aus. Außerdem gab es durch die besondere landschaftliche Struktur innerhalb der westlichen Besatzungszonen bereits eine Menge kleinerer Betriebe, die eigentlich nur als Nebenerwerbsbetriebe gelten konnten. Man mußte also darauf hinwirken, entweder für diese vertriebenen und geflüchteten Landwirte andere berufliche Möglichkeiten zu finden oder durch Nebenerwerbsstellen wenigstens eine Verbindung zum alten Beruf zu erhalten, quasi als Sprungbrett für eine spätere volle landwirtschaftliche Tätigkeit.

Hinzu kam, daß die sich bildende Europäische Wirtschaftsgemeinschaft den gemeinsamen Agrarmarkt als erstes Ziel hatte. Da der landwirtschaftliche Anteil in den anderen EG-Ländern viel größer war als in der Bundesrepublik Deutschland, wurde für langfristig Denkende schon damals sichtbar, welche zusätzlichen Probleme für eine Wiedereingliederung von Landwirten entstanden. Die Chance, eine Vollerwerbsstelle zu erhalten, wurde immer geringer, und demzufolge trat die berufliche Eingliederung ehemaliger Landwirte in andere wirtschaftliche Bereiche stärker in den Vordergrund.

In der Zeit, als noch manche Hoffnung gehegt wurde, morgen oder übermorgen wieder in die alte Heimat zurückkehren zu können und somit im Beruf zu bleiben, war es viel schwieriger, sich völlig umzustellen. Hinzu kam, daß ein großer Teil Vertriebener aus dem landwirtschaftlichen Bereich zunächst in der sowjetischen Besatzungszone ein Unterkommen gefunden

20.9.1949 (bis 1969)	Ministerium für Vertriebene, Flüchtlinge und Kriegsgeschädigte.
5.8.1950	Großkundgebung von 70 000 Menschen vor den Ruinen des Neuen Schlosses in Stuttgart: Verkündung der *Charta der Heimatvertriebenen.* Selbstverpflichtung zum bedingungslosen Verzicht auf Rache oder Anwendung von Gewalt zur Wiedergewinnung der Heimat.
22.8.1950	*Bundesnotaufnahmegesetz.* – Von 1945–1961: 2 687 000 Notaufnahmeanträge.
13.9.1950	Volkszählung: 7,88 Millionen Vertriebene im Bundesgebiet (= 16,5% der Gesamtbevölkerung). – Der überwiegende Teil der gesamten Bevölkerungszunahme (67%) entfällt auf die Vertriebenen und Zugewanderten.
18.2.1951	Kundgebung von rund 50 000 Vertriebenen auf dem Bonner Marktplatz.
2.5.1951	Zweite Massenkundgebung der Vertriebenen in Bonn.
1952	Einrichtung der Bundesnotaufnahmestelle in Berlin.
28.2.1952	Beginn der Londoner Schuldenkonferenz.
20.3.1952	Verabschiedung des *Feststellungsgesetzes* („Gesetz über die Feststellung von Vertreibungs- und Kriegsschäden"), das am 24.4. 1952 in Kraft tritt. – Innerhalb von 18 Jahren werden 7,1 Millionen Feststellungsanträge bearbeitet; davon sind 1970 noch 4% zu erledigen.

Unmittelbar vor dem Mauerbau (1961) meldeten sich wöchentlich Tausende von Menschen im West-Berliner Flüchtlings-Notaufnahmelager Marienfelde an, die entweder in der Bundesrepublik oder in West-Berlin eine neue Heimat fanden. Rechts der Regierende Bürgermeister Willy Brandt.

hatte, dann aber durch die dortige Entwicklung in die Bundesrepublik Deutschland geflohen war.

Es gab zwar immer wieder die Möglichkeit, auslaufende Betriebe zu übernehmen. Je stärker aber die Europäische Gemeinschaft zusammenwuchs, um so notwendiger wurde es, auch die mittleren und kleineren

Betriebe wettbewerbsfähig zu halten; d. h. der Drang, ihre Hektarzahl zu vergrößern, verminderte gleichzeitig das Angebot für vertriebene und geflüchtete Landwirte. Dies wiederum bedeutete, daß sich schon sehr bald die meisten Inhaber von Nebenerwerbsstellen darauf einrichten mußten, auf Dauer in einem anderen Beruf zu bleiben. Die politische Überzeugungsarbeit, die hier geleistet werden mußte, war nicht leicht.

Auftrieb für die Wirtschaft

Interessant ist in diesem Zusammenhang die Feststellung, daß fast alle, die nach 1945 im gewerblichen Bereich Fuß zu fassen versuchten, schneller vorankamen. Ganze Industriezweige waren in das heutige Bundesgebiet gekommen, manchmal sogar als geschlossene Siedlung. Typisches Beispiel dafür ist Neugablonz bei Kempten, wo sich böhmische Glasindustrie ansiedelte, die sehr bald ihre weltweiten Verbindungen wieder aufnehmen konnte und entsprechend leistungsfähig produzierte. Das galt auch für viele andere Bereiche, z. B. Textilwirtschaft, Strumpfindustrie, Wirkwarenmaschinenen – hier übrigens in erster Linie aus Sachsen, die sich z. T. durch geschlossene Übersiedlung der Betriebsangehörigen Chancen eröffneten. Nach Anlaufschwierigkeiten gelang es, mit neuen Maschinen sogar einen gewissen Wettbewerbsvorteil gegenüber manchen Einheimischen zu erzielen und durch Auffrischung alter Verbindungen wieder ins Exportgeschäft einzusteigen. Das bedeutete natürlich auch, daß diese neue Konkurrenz Neidkomplexe weckte.

14.–16. 5. 1952	Dritte Beratung und *Verabschiedung des Lastenausgleichsgesetzes* (insbes. für die Gründung von Existenzen, Schaffung von Arbeitsplätzen und beschleunigte Umsiedlung und Unterbringung). – Bis 1975 wird das Gesetz 23mal novelliert.
1953	Einsetzen der Massenflucht aus der DDR. 24% aller Geflüchteten sind 18–24 Jahre alt.
20. 2. 1953	Verkündung eines Sonderprogramms der Bundesregierung für den Wohnungsbau zugunsten der Zonenflüchtlinge.
19. 5. 1953	Bundesvertriebenengesetz.
23. 7. 1953	Deutsch-sowjetische Verhandlungen über die Repatriierung der in der UdSSR zurückgebliebenen Deutschen.
1. 7. 1957	Anteile der Vertriebenen an der westdeutschen Gesamtbevölkerung: 17,9% (Schleswig-Holstein 28,2%; Niedersachsen 25,6%; Bayern 19,1%). Schlesier 2 053 000, Vertriebene aus der Tschechoslowakei 1 912 000, Ostpreußen 1 347 000.

Unterschiedliche Behandlung von Heimatvertriebenen und DDR-Flüchtlingen

Die Frage, ob und inwieweit Flüchtlinge aus der sowjetischen Besatzungszone in die Lastenausgleichsgesetzgebung einbezogen werden konnten oder mußten, spielte schon zu Beginn der Beratungen, für Heimatvertriebene und Kriegsachgeschädigte einen Schadensausgleich zu finden, eine Rolle. Zunächst ging man aber davon aus, daß eine Wiedervereinigung nicht in so weiter Ferne läge, als daß man dieses Problem vorrangig anpacken müsse. Die meisten Heimatvertriebenen konnten nicht selbst entscheiden, sie hatten ihre Heimat verlassen müssen. Die Sowjetzonenflüchtlinge hingegen waren aus eigenem, politisch begründetem Entschluß in die heutige Bundesrepublik Deutschland gekommen.

Obwohl diese Unterscheidung von vornherein mit dem Makel belastet war, daß fast gleiches Schicksal ungleich bewertet wurde, dauerte es bis in die 60er Jahre, auch diese Tatbestände in die Gesetzgebung einzubeziehen. Dazu trug bei, daß ein in Kriegszeiten mit Trecks aus den Ostgebieten oder Südosteuropa in die sowjetisch besetzte Zone geflüchteter Vertriebener oder Zugewanderter, wenn er später den Weg weiter nach Westen nahm

Vereidigung von Vertriebenenminister Wolfgang Mischnick (FDP) 1961 im Deutschen Bundestag.

und in die Bundesrepublik Deutschland kam, als ursprünglich Heimatvertriebener auch Ausgleichsansprüche hatte, während sein aus der sowjetischen Besatzungszone stammender Schicksalgefährte, der dort auch sein Hab und Gut hatte zurücklassen müssen, anders behandelt wurde.

Nachdem die wichtigsten Entscheidungen in der Lastenausgleichsgesetzgebung gefallen waren, wurde es immer dringender, auch für die Flüchtlinge aus der sowjetischen Besatzungszone wenigstens Teillösungen zu finden. Das geschah durch Einbeziehung in die Hausratshilfe, durch Soforthilfemaßnahmen. Eine Schadensfeststellung aber, um daraus einen Ausgleichsanspruch ableiten zu können, war lange Zeit politisch nicht durchsetzbar. Es war ein mühseliges Geschäft, Mehrheiten für diese Überlegungen im Parlament zustande zu bringen, weil auf der einen Seite ein Teil maßgeblicher Vertreter der Vertriebenenverbände die Sorge hatte, es könnte zu Lasten ihrer Schicksalsgefährten gehen; zum anderen, weil viele darin die politische Abschreibung der Wiedervereinigung erblickten.

Heute, 40 Jahre nach Bildung des Ersten Deutschen Bundestages, sieht dies natürlich ganz anders aus. Aber bis zum Juni-Aufstand 1953 und dann später bis zum Mauerbau 1961 bestand noch die Hoffnung, in überschaubarer Zeit eine Wiedervereinigung zu erreichen, wenn auch wachsende Skepsis nicht zu verhehlen war. Als dann jedoch immer deutlicher wurde, daß man auf eine kurzfristige Lösung nicht hoffen könne, setzte sich mehr und mehr die Überzeugung durch, auch die Flüchtlinge aus der sowjetischen Besatzungszone bzw. der Deutschen Demokratischen Republik mit in die Lastenausgleichsgesetzgebung einzubeziehen.

Erste Erfolge

In der Zeit der absoluten Mehrheit der Unionsparteien von 1957 bis 1961 wurden deshalb durch Anfragen, Anträge und Diskussionen diese Probleme immer wieder sichtbar gemacht, aber ein entscheidender Durchbruch konnte nicht erzielt werden. Als 1961 wieder eine CDU/CSU/FDP-Regierung gebildet wurde und ich das Ministerium für Vertriebene, Flüchtlinge und Kriegsgeschädigte übernahm, habe ich zunächst einmal die Erarbeitung eines Beweissicherungs- und Feststellungsgesetzes in Auftrag gegeben. Hierfür waren die Arbeiten teils einfacher, teils schwieriger. Einfacher war es oft, Unterlagen aus dem Bereich der DDR zu beschaffen oder zu rekonstruieren. Schwieriger war die sehr unterschiedliche Rechtslage gleicher Verluste, denn in manchen Fällen war eine Enteignung vollzogen, in anderen Fällen war die Enteignung nicht vollzogen, aber das Eigentum stand unter staatlicher Verwaltung; oder es gab Verwandte, die dieses Eigentum formal noch besaßen. Jedenfalls mußten sehr viel mehr unterschiedliche Tatbestände berücksichtigt werden als beim größten Teil der anderen Anspruchsberechtigten.

Ende der 4. Legislaturperiode (1961–1965) wurde dieses Gesetz verabschiedet und einige Zeit später auch der Lastenausgleich für anerkannte Sowjetzonenflüchtlinge verwirklicht. Natürlich mußte man bedenken, daß nach einer Wiedervereinigung möglicherweise die ursprünglichen Besitzer ihr Eigentum zurückerhalten könnten. Vom heutigen Standpunkt aus waren das sicher sehr theoretische Überlegungen, weil man sich eine solche Entwicklung in überschaubarer Zeit kaum vorstellen kann. Bei der Ausgangsberatung mußten solche Perspektiven jedoch miteinbezogen werden.

Die Debatten über diese Fragen waren oft von sehr grundsätzlichen politischen Gesichtspunkten überlagert, weil eine solche Gesetzgebung zu der Deutung führen konnte, man hätte sich mit der endgültigen Teilung abgefunden. Auf der anderen Seite mußte man berücksichtigen, daß eine Lastenausgleichsgesetzgebung, sei sie auch im Verhältnis zu dem verlorenen Eigentum noch so gering, als Fluchtanreiz wirken könnte. Insoweit ist dem durch den Mauerbau, durch die scharfe Abgrenzung natürlich ein Riegel vorgeschoben worden. Ich war und bin der Überzeugung, daß gewisse materielle Erwartungen niemals Anlaß sein können und konnten, Heimat, Verwandtschaft, Freunde und berufliche Möglichkeiten aufzugeben, sondern daß ganz andere Gesichtspunkte, nämlich die mangelnde Freizügigkeit, die ständige staatliche Beaufsichtigung, der politische Druck eine solche Entscheidung beeinflussen.

Es hat sich bald herausgestellt, daß bei der Schadensfeststellung für Sowjetzonenflüchtlinge die Probleme auch nicht viel geringer waren als bei den Heimatvertriebenen, weil die Beschaffung von Unterlagen auf sehr viele Schwierigkeiten stieß. Auch hier mußten die Heimat-Auskunftstellen insbesondere durch Zeugenaussagen vieles ergänzen. Nicht verkannt werden soll, daß Flüchtende in den Jahren bis 1961 eher in der Lage waren, auch Grundbuchauszüge, geschlossene Verträge u. a. sicherzustellen, als es in den Kriegswirren oder bei der Vertreibung aus Ost- und Südosteuropa-Gebieten der Fall war.

In diesem Zusammenhang ist auch die Gesetzgebung für politische Häftlinge erwähnenswert. So wie es für die Kriegsgefangenen ein Entschädigungsgesetz gibt, wurde auch für politische Häftlinge eine Entschädigungsleistung geregelt. Jeder war sich im klaren darüber, daß es hierbei nur um die Linderung einer Notlage gehen konnte und um einen kleinen materiellen Ausgleich für den erlittenen Schaden.

Die Bundestagsberatung 1965

175. Sitzung, Donnerstag, 25. März 1965, Abg. Eichelbaum (CDU/CSU): „Die Einmütigkeit der Fraktionen in bezug auf dieses Gesetz über die Beweissicherung und Feststellung von Vermögensschäden in der SBZ und im Sowjetsektor von Berlin war schon von Anfang so groß, daß die erste

Lesung ohne jegliche Erklärung und Diskussion angesetzt wurde, angeblich weil kein Dissens bestand und nichts kontrovers war...

Wenn man 12 Jahre an dieser Geschichte als Akteur beteiligt war, die ich früher einmal „dramatisch und leidvoll" genannt habe, dann kann man nicht ganz daran vorbeigehen, ohne die Vorgänge im einzelnen aufzurollen. Man sollte wenigstens zwei Momente und zwei Namen von Förderern aus diesem Hause nennen: den Abgeordneten Wolfgang Mischnick, der einen wenn auch nur skizzenhaften Entwurf übernahm und 1958 in den Bundestag brachte, und den Abgeordneten Ernst Benda, der zwei Jahre danach ein neues Schadensermittlungsgesetz formulierte, das sehr annehmbar erschien... Die Verhältnisse in Mitteldeutschland in der ganzen Nachkriegsentwicklung der Zone sind eben politisch, rechtlich und menschlich viel komplexer und differenzierter als der schreckliche, aber begrifflich einfachere Tatbestand der Vertreibung aus dem deutschen Osten. Es ist ferner zuzugeben, daß die Rücksicht auf die in Mitteldeutschland lebenden Deutschen, ihre Interessen und Rechtsansprüche und ihren Zustand der Behindertheit in der Wahrung und Verfolgung ihrer Rechte als ein sehr sorglich zu beachtendes Moment hineingenommen werden mußte bei der Findung und Fassung der vorliegenden Rechtsvorschriften... Zwei Fragen verdienen noch eine Erwähnung. Erstens. Es lebt nur ein Teil der Eigentümer und der Verlustträger „im Geltungsbereich dieses Gesetzes". Es war aber nicht möglich zu warten, bis ein gesamtdeutscher Geltungsbereich hergestellt ist, wiederhergestellt ist. Schadensfeststellung und Schadensbehandlung können nicht – darin sind wir uns alle einig – auf diesen Zeitpunkt verschoben werden. Das hieße, die Frage zu leicht sehen. Es ist wahr, daß die endgültige Regelung der Schäden, sei es durch Wiederherstellung des früheren Rechtszustandes, sei es durch Gewährung einer Entschädigung, dem künftigen gesamtdeutschen Gesetzgeber vorbehalten bleiben muß... Zweitens. Die Gewährung von Leistungen zu regeln, war naturgemäß nicht die Aufgabe dieses Gesetzes; das eben ein „Feststellungsgesetz" ist. Diese Regelung bleibt der weiteren Gesetzgebung vorbehalten. Das Plenum beschließt heute nicht über einen Entschädigungsanspruch. Die Fraktionen haben sich jedoch schon im Dezember 1963 im Ausschuß zu der These bekannt, daß „nach erfolgter Schadensfeststellung an Flüchtlinge Leistungen gewährt werden sollen". Das ist auch im Bericht enthalten. Ich betone persönlich, daß ich mich zu dieser These bekenne, übrigens auch bei der ersten Lesung des SPD-Gesetzentwurfes im März 1963 bekannt habe. Wir haben in den Ausschüssen solche Leistungen noch nicht konkretisiert und nicht spezifiziert. Wir haben ausdrücklich den Namen „Entschädigung" vermieden und mit Überlegung und Absicht auch das Wort „Ausgleichsleistungen" nicht gebraucht."

Dazu Frau Korspeter (SPD): „Schon seit einer Reihe von Jahren haben die Flüchtlinge aus Mitteldeutschland die berechtigte Forderung erhoben, daß auch für sie eine gesetzliche Regelung geschaffen werden solle, nach der sie ihre durch die Flucht aus der Zone zurückgelassenen Vermögensverluste amtlich feststellen lassen können. Meine Fraktion begrüßt es deshalb, daß nun endlich die Zeit gekommen ist, durch ein Beweissicherungs- und Feststellungsgesetz, wie es uns heute als Entwurf vorliegt, die Vermögensverluste in der Zone und im sowjetisch besetzten Sektor von Berlin feststellen und beweissichern zu lassen. Ich möchte eines hier mit aller Deutlichkeit zum Ausdruck bringen: Es zeugt von der staatspolitischen Haltung der Flüchtlinge, daß sie mit so viel Geduld auf die Erfüllung ihrer Forderungen gewartet haben. Das ist um so bemerkenswerter – auch das muß ich in aller Deutlichkeit sagen –, als die Bundesregierung auf die Forderungen der Flüchtlinge sehr oft eine ablehnende Haltung zeigte, und zwar aus Gründen, die unseres Erachtens einer Prüfung nicht standhalten und daher stets unberechtigt waren oder die, wollte man der Bundesregierung folgen, auch heute noch bestehen würden; denn es hat sich in unserer Haltung zur Zone nichts geändert... Hier würde es insbesondere die Aufgabe der Bundesregierung – durch das gesamtdeutsche Ministerium – sein, darauf zu achten, daß mit der Durchführung dieses Gesetzes in der Bundesrepublik kein Streit über die Unrechtsmaßnahmen in der Zone anhebt und unsere Gerichte etwa dazu aufgerufen würden, die Liquidierung des Privatunternehmertums in der Zone zu sanktionieren. Anlaß zu dieser besorgten Äußerung bekomme ich dadurch, daß der Gesetzentwurf einen Schaden als feststellbar nur dann anerkennt, wenn er im Zusammenhang mit den nach der Besetzung entstandenen politischen Verhältnissen eingetreten ist. Diese Abhängigkeit ist zwar folgerichtig – ich gebe das zu –, aber sie kann beim Nachweis der politischen Motive zu großen Schwierigkeiten für den Antragsteller führen, und wir, glaube ich, sind alle der Meinung: das soll, das muß vermieden werden."

Schließlich Abg. Schmidt (Kempten) (FDP): „... daß ich zunächst gleich einige Ausführungen der Frau Kollegin Korspeter richtigstelle. Zunächst einmal, Frau Korspeter, haben Sie darauf hingewiesen, daß Sie bereits im 3. Bundestag namens Ihrer Fraktion Initiativen entwickelt hätten. Nun, ich glaube, Herr Kollege Eichelbaum hat mir die Antwort beinahe schon vorweggenommen. Der erste, der auf diesem Gebiet Initiativen entwickelte, war mein Fraktionskollege Wolfgang Mischnick im 3. Deutschen Bundestag. Daß diese Initiativen dann damals leider so verwaschen wurden, daß es nicht zu einer Verabschiedung kam, liegt wohl nicht in der Schuld der Freien Demokraten, sondern in der Schuld derer, die damals noch nicht zu dieser Gemeinsamkeit bereit waren, die erfreulicherweise bei den Beratungen dieses Gesetzes nunmehr eingetreten ist. Ein Zweites möchte ich sagen. Derselbe Wolfgang Mischnick war es, dessen Handschrift, glaube ich, Sie alle in der Regierungserklärung 1961 zu diesen Fragen gespürt haben, und derselbe Wolfgang Mischnick war es auch, der als Bundesvertriebenenminister dieser Koalition die beiden ersten Schritte auf dem Weg eingeleitet hat... Wir waren vielmehr und sind heute noch der Meinung, daß durch verschiedene Schritte mit mehreren Gesetzen das gleiche Ziel, nämlich die soziale und rechtliche Gleichstellung, erreicht werden soll. Wir sind dieser Meinung nicht erst, seitdem ich das heute in der Liberal-Demokratischen Korrespondenz geschrieben habe, sondern seit der Ersten Lesung dieser beiden Gesetze, des Hilfsmaßnahmengesetzes und des Beweissicherungsgesetzes, im Bundestag. In beiden Beratungen habe ich persönlich für die Freien Demokraten erklärt: Wir glauben, daß es notwendig ist, ein eigenes Gesetzespaket für die Sowjetzonenflüchtlinge zu schaffen, weil zu viele Unterschiedlichkeiten in den Tatbeständen usw. vorhanden sind, so daß es nicht möglich ist, die Dinge zu regeln, einfach durch eine Angleichung an die Lastenausgleichsgesetzgebung... Wir Freien Demokraten sind uns bewußt, daß mit diesem heutigen Schritt die von uns seit langem geforderte soziale und rechtliche Gleichstellung der Sowjetzonenflüchtlinge mit den Heimatvertriebenen noch nicht erreicht worden ist. Die FDP-Fraktion kann jedoch – ich habe das eben verdeutlicht – heute mit Genugtuung feststellen, daß sie ihrem ureigenen, im 3. Bundestag leider nicht erreichten Ziel der Gleichstellung heute um ein gutes Stück nähergerückt ist und daß damit der Auftrag der Regierungserklärung erfüllt wird."

Schlußbemerkung

Heute ist die Gesetzgebung praktisch abgeschlossen. Natürlich gibt es immer wieder Wünsche, die Entschädigungsleistung aufzustocken. Aber das ist bei diesem 130 Milliarden DM-Projekt einfach nicht möglich, zumal ja damit zu rechnen ist, daß wir durch die erfreulich gestiegene Zahl von Aussiedlern, insbesondere aus der Sowjetunion, aber auch aus Polen und Rumänien, noch über einen langen Zeitraum neue Anspruchsberechtigte befriedigen zu müssen.

Es gibt eine ausführliche Dokumentation („Die Lastenausgleichsgesetze. Dokumente zur Entwicklung des Gedankens, der Gesetzgebung und der

20. 9. 1957	Verabschiedung des Allgemeinen Kriegsfolgegesetzes.
2. 3. 1959	Höchster Zustrom von DDR-Flüchtlingen an einem Tag: 6000.
31. 12. 1959	1346 Durchgangslager mit 198 903 DDR-Flüchtlingen und Aussiedlern; 1187 Wohnlager.
Frühjahr 1960	Bund und Länder beschließen ein mit 270 Millionen DM dotiertes Programm zur Beseitigung von Wohnlagern.
13. 8. 1961	Mauerbau. 2,7 Millionen Flüchtlinge aus der DDR vor dem Bau der Mauer.
1969–1975	Erst mit der 21. und 23. Novelle zum Lastenausgleichsgesetz erfolgt die rechtliche Gleichstellung der Sowjetzonenflüchtlingen mit den Vertriebenen.
Bis 1989	Umverteilung von über 130 Milliarden DM.

Durchführung", Hrsg.: Bundesregierung) all dessen, was an Gesetzgebungsarbeit geleistet worden ist: ein Zeugnis ungeheurer Fleißarbeit, ein Beweis des politischen Willens, die Folgen dieses Krieges zu mindern, aber auch gleichzeitig ein Anschauungsunterricht dafür, daß man alles tun muß, damit es nie wieder zu einer solchen Katastrophe kommt.

Den Mitarbeitern an dieser, mehrere tausend Seiten zählenden Dokumentation ist genauso zu danken wie den vielen Beamten und Angestellten der Flüchtlings- und Ausgleichsverwaltungen. Stellvertretend sei ein Mann der ersten Stunde genannt, der spätere Staatssekretär Peter Paul Nahm. Nicht vergessen seien auch die unzähligen ehrenamtlichen Mitarbeiter der Vertriebenen-, Flüchtlings-, Fliegergeschädigten- und Kriegsfolgenverbände, die durch ihre selbstlose Mitarbeit Millionen Menschen geholfen haben.

Wenn man heute versucht, dies alles zu bewerten, dann ist die gesamte Lastenausgleichsgesetzgebung, einschließlich der für die Sowjetzonenflüchtlinge, eine der größten politischen Leistungen der Bundesrepublik Deutschland. Bisher sind über 130 Milliarden D-Mark umverteilt worden. Dies ist aus Vermögensabgaben, also geretteten Vermögen, aus Teilen der Vermögenssteuer und aus allgemeinen Steuermitteln finanziert worden. Damit ist der Bundesrepublik Deutschland etwas gelungen, was manche Auguren für unmöglich hielten, nämlich für nahezu 15 Millionen Menschen, die aus ihrer Heimat vertrieben oder geflüchtet waren, in der neuen Heimat Wohnraum, Existenz, aber auch soziale Versorgung zu schaffen.

Viele glaubten, daß dies zu einer Explosion führen müsse, weil damit ein kaum zu bewältigender Konfliktherd geschaffen sei. Es gab sogar Meinungen, daß damit eine Art Selbstbeschäftigung der Deutschen erreicht werden sollte, um bei einem eventuellen Versagen die Bundesrepublik Deutschland um so länger und intensiver als besetztes Land zu behandeln. Die Lösung dieser Probleme ist nicht nur eine große materielle, sondern auch eine psychologische Leistung. Und es ist mit die Voraussetzung dafür gewesen, daß die Bundesrepublik Deutschland einen solch rasanten wirtschaftlichen Aufstieg nehmen konnte. Denn gerade die Millionen Menschen, die praktisch mit nichts oder nur dem Notwendigsten auf dem Leib und im Rucksack, manchmal auch mit dem Handwagen in der Bundesrepublik ankamen, mußten durch um so intensivere geistige wie körperliche Anstrengungen sich das Überleben sichern. Darauf ist ein Teil unseres „Wirtschaftswunders" der 50er Jahre, das von aller Welt bestaunt wird, zurückzuführen.

Alle, die heute unser wirtschaftliches System, unsere soziale Sicherung, unseren freiheitlichen Rechtsstaat loben, dürfen nicht übersehen, daß Vertriebene und Flüchtlinge und die Gesetzgebung für sie einen wesentlichen Anteil daran haben. Diejenigen, die unseren freiheitlichen Rechtsstaat – den freiheitlichsten Staat, den wir Deutschen je hatten und der unter den Staaten der Welt als vorbildlich anerkannt ist – mit kritischer Distanz betrachten, sollten bei aller berechtigter Kritik an Einzelfragen nie übersehen, daß die Konflikte nur dann überwunden werden können, wenn die Grundlagen unseres Staates nicht in Frage gestellt werden. Für uns ist es selbstverständlich, unsere Freiheit zu nutzen und sie für andere, die sie nicht haben, einzuklagen. Es sollte auch selbstverständlich sein, sich täglich bewußt zu werden, daß man sich diese Freiheit immer wieder erkämpfen muß und daß sie nie eine zügellose, schrankenlose, egoistische Welt hervorbringen darf, daß sie nur dann bestehen wird, wenn die eigene Freiheit genauso geachtet wird wie die Freiheit des Mitmenschen. Dies ist auch eine Voraussetzung für die Erhaltung unserer Demokratie, die viel stabiler ist, als von vielen Seiten angenommen. Eine positive Grundhaltung hilft bei der Bewältigung neuer Aufgaben – nicht nur gestern, sondern auch heute und morgen.

Rita Süssmuth

Gleichberechtigung der Frau im Parlament

Der Kampf um die Gleichberechtigung der Frau, der in der französischen Revolution von 1789 begann, Deutschland Mitte des 19. Jahrhundert erreichte, einte so verschiedene Persönlichkeiten wie Louise Otto-Peters, die die erste Frauenzeitung Deutschlands herausgab, Helene Lange, Gertrud Bäumer, Maria Juchacz, Clara Zetkin oder Rosa Luxemburg. Die Frauenbewegung war bis 1919 eine außerparlamentarische Bewegung, die in den unterschiedlichen organisatorischen Zusammenschlüssen, wie z. B. in Frauenbildungsvereinen, in den Frauenstimmrechtsvereinen, im Bund Deutscher Frauenvereine, die Situation der Frau in der Bildung, im Arbeitsleben, im bürgerlichen Recht, in der Politik verbessern wollte.

Es ist siebzig Jahre her, daß Frauen zum ersten Mal in Deutschland wählen gehen konnten. Und sie machten von ihrem neuen Recht rege Gebrauch, 82,3% von 17,7 Millionen Frauen. Aber Frauen wurden auch gewählt. 310 hatten kandidiert, 41 wurden gewählt. Sie stellten 9,6% der insgesamt 423 Abgeordneten. Diese „Quote" hatte Bestand bis 1987; erst seitdem sitzen im Deutschen Bundestag wesentlich mehr Frauen als in der ersten Nationalversammlung. Einige der Frauen, die damals gewählt wurden: Gertrud Bäumer, die 1920 erste Ministerialrätin Deutschlands im Reichsinnenministerium wurde; Clara Zetkin, die dem Reichstag bis zum Ende der Weimarer Republik angehörte; Maria Juchacz, die als erste Frau im Reichstag redete; Louise Schroeder, nach dem Zweiten Weltkrieg Oberbürgermeisterin von Berlin; Marie-Elisabeth Lüders, die Mitglied des Deutschen Bundestags wurde.

Mit der Wahl 1919 wurde die Frauenbewegung auch zu einer „parlamentarischen Bewegung", obwohl die Frauen natürlich in erster Linie Mitglieder der jeweiligen Fraktionen waren. Die Parlamentarierinnen befaßten sich überwiegend mit sozial- und bildungspolitischen Fragen und erreichten Verbesserungen auf den Gebieten des Mutterschutzes, der Jugendwohlfahrt und der rechtlichen Stellung unehelicher Mütter und Kinder.

1918 erhielten Frauen das aktive und passive Wahlrecht, 1949 wurde die Gleichberechtigung zwischen Mann und Frau Bestandteil der Verfassung. Zwei grundlegende Entscheidungen zugunsten der Frauen wurden getroffen, nachdem die „Politik der Männer" das Land in schier aussichtslose Situationen gebracht hatte. Das ist kein Zufall.

I. Das Grundgesetz

Die Weimarer Verfassung hatte formuliert: „Männer und Frauen haben grundsätzlich dieselben Rechte und Pflichten" (Art. 109 Abs. 2).

Unter den 65 Mitgliedern des Parlamentarischen Rates, der 1948 daran ging, das Grundgesetz zu erarbeiten, waren vier Frauen: Helene Weber (CDU), Elisabeth Selbert (SPD), Helene Wessel (Zentrum) und Friederike Nadig (SPD). In den Beratungen um das Grundgesetz und die Verankerung der Gleichberechtigung knüpften die Mitglieder des Parlamentarischen Ra-

Vier Frauen waren im Parlamentarischen Rat (1948–1949) vertreten. Von links: Helene Wessel (Zentrum, GVP, SPD), Helene Weber (Zentrum, CDU), Friederike Nadig (SPD) und Elisabeth Selbert (SPD).

tes an die Weimarer Verfassung an. 1919 war die staatsbürgerliche Gleichstellung erreicht worden, 1949 sollte die rechtliche Gleichstellung erreicht werden.

Elisabeth Selbert, von der der Vorschlag „Männer und Frauen sind gleichberechtigt" stammte, machte deutlich, worum es ging: „Es ist eine Selbstverständlichkeit, daß man heute weitergehen muß als in Weimar und daß man den Frauen die Gleichberechtigung auf allen Gebieten geben muß. Die Frau ist nicht nur in staatsbürgerlichen Dingen gleichstehend, sondern sie muß auf allen Rechtsgebieten dem Manne gleichgestellt werden. Die Frau, die während der Kriegsjahre auf den Trümmern gestanden und den Mann an der Arbeitsstelle ersetzt hat, hat heute einen moralischen Anspruch darauf, so wie der Mann bewertet zu werden" (3. 12. 1948).

Bereits im Parlamentarischen Rat zeichnete sich ab, was später als „Große Koalition der Frauen" bezeichnet wurde. Noch als die Parteien unversöhnlich – so schien es – einander gegenüberstanden, machte die

CDU-Abgeordnete Helene Weber einen Vorschlag, der sich in Richtung der Abgeordneten Selbert bewegte. Sie nannte diesen Formulierungsvorschlag: „Männer und Frauen stehen bei der Wahl und Ausübung des Berufs gleich. Verrichten sie gleiche Arbeit, so haben sie Anspruch auf gleiche Entlohnung."

Die CDU übernahm diese Position ihrer Abgeordneten Weber und verdichtete sie zu der Formulierung: „Männer und Frauen haben die gleichen Rechte und Pflichten." Aber zuvor hatte es nach der ersten Lesung, in der der Selbertsche Vorschlag abgelehnt worden war, heftige Proteste gegeben. Frauenorganisationen und weibliche Abgeordnete aller Landtage riefen zu Protestaktionen auf. Unter dem Druck der öffentlichen Meinung gaben CDU/CSU und die anderen Parteien ihren Widerstand auf. Elisabeth Selbert beschrieb in der zweiten Lesung des Grundgesetzes die Gründe, um die es bei der Gleichberechtigung gehen sollte: „Es ist ein grundlegender Irrtum, bei der Gleichberechtigung von der Gleichheit auszugehen. Die Gleichberechtigung baut auf der Gleichwertigkeit auf, die die Andersartigkeit anerkennt. Mann und Frau sind nicht gleich. Ihre Besorgnis, daß die Gleichstellung der Frau Gleichmacherei sei, ist daher gleichfalls unbegründet. Unsere Forderung auf diese Art Gleichberechtigung entspringt auch nicht den familienrechtlichen Tendenzen ... Nur in einer Synthese männlicher und weiblicher Eigenart sehe ich einen Fortschritt im Politischen, im Staatspolitischen, im Menschlichen überhaupt.

Wenn wir unter Anerkennung der Gleichwertigkeit der Frau zu dem weiteren der Gleichberechtigung kommen, dann sollen eben alte Gesetze und Bestimmungen, die diesem Grundsatz der Gleichwertigkeit und

1789	Mit der Französischen Revolution beginnt auch der Kampf um die Gleichberechtigung.
1810	Frauen erhalten Gewerbefreiheit.
1844	Anfänge der *Frauenbewegung* in Deutschland mit der Schrift von Louise Otto „Die Teilnahme der Frauen an den Interessen des Staates ist Pflicht".
1848	Märzrevolution. Zum ersten Mal in Deutschland melden sich Frauen politisch zu Wort.
1860–1900	Gründung zahlreicher Frauenvereine, die sich für verbesserte Mädchenbildung, Berufsbildung und Berufsausbildung von Frauen und für Arbeiterinnen einsetzen.
1891	Die SPD stellt als erste Partei die Forderung nach politischer Gleichberechtigung der Frau.
1891	Die Universität Heidelberg läßt Gasthörerinnen zu.
1894	Gründung des „Bundes Deutscher Frauenvereine" (BDF). Öffentliche Frauenversammlung in Berlin, auf der das Frauenwahlrecht verlangt wird.
1896	Erste Abiturientinnen.

Gleichberechtigung entgegenstehen, geändert und dem Grundsatz eingeordnet werden" (18. 6. 1949).

Elisabeth Selbert bietet hier eine erstaunlich moderne und differenzierte Interpretation der Gleichberechtigung. Nicht etwa „so wie der Mann", sondern ein Einbringen der weiblichen Werte sei der Weg, der zur Gleichberechtigung führe. Die CDU/CSU hat sich im übrigen während der Debatte stets dagegen gewehrt, gegen die Gleichberechtigung der Frau gewesen zu sein. Der Abgeordnete Strauß (CDU) bekannte in der zweiten Lesung: „Wir haben hier einen Fehler begangen ... Wir haben die Dinge zu juristisch und zu wenig politisch gesehen ... Wir sind uns über den Grundsatz von vornherein einig gewesen" (18. 1. 1949).

Der Parlamentarische Rat, der schließlich die Gleichberechtigung mit Zustimmung aller Parteien in der von Frau Selbert vorgeschlagenen Fassung, „Männer und Frauen sind gleichberechtigt", im Grundgesetz verankerte, hat damit die Grundlagen geschaffen, auf denen wir noch heute Frauenpolitik formulieren.

Diese Bestimmung des Grundgesetzes wurde gekoppelt mit der Auflage, bis zum 31. März 1953 alle dieser Bestimmung entgegenstehenden Gesetze zu ändern.

II. Die rechtliche Dimension der Gleichberechtigung

1. Die Reform des Bürgerlichen Gesetzbuches

So sollte auch das bürgerliche Recht in den Teilen, in denen es der Gleichberechtigung nicht entsprach, bis zum 31. März 1953 geändert werden. Der Bundestag konnte diesen Termin nicht einhalten, so daß ab dem 1. April 1953 der Artikel 3 Abs. 2 Grundgesetz geltendes Recht wurde. Zwar befaßte sich bereits der erste Bundestag mit einem Gesetzentwurf der Bundesregierung, aber schon frühzeitig stand fest, daß das Gesetz bis zum vorgegebenen Zeitpunkt nicht verabschiedet werden konnte.

Erst am 12. Februar 1954 debattierte der Deutsche Bundestag Gesetzentwürfe der Bundesregierung, der SPD- und der FDP-Fraktion in erster Lesung. Die Debatte machte exemplarisch die unterschiedlichen Meinungen dazu deutlich, wie das Grundgesetzgebot der Gleichberechtigung im bürgerlichen Recht verwirklicht werden sollte. Vieles, wie z. B. die neu eingeführte Zugewinngemeinschaft, die Gütergemeinschaft oder das Unterhaltsrecht, war weitgehend unbestritten. Die Auseinandersetzungen entzündeten sich am Letztentscheidungsrecht des Vaters in Angelegenheiten der Kinder (§ 1627 des Entwurfs der Bundesregierung) und am Entscheidungsrecht des Mannes in allen ehelichen Angelegenheiten (§ 1354 des Entwurfs der Bundesregierung).

Die Ausgangslage war klar: *Bundesregierung und CDU/CSU* wollten eine starke Position des Mannes erhalten und ihm in Zweifelsfällen die

Entscheidung übertragen. Die *Sozialdemokraten* setzten auf die Übertragung der Verantwortung auf Mann und Frau; die *FDP* setzte ebenso auf Partnerschaft, verpflichtete doch im Falle der elterlichen Gewalt den Vater dann, wenn keine gemeinsame Position erreicht werden konnte, eine Entscheidung zum Wohl des Kindes zu fällen.

Bundesregierung	SPD-Fraktion	FDP-Fraktion
§ 1354 „Die Ehegatten haben alle Angelegenheiten, die das gemeinschaftliche eheliche Leben betreffen, in gegenseitigem Einvernehmen zu regeln. Bei Meinungsverschiedenheiten müssen sie versuchen, sich zu einigen. Können sie sich nicht einigen, so entscheidet der Mann; er hat auf die Auffassung der Frau Rücksicht zu nehmen. Widerspricht seine Entscheidung dem Wohle der Familie, so ist die Entscheidung für die Frau nicht verbindlich.“	„Die Entscheidung in allen das eheliche Leben betreffenden Angelegenheiten wird von den Ehegatten gemeinsam getroffen.“	
§ 1627 „Die Eltern haben die elterliche Gewalt in eigener Verantwortung und in gegenseitigem Einvernehmen zum Wohl des Kindes auszuüben. Bei Meinungsverschiedenheiten müssen sie versuchen, sich zu einigen.“	„Beide Eltern haben gemeinschaftlich kraft der elterlichen Gewalt das Recht und die Pflicht, für die Person und das Vermögen des Kindes zu sorgen.“	„Beide Eltern haben die elterliche Gewalt in eigener Verantwortung und in gegenseitgem Einvernehmen zum Wohle des Kindes auszuüben. Jeder Elternteil hat bei der Ausübung der elterlichen Gewalt auf wirklichen oder unbewußten Willen des anderen Rücksicht zu nehmen. Bei Meinungsverschiedenheiten müssen die Eltern versuchen, zu einer Einigung zu gelangen.“

Bundesregierung	SPD-Fraktion	FDP-Fraktion
§ 1628 „Können sich die Eltern nicht einigen, so entscheidet der Vater, er hat auf die Auffassung der Mutter Rücksicht zu nehmen."		„Sind die Eltern nicht zu einer Einigung gelangt, so ist der Vater verpflichtet, unter Berücksichtigung der Auffassung der Mutter die Entscheidung zu treffen, die dem Wohl des Kindes am besten entspricht."

Quelle: Deutscher Bundestag, 2. Wahlperiode Drucksache 224, Entwurf der Bundesregierung
Deutscher Bundestag, Drucksache 178, Entwurf der Fraktion der SPD
Deutscher Bundestag, Drucksache 112, 2. Wahlperiode, Entwurf der FDP-Fraktion

In der Debatte des Bundestages vom 12. 2. 1954 wurden nicht nur die Positionen deutlich, sondern es zeichneten sich auch unterschiedliche Standpunkte in einzelnen Fraktionen ab. Justizminister Neumayer kam zu Beginn der Aussprache auf die §§ 1354 und 1628 zu sprechen: „Die Ehegatten sind zur ehelichen Lebensgemeinschaft verpflichtet. Aus dieser Verpflichtung zur ehelichen Lebensgemeinschaft ergibt sich die weitere Pflicht für die Ehegatten, alle Angelegenheiten, die das gemeinschaftliche Eheleben betreffen oder die sich auf die gemeinschaftlichen Kinder beziehen, im gegenseitigen Einvernehmen zu regeln. Können sich die Ehegatten nicht einigen, so muß im Interesse der Familie die Entscheidung der einzelnen Angelegenheiten dem Ehegatten übertragen werden, der nach der natürlichen Ordnung von Ehe und Familie, wie sie das Leben selbst entwickelt hat, diese Entscheidung treffen muß. Das ist der Mann."

Unmittelbar anschließend sagte Neumayer: „Ich bin mir wohl bewußt, daß diese Regelung zu Widersprüchen herausfordern wird." Er sollte recht behalten, denn es ging in dieser Frage um eine grundsätzliche Standortbestimmung zur Gleichberechtigung und der Rolle der Frau in unserer Gesellschaft. Der Abgeordnete Weber (Koblenz) (CDU/CSU), der zugleich Generalberichterstatter für das Gesetz war, sprach unmittelbar im Anschluß an den Justizminister und bot zum Schluß seiner Rede eine Interpretation von Gleichberechtigung, die angesichts der tatsächlichen Entwicklungen restaurative Züge trug:

„Auch bei der Durchführung der Gleichberechtigung geht es uns um die Sicherung von Ehe und Familie. Dem steht eine recht verstandene Gleichberechtigung auch nicht entgegen. In Ehe und Familie findet das Wesen der Frau die volle Erfüllung, Vollendung und Krönung. Ihre Arbeit und ihr Wirken im Haushalt und in der Erziehung der Kinder ist ebenso wesentlich für den Bestand der Ehe und Familie wie die Tätigkeit des Mannes im Berufs- und Erwerbsleben, durch die er sich und der Familie die materielle Existenzgrundlage schafft. Deshalb wird es unser vornehmstes Anliegen sein müssen, diesem Wirken der Frau, und zwar um der ausgleichenden Gerechtigkeit willen, auch die materielle Anerkennung und Bewertung zuteil werden zu lassen, die bei der Berufstätigkeit des Mannes selbstverständlich ist, indem auch die Frau, die dem Mann durch ihre häusliche Tätigkeit das volle Auswirken seiner Arbeitskraft draußen „im feindlichen Leben" ermöglicht, an dem Ertrag dieses „Schaffens und Strebens" entsprechend beteiligt wird. Hier lag die wirkliche Benachteiligung der Hausfrau im bisherigen Rechtssystem. Hier muß die Gleichberechtigung sich auswirken und zu einer Verbesserung der Stellung der Frau führen, die sie gleichberechtigt auch an dem materiellen Ergebnis des gemeinsamen Wirkens des Mannes und der Frau, des Mannes im Erwerbsleben, der Frau im Haushalt und in der Familie, teilhaben läßt. Damit stärken und festigen wir Ehe und Familie."

Gleichberechtigung reduzierte sich hier im Kern darauf, die häusliche Situation der Frau zu verbessern.

Dies war die engst mögliche Auslegung des Artikels 3 Abs. 2 des Grundgesetzes, eigentlich der Versuch, nichts Wesentliches zu ändern, sondern Gleichberechtigung als Verbesserung der häuslichen Situation auszudeuten. Augenscheinlich sollte der Schutz von Ehe und Familie, der ja gleichfalls im Grundgesetz niedergelegt war, über die Gleichberechtigung zwischen Mann und Frau gestellt werden und sie somit auf den häuslichen Bereich einengen. Der Abgeordnete Dehler (FDP) machte deutlich, daß eine solche Interpretation der Grundgesetzregelung nicht gerecht werde: „Der Satz wird nach meiner Meinung auch nicht durch den Art. 6 Abs. 1 des Grundgesetzes eingeschränkt, durch die dort festgelegte Schutzgarantie für Ehe und Familie. Es ist also nicht möglich, von diesem Grundsatz aus, sozusagen durch die Hintertür, etwa die patriarchalische Hierarchie für die Ehe wiedereinzuführen. Die beiden Grundrechte, die Gleichberechtigung und der Schutz der Ehe und Familie, sind dazu bestimmt, zusammen der Ehe und der Familie zu dienen und sie zu fördern. Da liegt die Grenze: die Verwirklichung der Gleichberechtigung darf nicht zum Schaden der Familie führen."

Noch in der Debatte rückte Dehler in einem wichtigen Punkt vom FDP-Fraktionsentwurf ab. Zur Ausübung der elterlichen Gewalt (§ 1628) vertrat er nicht mehr die Auffassung, daß der Vater im Interesse des Kindes letztlich entscheiden sollte. Es wäre vielmehr zu erwägen, „ob man nicht eine Entscheidungszuständigkeit außerhalb der Familie im Falle nicht zu überbrückender Gegensätze zwischen den Eltern schaffen muß". In Streitfällen sollte das Vormundschaftsgericht angerufen werden können, „aber nicht für eine sachliche Entscheidung, sondern damit das Vormundschaftsgericht bestimmt, welcher Elternteil in einem bestimmten Fall die Entscheidungsmacht haben soll".

Die Sozialdemokraten, vertreten durch die Abgeordneten Frau Nadig und Metzger, sprachen sich gegen jede Art Stichentscheid des Mannes aus. Sie brachten zudem Punkte in die Debatte ein, die über den engen juristischen Rahmen hinausgingen. So sprach die Abgeordnete Nadig von weiteren Folgen der grundgesetzlich gesicherten Gleichberechtigung. Mann und Frau müßten bei gleicher Arbeit und gleicher Leistung tariflich den gleichen Lohn erhalten.

Von einer solchen expansiven Auslegung war der Bundesminister Wuermeling (CDU) weit entfernt, der das 1953 neu geschaffene Familienministerium leitete. Er beschränkte sich in seinen Ausführungen auf die Verantwortung von Mann und Frau für die Familie und setzte deutliche Akzente, indem er die Frau auf die Familie beschränkte und im Mann „das Familienoberhaupt" sah, der, wenn er letztlich entscheide, dies nicht im eigenen Namen tue, „sondern kraft seines Amtes innerhalb der Familienordnung". Die Frau sollte eigentlich nur dann die Funktionen des Familienoberhauptes übernehmen, „wenn der Mann dazu nicht in der Lage ist".

Während andere Abgeordnete, insbesondere die Sozialdemokraten, davon ausgingen, daß man den Frauen, angesichts ihrer Leistungen, die sie in der Kriegs- und Nachkriegszeit erbracht hatten, gleiche Rechte nicht vorenthalten dürfe, zog Wuermeling aus diesen Entwicklungen einen ganz anderen Schluß. Zwar erkannte er an, daß die Frau oft den Mann ersetzen mußte, ihr fielen Aufgaben zu, „die sie vielfach in bewundernswerter Weise gelöst hat". Aber: „Im Hinblick auf die besonderen zeitbedingten Gründe, die hierzu geführt haben, kann diesen Wandlungen aber, gemessen an der abendländischen Auffassung von der Familie, keine wesensändernde Bedeutung beigemessen werden."

1900	*Zulassung von Frauen zum Studium.* Zuerst in Baden; zuletzt in Hessen sowie Preußen (1908) und Mecklenburg (1909).
1908	Nach einem neuen Vereinsgesetz erhalten Frauen überall in Deutschland die Möglichkeit, sich politisch zu organisieren.
1918	Gesetzliche Absicherung der Zulassung zu akademischen Berufen; Erlaubnis der Dozentur – 1923 erhalten zwei Frauen die erste Professur. *Aktives und passives Wahlrecht für Frauen in Deutschland* (§§ 2 und 5 des Reichswahlgesetzes vom 30. 11. 1918). – In Rußland 1917, den USA 1920; kurz danach in den europäischen Ländern (bis auf die Schweiz: 1971).
1919	Die Weimarer Verfassung spricht den Frauen die Gleichberechtigung programmatisch zu (Art. 104 Abs. 2).
1933	Auflösung aller Frauenverbände. Bildung der NS-Frauenschaft. Verdrängung von Frauen aus hochqualifizierten Stellungen.
23. 5. 1949	Das Grundgesetz (Art. 3, bes. Abs. 2) deklariert die Gleichberechtigung als Grund- und Menschenrecht. Es verbietet ausdrücklich eine Benachteiligung wegen des Geschlechts (Art. 3 Abs. 3).

Diese Ansichten bestimmten auch seine Auffassung von der Gleichberechtigung: „Ich glaube kaum, daß irgendeine Frau und Mutter eine formale Gleichberechtigung, wie sie von einigen Seiten gefordert wird, überhaupt will.

Die Frau und Mutter empfindet ja schon die Zunahme ihres Einflusses in der Familie als eine steigende Belastung mit Aufgaben und Verantwortung für die gesamte Familie. Diese Wandlungen haben der Frau und Mutter nicht eine Vergrößerung ihrer persönlichen Freiheitssphäre oder eine bessere Möglichkeit zur persönlichen Bildung und Entfaltung, sondern nur mehr Arbeit und mehr Sorge gebracht.

Vor allem die Frauen und Mütter, die gezwungen sind, beruflich tätig zu sein, sind heute weithin in einer menschlich sehr schwierigen Lage. Ich denke dabei an die Frauen und Mütter, die die soziale Notlage zwingt, einige D-Mark dazu zu verdienen, weil der karge Verdienst des Mannes oder die Rente nicht ausreicht, um der Familie viel mehr als das Existenzminimum zu sichern. Diese Frauen und Mütter sind es nämlich, die neben ihrer beruflichen Tätigkeit auch noch, wenn sie abends müde nach Hause kommen, die den Tag über liegengebliebenen Hausarbeiten verrichten müssen. Abgesehen von ihrer körperlichen Überlastung sind diese unsere Frauen und Mütter auch in Gefahr, ihrer echten, vor allem auch der mütterlichen Aufgabe in der Familie nicht mehr gerecht werden zu können. Die außerfamiliäre Berufstätigkeit zwingt sie häufig zu einer mehr oder weniger mechanischen und monotonen Tätigkeit in Büros und industriellen Betrieben. Hier lebt sie in einer Welt, die der der Familie in vielem entgegengesetzt ist.

Gleichzeitig aber soll sie auch entsprechend ihrer Stellung als Frau und Mutter das Herz der Familie sein. Schier Unmögliches wird ihr durch eine solche doppelte Tätigkeit zugemutet, ganz zu schweigen von den Kindern, die ihre Erziehung entbehren und entweder auf der Straße groß werden oder von Fremden oder in Heimen aufgezogen werden, wo sie oft nichts mehr von der persönlichen Vertrautheit und Häuslichkeit der Familie erleben."

Was hier zur Doppelbelastung von Frauen, die erwerbstätig sein wollen oder sein müssen, gesagt wird, ist richtig; jedoch der Schluß, der daraus gezogen wird, nämlich, die Frau auf die Familie zu beschränken, ist falsch.

Fast ein Kontrastprogramm bot die CDU-Abgeordnete und spätere erste Ministerin einer Bundesregierung, Frau Schwarzhaupt, die sich mit der Frage auseinandersetzte, was der Staat eigentlich per Gesetz regeln könne. Der Staat könne jedenfalls nicht die Unterordnung der Frau regeln. „Ich persönlich bin davon überzeugt, daß auch in der Ehe von Menschen, die sich nicht bewußt an christliche Weisungen gebunden fühlen, fast immer Voraussetzung für das gute Bestehen und Funktionieren der Ehe ist, daß die Frau zu einem größeren Maß von Sicheinfügen, zu einem größeren Opfer an eigenständigem Leben bereit ist. Dies verliert aber seinen Sinn und seine die Gemeinschaft erhaltende Kraft, wenn es nicht aus der freiwilligen Be-

Elisabeth Schwarzhaupt (CDU), erste und einzige Frau in den Kabinetten Adenauers als Ministerin für Gesundheitswesen (1961–1966).

reitschaft, sondern aus gesetzlichem Zwang kommt. Aus diesem, nur aus diesem Grunde würde ich es für richtig halten, wenn man aus dem Regierungsentwurf, den ich sonst weithin bejahe, diejenigen Sätze streichen würde, die ein überwiegendes Entscheidungsrecht des Mannes als einen Rechtsanspruch statuieren.

Um es konkreter, auf den Entwurf bezogen, zu sagen: ich wäre für eine Streichung von § 1354 und für eine Änderung der §§ 1628 und 1629. Auf der anderen Seite kann man aber der Familie auch nicht eine innere Struktur nach dem Prinzip der Gleichberechtigung vorschreiben. Hier würden wiederum die Grenzen staatlichen Rechts überschritten werden." Aber Frau Schwarzhaupt setzte sich auch in der gesellschaftspolitischen Analyse von ihren Regierungsmitgliedern und den Fraktionskollegen ab, die zwar die außergewöhnliche Leistung von Frauen im Krieg und in der Nachkriegszeit anerkannten, die aber wieder zu „normalen Verhältnissen" zurück wollten, die die Frau im Hause und in der Familie sahen und den Mann als Verantwortlichen, der außerhalb des Hauses für den Unterhalt sorgt, aber trotzdem in häuslichen Angelegenheiten das letzte Wort haben sollte. Elisabeth Schwarzhaupt: „Es ist eine Tatsache unserer sozialen Wirklichkeit, daß die Frau in den letzten hundert Jahren in ständiger Entwicklung eine immer umfassendere Verantwortung als Mutter innerhalb des Lebens der Familie auf sich genommen hat. Das ist nicht nur eine Folge des Krieges. Es ist auch nicht geschehen, weil sich irgendwelche komischen Suffragetten das Schlagwort von der Gleichberechtigung ausgedacht hätten, sondern ich glaube, es beruht auf viel zwingenderen Entwicklungen unseres gesamten gesellschaftlichen Lebens seit der Industrialisierung."

Dazu gehöre auch, daß nicht nur ein großer Teil der Frauen aus der Familie heraus eine Arbeit in Büro und Fabrik aufgenommen hätte, sondern auch die Tatsache, daß sich der Berufsbereich des Mannes stark von der Familie getrennt habe. Diese Entwicklung sei nicht rückgängig zu machen. „Deshalb glaube ich, es ist ein Irrtum, wenn man meint, man müsse nur die patriarchalische Struktur der Ehe aufrechterhalten, um ihr damit wieder etwas von der Festigkeit der früheren institutionellen Bindungen zu geben."

Was die CDU/CSU spaltete, nämlich eine unterschiedliche Einschätzung der gesellschaftlichen Situation von Frauen, so wie sie durch den Beitrag Frau Schwarzhaupts deutlich wurde, setzte sich bei den Rednern(-innen) der Deutschen Partei (DP) und des Gesamtdeutschen Blocks/Bund der Heimatvertriebenen und Entrechteten (GB/BHE) fort. Während die männlichen Redner, Dr. Schranz von der DP und Dr. Czermak vom GB/BHE, den Stichentscheid des Mannes billigten und die Position der Ehepartnerin als Frau und Mutter unterstrichen, schlugen die Frauen andere Töne an.

Die Abgeordnete Gräfin Finckenstein (GB/BHE) sprach im Gegensatz zu ihrem Fraktionssprecher von „überlebten Ordnungen", die man nicht zurückrufen könne. „Wenn wir bei der Anerkennung der allgemeinen Gleichberechtigung zwischen den Eheleuten dem Mann doch die Entscheidungsgewalt zubilligen, so erleichtern wir damit nicht das friedliche Zusammenleben in der Familie. Wir beleidigen vielmehr das Gefühl des Rechts in der Frau, weil wir an einer wichtigen Stelle das zurücknehmen, was wir ihr im Gesetz und im öffentlichen Bewußtsein ja längst gewährt haben. Mit der Freiheit ist es eine sonderbare Sache. Wenn man sie erst einmal versprochen hat, muß man sie auch voll gewähren; denn auch die, die ursprünglich gar nicht darum gekämpft haben, verlangen später das

Versprochene. Das Beste, was wir nach Lage der Dinge tun können, scheint mir die ersatzlose Streichung des § 1354 zu sein, d. h. die Herstellung der völligen Gleichwertigkeit von Mann und Frau bei allen Entscheidungen. Wir entsagen damit bewußt dem Anspruch, etwas gesetzlich regeln zu wollen, was sich nicht regeln läßt. Wir stellen statt dessen beide Ehegatten als vollwertige Menschen nebeneinander." Gräfin Finckenstein bemerkte zu Beginn ihrer Rede, sie sage ihre „persönliche Meinung, wenn ich auch glaube, daß ich die Meinung der meisten weiblichen Mitglieder meiner Partei, des Gesamtdeutschen Blocks/BHE, ausspreche".

Ähnliche Entwicklungen gab es in der Deutschen Partei. Die Abgeordnete Margot Kalinke lobte und unterstützte die Begründungen der SPD-Abgeordneten Nadig: „Ich stimme ihrer Begründung in jedem Wort zu, das sie gesprochen hat", und sie sprach im gleichen Satz eine Entwicklung an, die man später als „Koalition der Frauen im Deutschen Bundestag" bezeichnet hat: „Und ich freue mich, daß hier unter den Kolleginnen aller Fraktionen, die sich so sachlich mit den Problemen auseinandergesetzt haben, eine große Übereinstimmung besteht" (3. 5. 1957).

Die Gesetzentwürfe wurden auf Beschluß des Deutschen Bundestages einem Unterausschuß „Familienrechtsgesetz" übertragen, der die Vorlagen bis zum 30. Januar 1957 in 77 Sitzungen beriet und dann dem Rechtsausschuß vorlegte. Am 3. Mai 1957 wurde das Gesetz vom Bundestag einstimmig verabschiedet.

Die Auseinandersetzungen um das Gesetz, wie sie bereits in der ersten Lesung deutlich geworden waren, setzten sich während der gesamten Zeit im Unterausschuß und im Rechtsausschuß fort, wie auch in den abschließenden Plenarsitzungen. Die „Koalition der Frauen", wie sie sich in der ersten Lesung herausgebildet hatte, hielt. Der § 1354, das Entscheidungsrecht des Mannes in allen ehelichen Angelegenheiten, fiel weg, obwohl noch in der zweiten Lesung versucht worden war, ihn wieder ins Gesetz hineinzubringen. Interessanterweise waren es Abgeordnete der CDU/CSU-Bundestagsfraktion, die für und gegen den Antrag sprachen. Der Abgeordnete Weber (Koblenz) stellte den Antrag, die Abgeordnete Schwarzhaupt argumentierte dagegen. Hingegen blieben die §§ 1627/1628 erhalten und damit der Stichentscheid des Vaters in allen Fragen das Wohl des Kindes betreffend. Das Bundesverfassungsgericht hat 1959 diese Bestimmung als mit der Verfassung unvereinbar verworfen und damit den Stichentscheid und das alleinige Vertretungsrecht des Vaters abgelehnt. Das Bundesverfassungsgericht hat in seiner Urteilsbegründung vor allem die Gründe aufgenommen, die von Frauen aus allen Parteien während der Diskussion im Bundestag angeführt worden waren. So hat es die völlige Gleichstellung der Mutter auch in Fragen der elterlichen Gewalt als den „Kern der Gleichordnung" bezeichnet. Mit der Zurückstellung der Mutter, so wie von der Mehrheit des Deutschen Bundestages gewollt, sei ihre Stellung gerade in dem Bereich geschwächt worden, in dem ihr Wesen am tiefsten wurzele und sich entfalte, nämlich in der Mutterschaft. (Vgl. Hans

Schmidt-Osten, „Gleichberechtigte Mutter", in Stuttgarter Nachrichten, vom 31. Juli 1959.)

2. Die Reform des Ehe- und Familienrechts

Zwei Jahrzehnte, nachdem der Bundestag im Bürgerlichen Gesetzbuch die Gleichberechtigung des Grundgesetzes verankert hatte, ging das Parlament daran, das Ehe- und Familienrecht zu reformieren und es den geänderten gesellschaftlichen Bedingungen anzupassen. Am 8. Juni 1973 debattierte der Bundestag das Gesetz in erster Lesung, am 1. Juli 1977 trat es in Kraft. Bereits 1967 hatte der Bundestag die Bundesregierung aufgefordert, das gesamte Ehe- und Scheidungsrecht umfassend zu erneuern. Das bis 1977 geltende Recht beruhte in seinem Kern auf den Vorstellungen, die im Jahr 1900 beim Inkrafttreten des Bürgerlichen Gesetzbuches herrschten. Es liegt auf der Hand, daß sich die gesellschaftlichen, sozialen und wirtschaftlichen Bedingungen umfassend gewandelt hatten. In besonderem Maße war davon die Stellung der Frau betroffen, und der einseitige Vorrang des Mannes entsprach in keiner Weise mehr der Wirklichkeit.

Die Reform, so wie sie von der damaligen Bundesregierung vorgelegt wurde, setzte fünf Schwerpunkte. Der Bundesminister der Justiz, Jahn (SPD), formulierte diese am 8. 6. 1973 im Bundestag:

„1. Die Rechtsstellung der Ehepartner sollte dem Grundsatz der Gleichberechtigung von Mann und Frau angepaßt werden. Insbesondere sollte die gesetzliche Festschreibung der Ehe als Hausfrauenehe nicht länger fortbestehen. Nach dem Gesetzentwurf wurde der Beitrag zum Familienunterhalt durch Haushaltsführung dem der Erwerbstätigkeit gleichgestellt.
2. Das Schuldprinzip sollte vom Zerrüttungsprinzip abgelöst werden. Nach bestimmten Fristen sollte das Scheitern (und damit die Zerrüttung) einer Ehe vermutet werden; eine immaterielle Härteklausel sollte erreichen, daß eine Ehe, obwohl sie gescheitert ist, wegen außergewöhnlicher Umstände nicht geschieden werden konnte.
3. Im Unterhaltsrecht geht der Entwurf neue Wege: Grundsätzlich sollte jeder Ehegatte nach der Scheidung für seinen Unterhalt selbst aufkommen, allerdings sollte der wirtschaftlich stärkere Teil Unterhalt leisten, so lange der wirtschaftlich Schwächere nicht auf eigenen Füßen stehen könne. Neben vier Gründen, die einen Anspruch auf Unterhalt begründen sollten (Betreuung eines gemeinschaftlichen Kindes, Alter, Krankheit, keine angemessene Erwerbstätigkeit zu bekommen), wurde der Begriff des ehebedingten Ausbildungsverlustes eingeführt. Hier sollte der Ehegatte ausgleichen, der während der Ehe in seinem beruflichen Werdegang keine Einbußen erlitten hatte.
4. Der vorgeschlagene Versorgungsausgleich sollte in Zukunft beide Ehegatten an der während der Ehe erarbeiteten Altersversorgung gleichmäßig beteiligen. Dies brachte insbesondere für Frauen einen wesentlichen

Fortschritt: Sie erhielten, wurden sie schuldig geschieden, nach dem bis 1977 gültigen Recht nichts. Ihre Lebensleistung in der Ehe wurde nicht gewertet. Deshalb wurden Gedanken der Zugewinngemeinschaft in den Versorgungsausgleich eingeführt. Die Anrechte, die während der Ehe für die Altersversorgung erworben wurden, sollten bei der Scheidung geteilt werden."

Bereits in der ersten Lesung am 8. Juni 1973 kritisierte zwar der Abgeordnete Ludwig Erhard (CDU / CSU) den vorgelegten Entwurf der Bundesregierung, aber er betonte auch, daß die Schwerpunkte der Bundesregierung „mit unseren Vorstellungen weitestgehend übereinstimmen". Punkte, in denen die CDU / CSU von der Regierungskoalition abwich, waren:

- ein bedingtes Widerspruchsrecht gegen eine Scheidung;
- die Vermutung, die Ehe sei bei dreijähriger Trennung gescheitert, sollte widerlegbar werden;
- die Härteklausel sollte erweitert werden;
- der Versorgungsausgleich sollte durch übereinstimmende Erklärung der Ehepartner abdingbar sein, also nicht stattfinden.

Als die zweite und dritte Lesung am 11. 12. 1975 im Deutschen Bundestag erfolgte, stand fest, daß die CDU / CSU dem Gesetz nicht zustimmen würde. Allerdings machte der SPD-Abgeordnete Emmerlich darauf aufmerksam, daß trotz einzelner bislang unüberbrückbarer Gegensätze eine „Grundübereinstimmung" vorhanden sei. Die bestehenden Differenzen sollten nicht hochgespielt werden. Und er sagte auch: „Wir alle, die Koali-

1. 4. 1953	Der Artikel 3 Absatz 2 des Grundgesetzes wird geltendes Recht.
12. 2. 1954	Bundestagsdebatte über die Verwirklichung des Grundgesetzgebotes der Gleichberechtigung im bürgerlichen Recht (BGB §§ 1356; 1627; 1628).
3. 5. 1957	*Verankerung der Gleichberechtigung im Bürgerlichen Gesetzbuch* durch einstimmige Verabschiedung der Gesetzentwürfe.
11. 12. 1962	Die SPD-Fraktion fordert eine „Enquete über die Situation der Frau in Beruf, Familie und Gesellschaft".
1966	„Bericht der Bundesregierung über die Frauen in Beruf, Familie und Gesellschaft."
25. 11. 1967	Bundestagsdebatte über den „Bericht" von 1966.
1968	Im Zuge der Studentenrevolte entsteht eine *neue Frauenbewegung*.
70er Jahre	Gründung vieler Frauenprojekte in der Bundesrepublik.
8. 6. 1973	1. Lesung der Reform des Ehe- und Familienrechts im Bundestag.
8. 11. 1973	Auf Antrag der CDU/CSU-Fraktion setzt der Bundestag die *Enquete-Kommission „Frau und Gesellschaft"* ein, die bis 1980 arbeitet.
11. 12. 1975	2. und 3. Lesung und Verabschiedung des neuen Ehe- und Familienrechts.
1976	Zwischenbericht der Enquete-Kommission „Frau und Gesellschaft".

tion und die Opposition, vor allem aber die Bürger unseres Landes, brauchen in Lebensfragen unseres Staates und unserer Gesellschaft eine Grundübereinstimmung der Demokraten. Gerade für Ehe und Familie ist eine solche Grundübereinstimmung der Demokraten erforderlich."

Die CDU/CSU wollte eine perfektere, aber keine prinzipiell andere Regelung; sie wollte keine Automatismen, sondern mehr Einzelfallgerechtigkeit. Sie wollte ein Recht, das stärker in der Tradition des alten Familienrechts stand; sie wollte keinen endgültigen Bruch. Diese Positionen wurden vom Abgeordneten Mikat vertreten, der die Rolle der Union in dieser Auseinandersetzung so umschrieb:

„Wir bejahen durchaus die gewandelte Sicht von Ehe und Familie, den Abbau patriarchalischer Vorstellungen, ein neues partnerschaftliches Verhältnis von Mann und Frau, eine größere Rollenvariabilität, meinen aber auch, daß wir uns sehr wohl im Hinblick auf die Zukunft unserer Gesamtgesellschaft überlegen müssen, was wir zu tun haben, um gerade wiederum die Tätigkeit der Frau als Hausfrau und Mutter in jenen hohen Rang zu setzen, der nicht nur ihr entspricht, sondern der konstitutiv für eine stabile, leistungsfähige, aber auch für eine wirklich humane Gesellschaft ist. Hier liegt die Aufgabe künftiger sozialer Gesetzgebung. Ich warne aber davor, über das Ehescheidungsrecht einen ganz bestimmten Rollentypus Frau wirksam zum Angelpunkt gesellschaftlicher Veränderungen zu machen."

Das Gesetz wurde im Deutschen Bundestag mit den Stimmen von SPD und FDP, aber gegen die Stimmen der CDU/CSU angenommen. Im Bundesrat, der mehrheitlich von CDU/CSU-geführten Regierungen beschickt war, wurde das Gesetz abgelehnt. Im Vermittlungsausschuß wurde das Gesetz im Sinne der Mehrheit abgeändert, insbesondere wurde eine erweiterte Härteklausel sowie die Möglichkeit eingeführt, auf einen Versorgungsausgleich in beiderseitigem Einvernehmen zu verzichten. Dieser Kompromiß wurde vom Deutschen Bundestag einstimmig angenommen.

III. Die soziale Dimension der Gleichberechtigung

1. Der Frauenbericht der Bundesregierung 1966

Die Gleichstellung der Frau im bürgerlichen Recht, das Ergebnis der frauenpolitischen Diskussionen in den fünfziger Jahren, brachte natürlich nicht automatisch die Gleichberechtigung im Arbeitsleben und in anderen Bereichen der Gesellschaft. Der „Bericht der Bundesregierung über die Situation der Frauen in Beruf, Familie und Gesellschaft" aus dem Jahre 1966 machte diesen Umstand anhand eines umfangreichen Zahlenmaterials deutlich.

Der 1966 vorgelegte Bericht ging zurück auf einen Antrag der SPD-Bundestagsfraktion, die am 11. 12. 1962 eine „Enquete über die Situation der Frau in Beruf, Familie und Gesellschaft" forderte. Es gehe nicht um

Frauenfragen und Frauenrecht, sondern darum, daß die Gesellschaft auf eine veränderte Situation, nämlich die sprunghaft angestiegene Berufstätigkeit der Frauen und die sich daraus ergebenden Folgen, sinnvoll reagiere. Erst im Dezember '62 verabschiedete der Deutsche Bundestag den in den Ausschüssen umgearbeiteten Antrag und forderte die Bundesregierung zur Vorlage eines solchen Berichtes auf. Der Bericht sollte aber auch Vorschläge zur Verbesserung der Situation der Frau in Beruf, Familie und Gesellschaft enthalten.

Leider enthielt der Bericht, als er dann vorgelegt wurde, diese Dimension nicht. Die Debatte im Deutschen Bundestag über den Bericht am 25. November 1967 machte aber eine im Vergleich zu den fünfziger Jahren neue Sicht der Dinge deutlich.

In seiner die Diskussion einleitenden Rede ging der Staatssekretär des Bundesministeriums für Arbeit und Sozialordnung, Kattenstroth, der in Vertretung des erkrankten Arbeitsministers Katzer sprach, auf die Komplexität der Frauenfrage ein. „Es gibt heute keine isolierten Frauenprobleme mehr ... Alle Fragen sind vielmehr unlösbar verknüpft mit den Fragen des Zusammenlebens in unserer Gesellschaft und den sozialen, technischen und wirtschaftlichen Wandlungen, denen wir uns ständig stellen müssen." Der Staatssekretär lieferte im übrigen die Begründung für die Beschränkung des Berichts auf statistisches Material, auf die Zustandsbeschreibung: „Der Bericht sollte vielmehr in erster Linie die Unterlagen für eine sachgerechte Diskussion liefern."

Die Diskussion im Deutschen Bundestag zeigte eine breite Palette von Übereinstimmungen in der Analyse und in den darauf beruhenden Forderungen. So waren sich die Redner und Rednerinnen – sieht man einmal von Nuancen ab – darin einig, daß von einem verbindlichen Leitbild der Frau nicht mehr gesprochen werden könne.

Frau Schroeder (CDU/CSU) führte dazu aus: „Es gibt eben nicht die Frau, es gibt nur die vielen Frauen, die sich in ganz verschiedenen Lebenssituationen bewähren müssen, die sich genau wie der Mann immer wieder einer gewandelten Umwelt anpassen müssen." Frau Schanzenbach (SPD) ergänzte: „Wir haben heute die Vorstellung von einer Frau, die nach ihren Fähigkeiten einen Lebensplan aufstellt und sich auf ihre Aufgaben in Beruf und Familie vorbereitet. Vielfältige Veränderungen im Wirtschafts- und Gesellschaftsgefüge lassen es möglich erscheinen, daß die Frau in allen Lebenslagen gleichberechtigt und in sozialer Mitverantwortung neben den Mann treten kann, um mit ihm zusammen das Familien-, das Erwerbs- und das öffentliche Leben zu gestalten."

Die in der Debatte behandelten Problemfelder und Lösungsmöglichkeiten muten, obwohl diese Debatte nun 22 Jahre her ist, aktuell an. Von Wiedereingliederung in den Beruf für Frauen, die längere Zeit aus dem Beruf ausgeschieden sind, ist da die Rede, von mehr Teilzeitarbeitsplätzen (Schroeder, CDU/CSU), von der Gleichsetzung der Hausarbeit mit der Berufsarbeit (Schanzenbach, SPD), von der Unterbewertung der reinen

Annemarie Renger (SPD), erste Bundestagspräsidentin (1972–1976).

Frauenarbeit und von mehr Möglichkeiten für Teilzeitarbeit für Beamtinnen (Frau Diemer-Nicolaus, FDP), von mehr Erziehungsberatungsstellen (Geißler, CDU/CSU) und schließlich von der Forderung nach der Einrichtung von Kindertagesstätten und Ganztagsschulen, die es auf die gesellschaftspolitischen Erfordernisse zu überprüfen gelte (Staatssekretär Kattenstroth).

Der Abgeordnete Spitzmüller (FDP) beschäftigte sich in seinem Beitrag mit der sozialen Sicherung der Hausfrau. Wenn Hausfrauenarbeit ein Beitrag zum Unterhalt der Familie sei, wie das das Bundesverfassungsgericht festgestellt habe, so müsse dies auch Konsequenzen für die Gestaltung des Sozialprinzips und des Versicherungsprinzips haben. „Wir geben zu bedenken, daß dem Gleichheitsgrundsatz zwar im Steuerrecht durch die Einführung des Splittings und im Eherecht durch die Zugewinngemeinschaft, im Sozialrecht aber noch nicht vollinhaltlich Rechnung getragen worden ist. Wäre es daher nicht zu überlegen, der Ehefrau unter Berücksichtigung der Hausfrauenarbeit durch Anwendung eines Splittings einen direkten Anspruch aus der Sozialversicherung zu gewähren, für die der Ehegatte Beiträge geleistet hat? Eine eingehende Prüfung dieses Gedankens würde sicherlich ergeben, daß sich eine Reihe von Sonderproblemen, die im Sozialrecht heute bestehen, von selbst auflösen werden. Die Tätigkeit im

Haushalt und für die Familie fände hierdurch eine Anerkennung, und so könnten z. B. auch beitragslose Zeiten bei vorheriger und späterer Berufstätigkeit überbrückt werden."

Dieser Debatte fehlte die Schärfe der Auseinandersetzung früherer Jahre. Das lag zum einen sicherlich darin begründet, daß die vorgelegten Zahlen im Frauenbericht nur begrenzt Angriffsflächen boten. Zum anderen ist der Grund aber darin zu suchen, daß dieser Bericht als der Bericht einer Regierung der Großen Koalition aus CDU/CSU und SPD diskutiert wurde.

2. *Die Enquete-Kommission „Frau und Gesellschaft"*

Oft ist in Diskussionen der Vorwurf zu hören, der Deutsche Bundestag befasse sich zu selten und zu oberflächlich mit den Problemen, die den Bürgern auf den Nägeln brennen. Dies gilt – betrachtet man die Zeit seit 1949 alles in allem – nicht für die Frauenpolitik. Zwar gab es Perioden, in denen die Politik für Frauen im verborgenen blühte, aber die Situation der Frau in unserer Gesellschaft ist seit Mitte der sechziger Jahre immer wieder im Parlament intensiv behandelt worden. Zu den herausragenden Leistungen zählt die vom Deutschen Bundestag 1973 eingesetzte Enquete-Kommission „Frau und Gesellschaft", die bis 1980 gearbeitet hat.

Der Deutsche Bundestag hatte mit seiner Entscheidung vom 8. November 1973, auf Antrag der CDU/CSU-Bundestagsfraktion die Kommission einzusetzen, das Heft des Handelns selbst in die Hand genommen. Während etwa der Bericht über die Situation der Frau 1966 von der Bundesregierung, wenn auch auf Antrag des Parlaments, erarbeitet wurde, nahm sich das Parlament nun selbst in die Pflicht.

Der Auftrag

Die Kommission sollte Empfehlungen für die rechtliche und soziale Gleichberechtigung der Frau in unserer Gesellschaft erarbeiten und dem Deutschen Bundestag vorlegen. Damit gab das Parlament sich selber einen anspruchsvollen Auftrag. Ausgehend von der gegenwärtigen Situation der Frau, sollte die Kommission Vorschläge für Änderungen von Gesetzen unter Berücksichtigung internationaler Vergleiche (EG-Raum, den Vereinten Nationen angeschlossene Länder) unterbreiten, die dem Ziel der rechtlichen und sozialen Gleichberechtigung noch entgegenstehen, und Vorstellungen entwickeln, durch welche Maßnahmen die Situation der Frau in der Gesellschaft verbessert werden könne.

In diesem Rahmen hatte die Kommission

„1. Vorschläge für Gesetzesänderungen vorzulegen, um die volle rechtliche Gleichberechtigung zu verwirklichen;

2. Vorschläge dafür zu unterbreiten, wie neben der rechtlichen die soziale Chancengleichheit verwirklicht werden kann, um die Frau instand zu

setzen, eine freie Entscheidung über ihre Aufgaben in der Gesellschaft treffen zu können;
3. die finanziellen Auswirkungen dieser Maßnahmen darzustellen sowie Vorschläge zur Finanzierung zu unterbreiten."

Nach § 74a Abs. 1 seiner Geschäftsordnung hat der Deutsche Bundestag die Möglichkeit, zur Vorbereitung von Entscheidungen über umfangreiche und bedeutsame Sachkomplexe eine Enquete-Kommission einzusetzen.

Der Vorteil einer solchen Enquete-Kommission besteht darin, daß Abgeordnete und Wissenschaftler (der Enquete-Kommission „Frau und Gesellschaft" gehörten fünf Abgeordnete des Deutschen Bundestags und fünf Sachverständige an) gemeinsam über eine längere Zeit ein eng umgrenztes politisches Problem beraten und quasi für den Deutschen Bundestag zu einer Meinungsbildung kommen. Durch das Instrument der Enquete-Kommission wird im übrigen das Parlament gegenüber der Bundesregierung gestärkt und bewahrt sich somit einen Teil seiner Unabhängigkeit, die nicht selten dann verloren zu gehen scheint, wenn die Abgeordneten zu einseitig vom Sachverstand der Ministerialbürokratie abhängig sind. Vor allem aber nimmt sich das Parlament mit den Erkenntnissen, die es mit seinem Abschlußbericht zutage fördert, selbst in die Pflicht.

Im Hinblick auf die Enquete-Kommission „Frau und Gesellschaft" kann man ohne Übertreibung sagen, daß dies ein Jahrhundertereignis war: denn niemals zuvor hat sich ein deutsches Zentralparlament so intensiv mit den Problemen, denen Frauen heute noch gegenüberstehen, befaßt; und es ist abzusehen, daß dies – zumindest in diesem Jahrhundert – nicht mehr geschehen wird.

Das Ergebnis

Die Enquete-Kommission legte insgesamt zwei Berichte vor: 1976 den Zwischenbericht und 1980 den Endbericht. Sie machte darin über 100 konkrete Vorschläge, die Situation von Frauen im Beruf, in der Familie und im öffentlichen Leben zu verbessern.

Zur Verbesserung der Situation von Mädchen und Frauen in Beruf und Arbeitswelt schlug die Kommission u. a. vor:

- Förderungsmittel im Rahmen der regionalen Strukturprogramme in Gebieten mit einer überproportionalen Frauenarbeitslosigkeit verstärkt dafür einzusetzen, Ausbildungs- und Arbeitsplätze für Mädchen und Frauen zu sichern und zu schaffen;
- bei der Auswahl von Förderregionen die regionale Arbeitslosenquote mehr als bisher als Kriterium miteinzubeziehen;
- bei der Ansiedlung von Betrieben vorher Fragen der Förderung von Ausbildung, Umschulung und Fortbildung von Frauen zu klären;
- private und öffentliche Unternehmen, die öffentliche Zuschüsse erhalten, zu verpflichten, bei Vorlage der Bilanz auch über die Personalstruktur des Unternehmens zu berichten sowie (im Rahmen der Sozialbilan-

zen) auch über ihre Anstrengungen, Frauen gleiche Chancen zu geben;
- bei Inanspruchnahme öffentlicher Mittel (Subventionen) freiwillige Zielvorgaben/Eigeninitiativen der Betriebe zur Verbesserung der beruflichen Chancen der Frauen in den Betrieben zur Auflage zu machen;
- die Verpflichtung, solche Pläne zu entwickeln, in die Richtlinien zur Vergabe öffentlicher Zuschüsse dann aufzunehmen.

Voraussetzung bei diesen Maßnahmen ist einmal, daß es sich dabei um beschäftigungspolitisch wirksame Subventionsentscheidungen handelt. (So würde zum Beispiel ein Betrieb nur dann Subventionen erhalten, wenn er bei der Einstellung einen bestimmten Prozentsatz weiblicher Arbeitnehmer einstellt – wobei natürlich die lokale Arbeitsmarktsituation zu berücksichtigen ist: Wenn es für die zu besetzenden Arbeitsplätze weibliche Interessenten oder Frauen mit der erforderlichen Vorbildung nicht oder noch nicht in genügender Zahl gibt, so sollte der Betrieb dies nachweisen müssen.) Zum andern ist Voraussetzung, daß bisher typische Männerberufe auch für die Frauen geöffnet werden, wenn dadurch die Chancengleichheit der Mädchen bei der Vergabe von Ausbildungsplätzen gewährleistet werden kann.

Für die Vergabe von Ausbildungsplätzen hielt eine Mehrheit Quotierungsvorschriften für notwendig und zulässig, um Benachteiligungen entgegenzuwirken, die die Mädchen beim Start ins Berufsleben treffen und sich langfristig auf ihr Berufsleben auswirken; denn wenn Ausbildungsplätze knapp sind, werden erfahrungsgemäß Jungen bevorzugt. Mit einer solchen Maßnahme könnte auch der Konzentration der Mädchen auf frauentypische Berufe entgegengewirkt werden.

Eine Minderheit stimmte zwar mit dieser Zielsetzung überein, hielt aber Quotierungen auch in diesem Bereich für verfassungsrechtlich bedenklich. Sie war der Auffassung, daß durch verstärkte Aufklärungsarbeit erreicht werden sollte, daß die Ausbildungsbetriebe in größerem Umfang Ausbildungsplätze für Mädchen, auch in sogenannten Männerberufen, anbieten.

Der öffentliche Dienst wurde aufgefordert, Frauenaktionsplätze mit Zielvorgaben zu entwickeln und sie als Richtlinie in Kraft zu setzen.

Die Kommission hat auch sehr ausführlich die Frage diskutiert, ob Quotierungsvorschriften für Besetzung von Arbeitsplätzen ein gangbarer Weg sein können, um die Benachteiligung der Frauen in der Arbeitswelt abzubauen. Für eine Quotierung ist dabei geltend gemacht worden, daß sie nicht eine Bevorzugung, sondern nur einen Ausgleich vorgängiger Benachteiligung darstelle. Die Quote als Einführung eines Korrektivs der arbeitspolitischen Benachteiligung von Frauen sei in begrenztem Umfang ein zulässiges und wirksames Mittel. Die damit verbundene Einschränkung der unternehmerischen Handlungsfreiheit verstoße nicht gegen die Privatautonomie, weil sich hier ein Benachteiligungszustand zu verdichten und zu verstärken drohe, wenn staatliche Eingriffe nicht erfolgen.

Gegen eine Quotierung wurde geltend gemacht, daß sie im Einzelfall zu einer Begünstigung oder Benachteiligung allein wegen des Geschlechts führen würde und deshalb dem Gleichberechtigungsgrundsatz widerspreche. Darüber hinaus verbiete das Grundrecht der freien Entfaltung der Persönlichkeit dem Staat eine Ordnungspolitik, die darauf abziele, vorzuschreiben, wie und in welche Richtung jemand seine Persönlichkeit zu entfalten habe. Übereinstimmend war die Kommission – wenn auch aus unterschiedlichen Gründen – der Auffassung, daß generelle Quotierungsvorschriften für die Vergabe von Arbeitsplätzen nicht zu empfehlen seien.

Die Kommission machte auch Aussagen zur Wahlfreiheit. Es entspreche der Gleichberechtigung der Geschlechter, daß beide Ehegatten und Eltern in gleicher Verantwortung und Verpflichtung in ihrer Entscheidung darüber freiblieben, wie sie ihre Aufgaben in Familie, Gesellschaft und Beruf untereinander aufteilen wollten.

Für die freie Wahl der Lebensform sei Voraussetzung, daß beide Ehepartner für alle Funktionen einer möglichen Tätigkeit in Familie und Beruf befähigt würden und sich diese Befähigung während der Ehe auch bewahrten. Die Entscheidung solle von den Ehepartnern in alleiniger Zuständigkeit einvernehmlich getroffen werden. Nicht nur der Zwang für die Frau, erwerbstätig sein zu müssen, sondern ihre Chance, jederzeit erwerbstätig sein zu können, nicht der Zwang für den Mann, erwerbstätig sein zu müssen, sondern seine Chance, sich auch seinen Kindern in Pflege und Erziehung sowie dem Haushalt widmen zu können, verändere patriarchalische Strukturen zwischen den Partnern so, daß man wirklich von Partnerschaft sprechen könne.

Um Partnerschaft zu erreichen, hat die Kommission eine Reihe von Empfehlungen vorgelegt, die sich auf den Bereich der Erziehung und der Weiterbildung erstrecken.

So sollten partnerschaftliche Leitbilder im gesamten Fächerkanon der Schule angeboten, alle Fächer für Jungen oder Mädchen offengehalten werden. In der Erwachsenenbildung sollten partnerschaftliche und solidarische Verhaltensmodelle behandelt und das Angebot (für beide Eltern) erweitert werden, Kenntnisse in Hauswirtschaft, Kindererziehung/-pflege zu erwerben. Dabei sollte weder naiv Erwerbstätigkeit der Frau mit Emanzipation gleichgestellt noch umgekehrt das Aufgabenfeld der Familienhausfrau als glückliche Idylle dargestellt werden. Beide Formen böten die Chancen der Selbstverwirklichung von Mann und Frau. Deshalb sollten auch die Pflichten und Aufgaben des Mannes in der Familie dargestellt und stärker als bisher betont werden.

Die Kommission spricht sich für eine Aufwertung der Erziehungstätigkeit aus. Wer Kinder zur Welt bringe, übernehme für sie Verantwortung und Pflichten. Er könne diese Verantwortung nicht auf andere abwälzen. Männer und Frauen trügen die Verantwortung gemeinsam. Kinder zu haben, sei aber auch eine Bereicherung und eine zusätzliche Möglichkeit, sich selbst zu verwirklichen. Dies mache es nicht nur für Frauen, sondern genauso für Männer zumutbar, zeitlich begrenzt beruflichen Aufstieg hintanzustellen. Familienaufgaben zu übernehmen, müßte nach Ansicht der Kommission ein positiver Wert werden. Zu den Empfehlungen der Kommission in diesem Bereich gehören Tagesmutter sowie ähnliche nachbarschaftliche und soziale Dienste zur Unterstützung der Familie. Dazu gehörten auch Hilfen zur Eingliederung nach dem Arbeitsförderungsgesetz und Berufsbildungskurse, die auf die besondere Situation in der Familie zugeschnitten seien, einzurichten, den Ausbildungsplatz Haushalt zu fördern, wenn eine Qualifikation zur Ausbildung vorliege und, empfohlen durch eine Minderheit, die Einführung eines monatlichen Erziehungsgeldes bis zum vollendeten dritten Lebensjahr eines Kindes für den Elternteil, der für diese Zeit auf eine eigene Erwerbstätigkeit verzichte.

Ebenso angesprochen wurde von der Kommission die Pflege von Angehörigen. Hierbei wurden Steuererleichterungen oder ein Pflegegeld vorgeschlagen sowie die Sozialversicherungsbeiträge für denjenigen, der pflegt, durch den Sozialleistungsträger des zu Pflegenden zu übernehmen.

Zur sozialen Sicherung der Frau wurde vorgeschlagen, die unterschiedlichen Tabellenwerte für Männer und Frauen im Rentenrecht zu ändern sowie die Anrechnung von Kindererziehungszeiten in der Rentenversicherung durchzusetzen, um die Nachteile zu vermeiden, die durch die Erziehung von Kindern für die Rentenbiografien entstehen. Bereits in ihrem

1. 7. 1977	Inkrafttreten des neuen Ehe- und Familienrechts.
1979	Einrichtung des Arbeitsstabes „*Frauenpolitik*“ im Bundesministerium für Jugend, Arbeit und Familie. Änderung des Namensrechtes. So dürfen Frauen nach der Eheschließung ihren Familiennamen weitertragen. Mutterschaftsurlaubsgesetz.
Ende der 70er, Anfang der 80er Jahre	In der Bundesrepublik werden Stellen in den Behörden eingerichtet, die sich für die Durchsetzung der Gleichberechtigung für Frauen einsetzen *(Frauengleichstellungsstellen).*
1980	Neuregelung des Rechts der elterlichen Sorge. Gesetz über die Gleichbehandlung von Frauen und Männern am Arbeitsplatz.
29. 8. 1980	Schlußbericht der Enquete-Kommission „Frau und Gesellschaft“.
19. 3. 1981	Bundestagsdebatte über den Bericht der Enquete-Kommission.
13./14.11.1985	Beratung und Verabschiedung des Bundeserziehungsgeldgesetzes.
1986	Neuregelung der Hinterbliebenenrente (alte Regelung: 1. 1. 1957) und des Erziehungszeitengesetzes.
1986	Dem Bundesministerium für Jugend, Frauen und Gesundheit werden die Aufgaben für die Gleichberechtigung zwischen Frauen und Männern übertragen.

Zwischenbericht hatte die Kommission eine eigenständige Alterssicherung für alle Frauen gefordert.

Die Kommission befaßte sich auch eingehend mit der Vereinbarkeit von Familie und Beruf. Politisch müßten die Voraussetzungen dafür geschaffen werden, daß Männer und Frauen sowohl für die Aufgaben in der Familie als auch für das Berufsleben vorbereitet würden, so daß beide bei ihrer Lebensplanung darauf bedacht sein könnten, Berufstätigkeit und Elternrolle zu vereinbaren. Neben entsprechenden bildungspolitischen Vorschlägen gehören dazu unter anderem eine Erweiterung des Angebots an Ganztagsschulen, die Förderung von Modellen der Nachbarschaftshilfe, die Einrichtungen der Kinderbetreuung und Erziehung bedarfsgerecht auszugestalten, die Öffnungszeiten dieser Einrichtungen flexibler zu gestalten sowie Maßnahmen zur Rückkehr von Frauen in den Beruf zu entwickeln. So wird die Forderung erhoben, das Arbeitsförderungsgesetz verstärkt für Eingliederungshilfen und Einarbeitungszuschüsse für Berufsrückkehrerinnen zu nutzen, Weiterbildungslehrgänge zum Nachholen von Schulabschlüssen und qualifizierten Abschlüssen in traditionell von Frauen ausgeübten Berufen auszubauen, das Angebot an Teilzeitarbeitsplätzen unter dem Aspekt zu sehen, daß dadurch Frauen und Männern, die sich zeitweise der Kindererziehung gewidmet haben, der Anschluß an das volle Erwerbsleben erleichtert wird sowie Möglichkeiten zu schaffen, die geeignet seien, das Qualifikationsniveau im erlernten Beruf zu erhalten.

Die Enquete-Kommission hatte auch eingehend die Einführung eines allgemeinen Antidiskriminierungsgesetzes diskutiert. Dabei ist sie zu der Auffassung gekommen, daß ein solches Gesetz, wenn es nur generalklauselartig die Diskriminierung verbiete, nicht über Artikel 3 Abs. 2 Grundgesetz hinausreiche und deshalb als entbehrlich angesehen werden könne. Als Alternative schlug die Kommission vor, neue gesetzliche Regelungen zur Verhinderung der Diskriminierung der Frau zu erlassen bzw. Antidiskriminierungsregelungen in bestehende Gesetze einzufügen. Dabei komme der Frage der Durchsetzung der Norm und der Sanktionen besondere Bedeutung zu.

Diese müßten so ausgestaltet werden, daß diejenigen Personen oder Institutionen, die Frauen diskriminierten, durch Sanktionen nachdrücklich getroffen würden.

Die Kommission spricht sich letztlich für ein Netzwerk zur Förderung der Gleichberechtigung von verschiedenen Institutionen von der Bundesebene bis zur kommunalen Ebene aus. Sie befürwortet Gleichstellungsstellen für alle Bundesländer sowie die Kompetenzen des Bundesministeriums für Jugend, Familie und Gesundheit zu erweitern, damit es in die Lage komme, die Frauenpolitik in der Bundesregierung zu koordinieren. Dem Ministerium sollte ein weitgehendes Beteiligungsrecht eingeräumt werden. So sollte in der Geschäftsordnung festgelegt werden, daß alle Regierungsvorlagen eine Art Prüfvermerk erhalten, in dem die Auswirkungen des Vorhabens auf die Situation der Frauen dargelegt werden. Durch die Erweiterung des BMJFFG zum Frauenministerium ist diesen Vorschlägen weitgehend entsprochen worden.

Die Debatte

Der Bericht der Kommission, der ehrlicherweise zu manchen Fragen ein Mehrheits- und Minderheitsvotum enthielt, wie z. B. zum Erziehungsgeld, zur Frage, ob ein Antidiskriminierungsgesetz sinnvoll ist oder zur Teilzeitarbeit, zeigte ebenso wie die Debatte über den Bericht am 19. März 1981, „daß sowohl im Hinblick auf die Analyse der Benachteiligungen von Frauen heute wie auch im Hinblick auf die Ziele, die wir verfolgen, eigentlich eine weitgehende Übereinstimmung besteht" (Frau Däubler-Gmelin, SPD).

Der Bericht der Enquete-Kommission ist, seitdem er vorliegt, Wegweiser und Wegbegleiter vieler Aktivitäten der Bundesregierung, der Länderregierungen, des Bundestages und einzelner Organisationen. Die Abgeordnete Frau Wex (CDU/CSU), die im übrigen 1973 die Einsetzung einer solchen Kommission in ihrer Fraktion angeregt und durchgesetzt hatte, hat zu den Aufgaben des Berichtes in der Debatte Ausführungen gemacht, die seinen Zweck exakt umreißen:

„Der Bericht wendet sich zuerst einmal an uns, den Deutschen Bundestag. Wir müssen ein abgestuftes Programm zur Erreichung der Gleichberechtigung in unserer Gesellschaft entwickeln. Der Bericht wendet sich zweitens an die Bundesregierung ... Sie hat hier eine Richtschnur ihres politischen Handelns. Und drittens wendet sich der Bericht an die Arbeitgeber- und Arbeitnehmerorganisationen. Vieles, was wir erreichen müssen – etwa eine bessere Abstimmung zwischen Familie- und Arbeitswelt, so z. B. durch Ermöglichung von Teilarbeitszeit und Job-sharing, wie aber auch eine verstärkte Vertretung in den jeweiligen Organisationen, so z. B. in den Betriebs- und Aufsichtsräten –, ist eine Sache der Sozialpartner. Auch für sie gilt, daß die Gleichberechtigung über 30 Jahre nach Inkrafttreten des Grundgesetzes noch nicht erreicht ist, und an dieser Verantwortung haben auch sie mitzutragen.

Viertens wendet sich der Bericht an jeden einzelnen Bürger. Wir können noch so viele Gesetze machen – wenn das Bewußtsein für diese Probleme nicht geschärft, wenn die Bereitschaft, sie zu lösen, nicht gegeben ist, dann werden uns alle Gesetze nichts nützen."

Die Diskussionen seit der Vorlage des Berichts sind weitergegangen. Einige Forderungen, die die Kommission erhoben hat, wie z. B. Erziehungsgeld und Erziehungsurlaub, sind in einer ersten Stufe verwirklicht. Im Arbeitsförderungsgesetz sind Berufsrückkehrerinnen besonders erwähnt. Die Teilzeitarbeit hat Fortschritte gemacht; die Bundesregierung hat ein Modellprogramm zur Wiedereingliederung von Frauen in den Beruf gestartet. Aber auch Meinungen haben sich gewandelt. Die Sozialdemokraten, die in der Debatte zum Bericht der Enquete-Kommission ein Antidiskriminierungsgesetz ablehnten, haben inzwischen ein Gleichstellungsgesetz vorgelegt; die Quotierung hat an Boden gewonnen. Frauenförderprogramme in den Parteien und in der Wirtschaft sind auf dem Vormarsch.

3. Das Bundeserziehungsgeldgesetz 1985

Die großen Parteien waren sich einig – so wie in den Empfehlungen der Enquete-Kommission Frau und Gesellschaft niedergelegt –, die Position von Männern und Frauen in der Erziehung der Kinder zu stärken. In der Kommission hatte man u. a. das Modell eines bezahlten Elternurlaubs diskutiert, das den Mutterschaftsurlaub ausbauen und das bestehende Mutterschaftsgeld ergänzen sollte. Diese Bestandteile wurden zweifelsfrei auch in dem von der Bundesregierung eingebrachten und am 14. November 1985 vom Deutschen Bundestag verabschiedeten Bundeserziehungsgeldgesetz berücksichtigt, das das Mutterschaftsgesetz aus dem Jahre 1979 ablösen sollte.

Nach den Worten des damaligen Bundesministers Geißler (CDU) sollten durch das Gesetz drei zentrale Fragen beantwortet werden: „Beseitigung der Notlagen alleinstehender Mütter, Erziehung und Betreuung des Kindes in der ersten wichtigen Lebensphase durch Vater oder Mutter, Unvereinbarkeit von Beruf und Familie" (13. 9. 1985).

Dem Erziehungsgeldgesetzentwurf zufolge sollte allen Müttern in Zukunft ein Erziehungsgeld gezahlt werden. Dies war neu, denn das damals noch gültige Mutterschaftsgeld erfaßte lediglich die erwerbstätige Frau. Allerdings hatte die SPD / FDP-Koalition 1979 in einem Entschließungsantrag angekündigt, das Mutterschaftsgeld nach Möglichkeit weiter auszubauen und die Väter in eine solche Regelung miteinzubeziehen. Das Erziehungsgeld sollte im übrigen wahlweise an Mutter oder Vater gezahlt werden, und es wurde gekoppelt mit einem Erziehungsurlaub mit Beschäftigungsgarantie.

Die Sozialdemokraten hatten in die Beratungen den Entwurf eines Gesetzes zur Förderung der Vereinbarkeit von Familie und Beruf (Elternurlaubsgesetz) eingebracht, das in seiner Zielrichtung die Position der erwerbstätigen Mutter gestärkt hätte. Das Elternurlaubsgesetz stellte allerdings nicht alle Frauen gleich, sondern behandelte die Hausfrauen schlechter. Das Mutterschaftsurlaubsgeld sollte in alter Höhe (750,– DM im Gegensatz zu 600,– DM Erziehungsgeld) beibehalten und Wahlmöglichkeiten beim Elternurlaub eröffnet werden, während der Erziehungsurlaub unmittelbar nach dem Mutterschaftsurlaub angetreten werden mußte.

Es bestanden also zwischen beiden Gesetzentwürfen Unterschiede, die zu einer lauten und leidenschaftlich geführten Debatte sowohl in der ersten als auch in der zweiten Lesung führten.

Die in der Sache und in Einzelfragen heftige Auseinandersetzung konnte aber nicht darüber hinwegtäuschen, daß in der Zielrichtung eine breite Übereinstimmung bestand. Der SPD-Abgeordnete Hauck machte dies in

Rita Süssmuth (CDU) trat am 25. November 1988 das Amt der Bundestagspräsidentin an.

der dritten Lesung des Gesetzes am 14. 10. 1985 deutlich, als er zwar davon sprach, daß die Ablehnung des SPD-Entwurfs für ein Elternurlaubsgesetz eine Zustimmung seiner Partei zum Erziehungsgeldgesetz unmöglich mache. „Dagegen verbietet der richtungsweisende familienpolitische Einstieg, der auch unseren Vorstellungen entspricht, eine Ablehnung." Letztlich lehnten nur die „Grünen" dieses Gesetz ab. Die grüne Alternative formulierte in der zweiten Lesung des Gesetzes die Abgeordnete Frau Wagner am 14. November 1985: „Was wir brauchen, bietet nicht dieses Gesetz. Was wir brauchen, sind familienpolitische Alternativen, die diesen Namen wirklich verdienen.

Wir brauchen die gesellschaftliche Anerkennung der Kinderbetreuung für erwerbstätige und nichterwerbstätige Personen – unabhängig von der Ehe – und ein Kinderbetreuungsgeld, das in Relation zu den durchschnittlichen Erwerbseinkommen steht. Wir brauchen ein Elternfreistellungsgesetz für befristete Zeiträume mit vollkommener Arbeitsplatzgarantie und Lohnausgleichszahlungen. Wir brauchen die gesetzliche Möglichkeit einer täglichen Arbeitszeitverkürzung für betreuende Eltern mit Lohnausgleichszahlungen, verbunden mit dem Recht, auf die Vollzeitstelle zurückzukehren. Wir brauchen gesetzliche Regelungen, die die Diskriminierung von Frauen hinsichtlich sowohl der Ausbildung als auch der Ein- und Höhergruppierung wirksam angehen. Wir brauchen qualitativ gute außerhäusliche Betreuungsmöglichkeiten in ausreichender Anzahl."

Die grünen Gegenstimmen waren ein „Schönheitsfehler"; alle anderen Abgeordneten waren sich darin einig, daß mit dem Erziehungsgeldgesetz eine neue familienpolitische Dimension erreicht worden war.

Die Einführung des Erziehungsgeldes und die damit erreichte Neubewertung der Arbeit in der Familie wurde ergänzt durch das Hinterbliebenenrenten- und Erziehungszeitengesetz, das zum einen Männer und Frauen in der Hinterbliebenenversorgung gleichstellte und das für jedes Kind ein Jahr an Erziehungszeiten in der Rentenversicherung brachte (Bundestagssitzung vom 21. 1. 1984).

IV. Die Rolle des Deutschen Bundestages in der Umsetzung der Gleichberechtigung zwischen Mann und Frau in die soziale Wirklichkeit

Im Vorwort zu seinem Buch „Sternstunden der Menschheit" schreibt Stefan Zweig: „Solche dramatisch geballten, solche schicksalsträchtigen Stunden, in denen eine zeitüberdauernde Entscheidung auf ein einziges Datum, eine einzige Stunde oder oft nur eine Minute zusammengedrängt ist, sind selten im Leben eines einzelnen und selten im Laufe der Geschichte." In diesem Sinne waren die Debatten des Deutschen Bundestages über die Gleichberechtigung zwischen Männern und Frauen keine Sternstunden. Denn sie waren Höhepunkte von Diskussionen, die oft jahrelang die Gemüter innerhalb und außerhalb des Parlaments bewegten. So hat die Einführung des Erziehungsgeldes, um ein Beispiel herauszugreifen, von der Vorlage des ersten Gesetzentwurfs im Parlament bis zur Verabschiedung elf Jahre gedauert. Über die Reform des Bürgerlichen Gesetzbuches wurde vier Jahre beraten, und die Enquete-Kommission des Deutschen Bundestages hat von 1973 bis 1980 gearbeitet. Betrachtet man aber die Ergebnisse und Entscheidungen, so kann man durchaus von wichtigen und bedeutsamen Stunden des Parlamentes sprechen. Gerade die Beschlüsse zur Situation der Männer und Frauen in unserem Land haben die gesellschaftliche Entwicklung stark beeinflußt und das Bewußtsein vieler Menschen – und vieler Politiker – verändert. Das Machtgefüge zwischen Männern und Frauen ist neu geordnet worden. Es wurden wesentliche Grundlagen geschaffen, die Voraussetzung zur Umsetzung der Gleichberechtigung sind. Insofern waren die vergangenen vierzig Jahre wichtige Jahre: Und wohl in noch keinem Abschnitt unserer parlamentarischen Geschichte sind zur Erreichung des Zieles der Gleichberechtigung zwischen Mann und Frau solche Fortschritte gemacht worden.

Aber auch richtig ist: Fortschritte dauern zu lange; zu Recht werden viele Frauen ungeduldig.

In dieser Situation spielt der Deutsche Bundestag eine wichtige Rolle. Er kann sich zum einen – und das macht er in vielfältiger Weise – zum Anwalt der Gleichberechtigung machen. Die große Zahl der Kleinen und Großen

Anfragen zu diesem Themenbereich, die vielfältigen Diskussionen und die Behandlung von Gesetzesantworten geben immer wieder Gelegenheit, die Positionen zu verdeutlichen. Dabei werden die Beiträge immer nuancierter und detaillierter. Danach wird deutlich, daß es die *eine* Frauenpolitik auch gar nicht gibt, sondern daß sich Politik an den verschiedensten Lebenssituationen messen lassen muß. Solche Detaildiskussionen, etwa, wenn es um alleinerziehende Väter oder Mütter geht, zeigen auch immer wieder, daß sich grundlegende frauenpolitische Fragen nicht parteipolitisch lösen lassen. Vielmehr ist eine genaue Detailkenntnis notwendig – oft mehr als in anderen politischen Bereichen.

Die Debatten und Entscheidungen des Deutschen Bundestages zeigen:

1. Grundsatzentscheidungen in der Gleichberechtigungspolitik sind immer in großem Einvernehmen beschlossen worden. Insofern gab es in der Frauenpolitik nie die Gräben wie in anderen Bereichen der Politik z. B. der Außenpolitik der fünfziger Jahre oder der Finanzpolitik der siebziger Jahre.
2. Frauen spielten in diesen Debatten eine wichtige und oft dominierende Rolle. Sie zeigten überdurchschnittliche Zivilcourage. Insbesondere in den Debatten über die Änderung des Bürgerlichen Gesetzbuches entwickelten sich Meinungsunterschiede innerhalb der Fraktionen. Eine verschiedene Einstellung von Frauen und Männern zeigte, daß die eigentlichen Spannungsmomente nicht mehr so sehr in den unterschiedlichen Auffassungen verschiedener Parteien lagen, sondern zwischen Frauen und Männern einer Partei. Die Folge: Es bildeten sich parteiumfassende Konstellationen heraus, denen es durchaus gelang, einmal in Parteigremien gefaßte Entscheidungen zu verändern.
3. Der Anteil der Frauen im Parlament schwankte seit 1919 immer unterhalb der 10%-Marke. Erstmals 1987 wurde diese „Quote" mit über 15% (80 Abgeordnete) deutlich übertroffen. Das Bild des Parlamentes ist dadurch bunter geworden; immer mehr Frauen beteiligen sich an Debatten, die vor noch nicht allzu langer Zeit „männerbeherrscht" waren. Diese Entwicklung, analysiert man Parteitagsbeschlüsse und die Diskussion innerhalb der Parteien, geht weiter. Ich rechne damit, daß im Bundestag, der im Dezember 1990 gewählt werden wird, mindestens 100 Frauen vertreten sein werden.

Aus all dem folgt: Der Deutsche Bundestag hat gute Chancen, ein Motor für mehr Gleichberechtigung in diesem Land zu werden, indem er – wie beispielsweise im Fall der Enquete-Kommission „Frau und Gesellschaft" – Positionen formuliert, die über Parteigrenzen hinweg von den Frauen im Parlament durchgesetzt und von den Frauen im Land angenommen werden.

Reinhard Appel

Innerer Friede

Würden alle Deutschen zustimmen, wenn man sie fragte, ob in unserem Land seit 40 Jahren innerer Frieden herrscht? Sicherlich gibt es aus unterschiedlichen Erfahrungen und Interessenlagen die verschiedensten Antworten.

Für viele Deutsche in der DDR beispielsweise, die unter den Folgen des Zweiten Weltkrieges sehr viel mehr zu leiden haben als wir, ist der innere Frieden in Deutschland erst wiederhergestellt, wenn sie sich mindestens so frei entscheiden, so frei äußern und so frei bewegen können wie die Bürgerinnen und Bürger der Bundesrepublik.

Hier bei uns wiederum gibt es manche Gruppen und Einzelpersonen, die aus ihrer persönlichen Situation oder ihren Wünschen und Forderungen an den Staat oder die Gesellschaft bestreiten, daß von einem inneren Frieden gesprochen werden könne.

Kommt man mit Ausländern aus dem Osten oder Westen, Süden oder Norden zusammen, begegnet einem kopfschüttelndes Staunen ob solcher Zweifel, jedenfalls, wenn man sie verallgemeinert.

Wenn ich in meinem Rückblick auf 40 Jahre Parlamentarismus in der Bundesrepublik von einem relativen Frieden im Inneren ausgehe und den möglichen Gründen anhand von Bundestagsdebatten oder Parlamentarier-Reden nachzugehen versuche, dann bleibt mir im Bewußtsein, daß die Balance eines inneren Friedens in unserem Volk zwar von Zeit zu Zeit verloren zu gehen schien, aber bisher im großen und ganzen doch bewahrt werden konnte. Die mehr oder weniger radikalen Umbrüche in unserer Geschichte der letzten 70 Jahre, insbesondere aber die Zäsur nach dem Zweiten Weltkrieg, bargen viele Gefahren für den inneren Frieden und damit für den Erfolg oder Mißerfolg des zweiten republikanischen Demokratieversuches in Deutschland, nachdem schon der erste Versuch nach 1918 „mehr als Erblast und nicht als Geschenk der Niederlage“ (Heinrich Mann) empfunden wurde.

Nach 1945 standen viele Deutsche der Politik aus vielerlei Gründen grundsätzlich skeptisch, enttäuscht oder irritiert, also eher distanziert und abwartend oder gar ablehnend gegenüber. Die Erinnerung an den totalen Krieg und die totale Niederlage war noch lebendig, die Wunden schmerzten noch. Die Ergebnisse der verbrecherischen Politik Hitlers, dem Zerstörer des Reiches, saßen uns noch in den Knochen wie die Schmach über die KZ-Greuel und überhaupt die lange Duldung seiner Diktatur. Die Zerstörungen in den Städten waren noch nicht beseitigt. Viele Menschen trauerten um Gefallene, Ermordete, Vermißte, sorgten sich um Gefangene oder litten unter dem Verlust der Heimat. Die Nachwirkungen des Krieges bestimmten noch das Bewußtsein und die Stimmung. Ein Dach über dem Kopf und einen Arbeitsplatz zu haben und auf eine friedliche Entwicklung hoffen zu können, waren vorrangige Ziele.

Zwei Ereignisse hatten gegen Ende der vierziger Jahre in diesem Zusammenhang neue Hoffnungen für einen friedlichen Wiederaufbau geweckt und die Grundlage für den inneren Frieden gefestigt. Zum einen die erfolgreiche (wenn auch gegebene Besitztümer bestätigende) Währungsreform vom 20. Juni 1948 in den drei Westzonen und in Westberlin und damit die Abschaffung des verhaßten Bewirtschaftungssystem sowie die Überwindung der kurz nach der Währungsreform einsetzenden einjährigen sowjetischen Berlinblockade durch die imponierende amerikanische Luftbrücke. Beiden Entscheidungen, außer von den Kommunisten in Westdeutschland einschränkungslos begrüßt, wohnte für uns Deutsche im Westen eine prinzipielle, perspektivische politische Bedeutung inne, die viele spätere politische Entwicklungen in den fünfziger Jahren erklärt, nämlich Vertrauen zu den westalliierten Siegermächten und, infolge endgültigen Auseinanderfallens der Anti-Hitler-Koalition der Kriegsalliierten, allerdings auch die Übertragung des Ost-West-Konflikts auf Deutschland.

Die Bundesrepublik begann, aus dem Streit des Westens mit Moskau Nutzen zu ziehen. Konrad Adenauer, der sich nach der ersten Bundestagswahl trotz der historischen Neubegründung eines Staates mit grundsätzlichen Weichenstellungen erfolgreich gegen eine Regierungskoalition mit den Sozialdemokraten gewandt und eine bürgerliche Koalition zusammengefügt hatte, paßte sich illusionslos den auch im Volk mehrheitlich empfundenen Notwendigkeiten der Zeit an. Er war der Mann des Westens und strebte zielbewußt die Integration der Bundesrepublik Deutschland in den Westen an. Die Westdeutschen folgten ihm stets mehrheitlich, wie spätere Wahlen bewiesen, denn der Einmarsch der Roten Armee und die Besatzungspolitik der Sowjetunion in der Ostzone hatten einen militanten Antikommunismus zur Folge. Die Option für den Westen bedeutete zudem einen wirtschaftlichen Aufschwung und im Westen einen sukzessiven Abbau der internationalen Isolierung Deutschlands als Kriegsgegner.

Aber zunächst ging diese Adenauersche Westpolitik nicht ohne scharfe Konflikte mit der sozialdemokratischen Opposition ab, die das innenpolitische Klima für viele Jahre beherrschten und den inneren Frieden gefährdeten. Für die scharfen politischen Auseinandersetzungen im Bonner Parlament bleibt jene Szene bezeichnend, in der Adenauer seine Westkurspolitik verteidigte und Kurt Schumacher ihm mit seiner schneidenden Stimme in einem Zwischenruf das Verdikt „Kanzler der Alliierten" entgegenschleuderte. Die Abgeordneten der Unionsparteien tobten und verlangten Konsequenzen. Schließlich wurde der sozialdemokratische Oppositionsführer für einige Zeit – die ursprüngliche Entscheidung von 30 Sitzungen wurde revidiert – von den Parlamentssitzungen ausgeschlossen.

Nun wäre es ein Fehlschluß, wenn man glaubte, Kurt Schumacher wollte dem Westkurs Adenauers einen sozialdemokratischen Ostkurs entgegensetzen. Das Gegenteil war der Fall. Kein deutscher Politiker trat in der Nachkriegszeit entschiedener gegen eine Zusammenarbeit mit den Kommunisten auf als der ehemalige Reichstagsabgeordnete Kurt Schumacher, der über zehn Jahre im KZ verbracht hatte. Als die Kommunisten über die sowjetisch besetzte Zone hinaus eine Blockbildung von Sozialdemokraten und Kommunisten wie in der SED anstrebten, setzte er ihnen unerbittlichen Widerstand entgegen. Daß die Kommunisten trotz Not und Elend in Westdeutschland und Westberlin, auch in der Arbeiterschaft, kaum Erfolg hatten, ist vor allem auch auf Kurt Schumacher zurückzuführen. Er charakterisierte ihre Politik als unsozialistisch, arbeiterfeindlich und menschenentwürdigend.

Das nationale Pathos war bei Schumacher stark ausgeprägt. Als konsequenter Anti-Nationalsozialist stand er in nationalen Fragen unter keinem falschen Verdacht.

Mir ist unvergeßlich, wie er auf einer Pressekonferenz, als es um mögliche neue kriegerische Verwicklungen in Europa ging – zu einer Zeit, als die Kriegsgefangenen aus dem 2. Weltkrieg noch nicht alle zurückgekehrt waren –, die These vertrat, die Verteidigungsstreitmacht müsse so stark sein, daß die sowjetischen Truppen sofort an den Bug zurückgeworfen werden könnten, wenn sie es wagen sollten, auch nur einen Schritt über die Zonengrenze in den Westen zu kommen. Schumachers Reden, ob im Parlament oder vor Massenversammlungen, zählten zu den herausragenden Nachkriegsereignissen. Seine Bildung, seine Logik, sein Sprachreichtum, sein beißender Witz und seine rhetorische Begabung hoben ihn in seiner Zeit über alle politischen Redner hinaus, die auf der öffentlichen Bühne auftraten. Er hatte gehofft, der erste Bundeskanzler der Bundesrepublik Deutschland zu werden, aber er verfehlte das Mandat relativ knapp. Die Historiker können darüber spekulieren, ob Schumacher als Bundeskanzler das Nachkriegsdeutschland nicht doch, trotz Weichenstellungen der Kriegsalliierten in Jalta und Potsdam und der internationalen Entwicklung in Osteuropa und später in Korea, auf einen anderen Weg gelenkt hätte als Adenauer. Er besaß eine große seherische und gedankliche Kraft und verstand es, die Menschen in seinen Bann zu ziehen. Für die junge Republik schien damals das Nicht-Verhältnis des Preußen Schumacher mit dem Rheinländer Adenauer von Übel. In dieser Zeit lernte die Demokratie laufen, und viele Deutsche standen noch am Rand und schauten eher skeptisch zu, denn sie hielten in der noch gegebenen Notlage die Gemeinsamkeit der demokratischen Kräfte für notwendig. Mit dem Abstand von Jahrzehnten möchte man die damaligen gegenseitigen persönlichen Polemiken der beiden großen Männer aus der Weimarer Zeit weniger wichtig nehmen und die scharfen, aber doch vor allem sachbezogenen politischen Auseinandersetzungen als ein hilfreiches demokratisches Wechselspiel zwischen Regierung und Opposition bewerten. Der „innere Friede" wurde nur scheinbar tangiert. Bei den Verhandlungen, die Konrad Adenauer zur Ablösung des Besatzungsstatuts zu führen hatte, stellte sich die harte Opposition Schumachers als Stärkung der deutschen Position heraus. Engagierter Kampf für die eigene politische Überzeugung, damals noch von so manchem Deutschen als gemeinschaftsfeindlich charakterisiert, erwies sich auf die Dauer als stabilisierend für die junge Demokratie, weil sich dadurch die unterschiedlichen sozialen Schichten und Denkrichtungen im Parlament vertreten fühlten und bei den Wählerinnen und Wählern die Gewißheit wuchs, daß ihre Sache in der Demokratie repräsentativ wahrgenommen wird. Die Distanz zu „denen da in Bonn" wurde geringer. Die Graswurzel-Demokratie festigte sich.

Diese Entwicklung resultierte aus mehreren Faktoren. Ein Faktor ergab sich aus der Tatsache, daß das Parlament als maßgebliches Argumentationsforum noch sehr viel mehr als heute im Mittelpunkt der großen Entscheidungen stand, auch wenn die Mehrheiten „klar" waren. Überdies wurden die wichtigen Debatten am Anfang der Republik live im Hörfunk und später auch im Fernsehen übermittelt, und die Übertragungen bildeten häufig das Gesprächsthema in der Familie, im Bekanntenkreis und am Arbeitsplatz. Es war eine politische Pionierzeit; und die Pionierarbeit für das Wachsen und Werden des neuen Staates vollzog sich im Parlament. Das Wahlvolk war vielfach Ohren- und Augenzeuge der großen Reden und wichtigen Debatten.

Ich glaube, daß schon die ersten Reden nach der Wahl des ersten Deutschen Bundestages, die am 14. August 1949 erfolgt war, den Geist verraten, der bei der Gründung der Bundesrepublik Pate stand, ein Geist, der sich nach zwei verlorenen Weltkriegen in sehr bewußter Einsicht am äußeren und inneren Frieden orientierte.

Paul Löbe: Die Achtung für unser Volk zurückgewinnen

Zur Konstituierung des Bundestages am 7. September 1949 sprach der 74jährige, noch zu Lebzeiten Bismarcks geborene Alterspräsident Paul Löbe aus Berlin, der vor Hermann Göring noch Reichstagspräsident in der Weimarer Zeit gewesen war. Er personifizierte eine geschichtliche Brücke vom Kaiserreich zur Weimarer Republik und durch die Leiden der Hitlerzeit bis zur Geburt des neuen Staates.

„... Meine Damen und Herren! In dem Augenblick, in dem zum ersten Male wieder freigewählte Abgeordnete eines erheblichen Teils von Gesamtdeutschland zusammentreten, um eine deutsche Regierung einzusetzen und eine neue Gesetzgebung zu beginnen, schweifen die Gedanken von uns Älteren zurück zu jener letzten Sitzung des Deutschen Reichstags in der Berliner Krolloper, der wir beiwohnten und in der durch das Hitlersche Ermächtigungsgesetz die staatsbürgerlichen Freiheiten für lange Jahre begraben wurden. Das war ein illegaler Akt, durchgeführt von einer illegalen Regierung. Der Widerstand dagegen war eine patriotische Tat. *(Lebhafte Zurufe: Sehr richtig! – Abg. Reimann: Wieviele Abgeordnete sitzen hier, die dafür gestimmt haben! – Abg. Rische: Sehr richtig!)*

Die Jüngeren unter uns aber, woher sie auch kommen mögen, haben auf ihrer Reise nach Bonn von Stadt zu Stadt noch einmal, vielleicht zum ersten Male in diesem Umfang, die erschütternden Zeugen der Zerstörung gesehen, die jene Machtergreifung schließlich herbeigeführt hat, die sichtbaren

Zeugen nur, denn jeder einzelne von uns weiß dabei um die geistige und seelische Verwüstung, die mit der äußerlichen in unserem Volke angerichtet worden ist. Die Alten und die Jüngeren sind nun hier vereint in der schweren Aufgabe, an die Stelle der Trümmer wieder ein wohnliches Haus zu setzen und in den Mutlosen eine neue Hoffnung zu wecken.

Was erhofft sich das deutsche Volk von der Arbeit des Bundestags? – Daß wir eine stabile Regierung, eine gesunde Wirtschaft, eine neue soziale Ordnung in einem gesicherten Privatleben aufrichten, unser Vaterland einer

Paul Löbe (l.), SPD, Präsident des Deutschen Reichstages 1920–1932, Mitglied des Parlamentarischen Rates 1948/49 und von 1949–1953 Alterspräsident des Deutschen Bundestages, im Gespräch mit Louise Schroeder (SPD) und Kurt Schumacher.

neuen Blüte und neuem Wohlstand entgegenführen. Schier unüberwindlich scheinen die Hindernisse, die auf diesem Wege liegen, und ungezählte Scharen unserer Landsleute sind es, die von unserer Arbeit eine Minderung ihrer Sorge erwarten. Es stehen vor unserer Tür die Millionen der Heimatvertriebenen von jenseits der Oder-Neiße-Grenze, die Verstümmelten und Verwaisten des Krieges, die ja auch ein Opfer des Nazismus sind, jene, die in den Bombenangriffen Hab und Gut verloren, die anderen Opfer des Naziregimes und der mehrfachen Währungsmaßnahmen. Welch mühevolle, beharrliche, wohlüberlegte und welch gutwillige Zusammenarbeit wird notwendig sein, um auch nur der geringsten dieser Aufgaben Herr zu werden!

Meine Damen und Herren! Wir werden es nicht schaffen aus eigener Kraft allein. Wir werden – geben wir uns keinem Irrtum darüber hin – dabei noch lange der Beihilfe des Auslandes bedürfen. Wohlgemerkt: nicht in der Form und im Sinne von Almosen, sondern für den Aufbau unserer Wirtschaft, damit wir aus eigener Arbeit die Grundlagen unserer Existenz finden. Ich habe die Zuversicht: Unser arbeitsames, tüchtiges, ordnungsliebendes, leider politisch so oft irregeführtes Volk wird es schaffen!" *(Lebhafte Bravo-Rufe und Händeklatschen.)*

...

Meine Damen und Herren! Mein letzter Appell gilt den Abgeordneten dieses Hauses selbst. Hinter uns liegt ein erbitterter Wahlkampf, dessen Formen oft das erträgliche Maß weit überschritten. *(Sehr wahr! rechts.)*

Mit der Fortsetzung dieser Ausbrüche ist dem deutschen Volke nicht gedient. *(Sehr richtig! rechts.)*

Es braucht nicht niederreißende Polemik, sondern aufbauende Tat. Wollen wir vor der deutschen Geschichte bestehen, dann müssen wir uns, ob in Koalition oder Opposition, soweit zusammenfinden, daß Ersprießliches für unser Volk daraus erwächst *(lebhafter Beifall!)*, damit wir uns auch die Achtung für unser deutsches Volk in der Welt draußen zurückgewinnen. – Meine Damen und Herren, lassen Sie uns die Arbeit mit diesem Vorsatz beginnen!" *(Anhaltender lebhafter Beifall.)*

Theodor Heuss: „Gerechtigkeit erhöhet ein Volk"

Auch die Antrittsrede des ersten neugewählten Bundespräsidenten, Professor Dr. Theodor Heuss, der von der neu konstituierten Bundesversammlung am 12. 9. 1949 im zweiten Wahlgang mit 416 Stimmen (sein Gegenkandidat, der SPD-Vorsitzende Dr. Kurt Schumacher, erhielt 312 Stimmen) die Mehrheit auf sich vereinigte, gehört zu den stilprägenden Ansprachen am Anfang der Republik.

„...

Man hat von den Deutschen oft geredet, daß sie ein „unpolitisches Volk" seien. Das will ich jetzt nicht vertiefen, es geht ja durch unsere eigene Kritik

Theodor Heuss bei seiner Vereidigung zum ersten Bundespräsidenten der Bundesrepublik Deutschland am 12. September 1949 durch den Bundestagspräsidenten Erich Köhler (links); rechts Karl Arnold.

hindurch. Aber dies möchte ich sagen dürfen: Die Legende von dem unpolitischen Volk der Deutschen ist falsch, wenn wir etwas davon wissen, was die Selbstverwaltung in Deutschland, seitdem sie der Freiherr vom Stein geschaffen hat, aus diesem deutschen Volk in den konkreten Aufgaben gemacht hat. Und so begreife ich – wenn wir das Zentralistische, Befehlsmäßige ablehnen – die Gliederung, in der wir leben, als die großen Schulungsmöglichkeiten und als die Voraussetzungen zu dem, was ich eine lebendige Demokratie nennen möchte. Eine lebendige Demokratie!

...

Deutschland braucht Europa, aber Europa braucht auch Deutschland. Wir wissen es im Geistigen: Wir sind in der Hitlerzeit ärmer geworden, als uns die Macht des Staates von dem Leben der Völker absperrte. Aber wir wissen auch dies: Die anderen würden ärmer werden ohne das, was Deutschland bedeutet. Wir stehen vor der großen Aufgabe, ein neues Nationalgefühl zu bilden. Eine sehr schwere erzieherische und erlebnismäßige Aufgabe, daß wir nicht versinken und steckenbleiben in dem Ressentiment, in das das Unglück des Staates viele gestürzt hat, und daß wir nicht ausweichen in hochfahrende Hybris, wie es ja nun bei den Deutschen oft genug der Fall war. Seltsames deutsches Volk, voll der größten Spannungen, wo das Subalterne neben dem genial spekulativ Schweifenden, das Spießerhafte neben der großen Romantik steht. Wir haben die Aufgabe im politischen Raum, uns zum Maß, zum Gemäßen zurückzufinden und in ihm unsere Würde neu zu bilden, die wir im Innern der Seele nie verloren."

...

Verehrte Mitglieder des Bundestages, des Bundesrates und der Bundesversammlung! Im Bewußtsein meiner Verantwortung vor Gott trete ich dieses Amt an. Indem ich es übernehme, stelle ich dieses Amt und unsere gemeinsame Arbeit unter das Wort des Psalmisten: „Gerechtigkeit erhöhet ein Volk." *(Langanhaltender lebhafter Beifall.)*

Konrad Adenauer: Meine Wahl ist eine logische Konsequenz der politischen Verhältnisse

Am 15. September hatte der erste Bundestag nach Koalitionsverhandlungen zwischen der CDU/CSU, der FDP und der DP den 73jährigen Dr. Konrad Adenauer, langjähriger Oberbürgermeister der Stadt Köln in der Weimarer Zeit, mit der präzis erforderlichen Mehrheit von 202 Stimmen zum ersten Bundeskanzler der neu gegründeten Bundesrepublik gewählt. Am 20. September gab er vor dem Bundestag seine Regierungserklärung ab, die hier vor allem in den Passagen interessiert, die sich unter den Gesichtspunkten des inneren Friedens mit seinem Verständnis von Regierung und Opposition in einer parlamentarischen Demokratie befaßt. Auch seine Reaktion und Schlagfertigkeit und sein souveräner Humor beeindrucken noch heute, wenn man das Protokoll liest:

„...

Meine Wahl zum Bundeskanzler, meine Damen und Herren, und die Regierungsbildung sind eine logische Konsequenz der politischen Verhältnisse, wie sie sich in der Bizone infolge der Politik des Frankfurter Wirtschaftsrats herausgebildet hatten. Die Politik des Frankfurter Wirtschaftsrats, die Frage „Soziale Marktwirtschaft" oder „Planwirtschaft", hat so stark unsere ganzen Verhältnisse beherrscht, daß eine Abkehr von dem Programm der Mehrheit des Frankfurter Wirtschaftsrats unmöglich war. Die Frage: „Planwirtschaft" oder „Soziale Marktwirtschaft" hat im Wahlkampf eine überragende Rolle gespielt. Das deutsche Volk hat sich mit großer Mehrheit gegen die Planwirtschaft ausgesprochen. *(Unruhe links.)*

Eine Koalition zwischen den Parteien, die die Planwirtschaft verworfen, und denjenigen, die sie bejaht haben, würde dem Willen der Mehrheit der Wähler geradezu entgegengerichtet gewesen sein. *(Sehr richtig! in der Mitte.)*

...

Ich bin nicht der Auffassung, daß es den Interessen der Gesamtbevölkerung, den Interessen Deutschlands besser gedient hätte, wenn man etwa eine Koalition zwischen CDU/CSU und der Sozialdemokratischen Partei eingegangen wäre. Ich bin der Auffassung, daß die Opposition eine Staatsnotwendigkeit ist, daß sie eine staatspolitische Aufgabe zu erfüllen hat, daß nur dadurch, daß Regierungsmehrheit und Opposition einander gegenüberstehen, ein wirklicher Fortschritt und eine Gewöhnung an demokratisches Denken zu erzielen ist. Ich bin weiter der Auffassung: Bei den labilen Verhältnissen, wie sie in Deutschland herrschen, ist es viel richtiger, wenn die immer vorhandene Opposition sich klar im Parlament selbst zeigt, als wenn sie, da infolge einer großen Koalition im Parlament keine wesentliche Opposition hätte ausgeübt werden können, außerhalb des Parlaments in nicht kontrollierbarer Weise um sich greift. *(Sehr richtig! in der Mitte.)*

...

Es wird notwendig sein, sobald wie möglich auch die Frage der Pensionen der vertriebenen Beamten und der ehemaligen Militärpersonen durch Bundesgesetz zu regeln. *(Sehr richtig! in der Mitte und rechts.)*

Diese Regelung kann zwar an den namentlich in der Kriegszeit ungewöhnlich rasch erfolgten Beförderungen der Militärpersonen nicht achtlos vorbeigehen, sie wird aber doch die Wehrmachtbeamten und Militärpersonen so behandeln müssen, wie es recht und billig ist. *(Abg. Rische: Für die neue Wehrmacht!)* – Wir sind doch nicht in der Ostzone! *(Heiterkeit und Händeklatschen in der Mitte und rechts. – Abg. Rische: Da fehlt der Kriegsminister!)*

– Ich sehe Sie ja schon in schöner Uniform. *(Heiterkeit und Beifall in der Mitte und rechts. – Abg. Renner: Dann sind Sie aber amerikanischer General!)*

– Dann stehen Sie stramm vor mir!“ *(Heiterkeit und Beifall in der Mitte und rechts.)*

Kurt Schumacher: Die Opposition ist Bestandteil des Staatslebens

Der SPD-Vorsitzende Dr. Kurt Schumacher, der ebenfalls bereits in der Weimarer Zeit Reichstagsabgeordneter war und sich im Berliner Parlament schon mit Joseph Goebbels angelegt hatte, übernahm im Bundestag die Rolle des Oppositionsführers. Eine schwere Verwundung aus dem ersten Weltkrieg sowie die „Schutzhaft“ und das KZ während der Hitlerzeit hatten ihn gesundheitlich gezeichnet. In seiner Erwiderung auf die Regierungserklärung Adenauers formulierte er u. a. klassische Definitionen einer Opposition in einem demokratischen Staat und grenzte sich von allen Brückentheorien zu den Kommunisten in der DDR ab.

„...

Nun, wir sind die Opposition, und was Opposition ist, darüber hat sich eine unglaublich naive Diskussion in der deutschen Öffentlichkeit erhoben.

SPD-Vorsitzender und Oppositionsführer Kurt Schumacher, 1949.

Die Wertung der Opposition und der Regierung, die vorbehaltlose Überbewertung der Regierungsfunktion und die ebenso vorbehaltlose Unterbewertung der Oppositionsfunktion stammt aus dem Obrigkeitsstaat *(erneute Zustimmung)*, und die Begriffe des Obrigkeitsstaates scheinen noch in vielen Köpfen auch in diesem Hause sehr lebendig zu sein. *(Lebhafter Beifall links. – Zurufe rechts.)*

Eine Opposition ist in ihren Qualitäten nicht dann staatserhaltend, wenn sie eine wohlwollende Beurteilung durch die Bundesregierung oder durch ihre Parteien findet. Wir haben eine in Sachen der Besitzverteidigung sehr unsentimentale Regierung, und es wird die Aufgabe der Opposition sein, bei der Interessenvertretung der arbeitenden Bevölkerung ebenso unsentimental zu sein. *(Sehr gut! bei der SPD.)* Der Egoismus liebt es, an das Gemeinschaftsgefühl zu appellieren. *(Sehr gut! bei der SPD und rechts.)*

Die Regierung und die Opposition werden ihre Qualität durch ihre Leistungen bestimmen. Aber, werte Abgeordnete, der Grundsatz gilt für die Opposition, daß die Bundesregierung sich die Mehrheiten für ihre Gesetze aus den Reihen der Regierungsparteien zu schaffen hat.

Man kann also als Opposition nicht die Ersatzpartei für die Regierung sein und die Verantwortung für etwas übernehmen, wofür die Verantwortung zu übernehmen sich manche Regierungsparteien gegebenenfalls scheuen werden. *(Sehr richtig! bei der SPD.)* Die Opposition ist ein Bestandteil des Staatslebens und nicht eine zweitrangige Hilfestellung für die Regierung. *(Beifall links.)* Die Opposition ist die Begrenzung der Regierungsmacht und die Verhütung ihrer Totalherrschaft. Ihre Eindeutigkeit zwingt alle Parteien, die der Opposition wie die der Regierung, ihr innerstes Wesen an ihren Taten zu offenbaren. *(Erneuter Beifall.)* Es wäre nämlich ein Fehler, weiter den Zustand der Wesensunechtheit in der Propaganda der politischen Parteien zu belassen. Tatsachen müssen sprechen. Aber ebenso richtig ist, daß die Opposition sich nicht in der bloßen Verneinung der Regierungsvorschläge erschöpfen kann. *(Zuruf in der Mitte: Gut!)* Das Wesen der Opposition ist der permanente Versuch, an konkreten Tatbeständen mit konkreten Vorschlägen der Regierung und ihren Parteien den positiven Gestaltungswillen der Opposition aufzuzwingen. *(Lebhafter Beifall links. – Zustimmung rechts.)*

...

Wir kündigen stärkste Gegnerschaft an für den Fall, daß das Bonner Grundgesetz nach Sinn und Buchstaben zugunsten betont überföderalistischer Regelungen seiner einheitstrebenden Tendenzen entkleidet wird. *(Sehr wahr! bei der SPD.)* Wir wollen keine Revision des Bonner Grundgesetzes durch Verwaltungsorganisationen, durch Personenauswahl, durch Schaffung von Vorgängen!

Um Mißverständnissen, gewollten Mißverständnissen, entgegenzutreten, möchte ich sagen: Die deutsche Einheit ist nur möglich auf der Grundlage der persönlichen und staatsbürgerlichen Freiheit und Gleichheit und der gleichen Wertung und Würdigung der Menschenrechte in allen Besatzungszonen. *(Bravorufe und Händeklatschen bei der SPD und vereinzelt rechts.)* Aber die deutsche Einheit ist nicht möglich in der Form einer russischen Provinz oder eines sowjetischen Satellitenstaates. *(Lebhafte Zustimmung bei der SPD und in der Mitte.)*

Wir müssen bei dieser Politik auch abrücken von einem Rückfall in die missionarische Illusion der Brückentheorie. Das sind Illusionen, die 1933 aus der Hoffnung entstanden, mit einem totalitären Gegner, der das Ganze will, zu einem Kompromiß zu kommen, der einem die eigene politische

Existenz und Selbständigkeit läßt. Wir dürfen nicht in eine Anerkennung der Blockpolitik hineinrutschen, die in Wirklichkeit die Herrschaft der stärksten Regierungspartei und der hinter ihr stehenden Besatzungsmacht ist. Wir sollten bei aller Anerkennung der Tatsache, daß man sich nicht immer distanzieren kann von allem und jedem in Dingen des täglichen Lebens, derartige Dinge wie die beiden Godesberger Gespräche unterlassen." *(Sehr richtig! bei der SPD.)*

Eugen Gerstenmaier: Deutschlands Pflicht gegenüber den jüdischen Opfern

Ein Markstein für die politische Moral der Deutschen war der Wille, den Opfern der Gewaltherrschaft und des Krieges bzw. ihren Angehörigen Wiedergutmachung zu leisten. Gegenüber den Juden und dem von ihnen geschaffenen Staat Israel fühlten wir uns nach dem Holocaust in der tiefsten Schuld. Adenauer gelang es, mit Israel ein Wiedergutmachungsabkommen in Höhe von 3,5 Milliarden DM abzuschließen, was in Israel, das in Nöten war, aber auch in der internationalen Öffentlichkeit seinen Eindruck nicht verfehlte. In Deutschland trug dieses Abkommen, das an die schlimmsten Kapitel der Menschheit erinnerte, dazu bei, auf eine Vergebung von Schuld, auf Versöhnung zu hoffen.

Dr. Eugen Gerstenmaier, später für 15 Jahre souveräner Bundestagspräsident, aktiver Widerstandskämpfer gegen das Hitlerregime, einer der großen Redner des Parlaments, begründete am 18. 3. 1953 vor dem Bundestag die Notwendigkeit des Israel-Vertrages mit folgenden Argumenten:

»...

Zu den unbegreiflichsten Erscheinungen der neueren Geschichte wird immer jener Ausbruch von Wahnsinn gehören, dem schätzungsweise sechs Millionen deutsche, französische, belgische, polnische, russische, ungarische, dänische und andere europäische Bürger zum Opfer gefallen sind. Mit systematischer Methode und einer nahezu perfekten Technik wurden sie, vom Säugling bis zum Greis, erschossen, vergast, vernichtet aus keinem anderen Grund als dem, weil sie angeblich oder wirklich Menschen „anderen Blutes", Menschen jüdischer Rasse seien. Der Befehl war ergangen, Deutschland, „Großdeutschland", ja Europa „judenfrei" zu machen. Wer nicht entrann, verfiel dem Henker. Der den Befehl gab und die ihn ausführten, waren ruchlose Mörder. *(Abg. Strauß: Sehr richtig!)* Aber sie hatten die Macht in Deutschland, und sie sprachen im Namen, jedenfalls aber zu Lasten Deutschlands. Es gab Hunderttausende in Deutschland, denen darüber das Grausen ankam. Es gab Tausende, die gequält Hilfe zu bringen versuchten. Und es gab nicht wenige, die ihren Hals an diese Hilfe gewagt und ihn dabei verloren haben. Diesen Blutzeugen der Menschlichkeit, Vertreter des deutschen Volkes, hat es Deutschland in erster Linie zu danken, wenn es den Satz von der Kollektivschuld aller Deutschen ablehnen darf.

(Sehr richtig! in der Mitte.) Aber ihre Schar ist bei weitem nicht groß genug, um den anderen Satz von der Kollektivschuld aufstellen zu können. Wie Schuld und Unschuld sich hier auch immer mischen mögen, das eine steht fest: im Namen und zu Lasten Deutschlands wurden die Bürger jüdischer Rasse im Machtgebiet des Dritten Reiches in die Ghettos und von dort in die Verbannung oder in die Gasöfen geschickt. Das Ergebnis war der Gegenschlag der Geschichte, dessen Zeugen wir geworden sind.

...

Dieser Vertrag [der erste Vertrag der Bundesrepublik Deutschland mit dem Staate Israel v. 18. 3. 1953] entspringt, was Deutschland anbetrifft, dem festen Willen, einer klar und genau empfundenen sittlichen Verpflichtung nach dem Maße unserer nationalen Kraft einen materiellen Ausdruck zu geben. Und dieser Vertrag hat das Ziel, Deutschland aus dem Ghetto ganz und für immer herauszubringen. Ich sehe nicht ein, warum nicht beides frei ausgesprochen werden sollte. Deutschland hat in dieser Sache eine unabweisbare doppelte Pflicht, erstens gegenüber den Opfern der Tyrannei, zweitens gegenüber sich selbst, seinem Namen und seiner geschändeten Ehre."

Die Todesstrafe

Auf die Frage, welche Bundestagsrede in der ersten Legislaturperiode von 1949 bis 1953 – der Krieg mit Millionen Toten und Ermordeten war erst wenige Jahre zuvor beendet worden – auf mich den nachhaltigsten Ein-

12. 5. 1949	Beendigung der Blockade West-Berlins.
7. 9. 1949	„Es braucht nicht niederreißende Polemik, sondern aufbauende Tat..." Paul Löbes Eröffnungsrede im Deutschen Bundestag.
20. 9. 1949	Erste Rede des Bundespräsidenten Th. Heuss: „Seltsames deutsches Volk, voll der größten Spannungen ..." – K. Schumacher definiert die Rolle der Opposition als „Bestandteil des Staatslebens".
Oktober 1952	Diskussion über die Wiedereinführung der Todesstrafe. Dehler: „Hat der Staat das Recht, das Leben eines Menschen zu vernichten...?"
18. 3. 1953	Gerstenmaier über die Verpflichtung zur Aussöhnung mit Israel.
1958	Scharfe Auseinandersetzung zwischen Adenauer und Heinemann über die Versäumnisse in der Deutschland-Politik.
13. 1. 1960	Verabschiedung des Notstandsgesetzentwurfs.
30. 6. 1960	„Schlüsselrede" Herbert Wehners. Propagierung der Zugehörigkeit zum Westen und Warnung vor Feindschaft im Innern: „Ein Feindverhältnis ... tötet schließlich die Demokratie..."

druck hinterlassen hat, würde ich spontan Thomas Dehlers Plädoyer gegen die Wiedereinführung der Todesstrafe nennen.

Schon wenige Monate nach der ersten Bundestagswahl, nämlich im März 1950, hatte die „Bayernpartei“ beantragt, den Artikel 102 des am 23. Mai 1949 beschlossenen Bonner Grundgesetzes, nach dem die Todesstrafe in der Bundesrepublik abgeschafft ist, wieder partiell aufzuheben. Da die Bayernpartei nicht zur Regierungskoalition gehörte und nur aus einer kleinen, bundespolitisch relativ unbedeutenden Regionalpartei im Bundestag bestand, war der Bundestag über ihren damaligen Antrag ohne besonderes Aufsehen und ohne Ausschußberatung mit großer Mehrheit zur Tagesordnung übergegangen.

Im Oktober 1952 aber, also zweieinhalb Jahre später, kam der Antrag, die Abschaffung der Todesstrafe wieder rückgängig zu machen, von der „Deutschen Partei“ (DP), also einer zur Regierungskoalition Adenauers gehörenden Partei. Dadurch erhielt das Verlangen nach Wiedereinführung der Todesstrafe „wenigstens für Mord“ eine außerordentliche Bedeutung, auch weil bekannt war, daß es in der bayerischen CSU, wie etwa durch den prominenten Abgeordneten Richard Jaeger, Unterstützung für die rechtskonservative DP aus Niedersachsen gab, und weil nach Umfragen, insbesondere im Zusammenhang mit aktuellen Mordtaten, eine große Mehrheit der Bevölkerung für die Wiedereinführung der Todesstrafe eintrat.

Am 2. Oktober 1952 war der Antrag der DP „zur Ergänzung des Artikels 102 des Grundgesetzes“ („Die Todesstrafe ist abgeschafft“) auf die Tagesordnung gesetzt worden. Die Begründung für den Antrag brachte der Abgeordnete Ewers (DP) aus Anlaß eines aktuellen Mordfalles vor. Er rechtfertigte die Todesstrafe vor allem unter dem Gesichtspunkt der Vergeltung und der Abschreckung, aber auch der „Sittenverderbnis“ durch „Gangsterfilme“, und er geißelte den „deutschen Fehler“, immer „von einem Extrem ins andere zu fallen“. Schließlich faßte er seine Argumente in dem Satz zusammen: „Wenn wir nach unserem Ethos für die Todesstrafe eintreten, greifen wir auf bestes deutsches Gedankengut zurück, das selbstverständlich von der Religion her mitbetont ist, nämlich von der Frage, ob dieser Blutzoll, den der Staat verlangt, nicht eine Sühnemaßnahme darstellt, deren ein Staat, wenn er sich nur selbst an der Kandare hält, gar nicht entraten kann.“

Bundestagspräsident Ehlers hatte nach der Absprache im Ältestenrat eine Begründungszeit von 20 Minuten und eine Aussprachezeit von 90 Minuten vorgeschlagen. Nach den Befürwortern der Todesstrafe, Ewers (DP) und Etzel (FU), erhielt Dehler als Regierungsmitglied das Wort, und über eine Stunde hielt er das Parlament und die zuhörende Öffentlichkeit in seinem Bann.

In einem rechtshistorischen und rechtsphilosophischen Rückblick berichtete er zunächst über die Einstellung früherer deutscher Parlamente zur Todesstrafe, um dann auf die Entwicklung im Faschismus und Nationalsozialismus zu sprechen zu kommen:

Thomas Dehler: 2948 Hinrichtungen durch einen Scharfrichter

„ . . .

Die Entwicklung nach 1933 ist Ihnen bekannt. Italien hat im Jahre 1931 unter dem Eindruck der faschistischen Lehre die Todesstrafe wieder eingeführt, ist aber in der Anwendung sehr zurückhaltend geblieben. In Deutschland sind schon im Jahre 1934 mehr Menschen hingerichtet worden als in der gesamten Zeit von 1924 bis 1933. Und wie dann die Guillotinen und Galgen ihre Tätigkeit gesteigert haben – Sie wissen es ja alle. In den Jahren 1933 bis 1945 sind in Deutschland rund 16 500 Todesurteile gefällt worden *(Bewegung)*, davon in den Kriegsjahren rund 15 900, die überwiegend vollstreckt worden sind. Ein einziger Scharfrichter in München, Reichhart, hat in den Jahren von 1933 bis 1945 insgesamt 2948 Hinrichtungen vorgenommen. *(Hört! Hört! links.)*

. . .

Bedeutsamer ist vielleicht die Frage, welche Rolle man dem Staate zubilligt, vor allem, ob man den Satz, daß alle Staatsgewalt vom Volke ausgeht, dahin auslegt, daß hinter dem Staat Gott steht. In der bayerischen Verfassung ist der klassische Satz: „Alle Staatsgewalt geht vom Volke aus,“ aus dieser Erwägung vermieden worden. Man hat erklärt, das Volk sei nur der Träger der Staatsgewalt, aber alle Gewalt sei bei Gott. Es handelt sich also um die Frage, ob man annimmt, daß das Volk seine Staatsgewalt von Gott habe, daß in dem Staate und hinter dem Volke Gott stehe, oder ob man in dem Volke und damit hinter dem Staat nur eine irdische Staatsgewalt und im Staate lediglich Menschenwerk sieht.

Bismarcks Argumentation in seiner damaligen Rede war: Eine menschliche Kraft, die keine Rechtfertigung von oben in sich spürt, ist zur Führung des Richtschwertes nicht stark genug.

Der dritte Punkt in der weltanschaulichen Bewertung ist wohl, wie man die Würde, das Gewicht des einzelnen Menschen im Verhältnis zu Staat und Volk bewertet. Hitler hat den einzelnen verachtet, er hat nur der Masse einen Wert gegeben und ist deswegen über Leichen von vielen Tausenden geschritten.

. . .

Darf ich ein ketzerisches Wort sagen: Ich glaube, man verkennt das Wesen der Demokratie, wenn man glaubt, das Parlament sei der Exekutor der Volksüberzeugung. Ich meine, das Wesen der repräsentativen Demokratie ist ein anderes, es ist das der parlamentarischen Aristokratie. Die Parlamentarier haben die Pflicht und die Möglichkeit, aus einer größeren Einsicht, aus einem besseren Wissen zu handeln, als es der einzelne kann. *(Beifall bei der SPD, in der Mitte und rechts.)* Ich möchte auch meinen: Wer das hohe Mandat der Volksvertretung hat, wird am Ende eine größere Charakterstärke haben, die notwendig ist, um eine wichtige Frage unseres Volkes richtig zu entscheiden.

. . .

Thomas Dehler (FDP), Justizminister 1949–1953.

Man operiert manchmal mit der Erwägung, die Abschaffung der Todesstrafe würde zu Verdrängungen führen und am Ende in der Lynchjustiz endigen. Tatsache ist, daß dort, wo gelyncht wird, am meisten gehängt oder hingerichtet wird. *(Sehr richtig! bei der SPD.)* Das ist eine unbestreitbare Tatsache.

Schmerzlich hat es mich berührt, daß der Kollege Ewers, der mit Recht seine ethische Haltung in den Vordergrund gestellt hat, das Vergeltungsprinzip, die Talionstheorie, aufstellt, daß man Gleiches mit Gleichem vergelten müsse. *(Zuruf von der SPD: Dann müßten die Nazis alle weg sein!)*

Ist das möglich? – Es ist praktisch und ethisch unmöglich, Herr Kollege Ewers. Wir wissen, wir können bei keinem Sittlichkeitsdelikt Gleiches mit Gleichem vergelten. Auch in diesem Zusammenhang ein Zitat des Juristen Merkel, das ich für sehr richtig halte. Er sagt: „Die Strafe soll nicht den

 Herbert Wehner, Fraktionsvorsitzender der SPD (1966).

Geist der Elemente spiegeln, die sie bekämpft, sondern derer, die berufen sind, jene emporzuziehen. *(Sehr gut! Bei der SPD.)*

...

Ein Gesichtspunkt, der erst durch die Erfahrungen nach 1933 wieder besondere Anschaulichkeit erlangt hat: Das Bestehenbleiben der Todesstrafe für wenige Delikte, auch nur für ein einziges, birgt die Gefahr der Ausweitung in sich. Hat man sich grundsätzlich für die Todesstrafe entschlossen, dann ist die entscheidende Schwelle überschritten *(Zustimmung bei der SPD)*; dann ist die Ausdehnung der Todesstrafe eben keine Grundsatzentscheidung mehr. Wer, meine Damen und Herren, wie ich erlebt hat, wie im letzten Weltkrieg Menschen wegen eines Wortes, man kann sagen, wegen einer Geste, wegen einer Haltung, die sich kaum geäußert hat, oder wegen wirtschaftlichen Verhaltens aufs Schafott gekommen sind, der weiß, welche Gefahr in der Möglichkeit der Ausdehnung der Todesstrafe liegt." *(Beifall bei der SPD.)*

Die fünfziger Jahre

In den fünfziger Jahren kam es im Bundestag noch über die verschiedensten Themen zu rednerischen Höhepunkten, die ich auch dann als einen Beitrag zum inneren Frieden bezeichnen möchte, wenn sie zu scharfen Auseinandersetzungen führten und den Eindruck von Unfrieden erweckten. Dazu zähle ich beispielsweise auch die Abrechnung Gustav Heinemanns mit Konrad Adenauers Deutschlandpolitik am 23. Januar 1958, siebeneinhalb Jahre nachdem Dr. Heinemann aus dem ersten Kabinett Adenauer als Bundesinnenminister (CDU) ausgeschieden war, weil der Kanzler ohne einen Beschluß der Bundesregierung den Westmächten deutsche Soldaten angeboten hatte. Heinemanns Anklagen gegen die Versäumnisse Adenauers in der Deutschlandpolitik verliefen in schneidender Schärfe; aber weil sie für einen beträchtlichen Teil der Bevölkerung repräsentativ waren, trugen sie auf ihre Weise zu einem lebendigen Parlamentarismus in einer pluralistischen Demokratie bei. Da diese Heinemann-Rede zum Kampf um die Westbindung gehörte, verzichte ich hier auf ihre Zitierung.

Herbert Wehner: „Wir gehören geistig zum Westen"

Von überragender integrativer Kraft war dagegen die „Schlüsselrede" Herbert Wehners vom 30. 6. 1960, mit der er die bis dahin verfochtene sozialdemokratische Deutschland- und Außenpolitik außer Kraft setzte und damit im Grunde die spätere Große Koalition zwischen der CDU/CSU und der SPD einleitete. 1959 hatte die SPD mit ihrem „Deutschlandplan" einen letzten verzweifelten Versuch unternommen, eine eigenständige nationale Wiedervereinigungspolitik zu betreiben. Mit der Wehner-Rede wurde dieser Versuch und damit die bisherige Deutschlandpolitik der SPD von ihr selbst für gescheitert erklärt. 11 Jahre lang war die SPD gegen die Adenauersche Westintegrationspolitik angerannt, weil sie glaubte, daß diese Politik die Wiedervereinigung Deutschlands verhindere. Nun gab Herbert Wehner mit seiner Rede das Signal zur Umkehr. Eine eindrucksvolle historische Stunde des Parlaments! Die Faszination ging allerdings nicht von einer Brillanz der Formulierungen aus, dafür war Wehner in seinen vulkanartigen Verbalausbrüchen viel zu kantig; nein, ihr Gewicht erhielt die Rede durch die verkündete, substantielle politische Wende. Man könnte auch sagen, das Parlament wurde Zeuge eines politischen Offenbarungseides, der gleichzeitig über die „Große Koalition" mit der CDU/CSU von 1966 bis 1969 die Grundlage für die sozialliberale Regierung von 1969 bis 1982 bildete. In dieser Regierung wurde dann die bis heute gültig gebliebene Ostpolitik entwickelt. Wehners Rede zähle ich zu den zehn wichtigsten in den vergangenen 40 Jahren im Bonner Bundestag.

„Herr Präsident! Meine Damen und Herren! Gleichviel, was auf den verschiedenen Seiten unseres Hauses von dieser Debatte erwartet wird, ich glaube, diese Debatte kann eigentlich nichts anderes sein als eine hoffentlich im Positiven bemerkenswerte Etappe im Ringen um das höchsterreichbare Maß an Übereinstimmung bei der Bewältigung der deutschen Lebensfragen.

...

Die Frage – wechselseitig gestellt –: Werden die auf der anderen Seite des Hauses nun endlich einsehen, daß wir recht gehabt haben? Diese Frage wird immer wieder aufkommen.

...

Es geht nicht darum, der Regierung etwa die Politik der Sozialdemokraten, wie man es nennt, aufzwingen zu wollen; es geht ja wohl auch nicht um das Umgekehrte, sondern es geht darum, sich darüber zu verständigen, was zu tun ist, wenn dieses oder jenes eintritt, und was – vielleicht auf lange Sicht – angestrebt und getan werden muß, um die deutschen Fragen in internationale Verhandlungen zu bringen oder darin zu halten.

Nun wird uns heute häufig vorgehalten, was alles an Voraussetzungen für eine gemeinsame Außenpolitik – ein ziemlich verpflichtender Begriff – vorweg gefordert werden muß, mit der scharfen Betonung, daran sei nichts zu ändern, ja, daran brauche auch nichts geändert zu werden, denn die Voraussetzung für gemeinsame Politik sei die Fortsetzung der bisherigen Politik. Warum sollen wir nun darüber rechten? Diese Politik haben Sie bisher durchgeführt. Man muß sich nicht daran entzünden, zu fragen, ob zu erwarten sei, ob in der vor uns liegenden Periode die Resultate, sagen wir, der nächsten acht Jahre, andere sein können oder sein werden als die der verflossenen acht Jahre, wenn nämlich zu dieser Politik lediglich unsere Stimmen hinzukommen. Das ist nicht das – wenn wir es in dieser Beziehung heute nicht zu einer übereinstimmenden Meinung bringen, werden wir es eines Tages zu einer solchen bringen –, was dieser Periode entspricht.

Es ist wichtig, daß wir an unsere künftigen Aufgaben mit einer konstruktiven Geisteshaltung herangehen. *(Sehr richtig! bei der CDU/CSU.)*

– Ich bedanke mich für das Kompliment. – Gegenseitige Anschuldigungen über vergangene Aktionen sind nutzlos. *(Aha! bei der CDU/CSU.)*

...

Der Regierende Bürgermeister von Berlin, Willy Brandt, hat vor einigen Tagen auf Berührungspunkte der Auffassung der demokratischen Parteien hingewiesen, über die, wie er sich ausdrückte – und auch ich bin dieser Meinung –, es eigentlich keine Auseinandersetzungen bei uns in der Bundesrepublik zu geben brauchte. Ich nehme an, diese Berührungspunkte könnten, wenn man sich's genau überlegt, als Aktivposten bei der außenpolitischen Bestandsaufnahme von allen Seiten eingebracht werden; Bestandsaufnahme so verstanden, wie ich es vorhin versucht habe, einschränkend zu sagen. Das sind:

Erstens: Berlin muß beim Bund bleiben. Aus einer Zweiteilung Deutschlands darf keine Dreiteilung werden.

Zweitens: Das deutsche Volk und die Bundesrepublik haben sich gegen jede Diktatur und für die westliche Gemeinschaft entschieden, d. h. für eine enge Zusammenarbeit mit den westlichen Nachbarn und der freien Welt.

Drittens: Die verantwortungsbewußten Kräfte Deutschlands haben sich gegen jede Form des Kommunismus und gegen die sowjetische Deutschlandpolitik entschieden.

Viertens: Es muß alles getan werden, um das Leben und das Los der 17 Millionen Landsleute im sowjetisch besetzten Teil Deutschlands zu erleichtern. Wir dürfen den Willen zur Selbstbestimmung in unserem Volk nicht erlahmen lassen und müssen uns ständig um neue Ansätze zur Lösung der deutschen Frage bemühen.

Fünftens: Nachdem Europa schon durch die Kommunisten gespalten ist, darf nicht dazu beigetragen werden, Europa noch einmal zu spalten. Vielmehr muß, soweit wir dazu etwas tun können, alles in die Wege geleitet werden, damit es in einer breiten Gemeinschaft zusammenarbeiten kann.

Sechstens: Bei aller Notwendigkeit, den Fragen der militärischen Sicherheit gerecht zu werden, muß die Bundesrepublik jede Anstrengung machen, um zur Sicherung des Friedens in der Welt beizutragen. *(Unruhe bei der CDU/CSU.)*

– Ich merke, es lockert sich auf. *(Heiterkeit.)*

Sicherlich, meine Damen und Herren, ist das kein Programm für die Außenpolitik der nächsten Periode *(Sehr wahr! bei der CDU/CSU)*, sicherlich nicht, natürlich nicht. Dann stimmten wir ja in diesem Punkt sogar überein. Diesen Anspruch erhebt die Aufzählung auch gar nicht. Aber es sind Feststellungen, die für die praktischen Schritte der nächsten Periode positive Bedeutung haben. Jedenfalls sollten sich die Skeptiker unter Ihnen einmal überlegen, wie es denn wäre, wenn es in diesen Punkten kontroverse Auffassungen gäbe! *(Beifall bei der SPD. – Zustimmung des Abg. Dr. Bucher.)*

Der Herr Bundesverteidigungsminister Strauß hat vor einigen Tagen in Schleswig-Holstein gesagt, eine angestrebte gemeinsame Außenpolitik von Regierung und Opposition sei eine Frage von großer politischer Bedeutung, denn sie würde nicht nur der jetzt amtierenden Regierung, sondern auch künftigen Regierungen auf lange Sicht die politische Freundschaft der Verbündeten garantieren. Kurz darauf hat er in Erlangen von vier Voraussetzungen für die gemeinsame Außenpolitik gesprochen. Ich habe sie auch im Deutschland-Union-Dienst wiedergefunden. Die vier Voraussetzungen, die er nennt – ich will ihn auf die Zahl genauso wenig festlegen, wie ich mir ganz klar darüber bin, wie viele Voraussetzungen eigentlich schon genannt worden sind –, sind:

a) Die Sozialdemokraten müßten gemeinsam mit der CDU anerkennen, daß die europäische Einheit und die atlantische Allianz Voraussetzungen für die Erhaltung der Freiheit und für die Erlangung der deutschen Wiedervereinigung sind. *(Sehr richtig! bei der CDU/CSU.)*

b) Die Sozialdemokratische Partei müsse sich von der alten These distanzieren, daß die Wiedervereinigung nur möglich sei, wenn die Bundesrepublik Deutschland aus der NATO und aus den europäischen Bündnissystemen ausscheide.

c) Die Sozialdemokraten müßten nicht nur in Worten, sondern auch in der Tat bereit sein, mit den Unionsparteien die Lasten und Bürden der Landesverteidigung zu tragen, gleichgültig wer in der Regierungsverantwortung und wer in der Opposition steht.

Dazu gibt es noch ein Anhängsel, das nicht numeriert ist, sondern sozusagen zwischen der dritten und der vierten Voraussetzung steht: Die Sozialdemokraten müßten alle irgendwie gearteten Disengagement-Pläne aufgeben.

d) Die Sozialdemokraten müßten den Begriff des Selbstbestimmungsrechts für ganz Deutschland, d. h. nach freien Wahlen für die Wiedervereinigung, uneingeschränkt anerkennen.

Das sind – mit der kleinen Unterteilung – die vier Voraussetzungen, von denen Herr Strauß gesprochen hat.

Nun etwas auf Vorschuß. Für eine Bestandsaufnahme und für eine Diskussion, bei der man eingehend in die Sachverhalte hineinleuchten und hineingehen kann, möchte ich doch heute schon sagen:

Zu a) Die Sozialdemokratische Partei Deutschlands geht davon aus, daß das europäische und das atlantische Vertragssystem, dem die Bundesrepublik angehört, Grundlage und Rahmen für alle Bemühungen der deutschen Außen- und Wiedervereinigungspolitik ist.

Zu b) Die Sozialdemokratische Partei Deutschlands hat nicht gefordert und beabsichtigt nicht, das Ausscheiden der Bundesrepublik aus den Vertrags- und Bündnisverpflichtungen zu betreiben. Sie ist der Auffassung, daß ein europäisches Sicherheitssystem die geeignete Form wäre, den Beitrag des wiedervereinigten Deutschlands zur Sicherheit in Europa und in der Welt leisten zu können. *(Sehr wahr! bei der SPD.)*

Zu c) Die Sozialdemokratische Partei Deutschlands bekennt sich in Wort und Tat zur Verteidigung der freiheitlichen demokratischen Grundrechte und der Grundordnung und bejaht die Landesverteidigung. *(Unruhe bei der CDU/CSU.)*

– Meine Damen und Herren, unterschiedliche Auffassungen über Zweckmäßigkeiten auf diesem Gebiet, die im demokratischen Staat legitim sind und die demokratisch-parlamentarisch ausgetragen werden, bedeuten doch nicht, daß die parlamentarische Opposition weniger verantwortungsfreudig wäre als die Regierung. *(Beifall bei der SPD und Abgeordneten der FDP.)*

Zu d) berufe ich mich auf den Wortlaut des Beschlusses, den der Bundestag am 1. Oktober 1958 einstimmig, mit den Stimmen der Sozialdemokraten, in Berlin gefaßt hat. Er lautet:

> Der Deutsche Bundestag erwartet die Wiederherstellung der staatlichen Einheit Deutschlands von einem unmittelbaren freien Willensentschluß des gesamten deutschen Volkes in seinen heute noch getrennten Teilen, der nach der Beseitigung der nicht in deutscher Zuständigkeit liegenden Hindernisse herbeizuführen ist.
>
> Der Deutsche Bundestag erklärt seine Bereitschaft, jede Verhandlung zu unterstützen, die die Wege zu einem solchen Willensentscheid des deutschen Volkes ebnet, sobald eine Vereinbarung der vier Mächte diese Möglichkeit erschlossen hat.
>
> ...

Was immer uns hier zum Streit anregen oder sogar zwingen mag, es gibt Dinge, die ausgestritten werden müssen. Alle sollten helfen, es verständlich

1964/65	Vorbereitung und Beginn des militärischen Eingreifens der USA in den Vietnam-Krieg. Er führt zu massiven Protestaktionen. Am nachhaltigsten wirkt die von amerikanischen Universitäten 1968 ausgehende Protestbewegung.
13. 5. 1966	Ablehnung jeder Notstandsgesetzgebung durch den DGB-Bundeskongreß.
1966/67	Bildung der Außenparlamentarischen Opposition (APO) aus maßgeblichen Kräften des SDS, von dem sich die SPD 1961 getrennt hatte. Größte Wirksamkeit: 1966–1968 an West-Berliner Universitäten unter Führung von R. Dutschke; auf westdeutsche Universitäten übergreifend.
1966–1969	Aufkommender Rechtsradikalismus. Erfolge der NPD (gegründet am 28. 11. 1964 in Hannover) bei Landtagswahlen in Bayern (7,4%), Schleswig-Holstein (5,8%), Rheinland-Pfalz (6,9%), Niedersachsen (7,0%), Bremen (8,8%) und Baden-Württemberg (9,8%). – Der Einzug in den Bundestag 1969 wird mit 4,3% relativ knapp verfehlt.
1. 1. 1967	Gründung der Kommune I in West-Berlin.
22. 5. 1967	In Brüssel wird von Terroristen ein Brandanschlag verübt.
2. 6. 1967	Der Student Benno Ohnesorg wird bei einer Protestdemonstration gegen den Schah-Besuch in West-Berlin von einem Kriminalbeamten erschossen.

zu machen: In der Bundesrepublik Deutschland gibt es eine demokratische Alternative zur gegenwärtigen Regierung. *(Lebhafter Beifall bei der SPD.)* Und das heißt: Die Bundesrepublik ist ein zuverlässiger Vertragspartner, gleichgültig ob die jetzige Regierung oder die gegenwärtige Opposition als Regierung die Geschäfte führt. *(Lebhafter Beifall bei der SPD und bei der FDP.)*

...

Nach unserer Ansicht jedenfalls sind die Zeichen der Zeit so zu deuten: nicht Selbstzerfleischung, sondern Miteinanderwirken im Rahmen des demokratischen Ganzen, wenn auch in sachlicher innenpolitischer Gegnerschaft. Innenpolitische Gegnerschaft belebt die Demokratie. Aber ein Feindverhältnis, wie es von manchen gesucht und angestrebt wird, tötet schließlich die Demokratie *(Beifall bei der SPD und bei Abgeordneten der FDP)*, so harmlos das auch anfangen mag. Das geteilte Deutschland – meine Damen und Herren, ich will Sie damit nicht belehren, Sie wissen das wahrscheinlich zum größten Teil selbst – kann nicht unheilbar miteinander verfeindete christliche Demokraten und Sozialdemokraten ertragen. – Ich danke Ihnen für Ihre Geduld.“ *(Langanhaltender Beifall bei der SPD und bei Abgeordneten der FDP.)*

Demokratische Bewährungsprobe in den sechziger Jahren

In den sechziger Jahren, als die Hungerzeiten schon weiter zurücklagen, die Häuser und Städte zum großen Teil wieder aufgebaut waren, das Reisefieber der Deutschen bereits außereuropäische Ziele ansteuerte und die wirtschaftlich-technische Entwicklung im Sturmschritt neuen Höhepunkten zustrebte, traten politisch erste Rückschläge in der anscheinend unaufhaltsamen Aufwärtsentwicklung ein. Der Bau der Mauer 1961 in Berlin, der Abtritt Adenauers 1963, erste (aus heutiger Sicht läppische) wirtschaftliche Rezessionserscheinungen 1965 an der Ruhr sowie die Studentenunruhen von 1967–69 signalisierten neue Probleme, die die bisherige „Schönwetter-Demokratie“ der jungen Bundesrepublik vor eine Bewährungsprobe stellten. Adenauer hatte 1961 nach dem Mauerbau die absolute Mehrheit im Parlament verloren und konnte sich als Kanzler nur noch retten, indem er sich in einer Kapitulationsurkunde verpflichtete, nach zwei Jahren zurückzutreten. Seine Ära ging zu Ende. Die Politiker Weimars, die sich als Geburtshelfer der Bundesrepublik engagiert hatten, traten ab.

„Die Nachkriegszeit ist beendet“, dozierte Adenauers Kanzlernachfolger, Ludwig Erhard, Ende 1965 stolz, und er verstand diesen selbstgewählten Wendepunkt als den Beginn eines Zeitabschnitts, in dem es, basierend auf dem bisherigen Erfolg, darum ging, die politische und wirtschaftliche Stabilität zu festigen und geordnet in eine „formierte Gesellschaft“ münden zu lassen. Aber der Gott der Zeit, so könnte man meinen, läßt sich die Wendemarke und die Perspektiven nicht vorschreiben.

Just in dem Monat jedenfalls, als das zweite Drittel dieses Jahrhunderts beendet war, nämlich im Sommer 1966, kündigte sich auch das politische Ende des Propheten Erhard an. Plötzlich auftretende, wirtschaftlich begründete Unruhen im Ruhrgebiet führten im stärksten Bundesland, in Nordrhein-Westfalen, zu seiner Wahlniederlage, die schließlich Ende 1966 auch seinen Sturz in Bonn mitbewirkte.

Die Regierung Kiesinger/Brandt, die Große Koalition von Unionsparteien und Sozialdemokraten, regierte nun mit neunzigprozentiger parlamentarischer Mehrheit. Aber schon das erste Regierungsjahr, 1967, zeigte, daß vor allem der politische Erfolg, an den Erwartungen gemessen, begrenzt blieb. Der tödliche Schuß eines Polizisten am 2. 6. 1967 gegen den Studenten Benno Ohnesorg während des Besuchs des Schahs von Persien in Berlin löste unter der studentischen Jugend eine immer breiter werdende, von einer Regierung nicht zu kalkulierende Protestbewegung aus, die mit dem Ausgangsereignis allein nicht mehr erklärt werden konnte, sondern – wie auch zuvor und danach registrierte parallele Demonstrationen der jungen Generation in Amerika, Japan und Europa bestätigten – eine aufgestaute, virulente Unruhe offenbarten, die als Unzufriedenheit mit allem und als Protest gegen alles gedeutet werden mußte, was politisch und gesellschaftlich als Antworten auf den Zweiten Weltkrieg gefunden und an Plan-Perspektiven für das ausgehende Jahrhundert in Aussicht genommen worden waren.

Der deutsche Wohlstandsbürger – die wirtschaftliche Rezession von 1965/66 war überwunden – zeigte sich zutiefst erschreckt, auch weil die Regierung nicht entschlossen genug für „Gesetz und Ordnung“ handelte. Bei den Landtagswahlen im demokratischen Musterländle Baden-Württemberg gelang der rechtsradikalen NPD am 28. April mit 9,8% der Stimmen und 12 Mandaten seit Kriegsende der stärkste Einbruch in das demokratische Parteiengefüge.

Der Protest der Jugend und der mit ihr Sympathisierenden ging freilich weiter. Das neue Angriffsziel bildete die seit vielen Jahren diskutierte, inzwischen weitgehend entschärfte Gesetzgebungsvorlage für den Notstandsfall, mit der noch bestehende alliierte Vorbehaltsrechte abgelöst werden sollten. Die „Notstandsgegner“ lehnten aber jede Gesetzgebung dieser Art ab, weil sie der Exekutive Sondervollmachten übertrage, die den Weg in die Diktatur öffnen könnten.

Im Unterschied zu früheren Demonstrationen waren sich nun breite Gruppen von Studenten, Schülern und Arbeitern, die von der Industriegewerkschaft Metall gestützt wurden, im Widerstand gegen eine Notstandsgesetzgebung einig und traten geschlossen auf. Den Höhepunkt erreichte der Protest am 11. Mai 1968, wenige Tage vor der entscheidenden parlamentarischen Beratung, in einem Sternmarsch auf Bonn („Treibt Bonn den Nostand aus“), an dem sich rund 30 000 Demonstranten aus allen Teilen der Bundesrepublik beteiligten, wobei der Sozialdemokratische Studentenbund (SDS) die Kerntruppe bildete. Beim Sternmarsch auf Bonn wurden,

Kurt Georg Kiesinger, CDU, als Bundeskanzler der Großen Koalition (1966–1969) bei der Abgabe seiner Regierungserklärung am 13. Dezember 1966.

auch dank der besonnenen Führung der Polizei, Zwischenfälle vermieden. Die weit überwiegende Zahl der Bonner Bevölkerung ließ sich von den Sprechchören wie „Bürger von Bonn – kommt runter vom Balkon" nicht animieren.

Am 15. und 16. Mai wurden die Notstandsgesetze in Zweiter Lesung vom Bundestag angenommen und am 30. Mai 1968 in Dritter Beratung nach mehr als zehnjähriger Auseinandersetzungen mit 384 gegen 100 Stimmen bei einer Enthaltung verabschiedet.

In zwei Bonner Dokumenten parlamentarischen Reagierens spiegelt sich die Problematik der damaligen Zeit, die den inneren Frieden empfindlich in Frage stellte, deutlich wider: In einer „Aktuellen Stunde" des Bundestages am 9. Februar 1968 zur Thematik der „Außenparlamentarischen Opposition" und in einer Fernsehsendung mit den drei Fraktionsvorsitzenden Helmut Schmidt (SPD), Rainer Barzel (CDU / CSU) und Wolfgang Mischnick (FDP) mit 100 Studenten der Bonner Universität, die vom „Allgemeinen Studentenausschuß" (AStA) für eine Diskussion über die Notstandsgesetzgebung ausgewählt worden waren.

Die „Aktuelle Stunde" leitete Bundeskanzler Kiesinger selbst wie folgt ein:

„Herr Präsident! Meine Damen und Herren! Ich bin in den vergangenen Wochen von vielen Bürgern unseres Landes aufgefordert worden, ein Wort zu den Unruhen an einigen unserer Hochschulen zu sagen. Diese Aktuelle Stunde des Bundestages gibt mir dazu die Gelegenheit.

Unruhen dieser Art beschränken sich, wie Sie wissen, nicht auf unser Land. Ich kann und will heute nicht den Versuch unternehmen, die Ursachen und Motive dieser Unruhen darzustellen. Ich will auch nicht untersuchen, wieweit diese Vorkommnisse spontan oder gelenkt und von welchen Kräften gelenkt sind. Ich versage es mir auch, aufzuhellen, wo sich dabei durchaus berechtigte studentische Anliegen und Forderungen mit dem Willen kleiner militanter Gruppen vermischen, die sich gegen unsere gesellschaftliche und staatliche Ordnung richten. Diese letzteren haben eine eigene Taktik entwickelt oder vielmehr importiert, bei der Gewaltsamkeiten aller Art angewendet werden.

Meine Damen und Herren, diese rechtswidrigen Gewaltsamkeiten allein sind der Anlaß meiner heutigen Intervention. *(Abg. Dr. Barzel: Sehr gut!)* Wir leben in einem freien Lande, in dem niemandem die Meinungsfreiheit verwehrt oder beschränkt wird. Wir leben aber auch in einem Rechtsstaat *(allgemeiner Beifall)*, in dem niemandem erlaubt ist, seine Meinung durch Gewalttätigkeit unter Verletzung von Gesetz und Recht auszudrücken. *(Lebhafter Beifall bei den Regierungsparteien und bei Abgeordneten der FDP.)* Auf beidem, der Freiheit der Meinung und der Achtung vor dem Recht, beruht unsere gesellschaftliche und staatliche Ordnung, für die wir alle Verantwortung tragen. Sie muß entschlossen gegen alle geschützt werden, die sie mit Gewalt stören.

...

Die überwältigende Mehrheit unserer Studenten nimmt an diesen Ausschreitungen keinen Anteil und lehnt sie entschieden ab. *(Beifall bei den Regierungsparteien.)* Ich vertraue darauf, daß mehr als alles andere ihre Haltung und ihr Einfluß dazu beitragen wird, Recht und Ordnung an unseren Hochschulen und das Ansehen unserer Studentenschaft in der Bevölkerung zu bewahren. *(Beifall bei der CDU/CSU.)*

Diese große Mehrheit unserer Studenten darf versichert sein, daß wir ihre Sorge um die Reform unseres Bildungswesens, um die Sicherung der Zukunft unseres Volkes, um den Frieden, die Freiheit und die Gerechtigkeit in unserer Welt ernst nehmen und teilen. *(Beifall bei der CDU/CSU.)* Wir sind bereit, die große Aufgabe gemeinsam mit ihnen zu lösen und uns gemeinsam mit ihnen für diese höchsten Güter einzusetzen.“ *(Beifall bei den Regierungsparteien.)*

Schmidt (Hamburg, SPD):

„Herr Präsident! Meine Damen und Herren! In fünf Minuten kann man sich wohl nur auf zwei oder drei Gedanken beschränken.

Zunächst einen an einen bestimmten Teil der jugendlichen Opposition. Sie muß wissen, daß Leute, welche die repräsentative Demokratie, die freiheitliche Gesellschaftsordnung zum Gegenstand des Hohnes und der Aggression machen, sich auf den gefährlichen Weg mancher begeben, die im Namen des Proletariats eine Diktatur über das Proletariat errichten, oder solcher, die im Namen des Gemeinnutzes den Genuß der eigenen Macht über alles andere stellen. *(Beifall bei den Regierungsparteien.)*

Dieses Haus weiß, daß unsere Wirtschaftsordnung, daß unsere Gesellschaft, daß unser Staat tausend Fehler haben, die Kritik verdienen. Aber die geschichtliche Erfahrung dieser Nation in beiden Teilen lehrte uns unter schrecklichen Opfern, daß alle anderen Ordnungen weit größere Risiken bedeuten. *(Beifall bei den Regierungsparteien und Abgeordneten der FDP.)* Wenn wir Deutschen aus den Diktaturen über unser eigenes Volk eines gelernt haben, dann doch jedenfalls dies, daß Toleranz gegenüber dem Andersdenkenden und dem Anderswollenden zu den höchsten Maximen einer anständigen und freien Gesellschaft gehört. *(Beifall bei allen Fraktionen.)* Wer aber statt dessen Provokation und physische Gewaltanwendung zum Prinzip der Auseinandersetzungen machen will, der wird in jedem Sinne des Wortes Reaktion ernten. *(Beifall bei den Regierungsparteien.)*

In der Demokratie setzt der Bürger seine Meinung durch, indem er diskutiert, indem er eigene Vorschläge macht, indem er für seine eigenen Vorstellungen wirbt – letztlich durch den Stimmzettel. Gewalt aber darf in unserem Staat ein Bürger nur anwenden im Falle der Notwehr. Von Notwehr, von Gefahr für Leib oder Leben, kann aber bei den so verschleppten Problemen der Universitätsreform überhaupt keine Rede sein. *(Beifall bei den Regierungsparteien.)*

Ein zweites Wort an jedermann im Lande. Viele von uns vergessen, daß radikale Kritiker bisweilen auch recht haben, selbst wenn sie übertreiben.

Die Forderung nach Universitäts- und Studienreform besteht zu Recht, und das seit mehr als 20 Jahren. Ich gebe Herrn Stoltenberg recht, der vorhin diesen Vorwurf zu einem Teil auch an andere, zuständige Adressen verteilt hat als die Bank hier zu meiner Rechten. Die Kritik an gewissen Straßenbahnpreiserhöhungen muß z. B. wohl richtig gewesen sein, wenn diese Erhöhungen nachher teilweise zurückgenommen wurden. *(Heiterkeit und Beifall bei allen Fraktionen.)*

Vielerlei Kritik ist zutreffend, ob sie sich richtet gegen bestimmte Erscheinungen in der Justiz, im Pressewesen, in unserem Parlament, in der Armee oder wo immer in unserer Gesellschaft und in unserem Staat. Und wer auf zutreffende Kritik nicht hört und darauf nicht antwortet, ist möglicherweise eine Schlafmütze oder ein Reaktionär. Außerdem aber – und noch wichtiger –: Wir alle und unsere Bürger müssen wissen, daß andere Bürger das Recht auch zu völlig unzutreffender und übertriebener Kritik haben. Das muß man aushalten können. *(Beifall bei der SPD und bei Abgeordneten der CDU/CSU.)*

Es ist in unserem Staat kein Vergehen, den Deutschen Bundestag oder den Bundeskanzler oder die Parteien oder eine Landes- oder eine Stadtregierung oder einen Universitätssenat unzutreffend und ungerechtfertigterweise zu kritisieren. Das Toleranzgebot gilt für uns alle, und wir alle müssen wissen, daß geistige und politische Unruhe erlaubt ist, soweit sie die Rechte anderer nicht gefährdet, und ich füge für meine Person hinzu: im Grunde wünschenswert ist, wenn es in Deutschland vorangehen soll. *(Beifall bei der SPD und bei Abgeordneten der CDU/CSU.)*

Lassen Sie mich hinzufügen: Das gilt auch für alle Bürger im Lande. Wir, alle Bürger, müssen die Zivilcourage aufbringen, den Feinden der Demokratie auch persönlich entgegenzutreten *(lebhafter Beifall im ganzen Hause),* um mit denen, mit denen man reden kann, zu reden, ob es sich um die Anarchokommunisten handelt, die sich hier oder da an Universitäten breitmachen, oder um diejenigen, die am Kiosk die „Deutsche Nationalzeitung und Soldatenzeitung" kaufen. *(Sehr gut! bei der SPD.)*

Ein letztes Wort an diejenigen, die im Lande oder in den Städten oder an den Universitäten amtliche Verantwortung tragen. Sie haben die Gesetze und das Recht zu wahren und dafür zu sorgen, daß, wer sich gegen das Recht vergeht, vor seinen Richter kommt und daß, wer die Rechte anderer buchstäblich mit Füßen tritt und buchstäblich mit Steinen bewirft, daran gehindert wird, dies zu tun. *(Beifall bei den Regierungsparteien und bei Abgeordneten der FDP.)* Dazu brauchen aber die, die amtliche Verantwortung tragen, nicht etwa den Vorsatz zur „Härte" oder zum „Durchgreifen". Für jede Behörde und für jeden Beamten gilt zu jeder Zeit der Grundsatz: Die Mittel, die der Staat einsetzt, haben im angemessenen Verhältnis zu Anlaß und Zweck zu stehen. *(Beifall bei der SPD.)*

...

Ein letzter Satz, Herr Präsident. Über Autorität redet man nicht – schon gar nicht nachträglich –, sondern man übt sie am Orte, wenn es noch Zeit ist, aus. Das gilt für uns alle.“ *(Beifall bei den Regierungsparteien und bei Abgeordneten der FDP.)*

Dr. Barzel (CDU/CSU):

„Herr Präsident! Meine Damen und Herren! Wir haben diese Aktuelle Stunde herbeigeführt, weil wir in aller Ruhe, aber auch mit aller Deutlichkeit zu sagen wünschen: Wehret den Anfängen! Wir wünschen in unserem Lande niemanden darüber im unklaren zu lassen, daß wir diesen mühsam aus Krieg und Diktatur und Trümmern aufgebauten freiheitlichen sozialen Rechtsstaat mit aller Kraft verteidigen werden. *(Beifall bei den Regierungsparteien.)* Die Feinde der Freiheit und die Feinde der Demokratie sind so stark, wie die Demokraten schlapp sind. Die Frage, die wir hier diskutieren, betrifft nicht – und auch wir wollen dies sagen – die Jugend. Gräfin Dönhoff hat heute, wie ich glaube, trefflich davon gesprochen, es handle sich um eine „Mini-Minorität“. Dies, glaube ich, ist eine gute Aussage. Diese Mini-Minorität freilich ist lautstark. Sie will eine andere Ordnung und schreckt auch vor Gewalt nicht zurück. Was hierzu zu sagen ist, haben der Bundeskanzler und seine Minister vorher ausgeführt. Wir stimmen dem zu.

Auch wir wünschen festzuhalten, daß Demokratie geistige Auseinandersetzung ist. Wir glauben, daß wir alle der Kritik bedürfen, wir alle hier, weil es sonst nicht gut weitergeht. Wir glauben, daß Meinungskampf dazugehört, daß der Wille dazugehört, Mehrheiten zu ändern, Verhältnisse zu wandeln, eine bessere Ordnung zu erreichen. Das alles gehört dazu. Nur muß jedermann wissen, daß der Weg dorthin nicht der der Gewalt und des Terrors sein kann. *(Beifall bei der CDU/CSU und bei Abgeordneten der SPD.)* Nicht der Steinwurf, sondern das Gespräch ist das Kennzeichen der Demokratie. *(Beifall bei der CDU/CSU.)*

Art. 18 des Grundgesetzes ist zitiert worden. Wir legen Wert darauf, auch den Art. 2 in Erinnerung zu rufen. Er gehört in diese Debatte. Er lautet: „Jeder hat das Recht auf die freie Entfaltung seiner Persönlichkeit, soweit er nicht die Rechte anderer verletzt ...“ An dieses Prinzip muß man erinnern, auch deshalb, weil hier eine Grenze zu ziehen ist.

Wir wissen, was ein studentischer Ulk ist, und wir haben viel Verständnis dafür, wenn auch mal einer über das Ziel hinausschießt. Aber ein studentischer Ulk ist es nicht mehr, wenn bewußt zerstört wird oder wenn Anleitungen zur Herstellung von Sprengsätzen à la Molotow-Cocktails gegeben werden. Das ist Terror. Dies darf nicht sein. Dies werden wir nicht zulassen, meine Damen und Herren. *(Beifall bei der CDU/CSU und bei Abgeordneten der SPD.)*

Von dieser Stunde soll, so wünschen wir, die Gewißheit ausgehen – ins Volk wie an alle Stellen, die für Ordnung zuständig sind –, daß wir diesen freiheitlichen Rechtsstaat zu verteidigen wünschen. Von dieser Stelle soll aber ebenso die Gewißheit ausgehen, daß wir das Gespräch suchen, gerade mit den jungen Menschen, daß wir zu Reformen bereit sind und daß wir hier keineswegs glauben – dazu haben wir einen viel zu tiefen Einblick in die

Schwierigkeit der Probleme, die wir hier lösen müssen –, die beste aller denkbaren Welten schon geschaffen zu haben. *(Beifall bei den Regierungsparteien.)* Aber wir glauben, eine geschaffen zu haben, in der es sich leben läßt und die offen ist für eine Entwicklung zu Besserem. Das wird nur dann gehen, wenn diese Jugend – jetzt meine ich die ganze Jugend – unsere Gesprächsbereitschaft wirklich annimmt, wenn wir alle miteinander sie nie mit Rechthaberei abspeisen *(Sehr gut! bei der FDP)* und wenn wir diese Jugend ganz ernst nehmen."

Scheel (FDP):

„Herr Präsident! Meine sehr verehrten Damen! Meine Herren! Der Herr Bundeskanzler hat gesprochen, die Regierungsbank ist zum erstenmal seit langer Zeit gefüllt, der Bundesrat ist da, das Haus ist voll *(Lachen und Widerspruch.)*

...

Ich glaube, es wäre falsch und gefährlich, wenn wir die Ereignisse, über die wir sprechen, mit der Formulierung „Terror", „Aufruhr", „Rabaukentum", „Krawalle" und dergleichen etikettierten. Wenn wir es möglicherweise zu einer antistudentischen Hysterie kommen ließen, das würde der Sache nicht gerecht werden. *(Beifall bei der FDP. – Abg. Schmitt-Vockenhausen: Haben Sie denn den Herrn Stoltenberg nicht gehört?)* Das führt dann zu den vergröbernden Formulierungen „Härte", „Unnachgiebig-

November 1967	Öffentliche Anhörung zur Frage der Notstandsgesetzgebung.
ab 1968	Terroristen gehen zu offenen Gewalttaten über.
9. 2. 1968	Aktuelle Stunde im Bundestag über das Thema „Außenparlamentarische Opposition" mit Redebeiträgen von Kiesinger, H. Schmidt, Barzel und Mischnick.
2./3. 4. 1968	In Frankfurt werden Brandanschläge auf zwei Kaufhäuser verübt. Festgenommen werden Baader, Ensslin, Proll und Söhnlein.
30. 4. und 7. 5. 1968	Sondersitzungen des Bundestages über die vorangegangenen Osterunruhen.
11. 5. 1968	Sternmarsch von 30 000 Demonstranten nach Bonn aus Protest gegen die bevorstehende Verabschiedung der Notstandsgesetze.
13. 5. 1968	Höhepunkt der Mai-Unruhen von Paris.
16. 5. 1968	Live-Fernsehsendung „Journalisten fragen – Politiker antworten" mit R. Barzel, H. Schmidt und W. Mischnick.
30. 5. 1968	Der Bundestag beschließt nach mehr als 10jährigen Auseinandersetzungen die Annahme des Gesetzes zur Änderung des Grundgesetzes („Notstandsverfassung"), des Gesetzes zur Beschränkung des Brief-, Post- und Fernmeldegeheimnisses und der sog. Vorsorge- und Sicherheitsgesetze.

keit", „Demonstration staatlicher Autorität" und „Reinschlagen" und dergleichen mehr.

Wir müssen hier nach den Ursachen suchen. Ich bin froh, daß in der Diskussion bis heute erkennbar war, daß wir das gemeinsam tun wollen.

...

Ich habe Abend für Abend erlebt, daß es in der Studentenschaft, bei der Jugend überhaupt eine große Mehrzahl gibt, die nicht antidemokratisch ist, sondern die die Demokratie mit mehr Leben erfüllen will. Es gibt eine Minorität antidemokratischer Jugendlicher. Wir können den Gutwilligen, die die Demokratie schützen und fördern wollen, keine Schlagworte entgegensetzen. Wir müssen – ich bin froh, daß Herr Dr. Barzel das gesagt hat – ihnen beweisen, daß wir eine offene Gesellschaft sind.

Ist es nicht so, daß in diesem Parlament wichtige Fragen nicht diskutiert werden? Ist es nicht merkwürdig, meine Damen und Herren, daß die Titelseiten aller Zeitungen in Deutschland seit Jahren über den Krieg in Vietnam berichten und hier nicht darüber gesprochen wird? Ist das nicht merkwürdig? *(Beifall bei der FDP und bei Abgeordneten der SPD.)*

Ist es nicht merkwürdig, daß der Herr Bundeskanzler die DDR ein Phänomen nennt und sich schwertut, den Ministerpräsidenten der DDR mit seiner Amtsbezeichnung zu nennen? Ist es nicht merkwürdig, daß in der Öffentlichkeit immer noch eine lebhafte Diskussion über die politische Vergangenheit prominenter Repräsentanten unseres Staates geführt wird? Dabei kommt es gar nicht so sehr darauf an, ob das zu Recht oder zu Unrecht so ist, sondern es kommt darauf an, daß man sich zu dem, was gewesen ist, bekennt, daß endlich Klarheit wird." *(Beifall bei der FDP.)*

Außerparlamentarische Opposition und Notstandsgesetzgebung

In der Live-Fernsehsendung „Journalisten fragen – Politiker antworten" im Saal der „Bundespressekonferenz", unweit vom Bundestag, hatten sich am 16. Mai 1968, zwischen der zweiten und dritten Lesung der Notstandsgesetze auf meine Einladung hin 100 vom AStA benannte Studenten zu einer Diskussion mit den Fraktionsvorsitzenden der drei im Bundestag vertretenen Parteien eingefunden. Die Idee war, die studentischen Kritiker, die auf der Straße demonstrierten und die kritisierten Politiker, die im Bundestag debattierten, im Massenmedium Fernsehen in einer offenen, sachlich-fairen Auseinandersetzung „face to face" um Mikrofon und Kamera zu versammeln.

Die Atmosphäre war gespannt. Vor dem Pressehaus hatte sich (ungebeten) vorsichtshalber Polizei eingefunden. Als Rainer Barzel den Saal betrat, gab es Buh-Rufe, und die Studenten sangen skandierend mit einer Drohgebärde: „Barzel – wir kommen!" Aber Barzel ließ sich nicht irritieren. Als journalistische Fragesteller hatte ich die Chefredakteure der Studentenzeit-

Demonstration gegen die Notstandsgesetze am 8. 5. 1968 in Bonn.

Bei teils tumultartigen Demonstrationen gegen den Besuch des Schahs von Persien am 2. 6. 1967 in Berlin stirbt der Student Benno Ohnesorg durch die Kugel eines Polizisten.

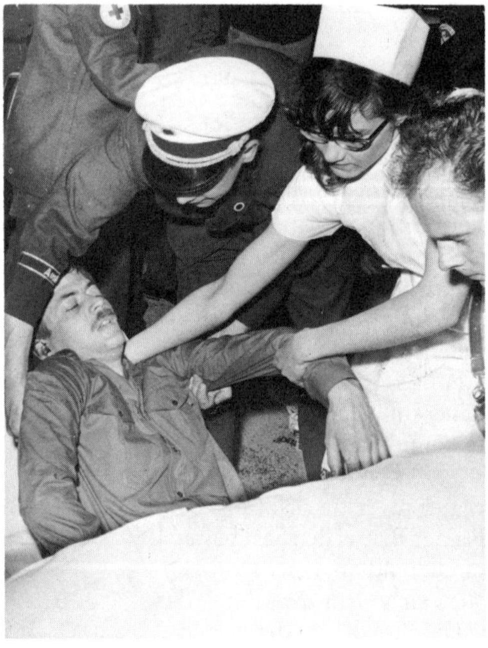

Am 30. 7. 1977 wird der Vorstandsvorsitzende der Dresdner Bank, Jürgen Ponto, von Terroristen erschossen.

Generalbundesanwalt Siegfried Buback stirbt am 7. 4. 1977 in Karlsruhe im Kugelhagel von Terroristen.

Am 19. 10. 1977 wird der von Terroristen entführte Arbeitgeberpräsident Hanns Martin Schleyer im Kofferraum eines Autos ermordet aufgefunden.

schriften „AKUT“, Lutz Kusche, und „FRONTAL“, Wolf Marchand, eingeladen.

Marchand eröffnete den Dialog: „Herr Barzel, ich wollte gerne fragen, was die Bekämpfung organisierter und militärisch bewaffneter Aufständischer bedeutet, wenn man doch bedenkt, daß bisher in Deutschland der Alptraum bestanden hat, daß Deutsche auf Deutsche schießen, und zwar über den Eisernen Vorhang hinweg; kann diese Floskel nicht bedeuten, daß, wenn wir annehmen, daß 5000 Studenten organisiert gegen ein Pressehaus in Hamburg anrücken, innerhalb der Bundesrepublik Deutsche auf Deutsche schießen müssen, und zwar Soldaten auf einer Seite?“

Barzel: „Herr Marchand, wir haben heute in der Tat in das Grundgesetz in 2. Lesung – die 3. Lesung steht aus – eine Vorschrift aufgenommen, daß, wenn alle Möglichkeiten der Länder, alle Möglichkeiten des Bundesgrenzschutzes, nicht ausreichen und es sich zusätzlich um organisierte und militärisch bewaffnete – dies ist die Reihenfolge des Tatbestandes – Aufständische handelt, daß, wenn die Behörden der Länder, die Polizei und der Bundesgrenzschutz, mit solchen Aufständischen nicht fertig wird, dann auch im letzten Fall die Streitkräfte eingesetzt werden können, und dies ist außerdem noch gebunden an die Bedingungen des Artikels 91 Abs. 2 einen komplizierten Tatbestand, den wir vielleicht in der späteren Runde noch erörtern. Ich glaube, wenn man diese Bedingungen des Tatbestandes sieht, ist schon klar, daß dies wirklich nur eine Bestimmung ist, wenn es gar nicht anders geht, und es muß sich nicht um organisierte handeln, sondern um militärisch-bewaffnete Aufständische. Was das ist, ist eine ganz klare Situation. Und um Ihre Frage völlig klar zu beantworten: Gegen eine studentische Demonstration oder gegen ein friedliches Demonstrieren zum Beispiel vor Verlagshäusern, wie Sie das genannt haben, können natürlich die Streitkräfte nach dieser Vorschrift nicht eingesetzt werden.“

...

Barzel: „Aber vielleicht darf ich doch das eine noch zurückgeben, Herr Kusche, ich hoffe, daß Ihre Frage rein hypothetisch war und daß Sie nicht etwa der Anwendung von Pistolen und Molotow-Cocktails bei innenpolitischer Auseinandersetzung das Wort reden wollen? Ich hab’ Sie nicht so verstanden.“

Marchand: „Herr Barzel, das können wir natürlich auch zurückgeben; wir haben Benno Ohnesorg zu beklagen und der ist eben nicht ... (bewaffnet gewesen).“

Barzel: „Haben wir alle zu beklagen.“

...

Zuhörerfrage: „Herr Barzel, Minister Benda sprach heute gerade bei diesem Komplex, ob die Bundeswehr eingesetzt werden soll, davon, daß diese Frage schon vorher entschieden werden sollte, und zwar nach irgendwelchen Ermessen sollte entschieden werden, daß eben die Polizei und Bundesgrenzschutz mit diesen Aufständischen nicht mehr fertig wird und daß dann von vorneherein schon Militär eingesetzt wird. Minister Benda sprach davon, daß man natürlich das zum Schutz der Polizisten auffassen sollte, damit nicht irgendetwas auf den Rücken der Polizisten ausgetragen werden sollte, also erst die Polizisten verprügelt werden sollten oder so; ich weiß nicht, wie ich ihn verstehen sollte, sondern daß schon vorher entschieden wird, daß Militär eingesetzt werden kann. Wie stellen Sie sich dazu? Wer entscheidet nun wirklich? Ist dieser Aufstand noch von der Polizei zu regeln oder muß schon Militär eingesetzt werden?"

Barzel: „Dies ist nach dem Text, der hier vorliegt, den ich nicht noch einmal verlesen will, weil er offensichtlich hier bekannt ist, nicht eine Frage des freien Ermessens, um es juristisch auszudrücken, sondern eine Frage des im Grundgesetz selbst geregelten pflichtmäßigen Ermessens. Hier ist also nicht etwa frei zu sagen: ‚Na, ich nehme wohl an, das ist gar nicht anders zu regeln', sondern hier sind all diese vielen heute im Bundestag als ‚fünf Voraussetzungen' genannten Tatbestandsmerkmale, wie der Jurist sagen würde, in die Verfassung selbst hereingeschrieben worden, und das vergrößert in der Tat die Rechtssicherheit und engt das Ermessen aller administrativen Stellen ein, weil sie nicht so entscheiden können, wie es ihnen gerade paßt, sondern weil sie sich an das zu halten haben, was in dieser Vorschrift steht."

Appel: „Herr Schmidt hierzu?"

Schmidt: „Ich wollte nur einen Satz dazu sagen, daß die Entscheidung der Bundesregierung der Kontrolle durch den Bundestag und durch das Bundesverfassungsgericht unterliegt, das in diesem Falle – im Falle des Artikels 91, 2 – natürlich auch von dem betroffenen Land angerufen werden könnte. Das heißt umgekehrt, daß die Bundesregierung, wenn sie zweifelt, ob die von Herrn Barzel genannten 5 oder genauer gesagt, sogar 6 Tatbestandsmerkmale vorliegen, daß sie damit rechnen muß, daß sie eine solche Klage bekommt, falls sie ihre Zweifel relativ schnell und leichtfüßig beiseite schieben würde. Die Vorauswirkung dieser Kontrollmöglichkeit durch das Verfassungsgericht in den Bundestag muß natürlich die Bundesregierung einkalkulieren. Ich würde nur gerne zu der letzten von Herrn Barzel in einem Tatbestandsmerkmal zusammengefaßten Punkte noch etwas Erläuterndes sagen dürfen: Wenn die vier anderen Bedingungen erfüllt sind, dann muß außerdem die fünfte Bedingung sein, daß es sich um einen organisierten Aufstand handelt, und zugleich muß er militärisch bewaffnet sein. Es muß ein Aufstand sein, er muß organisiert sein, und er muß militärisch bewaffnet sein. Ich meine, das zusammengefaßt, hat Herr Barzel als einen Tatbestand angenommen; in Wirklichkeit ist es aber ein sehr komplizierter Tatbestand, der drei Bedingungen enthält, abgesehen von den vier oder – ja, vier, die schon voran stehen im Artikel 87 A. 4."

...

Mischnick: „Ein kurzes Wort zu der Frage ‚Einsatz der Streitkräfte'. Wir haben diesen Punkt abgelehnt, weil wir die Komplikationen, die daraus rechtlicher Art entstehen können, sehr nüchtern gesehen haben und deshalb meinten, Polizei genügt. Zweitens, zu der Frage der Information. Ich gebe dem Kollegen Schmidt recht. Es wird keinen Abgeordneten geben, der aufgrund von Gerüchten entschieden hat. Aber es ist bei dieser schwerwiegenden Materie unbestreitbar, daß die Zeit vom Freitag, schriftlicher Bericht mit genauem Gesetzestext, bis zum Dienstag – Fraktionssitzung – darüber im einzelnen sich durchzuarbeiten als nicht dem Ausschuß Angehöriger und mit anderen zu beraten, ob das richtig ist, zu kurz gewesen ist. Das ist ohne Zweifel der Fall." *(Beifall).*

...

Zuhörer-Frage: „Herr Abgeordneter Dr. Barzel, in diesem Absatz stand vorher statt ‚bewaffneter Aufständischer' ‚bewaffnete Verbände'. Es ist doch ganz eindeutig, daß ‚bewaffnete Aufständische' ein weiterer Begriff ist. Müssen wir da nicht doch mißtrauisch sein, daß wir damit gemeint sind?"

Barzel: „Darf ich zunächst versuchen, das zu klären. In dem Text, der zunächst vorlag, hieß es: ‚Gruppen militärisch bewaffneter Aufständischer'. Über diese Worte haben wir lange diskutiert in beiden Fraktionen, und wenn ich das noch einmal sagen darf, ja nicht erst nach dem Rechtsausschußbericht, sondern eine Gesetzgebung ereignet sich so, daß man in der Fraktion fortlaufend zu den wichtigen Themen die Informationen entgegennimmt und diskutiert und auch die Meinung der Kollegen in den Ausschüssen ein bißchen miteinander vorher erörtert. Ich habe also vorgelesen, wie es vorher hieß, ‚zur Bekämpfung von Gruppen militärisch bewaffneter Aufständischer' und heißt jetzt, ‚bei der Bekämpfung organisierter – was dies heißt, ist eben gesagt worden – und militärisch bewaffneter Aufständischer'. Das, glaube ich, ist eine Verbesserung, denn die ‚Gruppe' war in der Tat eine Schwierigkeit, mit der wir auch nicht ganz fertiggeworden waren; wir haben lange darüber diskutiert und haben jetzt diese Formulierung hier gefunden."

...

Zuhörer-Frage: „Herr Schmidt, Sie sprachen vorhin von der Kontrolle des Bundesverfassungsgerichtes. Glauben Sie, daß in einer derartigen aufruhrartigen Situation, in der dieser Tatbestand zuträfe, von einer Kontrolle des Verfassungsgerichtes noch gesprochen werden kann, daß ein solcher Spruch, der im allgemeinen doch mehr als ein Jahr auf sich warten läßt, noch wirksam wäre?"

Schmidt: „Zunächst darf ich sagen, daß kein Gericht der Welt vor der Tat urteilen kann ... *(Unruhe ... hört, hört!)* Allerdings, allerdings. Das heißt, wenn der Verdacht eines Verstoßes gegen das Grundgesetz oder der Verdacht einer strafbaren Handlung vorliegen sollte oder wenn jemand klagt, dann erst kann das Gericht tätig werden. Das kann allerdings sehr schnell tätig werden auf dem Wege einer einstweiligen Verfügung durch das Bundesverfassungsgericht. Zweitens will ich sagen, daß entsprechende Regelungen in allen demokratischen Staatsverfassungen genauso aussehen."

...

Helmut Schmidt, als Fraktionsvorsitzender der SPD (1967–1969).

Kusche: „Da mit dem heutigen Tage die Diskussion über die Notstandsgesetze ... abgeschlossen worden ist, ergibt sich jetzt für uns die Frage, Herr Schmidt, die indirekte Wirkung der Verabschiedung. Die SPD hat zugestimmt, wir hatten eine große Kundgebung am Sonnabend, und wir fragen uns, wie es jetzt weitergeht mit der SPD, die eine große Wahlniederlage in Baden-Württemberg erlebt hat und jetzt auch nach den Äußerungen von Herrn Böll unbedingt eine Neubesinnung braucht, damit nicht weitere traditionelle Wählerschichten abwandern. Der Aufruf gewisser Teile der Gewerkschaften zum Wahlboykott geht ja auch in diese Richtung. Nun ist meine konkrete Frage an Sie: Sind Sie nicht der Meinung, daß sich die SPD für die Zukunft um eine Neubesinnung bemühen muß, um den politischen ‚Erdrutsch' aufzuhalten, der ihr droht 1969, zur Bundestagswahl, und ob sie mit Ihren heutigen Erfahrungen nach anderthalb Jahren Großer Koalition, diesen schlechten Erfahrungen, leider, morgen noch einmal die Große Koalition eingehen würden?"

Schmidt: „Ich darf zunächst sagen, daß die Einleitung Ihrer Frage nicht ganz korrekt ist. Es sind heute und gestern eine Reihe von einzelnen Artikeln und Absätzen einzelner Artikel im Parlament votiert worden. Die endgültige Zustimmung oder Ablehnung in der 3. Lesung hängt von zwei

Bedingungen ab, die noch nicht eingetreten sind. Die erste Bedingung ist die völkerrechtlich verbindliche Erklärung der drei Westalliierten des Verzichts auf ihre Notstandsvorbehaltsrechte im Art. 5 Absatz 2 des Deutschlandvertrages, die zweite Bedingung, die noch nicht eingetreten ist, das in den sogenannten ‚einfachen Vorsorge- und Sicherstellungsgesetzen', die noch dem Parlament zur 2. Lesung erst vorgelegt werden, weil sie noch im Ausschußstadium sich befinden, einige sind fertig, so verändert sein müssen, daß alle unsere verfassungspolitischen Bedenken darin ausgeräumt sein werden. Nun, was Sie gesagt haben zu dem politischen Erdrutsch der Sozialdemokraten im Jahr 1969, das ist nicht meine Sorge. Was mich angeht, so sehe ich, wieviele wirkliche Freunde der SPD, aber auch viele falsche und vorgebliche Freunde der SPD sich Sorgen machen über etwas, das mir sehr viel geringere Sorgen macht. Der Wahlkampf des Jahres '69 wird ein völlig neuartiger Wahlkampf sein für deutsche Verhältnisse." *(Lachen!!)*

Appel: „Ich glaube, das sollten Sie jetzt näher umreißen."

Schmidt: „Ein völlig neuartiger Wahlkampf sein deshalb, weil im Gegensatz etwa zu Frankreich – ich meine die IV. Republik –, im Gegensatz zu Italien, im Gegensatz zu Holland, Belgien, Dänemark es bei uns zwar in der Weimarer Republik selbstverständlich war, aber in der Bundesrepublik seit ihrem Bestehen für die Sozialdemokraten erstmalig ist, daß sie einen Wahlkampf zu führen haben gegen einen Koalitionspartner. FDP und CDU waren darin schon geübt in diesem Geschäft, die haben das häufiger gekonnt, nicht wahr."

14. 5. 1970	U. Meinhoff, I. Schubert und I. Goergens befreien A. Baader gewaltsam aus Justizgewahrsam.
22. 5. 1970	Liberalisierung des Demonstrationsrechtes und Inkrafttreten eines Straffreiheitsgesetzes für Demonstrationsdelikte nach altem Recht.
21. 10. 1971	Im Bundestag wird die Frage nach dem parlamentarischen „inneren Frieden" zwischen R. Barzel und W. Brandt einvernehmlich diskutiert.
28. 1. 1972	„Extremistenbeschluß": Grundsätze zur Frage der Beschäftigung von verfassungsfeindlichen Personen (Links- und Rechtsextremisten) in Anknüpfung an frühere gesetzliche Regelungen (1950, 1953 und 1957). Danach schließt die Zugehörigkeit zu einer Organisation, die verfassungsfeindliche Ziele verfolgt, eine Einstellung in den öffentlichen Dienst aus.
2. 2. 1972	Sprengstoffanschlag auf den britischen Jachtclub in Berlin-Gatow; Tod des Bootsbauers Beelitz. Die „Bewegung 2. Juni" bekennt sich als Täter.
11. 5. 1972	Bombenanschlag des „Kommando Petra Schelen" auf das V. amerikanische Armeecorps in Frankfurt; ein Toter, mehrere Verletzte.
19. 5. 1972	Bombenanschlag auf das Springer-Hochhaus in Hamburg; 17 Verletzte.
24. 5. 1972	Anschläge auf das europäische Hauptquartier der US-Armee in Heidelberg; drei Tote, zahlreiche Verletzte. Bekennergruppe: „Kommando 15. Juni – Rote Armee Fraktion" (RAF).

Gemeinsamkeit der Demokraten nicht gefährdet

Im Rückblick auf das vierzigjährige Bestehen der Bundesrepublik bleibt zu konstatieren, daß wir in der stabilsten Demokratie leben, die es je in Deutschland gegeben hat. Politische Gefahren von rechts und links konnten ebenso abgewehrt werden wie die terroristischen Versuche, durch feigen Mord an Repräsentanten des Staates oder der Wirtschaft den jungen Staat aus den Angeln zu heben. Auch die Herausforderungen, wie sie durch das Aufkommen von Bürgerinitiativen und schließlich durch die Parteigründung der „Grünen" vor allem gegen gravierende Versäumnisse im Umweltschutz zu verzeichnen waren, haben die Bundesrepublik in ihrem inneren Gefüge eher stärker als schwächer gemacht. Tiefgreifende politische Zäsuren wie der Regierungswechsel von 1969 mit dem Ende der CDU-Kanzlerschaft und 1982 mit dem Ende der SPD-Kanzlerschaft haben die Republik nicht ins Wanken gebracht, sondern sie sind als Ausdruck des Wählerwillens angenommen worden. Eine zunehmende Zahl von Wechselwählern hat es darüber hinaus begrüßt, daß jeweils eine demokratische Alternative für die Regierungsarbeit zur Verfügung stand. Und als sich im Zusammenhang mit den Verhandlungen und dem Abschluß der Ostverträge, die an anderer Stelle behandelt werden, ein immer größer werdender Spalt durch unser Volk zu bilden drohte, da wuchsen dem Parlament trotz unerbittlicher Gegensätze auch die Kräfte zu, die erforderlich waren, um den inneren Frieden und die Gemeinsamkeit der Demokraten nicht zu gefährden.

Ich möchte das an dem Ereignis verdeutlichen, das sich am 20. Oktober 1971 abspielte, als dem Bundestag mitten in der Haushaltsdebatte von seinem Präsidenten, Kai Uwe von Hassel, mitgeteilt wurde, daß die Nobelpreiskommission des norwegischen Parlaments Bundeskanzler Brandt einstimmig den Friedensnobelpreis verliehen hatte. Der Jubel bei den Regierungsparteien und teilweise auch bei der CDU/CSU wollte kein Ende nehmen. Aber die Begeisterung, die sich auch im Volk ausbreitete, stand in einem krassen Gegensatz zu den sich verschärfenden Konfrontationen und das öffentliche Klima vergiftende Atmosphäre zwischen Regierung und Opposition wegen der Ostverträge. Dem parlamentarischen Oppositionsführer, Rainer Barzel, gebührte das Verdienst, die durch die Verleihung des Friedensnobelpreises an Brandt ausgelöste Stimmung für den Abbau der innenpolitischen Konfrontation zu nutzen.

Am 21. Oktober 1971 erbat Barzel während der Haushaltsberatung das Wort, und auf die am Vortag bekanntgewordene Verleihung des Friedensnobelpreises an Willy Brandt bezugnehmend, erklärte er vor dem Bundestag:

„...

In dieser Debatte darf eine Frage, eine staatspolitische Frage nicht unbehandelt und auch nicht unbeantwortet bleiben, denn diese Frage bewegt quer durch die Fraktion viele hier im Hause, viele im Lande, viele Journali-

Rainer Barzel, 1964–1973 Vorsitzender der CDU/CSU-Fraktion.

sten und auch viele in der Bonner Beamtenschaft ... Es ist die Frage nach dem inneren Frieden *(Zuruf von der SPD: Das fragen Sie?)*, wobei ich jetzt nicht, so dringend das wäre, von Kriminalität, Gewalttätigkeit und dergleichen, sondern ausschließlich von dem sprechen möchte, was uns alle hier angeht und was wir in der Hand haben.

Die Frage, deren Beantwortung wir alle nicht ausweichen dürfen – und am allerwenigsten Sie, Herr Bundeskanzler, oder der Führer der Opposition –, läßt sich etwa so formulieren: Kann oder soll aus dem notwendigen sachlichen Gegeneinander von Regierung und Opposition Unversöhnlichkeit und Feindschaft werden? Soll, so fragen viele hier und draußen *(Zurufe von der SPD)* ... meine Damen und Herren, soll, so fragt ... *(Anhaltende Zurufe von der SPD.)*

Es ist sehr interessant für uns hier im Hause und für alle Mitbürger, wie Sie auf diese besorgte Frage reagieren, meine Damen und Herren! *(Beifall bei der CDU/CSU und weitere Zurufe von der SPD.)*

Und so frage ich Sie und uns alle: *(Abg. Dr. Apel: Vor allen Dingen sich selbst sollten Sie fragen!)* soll etwa der Wahlkampf zwei Jahre andauern? *(Erneute Zurufe von der SPD.)*

Und ich muß fragen ... *(Unruhe bei der SPD. Zuruf: Nein!)*

Meine Damen und Herren, jede Äußerung dieser Art unterstreicht nur, wie richtig es ist, diese Frage jetzt zu stellen! *(Lebhafter Beifall in der Mitte.)*

Die Frage heißt weiter: Was ist mit dem, was andere – und nicht wir – „totale Konfrontation" nennen? *(Sehr richtig! bei der CDU / CSU.)* So etwa lautet die Frage.

Bevor ich dazu unsere Antwort gebe – und ich hoffe, sie wird nicht ohne Echo bleiben –, möchte ich einige Anmerkungen zur Sache – fast würde ich sagen: zum Tatbestand – machen. Die Formel „totale Konfrontation" stammt nicht von uns; sie drückt nicht aus, was ist; und sie drückt schon gar nicht aus, was wir wollen. Von Anfang an haben wir von dieser Stelle aus bei aller Notwendigkeit von Kontroversen für bestimmte Bereiche Zusammenarbeit angeboten. *(Abg. Rösing: Sehr richtig!)*

...

Ich muß aus gegebenem Anlaß hier daran erinnern, daß es doch, bevor Außenminister Walter Scheel nach Moskau fuhr, eine – wie die, die es angeht, sehr gut wissen – ernsthafte Bemühung um Gemeinsamkeit gab. Wir waren doch – das weiß man schließlich – aufgeschlossen, uns an Reise und Verhandlung zu beteiligen, freilich nicht auf der Basis des damals noch geleugneten Bahr-Papiers. Als man uns gleichwohl einlud, als Beobachter, nicht als Teilnehmer *(Hört! Hört! bei der CDU / CSU)* zu den Verhandlungen auf eben dieser Basis mitzureisen, nahmen wir das so, wie es

1. 6. 1972	Festnahme von Baader, Meins und Raspe.
5. 9. 1972	8 Mitglieder der Terrororganisation „Schwarzer September" überfallen im olympischen Dorf die israelische Olympia-Mannschaft, ermorden zwei Sportler und nehmen 9 Geiseln.
10. 11. 1974	Terroristen der „Bewegung 2. Juni" ermorden den Kammergerichtspräsidenten von Drenkmann.
21. 5. 1975	In Stuttgart-Stammheim beginnt vor dem Oberlandesgericht der „Baader-Meinhoff-Prozeß".
19. 5. 1976	Bundesregierung beschließt neue Richtlinien zur Überprüfung der Verfassungstreue von Bewerbern für den öffentlichen Dienst. Ablehnungen von Bewerbern dürfen nur auf gerichtsverwertbare Tatsachen gestützt werden.
18. 8. 1976	Das Anti-Terror-Gesetz stellt die „Bildung terroristischer Vereinigungen" unter Strafe.
7. 4. 1977	Siegfried Buback, Generalbundesanwalt, wird zusammen mit seinem Fahrer in Karlsruhe erschossen.
5. 9. 1977	Hanns Martin Schleyer, Präsident des BDI und der Bundesvereinigung der Deutschen Arbeitgeberverbände, wird entführt. Sein Fahrer und drei Polizisten finden dabei den Tod.

offenbar gemeint war: als Ausladung und als Abfuhr für mögliche Gemeinsamkeit.

...

Nun, Herr Bundeskanzler, meine Damen und Herren, wie soll dies alles hier weitergehen? *(Lachen bei der SPD.)* Das ist eine wichtige Frage. Aber ich freue mich immerhin, daß Sie links wenigstens für geraume Zeit die Liebenswürdigkeit hatten, hier zuzuhören. Ich denke, das, was jetzt kommt, wird Sie erneut interessieren.

Aus unserer Sicht ist die demokratische Kontroverse so notwendig wie die gemeinsame Basis in der Verfassung und darüber hinaus die gemeinsame Basis in noch viel mehr, gerade hier in Deutschland, nämlich die Solidarität der Demokraten. Nichts braucht der innere Friede mehr. *(Beifall bei der CDU/CSU).*

(Vorsitz: Vizepräsident Dr. Jaeger.)

Dazu möchte ich nun drei Punkte sagen, die uns beschweren.

Erstens: Wir lesen in den letzten Wochen immer häufiger vom Druck auf politische Entscheidungen. Bald heißt es, die Bundesregierung, bald, die Opposition, bald, der Berliner Senat solle von außen in dieser oder jener Frage unter Druck gesetzt werden. Diese Gespenster würden doch auf einen Schlag verfliegen, wenn wir alle hier, Regierung wie Opposition, ebenso sachlich wie bündig und bestimmt erklärten: Unter Druck wird keiner von uns etwas beschließen. *(Beifall bei der CDU/CSU.)* Dieses solidarische Wort würde denen, die Druck ausüben wollen, die Waffe aus der Hand nehmen. Durch diese Solidarität würde doch zugleich hier unter uns ein anderes Klima entstehen. *(Beifall bei der CDU/CSU.)* Dieses gemeinsame Wort, Herr Bundeskanzler, ist nötig und möglich: denn das Wichtigste, für das alle Demokraten stehen müssen, ist doch nicht dieser oder jener Paragraph, dieser oder jener Vertragsartikel, nicht einmal diese oder jene Opposition oder Regierung; das Wichtigste, für das alle Demokraten stehen müssen, ist doch die Freiheit der Entscheidung. *(Beifall bei der CDU/CSU.)* Jeder muß frei – ohne Druck, ohne Drohnung – nach seinem Gewissen entscheiden können, jeder Wähler, jeder Abgeordnete. Das ist das Wichtigste. In dem Ausmaß, in dem hier Solidarität entsteht, ist in diesem Hause nicht nur ein anderes Klima, sondern auch draußen im Lande. Das ist nötig und möglich, wenn Sie, Herr Bundeskanzler, dazu ein Wort finden.

...

Das Zweite. Wir alle hier haben solidarisch und erfolgreich gegen den Radikalismus von rechts außen gekämpft. Das hat uns verbunden und verbindet uns und nahm manch anderer Kontroverse einige Schärfe. Wir bieten an, in gleicher Solidarität den Radikalismus von links außen zu bekämpfen. *(Beifall bei der CDU/CSU.)*

Auch das würde über das Thema hinaus, nicht nur hier im Hause, das Klima verändern. Warum sind wir denn auch gegen den Linksradikalismus? Doch wohl auch deshalb, weil – und das verbindet, so glaube ich, alle

Demokraten – in unserer Geschichte der freiheitliche und demokratische Rechtsstaat das Ende früherer Feudalherrschaften über den Menschen bedeutet, Kommunismus aber die erneute, also die reaktionäre Feudalherrschaft durch eine übermächtige Funktionärsclique bedeutet. *(Beifall bei der CDU/CSU.)*

Das Dritte. Der Vorgang und das Verfahren der Gesetzgebung der letzten Wochen hier im Hause stört mögliche Gemeinsamkeiten. Man läßt von draußen behaupten, wir wollten „totale Konfrontation". *(Zurufe von der SPD.)* Hier in den Ausschüssen des Bundestags und im Plenum wird alles vorher durch Koalitionsabreden so zementiert, daß Argumente und Anträge der Opposition, wenn überhaupt, überwiegend von vornherein, also vor Nachdenken über unsere Argumente, keine Chance haben. *(Beifall bei der CDU/CSU. Zurufe von der SPD.)* Ich frage hier: Will man etwa erreichen, daß wir hier aus diesen Gründen möglichst oft nein sagen? Um dies dann draußen zum Beweis unseres angeblichen Konfrontationswillens anzuführen? Sollten Sie dies wirklich wollen, dann wollen Sie „totale Konfrontation". *(Beifall bei der CDU/CSU.)* Wenn Sie das nicht wollen, dann schaffen wir doch miteinander Luft und Raum und Zeit für das, was Parlament und Gesetzgebung am dringendsten brauchen, nämlich Kompromisse. Dies ist nicht in unserem Interesse, sondern im Interesse der Bürger. Denn es ist doch so, daß jedes Gesetz, das in harter Kontroverse hier verabschiedet wird, den gerade Unterlegenen geradezu zwingt, es wieder zu ändern, wenn sich die Verhältnisse verändern. Und die Bürger, die Verwaltung und die Unternehmen müssen sich doch darauf einrichten können, daß Bundesgesetze über geraume Zeit gelten. Sie müssen sich einrichten können. *(Beifall bei der CDU/CSU.)*

Herr Bundeskanzler, diese grundsätzlichen Erwägungen und diese drei Punkte gehörten in diese Debatte, schon damit jeder weiß, woran er ist. Am Schluß dieser Debatte wird jeder, hier wie draußen, noch mehr davon wissen. Ich sage dies alles auch in der Erwartung, daß der Bundeskanzler zu diesen Fragen, die dieses Haus und alle draußen wirklich bewegen, nicht

18. 10. 1977	In Mogadischu stürmt eine Spezialeinheit (GSG 9) ein von Terroristen entführtes Flugzeug der Lufthansa. – Die zu lebenslanger Freiheitsstrafe verurteilten Terroristen Baader, Ensslin und Raspe begehen in Stuttgart-Stammheim Selbstmord.
19. 10. 1977	Hanns Martin Schleyer wird in Frankreich ermordet aufgefunden.
20. 10. 1977	Der Bundestag gedenkt der Opfer des Terrorismus.
Ende 1977/ Anfang 1978	Umstrittene Anti-Terror-Gesetzgebung.
16. 2. 1978	Der Bundestag verabschiedet das (zweite) Anti-Terror-Gesetz, das am 18. 4. verkündet wird.
31. 3. 1979	Massendemonstration gegen das geplante Entsorgungszentrum in Gorleben.

Willy Brandt, Bundeskanzler 1969–1974 und Friedensnobelpreisträger 1971.

schweigen wird. Denn die Antwort darauf ist ein von Ihnen, Herr Bundeskanzler, notwendig zu leistender Beitrag für den inneren Frieden." *(Lebhafter Beifall bei der CDU/CSU.)*

Nach den Fraktionsvorsitzenden Wehner und Mischnick erteilte Vizepräsident Dr. Jaeger dem Bundeskanzler das Wort:

„Herr Präsident! Meine Damen und Herren! Ich habe in meiner Regierungserklärung im Oktober 1969 davon gesprochen, daß es meiner Meinung nach darum geht, sich immer wieder um das richtige Verhältnis zwischen sachlichem Gegeneinander und nationalem Miteinander zu bemühen, wohl wissend, daß wir – so, wie wir Menschen sind – auch in der Politik häufig nur Annäherungswerte erreichen.

Weil ich dies so gesehen habe und so sehe, habe ich natürlich bei der bemerkenswerten Rede, die der Kollege Barzel hier heute vormittag gehalten hat, besonders genau hingehört; ich hoffe, ich habe nichts überhört. Ich werde wie andere die Rede noch einmal sehr genau lesen.

...

Aber heute will ich mich zu den drei Punkten äußern, die den eigentlichen Inhalt der Rede von Herrn Barzel ausmachten, zuerst zu dem, was der

Kollege Barzel die Solidarität der Demokraten nennt ... Ob wir in der Regierung oder in der Opposition sind, es muß uns miteinander – jedenfalls, denke ich, viele von uns – beschäftigen, was wir tun können, um, ohne es zu überziehen – manches ist vorbelastet, manches kann, wie gesagt, als überzogen gelten –, zu einem gesunden Staatsbewußtsein oder zu dessen Entwicklung beizutragen, was, wie gesagt, meiner Meinung nach nicht im Widerspruch zu stehen hat zur europäischen Einordnung und Verantwortung und zu den über den Staat Bundesrepublik Deutschland hinausreichenden deutschen Verantwortlichkeiten im europäischen Prozeß, in den wir eingebettet sind und auf den wir einwirken.

Ich meine nur, daß wir dann, wenn wir das so sehen, wenn dies zur Solidarität der Demokraten gehört, natürlich versuchen müssen – ich sage das jetzt nicht nur an die Adresse von Herrn Dr. Barzel und seinen Freunden, sondern ich beziehe es auf uns alle – dies bei aller Gefahr, es nie ganz zu erreichen –, nicht nur an solchen Stellen wie hier, sondern auch draußen zu praktizieren *(Beifall bei den Regierungsparteien);* sonst entsteht ein Widerspruch. *(Abg. Katzer: Das gilt aber für alle!)* – Das habe ich ja gleich gesagt, Herr Kollege Katzer. – Sonst entsteht ein Widerspruch, mit dem wir es dann auch alle zu tun haben ... Da gibt es Fragen, wo natürlich auch die beiden Parteien der jetzigen Koalition miteinander ringen – jede für sich und beide miteinander –, und trotzdem stellen wir fest, daß wir das, was wir uns vorgenommen haben, miteinander in unserer gemeinsamen Verantwortung lösen können. Nur, Herr Kollege Barzel, greife ich in Verbindung mit der Solidarität der Demokraten auch das Wort auf, das Sie darüber gesprochen haben, daß wir miteinander dafür sorgen müßten, daß niemand, der Verantwortung trägt, z. B. hier in diesem Bundestag, unter Druck ge-

6. 5. 1980	Schwere Krawalle anläßlich der öffentlichen Gelöbnisfeier der Bundeswehr in Bremen.
1981	Häuserbesetzungen in West-Berlin. – 22. 9.: polizeiliche Räumung mit schweren Krawallen. Dabei gerät Klaus-Jürgen Rully unter einen Bus und wird getötet.
28. 2. 1981	Massendemonstration gegen den Bau des Kernkraftwerkes in Brokdorf.
11. 5. 1981	Der hessische Wirtschaftsminister Karry (FDP) wird in seinem Haus ermordet, wahrscheinlich von Terroristen.
15. 9. 1981	Terroristisches Attentat in Heidelberg auf den Oberbefehlshaber der amerikanischen Landesstreitkräfte in Europa, General Kroesen.
15. 11. 1981 30./31. 1. 1982	Schwere Ausschreitungen von Gegnern der Startbahn West auf dem Frankfurter Lufthafen.
27. 11. 1983	Gründung der rechtsradikalen Partei „Die Republikaner“ in München. – Januar 1989: Einzug ins Berliner Abgeordnetenhaus.
April 1989	RAF-Häftlinge versuchen durch Hungerstreiks Hafterleichterungen zu erzwingen; es entsteht ein erheblicher innenpolitischer Dissens.

setzt wird oder sich unter Druck gesetzt fühlt. Das ist für mich selbstverständlich. Es wäre gut, damit diese Klarstellung nicht an diesem Punkt abbricht, wenn ich es so verstanden hätte, daß hiermit nicht die Unterstellung verbunden ist, es gäbe welche in diesem Hause, die sich Druck zu beugen oder andere, die sich Druck auszusetzen bereit wären; denn dann würde aus der versuchten Rekonziliation eine Insinuation, und das ist sicher nicht gemeint gewesen. Das ist der eine Punkt.

Der zweite Punkt bezieht sich auf den Radikalismus oder – was ja wohl dasselbe ist – die Feinde der Demokratie. Ich freue mich, das war ja alles nicht so selbstverständlich – auch für viele, die uns in diesen letzten zwei oder etwa mehr Jahrzehnten von draußen beobachtet haben, war das alles gar nicht so selbstverständlich –, daß uns dies bei allem, worüber wir gestritten haben, miteinander gelingen sollte, nämlich eine doch recht stabile demokratische Ordnung sich entwickeln zu sehen, und daß wir auch . . . überwiegend fähig gewesen sind, die Auseinandersetzung mit den Feinden der Demokratie mit geistig-politischen Mitteln zu führen. Ich hoffe, daß wir die Kraft dazu weiter haben werden. *(Beifall bei den Regierungsparteien.)*

Was die eine Seite angeht, Herr Kollege Barzel, das, was Sie Rechtsradikalismus nennen, wozu natürlich ganz allgemein auch das Gift des Nationalismus gehört, vor dem wir immer wieder auf der Hut sein müssen . . . – die Aufgabe geht weiter. Der Kampf muß des Bestandes dieses Staates und seiner Stellung in der Welt wegen gegen den Nationalismus und jede Anlehnung an oder Anleihe bei einer bösen Vergangenheit immer wieder neu geführt werden.

Was die andere Seite angeht, das, was Sie Linksradikalismus nennen, so bitte ich doch, Verständnis für folgende Erwägung zu haben. Ich sage dies, glaube ich, zugleich im Namen meiner engeren politischen Freunde in diesem Hause. Die deutschen Sozialdemokraten brauchen keine Aufforderung zur Auseinandersetzung mit dem Kommunismus. *(Beifall bei der SPD.)* Wir haben in den ersten Nachkriegsjahren die Last der Auseinandersetzung in den Industriegebieten, auch in Berlin, nicht allein, aber zu einem großen Teil führen müssen. Da gab es vieles, was uns gar kein anderer abnehmen konnte.

. . .

Das Dritte. Herr Kollege Barzel möchte, wenn ich es richtig begriffen habe, so verstanden werden, daß wir oder mancher von uns geirrt hat, als er auf Grund mancher Äußerungen der letzten Wochen meinte, die Position der Union oder einiger ihrer führenden Herren liefen auf das hinaus, was man totale Konfrontation genannt hat. Wenn das so ist oder wenn hier manches zurechtgerückt werden soll, nachdem man es sich noch einmal überlegt hat, dann kann ich mich darüber nur freuen; denn es wird der Arbeit in diesem Hause und dem Wirken für diesen Staat zugute kommen.

Herr Kollege Barzel, ich weiß selbst – ich bin nicht der einzige, der das weiß –, was Entstellungen und Verleumdungen und Verteufelungen bedeuten. Ich bin schon deshalb dagegen, daß sich, in welchem Zusammenhang auch immer, Verzerrungen, Verleumdungen oder gar Verteufelungen in unserem politischen Leben festsetzen und einnisten.

Aber, verehrter Herr Dr. Barzel, es hängt auch von Ihnen und Ihren Freunden ab, ob das weiterhin so verstanden wird, wie ich glaubte, es heute vormittag verstanden zu haben. Denn – ich sage es noch einmal – bei aller notwendigen Auseinandersetzung, nicht nur um den Inhalt des demokratischen und sozialen Bundesstaates, sondern auch der Rolle, die dieses Deutschland in Europa und in der Welt spielen kann – das bleibt hart umstritten, und warum nicht –, bei allen harten Auseinandersetzungen um die Frage ist es natürlich sehr schwer, miteinander so sachlich, wie man es möchte, zu sprechen, wenn nicht das vom Tisch ist – ich möchte gern, es wäre heute vom Tisch –, Herr Kollege Strauß, was mit dem „Ausverkauf Deutschlands" zusammenhängt, und das, Herr Kollege Barzel, was mit der angeblichen Vernachlässigung der Menschenrechte zusammenhängt. Das müßte vom Tisch *(Beifall bei den Regierungsparteien.)*

Der Friede im Innern, von dem die Rede war, bedeutet, nicht ein Freund-Feind-Verhältnis sich festsetzen zu lassen; bedeutet, Vorurteile abzubauen, wo das geht. Wir müssen uns ... in der Tat fortlaufend miteinander bemühen, daß wir uns als ein Volk der guten Nachbarn bewähren im Innern wie nach außen."

Die Rede des Bundespräsidenten

„Sternstunden", wie in den Pionierzeiten der ersten 20 Jahre nach dem Krieg, sind im Bonner Bundesparlament sehr selten geworden. Gewiß gibt es immer wieder einmal rednerische Höhepunkte und Reden, die zwar am Abstimmungsverhalten nichts ändern, aber nachdenklich stimmen und dann vielleicht auch nachträglich wirken. Aber eine Rede, die im ganzen Volk Nachhall auslöste und es vermochte, über den Tag hinaus Meinungen zu bilden, ja, daß einzelne Formulierungen immer wieder als hilfreicher Orientierungs- und Richtwert zitiert werden, und zwar in allen politischen Lagern und den unterschiedlichsten sozialen Schichten der Gesellschaft, das hat nur die Rede Richard von Weizsäckers geschafft, die er 1985, vierzig Jahre nach Kriegsende, vor den Abgeordneten des Deutschen Bundestages hielt.

Auch unter der Fragestellung, welche Rede in den letzten Jahren zum „inneren Frieden" in der Bundesrepublik und ihrem Ansehen im Ausland wesentlich beigetragen hat, muß dieser Rede des Bundespräsidenten eine überragende Bedeutung als ein politisches, sprachliches und persönliches Meisterwerk zugemessen werden.

Peter Hopen

Das Konstruktive Mißtrauensvotum 1972

März 1972. An einem Abend Mitte des Monats. Conrad Ahlers, der Regierungssprecher, hat lauter Gleichaltrige zu sich nach Hause eingeladen, Staatssekretäre und Bonner Korrespondenten vom Jahrgang 1922. Von den hohen Beamten sind mir Katharina Focke (Bundeskanzleramt), Johann Baptist Schellhorn (Wirtschaft), Dietrich Spangenberg (Bundespräsidialamt) und Günther Wetzel (Verteidigung) in Erinnerung.

Als später Willy Brandt, der Bundeskanzler, den Fünfzigjährigen die Ehre gibt, hat sich bei den Staatssekretären schon Untergangsstimmung breitgemacht. Ich höre mürrische Klagen von Dietrich Spangenberg, sehe Tränen bei Katharina Focke.

Die Journalisten – Antonius John (Handelsblatt), Harry Hamm (FAZ), Alois Rummel (Südwestfunk) und ich – suchen das Gespräch mit dem Kanzler. Es wird oft durch Telefonanrufe unterbrochen. An diesem Abend wird zur Gewißheit: die erste sozial-liberale Koalition, die Regierung Brandt/Scheel, wird bald keine Mehrheit mehr im Deutschen Bundestag haben. Das Ende scheint gekommen.

Ich frage Willy Brandt, was er nach den zweieinhalb Jahren Kanzlerschaft nun noch zu tun gedenke. Seine Antwort: Nun, ein paar Jahre wolle er noch SPD-Vorsitzender bleiben und dann Botschafter werden. Wo? In Rom. Übrigens habe es schon einmal einen ehemaligen Kanzler als Botschafter gegeben: Reichskanzler Hans Luther in Washington.

Zwei Jahre später. Helmut Schmidt ist zweiter Bundeskanzler der sozialliberalen Koalition geworden und kommt als Gast zum Deutschen Presseclub. Wie beiläufig bemerkt er im Tischgespräch und etwas spielerisch, nicht allzu lange diese Amtsbürde tragen zu wollen. Wie er sich denn nach seiner Kanzlerschaft noch glaube nützlich machen zu können, frage ich ihn. Ohne Zögern kommt die Antwort: als Botschafter. Doch nicht nach Rom zieht es Schmidt als Missionschef, wie seinen Vorgänger, sondern zum Vatikan.

Zwischen den Begegnungen mit Brandt und Schmidt, zwischen 1972 und 1974, lag eine turbulente Zeit in Bonn. Die Regierung Brandt/Scheel verlor im Jahre 1972 tatsächlich ihre parlamentarische Mehrheit. Aber am Ende war die sozial-liberale Koalition noch längst nicht. Bei vorzeitigen Neuwahlen am 19. November 1972 errang sie eine kräftige Mehrheit.

Zwar mußte sie bald darauf den Kanzler auswechseln. Doch die CDU/CSU-Opposition konnte ihr damals nicht gefährlich werden. Die Union mußte zehn Jahre warten, bis sich die Chance zur Regierungsübernahme wiederholte. Was Helmut Kohl 1982 mit einem Konstruktiven Mißtrauensvotum gelingen sollte, blieb Rainer Barzel, dem damaligen CDU-Chef, im Jahre 1972 verwehrt.

Barzel fehlten am 27. 4. 1972 zwei Stimmen an der Kanzler-Mehrheit. 250 Stimmen hatte er sich ausgerechnet. Nur 247 bekam er in der geheimen Abstimmung. Drei Abgeordnete, mit hoher Wahrscheinlichkeit mindestens zwei aus den eigenen Reihen, hatten Barzel ihr Ja verweigert und sich der Stimme enthalten.

Unmittelbar nach dem Debakel tröstete Barzel die CDU / CSU-Bundestagsfraktion: „Bundeskanzler Brandt hat weniger Stimmen als der Führer der Opposition.“ Im Trost lag das Eingeständnis, daß er sich auf einige CDU / CSU-Abgeordnete nicht hatte verlassen können. Die Rechnung war einfach, weil die Koalitionsführung auf den parlamentarisch unfeinen Einfall gekommen war, die Abstimmung vom Regierungslager gewissermaßen boykottieren zu lassen. Die SPD ging überhaupt kein Risiko ein und verzichtete fast geschlossen auf eine Stimmabgabe – möglichen Abtrünnigen keine Chance lassend. Von der FDP gingen nur ausgewählte, über jeden Zweifel erhabene Abgeordnete an die Urne. 247 Stimmen in geheimer Wahl für Barzel und drei Enthaltungen; da blieben für die Regierung somit von den insgesamt 496 Stimmen rechnerisch nur noch 246. Tatsächlich stellte sich einen Tag später in offener Abstimmung über den Kanzler-Etat Willy Brandts bald Stimmen-Gleichstand ein, das Patt. Vertrauensfrage, Auflösung des Parlaments und Neuwahlen waren nur noch eine Frage des Zeitpunkts.

Wie es begonnen hatte

Der Versuch, Barzel statt Brandt zum Bundeskanzler wählen zu lassen, hatte eine lange Vorgeschichte. Sie begann bereits mit der Bildung der SPD / FDP-Regierung im Herbst 1969. Große Teile der Unionsparteien fühlten sich um die Früchte des Wahlsieges geprellt. Denn CDU und CSU hatten sich nach vorangegangener Großer Koalition mit den Sozialdemokraten als stärkste Kraft im Deutschen Bundestag behauptet. Und ein Bündnis zwischen Sozialdemokraten und Freien Demokraten schien nur rechnerisch möglich.

Mit nur fünf Stimmen über der Kanzler-Mehrheit von 249 Stimmen galt die sozial-liberale Koalition vielen als zu schwach.

Gewiß, Walter Scheel hatte die FDP als Bundesvorsitzender systematisch zur Partnerschaft mit der SPD geführt. Doch das Wahlergebnis, das schlechteste für die FDP seit Gründung der Republik, bestätigte diesen Kurs nicht. Nicht weniger als 20 Mandate gingen der FDP verloren. Scheels innerparteiliche Gegenspieler, angeführt von seinem Vorgänger im Parteivorsitz, Erich Mende, wehrten sich denn auch, als Brandt und Scheel dennoch Koalitionsverhandlungen begannen. Mende sprach von einem parlamentarischen Staatsstreich und rechnete vor, daß mindestens ein Drittel der FDP-Abgeordneten sich nicht mit den Sozialdemokraten verbünden wollten.

Willy Brandt, der Walter Scheel zum Wagnis mitriß, sah das ganz anders: Er berief sich darauf, daß die SPD als Partei stärker sei als die CDU und meinte in der Wahlnacht, als Brandt vor die Fernsehkameras von ARD und ZDF trat: „Die FDP hat stark verloren, die CDU hat schwach verloren; einer der stark verliert und einer der schwach verliert, das sind zusammen

Rainer Barzel am Rednerpult des Deutschen Bundestages.

immer noch Verlierer." Die bayerische CSU hatte er bei seiner Rechnung einfach außer acht gelassen. Er konnte sich das schüttere Argument leisten. Denn ihn trug eine Stimmungswoge gegen die Union, die bisher immer regiert hatte: „Zwanzig Jahre sind genug!"

Wie es Walter Scheel schließlich gelang, genügend FDP-Stimmen für die Wahl Willy Brandts zu sichern, beschreibt Erich Mende in seinem Buch „Von Wende zu Wende" (1986): „Unter Hinweis auf das großzügige Angebot der SPD, den Liberalen das Bundesaußenministerium, das Bundesinnenministerium, das Bundesministerium für Ernährung, Landwirtschaft und Forsten sowie die Besetzung von fünf Staatssekretärstellen zuzugestehen, gelang es ihm (Scheel), selbst entschiedene Gegner einer Koalition mit der SPD wankend zu machen. Der erste, der aus dem Kreis jener Bundestagsabgeordneten ausbrach, die noch am Montagabend den Rütlischwur gegen Willy Brandt als Bundeskanzler geleistet hatten, war Josef Ertl. Ihm wurde das Bundeslandwirtschaftsministerium angeboten. Da waren es nur

noch neun! Als Fritz Logemann seine Chance erkannte, Parlamentarischer Staatssekretär werden zu können, waren es nur noch acht!
Und Carlo Graaff? Unter vier Augen gestand er mir, er habe eine positive Auftragslage für seine Waggonfabrik in Elze bei Hannover, die unter Auftragsmangel litt, zu erwarten, wenn er mitmache. Dann Ernst Achenbach. Er erhielt die Zusage, daß die von Beate Klarsfeld und deren Ehemann Serge Klarsfeld in Paris gestartete Kampagne gegen ihn wegen angeblicher Juden-Deportationen aus Frankreich, wo er Gesandtschaftsrat unter Botschafter Otto Abetz war, ihr Ende finden würde. Schließlich blieben nur vier Abgeordnete, die nicht bereit waren, eine Bundesregierung aus SPD und FDP zu unterstützen."

Willy Brandt wurde mit 251 Stimmen, zwei mehr als unbedingt nötig, zum Bundeskanzler gewählt. Nicht nur bei der FDP, auch bei den Sozialdemokraten hatte es vorher kalte Füße gegeben. Hans Apel, der spätere Bundesfinanzminister, schrieb in sein Tagebuch (erschienen 1972): „Das Wahlergebnis ist besser als die ersten Hochrechnungen erwarten ließen. Eine Koalition mit der FDP ist rechnerisch möglich geworden. Dennoch habe ich meine Bedenken: Es wird sehr schwer sein, mit der gemeinsamen kleinen Mehrheit über die Runden zu kommen. Doch es gibt keine andere Wahl.

Als ich mich am Wahlsonntagabend erneut für eine Große Koalition für zwei Jahre und für eine Wahlrechtsreform vor meinen Wahlhelfern ausspreche, werde ich niedergeschrien. Unsere Genossen wollen den Pelz des Gegners. Sie wollen die ganze Macht. ‚Du bist für uns erledigt, wenn du dich anders entscheidest', das höre ich an diesem Abend immer wieder."

Verständlich, daß einige Unions-Führer – vor allem der Kanzler der Großen Koalition von 1966 bis 1969, Kurt Georg Kiesinger – sich zunächst nicht mit der neuen Entwicklung abfinden wollten. Sie mochten nicht wahrhaben, daß die Union nach 20 Regierungsjahren nun plötzlich auf die Oppositionsbänke verbannt sein sollte – und das als immer noch stärkste Gruppe im Parlament. Ein unglücklicher Zufall, ein Unfallschaden, der bald wieder zu reparieren sei – so schien es ihnen.

Rainer Barzel, seit sechs Jahren schon Fraktionsvorsitzender, wurde wiedergewählt. „Ich wurde das, was in unserer Partei keiner gewollt, keiner geübt und keiner gelernt hatte: Oppositionsführer", so schrieb er später in seinen Anmerkungen „Im Streit und umstritten" (1986).

Aufschlußreiche Anmerkungen machte er auch zu dem neuen Umfeld: „Hatten wir in der Großen Koalition gerade wieder Tritt gefaßt, so drohte uns nun – von niemandem als uns selbst – Siechtum, als wir in die Opposition gerieten. Brandt setzte auf unseren inneren Zerfall, zumal die Erfahrung mit dem Schicksal anderer christlicher Parteien in Europa dies nahelegte."

Und: „Wehleidelei hielt Einzug in Fraktion und Partei: Kassandra hatte uns wieder. Frustration ergriff viele. Opportunisten grüßten nicht mehr ... Beim Nachblättern erscheint mir die Arbeit, die ich damals zu leisten hatte, als die schwerste meines Lebens: Zuversicht vermitteln, Zusammenhalt abtrotzen, Sinn geben, Kurs abzwingen – und mit einer solchen Mannschaft der Regierung die Stirn bieten."

Wie sich die Opposition in der Sicht des damaligen Bundeskanzlers darstellte, schrieb Willy Brandt in seinem Buch „Über den Tag hinaus" (1972): „Die Unionsparteien ... waren nicht bereit, sich mit dieser ungewohnten Rolle abzufinden. Man hat von CDU und CSU gesagt, sie seien mehr ein Wahlverein und eine Interessenkoalition als eine politische Partei im klassischen Sinn. Das war gewiß nicht die ganze Wahrheit, aber doch vielleicht die halbe.

In der Tat hatten der Führungsstil Konrad Adenauers und die Verfügung über den Staat die Christlichen Demokraten zu einem guten Teil der Notwendigkeit enthoben, sich als normale Partei zu formieren. So ist es kein Zufall, daß sie ihre innere Krise, verstärkt durch den unerwarteten Verlust der Regierungsmacht, mit einer Staatskrise verwechselt wissen wollten. Aus diesem bösen Mißverständnis erklärt sich der Charakter der Opposition, die vom Herbst 1969 an nur das eine Ziel kannte: den Sturz der Regierung mit allen Mitteln."

Richtig an dieser Schilderung ist gewiß die geringe Neigung der CDU/CSU, die Oppositionsrolle innerlich zu akzeptieren. Und richtig ist auch, daß sich die Union nichts sehnlicher wünschte als das baldige Scheitern der SPD/FDP-Regierung. Hatte sie für ihre Hoffnung nicht auch allen Anlaß? Eine Mehrheit von nur wenigen Stimmen und keine Aussicht auf Stimmenzuwachs – da schien das Scheitern der Koalition auch ohne Dazutun der Opposition schon vorprogrammiert. Zum eigentlichen Oppositions-Programm aber ließ sich der Sturz der Regierung erst erheben, als umstrittene Zwischenergebnisse einer neuen Ostpolitik nicht nur die CDU/CSU, sondern auch Teile der Koalition alarmierten.

Ostpolitischer Konfliktstoff

Schon die erste Regierungserklärung Willy Brandts hatte die Wirkung eines Paukenschlags. Sie zeigte eine deutliche Richtungsänderung in der Deutschland- und Ostpolitik an, eine Abkehr von der Nichtanerkennungs-Politik auch der Großen Koalition von CDU/CSU und SPD. Als Kanzler Brandt von den „zwei Staaten" sprach, die in Deutschland existierten, hatte er den Anspruch des freien Teil Deutschlands, der Bundesrepublik, aufgegeben, für alle Deutschen sprechen zu dürfen.

Was nach Meinung der meisten Politiker damals höchstens am Ende von Verhandlungen hätte stehen dürfen, als Gegenleistung etwa für menschliche Erleichterung und für Freiheitsrechte in der DDR, war jetzt zum Signal für die Bereitschaft zur Verständigung abgewertet worden.

Niemand war vorher gefragt worden – nicht die für Berlin und Deutschland als Ganzes zuständigen Westmächte, keine Parlamentsinstanz und nicht einmal die eigenen Mitstreiter. Selbst Herbert Wehner war nicht unterrichtet worden, wie er mir später versicherte. Und Egon Bahr, der ostpolitische Vordenker, legte nachher Wert darauf, nicht der Urheber gewesen zu sein. Er hatte Zweifel, ob diese Vorleistung, diese Geste guten Willens, von der Gegenseite honoriert würde.

Willy Brandt und Walter Scheel, die Vorsitzenden der beiden Koalitionsparteien, Kanzler und Vizekanzler, hatten die Entscheidung unter vier Augen getroffen. Es war eine Morgengabe der FDP. Sie hatte die Anerkennung der DDR schon mit ihrem Wahlprogramm anvisiert. So begann die Ost- und Deutschland-Politik der neuen Regierung mit einem Salto mortale.

Der Versuch allerdings, zu Gesprächen mit Moskau, der DDR und anderen kommunistischen Staaten in Europa zu kommen und das Verhältnis vertraglich zu regeln, war nicht neu. Schon im Jahre 1966 gab es die „Friedensnote" der Regierung Ludwig Erhard. Allen Staaten wurden zweiseitige Vereinbarungen über einen Gewaltverzicht angeboten. 1968 erweiterte die Regierung der Großen Koalition unter Kurt Georg Kiesinger den Vorschlag für einen wechselseitigen Gewaltverzicht. Die Absicht war klar: Nach den Verträgen mit dem Westen wollte Bonn sich nun auch mit dem Osten arrangieren, das Verhältnis auf der Grundlage der Nachkriegs-Gegebenheiten normalisieren, ohne sein politisches Ziel, die Einheit Deutschlands, aufgeben zu müssen. Moskau jedoch, so zeigte ein Notenwechsel, wollte Bonns endgültigen Verzicht auf seine politischen Ziele, Verzicht vor

21. 10. 1969	W. Brandt wird mit 251 Stimmen aus SPD und FDP zum ersten sozialdemokratischen Bundeskanzler der Bundesrepublik gewählt. Die Regierungskoalition verfügt über 254 Stimmen, die Opposition über 242.
9. 10. 1970	Fraktionswechsel von E. Mende, H. Starke und S. Zoglmann von der FDP zur CDU.
4. 10. 1971	R. Barzel stellt in seiner ersten Rede als Parteivorsitzender einen Zusammenhang zwischen den Ost-Verträgen und einem möglichen Regierungswechsel her.
14. 10. 1971	Der SPD-Abgeordnete K.-P. Schulz (Berlin) tritt der CDU / CSU-Fraktion bei.
29. 11. 1971	Der CDU-Vorsitzende R. Barzel wird von einer gemeinsamen Kommission der CDU und der CSU zum Kanzlerkandidaten nominiert.
Anfang 1972	Die FDP-Abgeordneten von Kühlmann-Stumm und G. Kienbaum entschließen sich, bei einem Mißtrauensantrag gegen W. Brandt und für dessen Ablösung durch R. Barzel zu stimmen.
29. 1. 1972	Fraktionsaustritt von H. Hupka (SPD); Eintritt in die CDU am 3. 3. 1972.
23.–25. 2. 1972	1. Lesung der Ost-Verträge.
2. 3. 1972	Der SPD-Abgeordnete Seume (Berlin) verläßt seine Fraktion; Eintritt in die CDU / CSU-Fraktion als Gast am 17. 3. 1972.

allem auf den Wiedervereinigungsanspruch. Die Sowjets verlangten die völkerrechtliche Anerkennung der DDR und der Nachkriegsgrenzen sowie die Trennung West-Berlins vom Bund.

Das war die Situation, als die neue Regierung von SPD und FDP sich zu beschleunigter ostpolitischer Aktivität entschloß. Eine neue dynamische Ostpolitik bot sich als einigendes Band für die so ungleichen Partner SPD und FDP auch an. Und der Vorwurf an die Adresse der CDU/CSU, eine aktivere Ost- und Deutschlandpolitik in ihrer Regierungszeit versäumt oder verzögert zu haben, erwies sich als wirkungsvoller Kampfruf. Scharfe Frontstellung zur Opposition disziplinierte außerdem den eigenen parlamentarischen Anhang – bei der schwachen Mehrheit ein dringendes Gebot.

Die CDU/CSU wiederum empfand den ostpolitischen Neuanfang als einen unbotmäßigen Vorstoß in ihr „Sanktuarium". Sie bebte vor Erregung über die Abkehr von früheren Gemeinsamkeiten. Die Anerkennung der DDR als zweiten deutschen Staat machte mißtrauisch; Erinnerungen an merkwürdige Vorgänge wurden wach:

Hatten die Sozialdemokraten nicht schon während der Großen Koalition diskrete Kontakte zu den italienischen Kommunisten geknüpft, um eigene Wege nach Moskau und Ost-Berlin zu erkunden? Hatte SED-Chef Ulbricht nicht schon 1968 öffentlich von Zusagen der SPD gesprochen, „auf dem Wege der Verständigung über Teilfragen die Anerkennung der Deutschen Demokratischen Republik durch die westdeutsche Bundesrepublik herbeizuführen"? Und schließlich: Hatte Sven Backlund, der damalige schwedische Generalkonsul, nicht schon 1967 seinem Freund Willy Brandt vom sowjetischen Botschafter in Ost-Berlin, Pjotr Abrassimow, den Wunsch überbracht, er möge so schnell wie möglich eine SPD/FDP-Koalition in Bonn zustandebringen?

Begeisterung hier – Mißtrauen dort

Ostpolitischer Überschwang im Regierungslager – wachsendes Mißtrauen bei der CDU/CSU-Opposition: eine Kluft tat sich auf. Nie zuvor hatte das Kampffieber der Parteien die ganze Bevölkerung so stark erfaßt wie jetzt. Und in den zwanzig Jahren seit Gründung der Republik hatte es noch nie eine Regierung gegeben, die sich eines solchen Zuspruchs der Presse im In- und Ausland hätte erfreuen können wie jetzt die erste Bonner Linksregierung. Waren kurze Zeit vorher noch allenthalben „Nonkonformisten" gefragt, so hing der weitaus größte Teil der politischen Journalisten plötzlich den Regierenden an. Sogenannte Kampfjournalisten wurden lammfromm, und die Kontrollfunktion der Presse wurde über weite Strecken durch Begeisterung ersetzt.

Beispiel: Hans Ulrich Kempski, Chefreporter der Süddeutschen Zeitung, hielt sich zugute, einer der Väter der sozial-liberalen Koalition zu sein,

Brandt in der Wahlnacht ermuntert und den zögernden Herbert Wehner überredet zu haben.

Dabei hätte es genug über Ungereimtheiten, Widersprüchlichkeiten und gar Irreführungen in der Ostpolitik der neuen Regierung zu berichten gegeben, vieles, was kritischer hätte beleuchtet werden müssen. Egon Bahr beispielsweise, inzwischen Staatssekretär im Bundeskanzleramt, begann Sondierungsgespräche mit Sowjet-Außenminister Gromyko in Moskau und war zunächst einmal zwei Tage für die deutsche Botschaft verschollen. In Tiflis sei er gewesen, so erfuhr man später. Obwohl es aus guten Gründen üblich ist, Verhandlungsführer mit Weisungen zu versehen, verhandelte Bahr quasi nach eigenem Gutdünken.

In der FDP gab es einen Aufstand, als bekannt wurde, daß Außenminister Scheel von Bahr erst kurz vor Abschluß seiner Gespräche bei einem Zwischenaufenthalt in Moskau unterrichtet worden war. Und nicht viel später stellte sich heraus, daß Scheel von einem Brief Willy Brandts an den polnischen KP-Chef Gomulka nichts wußte, obwohl sein höchster Mitarbeiter, AA-Staatssekretär Duckwitz, den Brief selbst im Auftrag des Kanzlers in Warschau überreicht hatte.

Aber es kam noch schlimmer: Das Ergebnis, das Egon Bahr aus Moskau mitbrachte, war unter Ausschaltung aller Experten des Auswärtigen Amtes zustandegekommen. Stattdessen gab es eine direkte Geheimverbindung des Kanzleramtes zum sowjetischen KP-Chef Breschnew und seinen Beratern. Schließlich stellte sich heraus, daß Bahr nicht nur Vorgespräche geführt, sondern bereits Vertragstexte in Moskau ausgehandelt hatte.

Das war dann allerdings nicht nur der FDP zu viel, sondern auch einigen sozialdemokratischen Kabinettsmitgliedern. Gegen verschiedene Formulierungen wurden starke Bedenken, auch verfassungsrechtliche, vorgebracht. Mangelnde Ausgewogenheit des Gebens und Nehmens wurde beklagt. Und zum ersten Male überhaupt kam es zu Kabinettsrichtlinien für die Verhandlungen in Moskau. Doch der Außenminister mußte sich, als er die eigentlichen Verhandlungen führen wollte, von seinem sowjetischen Kollegen Gromyko sagen lassen, daß es nichts mehr zu verhandeln gäbe.

Die Art und Weise, wie sich die neue Regierung auf den ostpolitischen Weg machte, der selbstgeschaffene Zeitdruck, Geheimniskrämerei und Irreführungen, trugen zur Konfrontation im Parlament und in der Öffentlichkeit erheblich bei. Die CDU / CSU sah sich nicht nur unvollkommen, sondern gelegentlich sogar falsch informiert. Anders als Adenauer, der bei den Westverträgen der damaligen SPD-Opposition alle Informationen geben ließ, die sie haben wollte, ließen Brandt und Bahr die Opposition jetzt im unklaren. Barzel wurde schließlich von Dritten unterrichtet.

Höhepunkt des ungewöhnlichen Katz- und Mausspiels zwischen Regierung und Opposition waren Enthüllungen geheimer Texte in deutschen Zeitungen. Auszüge aus Moskauer Aufzeichnungen Bahrs, die von einem „K. Schumacher, Freiheitsstraße, Hannover“ an Bonner Oppositionspolitiker versandt wurden, alarmierten vor allem wegen ihrer Berlin-Passagen.

Bahr schien akzeptiert zu haben, daß West-Berlin vom Bund getrennt werden solle. („Auch Liechtenstein ist nicht Teil der Schweiz.“)

Opposition zwischen Ja und Nein

Die Stimmung im Deutschen Bundestag hätte schlimmer nicht sein können. Er brauche die Opposition nicht, hatte Herbert Wehner das Angebot Rainer Barzels zu mehr Gemeinsamkeit zurückgewiesen: Konfrontation erleichterte wohl den Zusammenhalt seines Lagers. Barzel mußte den parlamentarischen Fehdehandschuh aufnehmen, wenn er seine Fraktion nicht enttäuschen wollte. Um den außenpolitischen Arbeitskreis der CDU/CSU hatte sich eine breite Nein-Front entwickelt. Die Zementierung der Spaltung Deutschlands wurde befürchtet. Eine andere Gruppe, die ostpolitische Annäherung grundsätzlich für erforderlich hielt, übte Zurückhaltung. Die zwielichtigen Begleitumstände der Regierungsaktivitäten lähmten sie.

Wie kann sich in einer solchen Lage ein Oppositionsführer bewähren? Ging er zu früh auf Nein-Kurs und paukte die Regierung die Ostverträge schnell durch den parlamentarischen Gesetzgebungsgang, so wären die Wahlaussichten für die Union wahrscheinlich dahingeschmolzen, die der sich handlungsfähig zeigenden Regierung aber gewachsen. Einige, wie der frühere Außenminister Gerhard Schröder, empfahlen abzuwarten, bis die Regierung die Vertragstexte vorlege und dann über Ja oder Nein zu entscheiden. Aber wenn ein Nein der Opposition dann angesichts der knappen Mehrheitsverhältnisse ein Aus für die Verträge bedeuten würde?

Ein Scheitern der Ost-Verträge wollten von den Verantwortlichen in der Union nicht viele riskieren. Die außenpolitischen Folgen schienen ihnen zu bedrohlich. Mancher allerdings redete draußen lautstark gegen die Verträge und warnte intern davor, sie scheitern zu lassen. Noch komplizierter wurden die Überlegungen, wenn an die Möglichkeit eines Regierungswechsels gedacht wurde. Die SPD/FDP-Regierung hatte sich mit ihrer äußerst knappen Mehrheit unter ostpolitischen Erfolgszwang gesetzt. Blieben die von ihr angestrebten Verträge auf der Strecke, so bedeutete das höchstwahrscheinlich ihren Sturz – mit schlechteren Chancen bei Neuwahlen. Aber wie wäre es der Union als Regierungspartei mit gescheiterten Ost-Verträgen ergangen? Rainer Barzel begann zu taktieren.

Vorerst kein Nein zu den Verträgen, aber oppositioneller Ansturm gegen sie in der vorliegenden Form: So nicht und jetzt nicht, lautete die Barzel-Formel. Und unter der Hand suchte er Einfluß zu gewinnen auf den Entscheidungsprozeß der Regierung. „Einwirken“ nannte er dies später.

Dachte er schon an ein Konstruktives Mißtrauensvotum, als er am 4. Oktober 1971, in seiner ersten Rede als Nachfolger Kiesingers im CDU-Parteivorsitz, einen Zusammenhang zwischen Ostverträgen und möglichem Regierungswechsel herstellte? „Der Kern der deutschen Ostpolitik – Selbstbestimmung und Lage der Deutschen – ist noch nicht erreicht“, so

27. April 1972. Abstimmung über das erste Konstruktive Mißtrauensvotum.

sagte er. „Sollte die Bundesregierung gleichwohl ihr Vertragswerk – einen Torso also – vorlegen, so wird eben eine neue Bundesregierung dafür sorgen müssen, daß durch Geduld und Beharrlichkeit ein Vertragswerk entsteht, das nicht da aufhört, wo das Problem beginnt."

Während Barzel – an die eigene Kanzlerschaft denkend – auf die Regierungspolitik einzuwirken versuchte, um die Ost-Verträge akzeptabler zu machen, bröckelte im Deutschen Bundestag die Regierungsmehrheit durch Übertritte von Koalitionsabgeordneten zur Opposition ab. Von der Möglichkeit vorzeitiger Neuwahlen war schon die Rede, seit Brandt und Scheel trotz knappster Mehrheit eine Regierungsbildung gewagt hatten. Nun jedoch rückte die Möglichkeit eines Konstruktiven Mißtrauensvotums näher, die Möglichkeit also, mit der Wahl eines neuen Kanzlers den Regierungswechsel herbeizuführen. Im Düsseldorfer Landtag war auf diese Weise schon zweimal eine unionsgeführte Regierung durch eine SPD-geführte ersetzt worden. In beiden Fällen allerdings gaben nicht einzelne „Überläufer" aus dem Regierungslager den Ausschlag, sondern die FDP als geschlossene Fraktion.

Kanzlersturz durch Kanzlerwahl

Es waren die Erfahrungen der Weimarer Zeit, die den Parlamentarischen Rat bewogen hatten, die Abwahl eines Kanzlers zu erschweren. Für den Sturz einer Regierung fanden sich damals leicht Mehrheiten, für neue Regierungskoalitionen dagegen nur schwer. Carlo Schmid, einer der Architekten des Grundgesetzes: „Ich habe mir während der Nazijahre, als ich viel Zeit hatte, überlegt, warum die so hervorragend ausgedachte Weimarer Verfassung als ein Instrument zum Ruin der Republik benutzt werden konnte. Ein Ergebnis der Überlegungen war das Konstruktive Mißtrauensvotum: Eine Regierung zu stürzen, die in Schwierigkeiten ist, hat einen Sinn nur dann, wenn jene, die sie stürzen wollen, auch bereit sind, sie abzulösen ...

Mein Gedanke war: In einer parlamentarischen Demokratie muß die Möglichkeit bestehen, daß die aus den Wahlen hervorgegangene Regierung gestürzt werden kann, wenn Ereignisse eintreten, die eine Umorientierung des Regierungsprogramms notwendig erscheinen lassen. Also, man stürzt eine Regierung nicht einfach dadurch, daß man ihr erklärt, man wolle sie nicht mehr, sondern dadurch, daß man eine andere Regierung wählt. So kommt es zu keinem Interregnum, und es gibt auch nicht jene langwierigen Hakeleien um neue Mehrheiten – wie einst in Weimar, wie jetzt in Italien oder wie in Frankreich während der Vierten Republik ...

Es darf eben keinen Augenblick geben, da der Staat ohne Regierung ist oder nur eine geschäftsführende Regierung hat." Der Staatsrechtler und führende SPD-Politiker äußerte dies unmittelbar nach dem mißglückten Versuch Rainer Barzels („Die Zeit" v. 28. 4. 1972), mit Hilfe des Konstruk-

6. 3. 1972	Oppositionsführer R. Barzel erklärt die Bereitschaft der CDU/CSU zur Übernahme der Regierungsverantwortung.
7. 3. 1972	Alle Parteien erklären, daß sie sich angesichts der knappen Mehrheitsverhältnisse mit der Vorbereitung vorzeitiger Neuwahlen befassen.
10. 3. 1972	R. Barzel spricht zum erstenmal öffentlich von der Möglichkeit, vom Konstruktiven Mißtrauensvotum Gebrauch zu machen.
15. 3. 1972	Rücktritt von Bundeswissenschaftsminister Leussink (parteilos).
17. 3. 1972	R. Barzel erneuert die Bereitschaft zur Übernahme der Regierungsverantwortung.
3. 4. 1972	Bundestagspräsident von Hassel kündigt an, daß der Ältestenrat sich mit Verfahrensvorschriften zur Vertrauensfrage, zum Rücktritt des Bundeskanzlers und zu einem Konstruktiven Mißtrauensvotum befassen werde.
23. 4. 1972	Durch den Ausgang der Landtagswahl in Baden-Württemberg (CDU: 52,9%) geht der Bonner Regierungskoalition die Mehrheit im Bundesrat verloren; durch den Austritt des Abgeordneten Helms aus der FDP-Fraktion faktisch die absolute Mehrheit im Bundestag.

tiven Mißtrauensvotums anstelle Willy Brandts Bundeskanzler zu werden. Mit seinen Argumenten rechtfertigte der Schöpfer des Konstruktiven Mißtrauensvotums den Versuch zumindest indirekt. Barzel wollte ja nicht nur stürzen, er war auch zu regieren bereit. Doch mitten in der leidenschaftlichen öffentlichen Diskussion über die Ostverträge („Friedenspolitik" oder „Ausverkauf deutscher Interessen") hatten solche bedächtigen Stimmen, als Barzel zur Tat schritt, gefehlt.

Die Koalition verliert absolute Mehrheit

Im Oktober 1970 hatte eine Reihe von Übertritten zur CDU / CSU begonnen. Erich Mende, Heinz Starke und Siegfried Zoglmann verließen als erste die FDP.

Vergeblich bot die Führung der Freien Demokraten zuvor noch den gut dotierten Posten eines EG-Kommissars an, zunächst Mende, dann auch Starke. Auf diesen Posten „floh" schließlich Walter Scheels Parlamentarischer Staatssekretär Ralf Dahrendorf, einer der „Reformer" der FDP.

Mit der neuen Ostpolitik war Dahrendorf zwar grundsätzlich einverstanden. Aber er hatte Einwände gegen den Verlauf der Vertrags-Sondierungen durch Egon Bahr. Über die Oder-Neisse-Grenze hätte er nicht zuerst mit Moskau, sondern mit den Polen sprechen wollen. Und schließlich machte er seine Unlust mit dem Hinweis deutlich, er träume von einem Parlament, „in dem zentrale politische Entscheidungen, etwa auch zu Fragen der Ostpolitik, quer durch die Fraktionen getroffen werden können". (Aus der „Zeit", zitiert von Karl Moersch, „Kurs-Revision", 1978.) Auch in der Regierung hatte sich also Unmut über die Art der Ost-Verhandlungen breitgemacht.

Walter Scheels Freund, der frühere Fraktionsvorsitzende Knut von Kühlmann-Stumm, entschloß sich Anfang 1972, zusammen mit Gerhard Kienbaum, der FDP den Rücken zu kehren und Rainer Barzel Unterstützung bei einem Konstruktiven Mißtrauenvotum zuzusichern. Wie Mende, Starke und Zoglmann hatte Kühlmann-Stumm sich bereits bei der FDP-Entscheidung für das Regierungsbündnis mit den Sozialdemokraten der Stimme enthalten. Von ihm ist mir noch der Stoßseufzer am Rande des Freiburger FDP-Parteitages (25.–27. 10. 1971) in Erinnerung, auf dem die Partei-Programmatik den Erfordernissen des sozial-liberalen Bündnisses angepaßt wurde: „Nun gehöre ich einer Partei an, in die ich gar nicht eingetreten bin."

Vier Freie Demokraten also nun auf seiten der CDU/CSU. Noch wichtiger: Aus der SPD war der Vertriebenenführer Herbert Hupka ins oppositionelle Lager übergewechselt.

Die (bei der Kanzlerwahl allerdings nicht stimmberechtigten) Berliner SPD-Abgeordneten Klaus-Peter Schulz und Franz Seume kamen der Koalition ebenfalls abhanden.

Stimmabgabe des Abgeordneten Wilhelm Helms (bis 23. 4. 1972 FDP; ab 5. 5. 1972 CDU/CSU-Gast).

In seinem Buch „Auf dem Drahtseil" (1978) schreibt Rainer Barzel: „Keinen von ihnen habe ich – weder direkt noch indirekt – herübergeholt. Jeder einzelne kam von selbst. Keinem wurde etwas anderes in Aussicht gestellt als die Kameradschaft in unserer Union." Daß sie, soweit sie es wünschten, bei den nächsten Bundestagswahlen sichere Listenplätze bekamen, war dann schon Ausdruck dieser Kameradschaft.

Doch erst als auch noch der Landwirt Wilhelm Helms der FDP-Fraktion den Rücken kehrte, entschloß sich Barzel endgültig zum Handeln. Die Regierung hatte jetzt keine Mehrheit mehr. Es war der Tag der Wahlen in Baden-Württemberg, als sich Helms – vor Verkündung der Wahlergebnisse – öffentlich bekannte. Das Ergebnis am 23. April 1972 in Baden-Württemberg spornte Barzel noch zusätzlich an. Die FDP sackte in ihrem Stammland von 14,4% auf 8,9% der Stimmen ab. Die CDU dagegen gewann die absolute Mehrheit und damit überraschend auch die Mehrheit im Bundesrat, der Länderkammer.

Sollten die Ost-Verträge im Deutschen Bundestag eine Mehrheit finden, so war nun ein weiteres Hindernis zu überwinden. Ein Einspruch der unionsregierten Länder im Bundesrat würde nur durch eine absolute Mehrheit der Koalition im Deutschen Bundestag zurückgewiesen werden können. Diese Mehrheit aber war dahin.

Schon am 10. März 1972 hatte der Oppositionsführer auf einer Pressekonferenz von der Möglichkeit eines Konstruktiven Mißtrauensvotums gesprochen. Am 5. Todestag Konrad Adenauers, am 19. April 1972, als sich die führenden Unionspolitiker zum Gedenkgottesdienst in Rhöndorf versammelten, erfuhr es der frühere CSU-Bundestagsabgeordnete Max Schulze-Vorberg persönlich von Barzel: Er sei nun zum Konstruktiven Mißtrauensvotum entschlossen. Hatten ihn ehemalige CDU-Politiker wie Krone und Gerstenmaier bei dieser Gelegenheit ermuntert? Wenn er sich der nötigen Stimmen sicher sei, so bekam er oft zu hören, dann müsse er es eben machen.

Mancher dieser Ratgeber allerdings war sich angesichts der Erfahrungen mit geheimen Abstimmungen der Kanzler-Mehrheit gar nicht so sicher. Letztlich hatte Barzel die Entscheidung auf die eigene Kappe zu nehmen. Bundestags-Vizepräsident Richard Stücklen, damals Chef der CSU-Landesgruppe, erinnert sich im Gespräch mit dem Autor: „Zwei Tage vor den Wahlen in Baden-Württemberg, am Freitag also, sagte Barzel zu mir: ‚Wenn Du mir abrätst, dann mache ich es nicht'. Am Montagmorgen, als ich zu ihm kam, hatte er sich dann doch bereits entschieden." Kühlmann-Stumm war bei Barzel zum Frühstück gewesen. Zur anschließenden Präsidiums- und Vorstandssitzung der CDU erschienen dann auch CSU-Vertreter, unter ihnen Franz Josef Strauß.

Hans Katzer, Gerhard Stoltenberg und Richard von Weizsäcker stimmten mit Nein, als die Parteiführung der Union am Tag nach dem großen Wahlerfolg in Baden-Württemberg für das Mißtrauensvotum gegen Bundeskanzler Willy Brandt plädierte. Noch am selben Tag brachte die CDU/CSU-Fraktion den Antrag im Parlament ein: „Der Bundestag spricht Bundeskanzler Willy Brandt das Mißtrauen aus und wählt als seinen Nachfolger den Abgeordneten Dr. Rainer Barzel zum Bundeskanzler der Bundesrepublik Deutschland. Der Bundespräsident wird ersucht, Bundeskanzler Willy Brandt zu entlassen." Über diesen Antrag mußte drei Tage später, am 27. April 1972, abgestimmt werden.

Versuchung und Risiko

Was war ausschlaggebend für diese Entscheidung? Ausgangspunkt aller Überlegungen war die Gewißheit, daß der Regierung Brandt/Scheel mit dem Absprung des Bauern Helms die Mehrheit abhanden gekommen war. Barzel sprach von einem Mißtrauen gegen die Regierung, das die „parteipolitische Bandbreite" überschritten habe. Er stilisierte diese Feststellung zu einer „moralischen Position", auf die sich ein Konstruktives Mißtrauensvotum stützen könne und hielt es für falsch, erst noch tatsächliche Abstimmungsniederlagen der Regierung abzuwarten.

Barzel wollte mit abgelehnten Ost-Verträgen weder in Neuwahlen gehen noch die Regierung übernehmen. Mit dem Konstruktiven Mißtrauensvotum konnte er auch der möglichen Absicht Brandts zuvorkommen, den parlamentarischen Prozeß zur Auflösung des Bundestages und zur vorzeitigen Neuwahl einzuleiten. Den Zeitpunkt, an dem sich der Kanzler mit der Vertrauensfrage die fehlende Mehrheit bescheinigen und Neuwahlen ansteuern würde, konnte die Regierung nach ihrer Interessenlage bestimmen. Die Opposition dagegen war Herr des Zeitplans nur beim Mißtrauensantrag.

Und schließlich konnte Barzel mit dem Konstruktiven Mißtrauensvotum der Entscheidung über ein Ja oder Nein zu den Ost-Verträgen weiter ausweichen, sie also mit dem inzwischen legendären „So nicht" offenhalten.

Die Uneinigkeit der CDU/CSU in dieser Frage wäre offenkundig geworden, wenn die Regierung es im Parlament jetzt auf eine Abstimmung hätte ankommen lassen. Wäre er erst einmal Bundeskanzler, so kalkulierte Barzel, werde er das Vertragswerk „nachbessern" und leichter eine wenigstens mehrheitliche Zustimmung seiner Freunde erwirken können. Die Westmächte und auch die Sowjets waren entsprechend informiert; die sofortige Reise des vorgesehenen Außenministers Gerhard Schröder nach Moskau war schon beschlossen.

Auch aus anderen Gründen glaubte die Unionsführung sich zum Handeln gezwungen. Nach den Wahlerfolgen in den Ländern, so argumentierte sie, erwarteten die eigenen Wähler ein ernstes Zeichen der Entschlossenheit, „diesem unseligen Treiben einer unglückseligen Regierung ein Ende zu bereiten" (Franz Josef Strauß). Ob das Stimmungshoch beim eigenen Anhang, jetzt nach dem Sieg mit absoluter Mehrheit in Baden-Württemberg, sich lange werde halten lassen, schien zweifelhaft.

Allerdings – auch das Risiko, daß alles schiefgehen könnte, wurde gesehen. Selbst Barzel, der die größte Zuversicht zeigte, wollte nichts von 100-prozentiger Sicherheit wissen und sprach von einem Erfolg, „der mit an Sicherheit grenzender Wahrscheinlichkeit" für ihn feststehe. Aber kurze Zeit später beschwor er seine Fraktion auch geradezu seherisch: Wenn sie nicht zusammenstände, dann werde auch bei den nächsten Wahlen ganz sicher wieder ein Prozent am Erfolg fehlen.

Sichtlich weniger überzeugt vom Erfolg gaben sich die Mitstreiter von der CSU. Sie sprachen die Möglichkeit eines Mißerfolges jedenfalls viel deutlicher an.

Der CSU-Landesgruppenvorsitzende Richard Stücklen beispielsweise beschwichtigte für den Fall eines Mißlingens: Nur ein Ergebnis unter 246 Stimmen für Barzel wäre eine echte Niederlage der CDU/CSU. 246 – das war die Zahl aller CDU/CSU-Fraktionsmitglieder, ohne die von Barzel erwarteten zusätzlichen Stimmen bisheriger FDP-Abgeordneter. Stücklen hielt es auch für nötig, für den Fall des Scheiterns die Unionsabgeordneten vorsorglich aufzurufen, sich gefaßt und diszipliniert zu verhalten. Heute noch erinnert er sich an die mißtrauische Frage Barzels: „Weiß der Richard etwas?"

Bemerkenswert fanden Mitglieder der CDU / CSU-Bundestagsfraktion auch den Part von Franz Josef Strauß. 50 : 50, so schätzte er die Erfolgsaussichten für Barzel ein, nicht ohne ihn zugleich anzuspornen: Was schade es der Union und dem Kanzlerkandidaten schon, wenn er – hart an der absoluten Mehrheit vorbei – das Ziel verfehle. Zwar wäre es für die CDU / CSU am leichtesten und „für manche auch der plausibelste Weg", auf weitere Zermürbung, auf einen inneren Erosionsprozeß bei der SPD / FDP-Koalition und damit auf größere Erfolgsaussichten bei den nächsten Wahlen zu setzen. Aber sicher sei es keineswegs, daß Brandt dann in der Sicht der Wähler wirklich abgewirtschaftet haben werde. Jedenfalls würde er sich selbst dann für das Mißtrauensvotum aussprechen, wenn er einen Mißerfolg für wahrscheinlicher hielte als er es tue.

Bei soviel Zuspruch gab es nur vereinzelt warnende Worte in der CDU / CSU-Fraktion. Wie man denn mit einer oder zwei Stimmen Mehrheit glaube regieren zu können? Und kann die CDU / CSU das durchstehen angesichts der Stimmung in den Betrieben? Wird es nicht eine Art von Dolchstoßlegende geben? Es waren zwei Gewerkschaftler, die solche Einwände hatten, Josef Mick und Gerhard Orgaß. Später, nach Barzels Mißerfolg bei der geheimen Abstimmung, sahen sie sich deshalb als „Verräter" verdächtigt – ein Vorwurf, der gewiß nicht berechtigt war.

24. 4. 1972	Die CDU / CSU beschließt einstimmig, das Konstruktive Mißtrauensvotum zu beantragen und R. Barzel zum neuen Bundeskanzler vorzuschlagen.
25. 4. 1972	Bundespräsident H. Heinemann empfängt W. Scheel (FDP) und R. Barzel (CDU) zu getrennten Aussprachen. Im Auswärtigen Ausschuß und im Rechtsausschuß des Bundestags kommt es zu scharfen Auseinandersetzungen. – Der Mißtrauensantrag löst heftige Reaktionen in einem Teil der Bevölkerung aus; es finden Sympathiekundgebungen für die Bundesregierung und Warnstreiks statt.
27. 4. 1972	Das (erste) Konstruktive Mißtrauensvotum kommt bei der Abstimmung im Bundestag nicht zustande. Mit wenigen Ausnahmen folgen die Abgeordneten der Regierungskoalition einem Beschluß der Koalitions-Führung, nicht an der geheimen Wahl mit Stimmzetteln in der Wahlzelle teilzunehmen; sie bleiben auf ihren Plätzen. Um zwei Stimmen verfehlt der Antrag die erforderliche Zahl von 249 – in der Folgezeit ist die Rede von zwei „Dissidenten" der CDU / CSU-Fraktion, die zur Stimmenverweigerung „gekauft" worden seien. Ende Mai / Anfang Juni bekennt der CDU-Abgeordnete J. Steiner, gegen Barzel votiert und dafür vom Geschäftsführer der SPD-Fraktion K. Wienand, 50 000 DM erhalten zu haben („Wienand/ Steiner-Affäre").
28. 4. 1972	Bundeskanzler Brandt erhält keine Mehrheit für seinen Haushalt (Patt, 247 : 247). Die Auflösung des Parlamentes und Neuwahlen erscheinen sinnvoll.
18. 5. 1972	Der FDP-Vorsitzende, Außenminister W. Scheel, stimmt ebenfalls Neuwahlen zu.

Kanzlersturz ein Staatsstreich?

Tatsächlich war die Stimmung im Lande – das sahen die Arbeitnehmervertreter richtig – nicht günstig für einen „Kanzlersturz“, für die Abwahl Willy Brandts, des Friedens-Nobelpreisträgers und Hoffnungsträgers der Linken. Von der SPD / FDP-Koalition fühlten sich erstmals gesellschaftliche Kräfte repräsentiert, die in den ersten zwanzig Jahren der Republik opponiert oder abseits gestanden hatten. Für sie war das Konstruktive Mißtrauensvotum Teufelswerk. Eine Pressemitteilung der CDU / CSU-Bundestagsfraktion vom Tag vor der Abstimmung: „Leider erhielten in den letzten Tagen führende Politiker der CDU / CSU massive Drohungen. Ihnen und ihren Familien wurden nicht nur telefonisch und brieflich Morddrohungen übermittelt. Die Drohungen richteten sich sogar gegen Kinder dieser Politiker. Wegen dieser Drohungen sind verstärkte Sicherheitsmaßnahmen für die Betroffenen angeordnet worden.“

Schon im baden-württembergischen Wahlkampf hatte sich vereinzelt grobe Feindseligkeit gezeigt. Jetzt wurde auch Haß mobilisiert. Wie zuletzt bei der Notstandsgesetzgebung kam es wieder zur Mobilisierung der Straße. „Volksfront“, schimpfte Franz Josef Strauß, weil radikalste Linke den Ton angaben. Arbeiter legten zu Tausenden aus Protest die Arbeit nieder. Für Brandt wurden Sympathie-Kundgebungen organisiert. Geschäftsleute weigerten sich, ausgewiesenen CDU-Anhängern ihre Ware zu verkaufen. Das befreundete Ausland bangte um die Stabilität der jungen Demokratie. Sollte Barzel gegen Brandt siegen, so befürchteten seriöse Beobachter, drohten bürgerkriegsähnliche Zustände.

Selbst Bundeskanzler Brandt sorgte sich, als eine Welle von Emotionen gegen die „Machterschleichung durch die CDU / CSU“ oder den „Staatsstreich“ überzuschwappen drohte. Er trat vor das Fernsehpublikum, um die eigene Gelassenheit zu demonstrieren und ausdrücklich das Verfassungsrecht der Opposition auf Kanzlerwahl zu verteidigen.

Am Abstimmungstag (27. 4. 1972) sorgte ein Großaufgebot von Grenzschutz und Polizei für Ruhe und Ordnung in der parlamentarischen Bannmeile. Die Spannung war so unerträglich wie die Gerüchteküche. In den Tagen zuvor hatten die führenden Männer der Koalition sich zu demütigender „Seelenmassage“ bei den absprungwilligen Abgeordneten herbeigelassen. Willy Brandt persönlich strich eine Milliarde Neuschulden im Haushalts-Entwurf, um den finanzpolitischen Bedenken des FDP-Aussteigers Kienbaum Rechnung zu tragen und ihn zurückzuhalten. Der abtrünnige FDP-Abgeordnete Helms wurde sogar auf Schritt und Tritt „beschattet“ und von höchsten Würdenträgern der FDP zur Umkehr angehalten. „Menschenjagd“, riefen Abgeordnete, als Helms' „Bewacher“ auch noch vor der Bundeshaus-Toilette Posten bezogen.

Eine schlimme Rufmord-Kampagne flankierte die Bemühungen um den Machterhalt der SPD / FDP-Koalition. Ein unbekannter „Levin“ beispielsweise teilte der Deutschen Presse-Agentur mit, „daß Herr Horten am Mon-

Willy Brandt, umringt von seinen Parteifreunden nach Bekanntgabe des Abstimmungsergebnisses.

tag, dem 24. 4. 1972, beim Schweizerischen Bankverein insgesamt 6 Millionen Deutsche Mark bereitgestellt hat, die zur Auszahlung an die Herren Helms, Kienbaum, Kühlmann-Stumm und Müller (ein ebenfalls schwankend gewordener SPD-Abgeordneter, der später zur CSU übertrat) sowie an zwei weitere voraussichtliche Konvertiten gelangen sollen, mit denen nach den Verlautbarungen die Übertrittsverhandlungen erst aufgenommen worden sind".

Rufmord mit Pathos

„Bestechung" wurde eine Lieblingsvokabel vieler SPD-Abgeordneter. Es störte sie nicht, daß es sich bei Kienbaum und Kühlmann-Stumm um gutsituierte Volksvertreter handelte, die auch noch angekündigt hatten, nach der Abstimmung für Barzel ihr Mandat zurückgeben oder doch nicht mehr ausüben zu wollen. „Es ist einfach unerträglich, daß zwei Millionäre die ganze Nation verarschen", soll sich der Finanzstaatssekretär Rainer Offergeld ereifert haben. Daß später mit Karl Wienand ein hoher SPD-Funktionär in den dringenden Verdacht geriet, mit Julius Steiner mindestens einen Unionsabgeordneten „gekauft" und damit Barzel um die Mehrheit gebracht zu haben, läßt die damaligen Bestechungsvorwürfe heute als besonders pikant erscheinen.

Als am Donnerstag, dem 27. April 1972, der Mißtrauensantrag gegen Willy Brandt im Bundestag aufgerufen wird, scheint die Unions-Fraktion ihrer Sache nicht mehr so sicher wie drei Tage zuvor. Lag es an dem taktischen Winkelzug der Koalitionsführung, die Abgeordneten der SPD und FDP von der Wahlurne fernzuhalten? Wer für Barzel stimmen wolle, so hieß es, möge sich durch den Gang zur Wahlurne schon bequemen, dies auch öffentlich zu bekennen. Nur einige sichere FDP-Vertreter und der noch seine endgültige politische Heimat suchende SPD-Mann Günther Müller nehmen denn auch am Wahlgang teil. Ist Barzel auf diese Weise um Dissidenten-Stimmen geprellt worden?

Dem Namensaufruf für die Abstimmung gehen diesmal – anders als bei der „normalen" Kanzlerwahl – Reden voraus. Für den ehemaligen EG-Präsidenten Walter Hallstein, der das Mißtrauensvotum ursprünglich hatte begründen sollen, sich aber dann zu krank fühlte, springt Altbundeskanzler Kurt Georg Kiesinger ein. Herbert Wehner antwortet ihm: „Sie müssen 249 Stimmen aufbringen. Das ist das einzige, was bei diesem Antrag wichtig und entscheidend ist." Und ironisch, so als wisse er mehr: „Stützen Sie Ihren Kandidaten bei seinem Klimmzug."

Willy Brandt antwortet Gerhard Schröder: Für ihn ist die Wahl von Barzel „nur eine theoretische Möglichkeit". „Und ich bin davon überzeugt: Wir werden nach der heutigen Abstimmung weiterregieren." Mischnick und Genscher melden sich zu Wort. Zwei künftige Bundespräsidenten messen sich, Walter Scheel und Richard von Weizsäcker. Weizsäcker hatte gegen den Versuch des Kanzlerwechsels gestimmt, ließ sich jetzt aber in die Fraktions-Disziplin nehmen.

Scheels Rede bleibt in der Erinnerung haften: Sie soll verletzen, vor allem die Abtrünnigen. Sie soll den Ruf schädigen, auch der möglichen Nachfolge-Regierung. Überzeugung läßt er nicht gelten bei den Parteiwechslern, noch weniger das Gewissen: „Hüten wir uns davor, große Worte zu strapazieren, wenn es um ganz handfeste Dinge geht. Die Sicherung der persönlichen politischen Zukunft ist keine Gewissensfrage." „Schäbiges Spiel", „gewissenlos" sind seine Vokabeln. Und selbstgerecht mit Pathos: „Machen Sie unser Land und sich selber nicht unglücklich, indem Sie zur falschen Zeit mit den falschen Methoden eine Regierung etablieren wollen, deren Fundament sich auf politische Überläufer stützen müßte und deren Geburtsstunde vom Makel des Wortbruchs gekennzeichnet wäre."

Gerhard Schröder antwortet schneidend: „Der Kollege Scheel hat es unternommen, die Mehrheit, die sich ergeben mag, von vornherein zu diffamieren. Er hat den Anfang einer Legendenbildung versucht, diese Regierung sei kurz vor dem Ziel gewesen und sei nicht weitergekommen." Richard von Weizsäcker weist die Kritik an den Parteiwechslern zurück: „Solange Sie der Unterstützung dieser von Ihnen gar nicht genannten Kollegen sicher waren, haben Sie sich auf die Charakterstärke, den Friedenswillen und das Urteil dieser Kollegen für Ihre Politik der knappsten Mehrheit selbst berufen, dann haben Sie sie in einem Umwandlungsprozeß bedrängt, was wir teilweise sogar hier beobachten konnten, und nun bezweifeln Sie die Charakterstärke oder die Gewissenhaftigkeit dieser Kollegen und einer künftigen Bundesregierung."

Markierte Stimmzettel

Ich sehe mir die Filmaufzeichnung von der Bundestagssitzung am 27. April 1972 an. Helmut Schmidt, der Finanzminister, kommt erst sehr spät auf die Regierungsbank. 1969, so erinnere ich mich, wollte er seiner Partei eine Koalition mit der FDP nur bei einer Mehrheit von mindestens 25 Stimmen empfehlen. Und in der Großen Koalition von 1966 bis 1969 hatte er mit Barzel – beide waren Fraktionsvorsitzende – eng und verläßlich zusammengearbeitet. Dieser Draht riß nie ab. Jetzt wird Schmidt bald vorschlagen, mangels eigener Mehrheit der Koalition nun die Zusammenarbeit mit der CDU / CSU-Opposition zu suchen. Nur mit deren Hilfe könnten die Ostverträge noch über die parlamentarische Hürde gebracht werden. Absage also an einen Wahlkampf über die Ostverträge.

Im Film folgt den gereizten Reden im Bundestag die öde Strecke des Abstimmungsvorgangs: Namensaufruf, Gang zur Wahlkabine, Stimmzettel ausfüllen, Urne. Dann die Auszählung der Stimmen. 3 ¼ Stunden nach Sitzungsbeginn plötzlich Unruhe. Links bei den Schriftführern am Zähltisch bricht Jubel aus. Durch Zurufe verbreitet sich die sensationelle, von den meisten nicht erwartete Nachricht: abgelehnt. SPD-Abgeordnete werfen die Arme hoch, laufen aufeinander zu, umarmen sich. Helle Überraschungsfreude.

Nur einer setzt sich gleich wieder hin: Karl Wienand, der Fraktionsgeschäftsführer. Von ihm wird später berichtet werden, er habe dem CDU-Abgeordneten Julius Steiner mit 50 000 DM die Stimme „abgekauft" und auf diese Weise mitbewirkt, daß Barzel und nicht Brandt scheiterte. Im Film nun betritt Willy Brandt, der draußen gewartet hatte, wieder den Plenarsaal. Händeschüttelnd geht er durch die Stuhlreihen, erreicht wie von Geisterhand geführt den sitzenden Wienand. Als der Kanzler vor ihm steht, erhebt sich Wienand kurz zum Händedruck, setzt sich wieder.

Die selbstgewisse Feststellung Brandts vor der Abstimmung, er werde weiterregieren und die Wahl Barzels sei nur eine theoretische Möglichkeit, war nicht das einzige Zeichen einsamer Siegeszuversicht gewesen. Im „Spiegel" (Nr. 19. v. 1. 5. 72) beschreibt Hermann Schreiber später den Abend vor der Entscheidung im Arbeitszimmer des Regierungschefs: Judos und Falken seien dort eingedrungen, den Schmerz über das frühe Ende „ihrer" Regierung nicht verbergend. Schreiber wörtlich: „Die nüchterne Erkundigung, ob Willy Brandt denn bereit wäre, als Oppositionsführer

Nach dem gescheiterten Mißtrauensvotum gratuliert Rainer Barzel Bundeskanzler Willy Brandt.

auch den Vorsitz der SPD-Fraktion zu übernehmen, fällt unbeantwortet auf den Frager zurück, fast wie ein Sakrileg."

Und: „Willy Brandt hat die Möglichkeit einer Niederlage diesmal, ausgerechnet diesmal, überhaupt nicht einkalkuliert, jedenfalls nicht erkennbar. Am Mittwoch, in der Kabinettsitzung ... hat er mit beinahe provozierender Betonung die nächsten Termine für den Zusammentritt seiner Regierung fixiert, bis Ende Mai."

Nach der Abstimmung über den oppositionellen Mißtrauensantrag und dem Scheitern Barzels kommt Brandt von sich aus auf den Vorabend zurück: „Sehen Sie", zitiert ihn Schreiber, „ich habe gestern abend die Frage, ob ich Fraktionsvorsitzender werden würde, wirklich nicht beantworten müssen."

Noch ein zweites Mal, beim Betrachten der Filmaufzeichnung, bin ich überrascht. Als Brandt den Plenarsaal wieder betritt, umringen ihn begeisterte sozialdemokratische Freunde. Auch Bundesgeschäftsführer Börner ist neben ihm zu sehen – und als einziger Nicht-Sozialdemokrat Hans-Dietrich Genscher, der FDP-Minister. Später, als die FDP-Prominenz herüberkommt zur üblichen Gratulation, ist Genscher – die Kameras zeigen es deutlich – wieder dabei. Doch die Hand zum Glückwunsch braucht er nicht noch einmal zu geben. Er kommt mit zum Kanzler, geht aber unauffällig vorbei.

Das Ergebnis des versuchten Kanzlersturzes durch Kanzlerwahl gibt Bundestagspräsident von Hassel bekannt: Barzel bekommt nicht die erforderlichen 249 Stimmen. Zwei fehlen ihm. Dafür gibt es drei Enthaltungen. Zwei dieser drei Stimmzettel sind besonders gekennzeichnet. Markierungen zur Kontrolle, die abgesprochen waren? Eine Frage für später. Jetzt tost im Plenarsaal unvorstellbarer Jubel. Einer von der SPD tanzt und gestikuliert unmittelbar vor Rainer Barzels Augen und schreit: „Trotz Bestechung, trotz Bestechung." Er ahnt nicht, daß sich der Vorwurf später gegen seine eigenen Reihen kehren wird.

Die Oppositionsabgeordneten sitzen wie versteinert. Rechts von Barzel Ludwig Erhard, der Altkanzler, schweigend, den Kopf auf die Hand gestützt. Kiesinger, der letzte CDU-Kanzler, Strauß, Katzer blicken ins Leere. Der Oppositionsführer hört kein Wort des Zuspruchs oder des Trostes. Er ist allein, einsam. Langsam schüttelt er den Kopf – ein Bild als Zeitdokument, unvergessen.

Das Patt und die Folgen

Dann, nur einen Tag später, die namentliche Abstimmung über den Kanzler-Haushalt: 247 : 247, Stimmengleichheit, abgelehnt. Das Patt im Bundestag ist Höhepunkt einer Regierungs- und Koalitionskrise, die sich nicht zur Staatskrise ausweiten darf. Wie soll es weitergehen? Richard Stücklen erinnert sich, von Brandt um Rat gefragt worden zu sein, ein Vier-Augen-Gespräch Brandt / Barzel angeraten und dabei an einen Vizekanzler Barzel gedacht zu haben. Brandt und Barzel treffen sich am 1. Mai 1972, drei Tage nach Barzels Scheitern und zwei Tage nach dem Patt. Später wird Brandt über den Besuch eines ungenannten hohen CDU-Politikers berichten, der ihn für das Amt des Bundespräsidenten zu gewinnen suchte. Barzel wiederum zitiert den SPD-Kanzler später: „Ich kann doch meinen Stuhl nicht

23. 5. 1972	Vereinbarung zwischen der Regierungskoalition und der Opposition, um den Weg zu Neuwahlen freizumachen: der Kanzler stellt die Vertrauensfrage, die Opposition verzichtet auf ein weiteres Konstruktives Mißtrauensvotum.
22. 9. 1972	Bundeskanzler Brandt erhält bei der Abstimmung über die Vertrauensfrage nicht die erforderliche Mehrheit (233 Ja-, 248 Nein-Stimmen). Das Parlament wird aufgelöst; es werden Neuwahlen ausgeschrieben.
19. 11. 1972	Aus den vorgezogenen Wahlen zum 7. Deutschen Bundestag geht die sozialliberale Koalition gestärkt hervor. Sie verfügt jetzt über 271 Stimmen, die CDU / CSU-Opposition über 225.

räumen zugunsten eines Kollegen, den seine eigene Fraktion nicht geschlossen wählt."

Erste Zeichen eines Autoritätsverlustes also spürt Barzel. Sein Scheitern mit dem Konstruktiven Mißtrauensvotum markiert den Anfang vom Ende seiner Karriere an der Spitze der CDU.

Gewiß, die Regierung ohne eigene Mehrheit sucht nun die Zusammenarbeit mit ihm. Eine gemeinsame Bundestags-Entschließung kommt zustande, wird notifiziert und von der sowjetischen Regierung als nachträgliche deutsche Interpretation des Vertragswerks entgegengenommen. Zusammen mit dem Brief zur deutschen Einheit, der ebenfalls von der Oppositionführung mitgestaltet worden war, macht diese Entschließung eindeutig klar: Für Bonn gilt nicht die sowjetische Auslegung der Endgültigkeit. Wenn heute die Regierung Kohl immer wieder unter Duldung Moskaus verkünden kann, daß die deutsche Frage offen sei, so hat die gemeinsame Entschließung des Deutschen Bundestages und damit die Hartnäckigkeit der damaligen CDU/CSU-Opposition dies erst möglich gemacht. Der deutsche Anspruch auf Selbstbestimmung und Einheit kann seitdem nicht als Verstoß gegen die Ost-Verträge bekämpft werden.

Rainer Barzel sieht in diesem „Nachbessern" den entscheidenden Erfolg seines Mitregierens. Viel Dank ist ihm dafür allerdings nicht zuteil geworden, weder von den Regierenden damals noch von seinen Mitstreitern in der Opposition. Das Ausmaß seiner Einflußnahme ist in geheimen Regierungsakten verborgen. Barzel verschwieg es seinerzeit auch selber, weil die von ihm geführte Opposition mehrheitlich auf Konfrontation und nicht auf Zusammenarbeit eingestimmt war.

Kein Lohn also für Barzels Oppositionstaktik. Sogar sein Plan, wenigstens die Zustimmung zu den Ost-Verträgen in der CDU/CSU-Fraktion freigeben zu können, mißlingt. Franz Josef Strauß hatte zwar für die CSU an der gemeinsamen Entschließung mitgewirkt und schien zufriedengestellt. Doch um der Einheit der Union willen wurde schließlich Stimm-Enthaltung beschlossen, nach einer Idee von Strauß. Keine Ablehnung und keine Zustimmung, kein konsequentes Ja oder Nein – das Ringen endet für die Opposition unrühmlich. Kanzler-Kandidat Rainer Barzel – und mit ihm die Union – geht nicht gestärkt, sondern geschwächt in die nicht mehr zu vermeidende vorzeitige Bundestags-Neuwahl.

Erfahrungen

Die Geschichte des Konstruktiven Mißtrauensvotums von 1972 ist die Geschichte der Ost-Verträge; und sie gehört ebenso zur Geschichte der Skandale in der Republik. Daß Geld im Spiel war bei der Beeinflussung von Unions-Abgeordneten, wird seit der parlamentarischen Untersuchung im „Steiner/Wienand-Ausschuß" (1973–1974) von niemandem mehr bestritten. Mit der offenen Abkehr von SPD- und FDP-Abgeordneten aus dem

Regierungslager war dieser Stimmen-Kauf nicht vergleichbar. Männer wie Hupka und von Kühlmann-Stumm hatten aus ihren Vorbehalten gegenüber der neuen Ostpolitik nie einen Hehl gemacht. Überzeugung hier und Korruption dort!

Wer der zweite neben Julius Steiner war, der zweite mit dem Erkennungszeichen auf seinem Stimmzettel? Vielleicht erfährt man es, wenn einem der Beteiligten einmal das Gewissen schlägt und er das Geheimnis nicht mit ins Grab nehmen will. Doch läßt nicht schon das Bekenntnis des damaligen SPD-Fraktionsvorsitzenden Herbert Wehner die ganze Dimension des Skandals erkennen? Auf die Frage, ob bei der Abstimmung über den Mißtrauensantrag gegen Brandt nicht alles mit rechten Dingen zugegangen sei, erwiderte er Anfang 1980 freimütig im Norddeutschen Rundfunk: „Ich kenne zwei Leute, die das wirklich bewerkstelligt haben. Der eine bin ich, und der andere ist nicht mehr im Parlament." Nur Karl Wienand kann mit diesem „anderen" gemeint gewesen sein.

Ein weiteres aufschlußreiches Zitat steuert Erich Mende in seinem Buch „Von Wende zu Wende" bei. Ein schnellzüngiger SPD-Abgeordneter (oder war es gar ein Bundesminister?) habe sich im Weinhaus „Maternus" zu später Stunde gebrüstet: „Der Barzel hat versucht, mit Hilfe einiger Überläufer Bundeskanzler zu werden. Wir haben mit Hilfe einiger Unterläufer dafür gesorgt, daß Brandt gerettet wurde." Abgeordnetenbestechung zwecks Machterhalt – dieser Vorfall stellt alle anderen politischen Vergehen in der Republik bis heute in den Schatten.

War der Versuch, mit dem Konstruktiven Mißtrauensvotum wieder an die Regierung zu kommen, unter den Umständen des Jahres 1972 verständlich? Er erklärt sich jedenfalls leicht aus der Vorgeschichte. Die Regierungsbildung 1969 und das Wagnis der neuen Ostpolitik – bei nicht ausreichender parlamentarischer Mehrheit, wie abzusehen war – konnten von der Opposition kaum wie selbstverständlich hingenommen werden. Wer solange an Regierungs-Verantwortung gewöhnt ist, schaltet nicht einfach von heute auf morgen ab. Außerdem wußte Barzel: Die Union kommt jetzt bald mit ihm an die Regierung oder sonst lange nicht mehr. Als Kandidat für das Kanzleramt mußte ihm auch daran liegen, die Ost-Verträge in die Hand und in den Griff zu bekommen – sie nachzubessern, aber nicht zum Schaden des deutschen Ansehens einfach auflaufen zu lassen. Das Konstruktive Mißtrauensvotum, der Kanzlerwechsel ohne Wahlkampf und ohne Neuwahlen, schien sich als geeignetes Verfassungsinstrument anzubieten.

Doch warum wollte Barzel nicht erst einmal die voraussehbare offene Abstimmungsniederlage Brandts im Deutschen Bundestag abwarten? Nach dem Scheitern des Kanzler-Haushalts etwa wäre der Öffentlichkeit ein Versuch mit dem bis zu diesem Zeitpunkt fast unbekannten Konstruktiven Mißtrauensvotum gewiß besser plausibel zu machen gewesen.

Vermutlich hatte der Oppositionsführer noch anderes im Sinn, als er sich entschloß, zum frühest denkbaren Zeitpunkt gegen Brandt anzutreten.

Wenn sich neue parlamentarische Mehrheits-Verhältnisse abzeichneten, konnte damit gerechnet werden, daß einige Abgeordnete ihr Abstimmungsverhalten von der Scheu vor Neuwahlen beeinflussen lassen würden. Barzel wie Strauß machten hierzu Andeutungen: Mancher wolle der „Gefahr von Neuwahlen“ ausweichen, sein Mandat noch die eineinhalb Jahre bis zur regulären Neuwahl behalten und dieses Interesse „allen anderen Erwägungen“ unterordnen.

Unmittelbar nach dem Mißlingen des Mißtrauensvotums wollte Barzel in der CDU / CSU-Bundestagsfraktion „keine Interpretationsforschung“ betreiben. Er habe, so versicherte er, ganz klare, verbindliche Zusagen für eine ausreichende Mehrheit gehabt. Nur ein „Verrat“ eigener politischer Freunde war wohl nicht einkalkuliert worden. Und wohl auch nicht der Trick der Koalitionsführung, die weitaus meisten Abgeordneten der Regierungsparteien von der Wahlurne fernzuhalten und ihnen – falls sie nicht verdächtigt werden wollten – einen Verzicht auf Stimmabgabe nahezulegen. Möglichen Dissidenten war damit die Möglichkeit genommen, unerkannt für Barzel zu stimmen.

Es ist leichter, so zeigte sich 1969–1972, mit knapper Mehrheit eine „alte“ Regierung zu stürzen als eine junge, dynamische. Demokratische Erfahrung meint, daß eine Regierung nicht abgewählt wird, nur weil die Opposition eine gute Figur macht. Regierungen scheitern an sich selber, wenn ihre Kraft verbraucht und ihr Ansehen nicht mehr gefestigt ist. Opposition heißt auch warten können müssen.

Eghard Mörbitz

Der lange Abschied des Kanzlers Helmut Schmidt

Es ist Freitag, der 1. Oktober 1982. Die Uhr zeigt genau 15.10. Der Plenarsaal ist bis auf den letzten Platz besetzt. Die Tribünen für Diplomaten, Besucher und Journalisten sind überfüllt. Kameraleute und Fotoreporter nehmen den Abgeordneten Helmut Kohl ins Visier. Vizepräsident Richard Stücklen verschafft sich mit der Glocke Gehör und eröffnet die Sitzung. Das aufgeregte Getuschel in den ersten Reihen verstummt. In das Schweigen hinein verkündet der amtierende Präsident:

„Ich gebe das Ergebnis der Wahl bekannt. Von den voll stimmberechtigten Abgeordneten wurden insgesamt 495 Stimmen abgegeben. Von diesen abgegebenen Stimmen waren 495 Stimmen gültig. Mit Ja haben 256 Abgeordnete gestimmt ..."

Richard Stücklen versucht gar nicht erst, weiterzulesen. Er kennt das parlamentarische Ritual. Er ist von Anfang an dabei. Beifall bricht los. Einige Christdemokraten reißt es förmlich aus den Sitzen. Es gehört sich, einem neuen Regierungschef stehend zu applaudieren, auch wenn man nicht weiß, ob er der Richtige ist.

Helmut Kohl ist der erste von insgesamt sechs Bonner Regierungschefs, der mit Hilfe des Grundgesetzartikels 67 an die Macht gelangt und damit beweisen kann, daß auch dieser Weg zum Ziele führt – wenn die Zahlen stimmen.

Daß ein gewähltes Parlament das Recht haben muß, einen politisch gescheiterten Regierungschef gegen einen neuen auszutauschen, ist unbestreitbar. Daß der Deutsche Bundestag den Artikel 67 handhaben kann, ohne das Land in eine Staatskrise zu stürzen, ehrt ihn und die Verfassungsväter, die mit dem „Konstruktiven Mißtrauensvotum" praktikable Konsequenzen aus dem Untergang der ersten deutschen Republik gezogen haben. Daß vielen Bundesbürgern der fliegende Regierungswechsel ohne vorherige Parlamentsneuwahlen nicht ganz geheuer ist, hat auch mit Weimar und damit zu tun, daß sie nicht verstehen, warum Willy Brandt 1972 gehen sollte und Helmut Schmidt 1982 gehen mußte.

Der Sturz des letzteren ist die eigentlich ganz banale Geschichte einer durchschnittlichen Ehe, deren Partner den Belastungen des grauen Alltags nicht mehr gewachsen sind.

Genschers Treuebekenntnis

„Ich werde einmal als letzter für das Bündnis mit der SPD auf den Barrikaden stehen, dann, wenn selbst die Linken in der FDP schon opportunistisch zur CDU abgewandert sind. Dann wird endlich klar, daß ich kein Rechter bin."

Der Mann, der das an der Jahreswende 1974/75 einem Journalisten in den Block diktiert, heißt Hans-Dietrich Genscher und weiß nicht, daß er gut sieben Jahre später Kopf und Kragen riskieren wird, um von eben diesen Barrikaden heil wieder herunterzukommen.

Der Name Genschers steht für das, was man im Bonner Sprachgebrauch „die Wende" nennt. Er übernimmt in diesem schwierigen Prozeß die entscheidende Schlüsselrolle und sorgt dafür, daß im Bundestag erstmalig ein Regierungswechsel unter Zuhilfenahme des Konstruktiven Mißtrauensvotums nach Artikel 67 des Grundgesetzes vonstatten gehen kann.

Ende des Jahres 1974 allerdings denkt der FDP-Vorsitzende nicht im entferntesten daran, den sozialdemokratischen Bundeskanzler Helmut Schmidt zu stürzen. Sein Treuebekenntnis zur sozial-liberalen Koalition ist ohne Vorbehalt. Natürlich gehört Genscher nicht zu denjenigen, die nach dem Beispiel seines Parteifreundes Professor Werner Maihofer den politischen Zweckverband zu einem „historischen Bündnis" zwischen den bürgerlichen Liberalen und der Arbeiterschaft verklären. Aber Genscher hat in und mit dieser links-liberalen Koalition den Höhepunkt seiner politischen Laufbahn erreicht. Viel mehr als Vizekanzler und Außenminister kann ein Vorsitzender der kleinen liberalen Partei kaum noch werden. Was also sollte Hans-Dietrich Genscher bewegen, das Erreichte mutwillig aufs Spiel zu setzen?

Der Kanzler und sein Stellvertreter sind wahrhaftig kein Traumpaar, zu unterschiedlich in Charakter und Verhaltensweise. Aber sie sind auch keine Traumtänzer. Was Schmidt und Genscher verbindet, sind Realitätssinn und Augenmaß. Ihr Blickwinkel und ihre Bodenhaftung reichen über die eigene Parteibasis hinaus. Deshalb treten sie das von Willy Brandt und Walter Scheel hinterlassene Erbe auch in dem Bewußtsein an, daß die glorreichen Zeiten des Aufbruchs vorüber sind. Sie wollen sich, so steht es in ihrer ersten Regierungserklärung, „auf das Wesentliche und heute Mögliche konzentrieren". Und schon das wird schwer genug.

Walter Scheel hat Zweifel

Bedenken, ob das noch lange gut gehen kann, beschleichen Walter Scheel bereits 1972. Bei einem sommerlichen Frühschoppen mit Bonner Journalisten beginnt er laut über das Ende der Koalition nachzudenken. Es sei nun einmal das „natürliche Schicksal" solcher Zweckbündnisse, daß sie bei erfolgreicher Zusammenarbeit ihre politischen Gemeinsamkeiten sozusagen selbst aufzehrten. Scheel hat sogar eine überraschend konkrete Vorstellung davon, wie die Scheidung auf honorige Weise vollzogen werden müßte: „Am liebsten wäre mir, es würde einmal ein Bundeskanzler mit seinem Koalitionspartner Arm in Arm vor eine Kamera treten und sagen: ‚Wir haben unsere Pflicht getan, wir haben sogar etwas Gutes zuwege gebracht, und jetzt haben wir nicht mehr allzuviel Gemeinsames, und deswegen sagen wir Euch, ab jetzt wollen wir wieder getrennt kämpfen, jeder für seine speziellen Überzeugungen eintreten und nicht für ein gemeinsames Regierungsprogramm'."

Bundeskanzler Helmut Schmidt und Oppositionsführer Helmut Kohl, 1978.

Scheel wirft den Stein zu früh ins Wasser. Schmidt und Genscher jedenfalls gehen zäh und entschlossen daran, die These von den „schwindenden Gemeinsamkeiten" zu widerlegen. Bis zu einem gewissen Grade gelingt ihnen das auch. Dabei erweisen sich die Deutschland- und Ostpolitik noch als zuverlässigste Klammer. Aber an den linken Rändern beider Parteien beginnt es gefährlich zu rumoren. Die Einbindung der Bundesrepublik in das westliche Bündnissystem wird zunehmend in Frage gestellt, obwohl sie die Grundvoraussetzung für eine aussichtsreiche Ostpolitik ist.

Schmidt gerät unter Druck

Helmut Schmidt muß sogar lernen, mit der fatalen Tatsache zu leben, daß seine Sicherheits- und Energiepolitik von der parlamentarischen Opposition mitgetragen wird, in der eigenen Partei jedoch auf wachsenden Widerstand stößt. Dieser Widerstand steigert sich vor allem bei der jungen Linken bis zum Haß, als Schmidt (Verteidigungsminister von 1969 bis 1972) erkennt, daß die Sowjetunion im Windschatten der westlichen Entspannungseuphorie ein nukleares Bedrohungspotential speziell gegen Westeuropa aufbaut. Daß es richtig ist, der Gefahr einer nuklearen Erpressung mit dem von Schmidt initiierten „NATO-Doppelbeschluß" zu begegnen, gehört zu den inzwischen belegten historischen Leistungen des sozialdemokratischen Regierungschefs. Vielen Genossen wird das freilich erst bewußt, nachdem sie ihren eigenen Kanzler gründlich demontiert und zu seinem Sturz beigetragen haben.

Der gemeinsame, jahrelange Kampf gegen den Terrorismus trägt zum Kräfteverschleiß nicht unerheblich bei. Er hinterläßt bei Helmut Schmidt und Hans-Dietrich Genscher (Bundesinnenminister von 1969 bis 1974) tiefe, wenn auch unsichtbare Narben. Allerdings bestehen beide den Härtetest mit Anstand und kommen sich dadurch auch menschlich näher.

Der Kanzler denkt an Rücktritt

Der gefährlichste Zündstoff freilich sammelt sich in Bereichen an, in denen es um Mark und Pfennig, um Milliarden und Millionen geht. Zwei Ölkrisen und eine weltweite Rezession, die das westliche Wirtschafts- und Währungsgefüge erschüttern, bringen auch die Bundesregierung aus dem Tritt. Der gelernte Ökonom Helmut Schmidt und Außenminister Hans-Dietrich Genscher, der ursprünglich lieber Bundesfinanzminister geworden wäre, können zwar verhindern, daß die Katastrophe voll auf die Bundesrepublik, die europäische und die innerdeutsche Entwicklung durchschlägt. Der Export aber geht zurück, und die Zahl der Arbeitslosen steigt, die Staatsverschuldung erreicht Rekordhöhen. Der emotionalisierte Streit um die Kernenergie tut ein übriges, um das Klima innerhalb der Bonner Koalition nachhaltig zu vergiften.

Ernsthaft an Rücktritt denkt Helmut Schmidt im Wahljahr 1976. Der Vorwurf der „Rentenlüge" macht ihm moralisch schwer zu schaffen, denn er hat den Rentnern einen Zuschlag versprochen, ohne zu wissen, wo er die fehlenden zehn Milliarden Mark hernehmen soll. Außerdem pocht sein christdemokratischer Gegenspieler Helmut Kohl laut und vernehmlich ans Tor zum Kanzleramt.

Die Quittung wird Schmidt und der SPD am 3. Oktober 1976 präsentiert. Nur um Haaresbreite verfehlt der CDU-Vorsitzende bei der Bundestagswahl die absolute Mehrheit. Mit seinen 48,6 Prozent verweist Kohl die SPD im Bundestag wieder auf den zweiten Platz. Die Kanzlermehrheit schrumpft auf einen Vorsprung von nur noch zehn Mandaten zusammen. Nicht aus eigener Kraft, sondern weil sich CSU und CDU in die Haare geraten, gewinnt Helmut Schmidt noch eine kurze Atempause, macht der 76er „Sezessionsbeschluß" der CSU von Wildbad Kreuth vergessen, daß der Haussegen bei den Sozialliberalen nach sieben Jahren auch nicht mehr gerade hängt. Aber während es Helmut Kohl gelingt, die CSU daran zu hindern, sich als vierte Partei bundesweit zu etablieren, fängt der Familienkrach bei den Regierenden erst richtig an. Unbehindert vom alternden SPD-Chef Willy Brandt, geht die Linke dazu über, die Belastbarkeit der Wirtschaft und der FDP mit dem Holzhammer zu erproben. Die rechts von der Mitte angesiedelten Freidemokraten fragen sich zunehmend, ob die „Schnittmuster" der beiden Parteien noch deckungsgleich sind, oder ob die „sozialistische Systemveränderung" in Bonn schon Einzug hält.

Ein Geschenk des Himmels

Unter denkbar schlechten Voraussetzungen starten Schmidt und Genscher in die Bundestagswahl von 1980. Ihr eigentlicher „Hoffnungsträger" heißt Franz Josef Strauß, den die Union zähneknirschend auf den Schild hebt, um kein zweites Kreuth zu provozieren. Aber die Rechnung der Altkonservativen, mit einem so strammen Südstaatler müsse sich das rot-gelbe Bündnis knacken und die Macht am Rhein in einem Ritt zurückerobern lassen, geht nicht auf. Am 5. Oktober 1980 bricht für Franz Josef Strauß eine Welt zusammen. Kein Zweifel. Die Wahl zum Neunten Deutschen Bundestag gerät zum Volksentscheid gegen den Bayern und gegen den Aberglauben, ein konsequent rechtskonservativer Kurs sei in der zweiten deutschen Republik der 80er Jahre mehrheitsfähig.

Für Helmut Kohl ist die Niederlage ein Geschenk des Himmels. Schließlich geht sie nicht auf sein Konto. Als Oppositionsführer unbestritten, bleibt er fest entschlossen, seinen bayerischen Widersacher „vor Ort" auszusitzen. Der Pfälzer versteht zu rechnen. Und das hat er mit Hans-Dietrich Genscher gemeinsam. Beide haben sich inzwischen in Pech, auf den Höhen über Bonn niedergelassen. Allerdings: der CDU-Chef wohnt dort nur zur Miete. Sein Ziel bleibt der Kanzlerbungalow am Rhein.

Auch wenn die enge Nachbarschaft nicht in Kumpanei ausartet, es wird doch viel gemunkelt über die geographische und politische Nähe der beiden Duzfreunde, die mittlerweile zu den erwachsenen Söhnen der Gründergeneration der Republik gehören und sich schon deshalb näher kommen, weil sie nur drei Lebensjahre auseinander sind.

Traumergebnis für Genscher

Rein rechnerisch könnten Kohl und Genscher in der Wahlnacht 1980 „die Wende" einleiten. Als stärkste Fraktion hat die CDU/CSU politisch allemal Anspruch darauf, den Kanzler zu stellen. Aber das wäre 1980 in der Tat vollendeter Wählerbetrug, denn der FDP-Vorsitzende darf sich nur deshalb als eindeutiger Sieger dieser Wahl ausrufen lassen, weil er mit der

Parole „Für die Regierung Schmidt / Genscher – Gegen die Alleinherrschaft einer Partei – gegen Strauß!" ein Traumergebnis von 10,6 Prozent eingefahren hat.

„Ihr werdet noch an mich denken!"

Am Wahlabend klopfen sich im Kanzleramt die Gründerväter der sozialliberalen Koalition, Willy Brandt und Walter Scheel, gegenseitig auf die Schultern: Wie klein haben wir doch 1969 angefangen – und jetzt? Helmut Schmidt versteigt sich vor der Fernsehkamera zu der leichtfertigen Prognose, nachdem das Bündnis so lange gehalten habe, werde es „sogar 15 Jahre gut funktionieren".

Anders der immer vorsichtige und mißtrauische FDP-Vorsitzende. Schon auf der Wahlparty der FDP bremst er den aufbrechenden Übermut, das Mißverständnis einiger Heißsporne, die Liberalen hätten über Nacht vier Millionen Stammwähler für sich gewonnen. In der Öffentlichkeit des Gästehauses auf dem Bonner Venusberg beschränkt sich Genscher noch auf die Mahnung, es gelte jetzt „Maß zu halten". Genscher ist überzeugt, die SPD wird ihren Kanzler wegen der Sicherheits- und Wirtschaftspolitik über kurz oder lang „abhalftern". In seinem Pecher Bungalow, wo die

1976	Bundeskanzler Schmidt denkt an Rücktritt („Rentenlüge"). Bei der 8. Bundestagswahl am 3. 10. verfehlt H. Kohl die absolute Mehrheit nur knapp (48,6%). Stimmenverteilung im Bundestag: SPD + FDP (214 + 39) 253, CDU / CSU 243.
5. 10. 1980	Wahl zum 9. Deutschen Bundestag. Kanzlerkandidat der CDU / CSU: F. J. Strauß. Stimmenverteilung: SPD + FDP (218 + 53) 271, CDU / CSU 226.
Seit Anfang 1981	Warnungen vor einem Bruch der sozial-liberalen Koalition, insbesondere wegen wirtschaftlicher Differenzen; Aufrufe zu größerer Geschlossenheit innerhalb der SPD vor allem in Fragen der Sicherheitspolitik (NATO-Doppelbeschluß).
16./17. 5. 1981	H. Schmidt verknüpft sein politisches Schicksal mit der Zustimmung seiner Partei zum NATO-Doppelbeschluß.
20. 8. 1981	„Wende-Brief" des FDP-Vorsitzenden Genscher.
3. 9. 1981	Nach einer Koalitionskrise einigt sich das Bundeskabinett auf Steuermehrbelastungen und neue Sparbeschlüsse zum Haushalt 1982.
27. 11. 1981	Der Bundesrat lehnt die Spargesetze zur Sanierung des Bundeshaushaltes mit der Mehrheit der unionsregierten Länder ab. Die Einigung erfolgt nach Einschaltung des Vermittlungsausschusses.
3. 2. 1982	Der Bundeskanzler stellt die Vertrauensfrage. Mit 269 gegen 224 Stimmen spricht der Bundestag H. Schmidt in offener Abstimmung am 5. 2. das Vertrauen aus.

Wände keine Ohren haben, eröffnet der Hausherr in vorgerückter Stunde einigen Freunden mehr nachdenklich als siegestrunken: „Ich sage Euch, die neue Regierung hält keine vier Jahre!" Und als er die verblüfften Gesichter sieht, fügt er hinzu: „Ihr werdet noch an mich denken!"

Nur ganz wenige wissen zu diesem Zeitpunkt, daß der Regierungschef gesundheitlich schwer angeschlagen ist. Die Selbstdisziplin, die er sich abverlangt, wird löcherig, das Nervenkostüm dünner. Genscher fordert zwar keine zusätzlichen Ministerposten. Aber er stellt in der Sache härtere Bedingungen. Schmidt jedoch will das Feilschen um die sachlich dringend gebotenen Kompromisse in der Rechts-, Umwelt-, Wirtschafts- und Sozialpolitik möglichst schnell hinter sich bringen. Er scheint zu ahnen, daß seine Reserven aufgebraucht sind, daß es für ein anspruchsvolles Simultanschach bald nicht mehr reicht.

Brandt warnt Schmidt und Genscher

Immerhin kann der Kanzler schon nach 32 Tagen, am 24. November 1980, dem Parlament sein Regierungsprogramm vorlegen. Er fordert „Mut zur Erneuerung" und „Mut zur Zukunft". Er prophezeit dem Lande düstere Zeiten, „schwierig in der Weltpolitik und in der Wirtschaftspolitik".

„Mut zur Zukunft" braucht der Bonner Regierungschef am Jahresende 1980 schon deshalb, weil Willy Brandt im Bundestag zu Protokoll gibt, wann die SPD ihren Genossen Schmidt (Hamburg) fallenlassen wird: „Wir stehen natürlich zu den Vereinbarungen mit den Kollegen von der Freien Demokratischen Partei", sagt der Parteichef, aber er fügt drohend hinzu: „Hier gibt es keinen Schnitt ins soziale Netz und keine Gefährdung der Renten. Hier gibt es auch keinen Ausstieg aus der Mitverantwortung dafür, einen Zustand unter den jeweiligen weltpolitischen Bedingungen zu erreichen, durch den man dem Ziel der Vollbeschäftigung so nahe wie irgend möglich kommt. Nein, hier gibt es keinen antisozialen Rechtsruck."

Es brodelt am linken Rand

Die Sozialdemokraten ignorieren die Tatsache, daß es in erster Linie die leeren Kassen sind, die den Bestand der Koalition bedrohen. Beflügelt von der außerparlamentarischen Friedensbewegung, investieren sie ihre ganze Energie gegen den „NATO-Doppelbeschluß", also gegen die Absicht des Westens, im Bereich der atomaren Mittelstreckenwaffen nachzurüsten, falls es nicht gelingt, die sowjetischen SS-20-Raketen wegzuverhandeln.

Helmut Schmidt, der sich seiner Partei zunehmend entfremdet, kann nicht länger tatenlos zusehen, wie die SPD in ein sicherheitspolitisches

Hans-Dietrich Genscher und Helmut Schmidt, 1976.

Abseits rast. Mitte Mai 1981 zieht er die Notbremse. Auf einer Parteiversammlung der SPD in Recklinghausen droht er wieder unverhüllt mit Rücktritt für den Fall, daß ihm die Sozialdemokraten beim NATO-Doppelbeschluß die Gefolgschaft verweigern – oder aber die angestrebten Verhandlungen zwischen den beiden Großmächten über die Mittelstreckenwaffen in Europa ohne Erfolg enden. Daß sich Schmidt für die Ernsthaftigkeit des Verhandlungswillens der USA verbürgt, versöhnt die Nachrüstungsgegner keineswegs mit der „Aufrüstungspolitik" des Kanzlers.

Knapp zwei Wochen darauf gerät auch der Vorsitzende der Freien Demokraten in Bedrängnis. Auf dem 32. FDP-Bundesparteitag in Köln muß Hans-Dietrich Genscher sein politisches Schicksal mit dem NATO-Doppelbeschluß verknüpfen, um die Partei bei der Stange zu halten. Sein Vorgänger Walter Scheel, inzwischen Altbundespräsident, verfolgt die Auseinandersetzung mit betroffenem Schweigen. Er ist sichtlich erleichtert, als es Genscher gelingt, den Parteitag noch einmal mit der Drohung zur Räson zu bringen, daß sich diejenigen, die ihn veranlassen wollten, „eine andere Außen- und Sicherheitspolitik zu machen", einen anderen Außenminister suchen müßten.

Genscher fordert die Wende

In der dramatischen Abwehrschlacht zur Rettung des NATO-Doppelbeschlusses geht fast völlig unter, daß Genscher die Bühne des Kölner FDP-Parteitages eigentlich dazu ausersehen hat, einen einschneidenden haushalts- und sozialpolitischen Kurswechsel anzumahnen und von der Partei absegnen zu lassen. Auch hier läßt der FDP-Vorsitzende keinen Zweifel daran, daß er die notwendigen „strukturellen Entscheidungen" immer noch „gemeinsam mit den Sozialdemokraten" treffen will. Aber er sagt ebenso unmißverständlich, daß die Korrektur der öffentlichen Haushalte „den Eingriff in Leistungsgesetze" bedeutet, „und das wird nicht mit kosmetischen Operationen abgehen".

Der Kanzler teilt die Einschätzung seines Stellvertreters. Aber die SPD hat Helmut Schmidt die Hände gebunden. Deshalb verschafft sich der FDP-Vorsitzende mit einem Paukenschlag bundesweit Gehör. Am 20. August 1981 verschickt Genscher – von Walter Scheel dazu ausdrücklich ermuntert – an alle Mandatsträger der FDP ein Schreiben, das als „Wende-Brief" den weiteren Gang der Ereignisse wesentlich beeinflußt.

„Unser Land steht an einem Scheidewege", schreibt Genscher und fordert unverblümt, die „Anspruchsmentalität zu brechen", die Leistungsgesetze zurückzuschneiden, zu einer effektiven Marktwirtschaft zurückzukehren, um wieder finanziellen „Handlungs- und Gestaltungsraum" zu gewinnen. Das sei nicht mehr die Stunde „schwächlichen Taktierens und halbherziger Schritte", sondern die Stunde einer großen „Gemeinschaftsleistung der aktiven Zukunftssicherung". Also folgert Genscher: „Eine Wende ist notwendig."

Schmidt wollte Schluß machen

Helmut Schmidt jedoch ist nicht imstande, das Ruder herumzureißen. Sein Gesundheitszustand macht ihm mehr und mehr zu schaffen. Schon vor dem Sturz seines Freundes Valéry Giscard d'Estaing erlitt er im Pariser Elysée einen lange geheimgehaltenen Schwächeanfall. Zwar verschafft ihm der Herzschrittmacher, den er sich im Oktober 1981 einpflanzen läßt, einige Erleichterung. Aber Jahre später bekennt Helmut Schmidt freimütig, daß er besser daran getan hätte, in diesem kritischen Jahr 1981 und nicht erst ein Jahr später „Schluß zu machen". Zu Beginn des Jahres 1982 rafft sich der Kanzler noch einmal auf, den drohenden Untergang seiner Koalitionsregierung abzuwenden. Schmidt will „das Vertrauen der Mehrheit der Bundesbürger nicht enttäuschen", denn, so beteuert er im Bundestag, „der Bundeskanzler hat nicht die Absicht, von Bord zu gehen!" Mit Hängen und Würgen einigen sich SPD und FDP auf ein Beschäftigungsprogramm, das vor allem private und öffentliche Investitionen ankurbeln soll. Die Verhandlungen über die „Gemeinschaftsinitiative für Arbeitsplätze, Wachs-

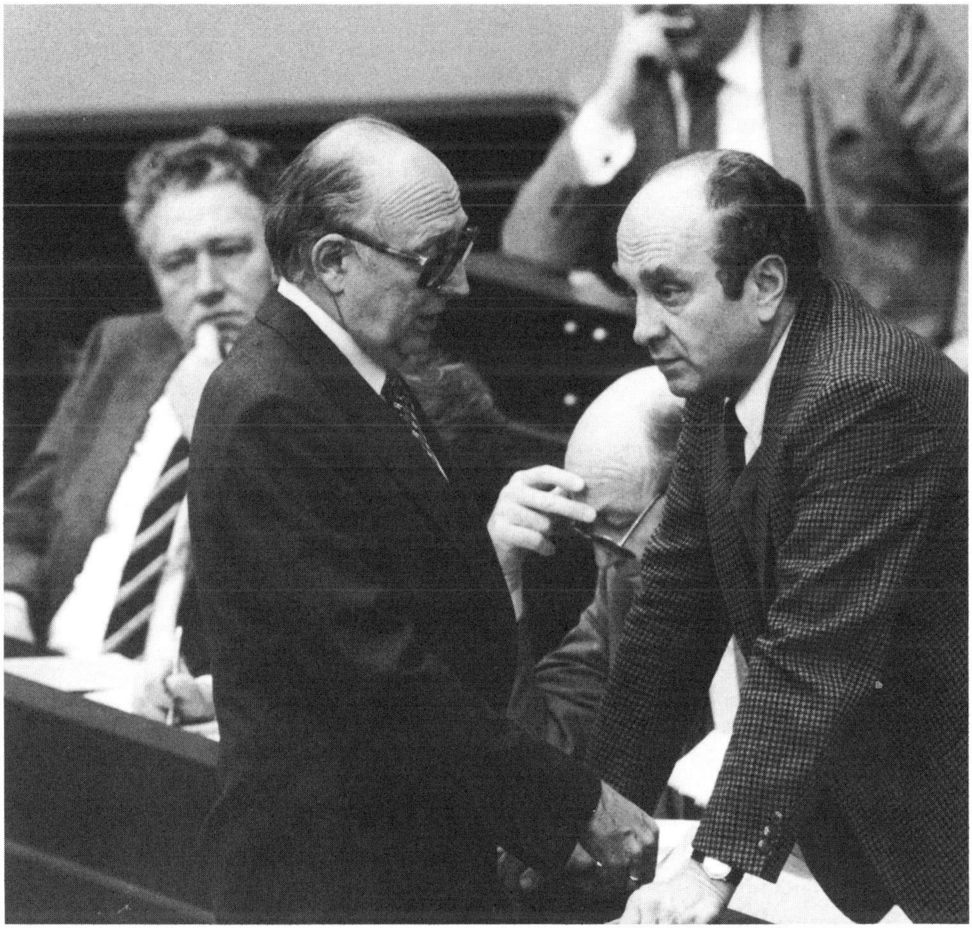

Otto Graf Lambsdorff (rechts) im Gespräch mit seinem Parteifreund Wolfgang Mischnick, 1980.

tum und Stabilität" gestalten sich jedoch so „ungewöhnlich schwierig", daß Schmidt nicht mehr weiß, ob es einen Sinn gibt, gegen die widrigen Winde anzukämpfen.

Das Vertrauensvotum vom 5. Februar 1982

Anfang Februar setzt Helmut Schmidt seinen Bündnispartner ultimativ davon in Kenntnis, daß er beschlossen hat, im Parlament die Vertrauensfrage nach Artikel 68 des Grundgesetzes zu stellen. Er will den Wählern ein „Signal der Klarheit" geben und sich selber Gewißheit darüber verschaffen, ob er die Mehrheit der Mitglieder des Bundestages, also die „Kanzler-

Mehrheit" überhaupt noch hinter sich bringen kann. Aber so, wie der Artikel 68 angelegt ist, eignet er sich nicht für eine echte Nagelprobe. Die Abstimmung über die Vertrauensfrage erfolgt offen. Sie taugt also nur als Disziplinierungsmittel, als Ultima ratio in einer schier ausweglosen Situation.

Die Freien Demokraten sind über den Alleingang des Regierungschefs empört, aber sie lassen Helmut Schmidt, der seine Amtsautorität und sich selbst auf den parlamentarischen Prüfstand bringen will, nicht im Stich. Wolfgang Mischnick hofft sogar, daß sich mit dem Vertrauensvotum für den Kanzler der Sozialdemokraten „die Nebelgespinste aus der Gerüchteküche der letzten Tage und Wochen in nichts auflösen".

Mischnick irrt, obwohl die Koalition am 5. Februar 1982 mit sämtlichen SPD- und FDP-Abgeordneten den Kanzler im Amt bestätigt. Recht dagegen behält Oppositionsführer Helmut Kohl, der dem Kanzler in der vorausgegangenen Debatte prophezeite: „Das Votum, das Sie heute anstreben, wird Ihnen die Regierungsarbeit in Wahrheit nicht leichter machen. Der Erkenntniswert dieser Abstimmung ist gleich Null."

München – ein Verhängnis

Die Schlinge, in die sich am 1. Oktober 1982 wie zwangsläufig auch der sozialdemokratische Bundeskanzler verfängt, wird nicht von der FDP und auch nicht in Bonn, sondern von der SPD und ausgerechnet in München ausgelegt.

Vom 19. bis zum 23. April 1982 veranstalten dort die Sozialdemokraten ihren Bundesparteitag unter dem Motto: „Arbeit schaffen – Frieden sichern – Freiheit bewahren". Der Parteikongreß ist für Helmut Schmidt ein Verhängnis. Der NATO-Doppelbeschluß wird von der Partei, die sich in ihrer Friedenssehnsucht getäuscht fühlt, zwar nicht zerrissen, aber als Verhandlungsinstrument entwertet. Schlimmer noch: Die Gegner der Kernenergie präsentieren dem Kanzler ein wirtschaftlich ruinöses Ausstiegskonzept, und seine mühsam auf die Beine gestellte „Gemeinschaftsinitiative" findet keine Gnade vor den Delegierten.

Der Parteitag beschließt einen Maßnahmenkatalog zur Bekämpfung der Arbeitslosigkeit, der so ziemlich alles enthält, was die FDP unter gar keinen Umständen mitverantworten will: Steuererhöhungen, die Einführung einer befristeten Ergänzungsabgabe, weitere Staatsverschuldung und Maßnahmen zur staatlichen Investitionslenkung. Helmut Schmidt weiß, daß die SPD in München die Macht am Rhein verspielt und der Auszug der Freien Demokraten aus dem Bündnis nach menschlichem Ermessen nicht mehr aufzuhalten ist. Er schickt Hans-Jürgen Wischnewski, den unentbehrlichen Helfer in allen Krisenlagen, als reitenden Boten zu Hans-Dietrich Genscher mit dem Auftrag, der FDP-Chef möge die wirtschaftspolitischen Beschlüsse der SPD „nicht ernst nehmen". Es handele sich lediglich um „Denkanstöße", die er nur hingenommen habe, um den NATO-Doppelbeschluß zu retten.

Letztes Aufgebot

Nachdem die SPD in München ihrem Kanzler politisch die Prokura entzogen hat, wird die Regierungsumbildung vom 28. April 1982 zur belanglosen Episode, ausgelöst durch den vorzeitigen Rücktritt der sozialdemokratischen Familienministerin Antje Huber. Von seiner Absicht, die im Brennpunkt stehenden Ressorts für Arbeit und Finanzen mit neuen, unverbrauchten Männern zu besetzen, hatte Schmidt den FDP-Vorsitzenden zwar schon Mitte März bei seinem ersten privaten Besuch in Genschers Haus am Waldrand von Pech unterrichtet – wohlgemerkt drei Tage vor der fatalen Niederlage der SPD bei den Landtagswahlen in Niedersachsen. Aber jetzt, Ende April, verpufft die ursprünglich beabsichtigte Wirkung. Es entsteht vielmehr der Eindruck, daß hier ein geschlagener Feldherr sein letztes Aufgebot mobilisiert.

Schmidt sagt, was nicht geht

Monatelang quält sich das Kabinett damit ab, die Finanzierung des Beschäftigungspakets sicherzustellen, die Neuverschuldung in vertretbaren Grenzen zu halten und einen soliden Haushalt für 1983 zu entwerfen. Das Ergebnis ist ein Kompromiß, den die SPD diktiert. Seine Verbitterung darüber, daß ihn die eigenen Genossen daran hindern, einen Neuanfang zu wagen, behält Helmut Schmidt nicht für sich.

Bevor das Parlament in die Sommerferien geht, bekennt der Regierungschef am 30. Juni 1982 vor der SPD-Fraktion, nicht genug zur Bekämpfung der Arbeitslosigkeit getan zu haben. „Das ist leider wahr", antwortet der Kanzler seinen Kritikern und stellt dann fest: „Wer mehr tun will, muß in die Geld- und Sozialleistungen tiefer hineinschneiden, als es in dem Kompromißpaket von mir vorgeschlagen wurde. Von den beiden Möglichkeiten scheitert die eine, es nämlich durch höhere Kreditaufnahme zu finanzieren, an mir. Ich kann das nicht verantworten. Die zweite Möglichkeit scheitert an Euch. Wer mehr für die beschäftigungswirksamen Ausgaben des Staates tun will, muß tiefer, noch viel tiefer als hier in die Sozialleistungen reinschneiden."

Genau mit diesem Argument geht Genscher ja seit einem Jahr hausieren. Und er läßt nicht locker. Am 5. August 1982 gibt er seinen zweiten „Wendebrief" zur Post, in dem er sich pikanterweise darauf beruft, daß nun auch die Sozialdemokratin Annemarie Renger eine „innere Wende der SPD" verlange. Sehr entschieden verteidigt Genscher in diesem Brief die Koalitionszusage der FDP zugunsten der Unionsparteien für die anstehenden Landtagswahlen in Hessen (26. September) und in Bayern (8. Oktober). Danach, nämlich auf dem Berliner FDP-Bundesparteitag im November, will die FDP ihren Standort bestimmen. Genscher teilt das unverschlüsselt mit, indem er schreibt: „Dieser Parteitag muß die Rolle der Liberalen als der innovatorischen und perspektivischen politischen Kraft in der Bundesrepublik Deutschland *neu* begründen und unterstreichen."

Graf Lambsdorff wittert Morgenluft

Hier bestätigt der FDP-Chef, was in Bonn mittlerweile alle Spatzen von den Dächern pfeifen: Wenn die Wähler in Hessen und Bayern den Frontwechsel honorieren, werden die Freien Demokraten auch in Bonn den Absprung wagen. Otto Graf Lambsdorff sieht das genau so. Vor allem kann sich der „Marktgraf" an den fünf Fingern abzählen, daß der Parteivorsitzende Genscher nur eine minimale Chance hat, diese Operation politisch zu überleben. Und da ist es schon gut, wenn die Partei weiß, wer sich als natürlicher Erbe anbietet. In einem Zeitungsinterview bringt der Graf sein wirtschaftspolitisches Credo unter die Leute mit dem Zusatz: „Der hessische Wähler entscheidet, was er von einem Wechsel der FDP in eine andere Koalition hält – das würde für uns in Bonn eine wichtige Erkenntnis sein." Für Schmidt ist das Anlaß genug, den Grafen im Kabinett harsch zur Rede zu stellen und ihn aufzufordern, seine erstaunlichen, vom Regierungsprogramm abweichenden Vorstellungen zu Papier zu bringen.

26. 3. 1982	Der Bundesrat lehnt das Beschäftigungsergänzungsgesetz ab. (Einigung erfolgt nach Einschaltung des Vermittlungsausschusses.)
19.–23. 4. 1982	Der SPD-Parteitag in München fordert eine sozialdemokratische Wirtschaftspolitik. Kritik am Koalitionspartner FDP.
28. 4. 1982	Umbildung der Bundesregierung.
17. 6. 1982	Koalitionsaussage der hessischen FDP zugunsten der CDU für die Landtagswahlen am 26. September.
30. 6. 1982	Nach zähem Ringen einigen sich die Koalitionspartner SPD und FDP auf die Eckwerte des Haushalts 1983.
Juli 1982	Differenzen zwischen SPD und FDP über die Höhe der Neuverschuldung und notwendiger Sparmaßnahmen.
5. 8. 1982	Genschers zweiter „Wende-Brief".
31. 8. 1982	Wirtschaftsminister Graf Lambsdorff erklärt in einem Interview mit der Bild-Zeitung, daß „der hessische Wähler entscheidet, was er von einem Wechsel der FDP in eine andere Koalition hält ..."

Das Memorandum des Bundeswirtschaftsministers wird zur Provokation, denn der Graf schneidet jetzt so kräftig ins soziale Netz, daß der Kanzler das Papier als „ökonomische und politische Kampfansage an die Sozialdemokraten“, als „Scheidungsbrief“ interpretiert. Mit diesem Dokument in der Hand kann er seine Partei davon überzeugen, daß die Tortur der sozial-liberalen Ehe ein Ende haben muß.

Drei dramatische Wochen im Bundestag

Für die Abgeordneten des Bundestages und die Öffentlichkeit wird der seit Monaten vorhergesagte Regierungswechsel zwischen dem 9. September und 1. Oktober in allen wesentlichen Phasen erlebbar. Es ist ein Vorgang von bisher nie dagewesener Dramatik, den Helmut Schmidt meisterlich inszeniert.

Der Vorhang zum ersten Akt wird am Donnerstag, dem 9. September, aufgezogen. Auf der Tagesordnung der 111. Sitzung des Deutschen Bundestages steht der „Bericht zur Lage der Nation“, der es dem jeweiligen Bonner Regierungschef erlaubt, die Schwerpunkte nach eigenem Gusto zu setzen.

Helmut Kohl ist sichtlich beunruhigt. Er kennt natürlich die Gerüchte und Spekulationen der letzten Tage und Stunden und tauscht sich darüber mit Genscher telefonisch aus. Aber er weiß nicht, ob es Helmut Schmidt schon jetzt und hier auf den Bruch ankommen lassen wird. Auch Hans-Dietrich Genscher ist nur äußerlich die personifizierte Gelassenheit. Er kann an diesem Morgen nur hoffen, daß der Tag für ihn und die FDP nicht in einem Fiasko endet.

Schmidt: Handeln Sie!

Helmut Schmidt spannt seine Zuhörer eine knappe Stunde buchstäblich auf die Folter. Er hält sich an das Thema. Er zieht eine sachliche Bilanz der Deutschland-, Außen- und Sicherheitspolitik und beschönigt nichts. In seinen „Anmerkungen zur innenpolitischen Lage“ vermittelt der Kanzler dann eine Reihe klärender Botschaften. Vor allem die, daß die Sozialdemokraten und er selbst „keinen Wechsel“ anstrebten. „Ich hantiere auch nicht mit einem sogenannten Minderheitenkabinett.“ Wenn allerdings der Bundestag eine andere Mehrheit für eine andere Politik finden sollte – bitte sehr! Dann aber, so spricht er sein Gegenüber direkt an: „Machen Sie von Artikel 67 Gebrauch! Bringen Sie den Antrag auf ein Konstruktives Mißtrauensvotum ein, Herr Dr. Kohl! Lassen Sie uns nächste Woche darüber abstimmen!“

Wer genau hinhört, weiß, daß der Kanzler alle grundgesetzlich zulässigen Wege des Regierungswechsels längst durchgespielt hat und darauf auch seine Strategie aufbaut. Nur derjenige, der nach Anwendung des Artikels 67 „Kanzler wird oder bleibt", habe das Recht, die Vertrauensfrage zu stellen, die Parlamentsauflösung zu betreiben und Neuwahlen herbeizuführen.

Für die Notwendigkeit von Neuwahlen nennt Schmidt zwei Gründe, die gleichsam die Stichworte für die Auseinandersetzungen der nächsten Monate abgeben: „Weil ein Bundeskanzler nicht nur grundgesetzliche Legalität braucht, sondern auch – über jede verschleierte Vorbereitung eines Konstruktiven Mißtrauensantrages hinaus – die geschichtliche Legitimität, die nur der Wähler ihm geben kann, und weil Sie dem Volke vorher sagen müssen, was Sie tatsächlich anders machen wollen ..."

Aber, wie gesagt, er, der Kanzler, „denke nicht an Rücktritt", zumal er gerade letzte Woche „gespürt" habe, daß es durchaus einen „Bestand an prinzipieller Gemeinsamkeit" gebe. Allerdings: „Wenn eine geschichtliche Epoche in der Entwicklung unseres Staates abgebrochen werden soll, dann bitte mit offenem Visier ..." Den Namen seines Stellvertreters Genscher nimmt er nicht in den Mund. Aber er entläßt die Freien Demokraten auch nicht aus dem Obligo. Er betont seinen Stolz auf die gemeinsamen Leistungen und zeigt die „Grenzen des Zumutbaren" auf.

Kohl zögert noch

Helmut Kohl wirkt verunsichert. Unmittelbar auf die Herausforderung des Kanzlers antworten zu müssen, dürfte ihm eigentlich nicht schwerfallen. Er hat oft genug bewiesen, daß ihm die unerwartete und direkte Konfrontation die richtigen Worte eingeben. Trotz des aufmunternden Beifalls seiner eigenen Leute bleibt die Gegenrede des potentiellen Kanzlerkandidaten diesmal erstaunlich blaß. Er fordert den Kanzler ein weiteres Mal auf, „endlich zurückzutreten". Aber Helmut Kohl hat natürlich sofort begriffen, daß Helmut Schmidt, indem er die schon terminierte Bonner Wende zu einem singulären Ereignis erklärt, seinem Nachfolger zumindest moralisch den Boden entziehen will. Er gibt ausdrücklich zu Protokoll, ein Kanzler stehe auch dann in der „geschichtlichen Legitimität", wenn er ohne vorherige Befragung der Wähler durch die Mehrheitsentscheidung des Deutschen Bundestages an die Macht gekommen sei.

Der christdemokratische Oppositionsführer ahnt, daß er gegen eine verbreitete Grundstimmung anrennen muß, wenn er den sozialdemokratischen Regierungschef mit Hilfe des Artikels 67 stürzen will. Die Deutschen mögen dergleichen nicht – unabhängig davon, wen es trifft. Und deshalb baut Helmut Kohl vor. Er wehrt sich dagegen, daß ein Koalitions- und Regierungswechsel und das Nachdenken darüber „etwas Unrechtes" sein sollen und nicht „die normalste Sache der Welt". Aber er kann in dieser Stunde nicht mehr verhindern, „daß die Legende schon gestrickt wird" und in den Reaktionen schon die Begriffe „Machtwechsel“ und „Königsmord“ in Blei gegossen werden.

Das alles schreckt den Pfälzer nicht. Er kann und will nicht mehr zurück. Er bestätigt vor dem bundesdeutschen Parlament, daß er – nicht heute, sondern nach den Landtagswahlen – gegen Helmut Schmidt antreten wird, denn „wir, die CDU/CSU, wollen einen neuen Anfang – wir wollen eine neue Politik mit einer neuen Mehrheit in diesem Haus“.

Genschers Zeitplan

Hans-Dietrich Genscher, ohne den diese „neue Mehrheit“ nicht zustandekommen kann, muß dem SPD-Vorsitzenden Willy Brandt am Rednerpult den Vortritt lassen. So gewinnt er Zeit, seinen Part mit Otto Graf Lambs-

Helmut Schmidt und Ehefrau Loki auf dem SPD-Parteitag in München am 19.–23. April 1982.

dorff und Wolfgang Mischnick abzusprechen. Noch in der Nacht vor der Debatte hatte er Helmut Schmidt im Kanzleramt aufgesucht und den Regierungschef dabei vergeblich bekniet, die Aufforderung zum Mißtrauensvotum aus seinem Redemanuskript zu streichen.

Jetzt nimmt der FDP-Vorsitzende einfach nicht zur Kenntnis, daß Helmut Schmidt und Helmut Kohl ihm an diesem Vormittag den Rückweg abgeschnitten haben. Er vermeidet allerdings jedes falsche Wort, das ihm als Kündigung ausgelegt werden könnte. Dafür tadelt er den Ansatz der Debatte, „denn hierzulande redet man ja schon sehr lange lieber über die Organisation der Macht als über den Zweck, für den politische Macht ausgeübt werden soll".

Mit gespannter Aufmerksamkeit verfolgen die Parlamentarier Genschers Bilanz liberaler Politik, derzufolge die FDP „auf die sozial-liberale Koalition und auf den inneren Wechsel, den sie in unserem Lande ausgelöst hat", nicht weniger stolz sei als der Kanzler. Der Beifall verlagert sich von der SPD auf die CDU/CSU, als er hinzufügt, sie sei genauso stolz darauf, in der Koalition mit der CDU/CSU die „Soziale Marktwirtschaft" und die „Mitgliedschaft im westlichen Bündnis" durchgesetzt zu haben.

Das von den Sozialdemokraten angemahnte Bekenntnis zur sozial-liberalen Koalition ist Genscher nicht zu entlocken. Ohne Bezug auf die monatelange Agonie der Koalition spricht Genscher über den „Einigungswillen und die Einigungsfähigkeit", ohne die eine Zusammenarbeit nicht möglich sei. Einen winzigen Fingerzeig gibt Genscher aber doch, denn er unterstreicht: „Die Grenze muß dort liegen, wo man sich gegenseitig überfordert, ja wo einer von beiden oder gar beide in die Gefahr geraten, ihre Identität zu verlieren."

Auch Genscher hat einen Zeitplan. Und den gibt er verschlüsselt bekannt, indem er sagt, „der Haushalt 1983 wird zu einer Bewährungsprobe unserer Regierungskoalition werden". Was Genscher nicht sagt, wohl aber denkt, würde etwa lauten: Und wenn wir uns nicht einigen können, werde ich auf dem Berliner FDP-Parteitag im November erklären: So geht es nicht weiter – wir müssen uns trennen!

Schmidt will Genscher ans Kreuz schlagen

In der Koalition herrscht nach dieser Debatte eine düstere Weltuntergangsstimmung. Apathie, Enttäuschung, aber auch Wut greifen um sich. Der Ton wird schärfer. Spitzenpolitiker der SPD fordern den sofortigen Rücktritt des Bundeswirtschaftsministers, nachdem das „Lambsdorff-Papier" in der Presse erschienen ist.

Helmut Schmidt wählt einen anderen Weg. In der Kabinettssitzung vom Mittwoch, dem 15. September, setzt er Genscher und Lambsdorff die Pistole auf die Brust und verlangt ultimativ, die Herren sollten innerhalb von „24 bis 48 Stunden" ihre Haltung zur Koalition klären und erklären. Die

Angesprochenen und Bundesinnenminister Gerhart Rudolf Baum verharmlosen das Memorandum des Grafen als bloßen Diskussionsbeitrag. Aber Schmidt läßt sich auf nichts mehr ein. Er will den Grafen auch nicht zum Märtyrer machen, sondern Genscher, „den eigentlich Verantwortlichen, ans Kreuz schlagen" (Bölling). Am liebsten freilich würde er die ganze FDP ausrotten.

Der Kanzler ist längst dabei, im „Kleeblatt", dem Kreise seiner engsten Berater, die Dramaturgie des Rausschmisses festzulegen. Das dauert bis in die frühen Morgenstunden. Und damit alles korrekt zugeht, hat Schmidt zuvor den Bundespräsidenten in der Villa Hammerschmidt aufgesucht, um Karl Carstens in groben Zügen darüber zu unterrichten, was auf das Staatsoberhaupt zukommen wird am Freitag, dem 17. September.

„Eine geschichtliche Epoche beendet"

Gewöhnlich ist Pokern kein Spiel für Sonnenaufgang. Aber an diesem Freitag, dem 17. September 1982, ist in Bonn ohnehin alles anders. Helmut Schmidt hat die Karten neu gemischt. Es wird seine vorletzte Runde. Schon seit den frühen Morgenstunden herrscht hinter den Kulissen hektische Betriebsamkeit. Gegen 6.00 Uhr klingelt ein Bote beim Fraktionsvorsitzenden der SPD, Herbert Wehner, an dessen Reihenhaus auf dem Heiderhof. Er bringt den Text, mit dem der Kanzler noch am Vormittag im Parlament das Ende der Regierung Schmidt/Genscher verkünden will.

Der Stellvertreter des Regierungschefs hat die Rede zu dieser Zeit noch nicht in der Hand, aber er weiß auch so, was gespielt wird. Um 7.30 Uhr greift Genscher in seinem Pecher Haus zum Telefon und überrascht den Fraktionsvorsitzenden der FDP, Wolfgang Mischnick, mit der Nachricht, daß er dem Kanzler zuvorkommen und seinen Rücktritt erklären werde.

Im Bundeshaus geht es zu wie an der Börse. Da in Bonn nichts geheim bleibt, hat sich inzwischen herumgesprochen, daß heute die Regierung platzt. Aber wie geht das diesmal vor sich? Die Bundesrepublik ist ein politisch stabiles Land. Namentlich die jüngeren Abgeordneten haben keine Erfahrungen mit Regierungskrisen.

Das dumpfe Gefühl, in den nächsten Stunden könne mehr zerbrechen als nur die auf Zeit angelegte Arbeitsgemeinschaft zwischen sozialen und freien Demokraten, treibt die Abgeordneten schon früh in den Plenarsaal. Dort eröffnet um 9.00 Uhr Vizepräsident Georg Leber (SPD) pünktlich und mit geschäftsmäßiger Routine die 115. Sitzung dieser Legislaturperiode. Die Parlamentarischen Geschäftsführer sind übereingekommen, mit der Abwicklung des vorgesehenen Tagesprogramms zu beginnen. Aber kein Mensch interessiert sich heute für die EG-Richtlinie zur Harmonisierung des Gesellschaftsrechts, für die jüngste Strafrechtsänderung, für die Novellierung des Versorgungsausgleichs bei Ehescheidungen.

Unterdessen treffen sich, kurz nach 9.00 Uhr, im Kanzleramt Helmut Schmidt und Otto Graf Lambsdorff zu einer letzten Aussprache. In der Sache haben sich die beiden Männer nichts mehr zu sagen, aber sie haben voreinander Respekt – ein Gefühl, das der Kanzler für seinen Stellvertreter, den FDP-Chef Hans-Dietrich Genscher, nicht mehr aufbringen kann.

Nachdem der Graf – noch als Bundesminister – den Amtssitz des Regierungschefs verlassen hat, überstürzen sich die Ereignisse. Genau um 10.03 Uhr unterbricht Vizepräsident Leber die Plenarsitzung auf Ersuchen Herbert Wehners, der eine Sondersitzung seiner Fraktion einberufen hat. Bevor der Kanzler dort begründet, warum er in der nächsten Stunde die sozial-liberale Partnerschaft aufkündigen muß, beordert er seinen Stellvertreter zu sich.

Genscher tritt zurück

Die Begegnung findet nicht mehr im Kanzleramt, sondern in dem kleinen, für den Regierungschef reservierten Büro im Präsidialflügel des Bundestages statt. Hans-Dietrich Genscher erscheint dort gegen 10.15 Uhr in Begleitung von Wolfgang Mischnick. Schmidt händigt beiden den Text der Erklärung aus, die er nachher im Bundestag abgeben will. Der Parteichef und der Fraktionsvorsitzende machen sich nicht erst die Mühe, das schmale Manuskript zu lesen. Sie wissen, daß es sich um die Scheidungsurkunde handelt und daß sie unter Zugzwang stehen.

Genscher zieht seine letzte Karte und erklärt, daß er mit sofortiger Wirkung aus der Regierung des Kanzlers Helmut Schmidt auszutreten wünscht. Der fintenreiche Advokat hat am Pokertisch verloren. Aber er will nicht, daß man ihn rausschmeißt wie einen, der seine Spielschulden nicht begleichen kann. Da schlüpft er schon lieber in die Rolle des Herzogs von Friedland, der die Fronten wechselt und dafür das Odium des Verrats auf sich nimmt – selbst um den Preis, als Wallenstein zu enden.

Was sich im Laufe des Vormittags hinter verschlossenen Türen und unter Ausschluß der Öffentlichkeit zugetragen hat, wird jedermann auf einen Blick sichtbar, als Vizepräsident Richard Stücklen um 11.30 Uhr die unterbrochene Plenarsitzung wieder eröffnet. Die angestammten Plätze nicht nur des Vizekanzlers und Außenministers, sondern aller vier freidemokratischen Minister sind leer. Genscher hat es im Handumdrehen geschafft, auch den linksliberalen Innenminister Gerhart Rudolf Baum und den bodenständigen Landwirtschaftsminister Josef Ertl von der Notwendigkeit des sofortigen Rücktritts zu überzeugen. Otto Graf Lambsdorff konnte gar nicht anders.

Ohne sichtbare Erregung und mit der ruhigen Gelassenheit eines Mannes, der den Kampf hinter sich hat, referiert der Kanzler, wie es aus seiner Sicht zum Bruch kam und wie er bis in die letzten Tage hinein vergeblich „auf den einen klaren Satz" gewartet habe: „Die FDP steht fest zur sozial-liberalen Koalition." Statt dessen habe „der Herr Kollege Genscher" immer wieder von der „Wende" und davon geredet, daß sich „neue Sachfragen neue Mehrheiten suchen".

Die Legende vom Verrat

Weil es die Funktion dieser Rede ist, die Schuldfrage nicht nur für die Öffentlichkeit, sondern auch für das Protokoll des Parlaments möglichst schlüssig zu beantworten, umgeht Helmut Schmidt die tatsächlichen Schwierigkeiten, die einer Fortsetzung der Koalition im Wege stehen. Er konzentriert sich ganz darauf, den FDP-Vorsitzenden zum Verräter an der gemeinsamen Sache zu stempeln. Heute kann er Genscher gar nicht oft genug beim Namen nennen, als den Mann, der dafür verantwortlich ist, „wenn jetzt eine geschichtliche Epoche in der Entfaltung unseres demokratischen Gemeinwesens beendet wird".

Das Wort von den „Machenschaften" setzt er wohlüberlegt und bewußt ein. Es soll vor allem jene Freien Demokraten erreichen, die Genscher nicht auf dem Weg ans andere Ufer folgen wollen – weder hier im Bundestag noch draußen bei den bevorstehenden Landtagswahlen. Geschickt bringt Schmidt den Verrat in einen Kontext zur politischen und wirtschaftlichen „Weltkrise", um zu begründen, warum er im Interesse des Landes „nicht

1. 9. 1982	Regierungssprecher Bölling teilt der Presse mit, daß Wirtschaftsminister Lambsdorff im Kabinett vom Kanzler gerügt und aufgefordert worden sei, seine Vorstellungen zur Wirtschaftspolitik darzulegen.
2.–5. 9. 1982	Gegenseitige Vorwürfe von SPD- und FDP-Spitzenpolitikern, den Bruch der Koalition herbeizuführen und die Handlungsfähigkeit der Regierung zu untergraben.
9. 9. 1982	Wirtschaftsminister Lambsdorff legt dem Bundeskanzler sein Konzept zur Neuorientierung der Wirtschafts- und Sozialpolitik vor („Lambsdorff-Papier" / „Scheidungs-Brief"). H. Schmidt verlangt im Bundestag in seinem Bericht zur Lage der Nation von der FDP eine eindeutige Festlegung auf die Koalition. Dem Oppositionsführer H. Kohl empfiehlt er, das Konstruktive Mißtrauen zu versuchen, wenn er an die Macht wolle. Als Absage an die Koalition wird eine Passage aus Genschers Rede verstanden, in der davon die Rede ist, daß die Grenze der Zusammenarbeit dort liegen müsse, „wo man sich gegenseitig überfordert".
15. 9. 1982	Ultimativ verlangt H. Schmidt von Genscher und Lambsdorff, innerhalb 48 Stunden die Haltung der FDP zur Koalition zu klären.
16. 9. 1982	In der Haushaltsdebatte werden aufs neue Risse zwischen SPD und FDP deutlich. H. Schmidt sucht am selben Tag Bundespräsident Carstens auf und trifft darauf mit Oppositionsführer Kohl zusammen.

länger zusehen“ will und kann, „wie die Handlungsfähigkeit und das Ansehen der Bundesregierung stetig beschädigt werden“. Und unter stürmischem Beifall seiner Fraktion fügt Schmidt hinzu: „Es wird mir niemand verdenken, daß ich auch mich selbst nicht demontieren lassen möchte.“

Die Demontage des Kanzlers Helmut Schmidt, die in den eigenen Reihen begann, endet nicht mit dieser Erklärung. Der Regierungschef hat Willy Brandt und Herbert Wehner – den anderen Mitgliedern der sozialdemokratischen „Troika“, die immer eine Fiktion war –, versprochen, den vorgezeichneten Weg zu Ende zu gehen. Er schlägt dem Parlament eine Vereinbarung über Neuwahlen unter Verzicht auf das Konstruktive Mißtrauensvotum vor. Und er überrascht das Hohe Haus mit der Mitteilung, daß er sein Minderheitskabinett, von dem er vor einer Woche noch nichts wissen wollte, bereits zusammengestellt hat.

Als Helmut Schmidt das Rednerpult verläßt, feiern ihn die Sozialdemokraten als moralischen Sieger, beglückwünschen ihn die Freunde zu diesem kämpferischen Abgang. Unter ihnen der Christdemokrat Rainer Barzel. Der Mann, der 1972 das erste Konstruktive Mißtrauensvotum verlor, scheut sich nicht, dem politischen Gegner Mut zuzusprechen für das, was jetzt noch kommt.

Unmittelbar nach der Kanzlerrede wird die Plenarsitzung um 12.10 Uhr erneut unterbrochen, damit CDU/CSU und FDP die neue Lage beraten können, bevor sie antworten.

Genscher gewinnt mit 33 : 18

Für Hans-Dietrich Genscher ist High-noon. Im Sitzungssaal der FDP schlägt ihm eine feindliche Atmosphäre entgegen. Die Fraktion ist emotionalisiert, in sich zerrissen und politisch gespalten. Aber Genscher muß die Fraktion jetzt und hier auf seine Seite bringen, denn von den 53 stimmberechtigten Liberalen hängt es ab, ob Helmut Kohl Bundeskanzler werden kann oder Genscher auch als Parteivorsitzender seinen Hut nehmen muß.

Die Debatte verläuft stürmisch und kennt kein Tabu. Am Ende aber hat Genscher gewonnen. Mit 33 gegen 18 Stimmen erteilt ihm die Fraktion das Mandat, Koalitionsverhandlungen mit der CDU/CSU aufzunehmen. Überzeugend ist das Ergebnis nicht. Die Linksliberalen sind entschlossen, weiter gegen den Seitenwechsel und den Kanzlerkandidaten Kohl zu kämpfen. Aber die 33 Ja-Stimmen reichen aus, um mit den 226 Abgeordneten der CDU/CSU einen neuen Regierungschef zu küren.

Kurz nach 13.00 Uhr gibt der Oppositionsführer Helmut Kohl in der wiedereröffneten Plenarsitzung bekannt, daß die CDU/CSU eine Vereinbarung, die sofortige Neuwahlen herbeiführen soll, ablehnt. Zu Schmidt gewandt, erklärt Kohl: „Sie haben versucht, als Patriot in Ihrem Amt das Beste zu tun. Jetzt wäre es eine patriotische Pflicht, zurückzutreten.“ Eine handlungsfähige Regierung durch eine neue zu ersetzen, habe nichts mit

„Machtwechsel“ oder „Königsmord“ zu tun, sondern sei schließlich „ein völlig normaler Vorgang“. Die CDU/CSU sei dazu bereit.

Genscher, der seine Replik auf die Kanzlerrede mit der Feststellung eröffnet, „die Koalition aus SPD und FDP ist beendet“, lehnt den Vorschlag des Regierungschefs ebenfalls ab, ohne freilich mitzuteilen, daß nur knapp zwei Drittel seiner Fraktion für Koalitionsverhandlungen mit der CDU/CSU zu haben sind. Er bekundet dem Kanzler und „unseren Partnern von gestern“ seinen besonderen Respekt. Er ignoriert dabei, daß ihn Helmut Schmidt eben noch vor der deutschen Öffentlichkeit abgekanzelt hat. Allerdings kann sich Genscher die Bemerkung nicht verkneifen, die Freien Demokraten jedenfalls würden die „menschlichen Bindungen“, die im Laufe der Zusammenarbeit entstanden seien, „weder heute noch in Zukunft beschädigen“.

Entlassen

Um 16.00 Uhr besiegelt Bundespräsident Karl Carstens das Ende der sozial-liberalen Koalition. In der Villa Hammerschmidt händigt er den vier FDP-Ministern im Beisein des Kanzlers die Entlassungsurkunden aus. Eine Stunde später überträgt Carstens die frei gewordenen Ressorts den neuen sozialdemokratischen Doppelministern. 17.30 Uhr tritt das SPD-Kabinett unter Vorsitz des Kanzlers (und Außenministers) Helmut Schmidt zu seiner ersten Sitzung zusammen.

Inzwischen ist Hans-Dietrich Genscher schon als Königsmacher unterwegs. In aller Form läßt der FDP-Vorsitzende den Oppositionsführer wissen, die Fraktion sei bereit, ihn zum Kanzler zu wählen. Die Zusage jedoch, daß trotz aller Widerstände bei der geheimen Wahl genügend Freie Demokraten für Helmut Kohl stimmen werden, steht auf wackeligen Füßen. Schon wenige Stunden später erhält Genscher einen kräftigen Dämpfer. In der tumultreichen außerordentlichen Sitzung des FDP-Bundesvorstandes kann er mit Mühe und Not eine Katastrophe verhindern und das Führungsgremium auf seinen Kurs bringen. Das Abstimmungsergebnis von 18 : 15 läßt nichts Gutes erwarten.

Kohl wird nominiert

Kohl und Genscher wird am darauffolgenden Wochenende bewußt, daß sie schnell handeln müssen. Angesichts der Stimmungslage der Nation wird ihr Spielraum fast stündlich enger, denn die Wogen der Sympathie, die sich über Helmut Schmidt ergießen, drohen die Akteure der Bonner Wende wegzuspülen.

Sicher, das sozialdemokratische Minderheitskabinett hat keine Überlebenschance. Aber auch die FDP ist dicht davor, zu kollabieren. Und was geschieht, wenn die FDP-Bundestagsfraktion an ihrem inneren Zerwürfnis zerbricht, bevor es zur Kanzlerwahl kommt?

Die Ministerpräsidenten Franz Josef Strauß, Lothar Späth, Ernst Albrecht und Gerhard Stoltenberg haben sich diese Frage längst gestellt. Warum nicht die Gunst der Stunde nutzen und die lästigen Freien Demokraten mit Hilfe von Neuwahlen gleich mit wegharken? Auch CDU-Generalsekretär Heiner Geißler, Rainer Barzel und Kurt Biedenkopf sind dafür, den Wähler möglichst umgehend zu befragen.

Natürlich ist das überhaupt nicht im Sinne des FDP-Vorsitzenden. Genscher nimmt lieber die Tücken des Konstruktiven Mißtrauens in Kauf, deren Risiken der Kanzlerkandidat Kohl zu tragen hat, als sich an der Wahlurne auszählen zu lassen. Und so wird schon in der ersten Verhandlungsrunde am Montag, dem 20. September, im Kreise der Partei- und Fraktionsvorsitzenden von CDU, CSU und FDP beschlossen, den Kanzler Helmut Schmidt am 1. Oktober zu stürzen und durch Helmut Kohl zu ersetzen sowie Neuwahlen zum Zehnten Deutschen Bundestag für Sonntag, den 6. März 1983 fest einzuplanen.

Mit dieser prinzipiellen Einigung in der Hand hat Helmut Kohl anderntags keine Schwierigkeiten, sich von der Bundestagsfraktion als Kanzlerkandidat der Union nominieren zu lassen. Weil es sich um eine interne Vorentscheidung handelt, können die 11 Berliner mitstimmen. Bei einer Enthaltung und einer Nein-Stimme sagen 228 in der geheimen Wahl ja zu einem Kanzler Helmut Kohl.

Hessen stellt alles wieder in Frage

Die Eile, mit der CDU, CSU und FDP zu Werke gehen, hat einen triftigen Grund: Fünf Tage später, am Sonntag, dem 26. September, sollen die hessischen Wähler nun in der Tat nicht nur über die künftige Besetzung des Wiesbadener Landtags, sondern – stellvertretend für den Rest der Republik – darüber befinden, ob Kohl der richtige Kanzler und Genscher noch immer ihr Mann ist, dem sie die bundesdeutsche Außenpolitik wieder anvertrauen möchten.

Für Hans-Dietrich Genscher ist das Ergebnis der Testwahl geradezu vernichtend. Die Freien Demokraten, die mit Alfred Dregger als CDU-Ministerpräsident in Hessen die konservativ-liberale Wende vorexerzieren wollten, werden auf einen Schlag halbiert und fallen mit 3,3 Prozent aus dem Landtag heraus.

Kohl und auch Strauß fragen sich zu Recht, ob sie in einer Sackgasse gelandet sind – der CDU-Vorsitzende, weil er sich auf die FDP nicht mehr verlassen kann, der Bayer, weil die absolute Mehrheit der Union nirgendwo in Sicht ist. Und Genscher? Hat er überhaupt noch eine Chance, nachdem vier FDP-Landesverbände einen Sonderparteitag verlangt haben und der Altliberale William Borm schon an die 700 Linksliberale hinter sich gebracht hat mit dem erklärten Ziel, den FDP-Chef Genscher zu stürzen, um den Kanzler Schmidt zu retten?

„Genscher ist aus Stahl, biegsamer als Eisen – aber härter", befand der Welt-Kolumnist Herbert Kremp, bevor es zwischen Helmut Schmidt und dem FDP-Vorsitzenden zu kriseln begann. Jetzt muß der FDP-Chef dafür den Beweis antreten. Noch in der Wahlnacht zieht er dem verunsicherten Kanzlerkandidaten moralische Korsettstangen ein und kann sich dabei ausdrücklich auf Walter Scheel berufen, der beiden rät, trotz allem „entschlossen den Durchbruch zu wagen".

Kohl verlangt Garantien

So geschieht es. Am Montag, dem 27. September, kommen die Delegationen der drei Parteien zu einer Krisensitzung zusammen und beschließen in der folgenden Nacht ein radikales Sparprogramm. Die Abgeordneten der „neuen Mehrheit", denen der Vertragsentwurf am Dienstag, dem 28., auf die Tische flattert, trauen ihren Augen nicht. Da steht es: Erhöhung der Mehrwertsteuer, Zwangsanleihe bei den Besserverdienenden, tiefe Schnitte in das soziale Netz. Die Angehörigen des Arbeitnehmerflügels der Union müssen tief durchatmen, doch auch sie akzeptieren. Der Koalitionsvertrag wird in der CDU/CSU ohne Wenn und Aber angenommen – einstimmig. Allerdings unter einer ganz wesentlichen Bedingung: Die FDP muß garantieren, daß es Helmut Kohl nicht so ergeht wie Rainer Barzel beim ersten Mißtrauensvotum vom 27. April 1972.

Damit dieser Punkt im Fraktionssaal der FDP nicht auf die leichte Schulter genommen wird, formuliert Helmut Kohl vor laufender Kamera: „Ich, der Hauptbetroffene, sage, daß ich in eine solche Abstimmung nur gehe, wenn ich die sichere Erwartung haben darf, daß diese Abstimmung auch erfolgreich ist." Acht Stunden brauchen die Freien Demokraten, bis sie sich zu einem Ja durchringen können. Der Koalitionsvertrag wird mit 32 gegen 20 Stimmen bei 2 Enthaltungen angenommen. Und in einer geheimen Probeabstimmung erklären sich jetzt sogar 34 Abgeordnete bereit, am 1. Oktober für Helmut Kohl zu stimmen. 18 Abgeordnete lehnen das auch diesmal entschieden ab. Zwei enthalten sich einer klaren Aussage.

Der Antrag

Hans-Dietrich Genscher und Otto Graf Lambsdorff können zufrieden sein. Ohne die Überzeugungskraft ihres Fraktionsvorsitzenden hätten sie das freilich nie geschafft. Wolfgang Mischnick, dem gebürtigen Dresdner und sächsischen Landsmann Genschers, ist es vornehmlich zu danken, daß CDU/CSU und FDP am Abend des 28. September fristgerecht den Antrag nach Artikel 67 des Grundgesetzes einbringen können, über den am Freitag, dem 1. Oktober 1982, abgestimmt werden soll. Er trägt auch seine und die Unterschrift des ersten Stellvertretenden Vorsitzenden der CDU/CSU-Fraktion, des CSU-Abgeordneten Friedrich Zimmermann. Er lautet:

„Der Bundestag wolle beschließen:

Der Deutsche Bundestag spricht Bundeskanzler Helmut Schmidt das Mißtrauen aus und wählt als seinen Nachfolger den Abgeordneten Dr. Helmut Kohl zum Bundeskanzler der Bundesrepublik Deutschland.

Der Bundespräsident wird ersucht, Bundeskanzler Helmut Schmidt zu entlassen."

Ein Mann tritt ab

Seltsam: Dieser Freitag, der erste Oktober 1982, ist nun der Tag der großen Wende, des lange eingeübten Kanzlersturzes auf offener Bühne. Wo aber bleibt die „knisternde Spannung", die Journalisten gern bemühen, wenn sogenannte historische Ereignisse anstehen?

Diesmal wirkt alles zu perfekt. Das Drehbuch und die Regie lassen keinen Raum für Überraschungseffekte. Keiner wird hinter den Kulissen an den falschen Strippen ziehen, um den Hauptdarsteller zu Fall zu bringen, wie den Dr. Rainer Barzel am 27. April 1972 bei der mißlungenen Premiere des „Konstruktiven Mißtrauensvotums" nach Artikel 67 GG.

17. 9. 1982	Bundeskanzler Schmidt kündigt in seiner Erklärung vor dem Bundestag die sozial-liberale Koalition auf und gibt den zuvor erfolgten Rücktritt von vier FDP-Ministern bekannt. Er bildet ein SPD-Minderheitskabinett und schlägt vorgezogene Neuwahlen vor. H. Kohl weist den Vorschlag zu Neuwahlen zurück und drängt auf die rasche Bildung einer handlungsfähigen Regierung. Die FDP-Bundestagsfraktion spricht sich mit 33 : 18, der FDP-Parteivorstand mit 18 : 15 Stimmen für Koalitionsverhandlungen mit der CDU/CSU aus.
20. 9. 1982	Bei den beginnenden Koalitionsverhandlungen zwischen CDU, CSU und FDP wird Einigkeit erzielt, Bundeskanzler Schmidt durch ein Konstruktives Mißtrauensvotum zu stürzen, H. Kohl zum Kanzler zu wählen und für den 6. 3. 1983 Neuwahlen auszuschreiben.
26. 9. 1982	Landtagswahlen in Hessen. Die CDU verfehlt die absolute Mehrheit; die FDP scheitert an der 5%-Klausel.
27./28. 9. 1982	CDU/CSU und FDP einigen sich auf ein gemeinsames Sachprogramm. Dem Koalitionspapier stimmen 32 von 54 FDP-Abgeordneten zu. Bei einer Probeabstimmung bezüglich des Mißtrauensvotums votieren 34 für Kohl, 18 dagegen bei 2 Enthaltungen.
1. 10. 1982	Beratung und Abstimmung des (zweiten) Konstruktiven Mißtrauensvotums. Mit Ja stimmen 256 Abgeordnete, mit Nein 235 bei 4 Enthaltungen. Damit ist Helmut Kohl zum neuen Bundeskanzler gewählt.

Die künftigen Koalitionspartner CDU, CSU und FDP befinden sich „genau im Zeitplan“ – ein Lieblingswort des ersten deutschen Kanzlerkandidaten aus der Pfalz. Und deshalb erscheint der Abgeordnete Dr. Helmut Kohl auch pünktlich um 9.00 Uhr morgens auf der Walstatt. Respekt vor dem Hohen Haus oder doch Ausdruck verständlicher Nervosität?

Es hat Gerüchte gegeben in den letzten 24 Stunden, der Kanzler werde noch einen unerwarteten Trumpf aus dem Ärmel schütteln. Nur deshalb habe er darauf bestanden, in dieser 118. Bundestagssitzung, die ausschließlich seiner Ablösung durch Helmut Kohl gewidmet ist, unbedingt als erster Redner zu Wort zu kommen. Das Parlament kann dem Kanzler diesen letzten Auftritt nicht verwehren. Er hat ein Recht darauf. Nach Artikel 43 des Grundgesetzes müssen Regierungsmitglieder „jederzeit gehört werden“. Wie soll man auch einem Regierungschef, dem die „neue Mehrheit“ fristlos kündigen will, das öffentliche Gehör verweigern?

Die Trumpfkarte, die Helmut Schmidt an diesem Morgen ausspielt, ist seine Persönlichkeit, gepaart mit außerordentlicher rhetorischer Begabung. Einen Trick hat er nicht mehr zur Hand, es sei denn den, die schwankenden Abgeordneten der FDP moralisch zu verunsichern, ihnen das Verwerfliche ihres Tuns vorzuhalten, wenn sie nunmehr sehenden Auges den Falschen in die Wüste schicken.

Schmidt bezweifelt Neuwahltermin

Die Rede des Kanzlers ist entsprechend angelegt. Alle sollen noch einmal aus seinem Munde hören, daß er schnöde betrogen worden ist, daß die Liberalen mit seinem Bild und mit seinem guten Namen auf Stimmenfang gegangen sind, um 1976 und 1980 Helmut Kohl und Franz Josef Strauß am Einzug in das Kanzleramt zu hindern, und daß sie diesen beiden jetzt durch die Hintertür Zutritt verschaffen.

Den bewußt unscharf gehaltenen Vorwurf der „Machenschaften“, den Schmidt am 17. September gebrauchte, als er unmittelbar vor den Hessen-Wahlen die Koalition platzen ließ, ersetzt er jetzt durch die Vokabeln „Vertrauensbruch“ und „Täuschung“. Und dann verblüfft er seine Zuhörer mit der Feststellung, die Handlungsweise der FDP sei nach dem Grundgesetz natürlich zulässig und folglich auch „legal“, aber sie habe eben „keine innere, keine moralische Berechtigung“. Außerdem unterstellt er den neuen Koalitionspartnern, daß sie die für den 6. März 1983 angekündigten Bundestagswahlen ernstlich gar nicht wollten, daß sie zumindest „sehr unwahrscheinlich“ seien. Schmidts Resümee: „Zur Glaubwürdigkeit der Demokratie gehört der Wechsel der Regierungen. Deshalb beklage ich mich nicht, wenn die sozial-liberale Bundesregierung ihre Verantwortung abgeben muß. Was ich jedoch beklage, ist der Mangel an Glaubwürdigkeit dieses Wechsels und dieser Art eines Regierungswechsels.“

Und dann hinterlegt der Kanzler am Rednerpult des Bundestages in zwölf Punkten sein politisches Testament. Dabei betont er die Notwendigkeit einer „Sicherheitspartnerschaft“ zwischen West und Ost und verteidigt – unter Beifall sogar aus den Reihen der SPD – den umstrittenen NATO-Doppelbeschluß. Er macht keinen Hehl daraus, daß angesichts des „krisenhaften Anpassungsprozesses“ der Volkswirtschaften der Leistungswille gesteigert und die Dynamik der sozialen Sicherungssysteme „begrenzt“ werden muß. Er setzt Graf Lambsdorff dem Spott des Hauses aus, weil der mit der neuen Regierung das „ungeheuer marktwirtschaftliche Instrument“ der Ergänzungsabgabe oder Zwangsanleihe realisieren will, eine Absicht, die Schmidt aus Gründen der sozialen Gerechtigkeit allerdings ausdrücklich gutheißt. Und er schreibt den Wortführern der Grünen ins Stammbuch, „daß die freiheitlich-demokratische Ordnung nicht zur Disposition steht“. Helmut Schmidt will die Partei, die er künftig nur sehr bedingt beeinflussen kann, noch ein letztes Mal auf seine Politik verpflichten.

Stehend verabschieden die Sozialdemokraten ihren Kanzler. Applaus auch in den Reihen der FDP, namentlich von den sieben Frauen, die sich Genschers Wendekurs widersetzen. Weltschmerz bei den einen, Verlegenheit und Betroffenheit bei den anderen auch darüber, daß die SPD diesem Mann den erforderlichen Rückhalt zur rechten Zeit verweigert hat. Später an diesem Tag wird Helmut Schmidt im kleinen Kreis bitter feststellen: „Einige werden mich wegwerfen wie ein verbrauchtes Blatt Löschpapier.“

Barzel: „Krisengeschütteltes Land“

Endlich kommt Rainer Barzel dazu, im Auftrage von CDU / CSU und FDP den Antrag mit der Drucksachennummer 9/2004 zu begründen und das wichtigste Staatsamt für Helmut Kohl einzufordern.

Der Partei- und Fraktionsvorsitzende Kohl hatte seinen Vorgänger persönlich mit der Bitte überrascht, ihm diesen Dienst zu erweisen, obwohl Barzel nie zum engeren Zirkel um Kohl gehörte. Aber als Wortführer der Union hat Barzel alle großen Debatten mit Willy Brandt und Helmut Schmidt bestritten – und er ist das Opfer der Machenschaften des gescheiterten Mißtrauensvotums vom 27. April 1972.

Dem Mann am Rednerpult ist nicht nach Sentimentalitäten zumute. Aggressiv rechtfertigt er den angestrebten Kanzlersturz durch die „neue Mehrheit“. Nicht diejenigen seien an dem Debakel schuld, die den Karren aus dem Dreck ziehen müßten, sondern die anderen – und dabei zeigt er auf Willy Brandt –, die versprochen hätten, „das moderne Deutschland zu bauen“. Barzel, mit der Geste des Anklägers: „Nun gehen Sie, weil Sie ein blühendes Gemeinwesen, das Sie übernahmen, in ein krisengeschütteltes Land verwandelt haben.“

Die Redner der SPD operieren auch in dieser Debatte fleißig mit den Begriffen „Manipulation“, „Verrat“ und „kalter Machtwechsel“. Ihre

Unmittelbar vor der Abstimmung: Helmut Kohl (r.), Wolfgang Mischnick und Hans-Dietrich Genscher.

Version vom Untergang der Regierung Schmidt soll sich bei den Fernsehzuschauern und Rundfunkhörern einprägen, obwohl sie in Wirklichkeit mit diesen Neuwahlen fest rechnen, denn sonst würde SPD-Chef Willy Brandt nicht wenige Stunden nach dieser Debatte Helmut Schmidt – übrigens vergeblich – die Spitzenkandidatur bei dieser Wahl antragen.

Mischnick: „Es tut mir weh ...“

Wolfgang Mischnick, als FDP-Fraktionsvorsitzender stiller, zuverlässiger Kampfgefährte Herbert Wehners in den 13 Jahren sozial-liberaler Bündnistreue, läßt sich durch die verbalen Tiefschläge nicht von seinem Konzept abbringen. Er will dieses von ihm aus innerer Überzeugung gewollte und buchstäblich bis zur letzten Stunde verteidigte Bündnis mit Anstand auflösen.

Ohne polemische Zuspitzung referiert er, wie der frühere SPD-Fraktionsvorsitzende Helmut Schmidt im Dezember 1966 die Ablösung des CDU-Kanzlers Ludwig Erhard und der FDP durch eine neue, die CDU-

Helmut Kohl nach seiner Wahl zum neuen Bundeskanzler am 1. Oktober 1982.

CSU-SPD-Mehrheit (mit Kiesinger, Strauß und Brandt in einer Regierung) rechtfertigte als den „Beweis für die Funktionstüchtigkeit des Deutschen Bundestages", weil das Parlament „aus sich heraus die neue Regierung geschaffen hat". Und diesmal sollen Neuwahlen auch erst nach der Regierungsneubildung erfolgen, genau wie es der Kanzler Anfang September selbst empfohlen hatte. Aber sie sollen binnen fünf Monaten und nicht, wie nach dem Regierungswechsel von 1966, erst in drei Jahren stattfinden.

Das alles trägt Mischnick mit spürbar innerer Erregung, aber in betonter Sachlichkeit vor. Keiner im Saal ist unbeeindruckt, als er sagt: „Es tut mir weh, daß wir so auseinandergehen müssen, Herr Kollege Wehner – meine Hochachtung bleibt."

Gegen Mittag wird es im Saal und auf den Besuchertribünen unruhig. Es ist alles gesagt. Auch der SPD-Parteivorsitzende Willy Brandt und CDU-Generalsekretär Heiner Geißler können dem Thema keine neuen Seiten abgewinnen. Schließlich fragt sich die ganze Nation seit nunmehr fast einem Monat nach Sinn oder Unsinn der Wende. Jetzt will das Publikum auch sehen, ob die neue Mehrheit die Guillotine tatsächlich in Gang setzt.

Aber „die schwere Stunde für meine Partei", von der Mischnick sprach, weil der Zweifel die FDP auseinanderzureißen droht, gebietet, die Minderheit zu Wort kommen zu lassen. Und Hans-Dietrich Genscher ist klug genug, die Anklagen seiner Parteifreunde schweigend und ohne ein Wort der Erwiderung über sich ergehen zu lassen. Liberale müssen sagen können, was sie denken, sonst haben sie ihre Aufgabe verfehlt – gerade an diesem für die Funktionsfähigkeit der Bonner Demokratie so entscheidenden Wendepunkt.

Und so macht sich Gerhart Rudolf Baum, der Bundesinnenminister a. D., zum Sprecher der 18 freidemokratischen Abgeordneten, die es ablehnen, Kohl zum Kanzler zu machen, und der 20, die in geheimer Abstimmung das Arbeitsprogramm der neuen Mehrheit als unannehmbar verwarfen. Der gelernte Rechtsanwalt Baum sagt ohne Umschweife: „Für die neue Koalition aber fehlt für meine Freunde und mich die inhaltliche Begründung – es fehlt aber auch die politische Legitimation für die Abkehr vom Wählerauftrag."

„Verletzter demokratischer Anstand"

Auch Dr. Hildegard Hamm-Brücher macht ihren Gewissenskonflikt öffentlich, kündigt ihrem Parteivorsitzenden die Freundschaft und ihrem bisherigen Dienstherrn als Staatsministerin im Auswärtigen Amt die gebotene Loyalität auf – „für mich persönlich vielleicht auch durch freiwilligen Verzicht auf ein sehr schönes und sehr wichtiges Amt". Sie bestreitet nicht, daß Kohl und Genscher „verfassungskonform" handeln. Aber beide Vorgänge, der Sturz Helmut Schmidts und die Kanzlerschaft Helmut Kohls

Demokratisches Fair play. Der scheidende Bundeskanzler Helmut Schmidt beglückwünscht Helmut Kohl.

ohne vorausgehendes Wählervotum, tragen nach ihrem Empfinden „doch das Odium des verletzten demokratischen Anstands".

Herbert Wehner ist von der flammenden Rede der streitbaren Liberalen so beeindruckt, daß er sich noch während der Debatte einen Blumenstrauß besorgen läßt, den er Hildegard Hamm-Brücher später, als alles vorbei ist, wortlos überreicht.

Geißlers Black-out

Der heilige Zorn der 61-Jährigen lockt viele Abgeordnete aus den Wandelgängen zurück in den Plenarsaal. Dort erleben sie, wie Heiner Geißler – zum Entsetzen Kohls – gerade dabei ist, den Rest der Vorstellung zu schmeißen. Den praktizierenden Katholiken empört, daß sich ausgerechnet eine Liberale in ihrer Gewissensentscheidung auf Prinzipien des Christentums beruft. Handeln etwa die anderen Abgeordneten, die für einen Wech-

sel stimmen, nicht nach moralischen und christlichen Grundüberzeugungen?
Aber Geißler überzieht und sagt, er könne das, was er gehört habe, „... teilweise nur verstehen als einen Anschlag auf unsere Verfassung".

So unberechtigt ist die Sorge nicht, die FDP-Politikerin könne mit ihrem Appell an die Moral, kurz vor dem Urnengang, noch einen Stimmungsumschwung herbeiführen. Auch Helmut Schmidt wittert die Chance, seine Scharfrichter in letzter Minute zu demoralisieren. Unter lauten Zwischenrufen seines nervös gewordenen Nachfolgers Kohl erwidert er, wenn schon die Meinungsäußerung einer Abgeordneten „ein Anschlag auf die Verfassung" sei, „dann muß sich die Führung der FDP fragen, ob sie wirklich mit solcher Illiberalität und Intoleranz eine Verbindung eingehen will".

Helmut Kohl gewählt

Die Intervention kommt zu spät. Die Koalition der Konservativ-Liberalen steht. Genau um 14.25 Uhr wird der Urnengang mit Namensaufruf eröffnet. Um 15.10 Uhr gibt Vizepräsident Richard Stücklen das Abstimmungsergebnis bekannt:

Abgegebene Stimmen:	495
Gültige Stimmen:	495
Mit Ja haben gestimmt:	256
Mit Nein haben gestimmt:	235
Enthaltungen:	4
Ungültige Stimmen:	keine.

Stücklen: „Ich stelle fest, der Abgeordnete Dr. Helmut Kohl ist zum Bundeskanzler der Bundesrepublik Deutschland gewählt."

Das „Marnewunder" hat sich für Helmut Schmidt am Rhein nicht wiederholt, und der Beobachter, der ihn nach Bekanntgabe des Abstimmungsergebnisses in den Bänken der SPD-Fraktion zu entdecken sucht, hat auch nicht den Eindruck, daß der Abgeordnete Schmidt (Hamburg) besonders unglücklich darüber wäre, die Last der Verantwortung abgeben zu müssen. Er atmet nur einmal tief durch. Dann bahnt er sich entschlossen seinen Weg durch die Menge, die den neuen Kanzler umdrängt. Er geht auf Kohl zu und drückt dem schwarzen Riesen aus Mainz fest die Hand. Er kann sogar lächeln.

Der Rest des Tages ist Routine. Bundespräsident Karl Carstens hat die Urkunden schon bereit. Der Kanzler Helmut Schmidt und das bisher einzige, lupenrein sozialdemokratische Bundeskabinett werden entlassen. Kurz darauf hält Helmut Kohl das Papier in der Hand, das er schon als Pennäler im Auge hatte, und das ihm nunmehr bescheinigt, tatsächlich „Bundeskanzler der Bundesrepublik Deutschland" zu sein.

Mit diesem Dokument in der Tasche, tritt Dr. Helmut Kohl um 17.30 Uhr vor die Abgeordneten des Parlaments, die zur 119. Sitzung zusammengerufen worden sind. Einziger Tagesordnungspunkt: Eidesleistung des Bundeskanzlers.

Nachspann
Der Kanzler hält Wort

Am 13. Oktober 1982 gibt Helmut Kohl vor dem Bundestag seine erste Regierungserklärung ab. Sie enthält ein Dringlichkeitsprogramm zur Überwindung der akuten wirtschafts-, haushalts- und sozialpolitischen Probleme sowie die verbindliche Zusage, sich am 6. März 1983 dem Urteil der Wähler zu stellen. Nach intensiven verfassungsrechtlichen Diskussionen stellt der Kanzler am 17. Dezember 1982 im Bundestag die Vertrauensfrage gemäß Grundgesetzartikel 68 und mit einem vorher verabredeten negativen Ausgang. Die Kernaussage der Begründung: Die Koalition hat ihren „zeitlich und sachlich begrenzten Auftrag" erfüllt und will den Wähler um das Mandat für eine langfristige Politik auf der Basis der „Koalition der Mitte" ersuchen. Bundespräsident Karl Carstens gibt am 6. Januar 1983 dem Antrag zur Auflösung des Bundestages statt und setzt Neuwahlen an.

Mit der Parole „Dieser Kanzler schafft Vertrauen" geht Helmut Kohl in den ersten Winterwahlkampf der Bundesrepublik. Hans-Dietrich Genscher, der sich Anfang November 1982 auf dem dramatischen Berliner FDP-Bundesparteitag gegen beträchtliche Widerstände als Parteivorsitzender behaupten und die Mehrheit für den Kurswechsel gewinnen konnte, kämpft um das Überleben der Freien Demokraten. Die SPD schickt Hans-Jochen Vogel als Spitzenkandidaten ins Rennen, nachdem Helmut Schmidt eine neuerliche Kanzlerkandidatur abgelehnt hat.

Die „neue Mehrheit" und die Politik der Wende werden am Sonntag, dem 6. März 1983, vom Wähler überzeugend bestätigt. 55,8 Prozent stimmen für CDU / CSU und FDP und die von ihnen propagierte „Politik der Erneuerung". CDU und CSU erzielen mit 48,8 Prozent das zweitbeste Bundestagswahlergebnis ihrer Geschichte und gewinnen 2,1 Millionen Wähler hinzu. Die FDP verliert rund 1,3 Millionen, kann sich mit 7 Prozent (gegenüber 10,6% von 1980) aber glatt über die Fünfprozent-Hürde retten. Die Sozialdemokraten fallen von 42,9 auf 38,2 Prozent zurück und verlieren fast 1,4 Millionen Stimmen. Dafür rücken zum ersten Male die Grünen mit 5,6 Prozent und 27 vollstimmberechtigten Abgeordneten in den Deutschen Bundestag ein. Die Politik der Wende hat ihren Preis.

Stolz verkündet Bundeskanzler Helmut Kohl am 4. Mai 1983 im Bundestag: „Es ist unübersehbar: Der Aufschwung hat begonnen!"

Helmut Herles

Rund um den Bundestag

Auf der Suche nach Inspiration für den Aufsatz in Rainer Barzels Buch zum vierzigjährigen Bestehen des Bundestages: Wo sollte man den „Genius loci" spüren, wenn nicht am Ort der ehemaligen Pädagogischen Akademie in der Rheinaue, in ihrer Aula, wo im Nordflügel, dem heutigen Bundesratssaal, das Grundgesetz vom Parlamentarischen Rat ausgearbeitet worden ist? Oder im Südtrakt, bei der vormaligen Turnhalle, wo vor vierzig Jahren nach der Katastrophe des Hitlerismus sich wieder ein freies Parlament, zumindest für den größeren Teil des deutschen Volkes, konstituieren konnte. Aber jenes Gehäuse, in dem die großen Stunden des Parlamentarismus schlugen und sein Alltag so träge wie manchmal der Rhein vor seinen Fenstern dahinfloß, wo die Hauptfiguren der Geschichte dieser Republik ihre Bühne fanden, die Ensembles ebenso wie die Stars und die Statisten – es existiert nicht mehr.

Im Sommer 1988 klafft anstelle des alten Plenarsaales ein großes Loch. Eine Baustelle ist an der Stelle, wo Adenauer und Schumacher miteinander stritten, Erhard gegen eine Zeitströmung die Soziale Marktwirtschaft durchsetzte, die Grundfestlegungen der Bundesrepublik in der West- wie in der Ostpolitik getroffen wurden, die Fraktionsvorsitzenden Helmut Schmidt und Rainer Barzel die Große Koalition parlamentarisch am Leben hielten, Glanz und Elend der Kanzlerschaft Brandts zu spüren waren, Helmut Schmidt manchmal selbst für den Tribünen-Zuschauer sichtbar, zuletzt Rückhalt in der eigenen Fraktion fehlte und schließlich ohne Begeisterung, aber weil es an der Zeit zu einem Wechsel war, Helmut Kohl zum Kanzler gewählt wurde. Wo in jeder der bisher elf Wahlperioden – zweimal dauerten sie wegen Wechsel und Wende nicht die vorgesehenen vier Jahre – über fünfhundert Männer und Frauen zusammenkamen, von denen fast jeder ein eigenes Buch verdient hätte, weil jede Biographie, auch die der Unbekannten, ein eigener Roman ist – dort ragten im Sommer 1988 große gelbe Kräne über dem Abgrund; Dinosaurier des technischen Zeitalters, Beton-Mischmaschinen als seine Elefanten. Aus ihren Rüsseln flossen dreitausend Kubikmeter Beton zur Fundamentierung des künftigen Plenarsaales.

Es wird nicht mehr der alte sein. Wird ihn das deutsche Volk wieder so annehmen, im Osten wie im Westen, wie jenen alten, breit dahingelagerten Vortragssaal mit einem Adler aus Gips an der Wand und der schwarz-rot-goldenen Bundesflagge? Der Adler wurde vor dem Abriß zersägt. Seither behalf sich der Bundestag mit einem ehemaligen wilhelminischen Wasserwerk. Bonn schreibt seine Metaphern selbst, es sind eher solche der Melancholie als einer Hybris der Macht – in einem Valiumklima, welches Demolation, Demonstration, Revolution im Keime zu ersticken scheint. Dämpft es aber auch den Willen zur notwendigen Erneuerung? In einer Zeit, da der Parlamentarismus in einer Krise steckt, beschließen die Parlamentarier Abriß, Neufundamentierung, Neubau. Wird es eine „Perestroika" oder nur die lustlose Ausführung eines getroffenen Beschlusses sein? Was wird das bleibende Bild werden: der Abriß des historischen Saales oder sein Wiederaufbau? Wie wird dieses Viertel werden, weiter den Bonner und den rheinischen Maßen angepaßt, zu ihm passend oder ein Quartier der starren und steilen Fremdkörper einer unfreundlichen Architektur der Macht am Rhein?

Denkt man an den alten Plenarsaal zurück, kommen einem eher Schwarzweiß-Fotografien in die Erinnerung oder die lauten Stimmen, welche noch nicht TV-gerecht moduliert worden waren. Man glaubt, es sei eine strengere Aktualität gewesen. Jene alten Bilder wirken dramatischer als die diffuseren Farbfotografien unserer Tage, auf denen die Gesichter der Staatsmänner und Staatsfrauen teigiger wirken. Oder sind sie in Wirklichkeit teigiger geworden? Aber diese Vermutung ist so alt wie die Geschichte der öffentlichen Dinge. Schon in der Antike klagte man, daß früher alles eckiger und kantiger, farbiger und origineller gewesen sei. Nein, man brauchte nur zu suchen, dann findet man auch im vierzigsten Jahr des Bundestages unter den jetzt vorherrschenden Vierzigern die Talente. Von den Kabarettisten und Dichtern bis zu den Musikern und Malern. Aber es herrscht der unauffälligere Charme der Normalität vor. Kein Höcherl und kein Strauß, kein Wehner, kein Krone, kein Katzer, kein Paul Mikat, kein Erler, kein Guttenberg, kein Dehler, kein Carlo Schmid. Kein Urgestein mehr?

Aber ist diese Normalität nicht normal, weil eben jetzt nicht der große historische Augenblick ist, der Kairos, wie damals, als das deutsche Volk seine größte Katastrophe erlebt hatte und „plötzlich“ die Männer und Frauen da waren, die diese Katastrophe zu meistern vermochten, als hätte sie der Herr der Geschichte nur in Reserve gehalten. Aber auch damals gab es Verrückte und Sünder, Krämerseelen, Kleinkarierte und Karrieristen. Jedoch: es galt wohl allgemeiner, wie sich Heinrich Krone erinnert: „Wir wurden in der Politik erst etwas, nachdem wir zuvor etwas geworden waren.“ Heute „geht man“ in die Politik, um etwas zu werden, vielfach. Das Vorherrschen der mittleren Generationen, begünstigt es Mittelmaß? Es fehlt das Ungestüm der ganz Jungen und der Rat der ganz Alten. Der Bundestag ist weder von seiner Alters- noch von seiner Berufsschichtung her repräsentativ im umfassenden Sinn des Wortes. Es sind zuwenig Frauen unter den Abgeordneten. Völlig repräsentativ war er noch nie, kann er wohl auch nicht sein. Aber er muß sich stets an Anspruch und Wirklichkeit messen lassen und unzufrieden bleiben. Parlamentum semper reformandum könnte man in Anlehnung an die Kirchensprache sagen. Auch das Parlament unterliegt einer ständigen Reformnotwendigkeit.

Blättert man die Handbücher durch, studiert die kargen und die opulenten Angaben zu den Personen, so spürt man, daß es von 1949 bis heute Gewählte und keine Erwählten sind. Dennoch sind sie eine Elite, aber eine „Elite en masse“. In ihren Wahlkreisen oder auf den Landeslisten ihrer Parteien – da sind sie jemand, herausgehoben, durchgesetzt, manchmal auch durchgekungelt und -geklüngelt, aber herausgehoben im einfachsten Wortsinn von Elite, einer demokratischen, mehr zum Egalitären als zur

Individualität neigenden Elite. Dann in Bonn, auf der Bundesbühne, sind sie eine, eine unter fünfhundert, bringen es kaum bis zur Zeitungszeile oder zur Rundfunknachricht, in der es allenfalls heißt: Abgeordnete „der Koalition“, „der Opposition“ haben sich wieder einmal gestritten. Aber oft streiten sie sich gar nicht, und jeder dieser so pauschal genannten Abgeordneten hat Namen, Gesicht und eigene Meinung, auch wenn er sich gutwillig seiner Fraktion und ihren Führern fügt.

Gerade die Abgeordneten, die fern von ihrer Heimat in Bonn sind, fühlen sich dort oft wie in einer Kunstwelt. Im Treibhaus. Im Raumschiff. Die bildhaften Vergleiche sind nicht schmeichelhaft. Sie rühren mit daher, weil sie die zwanzig Minuten Spazierweg nach Kessenich oder die halbe Stunde Fußweg zur Innenstadt, also ins wirkliche Bonn, scheuen – Bonn und „Bonn“, also die Stadt des Staates und der Nachrichtenzeilen sowie die städtische Stadt – sie bilden nach vierzig Jahren noch längst keinen selbst-

Im alten Plenarsaal tagte der Bundestag am 27. Juni 1986 zum letzten Mal.

verständlichen „Bund". Weil das so ist, suchen sie außerhalb des üblichen politischen Betriebs jener „einsamen Masse" zu entrinnen. Das geschieht bei der Union in landsmannschaftlichen Verbindungen, von denen die mächtigste und mit den stärksten eigenen Farben ausgestattete die bayerische CSU ist, die sich regelmäßig in der „Botschaft" des Freistaates in der Schlegelstraße, ihrem „Haus Vaterland" trifft. Aber sie ist nicht nur stark, weil die Bayern Bayern blieben, sondern weil sie die geschlossenste Gruppierung innerhalb der Fraktionen des Bundestages ist. Das trotzköpfige Wir-sind-wir-Gefühl wird außerdem gestärkt, da die kleinere der beiden sich christlich nennenden Parteien Fraktionsteil und selbständige Partei in einem ist, eben nicht nur ein Landesverband der Union.

Außerdem die nicht organisierten, die zufälligen Treffen; früher im ebenfalls abgerissenen Restaurant des Bundeshauses, wo einmal Willy Brandt und Rainer Barzel nach dem Mißtrauensvotum und bei tiefem Mißtrauen

allenthalben demonstrativ gemeinsam ein Glas Bier tranken, womit der damalige Kanzler und der damalige Oppositionsführer entgiftend wirken wollten: Feinde trinken kein Bier miteinander, Gegner können es, Kollegen erst recht, und manchmal werden aus ihnen Leidensgefährten. Am runden Tisch hielt einst der „Hofchronist" Walter Henkels Hof, kamen Politiker von sich aus zu Journalisten, unterdrückte Ernst Lemmer seine Tränen nicht, weil „der Alte" ihn mit der Begründung aus dem Kabinett gedrängt hatte, der viel jüngere Lemmer sei zu alt für die Politik. Gelegentlich wurden Fraktionsgrenzen im wahrsten Sinne des Wortes fließend, worüber Hans Apel einmal in sein Tagebuch geschrieben hat: „Wenn nur das ewige Gesaufe nicht wäre." In einem besonderen „Verfassungsorgan", der Bar des alten Bundeshauses und im Gewölbe der Cafeteria des neuen, alten Wasserwerkes, hat übrigens die kleine FDP nicht selten die Zweidrittelmehrheit. Auch diese Partei der Individualisten bildet ihre Kreise und Gegenkreise,

Seit dem 9. September 1986 hält der Bundestag bis zur Fertigstellung des neuen Plenarsaales seine Sitzungen im umgebauten alten Bonner Wasserwerk ab.

trifft sich im Schaumburger Hof, ironisierte sich selbst als „Kegelverein Fall um“ oder nannte sich unter Anspielung auf die einst mächtigen und wichtigen Kanalarbeiter um den Bäckermeister Herold und den Kunsttischler Egon Franke, welche zuerst in der Rheinlust und dann in der Betonburg des Kessenicher Hofes tagten, klein aber fein nach Detlef Kleinert als „Canaler“. Oder die Abgeordneten sind in der Parlamentarischen Gesellschaft beieinander, in jenem Clubhaus „aus der Kaiserzeit“, die den Abriß- und Umbauplänen in diesem Viertel wacker getrotzt hat. Hier sind sie unter sich. Allenfalls werden geladene Gäste geduldet. Dann sprechen sie miteinander ohne die Formelsprache ihrer Debattenreden und nicht nur in Fraktionen. Zwar sitzen sie nicht mehr so beieinander wie Lemmer und Höcherl von CDU und CSU mit Heinemann von der SPD beim Skat, aber die Verwundungen und Brüche vom Ende der sechziger und Anfang der siebziger Jahre wegen jenes „Machtwechsels“ sind nach der zweiten Bonner

„Wende" und trotz des Auftretens der Grünen – diese aber meistens in eigenen Lokalen außerhalb der Bannmeile – nicht derartig fühlbar geworden wie in jener Zeit vor und nach 1969. Damals schrieb ein sozialdemokratischer Abgeordneter: „Jetzt habe ich keine Freunde bei der CDU mehr." Das gab es 1982/83 nicht. Vielleicht auch deshalb, weil diese „Wende" mehr Kontinuität ergab als gedacht, gehofft, gefürchtet, im Vernünftigen wie im Unvernünftigen.

Medizin gegen die Einsamkeitsphobie der Abgeordneten ist auch die Arbeit in den Ausschüssen, das Einander-Kennen- und Schätzenlernen auf Erkundungsreisen in alle Welt, die schon deshalb ihr Geld wert sind. Oder der Fußballverein: Wenn hier ein junger „linker" SPD-Abgeordneter aus dem Saarland in einem gleichaltrigen „Rechten" aus der CSU den zuverlässigen Mitspieler kennenlernt und dann erst den Mann mit der „schlimmen" Meinung im Plenarsaal sieht. Manchmal spielen Abgeordnete nicht nur politisches Theater, sondern wirklich, wie einmal die bayerischen SPD-Abgeordneten mit Ludwig Thomas „Erster Klasse". Es war eine erstklassige Aufführung, in der sich selbst der gestrenge Jochen Vogel als Prolog-Sprecher ironisierte. Manche Abgeordnete, wie der Bremerhavener Manfred Richter, spielen Kabarett, durchaus profireif; andere, wie Friedrich Neuhausen, dichten oder verfassen Aphorismen, das Ende einer Gedankenkette, wie Ernst Waltemathe. Andere spielen Streiche wie Hans Lemp, der sich ein Huhn im Langen Eugen hielt, oder setzen Witze in Umlauf, Witze als Ventile des Lustverlustes einer Männerwelt, Witze aber auch als Waffe gegen den politischen Gegner, wie sie ein CDU-Mann systematisch gegen Brandt in Umlauf brachte. Ein Teil von ihnen ist zu Kohl gewandert. Das war der „Fluch der bösen Tat". Den Abgeordneten geht es wie ihren Wählern: Immer wieder wirkt der Homo ludens als Gegenkraft zum Homo faber, oft in ein und derselben Person. Denn der Mensch ist nur bei sich, wenn er spielt.

Die Einsamkeit der N. N.-Abgeordneten in einer Fünfhunderter-Menge von der Größe eines Dorfes sucht nach Kollegialität, nach der Nähe eines Heimatgefühls, schafft Fiktionsfiguren wie den Abgeordneten Mierscheid, läßt Abgeordnete in endlosen Sitzungen zu Karikaturisten oder zu Poeten werden. Es entstehen die kleinen Romane zwischen parlamentarischen Kolleginnen und Kollegen oder zwischen Abgeordneten und ihren Helfern; manche Decamerone-Novelle könnte in dieser Rheinaue erzählt werden und manches Agentenstück. Nur weil einst in der Bar des Bundeshauses ein Geheimnisträger Stammgast war, observieren sich dort gern die Observierenden. Ehen zerbrechen und werden gestiftet. Es gibt die Sensationen des Guten ebenso wie die Banalitäten des Bösen, das Menschliche und das Allzumenschliche. Freundschaften gedeihen über Fraktionsgrenzen hinweg, aber auch Neid, Geiz, Geldgier, die Giftstoffe einer Gerüchteküche sind wirksam, die Stoffe, aus denen die Romane gemacht werden. Gegner sind oft fairer als die eigenen Parteifreunde. Trotz Koeppen und Böll sucht „der" Bonn-Roman jedoch noch immer seinen Autor.

Restaurant des Bundestages

Und ab und zu verschafft sich einer, verschaffen sich einige aus dieser Elite en masse ihre Fiktionsfigur. Sie widersetzen sich den Fiktionen des Parlamentarismus und des politischen Betriebes mit „wirklicher" Fiktion. Sie therapieren damit ihre Vereinzelung und das Gefühl, in der Menge unterzugehen, keine Spuren zu hinterlassen, sowohl von der Bürokratie als auch von den Journalisten, von den Fraktionsvorsitzenden und Parteiführern, den Kanzlern und Ministern nicht gesehen und nicht erkannt zu werden. Da spukt dann der Abgeordnete Jakob-Maria „Mierscheid" durch Briefe, Pressemitteilungen und Ausrufe der Lautsprecher. Schon mancher ist auf ihn hereingefallen, so wie auf seinen Vetter aus der Ministerialbürokratie, den Legationsrat „Dräcker" aus dem Auswärtigen Amt oder den Bundesverfassungsrichter „Nagelmann".

Aber ein Parlament lebt nicht nur von seinen Abgeordneten. Das spürt man schon als Beobachter auf seinen Tribünen, als Journalist, der „dabei ist, aber nicht dazu gehört" (Alfred Rapp). Gerade diese Perspektive verführt gelegentlich zu einer „Ministranten-Perspektive". Das heißt, wer so nahe dabei ist, der wird desillusioniert oder zynisch. Dem halte ich Churchill entgegen: „Es ist vieles schlecht, es gibt viel Leerlauf und Versagen, aber

Allgegenwärtigkeit der Medien. Im Hintergrund die Besuchertribüne. Kanzlerwahl am 1. Oktober 1982.

keine bessere Staatsform in der Welt als die parlamentarische. Diktaturen kommen weit teurer zu stehen. In ihren schlimmsten Fällen kosten sie Millionen Menschen das Leben. Deshalb achte ich jeden, der auf die parlamentarischen Formen achtet, die manche als leeres Ritual mißverstehen, der an den republikanischen Traditionen festhält."

Wenn man selbst auf der Tribüne des Parlaments beobachtet, sollte man nicht zuletzt die Beobachter beobachten: Die „normalen" Zuschauer, die nur für jeweils eine Stunde zugelassen werden, lassen sich immer noch und immer wieder von den Parlamentsdebatten fesseln, während die professionellen Beobachter, wir Journalisten, versucht sind, blasiert dazusitzen und mit lässiger Körpersprache und überlegenem Minenspiel auszudrücken: Das kennen wir alles. Das hatten wir doch schon. Nicht zuletzt wegen dieser Mentalität können die großen Republiken von der kleinsten lernen: Hätte das unabhängige San Marino seit dem Mittelalter nicht so hartschädelig an seiner republikanischen Ratsverfassung festgehalten und an seinem Parlament, das alle halbe Jahre zwei gleichberechtigte Capitani Reggenti wählt, wäre es heute ein italienisches Bergnest unter anderen. Diese Republikaner sagen nicht: Das hatten wir doch schon.

Wenn man auf der Tribüne sitzt, kann man manches Wortspiel hören, manchen Zwischenruf hören und manche Szene erleben: Was man alles mit einer Brille anfangen kann, wie man mit Manuskriptpapieren umgeht, barock bündelnd wie der Bayer Strauß oder sorgsam zupfend und schiebend wie Helmut Schmidt, was ihm Helmut Kohl gestengleich nachmacht, was man mit seinen Händen anfangen kann oder nicht, seiner Krawatte, beim Side-Step-Quick-Step, sobald eine Kamera auf Prominente gerichtet ist, um unter Verrenkung des eigenen Kopfes doch noch ins Bild zu kommen. Welche Kleider man tragen kann, gelegentlich zweierlei Schuhe. Und nicht zuletzt erfahren, wie reich, aber auch wie arm die deutsche Sprache sein kann. Die Lektüre der Stenographischen Berichte kann fesselnd sein. Sie ist ein Studienfeld für Germanisten und Volkskundler, für Psychologen, nicht nur für Politologen. Ein Spezialist füllt mit Hilfe des Stenographischen Berichtes regelmäßig seine „Schimpfwörter-Bücher". Und immer wieder das leere Plenum. Eine Contradictio in se. Andererseits: Nur „Parlamente", die nichts zu sagen haben, wie Volkskammer und Görings „Gesangsverein", sind stets voll, Unterhaus und Knesset oft noch weniger besucht als der Bundestag. Die Abgeordneten arbeiten nicht nur im Plenum.

Man sieht im Plenarsaal die Herren im Frack, die Saaldiener. Mancher von ihnen, so der Platzmeister Karl-Heinz Schmitt, der ein kleines Privatmuseum unterhält, kennt den Wandel der Kleidersitten, beginnend im einfachen dunklen Anzug mit Armbinde, mit des Präsidenten Gerstenmaiers Stolz sich zum heutigen schmucken Frack in Blau mausernd. Er und seine Kollegen (und seit 1989 Kolleginnen) sind zwar in der Regel „fröhliche rheinische Jungs", aber wenn sie daherschreiten und gelegentlich wie bei der Domestizierung der Frühschicht der Grünen durch den gelassen-festen Bundestagspräsidenten Barzel auch einschreiten, dann spürt man, daß wenigstens für sie die Würde des Hauses kein leeres Wort ist. Weil ich ihn einmal Botenmeister genannt hatte, belehrte er mich: „Es gibt wenige Dinge, die wir genauso wie der Reichstag machen. Dazu gehören der ‚Platzmeister' und der ‚Hammelsprung'."

Man blickt auf die Stenographen, die jedes Wort festhalten, nach selbst auferlegten strengen Regeln die Szene beschreiben und die Stimmung wiedergeben, vom Applaus bis zum Zwischenruf und gar nicht so selten der „Heiterkeit". Jüngst notierten sie sogar, daß sich vor dem Redner „ein Insekt" bewegte, weil man sonst die Wiedergabe des Wortwechsels der Abgeordneten nicht verstanden hätte. Sie blicken den Abgeordneten direkt ins Gesicht. Manche von ihnen diktieren ihre Zwischenrufe. Diese Stenographen unter der Leitung des seit 1950 mitwirkendes Friedrich-Ludwig Klein beherrschen die Kunst, Kauderwelsch ins Deutsche zu übersetzen, ohne den Sinn zu verfälschen. Sie müssen den Abgeordneten die Reden zum Redigieren vorlegen. Im Bundestag gilt nicht immer das gesprochene, sondern gelegentlich das redigierte Wort. Mancher hat im Einverständnis mit seinem Kontrahenten manch böses Wort wieder gestrichen, aber auch, weil er sich besonders ernst nimmt, „Heiterkeit und Beifall bei allen Fraktionen" hineinredigiert.

Während die Stenographen vor dem Präsidentengestühl sitzen, welches übrigens für eine parlamentarische Demokratie zu sehr an einen Thron erinnert, sitzen in seinem Rücken der Bundestagsdirektor oder andere Beamte des Parlamentssekretariats, Kenner des Parlamentsrechts, der Geschäftsordnung und des Grundgesetzes; sie bereiten die Sitzungen vor, schreiben den Präsidenten die Litaneien der Verhandlungsführung auf, damit sie sich in dem Labyrinth der immer größer gewordenen Tagesordnungen nicht verirren. Sie haben immer noch einige Minuten später Dienstschluß als der im Stenographischen Bericht verzeichnete Sitzungsschluß, selbst wenn dieser, wie im Frühsommer 1988, morgens um 2.05 Uhr ist, als aus einem Donnerstag ein Freitag geworden war. So lange warten auch die Drucker und die Stenographen, die Putz- und die Garderobenfrauen, die Pförtner, die den Präsidenten unterstehenden Polizisten in Zivil, die Hausinspektion oder einfach „Sicherheit" genannt werden, die Fahrer der Fahrbereitschaft.

Seit den terroristischen Anschlägen der siebziger Jahre ist der Bundestag zugeknöpfter als früher. Man kann nicht mehr zur Familien- oder Betriebsfeier zum Dach-Restaurant des Langen Eugen hinauffahren; aber das Parlament hat sich den gegenwärtigen und den künftigen Wahlbürgern gegenüber nie verschlossen. Die Tribüne wurde nie geräumt. Sie ist nicht in einen Panzerglaskäfig eingesperrt worden. Das Volk atmet im Bundestag die gleiche Luft wie seine Sendboten, heutzutage klimatisiert. Einige der wenigen sichtbaren Sicherheitsmaßnahmen ist eine Art Dachrinne aus Plexiglas an der Brüstung der Tribüne, weil einmal einem Fotografen ein Objektiv in einen Papierkorb des Plenarsaales gefallen war. Aus Sicherheitsgründen entstanden die Glasgehäuse der Pförtner. Die Pförtner. Sie brauchen Fingerspitzengefühl: Einen Abgeordneten fragen sie nie nach dem Ausweis; die meisten Angestellten erkennen sie ebenfalls ohne „Grenzformalitäten" an. Früher war einer von ihnen so schlau, sich die Geburtstage aller Abgeordneten zu notieren, um sofort zu gratulieren und dabei manches Trinkgeld einzustreichen. Das ist so lange her wie die Geschichte jenes dienstbaren Geistes, der den drei traditionsreichsten parlamentarischen Parteien gleichzeitig angehörte, was erst bei den Kranzspenden sichtbar wurde. Anekdoten sind eben nicht nur von den Abgeordneten überliefert. Manche stammt auch von jenem alten Tischlermeister, der beim Abriß des Plenums vergeblich darauf gehofft hatte, seine Armbanduhr wiederzufinden, die bei einem ersten Umbau aus Versehen in einer Verschalung verschwunden war.

Die parlamentarisch-demokratische Macht hat ihre eigene Marketenderei bei sich, wobei der Friseur im Fernsehzeitalter nicht der unwichtigste Gehilfe ist. Im Schatten des Langen Eugen gibt es eine bescheidene Ladenzeile mit Sparkasse, Post, Lebensmittelladen und der Buchhandlung. Deren Inhaber, Michael Kohlhaas, ist selbst eine der Figuren am Rande des Parlaments, welche die Geschichten zur Geschichte erlebt haben und sie erzählen können. Auch er kann von den kargen Anfängen berichten, als er mit dem Bücherkarren durch die Gänge des Parlaments zog. Aber auch sein jetziger Laden ist kein Bücherpalast. Mancher Held und mancher Autor seiner Bücher sind ihm persönlich verbunden. Sein Album mit Fotografien und Widmungen erzählt von Zuneigung und gelegentlich von Geltungssucht.

Das Bundeshaus und der Parlamentarismus werden immer wieder mit einem Labyrinth verglichen. Deshalb hat die Verwaltung mit einem „Wegweiser für Abgeordnete“ einen Faden gelegt, mit dessen Hilfe sie sich zurechtfinden sollen, auch in seinen Fluren, Winkeln, Etagen, Kellern, Dependancen, im Hochhaus, dem „Langen Eugen“, der von Walter Henkels so genannt worden war, um den nicht zu groß gewachsenen Parlamentspräsidenten Gerstenmaier zu ärgern, im Fraktionsbau und dem alten Hochhaus und in den neu gemieteten Gebäuden im Tulpenfeld. Die Stichworte des „Wegweisers“ sind eine Reportage des Alltags der Abgeordneten und ihrer Helfer. Beginnend mit der Rechtsstellung der Parlamentarier: Erwerb der Mitgliedschaft, Wahlprüfung, Unvereinbarkeiten mit dem Mandat, Verzicht auf Mitgliedschaft, Verhaltensregeln, Immunität und Indemnität, Entschädigung, Ausweis und Freifahrkarten, Amtsausstattungen, Beschäftigung von Mitarbeitern. Arbeitspläne, Präsenzpflicht, Anwesenheitsliste, Entschuldigungsschreiben, Urlaub, die ökumenische christliche Morgenfeier (zu der seit 1949 abwechselnd die Tonbandglocken des Kölner Doms, der Münchener Liebfrauenkirche und des Straßburger Münsters rufen. Von der Größenordnung her könnten sie fast jeden Morgen vor einer Plenarsitzung singen: „Verzage nicht, du Häuflein klein.“). Sitzverteilung im Plenum, Verteilung der Drucksachen und der Tagesordnung, wie man sich zu Wort meldet und Zwischenfragen stellt, Hinweise auf Protokolle, Gesetzesentwürfe und Anträge, Anfragen, Ausschüsse und deren Helferapparat im Ausschußsekretariat, die Registrierung der Verbände, also der Lobby, Akteneinsicht, Petitionen, das Amt des Wehrbeauftragten. Zugang zum Bundeshaus und die Büroräume, Parkplätze, Tiefgaragen, Fahrrad- und Motorradabstellanlagen (seit die Grünen im Bundestag sitzen, nimmt man hier die Fahrradfahrer ernst – wenigstens das haben sie erreicht). Informationen für Rollstuhlfahrer und Gehbehinderte. Tips für Garderoben, Raumverteilung, Büromöbel, Bürogeräte und Bürobedarf, Rundfunk- und Fernsehgeräte, Übertragungsgeräte für die Debatten. Die Rufanlage. (Immer wieder einmal werden die Abgeordneten per Lautsprecher zu bestimmten Sitzungen gerufen, manchmal lassen sie sich aber auch ausrufen: „Abgeordneter XY wird dringend gebeten, sein Büro anzurufen.“ Das macht auf Besucher Eindruck. Martialischer sind die Klingeln und die Hup-Konzerte vor namentlichen Abstimmungen.) Schließlich Wegweiser zu den Ruheräumen und den Wohnungen für Abgeordnete. Der Reinigungsdienst. Die Arbeitszeiten der Bundestagsverwaltung. Hausmitteilungen. EDV-Systeme. Etagensekretäre in den Hochhäusern. Druck- und Kopiermöglichkeiten, Adressier- und Kuvertiermaschinen. Foto- und Filmstelle.

Die Lobby vor dem alten Plenarsaal, 1983.

Botenmeisterei. Fahrdienst. (Diese „Parlaments-Taxis" geben dem Abgeordneten halbwegs das Gefühl, in Bonn so ernst genommen zu werden wie ein Ministerialer. Und ihre Fahrer könnten manches Anekdotenschätzlein anhäufen helfen, wenn sie es dürften.) Die Zahlstelle. Der Geheimschutz. Die Verwaltung im Berliner Reichstagsgebäude. Post- und Telekommunikation. Reisen, internationale Beziehungen und Protokoll: Mandats- und Dienstreisen. Parlamentariergruppen, die zwischen dem Bundestag und vielen Parlamenten der Welt bestehen. Internationale Austauschprogramme. Die Reisestellen des Bundestages, der Bundesbahn und der Lufthansa. Das Protokoll. Die Flaggenordnung. (Ist die Bundesfahne nur über dem Parlament auf Halbmast gesenkt und nicht auch auf den umliegenden Gebäuden des Bundes und der Ministerien, dann verkündet sie den Tod eines Abgeordneten. Auf dem Platz im Plenarsaal liegt dann ein weißes Blumengebinde. Eines der wenigen eingebürgerten Zeichen einer in ihrer Zeichensprache armen Republik.) Die Wissenschaftlichen Dienste. Sie helfen den Abgeordneten, „Waffengleichheit" gegenüber der Exekutive anzustreben: die Bibliothek, das Parlamentsarchiv, die Pressedokumentation, das Sach- und Sprechregister, die Datenverarbeitung, wissenschaftliche Publikationen, sprachliche Beratung, Übersetzungen, Englischkurse. (Nur weil sich einige Abgeordnete geärgert hatten, daß in den ersten Jahren des Bundestages immer nur die Abgeordneten verreisen durften, die englisch konnten, gründeten wackere Handwerksmeister der SPD die Kanalarbeiter und nannten sich „Freunde sauberer Verhältnisse"). Presse- und Öffentlichkeitsarbeit. Besucherdienst. Presse, Rundfunk und Fernsehen können hier besser arbeiten und werden dabei umfassender informiert als in ande-

Abstimmung durch den „Hammelsprung", 17. März 1977.

ren Parlamenten der Welt, sowohl vom Pressezentrum des Parlaments als auch deren Kollegen bei den Fraktionen. Schließlich die Parlamentarischen Vereinigungen, von der Parlamentarischen Gesellschaft über die Deutsche Vereinigung für Parlamentsfragen, die Interparlamentarische Arbeitsgemeinschaft, die Vereinigung ehemaliger Mitglieder des Deutschen Bundestages und des Europäischen Parlaments bis zur Sportgemeinschaft Deutscher Bundestag. Nicht zu vergessen die Telefonnummern für Notfälle, Erste Hilfe, des Parlamentsarztes.

Dennoch fällt es vielen Abgeordneten schwer, sich hier einzuleben, weil es „anders" ist, als sie es sich bei der Kandidatur gedacht hatten. Sie vermissen die „großen Tage", suchen die Sternstunden des Parlamentarismus. Aber es wird so bleiben: Die großen Tage des Parlaments sind nicht sein Alltag. Ohne die Routine der Tage und Wochen im Rhythmus der vierjährigen Wahlperioden, in der Ausschußarbeit und den „gewöhnlichen" Aussprachen könnte man nicht die großen Tage des Parlaments erkennen. Wer auf die Sterne blickt, muß auf die Gassen achten. Der Bundestag erlebte beides: Die Gesetzgeber, die Sendboten der Souveränität des Volkes, schreiten nicht nur in der feiertäglichen Toga auf das Forum der Nation. Öfter sind jene Mischverhältnisse zu finden, wie überall, wo Menschen zusammenkommen, um Interessen auszugleichen oder geltend zu machen. Aber oft schon in der Geschichte des Bundestages, nicht nur in seinen ersten Wahlperioden – in der elften beispielsweise, während einer Aussprache über Israel, Schuld und Sühne – hielten Abgeordnete und ihre Zuhörer den Atem an.

Doch was sind große Tage? Es waren nicht nur jene, als grandiose Rhetoren die Republik bewegten oder eine geheime Abstimmung entschied, wer Kanzler wird oder blieb. Die „großen Tage" hingen zuletzt von den Themen ab, welche den einzelnen mehr bewegen als die Mehrung des Lebensstandards: Die grundsätzlichen Orientierungen der deutschen Politik im Geltungsbereich des Grundgesetzes und darüber hinaus für die Geschichte aller Deutschen, als es um Erhards Ordnungspolitik, um Adenauers Westorientierung oder um Brandts Ostpolitik ging, um Verteidigung und Kriegsdienstverweigerung, die Verjährung von Mord und immer wieder um die Schatten, die Hitler und der Nationalsozialismus bis heute auf die deutschen Dinge werfen. Der Bundestag fesselte seine Mitglieder und Zuhörer auch, als Energie und Kernenergie zu Kernfragen der Innenpolitik wurden und man deutlicher als früher über die Grenzen von Fortschritt und Wachstum redete. Auch der elfte Bundestag hat Politiker, die den neuen Fragen der neuen Technologien nicht ausweichen, selbst wenn sie noch keine Antworten haben. In seinen Enquete-Kommissionen ist der Bundestag aktuell. Er kennt die Sorgen um die natürlichen Lebensgrundlagen des Menschen, will die Aids-Seuche bekämpfen helfen und der Gefahr der Manipulation des Menschen durch die Gen-Biologie Herr werden. Es sind alles Fragen nach Sinn und Unsinn. Aber oft scheint er in den Details zu ersticken, über den Einzelheiten die Orientierung zu verlieren. In den

Unsicherheiten dieses ausgehenden Jahrhunderts mit seiner charakteristischen Fin-de-siècle-Mißstimmung, angesichts eines anderen Jahrtausends, dessen Möglichkeiten viele noch nicht als Hoffnung, sondern eher als dunkle Drohung empfinden, muß sich der Parlamentarismus behaupten. Das Parlament muß immer wieder die Themen diskutieren, die uns alle bedrängen. Ein informiertes Volk wie das deutsche will mehr Diskussion über die Probleme als Debatte gegeneinander oder oberflächlichen Parteienstreit. Dabei wäre die Suche nach dem Großen und der Klageruf wegen seines Ausbleibens verführerisch. Es darf nicht dabei bleiben, daß Parlamentswahlen nur noch Plebiszite über Kanzler und Kanzlerkandidaten sind. Das hat Mitschuld an der Resignation mancher „unbekannter" Abgeordneter, aber auch mancher bekannter wie Paul Mikat, denen das Parlament und die Öffentlichkeit wenn schon nicht große, so doch lebendige Tage und den seit vierzig Jahren alles in allem zuverlässig ablaufenden parlamentarischen Alltag verdanken. Denn ein Parlament lebt nicht nur von den Großen und den Größen; seine Geschichte wird zuletzt von denen mitgeschrieben, die nicht in den Geschichtsbüchern stehen. Es ist nicht nur ein „Bundesorgan", es ist ein Organismus.

Die Autoren

Reinhard Appel

Geb. 1927 in Königshütte/OS. Kindheit und Jugend in Berlin-Spandau. Lehramtsanwärter. Kurz vor Kriegsende zur Wehrmacht eingezogen, bis September 1945 russische Gefangenschaft. 1946 Beginn der journalistischen Laufbahn, zunächst als Volontär, dann als politischer Reporter bei der „Stuttgarter Zeitung". Seit Februar 1950 deren Korrespondent in Bonn und später Leiter des Bonner Büros. 1971–1973 Leiter Bonner Redaktion der „Süddeutschen Zeitung". 1973–1976 Intendant des Deutschlandfunks in Köln. 1976–1988 Chefredakteur Zweites Deutsches Fernsehen. 1963 bis 1973 und wieder ab 1976 Moderator der Sendung „Journalisten fragen – Politiker antworten" bzw. „Bürger fragen – Politiker antworten".

Rainer Barzel

Geb. 1924 in Braunsberg (Ostpreußen), aufgewachsen in Ostpreußen und Berlin. Studium der Rechtswissenschaft und Volkswirtschaft in Köln (1945–1948), juristisches Referendarexamen und Promotion zum Dr. jur.; 1949–1956 im Landesdienst von Nordrhein-Westfalen. Mitglied des Deutschen Bundestages (1957–1987). Bundesminister für gesamtdeutsche Fragen (1962–1963). Vorsitzender der CDU/CSU-Fraktion im Deutschen Bundestag (1964–1973), Vorsitzender der CDU (1971–1973), Vorsitzender des Wirtschaftsausschusses (1977–1979) und des Auswärtigen Ausschusses (1980–1982) des Deutschen Bundestages. Bundesminister für innerdeutsche Beziehungen (1982–1983). Präsident des Deutschen Bundestages (1983–1984). Koordinator für die deutsch-französische Zusammenarbeit 1980 und seit 1986.

Ernst Benda

Geb. 1925 in Berlin. Studium der Rechtswissenschaften an der Humboldt-Universität und der Freien Universität Berlin. 1955 bis 1971 Rechtsanwalt in Berlin. 1957–1971 Mitglied des Deutschen Bundestages (CDU/CSU). 1967/68 Parlamentarischer Staatssekretär beim Bundesminister des Innern, 1968/69 Bundesminister des Innern. 1971–1983 Präsident des Bundesverfassungsgerichts. Dr. jur. h.c., seit 1984 Ord. Professor für öffentliches Recht mit Schwerpunkt Verfassungsrecht an der Albert-Ludwigs-Universität in Freiburg.

Karl Carstens

Geb. 1914 in Bremen. Studium der Rechte und der Politischen Wissenschaften in Deutschland, Frankreich und USA, erste und zweite juristische Staatsprüfung, Promotion zum Dr. jur., Master of Laws.
1939–1945 Soldat, zuletzt Flakartillerie-Leutnant. 1945–1949 Rechtsanwalt in Bremen. 1949–1954 Bremischer Bevollmächtigter beim Bund. 1950–1973 Lehrtätigkeit an der Universität Köln, 1952 Habilitation für Staats- und Völkerrecht. 1954–1966 Tätigkeit im Auswärtigen Dienst, 1954–1955 Ständiger Vertreter der Bundesrepublik Deutschland beim Europarat in Straßburg, 1960–1966 Staatssekretär des Auswärtigen Amtes. Seit 1960 Ordentlicher Professor an der Universität Köln. 1967–1968 Staatssekretär im Bundesministerium der Verteidigung, 1968–1969 Staatssekretär der Bundesregierung und Chef des Bundeskanzleramtes. 1969–1972 Leiter des Forschungsinstituts der Deutschen Gesellschaft für Auswärtige Politik in Bonn. 1972–1979 Mitglied des Deutschen Bundestages, 1973–1976 Vorsitzender der CDU/CSU-Fraktion im Deutschen Bundestag, Mitglied des Präsidiums der CDU. 1976–1979 Präsident des Deutschen Bundestages. 1979–1984 Präsident der Bundesrepublik Deutschland.

Helmut Herles

Geb. 1940 in Komotau. Studium von Germanistik, Russisch und Volkskunde in Bonn, Wien und Frankfurt, Dr. phil.; Korrespondent von „Publik“ in Rom von 1969 bis 1972, der „Süddeutschen Zeitung“ in Frankfurt am Main von 1972 bis 1975. Seit 1975 innenpolitischer Berichterstatter der FAZ in Bonn.

Peter Hopen

Geb. 1922 in Düsseldorf. Städtische Handelsschule, Kaufmannslehre, Reichsarbeitsdienst, Wehrmacht. Korrespondent für Zeitungen seit 1949, zunächst in Düsseldorf, ab 1950 in Bonn. Seit 1963 auch Korrespondent für das ZDF. Von 1984 bis 1987 Studioleiter Bonn des ZDF. Dann freier Journalist in Bonn, ab 1. 1. 1989 Redaktionsleiter „Die Politische Meinung“. 1965 bis 1978 Vorsitzender des Deutschen Presseclubs. 1978 Großes Bundesverdienstkreuz.

Walter Kannengießer

Geb. 1929 in Osnabrück. 1944/1945 Fronthelfer. 1949 Abitur am Ernst-Moritz-Arndt-Gymnasium Osnabrück. Redaktions-Volontär bei der „Neuen Tagespost“, Osnabrück. Studium der Volkswirtschaftslehre und Rechtswissenschaften an der Universität Münster. 1954 Staatsexamen als Diplom-Volkswirt. Stipendiat der Hohen Behörde der Montanunion; Forschungsarbeit über die wirtschaftlichen Probleme der Teilintegration.

1956 und 1957 Redakteur für Politik und Wirtschaft bei der „Neuen Tagespost" in Osnabrück. Ab 1958 zwei Jahre Redakteur für Politik, anschließend drei Jahre verantwortlicher Redakteur für Wirtschaft bei den „Ruhr-Nachrichten" in Dortmund. 1963 Eintritt in die Wirtschaftsredaktion der Frankfurter Allgemeinen Zeitung, seit Mai 1963 Korrespondent der FAZ in Bonn. Schwerpunkte der Arbeit: Sozial- und Gesellschaftspolitik, Finanzpolitik. Seit 1976 Leiter der Wirtschaftsredaktion des Bonner FAZ-Büros. Für besondere journalistische Leistungen 1974 mit dem Theodor-Wolff-Preis, 1979 mit dem Karl-Bräuer-Preis des Bundes der Steuerzahler und 1985 mit dem Ludwig-Erhard-Preis ausgezeichnet.

Hans Katzer

Geb. 1919 in Köln. Realgymnasium (mittlere Reife), kaufmännische Lehre, Höhere Fachschule für Textilindustrie, Reichsarbeitsdienst, Kriegsdienst bis Mai 1945, US-Kriegsgefangenschaft. Arbeitsamt Köln. Hauptgeschäftsführer der Sozialausschüsse der Christlich-Demokratischen Arbeitnehmerschaft von 1950 bis 1963; von 1963 bis 1977 Vorsitzender der CDA, seit 1977 Ehrenvorsitzender. 1957–1980 Mitglied des Deutschen Bundestages. 1965–1969 Bundesminister für Arbeit und Sozialordnung. 1969–1980 Stellvertretender Vorsitzender der CDU/CSU-Bundestagsfraktion und stellvertretender Vorsitzender der Christlich-Demokratischen Union Deutschlands. 1979–1984 Mitglied, 1979–1982 Vizepräsident des Europäischen Parlaments. Seit 1963 Vorsitzender der Jakob Kaiser-Stiftung, Königswinter.

Fides Krause-Brewer

Geb. 1919 in München. Studium der Volkswirtschaft in München und Freiburg. Seit 1950 Rundfunk-Korrespondentin; Arbeitsgebiete: Frauenfragen, Wirtschafts- und Sozialpolitik. Von 1962 bis 1984 Redakteurin für Wirtschafts- und Sozialpolitik im Studio Bonn des Zweiten Deutschen Fernsehens. Seit 1984 freie Journalistin. Trägerin des Ludwig-Erhard-Preises für Wirtschaftspublizistik und des Großen Verdienstkreuzes der Bundesrepublik Deutschland.

Herbert Kremp

Geb. 1928 in München. Studium der Philosophie, Geschichte und Staatswissenschaft an der Universität München. Promotion mit einer Arbeit über Toynbee, Spengler und Max Weber. Studium der Nationalökonomie an der Universität Frankfurt/Main. Ressortleiter Politik beim Berliner „Tag", danach Korrespondent in Bonn. 1963 Chefredakteur der „Rheinischen Post". Seit 1969 Chefredakteur der WELT. 1976–1981 Korrespondent in

Peking. Rückkehr als Chefredakteur der WELT nach Bonn. 1985 Herausgeber der WELT. Seit Ende 1987 Korrespondent für internationale Politik in Brüssel. Träger des Theodor-Wolff-Preises und des Konrad-Adenauer-Preises.

Wolfgang Mischnick

Geb. 1921 in Dresden. Abitur, 1939 bis 1945 Kriegsteilnehmer. 1945 Mitbegründer der LDPD in Dresden, nach Wahl zum stellvertretenden Landesvorsitzenden der LDPD Sachsen auf Befehl der Besatzungsmacht ausgeschaltet. 1948 Flucht nach Frankfurt am Main. 1953 bis 1957 Vizepräsident der Verbandsversammlung des Landeswohlfahrtsverbandes Hessen. 1954 bis 1957 Mitglied des Hessischen Landtages und Parlamentarischer Geschäftsführer der Landtagsfraktion, seit Juni 1964 stellvertretender FDP-Bundesvorsitzender, 1967 bis 1977 Landesvorsitzender der FDP in Hessen. Mitglied des Deutschen Bundestages seit 1957, 1959 bis 1961 Parlamentarischer Geschäftsführer der FDP-Bundestagsfraktion. November 1961 bis Oktober 1963 Bundesminister für Vertriebene, Flüchtlinge und Kriegsgeschädigte. November 1963 bis Januar 1968 stellvertretender Vorsitzender, seitdem Vorsitzender der FDP-Bundestagsfraktion. Vorsitzender des Rundfunkrats des Deutschlandfunks. Vorsitzender des Vorstandes der Friedrich-Naumann-Stiftung.

Eghard Mörbitz

Geb. 1926 in Dresden. Besuch der Kreuzschule in Dresden. Wehrdienst bei der Marine. 1947 Korrespondent der „Rhein-Neckar-Zeitung" in Stuttgart. Seit 1950 Korrespondent der „Frankfurter Rundschau" in Bonn.

Kurt Plück

Geb. 1925 in Unna/Westf.. 1952 Promotion zum Dr. phil. (Allg. Sprachwissenschaft, Germanistik, Philosophie) an der Rhein. Friedrich-Wilhelms-Universität zu Bonn. Tätigkeit im Bundesministerium für gesamtdeutsche Fragen (u. a. Persönlicher Referent des Ministers, Pressereferent) von 1952–1964. Leiter des Referates für Deutschland- und Außenpolitik in der Inlandsabteilung des Bundespresseamtes von 1964–1982. Rückkehr in das Bundesministerium für innerdeutsche Beziehungen. Ministerialdirektor, Leiter der Abteilung Bildungs- und Öffentlichkeitsarbeit, Kultur.

Annemarie Renger

Geb. 1919 in Leipzig (aufgewachsen in Berlin). 1945 bis 1952 Mitarbeiterin von Dr. Kurt Schumacher; seit 1953 Mitglied, 1972 bis 1976 Präsidentin des

Deutschen Bundestages, seitdem Vizepräsidentin. Honorary Fellow der Israelischen Universität Jerusalem. U. a. Präsidentin des Arbeiter-Samariter-Bundes, Vorsitzende des Deutschen Helsinki-Menschenrechtskomitees e.V., Vizepräsidentin der Europa-Union Deutschlands, Vorsitzende der Deutsch-Israelischen Parlamentariergruppe.

Walter Scheel

Geb. 1919 in Solingen. Bankkaufmann und Wirtschaftsberater. 1948 Stadtverordneter in Solingen, 1950 Mitglied des Landtages von Nordrhein-Westfalen. 1953–1974 Mitglied des Deutschen Bundestages. 1961–1966 (erster) Bundesminister für wirtschaftliche Zusammenarbeit. 1967–1969 Vizepräsident des Deutschen Bundestages. 1968–1974 Bundesvorsitzender der Freien Demokratischen Partei. 1969–1974 Bundesminister des Auswärtigen und Stellvertreter des Bundeskanzlers. 1974–1979 Präsident der Bundesrepublik Deutschland.

Helmut Schmidt

Geb. 1918 in Hamburg. 1937 Abitur an der Hamburger Lichtwarkschule. Reichsarbeitsdienst, Wehrpflicht bei der Flakartillerie, zuletzt Oberleutnant der Reserve und Batteriechef. 1945–1949 Studium der Staatswissenschaft und Volkswirtschaft an der Universität Hamburg, Diplom-Volkswirt. 1946 Eintritt in die Sozialdemokratische Partei Deutschlands (SPD). 1947–1948 Bundesvorsitzender des Sozialistischen Deutschen Studentenbundes (SDS). 1949–1953 Tätigkeit als Referent und Abteilungsleiter, dann als Leiter des Amtes für Verkehr in der Hamburgischen Behörde für Wirtschaft und Verkehr. 1953–1961 Mitglied des Deutschen Bundestages, 1957–1961 Mitglied des Fraktionsvorstandes der SPD im Deutschen Bundestag. Seit 1958 Mitglied des Bundesvorstandes der SPD. 1961–1965 Senator für Inneres der Freien und Hansestadt Hamburg. 1965 Wiederwahl in den Deutschen Bundestag, 1967–1969 Fraktionsvorsitzender der SPD-Bundestagsfraktion. Seit 1968 Stellvertretender Vorsitzender der SPD. 1969–1972 Bundesminister der Verteidigung, 1972–1974 Zunächst Bundesminister für Wirtschaft und Finanzen, dann Bundesminister der Finanzen. 1974–1982 Bundeskanzler. 1982–1987 Mitglied des Deutschen Bundestages.

Rita Süssmuth

Geb. 1937 in Wuppertal. 1956 Abitur in Rheine. 1956 bis 1961 Studium der Romanistik und Geschichte in Münster, Tübingen und Paris, erstes Staatsexamen. Postgraduiertenstudium in Erziehungswissenschaft, Soziologie und Psychologie. 1964 Promotion zum Dr. phil. 1963 bis 1966 Wissenschaftliche Assistentin an den Hochschulen Stuttgart und Osnabrück, 1966

Dozentin an der Pädagogischen Hochschule Ruhr. 1969 Professorin an der Ruhr-Universität Bochum für International Vergleichende Erziehungswissenschaft, Lehrbeauftragte bis 1982. 1971 Ordentliche Professorin für Erziehungswissenschaft an der Pädagogischen Hochschule Ruhr, seit 1980 Lehrstuhlinhaberin für Erziehungswissenschaft an der Universität Dortmund, z. Z. beurlaubt. 1982 bis September 1985 Direktorin des Instituts „Frau und Gesellschaft" in Hannover. Seit 1971 Mitglied des Wissenschaftlichen Beirats für Familienfragen beim Bundesminister für Jugend, Familie und Gesundheit. 1977 Mitglied der 3. Familienberichtskommission, 1982 Mitglied des Bundesjugendkuratoriums, 1984 Mitglied und Vorsitz der 7. Jugendberichtskommission. Seit 1980 Vizepräsidentin des Familienbundes der Deutschen Katholiken (FDK), 1982 Vorsitzende der Kommission „Ehe und Familie" beim Zentralkomitee der Deutschen Katholiken. Präsidentin des Deutschen Volkshochschulverbandes. 1981 CDU-Mitglied, 1983 Vorsitzende des Bundesfachausschusses für Familienpolitik der CDU, 1986 Bundesvorsitzende der Frauenvereinigung der CDU. Mitglied des Präsidiums der CDU. Mitglied des Bundestages seit 1987; seit 26. September 1985 Bundesministerin für Jugend, Familie und Gesundheit, seit 6. Juni 1986 für Jugend, Familie, Frauen und Gesundheit. Seit 25. 11. 1988 Präsidentin des Deutschen Bundestages.

Redaktionelle Notiz

Für die Zeittafeln und die Überprüfung von Fakten und Namen wurden besonders benutzt:

Geschichte der Bundesrepublik Deutschland in fünf Bänden, hrsg. von Karl Dietrich Bracher, Theodor Eschenburg, Joachim C. Fest und Eberhard Jäckel; Deutsche Verlagsanstalt Stuttgart und F. A. Brockhaus Wiesbaden 1983–1987.

Datenhandbuch zur Geschichte des Deutschen Bundestages 1949–1982, 1980–1984 und 1980–1987, verfaßt und bearbeitet von Peter Schindler. Eine Veröffentlichung der Wissenschaftlichen Dienste des Deutschen Bundestages; Nomos Verlagsgesellschaft Baden-Baden 1983/1986/1988.

Personenregister

(zitierte oder referierte Redeteile sind *kursiv* gedruckt)

Sachregister